Theoretische Informatik

Eine Einführung in Berechenbarkeit, Komplexität und formale Sprachen mit 101 Beispielen

Alexander Asteroth
Christel Baier

Theoretische Informatik

Eine Einführung in Berechenbarkeit, Komplexität und formale Sprachen mit 101 Beispielen

ein Imprint der Pearson Education Deutschland GmbH

Bibliografische Information Der Deutschen Bibliothek

Die Deutsche Bibliothek verzeichnet diese Publikation in der Deutschen Nationalbibliografie; detaillierte bibliografische Daten sind im Internet über <http://dnb.ddb.de> abrufbar.

10 9 8 7 6 5 4 3 2

06 05 04 03

ISBN 3-8273-7033-7

© 2003 by Pearson Studium,
ein Imprint der Pearson Education Deutschland GmbH
Martin-Kollar-Straße 10–12, D-81829 München/Germany
Alle Rechte vorbehalten
www.pearson-studium.de

Acquisition Editor: Dr. Isabel Schneider, ischneider@pearson.de
Lektorat: Helge Sturmfels, hsturmfels@pearson.de
Korrektorat: Brigitta Keul, München
Einbandgestaltung: Julia Graff, dyadesign, Düsseldorf
Herstellung: Anna Plenk, aplenk@pearson.de
Satz: Hilmar Schlegel, Berlin — gesetzt in Linotype Aldus/Palatino, ITC FranklinGothic
Druck und Verarbeitung: Kösel, Kempten (www.koeselbuch.de)
Printed in Germany

Für Isabelle

Für Gerda, Inge und Karl

Inhaltsverzeichnis

Vorwort

Für Studierende der Informatik ist die theoretische Informatik in aller Regel ein wesentlicher Bestandteil ihres Grundstudiums. Ergebnisse wie die Unentscheidbarkeit des Halteproblems oder der Softwareverifikation belegen, dass folgende Fragestellungen nicht algorithmisch lösbar sind:

>>Wird mein Programm jemals terminieren?<<

>>Leistet mein Programm das Gewünschte?<<

Die Untersuchung derartiger Problemstellungen ist höchst praxisrelevant, wird aber von vielen Studierenden als schwierig empfunden. Wir haben die Erfahrung gemacht, dass Beispiele erheblich dazu beitragen können, das Verständnis zu verbessern. Daher versuchen wir in unserem Buch, jeden eingeführten Formalismus und jedes Resultat möglichst vorab durch mehrere (vollständig ausgearbeitete) Beispiele unterschiedlicher Komplexität zu stützen.

Der Inhalt des Buches gliedert sich in drei Teile, die die drei klassischen Lehrgebiete der theoretischen Informatik widerspiegeln: Berechenbarkeit, Komplexitätstheorie und formale Sprachen.

Die Berechenbarkeitstheorie (Kapitel 1 und 2) befasst sich mit unterschiedlichen Modellen für (idealisierte) Computer. Es ist allgemein akzeptiert, dass der so erzielte Berechenbarkeitsbegriff mit dem *intuitiven Berechenbarkeitsbegriff* übereinstimmt. Der zweite Abschnitt dieses Teils führt uns dann an die Grenzen der Berechenbarkeit und zeigt, dass es auch Probleme gibt, für die es nicht möglich ist, einen Algorithmus anzugeben.

Der zweite Teil des Buches (Kapitel 3 und 4) befasst sich mit Komplexitätstheorie. Hier untersuchen wir, ob und wie effizient sich Probleme algorithmisch lösen lassen. Hierzu werden Probleme in Klassen eingeteilt. Der bekannteste Vertreter ist die Klasse der *NP*-vollständigen Probleme. Von ihnen ist nicht bekannt, ob für sie effiziente Algorithmen angegeben werden können. Wir werden jedoch sehen (und beweisen), dass der Nachweis der effizienten Lösbarkeit *eines* Repräsentanten dieser Klasse zur Folge hat, dass sich *alle* Probleme in *NP* effizient lösen lassen. Ähnliche Ergebnisse werden wir auch für andere Komplexitätsklassen erhalten.

Im dritten Teil (Kapitel 5–9) werden formale Sprachen und Automatentheorie behandelt. Formale Sprachen spielen in vielen Teilgebieten der Informatik eine entscheidende Rolle. Allen voran der Compilerbau, bei dem ein gegebenes Programm zunächst auf syntaktische Korrektheit geprüft und dann in Maschinen-Code übersetzt werden muss. Anders als in der Berechenbarkeitslehre werden die Automaten hier so weit eingeschränkt, dass sie nicht mehr über die volle Berechnungsstärke verfügen. Bei zunehmendem Verlust der Ausdrucksstärke lassen sich jedoch Probleme — z.B. die Prüfung auf syntaktische Korrektheit — immer effizienter lösen. Jedem Automatenmodell kann man die Klasse der Probleme zuordnen, die sich mit ihm *entscheiden* lassen. Die Problemklassen werden wir als so genannte formale Sprachen beschreiben. So entsteht eine Struktur, die man als Chomsky-Hierarchie bezeichnet. Kapitel 7 und 8 befassen sich mit zwei speziellen Sprachfamilien, regulären Sprachen und deterministisch kontextfreien Sprachen. Besonders Letztere sind für den Compilerbau höchst interessant, weil sie sich effizient entscheiden lassen, gleichzeitig aber noch über genügend Ausdrucksstärke für moderne Programmiersprachen verfügen.

In drei Anhängen haben wir die nötigen Grundlagen zu Kostenmaßen für Algorithmen ($\mathcal{O}$-Notation), Aussagenlogik und formalen Sprachen zusammengefasst, sodass die Leserin und der Leser dort die verwendeten Notationen nachschlagen können und keine weiteren Bücher zu diesem Zweck bemühen müssen.

Am Ende des Buches befindet sich ein Literaturverzeichnis. Hier findet man sowohl einführende Literatur und Standardwerke zu Algorithmen und Datenstrukturen (z.B. [AHU74, Meh77, OW93]), Graphen ([Eve79, Har74, Jun94]), Compilerbau ([AU72, ASU86, Kas90, WG84, WM92]), relevante Originalarbeiten als auch eine Reihe weiterer Einführungen in Berechenbarkeit, Komplexitätstheorie und formale Sprachen.

Dieses Buch richtet sich an Studierende sowie DozentInnen der Informatik und verwandter Fachrichtungen an Universitäten und anderen Hochschulen. Unsere Empfehlung für eine vierstündige Vorlesung mit Übungen ist, Kapitel 1–8 oder Kapitel 1–7 und Kapitel 9 zu behandeln. Alternativ kann mit formalen Sprachen begonnen werden, was der Reihenfolge Kap. 5–7 oder 8, Kap. 1–4, evtl. Kap. 9 entspricht. Jedes Kapitel endet mit Übungsaufgaben von unterschiedlichem Schwierigkeitsgrad.

Das Buch ist so formuliert, dass nur elementare Kenntnisse in Informatik und Mathematik vorausgesetzt werden. Die benötigten Formalismen werden an geeigneter Stelle eingeführt und durch Beispiele, Abbildungen und intuitive Erklärungen ergänzt.

Wir hoffen, dass diese Einführung in die theoretische Informatik auch denjenigen Studierenden, die bisher Schwierigkeiten mit dem Verständnis dieses Stoffes hatten, helfen kann, einen Einstieg in diese interessante und unserer Meinung nach auch höchst praxisrelevante Materie zu finden.

Danksagung: Wir danken Rolf Bardeli, Frank Ciesinski, Marcus Größer, Patrik Hadaschik, Sascha Klüppelholz, Peter Orbanz, Jörn Ossowski, Jan Tietjen, Marcel Winandy, Melanie Win Myint, Verena Wolf, allen Studierenden der Vorlesung Informatik IV des Sommersemesters 2001 an der Universität Bonn sowie allen Mitarbeitern unserer Abteilung für ihre vielfältigen Anregungen und Kommentare. Außerdem möchten wir uns bei Herrn Hilmar Schlegel, Frau Dr. Isabel Schneider und Herrn Helge Sturmfels von Pearson Studium für die gute Zusammenarbeit bedanken.

Teil I

Berechenbarkeit

Jeder, der mit Computern zu tun hat, wird über eine intuitive Vorstellung von Berechenbarkeit verfügen. Auch wenn dieser *intuitive Berechenbarkeitsbegriff* subjektiv ist, werden die meisten von uns zumindest eine sehr ähnliche Vorstellung davon haben, was »prinzipiell« mit einem Computer »machbar« ist.

Intuitive Berechenbarkeit partieller Funktionen: Wir betrachten zunächst ein paar Beispiele für — aus Sicht der Autoren — intuitiv berechenbare partielle Funktionen[1]. Die Begründung, warum wir eine Funktion als berechenbar ansehen, wird einen informellen Algorithmenbegriff verwenden. Üblicherweise werden Algorithmen in einer Pascal-artigen Schreibweise notiert. Wir beschränken uns auf partielle Funktionen $f : \mathbb{N}^k \to \mathbb{N}$ und nennen diese (intuitiv) berechenbar, wenn es einen Algorithmus (eine Rechenvorschrift) gibt, der

▶ als Eingabe ein beliebiges k-Tupel $(n_1, \ldots, n_k)$ natürlicher Zahlen erhält und

▶ mit der Ausgabe $f(n_1, \ldots, n_k)$ terminiert, falls $f(n_1, \ldots, n_k) \neq \bot$.

Für solche Tupel $(n_1, \ldots, n_k)$, für die $f(n_1, \ldots, n_k)$ undefiniert ist (d.h. $f(n_1, \ldots, n_k) = \bot$), soll keine Ausgabe bereitgestellt werden; entweder läuft der Algorithmus endlos (ohne Ausgabe) oder er hält ohne Ausgabe an.[2]

---

[1] Unter einer partiellen Funktion $f : A \to B$ versteht man eine »Vorschrift«, die manchen Elementen $a \in A$ einen Funktionswert $f(a) \in B$ zuordnet. Alle Elemente $a \in A$, denen kein Funktionswert zugeordnet wird, heißen Undefiniertheitsstellen von f. Man schreibt auch $f(a) = \bot$, falls a eine Undefiniertheitsstelle von f ist. Während (totale) Funktionen $f : A \to B$ als Teilmengen R von $A \times B$ formalisiert werden können, sodass zu jedem $a \in A$ *genau* ein $b \in B$ mit $(a, b) \in R$ existiert, sind partielle Funktionen Teilmengen R von $A \times B$, sodass es zu jedem $a \in A$ *höchstens* ein $b \in B$ mit $(a, b) \in R$ gibt.

[2] Diese Sicht von Algorithmen basiert auf sog. *denotationellen Semantiken* für sequentielle Programme, die jedem Programm diejenige partielle Funktion zuordnen, die das *Eingabe-Ausgabe-Verhalten*

Beispielsweise berechnet der folgende Algorithmus 0.0.1 die partielle Funktion

---

Algorithmus 0.0.1

INPUT(n);   (* Der Eingabewert n ist eine natürliche Zahl. *)
INPUT(x);   (* Der Eingabewert x ist eine natürliche Zahl. *)
$y := 1$;
$i := n$;
WHILE $i \neq 0$ **DO**
    $y := y * x^2$;
    $i := i - 2$;
OD
OUTPUT(y);

$$f : \mathbb{N} \times \mathbb{N} \to \mathbb{N}, \quad f(n, x) = \begin{cases} x^n & : \quad \text{falls } n \text{ gerade} \\ \bot & : \quad \text{sonst.} \end{cases}$$

Beachte, dass für ungerade n das Abbruchkriterium der Schleife niemals erfüllt werden kann und der Algorithmus somit endlos läuft.

INPUT($\cdot$) und OUTPUT($\cdot$) stehen hier stellvertretend für beliebige Eingabe- und Ausgabeanweisungen.

Die Ackermannfunktion: Sei $ack : \mathbb{N} \times \mathbb{N} \to \mathbb{N}$ gegeben durch

▶ $ack(0, m) = m + 1$

▶ $ack(n, 0) = ack(n - 1, 1)$, falls $n \geq 1$

▶ $ack(n, m) = ack(n - 1, ack(n, m - 1))$, falls $n, m \geq 1$.

Jede Leserin und jeder Leser mit grundlegenden Programmierkenntnissen sollte in der Lage sein, ein Programm in einer höheren Programmiersprache zu schreiben, das die Ackermannfunktion berechnet. Insofern halten wir es für gerechtfertigt, die Ackermannfunktion als intuitiv berechenbar zu bezeichnen.

Die überall undefinierte Funktion: Das zweite Beispiel für eine intuitiv berechenbare partielle Funktion ist die überall undefinierte Funktion[3]

---

beschreibt. Sei P ein sequentielles Programm, dessen zulässige Eingabewerte einer Menge I entstammen. Sei O der Wertebereich der möglichen Ausgabedaten von P. Dann ist die denotationelle Semantik von P eine partielle Funktion $f_P : I \to O$. Terminiert P bei Eingabe $i \in I$, dann ist $f_P(i)$ der Wert, den P bei Eingabe i ausgibt. Falls P für einen Eingabewert i nicht terminiert, dann ist i eine Undefiniertheitsstelle von f_P.

[3] Die überall undefinierte Funktion ist eine partielle Funktion, die an keiner Stelle definiert ist. Wir möchten nicht behaupten, dass diese partielle Funktion irgendeinen praktischen Nutzen hat; sie dient hier lediglich als einfaches Beispiel für eine *partielle* berechenbare Funktion.

$$f_\perp : \mathbb{N} \to \mathbb{N}, f_\perp(n) = \perp \text{ für alle } n \in \mathbb{N}.$$

Diese wird durch jedes Programm (oder jeden Algorithmus) berechnet, das als Eingabe eine natürliche Zahl n hat und *keine* Ausgabe liefert. Beispielsweise wird $f_\perp$ durch ein (unsinniges) Programm berechnet, das niemals terminiert.

Die Funktion f_π: Die folgenden beiden Beispiele zeigen, dass wir manchmal auf die Berechenbarkeit einer Funktion schließen können, selbst wenn wir *kein* Verfahren kennen oder angeben können, das die betreffende Funktion berechnet. Zunächst betrachten wir die totale Funktion $f_\pi : \mathbb{N} \to \mathbb{N}$,

$$f_\pi(n) = \begin{cases} 1 & : \text{ falls } n \text{ Anfangsstück des Nachkommateils von } \pi = 3.1415... \text{ ist} \\ 0 & : \text{ sonst.} \end{cases}$$

Beispielsweise ist $f_\pi(1) = f_\pi(14) = f_\pi(141) = f_\pi(1415) = \ldots = 1$ und $f_\pi(2) = f_\pi(34) = f_\pi(143) = 0$. Auf die (intuitive) Berechenbarkeit von f_π können wir alleine aus der Tatsache schließen, dass es beliebig genaue Näherungsverfahren für die Zahl π gibt. Wie diese Näherungsverfahren arbeiten, ist für die Existenz einer Berechnungsvorschrift für f_π ohne Belang.

Das folgende Beispiel zeigt, dass man manchmal die Berechenbarkeit einer Funktion zeigen kann, wenn man keinen zugehörigen Algorithmus angeben kann. Die totale Funktion $f : \mathbb{N} \to \mathbb{N}$,

$$f(n) = \begin{cases} 1 & : \text{ falls es grüne Elefanten auf dem Mars gibt} \\ 0 & : \text{ sonst} \end{cases}$$

ist berechenbar. Die Autoren wissen nicht, ob es grüne Elefanten auf dem Mars gibt. Trotzdem können wir sicher sein, dass f berechenbar ist, da f entweder konstant gleich 1 oder konstant gleich 0 ist. In jedem Fall ist f berechenbar.

Nichtberechenbare Funktionen: Es gibt Probleme, die nicht vollautomatisch lösbar sind. Dies kann mit Kardinalitätsargumenten belegt werden. Hierzu betrachten wir die Funktionenschar $f_r : \mathbb{N} \to \mathbb{N}$,

$$f_r(n) = \begin{cases} 1 & : \text{ falls } n \text{ Anfangsstück des Nachkommateils von } r \text{ ist} \\ 0 & : \text{ sonst,} \end{cases}$$

wobei r eine beliebige irrationale Zahl im Intervall $]0,1[$ ist. Die Funktionen f_r sind offenbar paarweise verschieden. Also ist die Menge

$$\{ f_r : r \in]0,1[, r \text{ irrational} \}$$

überabzählbar. Andererseits ist die Menge aller durch ein Computerprogramm berechenbarer Funktionen $f : \mathbb{N} \to \mathbb{N}$ abzählbar, da jedes Programm durch einen endlichen Text niedergeschrieben werden kann. (Die Anzahl aller endlichen Texte über einem festen endlichen Alphabet ist abzählbar.) Insbesondere muss es nicht berechenbare Funktionen f_r geben.

Möglicherweise finden viele der Leser und Leserinnen diese Beobachtung nicht sehr beunruhigend. Wer möchte schon eine der Funktionen f_r berechnen? Wir werden jedoch sehen, dass es eine Reihe von praxisrelevanten Problemen gibt, die sich nicht vollautomatisch lösen lassen.

KAPITEL 1

Abstrakte Rechnermodelle

In den eingangs genannten Beispielen ging es uns darum, die Berechenbarkeit einer Funktion zu begründen. Dabei haben wir uns mit informellen Rechenvorschriften begnügt. Tatsächlich sind verbale Beschreibungen ausreichend (und sinnvoll), solange es um den Entwurf *eines* Algorithmus geht. Wenn es aber um die Frage geht, nachzuweisen, dass sich ein Problem *nicht* algorithmisch lösen lässt, dann haben wir es mit einer Aussage zu tun, die über *alle* Algorithmen quantifiziert. In diesem Fall ist der informelle Algorithmenbegriff nicht ausreichend; stattdessen benötigen wir eine präzise mathematische Definition, was ein Algorithmus leisten kann. Entsprechendes gilt für den Nachweis, dass sich ein Problem nicht effizient lösen lässt.

Abbildung 1.0.1 Nachweis der algorithmischen Lösbarkeit.

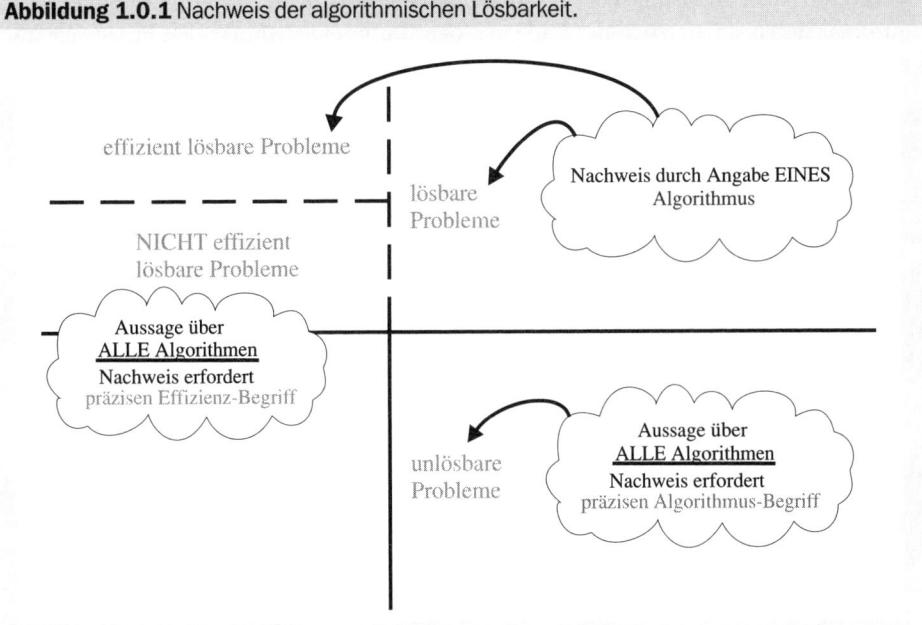

In den 30-er und 40-er Jahren (des 20. Jahrhunderts) wurden verschiedene mathematische Modelle zur Formalisierung des Begriffs der Berechenbarkeit vorgeschlagen. Letztendlich hat sich herausgestellt, dass diese sehr unterschiedlichen Formalismen allesamt denselben Berechenbarkeitsbegriff beschreiben und mit dem intuitiven Berechenbarkeitsbegriff übereinzustimmen scheinen. Die letzte Aussage ist als *Churchsche These* bekannt.

Zunächst wollen wir uns klar machen, welche Anforderungen heutzutage an Berechenbarkeitsbegriffe sinnvoll sind.[1]

▶ Die Berechenbarkeitsbegriffe müssen präzise definiert sein, sodass wir über einen beweisfähigen Formalismus verfügen.

▶ Die Formalismen sollen konzeptionell möglichst einfach sein, sodass die Beweisführung nicht zu kompliziert wird.

▶ Die Formalismen sollen möglichst intuitiv sein und Parallelen zu realen Rechnern und Programmiersprachen erkennen lassen.

▶ Die Formalismen sollten weitgehend unabhängig von konkreten (heutzutage modernen) Rechnern oder Programmiersprachen sein, sodass ein allgemeingültiger Berechenbarkeitsbegriff hervorgeht, der auch für »Science-Fiction Rechner« adäquat ist.

Für die zweite und vierte Anforderung ist es sinnvoll, sehr stark von realen Konzepten aus dem Hard- und Softwarebereich zu abstrahieren. Salopp (und überspitzt) formuliert: Es würde reichen, die Fähigkeit Bits zu setzen oder zurückzusetzen in geeigneter Weise zu formalisieren, da »letztendlich« alle in einem Rechner stattfindenden Prozesse darauf zurückgeführt werden. Dies wird (vermutlich) auch auf zukünftige Rechner zutreffen.

Wir werden hier zwei Formalismen kennen lernen: Register- und Turingmaschinen. In Abschnitt 1.3 werden wir deren Äquivalenz nachweisen.

An dieser Stelle möchten wir darauf hinweisen, dass die hier betrachteten Rechnermodelle keinesfalls als Grundlage für den Entwurf von Algorithmen dienen sollen. Es wäre eine schlimme Schikane, wenn wir nach Abschluss von Kapitel 1 auf Pseudo-Code verzichten und stattdessen Registermaschinen-Programme schreiben oder Turingmaschinen entwerfen müssten. Es geht hier darum, die prinzipielle Leistungsfähigkeit von (heutigen oder zukünftigen) Computern formal darzustellen.

1.1 Registermaschinen

Eine *Registermaschine* (Abkürzung RM) ist ein sehr einfaches Rechnermodell, das recht nahe an realen Rechnern anlehnt und im Wesentlichen auf Cook und Reckhow (1973) zurückgeht. In der Literatur wurden unterschiedliche Varianten von Registermaschinen vorgestellt. Wir verwenden hier ein Modell, das in der Literatur häufig als Random Access Machine (Abk. RAM) bezeichnet wird.

---

[1] Man sollte sich vor Augen halten, dass die formalen Berechenbarkeitsbegriffe, die auch heute noch (und vermutlich auch in Zukunft) verwendet werden, in einer Zeit entwickelt wurden, in der man über die Leistungsfähigkeit zukünftiger Rechner nur spekulieren konnte. Welche Anforderungen an einen allgemein gültigen Berechenbarkeitsbegriff zu stellen sind, war damals keinesfalls offensichtlich. Während wir heutzutage mit einer gewissen Selbstverständlichkeit von intuitiver Berechenbarkeit sprechen können, war Berechenbarkeit für die Wissenschaftler von damals eher eine Vision.

Abbildung 1.1.1 Schematischer Aufbau einer Registermaschine

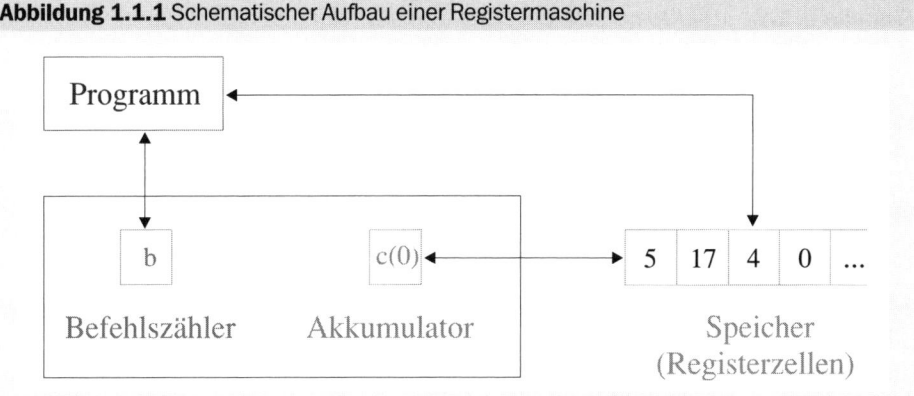

Eine Registermaschine basiert auf der idealisierten Annahme eines unbeschränkten Speichers, der sich aus unendlich vielen *Registerzellen* zusammensetzt, die jeweils eine natürliche Zahl speichern können. Die Registerzellen sind mit 1 beginnend durchnummeriert. Der Inhalt von Registerzelle i wird mit $c(i)$ bezeichnet.[2] An den Größen der in den Registerzellen stehenden Werte werden keine Einschränkungen gemacht. Initial steht in jeder Registerzelle der Wert 0 (oder ein Eingabewert; s. unten). Die Registermaschine verfügt über einen *Akkumulator*, in dem sämtliche arithmetischen Operationen (Vergleiche, Addition, Subtraktion, Multiplikation und Division) ausgeführt werden. Der aktuelle Inhalt des Akkumulators wird mit $c(0)$ bezeichnet. Die Arbeitsweise einer Registermaschine wird durch ein *Programm* spezifiziert. Dieses setzt sich aus einer Folge von elementaren Befehlen zusammen, die zeilenweise untereinander geschrieben werden. Die Programmzeilen sind mit Marken (Zeilennummern) versehen. Ein Befehlszähler b gibt Aufschluss darüber, welche Programmzeile als Nächstes zur Bearbeitung ansteht. Gestartet wird die Registermaschine mit $b = 1$ (erste Programmzeile).

Die RM-Befehle: Die Grundbefehle LOAD, STORE und die arithmetischen Operationen werden mit einem Operanden x aufgerufen. Drei Typen von Operanden sind zulässig:

▶ Konstanten (für die wir die Schreibweise »#k« verwenden),

▶ *direkte* Adressierung und

▶ *indirekte* Adressierung.

Ist x ein Operand eines RM-Befehls, dann bezeichnen wir mit $v(x)$ das zugehörige »eigentliche« Argument. Siehe Tabelle 1.1.2.

Eine Registerbelegung ist eine Abbildung $c : \mathbb{N} \rightarrow \mathbb{N}$, die jedem Register i einen natürlichzahligen Wert $c(i)$ zuordnet. Der Wert des Akkumulators ist durch $c(0)$ gegeben.

Der Befehlssatz von Registermaschinen ist in Tablelle 1.1.3 (s. Seite 21) zusammengefasst.

---

[2] Der Buchstabe c steht für das englische Wort »content«.

Tabelle 1.1.2 [Die Operanden der Registermaschinenbefehle]

	Operand x	das »eigentliche« Argument $v(x)$
Konstanten	#k	die Zahl k
Direkte Adressierung	i	$c(i)$ = Inhalt der Registerzelle i
Indirekte Adressierung	*i	$c(c(i))$ = Inhalt der Registerzelle $c(i)$

Beispielsweise steht LOAD #5 für den Befehl, der die Konstante 5 in den Akkumulator lädt. Dagegen hat LOAD i den Effekt, dass der Inhalt der Registerzelle i in den Akkumulator geladen wird. Entsprechend bedeutet LOAD *i, dass der Inhalt der Registerzelle mit der Nummer $c(i)$ in den Akkumulator geladen wird. Für den letzten Fall (die indirekte Adressierung) muss vorausgesetzt werden, dass $c(i) > 0$. Entsprechende Bedeutung haben die Befehle STORE i und STORE *i, mit denen der Wert des Akkumulators in die durch den Operanden gegebene Registerzelle geschrieben wird. Für den Speicherbefehl STORE ist die Verwendung von konstanten Operanden »#k« nicht zulässig.

Die arithmetischen Operationen ADD, MULT, SUB und DIV verwenden die so genannte Einadressform, in der das erste Argument stets der Wert im Akkumulator ist. Bei der Subtraktion ist zu beachten, dass wir im Zahlenbereich der natürlichen Zahlen rechnen und daher den Operator

$$\max\{0, n - m\} \text{ anstelle von } n - m$$

verwenden. Der Divisionsoperator steht für die ganzzahlige Division ohne Rest,

$$n \text{ div } m = \lfloor n/m \rfloor.$$

Zur Erinnerung: $\lfloor x \rfloor$ bezeichnet die größte ganze Zahl N mit $N \leq x$.

Die Division unterliegt der Einschränkung, dass nicht durch 0 geteilt werden darf. Am Ende der Ausführung jedes elementaren Befehls wird der Befehlszähler um 1 erhöht. Dies entspricht dem Übergang zur nächsten Programmzeile.

Sprungbefehle: Die RM kann unbedingte und bedingte Sprungbefehle ausführen. GOTO j steht für den (unbedingten) Sprung in Programmzeile j. Bei einer bedingten Sprunganweisungen JZERO j (engl. *jump if zero*) ist der weitere Programmablauf abhängig vom Wert des Akkumulators. Ist dessen Inhalt gleich Null, so wird in Programmzeile j verzweigt. Andernfalls wird die Ausführung in der nachfolgenden Zeile fortgeführt.

Terminierung: Sobald der Befehlszähler den Wert ∞ annimmt, hält die Berechnung an. Der Befehl END sowie jede unzulässige Operation (z. B. Division durch 0 oder STORE i mit $c(i) = 0$) führen zum Abbruch der Berechnung; d.h. sie haben den Effekt der Zuweisung $b := \infty$.

Aus technischen Gründen fordern wir, dass der Haltebefehl END stets in der letzten Programmzeile steht.

Tabelle 1.1.3   [Der Befehlssatz einer Registermaschine]

Befehl	Effekt
LOAD x	$c(0) := v(x); b := b+1;$
STORE i	$c(i) := c(0); b := b+1;$
STORE $*i$	**IF** $c(i) \geq 1$ **THEN** $c(c(i)) := c(0); b := b+1$ **ELSE** $b := \infty$ (* Abbruch *) **FI**
ADD x	$c(0) := c(0) + v(x); b := b+1$
SUB x	$c(0) := \max\{0, c(0) - v(x)\}; b := b+1$
MULT x	$c(0) := c(0) * v(x); b := b+1$
DIV x	**IF** $v(x) > 0$ **THEN** $c(0) := c(0)$ div $v(x); b := b+1$ **ELSE** $b := \infty$ (* Abbruch *) **FI**
GOTO j	$b := j$
JZERO j	**IF** $c(0) = 0$ **THEN** $b := j$ **ELSE** $b := b+1$ **FI**
END	$b := \infty$ (* Das Programm wird beendet. *)

Beispiel 1.1.4. Das folgende Programmstück steht für die Zuweisung $c(i) := c(j) *$ $c(k)$.

$$\vdots$$

b	LOAD j	(* $c(0) := c(j)$ *)
$b+1$	MULT k	(* $c(0) := c(0) * c(k)$ *)
$b+2$	STORE i	(* $c(i) := c(0)$ *)

$$\vdots$$

Schleifen wie etwa

$$\textbf{WHILE } c(i) > c(j) \textbf{ DO} \ldots \textbf{OD}$$

können durch ein Programmstück der folgenden Form realisiert werden (Listing 1.1.5). Man beachte hierbei, dass bei der Prüfung auf $c(i) \leq c(j)$ ausgenutzt wird, dass die Registermaschine keine negativen Zahlen kennt, dass also $c(i) \leq c(j)$ genau dann erfüllt ist, wenn nach der betreffenden Subtraktion der Wert des Akkumulators gleich Null ist.

Listing 1.1.5　**[WHILE** $c(i) > c(j)$ **DO** ... **OD]**

$$\vdots$$

LOOP	LOAD i	(* $c(0) := c(i)$ *)
	SUB j	(* $c(0) := \max\{0,\ c(i) - c(j)\}$ *)
	JZERO END_LOOP	(* **IF** $c(i) \leq c(j)$ **THEN** GOTO END_LOOP *)

$$\vdots$$

$$\vdots$$

　　　　　　　　　　(* Anweisungen innerhalb der WHILE-Schleife *)

　　　　GOTO LOOP

END_LOOP　...

$$\vdots$$

　　　　　　　　　(* Anweisungen nach der WHILE-Schleife *)

Zur besseren Lesbarkeit haben wir hier Markennamen statt Nummern verwendet.

In analoger Weise kann man den Effekt von bedingten Anweisungen, etwa

$$\textbf{IF } c(i) = 1 \textbf{ THEN} \ldots \textbf{ELSE} \ldots \textbf{FI},$$

mit RM-Befehlen simulieren. ∎

Es ist zwar sehr mühsam, Programme realer Programmiersprachen mithilfe der Assembler-ähnlichen Befehle einer Registermaschine zu formulieren, aber — und alleine das ist hier entscheidend — machbar. Letztendlich werden auch Hochsprachenprogramme in einen solchen Code übersetzt. Beispielsweise werden JAVA-Programme in JAVA-Byte Code übersetzt, der solchen RM-Programmen sehr ähnlich ist. Daher scheint es gerechtfertigt zu sein, Registermaschinen für eine Formalisierung der (intuitiven) Berechenbarkeit heranzuziehen.

Das Eingabe-/Ausgabeverhalten von Registermaschinen

Zur Definition der durch eine Registermaschine $\mathcal{R}$ berechneten Funktion müssen wir die Eingabe- und Ausgaberegister festlegen. Im Folgenden nehmen wir daher an, dass die Eingabe in den ersten Registerzellen $1, 2, \ldots, k$ und die Ausgabe (nach der Terminierung) in einer festgelegten Registerzelle i steht. Formal besteht eine Registermaschine also aus einem Tripel (P, k, i), wobei P ein RM-Programm ist und k bzw. i die Eingabe- und Ausgaberegister spezifiziert.

Sei $c[n_1, \ldots, n_k]$ die Registerbelegung, die durch

$$c[n_1, \ldots, n_k](j) \;=\; \begin{cases} 0 & : \quad \text{falls } j = 0 \text{ oder } j > k, \\ n_j & : \quad j = 1, \ldots, k, \end{cases}$$

gegeben ist. Dabei sind $n_1, \ldots, n_k$ natürliche Zahlen. Intuitiv steht $c[n_1, \ldots, n_k]$ für diejenige Registerbelegung, in der die Werte $n_1, \ldots, n_k$ in den ersten k Registern stehen und alle anderen Registerzellen mit 0 belegt sind.

Wir sagen »$(n_1, \ldots, n_k)$ ist das Eingabetupel für $\mathcal{R}$« (oder »$n_1, \ldots, n_k$ sind die Eingabewerte für $\mathcal{R}$«), wenn $\mathcal{R}$ mit der initialen Registerbelegung $c[n_1, \ldots, n_k]$ gestartet wird.

Definition 1.1.6 [Berechnete partielle Funktion]

Die durch $\mathcal{R}$ berechnete partielle Funktion

$$f_{\mathcal{R}} : \mathbb{N}^k \to \mathbb{N}$$

ist gegeben durch:

▶ $f_{\mathcal{R}}(n_1, \ldots, n_k) = \bot$, falls $\mathcal{R}$ für die initiale Registerbelegung $c[n_1, \ldots, n_k]$ nicht terminiert,

▶ $f_{\mathcal{R}}(n_1, \ldots, n_k) = c(i)$, falls $\mathcal{R}$ für die initiale Registerbelegung $c[n_1, \ldots, n_k]$ mit der Registerbelegung c terminiert.

Dabei ist k die Anzahl an Eingaberegistern und Register i das Ausgaberegister von $\mathcal{R}$.

Beispiel 1.1.7. [RM-Programm zur Berechnung von n^m] In Abb. 1.1.8 (Seite 24) ist ein RM-Programm zur Berechnung von $z = n^m$ angegeben. Dabei gehen wir davon aus, dass initial n in Registerzelle 1 und m in Registerzelle 2 steht. Die berechnete Funktion $f_{\mathcal{R}} : \mathbb{N}^2 \to \mathbb{N}$ ist $f_{\mathcal{R}}(n, m) = n^m$. ■

Listing 1.1.8 [Registermaschinen-Programm zur Berechnung von n^m]

1	LOAD #1	(* Initialisierung $z := 1$ *)
2	STORE 3	
3	LOAD 2	(* **IF** $m = 0$ **THEN** halte an *)
4	JZERO 12	
5	LOAD 3	(* Multiplikation $z := z * n$ *)
6	MULT 1	
7	STORE 3	
8	LOAD 2	(* Subtraktion $m := m - 1$ *)
9	SUB #1	
10	STORE 2	
11	GOTO 4	(* nächste Iteration *)
12	END	(* der gesuchte Wert n^m steht in Registerzelle 3 *)

Definition 1.1.9 [RM-Berechenbarkeit]

Eine partielle Funktion

$$f : \mathbb{N}^k \to \mathbb{N}$$

wird *RM-berechenbar* genannt, wenn es eine Registermaschine $\mathcal{R}$ gibt, sodass $f = f_{\mathcal{R}}$.

Beispielsweise ist die Funktion $f : \mathbb{N}^2 \to \mathbb{N}$, $f(n, m) = n^m$ RM-berechenbar (s. Beispiel 1.1.7, Seite 23). Weiter ist klar, dass die arithmetischen Funktionen wie Addition, Multiplikation, Subtraktion und Division RM-berechenbar sind. Tatsächlich sind sämtliche partiellen Funktionen, für die wir ein Programm in irgendeiner Programmiersprache schreiben können, RM-berechenbar. Zum Beispiel ist auch die Ackermannfunktion oder die Funktion f_π (s. Seite 14 ff) RM-berechenbar.

Auch wenn Registermaschinen zunächst so konzipiert sind, dass die Register nur natürliche Zahlen als Werte annehmen können, so sind doch auch komplexere Datentypen darstellbar.

Ganze und rationale Zahlen: Ganze Zahlen kann man durch zwei Register darstellen, von denen eines (ein Bit für) das Vorzeichen enthält (0 entspricht »+«, 1 entspricht

»−«), während das andere Register den Absolutbetrag enthält. Rationale Zahlen kann man durch drei Register darstellen: ein Register für das Vorzeichen, ein Register für den Vorkommateil, ein Register für den Nachkommateil.[3]

Graphen: Ein endlicher Graph $G = (V, E)$ kann durch die Knotenanzahl $n = |V|$ (etwa in Register 1) und die Adjazenzmatrix dargestellt werden. Zur Darstellung der Adjazenzmatrix verwendet man eine feste Knotennummerierung, etwa $v_1, \ldots, v_n$, und stellt in Register $(i − 1) \cdot n + j + 1$, den Eintrag der i-ten Zeile und j-ten Spalte dar (i, $j = 1, \ldots, n$.) Das heißt die Komponenten der Adjazenzmatrix stehen zeilenweise in den Registern $2, 3, \ldots, n^2 + 1$.

Lineare Listen: Zur Darstellung einer linearen Liste (mit natürlichzahligen Listenelementen) kann man eine Darstellung des folgenden Typs verwenden.

▶ Die geraden Register 4,6,8,10, … sind für die eigentlichen Listenelemente reserviert.

▶ Die ungeraden Register 5,7,9,11, … dienen der Darstellung der Verkettung.

▶ Die Position des Listenkopfs (erstes Listenglied) wird in Register 1 dargestellt.

Register 2 und 3 werden für Nebenrechnungen frei gehalten.

Die Grundidee dabei ist, jedes Listenglied durch zwei aufeinander folgende Register darzustellen. Wenn in Register $2i$ der Wert des betreffenden Listenelements steht, dann gibt Register $2i + 1$ Aufschluss über die Position des nachfolgenden Listenglieds; dieses ist in den Registern $c(2i + 1)$ und $c(2i + 1) + 1$ zu finden. Für das letzte Listenglied ist $c(2i + 1) = 0$. Beispielsweise kann die Liste

durch die Registerbelegung

$$c(1) = 4, \quad c(4) = 71, \quad c(5) = 8, \quad c(8) = 33, \quad c(9) = 0$$

beschrieben werden.

Zur Durchführung der Listenoperationen kann indirekte Adressierung verwendet werden. Als Beispiel erläutern wir, wie man mit einem RM-Programm die Liste durchlaufen und den Wert des letzten Listenelements ausgeben kann. Wir verwenden Register 2 als Hilfsregister, in dem der Wert des jeweils aktuellen Listenglieds gespeichert wird. In Register 3 wird die Position des jeweils nächsten Listenglieds gespeichert. Sobald $c(3) = 0$ ist das Listenende erreicht.

Zur Vereinfachung nehmen wir an, dass die Liste nicht leer ist.

---

[3] Mit dieser Darstellung kann lediglich eine Approximation der rationalen Zahl repräsentiert werden; z. B. wird $2/3 = 0.66666\ldots$ durch die drei Werte 0 (für das Vorzeichen +), 0 (für den Vorkommateil) und 6666666 für den Nachkommateil dargestellt. Will man den präzisen Wert repräsentieren, dann kann man auf eine Darstellung der drei Werte »Vorzeichen, Nenner, Zähler« zurückgreifen.

Algorithmus 1.1.10   [zur Ausgabe des letzten Listenelements]

$c(3) := c(1);$ (* Listenkopf *)
WHILE $c(3) \neq 0$ **DO**
   (* Listenende noch nicht erreicht *)

   $c(2) := c(c(3));$ (* Wert des aktuellen Listenglieds *)
   $c(3) := c(c(3) + 1);$ (* Position des nächsten Listenglieds *)
OD
Gib den Wert $c(2)$ aus.

Beispielsweise erhalten wir für die zweielementige Liste mit den Elementen 71 und 33

▶ in der ersten Iteration:

$$c'(2) = c(c(3)) = c(4) = 71$$
$$c'(3) = c(c(3) + 1) = c(4 + 1) = c(5) = 8.$$

▶ in der zweiten Iteration:

$$c''(2) = c'(c'(3)) = c'(8) = 33$$
$$c''(3) = c'(c'(3) + 1) = c'(8 + 1) = c'(9) = 0.$$

Das Verfahren terminiert also mit dem Ausgabewert 33.

Um von dem angegebenen Algorithmus in Pseudo-Code zu einem RM-Programm zu gelangen, formulieren wir ihn zunächst so um, dass in jeder Anweisung der erste Operand der Akkumulator $c(0)$ ist.[4] Wir erhalten Algorithmus 1.1.11.

Der skizzierte Algorithmus lässt sich nun mit indirekter Adressierung als RM-Programm formulieren (siehe Listing 1.1.12).

Kostenmaße für Registermaschinen

Die wesentlichen Faktoren, an denen die Effizienz von Algorithmen gemessen wird, sind Laufzeit und benötigter Speicherplatz. Für Registermaschinen präzisieren wir diese Größen durch vier Funktionen

$$t_{\mathcal{R}}, t_{\mathcal{R}}^u, s_{\mathcal{R}}, s_{\mathcal{R}}^u : \mathbb{N}^k \to \mathbb{N} \cup \{\infty\},$$

wobei wir von einer Registermaschine $\mathcal{R}$ mit k Eingabewerten ausgehen. Der Buchstabe t steht für *time*, s für *space*, u für *uniform*. Bevor wir die präzisen Funktionswerte definieren, erwähnen wir den Sonderfall nicht terminierender Berechnungen. Terminiert $\mathcal{R}$ bei Eingabe $(n_1, \ldots, n_k)$ nicht, so gilt stets

$$t_{\mathcal{R}}(n_1, \ldots, n_k) = t_{\mathcal{R}}^u(n_1, \ldots, n_k) = \infty.$$

---

[4] Einzige Ausnahme stellen STORE-Anweisungen dar.

Algorithmus 1.1.11   [Modifikationen von Algorithmus 1.1.10 (auf dem Weg zu einem RM-Programm)]

$c(0) := c(1);$ (* Listenkopf *)
$c(3) := c(0);$
WHILE $c(0) \neq 0$ **DO**
    (* Listenende noch nicht erreicht *)

    (* Setze $c(2) := c(c(3))$ *)

    $c(0) := c(c(3));$ (* Wert des aktuellen Listenglieds *)
    $c(2) := c(0);$

    (* Setze $c(3) := c(c(3) + 1)$ = Position des nächsten Listenglieds *)

    $c(0) := c(3);$ (* Teil 1: $c(3) := c(3) + 1$ *)
    $c(0) := c(0) + 1;$
    $c(3) := c(0);$
    $c(0) := c(c(3));$ (* Teil 2: $c(3) := c(c(3))$ *)
    $c(3) := c(0);$
OD
Gib den Wert $c(2)$ aus.

Listing 1.1.12   [RM-Programm zur Ausgabe des letzten Listenelements]

1	LOAD 1	(* $c(1)$ enthält die Registernummer des Listenkopfs *)
2	STORE 3	
3	JZERO 12	
4	LOAD *3	(* setze $c(2) := c(c(3))$ *)
5	STORE 2	
6	LOAD 3	(* setze $c(3) := c(c(3) + 1)$ *)
7	ADD # 1	
8	STORE 3	
9	LOAD *3	
10	STORE 3	
11	GOTO 3	
12	END	(* Wert des letzten Listenglieds steht in Register 2 *)

$s_{\mathcal{R}}(n_1, \ldots, n_k) = s_{\mathcal{R}}^u(n_1, \ldots, n_k) = \infty$ ist für unendliche Berechnungen möglich, aber nicht zwingend.

Man unterscheidet zwei Arten, die Rechenzeit und den Platzbedarf zu ermitteln. Das *uniforme Kostenmaß* verwendet Einheitskosten für die RM-Befehle und die Registerzellen.

▶ Für die Ausführung eines jeden RM-Befehls wird eine Zeiteinheit veranschlagt.

▶ Jede Registerzelle, auf die während der Ausführung des RM-Programms zugegriffen wird, wird mit einer Speichereinheit bewertet.

Das *logarithmische Kostenmaß* berücksichtigt die Darstellungsgrößen der Werte, die während der Ausführung des RM-Programms verarbeitet werden.

▶ Die Ausführungszeit jedes RM-Befehls wird an der logarithmischen Länge der Operanden gemessen.

▶ Jede Registerzelle i, auf die während der Ausführung des RM-Programms zugegriffen wird, wird mit der maximalen logarithmischen Länge der in Registerzelle i gespeicherten Werte bewertet.

Das uniforme Kostenmaß

Definition 1.1.13 [Die uniformen Kostenfunktionen]

$t_{\mathcal{R}}^u$ und $s_{\mathcal{R}}^u$ sind wie folgt definiert:

▶ $t_{\mathcal{R}}^u(n_1, \ldots, n_k)$ ist die Anzahl an RM-Befehlen, die $\mathcal{R}$ für das Eingabetupel $(n_1, \ldots, n_k)$ ausführt, bis der Befehlszähler den Wert $b = \infty$ erreicht.

▶ $s_{\mathcal{R}}^u(n_1, \ldots, n_k)$ ist die Anzahl an Registern, auf die $\mathcal{R}$ für das Eingabetupel $(n_1, \ldots, n_k)$ zugreift, bis der Befehlszähler den Wert $b = \infty$ erreicht.

Für die Zeitkomplexität zählt die Vielfachheit eines jeden Befehls, mit der er ausgeführt wird; während für die Platzkomplexität jede benutzte Registerzelle nur einfach zählt (unabhängig von der Anzahl an Zugriffen).

Als »benutzt« gilt eine Registerzelle genau dann, wenn $\mathcal{R}$ während der Ausführung des Programms in irgendeiner Form auf die betreffende Registerzelle zugreift. Es ist durchaus möglich, dass gewisse Eingaberegister während der Ausführung *nicht* benutzt werden. Diese Eingaberegister werden in der Platzkomplexitätsfunktion $s_{\mathcal{R}}^u$ nicht berücksichtigt. (Entsprechendes wird auch für das logarithmische Kostenmaß gelten.)

Das uniforme Kostenmaß ist »bequem« und wird üblicherweise bei der Analyse konkreter Algorithmen eingesetzt. Dennoch ist es nur dann realistisch, wenn die Darstellungsgrößen der in dem Algorithmus verarbeiteten Daten nicht gravierend anwachsen und wenn sämtliche Daten im Hauptspeicher untergebracht werden können. Den zweiten Aspekt vernachlässigen wir für die Diskussion über die effiziente Lösbarkeit von algorithmischen Problemen. Wir wenden uns nur dem ersten Aspekt (der Darstellungsgröße der zu verarbeitenden Daten) zu. Hierzu betrachten wir zunächst das logarithmische Kostenmaß und überlegen uns später ein »vernünftiges« Kriterium, das die Verwendung des uniformen Kostenmaßes rechtfertigt.

Das logarithmische Kostenmaß

Das logarithmische Kostenmaß berücksichtigt sowohl bei der Zeit- als auch bei der Platzanalyse die Darstellungsgröße der in den Registern gespeicherten Werte.

Bezeichnung 1.1.14. [Logarithmische Länge] Sei n eine natürliche Zahl. Die *logarithmische Länge* $L(n)$ von n ist die Anzahl der Bits, die benötigt werden, um n als Binärzahl darzustellen. Es gilt die Formel

$$L(n) = \begin{cases} 1 & : \text{ falls } n = 0 \\ \lfloor \log n \rfloor + 1 & : \text{ falls } n \geq 1. \end{cases}$$

Zum Beispiel ist $L(7) = L((111)_2) = 3$ und[5] $L(8) = L((1000)_2) = 4.$ ∎

Sei $(n_1, \ldots, n_k)$ das Eingabetupel für $\mathcal{R}$. Im Folgenden sprechen wir von dem j-ten RM-Befehl und meinen damit den j-ten RM-Befehl, den $\mathcal{R}$ für die initiale Registerbelegung

$$c_0 = c[n_1, \ldots, n_k]$$

ausführt. Sei c_j die Registerbelegung, die nach Ausführung des j-ten RM-Befehl, erreicht wird. Weiter sei N die gesamte Anzahl an durchgeführten Rechenschritten (also $t_{\mathcal{R}}^u(n_1, \ldots, n_k) = N \in \mathbb{N} \cup \{\infty\}$).

Definition 1.1.15 [Die Rechenzeit (logarithmisches Kostenmaß)]

Wir definieren:

$$t_{\mathcal{R}}(n_1, \ldots, n_k) = \sum_{j=1}^{N} \text{Ausführungszeit des } j\text{-ten RM-Befehls}$$

Die Kosten jedes RM-Befehls ergeben sich durch Aufsummieren der logarithmischen Längen aller zur Ausführung des betreffenden Befehls benötigten Größen. Die Marken (Zeilennummern) der Sprungbefehle werden jeweils nur mit 1 bewertet.

Listing 1.1.16 zeigt einige Beispiele für die logarithmischen Kosten von RM-Befehlen.

---

[5] Die hier verwendete Schreibweise zur Darstellung einer binären Zahl wird auf Seite 45 in Bezeichnung 1.2.11 eingeführt werden.

Listing 1.1.16 [Beispiele für die Ausführungszeiten von RM-Befehlen]

	uniformes Kostenmaß	logarithmisches Kostenmaß
LOAD i	1	$L(i) + L(c(i))$
STORE $*i$	1	$L(c(0)) + L(i) + L(c(i))$
ADD i	1	$L(c(0)) + L(i) + L(c(i))$
SUB #4	1	$L(c(0)) + 3$
GOTO b	1	1
JZERO b	1	$L(c(0)) + 1$
END	1	1

Definition 1.1.17 [Speicherplatzbedarf (logarithmisches Kostenmaß)]

Der Wert $s_{\mathcal{R}}(n_1, \ldots, n_k)$ ergibt sich durch Aufsummieren der Speicherkosten für jede benutzte Registerzelle. Wir definieren den Funktionswert $s_{\mathcal{R}}(n_1, \ldots, n_k)$ wie folgt.

$$s_{\mathcal{R}}(n_1, \ldots, n_k) \;=\; \sum_{i \in I} \max \left\{ L\left(c_j(i)\right) : j \in \{1, \ldots, N\} \right\},$$

wobei I für die Menge aller Registerzellen steht, die für die initiale Registerbelegung c_0 benutzt werden.

Kosten in Abhängigkeit der Eingabegröße: Sei $\mathcal{R}$ eine Registermaschine mit k Eingabewerten. Unter der *Eingabegröße* versteht man die Summe der logarithmischen Längen der k Eingabewerte, also die Zahl

$$N \;=\; L(n_1) + \ldots + L(n_k),$$

wobei $n_1, \ldots, n_k$ die Eingabewerte sind.

Definition 1.1.18

Die Kostenfunktionen in Abhängigkeit der Eingabegröße (unter dem logarithmischen Kostenmaß) sind $T_{\mathcal{R}} : \mathbb{N} \to \mathbb{N} \cup \{\infty\}$,

$$T_{\mathcal{R}}(N) \;=\; \max \left\{ t_{\mathcal{R}}(n_1, \ldots, n_k) : n_1, \ldots, n_k \in \mathbb{N}, L(n_1) + \cdots + L(n_k) \leq N \right\}.$$

Entsprechend ist $S_{\mathcal{R}}$ definiert.

Man beachte, dass wir die Großbuchstaben T und S für die Kostenfunktionen bzgl. der Eingabegröße verwenden, während sich die Kleinbuchstaben t und s auf konkrete Eingabewerte beziehen.

Notation 1.1.19. [Polynomielle Beschränkung] Die Schreibweise[6]

$$T(n) = \mathcal{O}(poly(n))$$

bedeutet, dass T polynomiell beschränkt ist; d.h., dass es ein Polynom p gibt mit

$$T(n) \leq p(n) \text{ für alle } n \in \mathbb{N}.$$

Die Funktionenklasse $\mathcal{O}(poly(n))$ ist also gerade die Vereinigung der Funktionenklassen $\mathcal{O}(n^k)$, $k = 0,1,2,\ldots$. Man beachte, dass die Beschränkung durch ein Polynom keineswegs impliziert, dass auch die betreffende Funktion ein Polynom ist. Beispielsweise ist $n \log n \leq n^2$ und somit $n \log n = \mathcal{O}(poly(n))$. Die Schreibweise

$$T(n) = \mathcal{O}\Big(poly\big(\varphi(n)\big)\Big)$$

bedeutet, dass es ein Polynom p mit

$$T(n) \leq p(\varphi(n)) \text{ für alle } n \in \mathbb{N}$$

gibt. Dabei ist $\varphi : \mathbb{N} \to \mathbb{R}_{\geq 0}$ eine beliebige Funktion. In analoger Weise definieren wir die Funktionenklasse

$$\mathcal{O}\big(2^{poly(n)}\big)$$

aller exponentiell beschränkten Funktionen. Man beachte, dass exponentielle Beschränkung nicht notwendig exponentielles Wachstum impliziert; z. B. ist jedes Polynom exponentiell beschränkt. Analoge Schreibweisen werden wir auch für mehrstellige Funktionen benutzen; z. B. $t(n, m) = \mathcal{O}(poly(n, m))$. ∎

Definition 1.1.20 [Polynomielle Zeitbeschränkung]

Wir nennen $\mathcal{R}$ *polynomiell zeitbeschränkt*, falls die Kostenfunktion $T_{\mathcal{R}}$ unter dem logarithmischen Kostenmaß polynomiell beschränkt ist, wenn also

$$T_{\mathcal{R}}(N) = \mathcal{O}(poly(N)).$$

Analoge Bedeutung haben die Begriffe polynomielle Platzbeschränkung und exponentielle Zeitbeschränkung.

Die folgenden Beispiele zeigen, dass das RM-Programm zur Berechnung von $n \bmod m$ in Listing 1.1.22 (Seite 32) polynomiell zeitbeschränkt ist, nicht aber das RM-Programm zur Berechnung von n^m in Listing 1.1.8 (Seite 24).

Beispiel 1.1.21. [RM-Programm zur Berechnung von $n \bmod m$] Wir betrachten das RM-Programm zur Berechnung von $z = n \bmod m$ in Listing 1.1.22: Initial enthalte Registerzelle 1 den Eingabewert n und Registerzelle 2 den Eingabewert m. Wir nehmen an, dass $m > 0$ ist.

---

[6] Die Operatoren $\mathcal{O}, \Omega, \Theta$ dienen der Angabe der asymptotischen Laufzeit von Algorithmen. Wem diese Notationen nicht bekannt sind, der findet in Anhang A deren Definition.

Listing 1.1.22 [Registermaschinen-Programm zur Berechnung von $n \bmod m$]

RM-Programm		Kosten im log. Kostenmaß
1	LOAD 1	$1 + L(n)$
2	DIV 2	$2 + L(m) + L(n)$
3	MULT 2	$2 + L(n \text{ div } m) + L(m)$
4	STORE 3	$2 + L((n \text{ div } m) * m)$
5	LOAD 1	$1 + L(n)$
6	SUB 3	$2 + L((n \text{ div } m) * m) + L(n)$
7	STORE 3	$2 + L(n \bmod m)$
8	END	

Die Kosten unter dem uniformen Kostenmaß sind konstant:

$$t^u_{\mathcal{R}}(n, m) = 8 \quad \text{und} \quad s^u_{\mathcal{R}}(n, m) = 3.$$

Das logarithmische Kostenmaß dagegen liefert

$$t_{\mathcal{R}}(n, m) = \Theta(L(n) + L(m))$$

und entsprechend $s_{\mathcal{R}}(n, m) = \Theta(L(n) + L(m))$. Hieraus folgt, dass die Kosten linear in Abhängigkeit der Eingabegröße sind; also $T_{\mathcal{R}}(N) = \Theta(N)$ und $S_{\mathcal{R}}(N) = \Theta(N)$. ∎

Beispiel 1.1.23. [Kosten für das RM-Programm zur Berechnung von n^m] Für das RM-Programm zur Berechnung von $z = n^m$ in Listing 1.1.8 (s. Seite 24) erhalten wir die Kosten

$$
\begin{aligned}
t^u_{\mathcal{R}}(n, m) &= 4 && \text{Programmzeilen 1–4} \\
&+ 8m && \text{Programmzeilen 5–11,4} \\
&+ 1 && \text{Programmzeile 12} \\
&= 5 + 8m = \Theta(m)
\end{aligned}
$$

und $s^u_{\mathcal{R}}(n, m) = 3$. Für das logarithmische Kostenmaß berechnen wir die asymptotischen Kosten, indem wir Programmzeile 6 analysieren. Für Zeile 6 erhalten wir die Kosten

$$\sum_{i=1}^{m} \left(L(1) + L(n^{i-1}) + L(n) \right) = \Theta\left(\sum_{i=1}^{m} (i-1) \cdot L(n) \right) = \Theta(m^2 \cdot L(n)).$$

Damit ergibt sich die Rechenzeit $t_{\mathcal{R}}(n, m) = \Theta(m^2 L(n))$. Der Platzbedarf gemessen mit dem logarithmischen Kostenmaß ist

$$s_{\mathcal{R}}(n, m) = \Theta(m L(n)).$$

Hieraus folgt, dass die Kosten bzgl. der Eingabegröße linear in der Größe $L(n)$ des ersten Arguments n sind, aber exponentiell in der Größe $L(m)$ des zweiten Arguments m. Das heißt wir haben

$$T_{\mathcal{R}}(N) \;=\; \mathcal{O}(2^{poly(N)}).$$

Entsprechendes gilt für die Platzkomplexität. ∎

Beispiel 1.1.24. [Kosten für das RM-Programm zur Berechnung von 2^{2^n}] Wir betrachten das RM-Programm zur Berechnung von 2^{2^n} in Abb. 1.1.26. Dieses basiert auf folgendem Algorithmus 1.1.25.

Algorithmus 1.1.25   [zur Berechnung von 2^{2^n}]

$z := 2;$
$i := n;$
WHILE $i > 0$ **DO**
   $z := z * z;$
   $i := i - 1;$
OD
Gib z aus.

Registerzelle 1 enthält den Eingabewert n und wird für die Zählvariable i benutzt. Registerzelle 2 ist das Ausgaberegister und enthält den jeweils aktuellen Wert der Variablen z.

Listing 1.1.26   [Registermaschinen-Programm zur Berechnung von 2^{2^n}]

```
 1    LOAD #2              (* c(2) := 2 *)
 2    STORE 2
 3    LOAD 1               (* c(0) := n *)
 4    JZERO 12
 5    LOAD 2               (* c(2) := c(2) * c(2) *)
 6    MULT 2
 7    STORE 2
 8    LOAD 1               (* c(1) := c(1) - 1 *)
 9    SUB #1
10    STORE 1
11    GOTO 4               (* nächste Iteration *)
12    END                  (* Ausgabe steht in Register 2 *)
```

Die Kosten unter dem uniformen Kostenmaß sind

$$t_{\mathcal{R}}^u(n) = \Theta(n) \quad \text{und} \quad s_{\mathcal{R}}^u(n) = 2 = \Theta(1).$$

Das logarithmische Kostenmaß dagegen liefert

$$t_{\mathcal{R}}(n) = \Theta\left(2^n\right) \quad \text{und} \quad s_{\mathcal{R}}(n) = \Theta\left(L\left(2^{2^n}\right)\right) = \Theta(2^n).$$

Die exponentielle Rechenzeit unter dem logarithmischen Kostenmaß kann man recht einfach an Programmzeile 6 (die im Wesentlichen der Anweisung $z := z * z$ entspricht) ablesen, da dort in der i-ten Iteration das Produkt von 2^{2^i} und 2^{2^i} (also zwei Zahlen der logarithmischen Länge 2^i) gebildet wird. Aufsummieren über alle Iterationen liefert exponentielle Kosten.

Misst man die Kosten an der Eingabegröße, so ist das Ergebnis noch fataler. Wir erhalten *doppeltexponentielle* Kosten

$$T_{\mathcal{R}}(N) = \Theta\left(2^{2^N}\right)$$

und Entsprechendes für die Platzkomplexität. ∎

Beispiel 1.1.27. [Kosten für den naiven Primzahltest] Ein naiver Algorithmus für den Test, ob eine Zahl eine Primzahl ist oder nicht, könnte wie folgt aussehen (siehe Algorithmus 1.1.28):

Algorithmus 1.1.28 [Primzahltest]

$i := n - 1;$
WHILE $i > 1$ **DO**
  IF $(n \bmod i) = 0$ **THEN**
    gib »NEIN« aus   (* i Teiler von n *)
  FI
  $i := i - 1$
OD
gib »JA« aus

In Beispiel 1.1.22 (s.S. 32) haben wir gesehen, dass die Kosten für die Modulo-Operation unter dem uniformen Kostenmaß konstant sind. Somit ergibt sich für den Algorithmus lineare Laufzeit unter dem uniformen Kostenmaß $t_{\mathcal{R}}^u(n) = \Theta(n)$.

Unter dem logarithmischen Kostenmaß sind die Kosten $\Theta(nL(n))$. In beiden Fällen sind die Kosten zwar polynomiell im Eingabewert n, jedoch exponentiell in der Eingabegröße $L(n)$. Beachte: $n = \Theta(2^{L(n)})$. Legt man hingegen das logarithmische Kostenmaß zu Grunde, so muss die Eingabegröße $L(n)$ zu Grunde gelegt werden. Die Modulo-Operation und die Subtraktion bleiben zwar weiterhin linear in $L(n)$, jedoch finden $\Theta(n) = \Theta(2^{L(n)})$ Schleifen-Durchläufe statt und die Laufzeit ist somit exponentiell. ∎

Uniformes versus logarithmisches Kostenmaß

Modifiziert man Beispiel 1.1.24, Seite 33 so, dass die Eingabe eine Zweierpotenz ist und die Zahl $2^k = 2^{2^n}$ berechnet wird, so ergeben sich unter dem uniformen Kostenmaß die Kosten

$$\Theta(n) = \Theta(L(k))$$

während man unter dem logarithmischen Kostenmaß die Kosten

$$\Theta(2^n) = \Theta(2^{L(k)})$$

erhält. Dieses Beispiel zeigt, dass polynomielle Laufzeit unter dem sehr viel angenehmeren uniformen Kostenmaß nicht auf polynomielle Laufzeit gemessen mit dem logarithmischen Kostenmaß schließen lässt. Dennoch gibt es ein Kriterium, das es erlaubt, polynomielle Laufzeit mit dem uniformen Kostenmaß zu belegen.

Sei $\mathcal{R}$ eine Registermaschine mit k Eingabewerten, die folgende beiden Eigenschaften erfüllt:

▶ $t_{\mathcal{R}}^u(n_1, \ldots, n_k) = \mathcal{O}(poly(L(n_1) + \ldots + L(n_k)))$

▶ Sei c_j die Registerbelegung, die nach der Ausführung des j-ten RM-Befehls angenommen wird, wenn die Registermaschine mit der initialen Registerbelegung $c_0 = c[n_1, \ldots, n_k]$ gestartet wird. Dann gilt:

$$\max_{i,j} L(c_j(i)) = \mathcal{O}(poly(L(n_1) + \ldots + L(n_k)))$$

Man beachte, dass die linke Seite der Formel für eine Funktion steht, die von den Eingabewerten $n_1, \ldots, n_k$ abhängt.

Dann ist $\mathcal{R}$ polynomiell zeitbeschränkt.

Die erste Eigenschaft besagt, dass die Rechenzeit unter dem uniformen Kostenmaß polynomiell in der Eingabegröße (d.h. *polylogarithmisch in den Eingabewerten*) ist.[7] Die zweite Eigenschaft stellt sicher, dass die Darstellungsgröße sämtlicher Zahlen, mit denen während der Ausführung gerechnet wird, nicht gravierend anwächst.

Das RM-Programm zur Berechnung von $n \bmod m$ in Abbildung 1.1.22 (Seite 32) ist ein derartiges Beispiel.

Neben Registermaschinen gibt es zahlreiche weitere Rechnermodelle zur Formalisierung von Berechenbarkeit und der Effizienz von Algorithmen. Zu den wichtigsten zählen Turingmaschinen, die wir in dem folgenden Abschnitt behandeln werden.

---

[7] Eine Funktion $f : \mathbb{N} \to \mathbb{R}$ heißt *polylogarithmisch*, falls es ein Polynom p gibt, sodass $f(n) \leq p(\log n)$ für alle $n \in \mathbb{N}$. Entsprechend sind mehrstellige polylogarithmische Funktionen definiert.

1.2 Turingmaschinen

Der englische Mathematiker A. Turing hat 1936 ein konzeptionell sehr einfaches Rechnermodell vorgestellt, das sich als Standardformalismus für Berechenbarkeit und Komplexität etabliert hat.

Wir stellen zunächst Turingmaschinen vor und erläutern dann, inwiefern Turingmaschinen und Registermaschinen »gleichwertig« für die Formalisierung von Berechenbarkeit und effizienter Berechenbarkeit sind.

1.2.1 Deterministische Turingmaschinen

Wer die Definition einer Turingmaschine in mehreren Büchern nachschlägt, wird mit ziemlicher Sicherheit unterschiedliche Definitionen vorfinden. Tatsächlich sind die Abweichungen aber nur geringfügig.

Wir betrachten hier Turingmaschinen mit einem nach links und rechts unbeschränkten Band, ein Speichermedium, das zugleich zur Eingabe, Ausgabe und als Arbeitsspeicher dient. Wir werden später sehen, dass die Verwendung separater Eingabe- und Ausgabebänder oder mehrerer Arbeitsbänder sowie die Annahme, dass die Bänder einseitig beschränkt sind, irrelevant für den resultierenden Berechenbarkeitsbegriff sind.

Abbildung 1.2.1 Schematischer Aufbau einer Einband-Turingmaschine

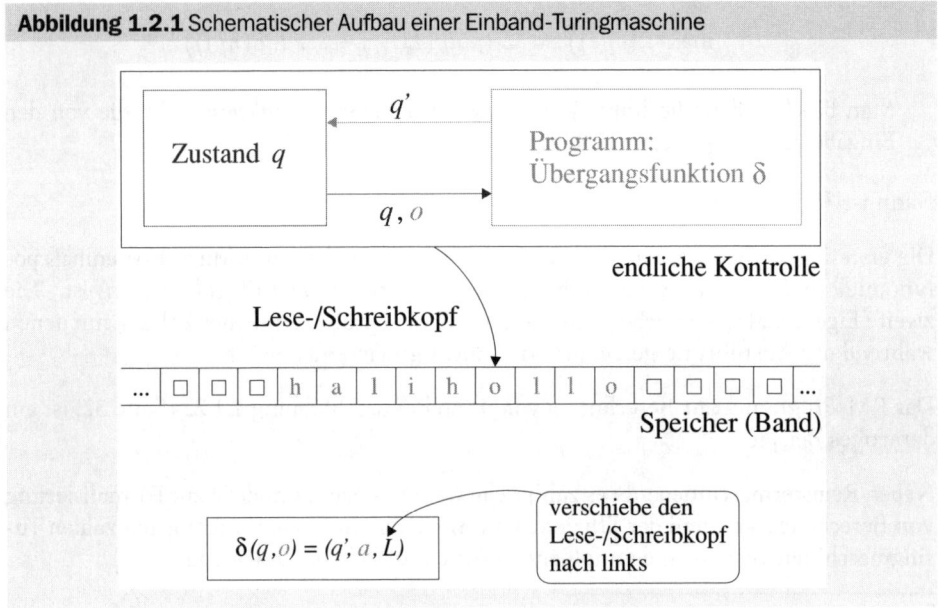

Das Band ist in unendlich viele *Bandquadrate* (häufig auch *Bandzellen* genannt) unterteilt, in denen jeweils ein Symbol des Bandalphabets stehen kann. Man kann sich vorstellen, dass die Bandzellen mit ganzzahligen Nummern versehen sind. Das Band

dient der Turingmaschine als Speichermedium, auf das sie nur sequentiell mit einem *Lese-/Schreibkopf* zugreifen kann.

Das schrittweise Verhalten einer Turingmaschine ist durch ein »Programm«, das als *Übergangsfunktion* formalisiert wird, gegeben. In jedem Schritt kann das gelesene Zeichen (das Zeichen unter dem Lese-/Schreibkopf) mit einem anderen Zeichen überschrieben und der Lese-/Schreibkopf um ein Bandquadrat nach links oder rechts verschoben werden. Neben dem gelesenen Zeichen hängt die Übergangsfunktion auch von einem *Zustand* ab. Im Wesentlichen haben die Zustände Kontrollfunktion und nehmen die Rolle von Programmmodulen ein. Sie können aber auch zur Speicherung von Daten eines endlichen Wertebereichs dienen.

Die Maschine startet ihre Berechnung in einem speziellen Anfangszustand. Die Berechnung wird gemäß der Übergangsfunktion durchgeführt. Das Ergebnis einer terminierenden Berechnung ist entweder *akzeptierend* oder *verwerfend*. Die Klassifizierung erfolgt durch die Vorgabe spezieller Endzustände, deren Erreichen die Akzeptanz zur Folge hat. Terminiert die Maschine in einem Zustand, der kein Endzustand ist, dann wird die Eingabe verworfen. Werden Turingmaschinen zur Berechnung von partiellen Funktionen eingesetzt, dann wird für akzeptierende Berechnungen eine Ausgabe bereitgestellt. Der Lese-/Schreibkopf gibt Aufschluss darüber, wo sich die Ausgabe auf dem Band befindet.

Die intuitive Arbeitsweise einer DTM ist wie folgt: Initial steht das Eingabewort auf dem Band; rechts und links davon sind Blanks. Der Lese-/Schreibkopf zeigt auf die erste Bandzelle, die ein Eingabesymbol enthält. Ist n die Länge des Eingabewortes, dann kann man annehmen, dass sich die Eingabe in den Bandquadraten $0, 1, \ldots, n-1$ befindet. Der Lese-/Schreibkopf steht an der Position 0. Die DTM startet in ihrem Anfangszustand. Die Übergangsfunktion dient nun als Programm, das die Rechenschritte von der DTM vorgibt.

Sei q der aktuelle Zustand und a das gelesene Zeichen (das Zeichen, das in der Bandzelle steht, auf die der Lese-/Schreibkopf zeigt, siehe Abb. 1.2.2). Zunächst nehmen wir an, dass q kein Endzustand ist. Die DTM könnte nun z.B. das Zeichen auf dem Band (o) durch ein anderes Zeichen (z.B. a) überschreiben und den Lese-/Schreibkopf nach links bewegen (siehe Abb. 1.2.2).

Zusätzlich kann die DTM auch ihren Zustand ändern (z.B. von q in q'). Für die Übergangsfunktion, die wir im Folgenden δ nennen werden, würde das bedeuten, dass

$$\delta(q, o) = (q', a, L).$$

Die zwei Argumente der Übergangsfunktion sind der aktuelle Zustand und das aktuell gelesene Zeichen unter dem Lese-/Schreibkopf. Die ersten zwei Komponenten von $\delta(\ldots)$ sind der Zustand, in den die DTM wechselt, und das Zeichen, mit welchem das Zeichen unter dem Lese-/Schreibkopf überschrieben wird. Die dritte Komponente gibt an, in welche Richtung der Lese-/Schreibkopf bewegt wird:

Abbildung 1.2.2 Schrittweises Verhalten einer DTM

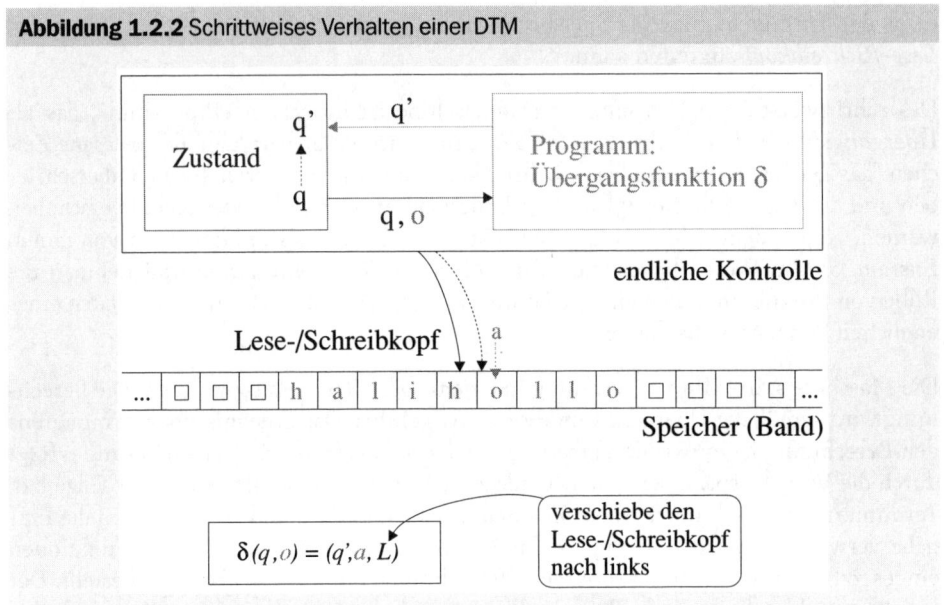

▶ Ist $\delta(q, a) = (p, b, L)$, dann wird der Lese-/Schreibkopf um ein Bandquadrat nach *links* verschoben.

▶ Ist $\delta(q, a) = (p, b, R)$, dann wird der Lese-/Schreibkopf um ein Bandquadrat nach *rechts* verschoben.

▶ Ist $\delta(q, a) = (p, b, N)$, dann wird der Lese-/Schreibkopf *nicht* verschoben.

Sobald ein Endzustand erreicht wird, hält die Turingmaschine an. In diesem Fall wird die Eingabe *akzeptiert*. Die Endzustände werden daher häufig auch *Akzeptanzzustände* oder *akzeptierende* Zustände genannt.[8]

Wir werden im Folgenden häufig die Begriffe »Sprache« und »Wort« benötigen. Eine formale Sprache ist eine Menge endlicher Zeichenketten über einem festen Alphabet. Die Elemente der Sprache nennt man auch Wörter. Zum Beispiel ist die Menge aller syntaktisch korrekten JAVA-Programme eine Sprache, dessen Alphabet alle Klein-, Großbuchstaben, Ziffern und andere Sonderzeichen enthält. Ist Σ ein Alphabeth, so bezeichnet Σ^* die Sprache *aller* Wörter über Σ.

---

[8] Die Werte der Übergangsfunktion für die Endzustände sind völlig irrelevant. Man kann stets $\delta(q, a) = \perp$ für $q \in F$ annehmen. Manchmal ist es aus technischen Gründen auch hilfreich, $\delta(q, a) = (q, a, N)$ für alle Endzustände q anzunehmen.

Definition 1.2.3 [Deterministische Turingmaschine (DTM)]

Eine DTM ist ein Tupel

$$\mathcal{T} = (Q, \Sigma, \Gamma, \delta, q_0, \square, F)$$

bestehend aus

- einer endlichen Menge Q von *Zuständen,*

- einem *Eingabealphabet* Σ,

- einem *Bandalphabet* Γ mit $\Sigma \subseteq \Gamma$,

- einem *Anfangszustand* (auch *Startzustand* genannt) $q_0 \in Q$,

- einer Menge $F \subseteq Q$ von *Endzuständen*

- einem *Blanksymbol* $\square \in \Gamma \setminus \Sigma$,

- einer partiellen Funktion $\delta : Q \times \Gamma \to Q \times \Gamma \times \{L, R, N\}$.

δ wird auch *Übergangsfunktion* von $\mathcal{T}$ genannt. Häufig wird der Zusatz »deterministisch« weggelassen und man spricht kurz von einer Turingmaschine.

Im Falle der Akzeptanz steht die Ausgabe rechts vom Lese-/Schreibkopf. Genauer: Das Ausgabewort ist das längste Wort über dem Alphabet $\Gamma \setminus \{\square\}$, das auf dem Band rechts vom Lese-/Schreibkopf (beginnend mit dem ersten Symbol unter dem Lese-/Schreibkopf) steht. (S. Abschnitt 1.2.2, Seite 44 ff.)

Neben der Terminierung in den Endzuständen hält die DTM auch stets dann an, wenn $\delta(q, a) = \perp$ für den aktuellen Zustand q und das gelesene Zeichen a gilt. Ist $q \notin F$, dann bleibt die DTM zwar stehen, aber es wird keine Ausgabe bereitgestellt. In diesem Fall wird die Eingabe *verworfen.*

Beispiel 1.2.4. [DTM für die Addition »+1«] Wir konstruieren eine DTM $\mathcal{T}_{+1}$ zur Realisierung der Additionsfunktion $f_{+1} : \mathbb{N} \to \mathbb{N}$, $f_{+1}(n) = n + 1$. Zunächst machen wir uns klar, wie man die Addition »+1« bitweise implementieren kann (s. Algorithmus 1.2.5). Das Eingabewort $w = a_{r-1} \ldots a_1 a_0$ ist die Binärzahldarstellung der Eingabezahl n. Es gilt also $a_0, \ldots, a_{r-1} \in \{0,1\}$ und

$$n = \sum_{j=0}^{r-1} a_j \cdot 2^j.$$

Wir setzen die in Algorithmus 1.2.5 beschriebene Vorgehensweise in einer DTM um. Das Eingabealphabet ist $\Sigma = \{0,1\}$. Das Bandalphabet besteht aus Σ und dem Blanksymbol $\square$. Für die einzelnen Programmabschnitte verwenden wir spezielle Zustände q_0, q_1, q_2, q_3. Die Zustandsmenge ist also $Q = \{q_0, q_1, q_2, q_3\}$. q_0 ist der Anfangszustand und $F = \{q_3\}$ die Menge der Akzeptanzzustände. Die Übergangsfunktion δ ist wie folgt definiert.

Algorithmus 1.2.5 [zur bitweisen Berechnung von $n \mapsto n + 1$]

(* Sei $w = a_{r-1} \ldots a_1 a_0$ die Binärzahldarstellung von n. *)
$i := 0$;   (* gehe an das rechte Ende der Eingabe *)
WHILE $i < r$ und $a_i = 1$ **DO**
  $b_i := 0$;   (* überschreibe $a_i = 1$ mit $b_i = 0$ *)
  $i := i + 1$;   (* bewege den Lese-/Schreibkopf nach links *)
OD
(* das gelesene Zeichen ist entweder $\square$ oder eine »0« *)
IF $i = r$ **THEN**
  (* das gelesene Zeichen ist das Blanksymbol *)
  gib die Bitfolge $1 b_{r-1} \ldots b_1 b_0$ aus
ELSE
  (* das gelesene Zeichen ist eine »0« *)
  gib die Bitfolge $b_{r-1} \ldots b_{i+1} 1 a_{i-1} \ldots a_0$ aus
FI

Zustand q_0 wird verwendet, um an das rechte Ende der Eingabe zu gehen. Sobald das erste Blank gelesen wird, wechseln wir in den Zustand q_1.

$$
\begin{aligned}
\delta(q_0, 0) &= (q_0, 0, R) \\
\delta(q_0, 1) &= (q_0, 1, R) \\
\delta(q_0, \square) &= (q_1, \square, L)
\end{aligned}
$$

Zustand q_1 wird für die Addition verwendet, in dem jedes gelesene Bit $a_i = 1$ durch $b_i = 0$ ersetzt wird. Sobald $a_i = 0$, überschreiben wir a_i mit $b_i = 1$ und wechseln in den Zustand q_2. Wird das Blanksymbol gelesen, dann geht die DTM in den Zustand q_3 über, in dem die Ausgabe bereitgestellt wird.[9]

$$
\begin{aligned}
\delta(q_1, 1) &= (q_1, 0, L) \\
\delta(q_1, 0) &= (q_2, 1, L) \\
\delta(q_1, \square) &= (q_3, 1, N)
\end{aligned}
$$

Mit Zustand q_2 gehen wir an das linke Ende der Eingabe. Dies ist nur für den Fall relevant, in dem mindestens ein Bit $a_i = 0$ ist. Dieses wurde durch $b_i = 1$ ersetzt.

$$
\begin{aligned}
\delta(q_2, 1) &= (q_2, 1, L) \\
\delta(q_2, 0) &= (q_2, 0, L) \\
\delta(q_2, \square) &= (q_3, \square, R)
\end{aligned}
$$

---

[9] In diesem Fall war das Eingabewort von der Form $111 \ldots 1$. Die Einsen sind bereits durch Nullen ersetzt worden. Die Ausgabe ist daher $1000 \ldots 0$.

Zustand q_3 ist ein Endzustand. Sobald Zustand q_3 erreicht wird, hält die DTM an. Die Ausgabe steht rechts vom Lese-/Schreibkopf.

$$\delta(q_3, 0) = \delta(q_3, 1) = \delta(q_3, \square) = \bot. \quad \blacksquare$$

Das schrittweise Verhalten von DTMs

Die *Konfigurationen* einer DTM sind »Momentaufnahmen« der DTM während der Berechnung. Sei $\mathcal{T}$ eine DTM wie in Definition 1.2.3 (Seite 39). Eine Konfiguration für $\mathcal{T}$ ist ein Tupel

$$\kappa = (\alpha, q, \beta) \in \Gamma^* \times Q \times \Gamma^*,$$

wobei q der aktuelle Zustand ist und α, β für den Inhalt der bereits besuchten oder durch Eingabesymbole belegten Bandzellen stehen. Genauer gilt: α steht links vom Lese-/Schreibkopf; β steht rechts vom Lese-/Schreibkopf (mit dem Zeichen unter dem Lese-/Schreibkopf beginnend).

$$Conf(\mathcal{T}) = \Gamma^* \times Q \times \Gamma^*$$

bezeichnet die Menge aller Konfigurationen von $\mathcal{T}$. Wir verwenden die allgemein übliche Schreibweise $\alpha\, q\, \beta$ anstelle von (α, q, β) und fassen jede Konfiguration als ein Wort über dem Alphabet $\Gamma \cup Q$ auf (wobei wir $\Gamma \cap Q = \emptyset$ annehmen). Zum Beispiel schreibt man $q\, \beta$ anstelle von $\varepsilon\, q\, \beta$. Die Konfigurationen $\alpha\, q\, \varepsilon = \alpha\, q$ werden mit $\alpha\, q\, \square$ identifiziert.

Die Anfangskonfiguration (auch häufig Startkonfiguration genannt) von $\mathcal{T}$ für das Eingabewort $w = a_1 \dots a_n$ ist die Konfiguration

$$q_0 w \ = \ q_0 a_1 \dots a_n.$$

Dies reflektiert die informell beschriebene Ausgangssituation, in der $\mathcal{T}$ die Berechnung für w startet, in dem — außer w — auf dem Band nur Blanks stehen und der Lese-/Schreibkopf auf das erste Zeichen von w (das Zeichen a_1) zeigt. Ist $w = \varepsilon$, dann wird die Anfangskonfiguration $q_0 \varepsilon$ mit der Konfiguration $q_0 \square$ identifiziert. (Dies entspricht der intuitiven Vorstellung, dass für das leere Eingabewort das Zeichen unter dem Lese-/Schreibkopf ein Blank ist.)

Die Konfigurationsrelation $\vdash$: Wir definieren eine Relation $\vdash_\mathcal{T} \subseteq Conf(\mathcal{T}) \times Conf(\mathcal{T})$, die das schrittweise Verhalten einer DTM, das sich aus den Konfigurationswechseln ergibt, formalisiert. Wenn aus dem Kontext hervorgeht, welche DTM zu Grunde liegt, schreibt man kurz $\vdash$ anstelle von $\vdash_\mathcal{T}$. Weiter ist die Infixschreibweise $\alpha\, q\, \beta \vdash \alpha'\, q'\, \beta'$ anstelle von $(\alpha q \beta, \alpha' q' \beta') \in \vdash$ üblich. Intuitiv gilt

$$\alpha\, q\, \beta \vdash \alpha'\, q'\, \beta' \quad \text{gdw} \quad \alpha\, q\, \beta \text{ wird durch genau einen Rechenschritt in } \alpha'\, q'\, \beta'$$
übergeführt.

Die formale Definition von $\vdash$ ist wie folgt.

Definition 1.2.6

$\vdash$ ist die kleinste binäre Relation auf $Conf(\mathcal{T})$, für die folgende Eigenschaften erfüllt sind. Seien $a_1, \ldots, a_m, b_1, \ldots, b_n \in \Gamma$, $m \geq 1$, $n \geq 1$, $\alpha \in \Gamma^*$ und $q \in Q \setminus F$.

1. Ist $\delta(q, b_1) = (q', c, N)$, so ist

$$\alpha\, q\, b_1 b_2 \ldots b_n \;\vdash\; \alpha\, q'\, c b_2 \ldots b_n\,.$$

   Im Spezialfall $n = 1$ gilt $\alpha\, q\, b_1 \vdash \alpha\, q'\, c$.

2. Ist $\delta(q, b_1) = (q', c, L)$, so gilt

$$a_1 \ldots a_{m-1} a_m\, q\, b_1 b_2 \ldots b_n \;\vdash\; a_1 \ldots a_{m-1}\, q'\, a_m c b_2 \ldots b_n\,.$$

   Im Spezialfall $m = 1$ gilt $a_m\, q\, b_1 b_2 \ldots b_n \vdash q'\, a_m c b_2 \ldots b_n$.

3. Ist $\delta(q, b_1) = (q', c, R)$ und $n \geq 2$, so ist $\alpha\, q\, b_1 b_2 \ldots b_n \vdash \alpha c\, q'\, b_2 \ldots b_n$.

4. Ist $\delta(q, b_1) = (q', c, L)$, so ist $q\, b_1 b_2 \ldots b_n \vdash q'\, \square c b_2 \ldots b_n$.

5. Ist $\delta(q, b_1) = (q', c, R)$, so ist $a_1 a_2 \ldots a_m\, q\, b_1 \vdash a_1 a_2 \ldots a_m c\, q'\, \square$.

6. Für jede Konfiguration κ gilt: $\alpha\, q\, \vdash\, \kappa$ gdw $\alpha\, q\, \square\, \vdash\, \kappa$.

Gilt $\kappa \vdash \kappa'$, dann nennen wir κ' die *Nachfolgekonfiguration* von κ.

Manchmal sprechen wir auch von Folgekonfigurationen anstelle von Nachfolgekonfigurationen. Wir schreiben

$$\kappa \nvdash,$$

falls κ keine Folgekonfiguration hat.

Die Tatsache, dass die Berechnung einer DTM anhält, sobald ein Endzustand $q \in F$ erreicht wird, ist dadurch spezifiziert, dass $\alpha\, q\, \beta \nvdash$ für alle $q \in F$ und $\alpha, \beta \in \Gamma^*$.

Es ist klar, dass die Relation $\vdash_{\mathcal{T}}$ für eine DTM $\mathcal{T}$ auch als partielle Funktion aufgefasst werden kann, da es zu jeder Konfiguration κ höchstens eine Konfiguration κ' mit $\kappa \vdash \kappa'$ gibt. Dennoch ist die Darstellung als Relation allgemein üblich, da sie problemlos auf nicht deterministische Turingmaschinen erweitert werden kann (siehe Abschnitt 2.3).

Die erweiterte Konfigurationsrelation $\vdash^*$: Wir verwenden das Symbol $\vdash^*_{\mathcal{T}}$ oder kurz $\vdash^*$ um die reflexive, transitive Hülle von $\vdash$ zu bezeichnen. Das heißt es gilt

$$\alpha\, q\, \beta \;\vdash^*\; \alpha'\, q'\, \beta'$$

genau dann, wenn es eine natürliche Zahl n und eine Konfigurationsfolge $(\alpha_i\, q_i\, \beta_i)_{0 \leq i \leq n}$ der Länge $n \geq 0$ gibt, die $\alpha_0\, q_0\, \beta_0 = \alpha\, q\, \beta$ in die Konfiguration $\alpha_n\, q_n\, \beta_n = \alpha'\, q'\, \beta'$ überführt, d.h. wenn

$$\alpha_0\, q_0\, \beta_0 \;\vdash\; \alpha_1\, q_1\, \beta_1 \;\vdash\; \ldots \;\vdash\; \alpha_{n-1}\, q_{n-1}\, \beta_{n-1} \;\vdash\; \alpha_n\, q_n\, \beta_n\,.$$

Für $n \geq 1$ wird $\alpha_0 \, q_0 \, \beta_0$ durch die Ausführung von genau n Konfigurationswechsel in $\alpha_n \, q_n \, \beta_n$ überführt. Der triviale Spezialfall $n = 0$ steht für 0 Rechenschritte. Es gilt also stets $\kappa \vdash^* \kappa$ für jede Konfiguration κ.

Beispiel 1.2.7. [Konfigurationen der DTM für die Addition »+1«] Wir betrachten die DTM $\mathcal{T}_{+1}$ aus Beispiel 1.2.4 (Seite 39), die die Binärzahladdition »+1« realisiert. Für das Eingabewort $w = 1011$ erhalten wir die Konfigurationswechsel

$$q_0 \, 1011 \;\; \vdash \;\; 1 \, q_0 \, 011 \;\; \vdash \;\; 10 \, q_0 \, 11 \;\; \vdash \;\; 101 \, q_0 \, 1 \;\; \vdash \;\; 1011 \, q_0 \, \square$$

$$\vdash \;\; 101 \, q_1 \, 1\square \;\; \vdash \;\; 10 \, q_1 \, 10\square \;\; \vdash \;\; 1 \, q_1 \, 000\square \vdash \;\; q_2 \, 1100\square$$

$$\vdash \;\; q_2 \, \square 1100\square \;\; \vdash \;\; \square \, q_3 \, 1100\square$$

und somit $q_0 \, 1011 \;\; \vdash^* \;\; \square \, q_3 \, 1100\square$. ■

Berechnungen: Sei $w \in \Sigma^*$ ein Wort über dem Eingabealphabet. Die *Berechnung* von $\mathcal{T}$ für das Eingabewort w ist eine maximale (im Sinne von »nicht verlängerbare«) Folge

$$q_0 \, w \;\; \vdash \;\; \alpha_1 \, q_1 \, \beta_1 \;\; \vdash \;\; \alpha_2 \, q_2 \, \beta_2 \;\; \vdash \;\; \ldots$$

von Konfigurationen. Es sind drei Fälle möglich:

▸ Die Berechnung ist *unendlich*.

▸ Die Berechnung ist *verwerfend*, d.h. endet in einer Konfiguration $\alpha_n q_n \beta_n$, wobei $q_n \notin F$ und $\delta(q_n, b) = \bot$ für das erste Zeichen b von β.[10]

▸ Die Berechnung ist *akzeptierend*, d.h. endet in einer Konfiguration $\alpha_n q_n \beta_n$, wobei $q_n \in F$.

Fangzustände: Sei $\mathcal{T}$ eine DTM mit den Komponenten wie oben. Ein Zustand $q \in Q$ wird *Fangzustand* genannt, wenn

$$\delta(q, a) = (q, a, N) \text{ für alle } a \in \Gamma.$$

Sobald $\mathcal{T}$ einen solchen Fangzustand $q \notin F$ betritt, gerät $\mathcal{T}$ in eine »Endlosschleife«, in der die Berechnung zwar unendlich voranschreitet, aber »eigentlich« nichts passiert. (Die erreichte Konfiguration $\alpha \, q \, \beta$ wiederholt sich unendlich oft.) Tatsächlich kann man das Betreten eines Fangzustands $\notin F$ als Terminierung mit einer Fehlermeldung auffassen. Formal kann man nichtakzeptierende Fangzustände durch verwerfende Zustände ersetzen (d.h. Zustände q mit $\delta(q, a) = \bot$ für alle $a \in \Gamma$) und erhält somit eine DTM mit genau denselben akzeptierenden Berechnungen. Entsprechendes gilt für Konfigurationen $\alpha \, q \, b\beta$ mit $\delta(q, b) = (q, b, N)$, für die man die Übergangsfunktion durch $\delta(q, b) = \bot$ modifizieren kann.

Umgekehrt kann man auf verwerfende Berechnungen völlig verzichten, wie folgende Überlegungen zur Totalität der Übergangsfunktion zeigen.

---

[10] Ist $\beta_n = \varepsilon$, dann ist $\delta(q_n, \square) = \bot$.

Totale Übergangsfunktionen: Wir haben die Übergangsfunktion einer DTM als partielle Funktion definiert. Dies vereinfacht oftmals die Angabe einer DTM. Tatsächlich ist es jedoch irrelevant, ob man die Totalität der Übergangsfunktion fordert oder nicht; jedenfalls solange man nur an dem Akzeptanz- oder Ein-/Ausgabeverhalten von DTMs interessiert ist. Ist $\mathcal{T} = (Q, \Sigma, \Gamma, \delta, q_0, \Box, F)$ eine DTM mit der partiellen Übergangsfunktion δ, dann kann man $\mathcal{T}$ wie folgt zu einer »äquivalenten« DTM mit einer totalen Übergangsfunktion erweitern. Wir definieren eine totale Funktion

$$\widehat{\delta} : Q \times \Gamma \to Q \times \Gamma \times \{L, R, N\}$$

durch

$$\widehat{\delta}(q, b) = \begin{cases} \delta(q, b) & : \quad \text{falls } \delta(q, b) \neq \bot \\ (q, b, N) & : \quad \text{sonst.} \end{cases}$$

Sei $\widehat{\mathcal{T}}$ diejenige DTM, die aus $\mathcal{T}$ entsteht, in dem man δ durch $\widehat{\delta}$ ersetzt. Das Verhalten von $\widehat{\mathcal{T}}$ stimmt mit dem von $\mathcal{T}$ überein; mit der Ausnahme, dass jede verwerfende Berechnung von $\mathcal{T}$ durch eine endlose Berechnung ersetzt ist.

1.2.2   Turing-Berechenbarkeit

Bisher haben wir nur die *operationelle Semantik* von DTMs (das schrittweise Verhalten) definiert. Wir formalisieren nun, welche partielle Funktion durch eine DTM berechnet wird und definieren die Berechenbarkeit von partiellen Funktionen durch Turingmaschinen. Später werden wir sehen, dass dieser Berechnungsbegriff für partielle Funktionen $f : \mathbb{N}^k \to \mathbb{N}$ mit der Berechenbarkeit durch Registermaschinen übereinstimmt.

DTMs als Ein-/Ausgabemedium: Sei $\mathcal{T}$ eine DTM mit dem Eingabealphabet Σ und dem Bandalphabet Γ. Wir ordnen $\mathcal{T}$ eine partielle Funktion

$$f_{\mathcal{T}} : \Sigma^* \to (\Gamma \setminus \{\Box\})^*$$

zu, die das Ein-/Ausgabeverhalten von $\mathcal{T}$ formalisiert. Wir setzen

$$f_{\mathcal{T}}(w) = \bot,$$

falls die Berechnung von $\mathcal{T}$ für das Eingabewort w verwerfend oder unendlich ist. Ist die Berechnung von $\mathcal{T}$ für das Eingabewort w akzeptierend, dann setzen wir

$$f_{\mathcal{T}}(w) = v \in (\Gamma \setminus \{\Box\})^*,$$

falls

$$q_0\, w \vdash^* \alpha\, q\, v\beta$$

für ein $q \in F$ und $\alpha \in \Gamma^*$, $\beta = \varepsilon$ oder $\beta = \Box\beta'$ für ein $\beta' \in \Gamma^*$.

Mit Worten: Das Ausgabewort v ist das längste Wort über $\Gamma \setminus \{\Box\}$, das nach der akzeptierenden Terminierung rechts vom Lese-/Schreibkopf steht (vgl. Abb. 1.2.8).

Abbildung 1.2.8 Ausgabewort einer DTM

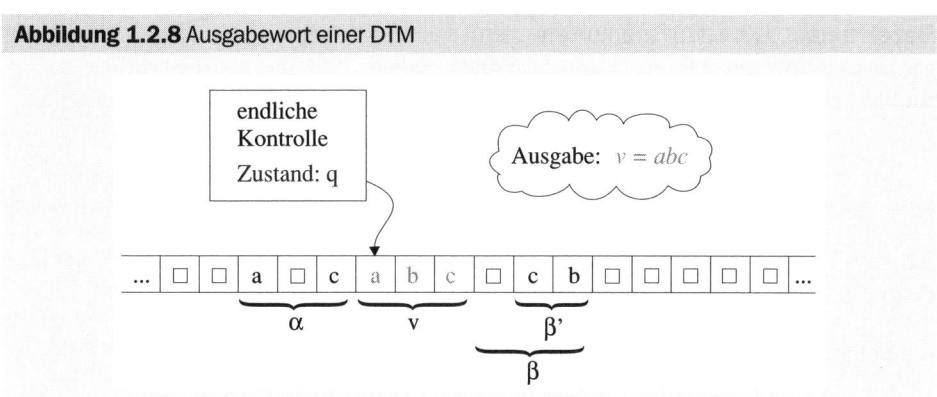

Beispiel 1.2.9. [DTM für die Addition »+1«] Für die DTM aus Beispiel 1.2.4 (Seite 39) haben wir gesehen, dass

$$q_0\, 1011 \vdash^* \square\, q_3\, 1100\square.$$

Die Ausgabe für das Eingabewort $w = 1011$ ist also $f_T(w) = 1100$. Allgemein kann man zeigen, dass $f_T(w)$ die Binärzahldarstellung der Zahl $w + 1$ ist (wobei wir die Bitfolge w als Binärzahl auffassen). ∎

Definition 1.2.10 [Turing-Berechenbarkeit (erster Teil)]

Seien Σ und Λ zwei Alphabete und

$$f : \Sigma^* \to \Lambda^*$$

eine partielle Funktion. f heißt *Turing-berechenbar*, falls es eine DTM T mit dem Eingabealphabet Σ, einem Bandalphabet Γ und Blanksymbol $\square$ gibt, sodass $\Lambda \subseteq \Gamma \setminus \{\square\}$ und $f = f_T$.

Wir erweitern nun Definition 1.2.10 für partielle Funktionen $f : \mathbb{N}^k \to \mathbb{N}$. Die Grundidee besteht im Wesentlichen darin, Binärkodierungen für natürliche Zahlen und Tupel natürlicher Zahlen zu verwenden.

Bezeichnung 1.2.11. [Zahldarstellungen zu beliebigen Basen] Wir werden im Folgenden häufig verschiedene Basen für Zahldarstellungen betrachten. Ist $d \geq 2$ eine ganze Zahl und sind $a_0, \ldots, a_r \in \{0, 1, \ldots, d-1\}$, dann steht

$$(a_r a_{r-1} \ldots a_0)_d \text{ für die Zahl } \sum_{j=0}^{r} a_j \cdot d^j .$$

Wir verwenden manchmal auch spitze Klammern und trennen die Werte a_i durch Kommata, d.h. schreiben $\langle a_r, \ldots, a_1, a_0 \rangle_d$ statt $(a_r \ldots a_1 a_0)_d$. ∎

Bezeichnung 1.2.12. [Binärkodierungen] Für $n \in \mathbb{N}$ sei $bin(n) \in \{0,1\}^+$ die Binärzahldarstellung von x (ohne führende Nullen, falls $n \geq 1$). Das heißt es gilt $bin(0) = 0$ und $bin(n) = b_{r-1}b_{r-2}\ldots b_1 b_0$, falls $b_j \in \{0,1\}$, $j = 0,1,\ldots,r-2$, $b_{r-1} = 1$ und

$$n = \sum_{j=0}^{r-1} b_j \cdot 2^j = (b_{r-1} \ldots b_0)_2.$$

Ist $f : \mathbb{N}^k \to \mathbb{N}$ eine partielle Funktion, dann ist $bin(f) : \{0,1,\#\}^* \to \{0,1\}^*$ wie folgt definiert.

▶ Sind $n_1, \ldots, n_k \in \mathbb{N}$, sodass $f(n_1, \ldots, n_k) \neq \bot$, dann ist

$$bin(f)\Big(bin(n_1)\#bin(n_2)\#\ldots\#bin(n_k) \Big) = bin\Big(f(n_1, \ldots, n_k) \Big).$$

▶ Sind $n_1, \ldots, n_k \in \mathbb{N}$, sodass $f(n_1, \ldots, n_k) = \bot$, dann ist

$$bin(f)\Big(bin(n_1)\#bin(n_2)\#\ldots\#bin(n_k) \Big) = \bot.$$

▶ Ist $w \in \{0,1,\#\}^*$ ein Wort, das nicht von der Form $bin(n_1)\#bin(n_2)\#\ldots\#bin(n_k)$ ist, so ist

$$bin(f)(w) = \bot.$$

Ist $k = 1$, dann ist die Verwendung des zusätzlichen Trennsymbols $\#$ unnötig. In diesem Fall kann man $bin(f)$ als partielle Funktion $\{0,1\}^* \to \{0,1\}^*$ auffassen. ■

Definition 1.2.13 [Turing-Berechenbarkeit (zweiter Teil)]

Sei $f : \mathbb{N}^k \to \mathbb{N}$ eine partielle Funktion. f heißt *Turing-berechenbar*, falls die partielle Funktion

$$bin(f) : \{0,1,\#\}^* \to \{0,1\}^*$$

Turing-berechenbar ist.

Wir gebrauchen Sprechweisen wie: $\mathcal{T}$ *ist eine DTM zur Berechnung von* f oder *eine DTM für* f oder $\mathcal{T}$ *berechnet* f, wenn $f_{\mathcal{T}} = bin(f)$. Dieselben Sprechweisen werden für partielle Funktionen $f : \Sigma^* \to \Lambda^*$ verwendet.

Anstelle von Binärkodierungen zur Darstellung natürlicher Zahlen oder partieller Funktion $f : \mathbb{N}^k \to \mathbb{N}$ können beliebige andere Zahlensysteme mit einer Basis $d \geq 3$ verwendet werden. Prinzipiell ist sogar jedes unäre Alphabet $\{\$\}$ zur Kodierung von natürlichen Zahlen und partiellen Funktionen $f : \mathbb{N} \to \mathbb{N}$ anwendbar, da wir jede natürliche Zahl n mit dem Wort $\$^n$ identifizieren können. Der Nachteil unärer Kodierungen ist der Mehrbedarf an Platz zur Darstellung der Eingabe. Während für Zahlensysteme zur Basis $d \geq 2$ stets logarithmisch viele Bandquadrate ausreichen, werden zur Darstellung unärer Kodierungen linear viele Bandzellen benötigt.

In Analogie zu Definition 1.2.13 lässt sich der Begriff der Turing-Berechenbarkeit auch für andere Funktionstypen anwenden. Beispielsweise nennen wir eine partielle Funktion

$$f : \mathbb{N} \to \Sigma^*$$

Turing-berechenbar, wenn es eine DTM $\mathcal{T}$ mit dem Eingabealphabet $\{0,1\}$ gibt, die für jedes Eingabewort $bin(n)$ das Wort $f(n)$ ausgibt und für alle anderen Eingaben endlos läuft oder verwerfend terminiert.

Beispiel 1.2.14. [Turing-Berechenbarkeit] Die totale Identitätsfunktion

$$f_{id} : \mathbb{N} \to \mathbb{N}, \ f_{id}(n) = n$$

ist Turing-berechenbar. Für den Nachweis der Turing-Berechenbarkeit von f_{id} müssen wir eine DTM entwerfen, die die partielle Funktion

$$bin(f_{id}) : \{0,1\}^* \to \{0,1\}^*$$

berechnet. Zum Beispiel gilt $bin(f_{id})(101) = 101$ und $bin(f_{id})(\varepsilon) = bin(f_{id})(001) = \bot$. Eine DTM $\mathcal{T}_{id}$, die f_{id} berechnet, kann wie folgt konzipiert werden.

$$\mathcal{T}_{id} = (\{q_0', q_0'', q_0\}, \{0,1\}, \{0,1,\square\}, \delta_{id}, q_0', \square, \{q_0\}),$$

wobei

$$
\begin{array}{llll}
\delta_{id}(q_0',0) & = & (q_0'',0,R) & \qquad \delta_{id}(q_0'',0) & = & \bot \\
\delta_{id}(q_0',1) & = & (q_0,1,N) & \qquad \delta_{id}(q_0'',1) & = & \bot \\
\delta_{id}(q_0',\square) & = & \bot & \qquad \delta_{id}(q_0'',\square) & = & (q_0,\square,L).
\end{array}
$$

Die Zustände q_0' und q_0'' dienen dazu, zu prüfen, ob

▶ das Eingabewort leer ist (in diesem Fall wird die Eingabe in Zustand q_0' verworfen)

▶ oder von der Form $0x$ mit $|x| \geq 1$ ist (in diesem Fall wird die Eingabe in Zustand q_0'' verworfen).

Beispielsweise gilt $q_0'\varepsilon \not\vdash$ und $q_0'01 \vdash 0q_0''1 \not\vdash$.

In allen anderen Fällen ist die Eingabe entweder 0 oder von der Form $1x$ mit $x \in \{0,1\}^*$. Für diese Eingaben ist die Berechnung akzeptierend mit der Ausgabe 0 bzw. $1x$. Beispielsweise gilt:

$$q_0'0 \ \vdash \ 0q_0''\square \ \vdash \ q_00\square \qquad\qquad q_0'10 \ \vdash q_010$$

Für die so konzipierte DTM $\mathcal{T}_{id}$ gilt $f_{\mathcal{T}_{id}} = bin(f_{id})$. Entsprechend kann man DTMs $\mathcal{T}_k$ entwerfen, die die partiellen Funktionen $f_k : \{0,1,\#\} \to \mathbb{N}$,

$$f_k(bin(n_1)\#bin(n_2)\#\ldots\#bin(n_k)) = bin(n_1)\#bin(n_2)\#\ldots\#bin(n_k)$$

und $f_k(\ldots) = \bot$ in allen verbleibenden Fällen berechnen. (Dabei ist $f_1 = f_{id}$).

Die DTMs $\mathcal{T}_k$ sind hilfreich, um DTMs für partielle Funktionen des Typs $f : \mathbb{N}^k \to \mathbb{N}$ zu entwerfen. Im Wesentlichen kann man $\mathcal{T}_k$ der eigentlichen DTM für f voranschalten und sich bei dem Entwurf einer DTM für f auf Eingaben der Form $bin(n_1)\#\ldots\#bin(n_k)$ konzentrieren. Wir demonstrieren diese Aussage am Beispiel der totalen Funktion

$$f_{+1} : \mathbb{N} \to \mathbb{N}, \; f_{+1}(n) = n + 1.$$

Eine DTM $\mathcal{T}$ für f_{+1} erhält man, indem man die in Beispiel 1.2.4 (Seite 39) angegebene DTM $\mathcal{T}_{+1}$ mit der DTM $\mathcal{T}_{id}$ kombiniert, die für ein Eingabewort $w \in \{0,1\}^*$ prüft, ob w die Binärzahldarstellung einer natürlichen Zahl ist.[11] Wir definieren $\mathcal{T}$ durch folgende Komponenten:

$$\mathcal{T} = (\{q_0', q_0'', q_0, q_1, q_2, q_3\}, \{0,1\}, \{0,1,\#\}, \bar{\delta}, q_0'', \square, \{q_3\}) \; .$$

Die Übergangsfunktion $\bar{\delta}$ von $\mathcal{T}$ kann wie folgt gewählt werden:

$$\bar{\delta}(q,a) = \begin{cases} \delta_{id}(q,a) & : \quad \text{falls } q \in \{q_0', q_0''\} \\ \delta(q,a) & : \quad \text{falls } q \in \{q_0, q_1, q_2, q_3\} \end{cases}$$

Dabei ist δ die Übergangsfunktion von $\mathcal{T}_{+1}$. Für die so konzipierte DTM $\mathcal{T}$ gilt:

$$f_{\mathcal{T}} = bin(f_{+1}) \; .$$

Diese Überlegungen zeigen, dass die Funktion f_{+1} Turing-berechenbar ist. Eine entsprechende Aussage gilt für alle anderen arithmetischen Operationen. Beispielsweise sind die (partiellen) Funktionen

$$
\begin{aligned}
f_{-1} &: \mathbb{N} \to \mathbb{N}, & f_{-1}(n) &= \max\{0, n-1\} \\
f_{ADD} &: \mathbb{N}^2 \to \mathbb{N}, & f_{ADD}(n,m) &= n + m \\
f_{SUB} &: \mathbb{N}^2 \to \mathbb{N}, & f_{SUB}(n,m) &= \max\{0, n-m\} \\
f_{MULT} &: \mathbb{N}^2 \to \mathbb{N}, & f_{MULT}(n,m) &= n \cdot m \\
f_{DIV} &: \mathbb{N}^2 \to \mathbb{N}, & f_{DIV}(n,m) &= \begin{cases} n \text{ div } m & : \quad \text{falls } m \neq 0 \\ \bot & : \quad \text{sonst} \end{cases}
\end{aligned}
$$

Turing-berechenbar. Dies kann man nachweisen, indem man entsprechende Turingmaschinen konzipiert. Für die Additionsfunktion f_{ADD} werden wir auf Seite 62 die wesentlichen Konzepte einer entsprechenden Turingmaschine skizzieren. ∎

---

[11] Man beachte, dass die DTM $\mathcal{T}_{+1}$ für alle Eingaben akzeptierend anhält. Beispielsweise ist $f_{\mathcal{T}_{+1}}(\varepsilon) = 1$ und $f_{\mathcal{T}_{+1}}(001) = 010$. Auch wenn wir $\mathcal{T}_{+1}$ intuitiv als DTM zur Berechnung der Binärzahladdition »+1« ansehen, so widerspricht dies doch der formalen Definition, mit der verwerfende oder endlose Berechnungen für die Eingabewörter ε und 001 gefordert werden (beachte: $bin(f_{+1})(001) = bin(f_{+1})(\varepsilon) = \bot$).

Beispiel 1.2.15. Als zweites Beispiel betrachten wir die DTM

$$T' = (\{q_0, q_1, q_2\}, \{0,1,\#\}, \{0,1,\#,\Box\}, \delta', q_0, \Box, \{q_2\})$$

mit

$$\delta'(q_0,1) = (q_0, \Box, R),\ \delta'(q_0,0) = (q_1, \Box, R),\ \delta'(q_0,\#) = (q_2, \Box, R)$$

und $\delta'(\cdot) = \bot$ in allen anderen Fällen. Zum Beispiel hat T' für das Eingabewort $w = 10\#101$ eine verwerfende Berechnung, die in der Konfiguration $\Box\Box q_1\#101$ endet. Daher ist

$$f_{T'}(10\#101) = \bot.$$

Für das Eingabewort $w' = 11\#101$ gilt

$$q_0\,11\#101 \vdash \Box\,q_0\,1\#101 \vdash \Box\Box\,q_0\,\#101 \vdash \Box\Box\Box\,q_2\,101.$$

Die Berechnung von T' für $11\#101$ ist also akzeptierend mit der Ausgabe $f_{T'}(11\#101) = 101$. Es gilt:

$$f_{T'}(bin(n)\#bin(m)) = \begin{cases} bin(m) &:\ \text{falls } bin(n) = 1^l = 111\ldots1 \text{ für ein } l \in \mathbb{N}, \\ \bot &:\ \text{sonst.} \end{cases}$$

Schaltet man T' die erwähnte DTM T_2 voran, die für Eingaben der Form $bin(n)\#bin(m)$ die Ausgabe $bin(n)\#bin(m)$ liefert und sonst verwerfend anhält, dann erhält man eine DTM, die die partielle Funktion $f': \mathbb{N}^2 \to \mathbb{N}$, die durch

$$f'(n,m) = \begin{cases} m &:\ \text{falls } n = 2^l - 1 = (111\ldots1)_2 \text{ für ein } l \in \mathbb{N}, \\ \bot &:\ \text{sonst} \end{cases}$$

gegeben ist, berechnet. Daher ist f' Turing-berechenbar. ∎

1.2.3 Mehrband-Turingmaschinen

Wir haben Turingmaschinen so eingeführt, dass sie ein einziges Band haben, das sowohl als Eingabe- und Ausgabemedium als auch als Speicher dient. Wir erweitern nun das Konzept von Turingmaschinen, indem wir viele Bänder zulassen. Diese können als Arbeitsbänder dienen, auf die lesend und schreibend zugegriffen werden kann. Darüber hinaus kann man ausgewählte Bänder für die Eingabe (auf die nur lesende Zugriffe möglich sind) reservieren und spezielle Ausgabebänder (auf die nur schreibend zugegriffen werden darf) festlegen. Wir beschränken uns auf das Konzept von Turingmaschinen mit vielen (universell nutzbaren) Bändern.

Der einzige Unterschied zwischen einer k-Band-Turingmaschine und einer gewöhnliche DTM ist, dass einer k-Band-DTM k Bänder zur Verfügung stehen, die jeweils mit einem Lese-/Schreibkopf ausgerüstet sind. Der jeweils nächste auszuführende Schritt hängt

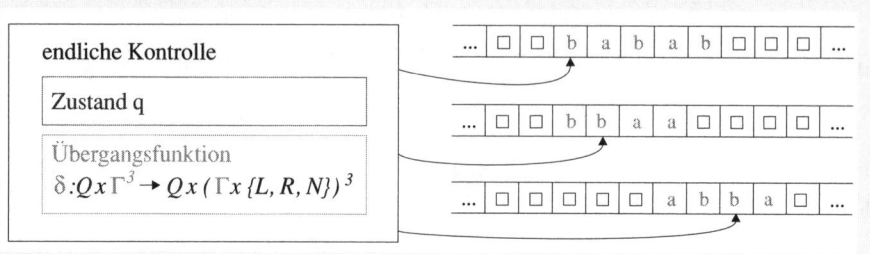

Abbildung 1.2.16 Mehrband DTM

neben dem aktuellen Zustand von den k Bandsymbolen ab, die unter den Lese-/Schreib-köpfen stehen. Jedes dieser k Symbole kann überschrieben werden; jeder der k Lese-/Schreibköpfe kann nach rechts oder links oder überhaupt nicht verschoben werden. Die Bewegungsrichtungen der Lese-/Schreibköpfe sind unabhängig voneinander.

Definition 1.2.17 [k-Band-DTM]

Sei k eine ganze Zahl ≥ 2. Eine k-Band-deterministische Turingmaschine ist ein Tupel $\mathcal{T} = (Q, \Sigma, \Gamma, \delta, q_0, \square, F)$, dessen Komponenten Q, Σ, Γ, q_0, $\square$ und F wie in einer gewöhnlichen DTM definiert sind. Die Übergangsfunktion δ ist eine partielle Funktion

$$\delta : Q \times \Gamma^k \to Q \times (\Gamma \times \{L, R, N\})^k.$$

Zur Verdeutlichung spricht man häufig von *Einband-Turingmaschinen*, wenn eine Turingmaschine im Sinne von Definition 1.2.3 (s. Seite 39) gemeint ist. Wir sprechen von einer *Mehrband-Turingmaschine*, um eine k-Band-DTM zu bezeichnen. k ist dabei eine beliebige ganze Zahl $k \geq 2$. Wird nichts Gegenteiliges erwähnt, dann steht die Abkürzung DTM im Folgenden für eine Einband- oder Mehrband-DTM.

Liegt z. B. eine Zweiband-Turingmaschine vor und ist

$$\delta(q, (a, d)) = (p, \langle b, L \rangle, \langle c, N \rangle),$$

wobei q der aktuelle Zustand und a das gelesene Symbol auf Band 1, d das gelesene Symbol auf Band 2 ist, dann

▶ wechselt die Maschine in Zustand p,

▶ überschreibt das Zeichen a auf Band 1 mit dem Symbol b und verschiebt den Lese-/Schreibkopf für Band 1 nach links,

▶ überschreibt das Zeichen d auf Band 2 mit dem Symbol c und lässt den Lese-/Schreibkopf für Band 2 unverändert.

Das schrittweise Verhalten von Mehrband-Turingmaschinen: Die *Konfigurationen* einer k-Band-DTM sind in Analogie zu den Konfigurationen einer Einband-

Turingmaschine definiert. Sei $\mathcal{T}$ eine k-Band-DTM wie in Definition 1.2.17. Eine Konfiguration für $\mathcal{T}$ ist ein Tripel

$$(\langle \alpha_1, \ldots, \alpha_k \rangle, q, \langle \beta_1, \ldots, \beta_k \rangle),$$

bestehend aus einem Zustand $q \in Q$ und zwei k-Tupeln $\langle \alpha_1, \ldots, \alpha_k \rangle$ und $\langle \beta_1, \ldots, \beta_k \rangle$ von Wörtern über dem Bandalphabet Γ. Der Lesbarkeit wegen ist eine Spaltenvektorschreibweise für die Konfigurationen vorzuziehen, also etwa

$$\begin{pmatrix} \alpha_1 \\ \vdots \\ \alpha_k \end{pmatrix} q \begin{pmatrix} \beta_1 \\ \vdots \\ \beta_k \end{pmatrix}$$

Intuitiv steht α_i für den Inhalt der bereits besuchten Bandzellen links vom Lese-/Schreibkopf für Band i und β_i für den Inhalt der bereits besuchten oder durch Eingabesymbole belegten Bandzellen rechts vom Lese-/Schreibkopf auf Band i.

Die *Konfigurationsrelation* $\vdash$ und deren Erweiterung $\vdash^*$ sind in Analogie zu Einband-DTMs definiert.[12] Siehe Seite 41.

Das Ein-/Ausgabe-Verhalten von Mehrband-Turingmaschinen: Für jede Mehrband-Turingmaschine muss explizit angeben werden, welche Bänder als Eingabebänder dienen und auf welchem Band die Ausgabe steht. Aus diesen Angaben ergibt sich die Anfangskonfiguration und die durch eine Mehrband-DTM berechnete partielle Funktion. Die in Abschnitt 1.2.2 eingeführten Begriffe, wann eine DTM eine partielle Funktion berechnet, lassen sich in der offensichtlichen Weise auf Mehrband-DTMs übertragen.[13]

Beispiel 1.2.18. Wir betrachten eine Zweiband-DTM zur Berechnung der partiellen Funktion $f : \{0,1\}^* \to \{0,1\}^*$,

$$f(w) = \begin{cases} 0^n & : \text{ falls } w = 0^n 1^n \text{ für ein } n \in \mathbb{N}_{\geq 1} \\ \bot & : \text{ sonst.} \end{cases}$$

Band 1 dient als Eingabeband; Band 2 für die Ausgabe. Die informelle Arbeitsweise für das Eingabewort w ist wie folgt.

▶ Kopiere die führenden Nullen von w auf Band 2 (Zustand q_0).

▶ Wechsle in den Zustand q_1.

Die Nullen auf Band 2 werden nun von rechts nach links bearbeitet, während auf Band 1 die restlichen Eingabesymbole von links nach rechts gelesen werden. Sei b_1 das gelesene Symbol auf Band 1 und b_2 das gelesene Symbol auf Band 2.

---

[12] Die Niederschrift der einzelnen Fälle, die die Konfigurationsrelation $\vdash$ definieren, ist etwas mühsam; aber daran sollte man sich nicht stören.

[13] Die Verwendung mehrerer Eingabebänder ermöglicht es, mehrstellige Funktionen $f : \mathbb{N}^k \to \mathbb{N}$ durch k-Band-DTMs zu berechnen, die ohne das Trennsymbol # auskommen. Die Binärkodierungen der k Eingabewerte können jeweils auf ein separates Band geschrieben werden.

▶ Ist $(b_1, b_2) = (1,0)$, dann verschiebe den Lese-/Schreibkopf für Band 1 um eine Position nach rechts, den Lese-/Schreibkopf für Band 2 um eine Position nach links.

▶ Ist $(b_1, b_2) = (\square, \square)$, dann akzeptiere (in Endzustand q_2).

▶ Ist $(b_1, b_2) \neq (\square, \square)$ und $(b_1, b_2) \neq (1,0)$, dann verwerfe die Eingabe.

Wir definieren $\mathcal{T} = (\{q_0, q_1, q_2\}, \{0,1\}, \{0,1,\square\}, \delta, q_0, \square, \{q_2\})$, wobei

$$
\begin{aligned}
\delta(q_0, 0, \square) &= (q_0, \langle 0, R \rangle, \langle 0, R \rangle) \\
\delta(q_0, 1, \square) &= (q_1, \langle 1, N \rangle, \langle \square, L \rangle) \\
\delta(q_1, 1, 0) &= (q_1, \langle 1, R \rangle, \langle 0, L \rangle) \\
\delta(q_1, \square, \square) &= (q_2, \langle \square, N \rangle, \langle \square, R \rangle)
\end{aligned}
$$

und $\delta(\cdot) = \bot$ in allen anderen Fällen. Wir betrachten die Berechnung für das Eingabewort $w = 01$.

$$
q_0 \begin{pmatrix} 01 \\ \varepsilon \end{pmatrix} \vdash \begin{pmatrix} 0 \\ 0 \end{pmatrix} q_0 \begin{pmatrix} 1 \\ \square \end{pmatrix} \vdash \begin{pmatrix} 0 \\ \varepsilon \end{pmatrix} q_1 \begin{pmatrix} 1 \\ 0\square \end{pmatrix}
$$

$$
\vdash \begin{pmatrix} 01 \\ \varepsilon \end{pmatrix} q_1 \begin{pmatrix} \square \\ \square 0\square \end{pmatrix} \vdash \begin{pmatrix} 01 \\ \square \end{pmatrix} q_2 \begin{pmatrix} \square \\ 0\square \end{pmatrix}
$$

Die Ausgabe ist also das Wort, bestehend aus dem Symbol 0. Für das Eingabewort $w = 011$ erhalten wir die folgende Berechnung:

$$
q_0 \begin{pmatrix} 011 \\ \varepsilon \end{pmatrix} \vdash \begin{pmatrix} 0 \\ 0 \end{pmatrix} q_0 \begin{pmatrix} 11 \\ \square \end{pmatrix} \vdash \begin{pmatrix} 0 \\ \varepsilon \end{pmatrix} q_1 \begin{pmatrix} 11 \\ 0\square \end{pmatrix}
$$

$$
\vdash \begin{pmatrix} 01 \\ \varepsilon \end{pmatrix} q_1 \begin{pmatrix} 1 \\ \square 0\square \end{pmatrix} \nvdash
$$

Die Berechnung hält verwerfend an. ∎

Äquivalenz von Mehrband-DTMs und Einband-DTMs

Es ist klar, dass jede Einband-DTM um weitere Bänder erweitert werden kann, ohne die berechnete partielle Funktion zu verändern. Andererseits ändert die Hinzunahme von weiteren Bändern nichts an der prinzipiellen Leistungsfähigkeit von Turingmaschinen. Dies ergibt sich aus der Beobachtung, dass Mehrband-DTMs durch Einband-DTMs simuliert werden können.

Satz 1.2.19

Jede Mehrband-DTM kann durch eine Einband-DTM simuliert werden.

Beweis: Sei $\mathcal{T} = (Q, \Sigma, \Gamma, \delta, q_0, \square, F)$ eine k-Band-DTM. Wir geben eine informelle Beschreibung einer Einband-DTM $\mathcal{T}'$ an, die $\mathcal{T}$ schrittweise simuliert. Die Grundidee besteht in der Verwendung *eines* Bandes bestehend aus $2k$ Spuren. Band i von $\mathcal{T}$ wird durch die Spuren $2i - 1$ und $2i$ in $\mathcal{T}$ dargestellt.

▶ Spur $2i - 1$ enthält die Bandinschrift von Band i;

▶ Spur $2i$ gibt Aufschluss über die Position des Lese-/Schreibkopfs von Band i.

Abbildung 1.2.20 Simulation einer Mehrband- durch eine Einband-DTM

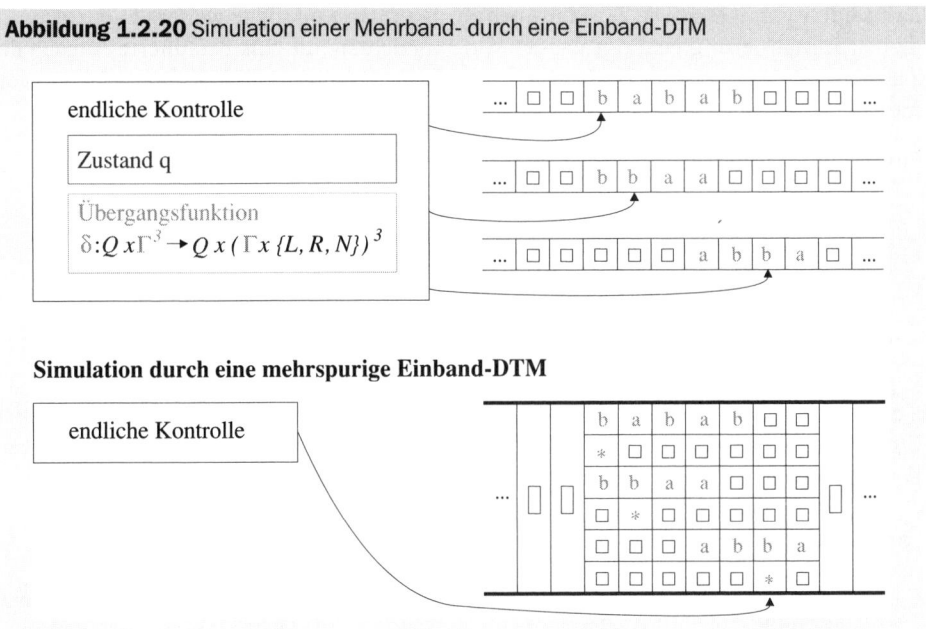

Simulation durch eine mehrspurige Einband-DTM

Mehrspurige Bänder können durch geeignete Wahl des Bandalphabets formalisiert werden. Als Bandsymbole verwenden wir — neben den ursprünglichen Bandsymbolen von $\mathcal{T}$ — Tupel mit $2k$ Komponenten, von denen jeweils zwei Komponenten zur Darstellung des i-ten Bands verwendet werden. Das Bandalphabet von $\mathcal{T}'$ ist

$$\Gamma' = \Gamma \cup (\Gamma \cup \{*\})^{2k},$$

wobei $*$ ein Spezialsymbol $\notin \Gamma$ ist. Die Symbole aus Γ werden für die Ein- und Ausgabe benötigt.

Neben einem speziellen Anfangszustand q_0' verwenden wir für jeden Zustand q von $\mathcal{T}$ eine Zustandsmenge Q_q, die dazu dient, die von $\mathcal{T}$ in Zustand q durchgeführten Rechenschritte zu simulieren. Die Zustände $q' \in Q_q$ sind Tupel der Form

$$\langle q, b_1, \ldots, b_k, c, \ldots \rangle,$$

wobei $b_i \in \Gamma \cup \{?\}$. Die Komponente b_i dient dazu, das unter dem Lese-/Schreibkopf von Band i (von $\mathcal{T}$) stehende Zeichen zu speichern. Der Eintrag $b_i = ?$ hat die Bedeutung, dass das betreffende Zeichen noch nicht bekannt ist. Die $(k+2)$-te Komponente c sowie alle weiteren Komponenten (die wir nur durch »...« angegeben haben) haben Kontrollfunktion während der Ausführung der einzelnen Phasen. Für die Endzustände $q \in F$ dienen sie der Erstellung der Ausgabe. Die Mengen Q_q mit $q \in F$ enthalten jeweils einen Endzustand von $\mathcal{T}'$. Die Einband-DTM $\mathcal{T}'$ ist von der Form

$$\mathcal{T}' = (Q', \Sigma, \Gamma', \delta', q'_0, \square, F').$$

Dabei ist der Zustandsraum von der Gestalt $Q' = Q'_0 \cup \bigcup_{q \in Q} Q_q$ und $F' \cap Q_q \neq \emptyset$ genau dann, wenn $q \in F$. Die Zustandsmenge Q'_0 umfasst q'_0 sowie weitere Hilfszustände, die zur Initialisierung benötigt werden. Wir verzichten auf eine detaillierte Angabe der Zustandsmengen Q_q und der Übergangsfunktion δ' und geben stattdessen eine informelle Erklärung der Arbeitsweise von $\mathcal{T}'$ an.

Für das Eingabewort $w = a_1 a_2 \ldots a_n$ starten $\mathcal{T}$ und $\mathcal{T}'$ in den Konfigurationen

$$\kappa_0 = q_0 \begin{pmatrix} a_1 \ldots a_n \\ \varepsilon \\ \vdots \\ \varepsilon \end{pmatrix} \quad \text{bzw.} \quad \kappa'_0 = q'_0 a_1 \ldots a_n.$$

Der neue Anfangszustand q'_0 und die anderen Hilfszustände aus Q'_0 werden verwendet, um aus der Anfangskonfiguration κ'_0 die κ_0 entsprechende Konfiguration zu generieren. Diese hat die in Abbildung 1.2.21 gezeigte Gestalt.

Abbildung 1.2.21 Bandinschrift der Einband-DTM nach dem ersten »Schritt«

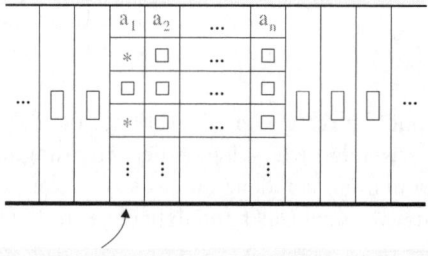

Wir erläutern nun, wie jeder Schritt von $\mathcal{T}$ simuliert wird. Zu Beginn der Simulation eines jeden Schritts zeigt der Lese-/Schreibkopf auf eine Bandzelle von $\mathcal{T}'$, die links von allen $*$-Markierungen liegt. Ist q der aktuelle Zustand von $\mathcal{T}$, dann ist $\mathcal{T}'$ in einem Zustand der Form

$$\langle q, ?, \ldots, ?, 1, \ldots \rangle.$$

Ist $q \in F$, dann erstellt $\mathcal{T}'$ das Ausgabewort gemäß der Ausgabe von $\mathcal{T}$, positioniert den Lese-/Schreibkopf entsprechend und hält akzeptierend an. Andernfalls (d.h. falls $q \notin F$) werden die folgenden drei Phasen ausgeführt.

1. Bestimme die Zeichen $b_1, \ldots, b_k$ unter den Lese-/Schreibköpfen von $\mathcal{T}$. Dazu ist lediglich eine sequentielle Suche in dem Bandbereich nötig, der bereits in $2k$ Spuren unterteilt ist.

   Die jeweils gefundenen Zeichen b_i, die (in $\mathcal{T}'$) in der $(2i-1)$-ten Spur unter der $*$-Markierung der $2i$-ten Spur stehen, werden in der endlichen Kontrolle (d.h. in den Zuständen) gespeichert. Sobald der Eintrag $*$ in der $2i$-ten Spur gefunden wird, wechselt $\mathcal{T}'$ von dem aktuellen Zustand $q' = \langle q, \ldots, ?, \ldots \rangle$ in den Zustand $q'' = \langle q, \ldots, b_i, \ldots \rangle$, wobei sich q' und q'' nur in der $(i+1)$-ten Komponente unterscheiden. Wenn $\mathcal{T}'$ alle Zeichen $b_1, \ldots, b_k$ ermittelt (d.h. alle $*$-Markierungen gefunden) hat, befindet sich $\mathcal{T}'$ in einem Zustand der Form $\langle q, b_1, \ldots, b_k, 1, \ldots \rangle$.

   ▶ Ist $\delta(q, b_1, \ldots, b_k) = \perp$, dann hält $\mathcal{T}'$ verwerfend an.[14]

   ▶ Andernfalls wechselt $\mathcal{T}'$ in einen Zustand der Form $\langle q, b_1, \ldots, b_k, 2 \ldots \rangle$, in dem Phase 2 beginnt.

2. Ist $\delta(q, b_1 \ldots b_k) = (p, \langle c_1, X_1 \rangle, \ldots, \langle c_k, X_k \rangle)$, dann ändert $\mathcal{T}'$ zunächst die Inschrift der Spuren gemäß $\mathcal{T}$, d.h. ersetzt die b_i's an der entsprechenden Stelle durch c_i und verschiebt die Markierungssymbole $*$ an die gewünschten Stellen (die sich aus den Werten $X_i \in \{L, R, N\}$ ergeben).

   Zur Durchführung dieser Schritte werden die durch »...« angedeuteten Komponenten der Zustände $\langle q, b_1, \ldots, b_k, 2, \ldots \rangle$ benötigt. Am Ende von Phase 2 wechselt $\mathcal{T}'$ in einen Zustand der Gestalt $\langle q, \ldots, 3, \ldots, \rangle$.

3. Anschließend positioniert $\mathcal{T}'$ den Lese-/Schreibkopf auf die erste Bandzelle, die in einer Spur eine $*$-Markierung enthält und wechselt in einen Zustand der Gestalt

$$\langle p, ?, \ldots, ?, 1, \ldots \rangle.$$

Mit der skizzierten Vorgehensweise lässt sich erreichen, dass $\mathcal{T}'$ genau dann akzeptiert, wenn $\mathcal{T}$ akzeptiert und dass in diesem Fall die Ausgaben von $\mathcal{T}$ und $\mathcal{T}'$ übereinstimmen. Darüber hinaus verwirft $\mathcal{T}$ genau dann, wenn $\mathcal{T}'$ verwirft. □

Bemerkung 1.2.22. [Kosten der Simulation] Wir schließen die Betrachtungen zur Simulation einer Mehrband-DTM durch eine mehrspurige Einband-DTM mit der Beobachtung ab, dass die Anzahl an Konfigurationswechseln, die $\mathcal{T}'$ zur Simulation eines Schritts von $\mathcal{T}$ vornimmt, beschränkt ist durch ein konstantes Vielfaches der Anzahl an Bandquadraten, die $\mathcal{T}$ bis dahin besucht hat.[15] Ist also

---

[14] Dies können wir sicherstellen, in dem wir $\delta'(\langle q, b_1, \ldots, b_k, 1, \ldots \rangle, \ldots) = \perp$ setzen.

[15] $\mathcal{T}'$ wurde so konzipiert, dass zur Simulation jedes Konfigurationswechsels von $\mathcal{T}$ die Einband-DTM $\mathcal{T}'$ jeweils den Bandbereich, der die $*$-Markierungen enthält, von links nach rechts und zurück durchläuft.

▶ N_w die gesamte Anzahl an Bandquadraten, die $\mathcal{T}$ bei der Berechnung für das Eingabewort w benutzt und

▶ M_w die Anzahl an Konfigurationswechseln, die $\mathcal{T}$ bei der Berechnung für w durchführt,

dann benötigt $\mathcal{T}'$ höchstens $C \cdot N_w \cdot M_w$ Konfigurationswechsel, um w zu bearbeiten.
Dabei ist C eine von w unabhängige Konstante. ■

1.2.4 Kostenmaße für DTMs

Die Effizienz einer Turingmaschine $\mathcal{T}$ wird an den Kostenfunktionen $t_{\mathcal{T}}$ und $s_{\mathcal{T}}$ gemessen, die die benötigte Rechenzeit bzw. den benötigten Platzbedarf angeben. Im Folgenden
sei $\mathcal{T}$ eine Einband- oder Mehrband-Turingmaschine mit dem Eingabealphabet Σ.[16]

Definition 1.2.23 [Zeit- und Platzkomplexität von DTMs]

Die Funktion $t_{\mathcal{T}} : \Sigma^* \to \mathbb{N} \cup \{\infty\}$ zählt für jedes Eingabewort $w \in \Sigma^*$ die Länge
der Berechnung von $\mathcal{T}$ für w.

$t_{\mathcal{T}}(w)$ = Anzahl der Konfigurationswechsel, die $\mathcal{T}$ bei Eingabe w durchführt

Falls $\mathcal{T}$ bei Eingabe w endlos läuft, dann ist $t_{\mathcal{T}}(w) = \infty$.

Die Funktion $s_{\mathcal{T}} : \Sigma^* \to \mathbb{N} \cup \{\infty\}$ zählt die Anzahl an Bandzellen, die bei der
Berechnung von $\mathcal{T}$ für das Eingabewort besucht werden.

$s_{\mathcal{T}}(w)$ = Anzahl an Bandzellen, die $\mathcal{T}$ bei der Eingabe w besucht.

Als »besucht« gilt eine Bandzelle genau dann, wenn zu irgendeinem Zeitpunkt während der Berechnung von $\mathcal{T}$ der Lese-/Schreibkopf auf die betreffende Bandzelle
zeigt.

Bei Zeit- und Platzanalysen ist es üblich, von den konkreten Eingabedaten zu abstrahieren und stattdessen auf die Eingabegröße zurückzugreifen. Für Turingmaschinen wird
die Eingabegröße an der Länge des Eingabewortes gemessen.

Wie für Registermaschinen stehen die Kleinbuchstaben t, s für Zeit- und Platzkomplexität in Abhängigkeit konkreter Eingaben, während die Großbuchstaben T, S Komplexi-
täten in Abhängigkeit von der Eingabegröße kennzeichnen.

---

[16] Für manche Komplexitätsklassen ist es entscheidend, dass man Turingmaschinen mit *separatem Eingabeband* betrachtet. Die durch die Eingabe belegten Bandzellen werden dann in der Platzanalyse
nicht berücksichtigt. Beispielsweise macht der Begriff »logarithmischer Platzbedarf« nur für Turingmaschinen mit separatem Eingabeband Sinn, da dann nur die besuchten Zellen der Arbeitsbänder
in die Platzfunktion $s_{\mathcal{T}}$ eingehen. Für die Komplexitätsklassen, die wir in diesem Buch betrachten,
ist es jedoch irrelevant, ob wir Turingmaschinen mit separatem Eingabeband betrachten oder nicht.

Definition 1.2.24 [Zeit- und Platzkomplexität in Abhängigkeit der Eingabegröße]

Die Abbildungen

$$T_T, S_T : \mathbb{N} \to \mathbb{N} \cup \{\infty\}$$

seien gegeben durch

$$T_T(n) = \max\{t_T(w) : w \in \Sigma^*, |w| \leq n\},$$
$$S_T(n) = \max\{s_T(w) : w \in \Sigma^*, |w| \leq n\}.$$

Wir nennen T *polynomiell zeitbeschränkt*, wenn es ein Polynom p gibt, sodass

$$T_T(n) \leq p(n) \text{ für alle } n \in \mathbb{N}.$$

Die Bezeichnung polynomiell-platzbeschränkt hat analoge Bedeutung.

Im Folgenden werden wir häufig von der Beobachtung Gebrauch machen, dass man o.E. annehmen kann, dass p ein Polynom mit ganzzahligen Koeffizienten ist. Beachte: Ist $p(n) = \sum_{i=0}^{k} a_i n^i$ ein Polynom mit reellen Koeffizienten $a_0, \ldots, a_k$, dann kann p durch ein Polynom $p' = \sum_{i=0}^{k} \lceil |a_i| \rceil n^i$ ersetzt werden, wobei $\lceil |a_i| \rceil = \min\{a \in \mathbb{N} : |a_i| \leq a\}$.

Bemerkung 1.2.25. [Zusammenhang Zeit- und Platzkomplexität] Offensichtlich gilt:

$$s_T(w) \leq t_T(w) + 1$$

für alle Eingabewörter w. Somit ist $S_T(n) \leq T_T(n) + 1$ für alle $n \in \mathbb{N}$. ∎

Beispiel 1.2.26. [Kosten der DTM für die Addition »+1«] Wir betrachten erneut die DTM zur Berechnung der Additionsfunktion $f_{+1} : \mathbb{N} \to \mathbb{N}$, $f_{+1}(w) = w + 1$; s. Beispiel 1.2.4 (Seite 39). Für das Eingabewort $w = 101$ haben wir folgende Berechnung

$$q_0\, 101 \;\vdash\; 1\, q_0\, 01 \;\vdash\; 10\, q_0\, 1 \;\vdash\; 101\, q_0\, \square$$
$$\vdash\; 10\, q_1\, 1\square \;\vdash\; 1\, q_1\, 00\square \;\vdash\; q_2\, 110\square$$
$$\vdash\; q_2\, \square 110\square \;\vdash\; \square\, q_3\, 110\square\,.$$

Die Rechenzeit misst sich an der Anzahl an Konfigurationswechseln. Wir erhalten $t_T(101) = 8$. Für den Platzbedarf zählen wir die Anzahl an besuchten Bandzellen und erhalten $s_T(101) = 5$. Ist x ein beliebiges Eingabewort, dann gilt

$$t_T(x) \leq 2|x|, \quad s_T(x) \leq |x| + 2$$

und somit $T_T(n) = \mathcal{O}(n)$ und $S_T(n) = \mathcal{O}(n)$. ∎

Satz 1.2.27 [Zusatz zu Satz 1.2.19 (Seite 53)]

Sei T eine k-Band-DTM. Dann gibt es eine Einband-DTM T', die T simuliert (und dieselbe partielle Funktion berechnet) und die mit

▶ $T_{T'}(n) = \mathcal{O}(T_T(n)^2)$ *Rechenschritten und*

▶ $S_{T'}(n) = \mathcal{O}(S_T(n))$ *Bandzellen*

auskommt.

Diese Beobachtung folgt sofort aus Bemerkung 1.2.22 (Seite 55).

1.2.5 Turingmaschinen mit linksseitig beschränktem Band

Unsere Definition von Turingmaschinen setzt ein eindimensionales, in beide Richtungen unbeschränktes Band voraus. Wir haben bereits gesehen, dass man die Anzahl an Bändern beliebig vergrößern kann. Tatsächlich ändert sich die Berechnungsstärke auch dann nicht, wenn man mehrdimensionale Bänder zulässt oder die Arbeitsbänder nach links oder rechts begrenzt (vgl. Übungsaufgabe 1.7, Seite 79)). Wir beschränken uns hier auf informelle Erläuterungen für linksseitige beschränkte Arbeitsbänder von Einband-DTMs.

Abbildung 1.2.28 DTM mit linksseitig beschränktem Band

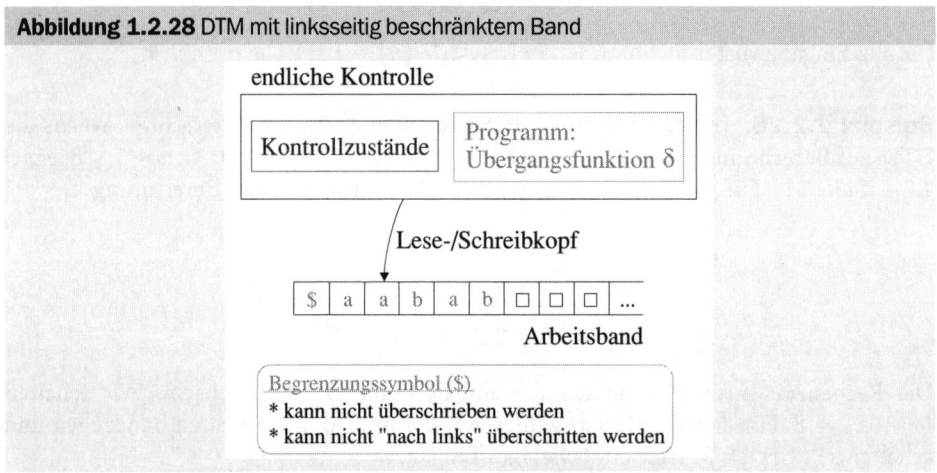

Eine DTM mit einem linksseitig beschränkten Band ist wie eine gewöhnliche DTM definiert; der einzige Unterschied ist, dass die Bandzellen mit -1 beginnend durchnummeriert sind und dass in Bandzelle -1 ein spezielles Begrenzungssymbol $\$$ steht, das nicht überschrieben und nach links nicht überschritten werden kann. Diese Forderungen ergeben folgende Bedingungen an die Übergangsfunktion δ. Für alle Zustände $q \in Q$ gilt

$$\text{entweder } \delta(q, \$) = \bot \text{ oder } \delta(q, \$) \in \{(q', \$, R), (q', \$, N) : q' \in Q\}.$$

Zusätzlich fordern wir, dass das Begrenzungssymbol niemals in eine Bandzelle ≥ 0 geschrieben werden darf. Dies wird durch die Bedingung

$$\delta(q, a) \notin \{(q', \$, X) : q' \in Q, X \in \{L, R, N\}\} \text{ für alle } a \in \Gamma \setminus \{\$\} \text{ und alle } q \in Q$$

formalisiert. Die Anfangskonfiguration einer DTM mit linksseitig beschränktem Band für das Eingabewort $w = a_1 \ldots a_n$ ist

$$\$ q_0 \, w \;=\; \$ \, q_0 \, a_1 \ldots a_n \, ,$$

also diejenige Konfiguration, in der die Eingabe in den Bandzellen $0, 1, \ldots, n-1$ steht (und links davon das Begrenzungssymbol \$ in Bandzelle -1). q_0 ist dabei der Anfangszustand.

Äquivalenz von DTMs und DTMs mit linksseitig beschränktem Band

Offenbar können DTMs mit linksseitig beschränktem Band als Spezialfälle gewöhnlicher DTMs aufgefasst werden. Umgekehrt lässt sich jede DTM durch eine DTM mit linksseitig beschränktem Band simulieren. Wir skizzieren die Grundidee dieser Simulation.

Sei $\mathcal{T}$ eine DTM mit dem Zustandsraum Q. Gedanklich zerlegen wir das beidseitig unbeschränkte Band von $\mathcal{T}$ in zwei Hälften, die die Bandzellen

$$0, +1, +2, +3, \ldots \text{ bzw. } -1, -2, -3, -4, \ldots$$

umfassen. Wir verzahnen die beiden Hälften und stellen das Band von $\mathcal{T}$ durch die Folge der Bandzellen mit den Nummern $0, -1, +1, -2, +2, -3, +3, \ldots$ dar. Wir schreiben nun an den Anfang dieser Folge das Begrenzungssymbol \$ und erhalten somit eine Darstellung des beidseitig unbeschränkten Bands durch ein linksseitig beschränktes Band.

Die simulierende DTM $\mathcal{T}'$ mit dem linksseitig beschränkten Band benutzt jeweils zwei Duplikate der Zustände von $\mathcal{T}$. Diese dienen dazu, zu unterscheiden, ob sich $\mathcal{T}$ in der linken Bandhälfte (mit negativen Bandzellennummern) oder in der rechten Bandhälfte befindet. Befindet sich $\mathcal{T}$ z. B. in der linken Bandhälfte und wird der Lese-/Schreibkopf von $\mathcal{T}$ nach links verschoben, dann verschiebt $\mathcal{T}'$ den Lese-/Schreibkopf um zwei Positionen nach rechts. Das Begrenzungssymbol \$ ermöglicht es, festzustellen, wann $\mathcal{T}$ von der linken zur rechten Bandhälfte (oder umgekehrt) wechselt.

$\mathcal{T}'$ benötigt zur Simulation eines Schritts von $\mathcal{T}$ zwei bis drei Schritte. Die Größenordnungen der Rechenzeit und des Speicherplatzbedarfs stimmen daher überein.

$$T_{\mathcal{T}'}(n) \;=\; \Theta(T_{\mathcal{T}}(n)), \quad S_{\mathcal{T}'}(n) \;=\; \Theta(S_{\mathcal{T}}(n)).$$

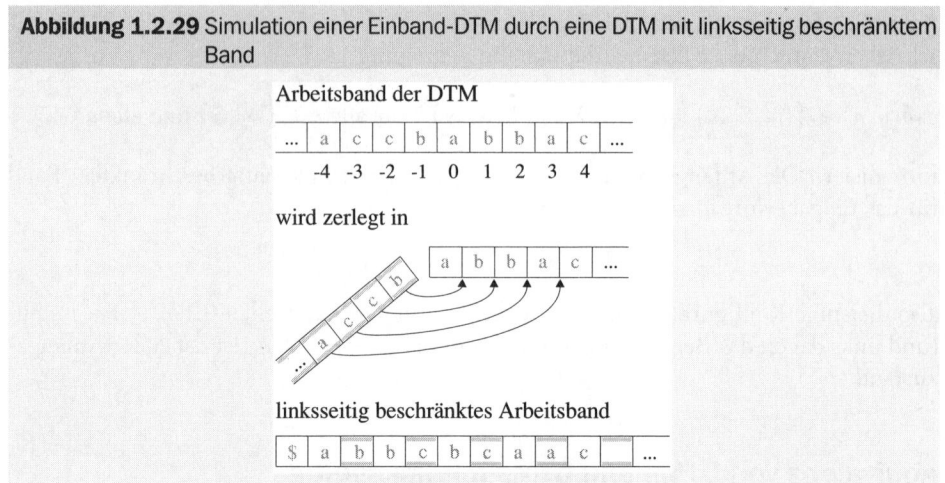

Abbildung 1.2.29 Simulation einer Einband-DTM durch eine DTM mit linksseitig beschränktem Band

1.2.6 »Programmierung« von DTMs

Das Modell von Turingmaschinen ist konzeptionell sehr einfach und scheint daher für formale Beweise geeignet zu sein. Andererseits erscheint es sehr mühsam zu sein, DTMs für komplexe Funktionen zu entwerfen. Die Frage, ob DTMs ausdrucksstark genug sind, um die Leistungsfähigkeit moderner Rechner zu formalisieren, scheint gerechtfertigt zu sein. Bevor wir im nächsten Abschnitt die Äquivalenz von Turing- und Register-maschinen nachweisen werden, möchten wir die Mächtigkeit von Turingmaschinen als »universelles« Rechnermodell untermauern und einige »Tricks« vorstellen, wie man Turingmaschinen für gegebene partielle Funktionen mit den aus höheren Programmier-sprachen bekannten Konzepten konstruieren kann.

Hintereinanderschaltung von DTMs: Ein wesentliches Konzept, das die Konstruktion von DTMs erheblich vereinfacht, ist die Hintereinanderschaltung von DTMs. Seien T_1, T_2 zwei DTMs. $T_1; T_2$ bezeichnet diejenige DTM, die sich zunächst wie T_1 verhält und — sobald T_1 akzeptiert — mit der Simulation von T_2 beginnt. Die Ausgabe von T_1 dient dabei als Eingabe für T_2. Die von $T_1; T_2$ berechnete partielle Funktion ist

$$f_{T_1;T_2} = f_{T_2} \circ f_{T_1}.$$

Dieses Konzept ist für beliebige Mehrband-DTMs anwendbar. Wir formalisieren die Ideen für Einband-DTMs. Sei $T_i = (Q_i, \Sigma, \Gamma, \delta_i, q_{0,i}, \square, F_i)$, $i = 1,2$, wobei wir $Q_1 \cap Q_2 = \emptyset$ voraussetzen. Weiter nehmen wir an, dass jede akzeptierende Berechnung von T_1 in einer Konfiguration der Form $\square \ldots \square q a_1 \ldots a_m \square \ldots \square$ endet, wobei $a_1, \ldots, a_m \in \Sigma$. (Insbesondere nehmen wir $f_{T_1}(w) \in \Sigma^* \cup \{\bot\}$ für alle $w \in \Sigma^*$ an.) Dann ist

$$T_1; T_2 = (Q_1 \cup Q_2, \Sigma, \Gamma, \delta, q_{0,1}, \square, F_2),$$

wobei

$$\delta(q, a) = \begin{cases} \delta_1(q, a) & : \text{ falls } q \in Q_1 \setminus F_1 \\ \delta_2(q, a) & : \text{ falls } q \in Q_2 \\ (q_{0,2}, a, N) & : \text{ falls } q \in F_1. \end{cases}$$

Schleifen, bedingte Anweisungen etc.: In vielen Fällen werden Modifikationen des Verknüpfungsoperators benötigt. Beispielsweise kann es hilfreich sein, in Abhängigkeit der Zustände der Endkonfiguration oder der Ausgabe zu verzweigen, um somit DTMs für Funktionen wie

$$f(w) = \begin{cases} f_{T_2}(x) & : \text{ falls } T_1 \text{ bei Eingabe } w \text{ mit dem Ausgabewort } x \text{ auf Band 3} \\ & \quad \text{in Endzustand } q \text{ terminiert} \\ f_{T_3}(y) & : \text{ falls } T_1 \text{ die Eingabe } w \text{ in dem Zustand } p \text{ verwirft} \\ & : \text{ und } y \text{ auf Band 4 steht} \\ \bot & : \text{ sonst} \end{cases}$$

zu konstruieren.

Wir verwenden Diagramme zur Darstellung derartiger DTMs. Beispielsweise steht Abbildung 1.2.30 (links) für eine DTM, die zunächst eine DTM T_1 simuliert. Sobald T_1 anhält, wird geprüft, ob die auf Band i dargestellte Zahl gleich 0 ist. Wenn ja, wird T_2 simuliert; andernfalls T_3.

Abbildung 1.2.30 Schematische Darstellung der Verknüpfungen für DTMs

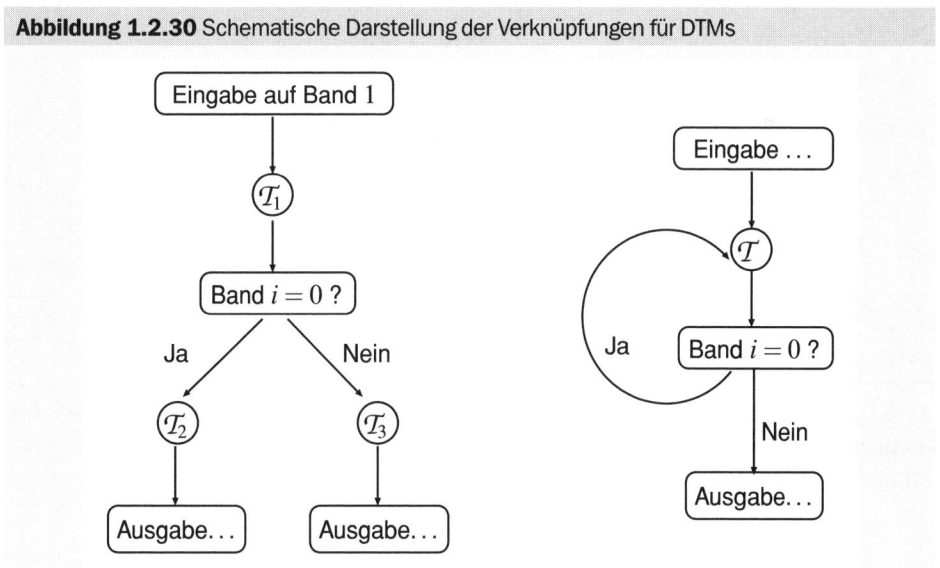

Der Test, ob die auf Band i dargestellte Zahl gleich 0 ist, kann durch eine Einband-DTM $T_{=0?}$ vorgenommen werden, die die Funktion $f_{=0?} : \mathbb{N} \to \mathbb{N}$, $f_{=0?}(0) = 1$ und

$f_{=0?}(n) = 0$, falls $n > 0$, berechnet. Diese Einband-DTM $\mathcal{T}_{=0?}$ kann nun — mithilfe eines geeigneten Verknüpfungsoperators — zum Test, ob der Inhalt von Band i die Zahl 0 darstellt, eingesetzt werden.

Mit demselben Schema können wir Schleifen modellieren. Etwa Abbildung 1.2.30 (rechts)

Beispiel 1.2.31. [Mehrband-DTM für die Addition] Als Beispiel betrachten wir eine Dreiband-DTM zur Berechnung der zweistelligen Additionsfunktion

$$f_{ADD} : \mathbb{N} \times \mathbb{N} \to \mathbb{N}, \quad f_{ADD}(n, m) = n + m .$$

Siehe Abbildung 1.2.32. Dabei ist $\mathcal{T}_{+1}$ eine DTM für die Binärzahladdition »+1« (siehe Bsp. 1.2.4 auf Seite 39) und $\mathcal{T}_{-1}$ eine entsprechend konzipierte DTM für die Funktion

$$f_{-1} : \mathbb{N} \to \mathbb{N}, \quad f_{-1}(n) = \max\{0, n - 1\}.$$

In analoger Weise kann man DTMs für die zweistellige Multiplikations-, Subtraktions- oder Divisionsfunktion angeben.

Abbildung 1.2.32 DTM $\mathcal{T}_{ADD}$

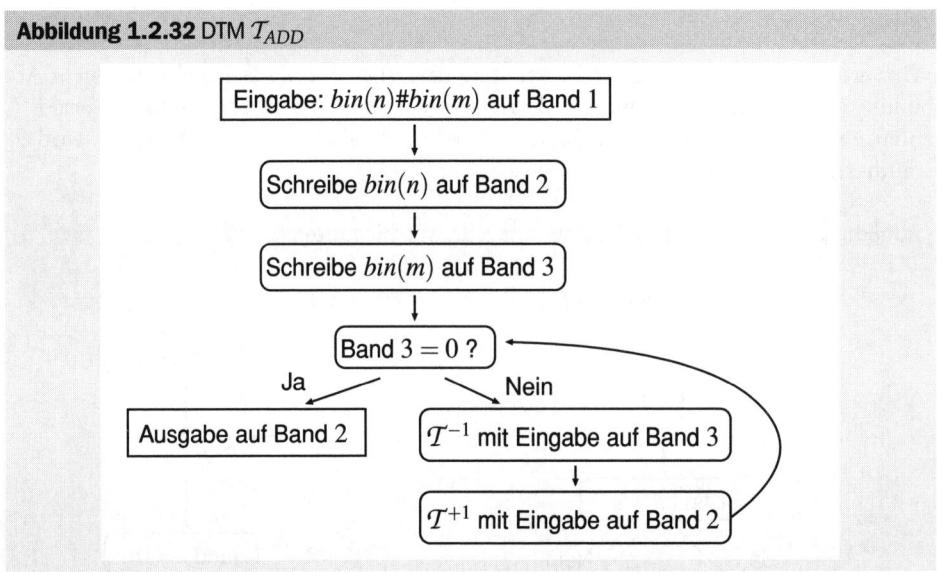

Man beachte, dass die so konzipierten Turingmaschinen für die Grundrechenarten sehr ineffizient sind. Beispielsweise gilt für die Zeitkomplexität der skizzierten Additionsmaschine $\mathcal{T}_{ADD}$:

$$t_{\mathcal{T}_{ADD}}(bin(n)\#bin(m)) = \Theta\left(L(n) \cdot m\right) = \Theta\left(L(n) \cdot 2^{L(m)}\right) .$$

Die Laufzeit in Abhängigkeit der Eingabegröße ist also exponentiell. Tatsächlich gibt es jedoch polynomiell zeitbeschränkte Turingmaschinen für die Addition und die drei anderen Grundrechenarten (Multiplikation, Subtraktion und Division). Die wesentliche

Idee für ein derartiges Verfahren ist die Verwendung der »Schulmethode«, die Kindern in der Grundschule beigebracht wird (vgl. Aufgabe 1.9, Seite 81). ∎

Speicher mit schnellem Zugriff: Die Zustände einer DTM haben im Wesentlichen Kontrollfunktion. Sie können aber auch zur Speicherung von Daten eines endlichen (a priori bekannten) Wertebereichs dienen. Beispielsweise kann man eine boolesche Variable durch die Verwendung eines zweigeteilten Zustandsraums

$$\{\langle q,0\rangle, \langle q,1\rangle : q \in Q\}$$

darstellen.

Unterprogramme: Jedem Unterprogramm ordnet man eine spezielle Zustandsmenge zu, deren Elemente als Kontrollzustände während der Ausführung des betreffenden Programm-Moduls dienen. Die Werte lokaler Variablen können entweder auf separaten für das betreffende Unterprogramm reservierten Bändern oder auf Bandbereichen, die bislang noch nicht benutzt wurden, gespeichert werden. Die Verwendung separater Bänder ist zwar sehr viel bequemer und oftmals zeitsparender, jedoch ist sie für rekursive Unterprogramme nur bedingt einsetzbar.[17] Stattdessen kann man ein einziges Band in Speicherbereiche unterteilen, die durch Blanks und andere Sondersymbole voneinander getrennt werden. Falls sich während der Berechnung herausstellt, dass der zunächst reservierte Speicherplatz (Bandbereich) für die globalen Variablen nicht ausreicht, kann man die Inhalte der Bandzellen für die lokalen Variablen verschieben. Diese Shiftoperation ist zwar aufwendig; aber machbar.

…	☐	☐	globale Variablen	☐	…	☐	#	lokale Variablen	#	☐	☐	…

Entsprechendes gilt für Nebenrechnungen, in denen ein zusätzliches Band oder mit speziellen Begrenzungssymbolen gekennzeichnete Bandbereiche als »Schmierpapier« dienen können.

1.3 Äquivalenz der Berechenbarkeitsbegriffe

In Abschnitt 1.2.6 (Seite 60 ff) wurde angedeutet, wie man Turingmaschinen für komplexe Funktionen konstruieren kann. Möglicherweise sind einige der Leser oder Leserinnen immer noch nicht überzeugt, dass Turingmaschinen »prinzipiell« dasselbe leisten können wie Programme höherer Programmiersprachen. Zweifelsfrei ist es sehr viel komplizierter, eine Turingmaschine für eine komplexe Funktion zu konzipieren, als ein entsprechendes JAVA-Programm zu schreiben. Dennoch — und nur darum geht es uns hier — haben Turingmaschinen dieselbe Mächtigkeit wie Registermaschinen, für die es wohl sehr viel einsichtiger ist, dass sie (was die Berechenbarkeit betrifft) mit realen Rechnern vergleichbar sind.

---

[17] Um Missverständnisse zu vermeiden, weisen wir daraufhin, dass in Mehrband-Turingmaschinen die Anzahl an Bändern a priori festgelegt sein muss.

1.3.1 Simulation von Registermaschinen durch Turingmaschinen

Satz 1.3.1

Zu jeder Registermaschine $\mathcal{R}$ gibt es eine Turingmaschine $\mathcal{T}$, sodass die durch $\mathcal{R}$ berechnete partielle Funktion $f_{\mathcal{R}} : \mathbb{N}^k \to \mathbb{N}$ mit der durch $\mathcal{T}$ berechneten partiellen Funktion $f_{\mathcal{T}} : \mathbb{N}^k \to \mathbb{N}$ übereinstimmt, d.h. $f_{\mathcal{R}} = f_{\mathcal{T}}$.

Beweis: Wir skizzieren, wie man $\mathcal{R}$ durch eine Vierband-DTM $\mathcal{T}$ schrittweise simulieren kann, sodass aus den Konfigurationen von $\mathcal{T}$ auf die Registerbelegungen von $\mathcal{R}$ geschlossen werden kann. Darüber hinaus lässt sich $\mathcal{T}$ so konzipieren, dass $\mathcal{R}$ und $\mathcal{T}$ dieselbe partielle Funktion berechnen.

Wir nehmen an, dass das RM-Programm von $\mathcal{R}$ aus p Zeilen besteht. Zur Simulation verwenden wir einen Zustandsraum der Form

$$Q = Q_0 \cup Q_1 \cup \ldots Q_p \cup Q_{p+1}$$

mit paarweise disjunkten Zustandsmengen Q_i, $i = 0, 1, \ldots, p + 1$. Die Zustände $q \in Q_0$ dienen zum Erstellen einer Konfiguration, die der initialen Registerbelegung von $\mathcal{R}$ entspricht.

Abbildung 1.3.2 Simulation einer RM durch eine TM

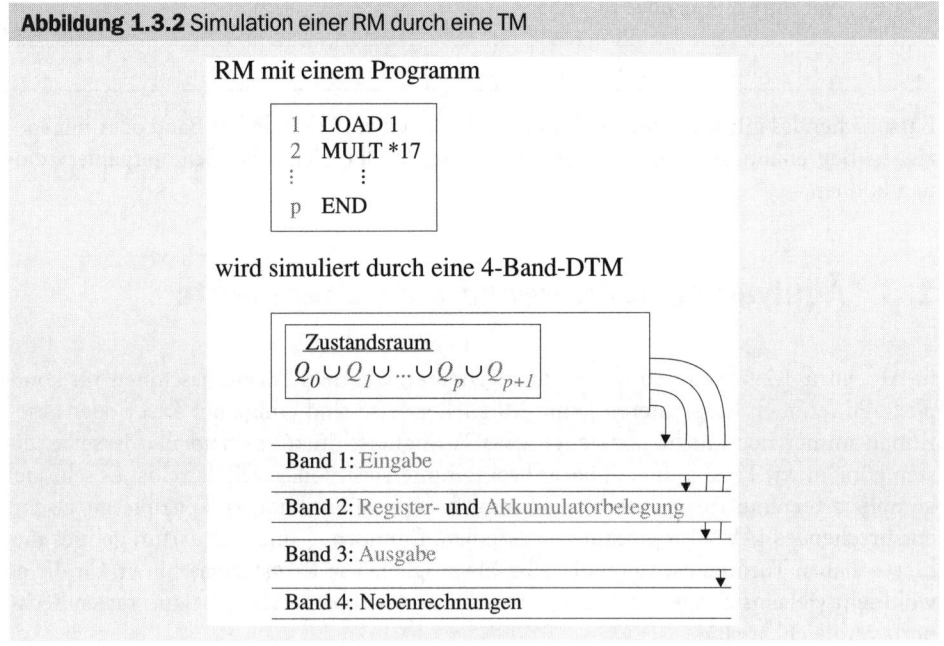

Zur Simulation des in Zeile b stehenden RM-Befehls verwenden wir die Zustände $q \in Q_b$, $b = 1, \ldots, p$. Die Zustandsmenge Q_{p+1} dient zum Erstellen der Ausgabe. Wir verwenden vier Bänder, die im Wesentlichen folgende Aufgaben übernehmen:

▶ Band 1 enthält die Eingabewerte, also ein Wort der Form $bin(n_1)\# \ldots \#bin(n_k)$.

▶ Band 2 enthält in kodierter Form die jeweils aktuelle Akkumulator- und Registerbelegung.

▶ Band 3 dient der Ausgabe.

▶ Band 4 wird für Nebenrechnungen benötigt.

Der wesentliche »Knackpunkt« für die Simulation besteht in der Art und Weise, wie die jeweils aktuellen Werte des Akkumulators und der Registerzellen (auf Band 2) dargestellt werden.

Seien $i_1, \ldots, i_m$ die Nummern derjenigen Registerzellen, auf die bereits zugegriffen wurde oder die einen der Eingabewerte enthalten.[18] Dann hat Band 2 folgende Gestalt

$$\#\#\#0\#bin(c(0))\#\#bin(i_1)\#bin(c(i_1))\#\# \ldots \#\#bin(i_m)\#bin(c(i_m))\#\#\# \, .$$

Das heißt mindestens für jede Registerzelle i, die mit einem Wert > 0 belegt ist, liegt auf Band 2 ein Eintrag der Form

$$bin(i)\#bin(c(i))$$

vor. Die Belegung des Akkumulators wird durch den Eintrag $0\#bin(c(0))$ dargestellt. Die Einträge sind jeweils durch $\#\#$ voneinander getrennt. Anfang und Ende der kodierten Akkumulator- und Registerbelegung sind durch $\#\#\#$ markiert.

Das Erstellen der Konfiguration, die der initialen Registerbelegung entspricht, wird mithilfe der Zustände $q \in Q_0$ vorgenommen. Sind $n_1, \ldots, n_k$ die Eingabewerte, dann steht das Wort $bin(n_1)\# \ldots \#bin(n_k)$ als Eingabe auf Band 1. Kopier- und Zählvorgänge (die mithilfe von Band 4 vorgenommen werden) können Band 2 in die gewünschte Gestalt

$$\#\#\#0\#bin(0)\#\#bin(1)\#bin(n_1)\#\# \ldots \#\#bin(k)\#bin(n_k)\#\#\#$$

bringen. Der Befehlszähler wird durch die Zustände dargestellt. Ist der aktuelle Wert des Befehlszählers gleich b, dann befindet sich die simulierende DTM in einem Zustand $q \in Q_b$. Sobald der Befehlszähler den Wert $b = \infty$ annimmt, wechselt die DTM in die Zustandsmenge Q_{p+1}, in der die Ausgabe generiert wird. Im Wesentlichen muss lediglich ein Eintrag über den Wert $c(i)$ für das Ausgaberegister i von $\mathcal{R}$ auf Band 2 gesucht werden. Falls kein solcher existiert, ist $c(i) = 0$. Dieser Wert $c(i)$ wird auf Band 3 geschrieben. Danach hält die DTM in einem Endzustand $q \in Q_{p+1}$ an.

---

[18] Die Reihenfolge der Indizes $i_1, \ldots, i_m$ ist unerheblich. I. a. sind die Indizes *nicht* sortiert.

Abbildung 1.3.3 Simulation einer RM durch eine TM (Registerkodierung)

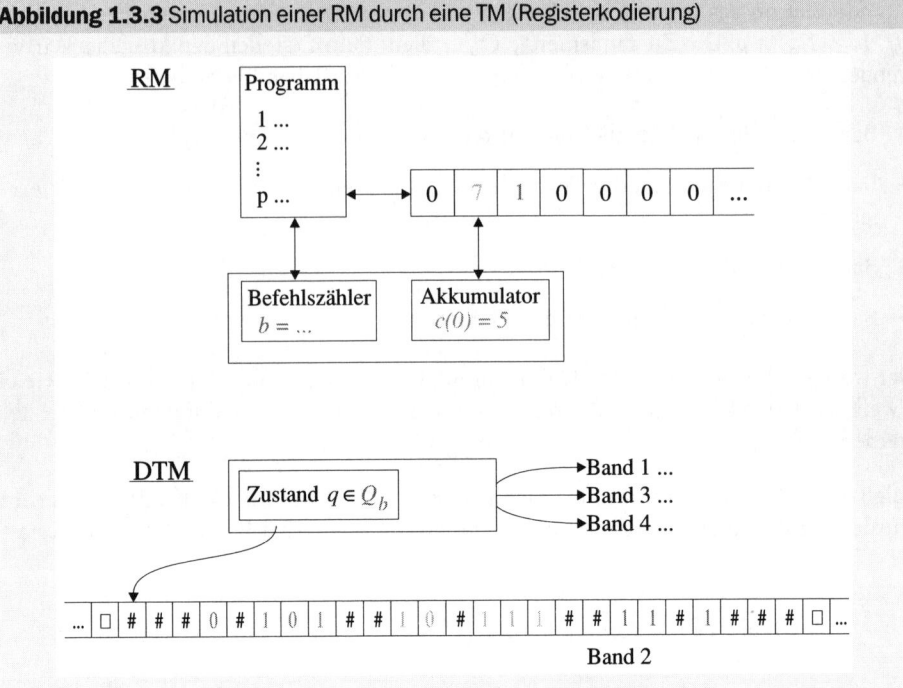

Wir erläutern die Simulation der einzelnen Programmzeilen exemplarisch für den RM-Befehl ADD *24. Wir nehmen an, dass der Befehl in Zeile b steht. Die simulierende DTM arbeitet nach folgendem Schema.

1. Zunächst wird auf Band 2 ein Eintrag über die Registerzelle 24 gesucht, also ein Eintrag der Form ##11000#x#. Ist kein solcher vorhanden, dann ist $c(24) = 0$. In diesem Fall führt der RM-Befehl ADD *24 zu einem sofortigen Abbruch der Berechnung. Dementsprechend wechselt die simulierende DTM in die Zustandsmenge Q_{p+1} und hält (nach Erstellen der Ausgabe) an. Ebenso verfährt die DTM, falls der Eintrag ##11000#0# auf Band 2 gefunden wird.

2. Ist ein solcher Eintrag ##11000#x# mit $x \neq 0$ gefunden, dann sucht die simulierende DTM auf Band 2 einen Eintrag der Form ##x#y#.

   ▶ Wird kein solcher gefunden, dann ist $c(c(24)) = 0$.

   ▶ Andernfalls ist y die Binärzahldarstellung des Registerinhalts der Registerzelle $c(24)$.

   Die DTM schreibt nun die Binärzahldarstellung von $c(c(24))$ auf Band 4.

3. Die DTM sucht die Belegung des Akkumulators. Dieser ergibt sich aus dem Eintrag ##0#z# auf Band 2.

4. Die DTM berechnet nun (unter Verwendung von Band 4) die Binärzahlsumme $w = y + z$ und schreibt das Ergebnis auf Band 4.

5. Der Eintrag ##0#z# auf Band 2 wird durch ##0#w# ersetzt. Im Wesentlichen handelt sich dabei um einen Kopiervorgang und ggf. um das Verschieben des übrigen Bandinhalts.

6. Die DTM wechselt in die Zustandsmenge Q_{b+1} und beginnt die Simulation des nächsten RM-Befehls.

Eine analoge Vorgehensweise liegt der Simulation jedes anderen RM-Befehls zu Grunde.

$\square$

Kosten der Simulation: Zur Simulation eines jeden RM-Befehls benötigt die simulierende DTM maximal drei Suchoperationen auf Band 2, zwei Kopieroperationen von Band 2 auf Band 4 und zurück sowie höchstens eine arithmetische Operation (Vergleich, ADD, MULT, DIV, SUB). Alle genannten Operationen können jeweils in

$$\mathcal{O}(poly(m))$$

Zeiteinheiten durchgeführt werden, wobei m für die Länge des auf Band 2 dargestellten Wortes über $\{0, 1, \#\}$ steht. Dabei benutzen wir die Tatsache, dass jede der vier arithmetischen Grundoperationen mit einer polynomiell zeitbeschränkten DTM berechnet werden kann (vgl. Aufgabe 1.9, Seite 81).

Zur Erinnerung: $t_{\mathcal{R}}(n_1, \ldots, n_k)$ bezeichnet die Anzahl an Zeiteinheiten, die $\mathcal{R}$ zur Behandlung der Eingabewerte $n_1, \ldots, n_k$ benötigt, wenn das logarithmische Kostenmaß zu Grunde gelegt wird. Die Kostenfunktion $T_{\mathcal{R}}$ misst die Rechenzeit an der Größe der Eingabe. Entsprechende Bezeichnungen $t_{\mathcal{T}}$ und $T_{\mathcal{T}}$ wurden für Turingmaschinen eingeführt.

Offenbar ist

$$m = \mathcal{O}\left(t_{\mathcal{R}}(n_1, \ldots, n_k) + \sum_{i=1}^{k} L(n_i)\right).$$

Dies folgt aus der Beobachtung, dass die Inhalte sämtlicher Register Zahlen sind, deren logarithmische Länge höchstens

$$t_{\mathcal{R}}(n_1, \ldots, n_k) + \sum_{i=1}^{k} L(n_i)$$

ist.

Wir kombinieren diese Ergebnisse mit Bemerkung 1.2.22 (Seite 55) und erhalten:

Satz 1.3.4

Jede Registermaschine $\mathcal{R}$ kann durch eine Einband-DTM $\mathcal{T}$ simuliert werden, deren Rechenzeit für Eingabewörter der Form $bin(n_1)\#\ldots\#bin(n_k)$ durch

$$\mathcal{O}\left(poly\left(t_\mathcal{R}(n_1,\ldots,n_k) + \sum_{i=1}^{k} L(n_i)\right)\right)$$

beschränkt ist.

Insbesondere gilt: Ist $\mathcal{R}$ polynomiell zeitbeschränkt, also $T_\mathcal{R}(m) = \mathcal{O}(poly(m))$, dann gilt für die Kostenfunktion der simulierenden Einband-DTM $\mathcal{T}$:

$$T_\mathcal{T}(m) = \mathcal{O}\left(poly(T_\mathcal{R}(m) + m)\right) = \mathcal{O}(poly(m)).$$

Das heißt mit $\mathcal{R}$ ist auch die simulierende DTM polynomiell zeitbeschränkt. Entsprechendes gilt für die Platzkomplexität.

1.3.2 Simulation von Turingmaschinen durch Registermaschinen

Satz 1.3.1 (Seite 64) zeigt, dass die Berechnungsstärke von Turingmaschinen mindestens so groß ist wie die von Registermaschinen. Wir zeigen nun, dass das Modell Turingmaschine nicht mächtiger als das von Registermaschinen ist. Wir stellen zwei Varianten vor, wie man Turingmaschinen durch Registermaschinen simulieren kann.

1. Simulation einer DTM durch eine Registermaschine mit indirekter Adressierung

2. Simulation einer DTM durch eine Registermaschine mit zwei Kellern

Die zweite Variante kommt ohne indirekte Adressierung aus. Insbesondere zeigt dieses Resultat, dass der Verzicht auf indirekte Adressierung für Registermaschinen keinen Berechenbarkeitsverlust darstellt.

Im Folgenden sei $\mathcal{T} = (Q, \Sigma, \Gamma, \delta, q_0, \square, F)$ eine Einband-DTM mit einer totalen Übergangsfunktion. Wir geben eine Registermaschine $\mathcal{R}$ an, die $\mathcal{T}$ schrittweise simuliert. Die Simulation kann für beliebige DTMs durchgeführt werden (und ist nicht auf DTMs zur Berechnung partieller Funktionen $\mathbb{N}^k \to \mathbb{N}$ beschränkt). Es muss dann allerdings vorausgesetzt werden, dass die initiale Registerbelegung der Anfangskonfiguration der DTM entspricht.

Wir gehen im Folgenden von einer festen Nummerierung der Zustände und Bandsymbole aus. Sei $Q = \{q_1, \ldots, q_n\}$ und $\Gamma = \{a_1, \ldots, a_d\}$, wobei $q_1, \ldots, q_n, a_1, \ldots, a_d$ paarweise verschieden sind und $a_d = \square$. Weiter setzen wir $a_0 = \square$.

Beide Varianten der Simulation von $\mathcal{T}$ durch eine Registermaschine basieren auf der nahe liegenden Grundidee, die Übergangsfunktion mithilfe eines RM-Programms zu implementieren, das wie das in Abbildung 1.3.5 (Seite 69) skizzierte Schema arbeitet. Aus

Gründen der Lesbarkeit verwenden wir Namen für die Markierungen der Programmzeilen anstelle von Nummern. Die mit den Marken $M_{i,l}$ versehenen Programmabschnitte müssen jeweils so formuliert werden, dass sie den Effekt $\delta(q_i, a_l)$ der Übergangsfunktion δ wiedergeben. Wir haben lediglich den Fall einer Verschiebung nach links formuliert. Die anderen Fälle sind analog zu behandeln.

Listing 1.3.5   [Grundschema für die Simulation einer DTM durch eine RM]

```
INIT:       . . .                                          (* Initialisierung *)

            position := 0;             (* der Lese-/Schreibkopf zeigt auf Bandzelle 0 *)

            zustand := q₀;                                (* Anfangszustand *)


LOOP:       IF zustand ∈ F THEN GOTO OUTPUT


            (* Ermittle das Zeichen unter dem Lese-/Schreibkopf *)
            zeichen := Bandinhalt an der Stelle position;


            IF zustand = q₁ und zeichen = a₁ THEN GOTO M₁,₁
            IF zustand = q₁ und zeichen = a₂ THEN GOTO M₁,₂
              ⋮

            IF zustand = qᵢ und zeichen = aₗ THEN GOTO Mᵢ,ₗ
              ⋮

Mᵢ,ₗ:                                      (* es gelte δ(qᵢ, aₗ) = ( p,b,L) *)
            zustand := p;
            Bandinhalt an der Stelle position := b;
            position := position −1;  (* Lese-/Schreibkopf nach links verschieben *)
            GOTO LOOP                       (* nächsten Schritt der DTM simulieren *)
Mᵢ,ₗ₊₁:
              ⋮


OUTPUT:     . . .                                 (* Erstellen der Ausgabe *)
            END
```

Berechnet $\mathcal{T}$ eine partielle Funktion $f : \mathbb{N}^k \rightarrow \mathbb{N}$, dann werden wir der eigentlichen Simulation einen Initialisierungsschritt voranstellen, der aus den Eingabewerten

$n_1, \ldots, n_k$ eine der Anfangskonfiguration

$$q_0 \, bin(n_1)\# \ldots \#bin(n_k)$$

von $\mathcal{T}$ entsprechende Registerbelegung erstellt.

Liegt eine DTM zur Berechnung einer partiellen Funktion $f : \mathbb{N}^k \to \mathbb{N}$ vor und ist $(n_1, \ldots, n_k)$ das Eingabetupel der RM, dann ergänzen wir den Initialisierungsschritt durch das in Algorithmus 1.3.6 (Seite 70) skizzierte Verfahren. Dieses erstellt — anhand der Eingabewerte $n_1, \ldots, n_k$ für die RM — die Anfangskonfiguration der DTM für das Eingabewort $bin(n_1)\# \ldots \#bin(n_k)$. Je nachdem, welche Simulationsvariante gewählt wird, muss der Algorithmus so durch RM-Befehle implementiert werden, dass sich eine entsprechende Registerbelegung ergibt.

Algorithmus 1.3.6   [Erstellen der initialen Konfiguration der
                         zu simulierenden DTM]

$j := 0;$
FOR $i = 1, \ldots, k$ **DO**
  berechne $bin(n_i) = b_0 b_1 \ldots b_r;$
  FOR $l = 0, \ldots, r$ **DO**
    Bandinhalt an der Stelle $j + l := b_l$
  OD
  IF $i < k$ **THEN**
    Bandinhalt an der Stelle $j + r + 1 := \#;$
    $j := j + r + 2;$
  FI
OD
$position := 0;$
$zustand := q_0;$

Wenn die zu simulierende DTM in einem Endzustand anhält, dann kann die Registermaschine eine entsprechende Ausgabe erstellen. Das Schema aus Listing 1.3.5 (Seite 69) ist entsprechend zu ergänzen.

Variante 1: Simulation mit indirekter Adressierung

Die Ergebnisse aus Abschnitt 1.2.5 (siehe Seite 58ff) haben gezeigt, dass wir von einer DTM $\mathcal{T}$ mit linksseitig beschränktem Band ausgehen können. Wir simulieren $\mathcal{T}$ durch eine Registermaschine $\mathcal{R}$, deren Register folgende Bedeutung haben:

▶ Register 1 enthält die Nummer des jeweils aktuellen Zustands.

▶ Register 2 enthält die Nummer des jeweils gelesenen Zeichens.

▶ Register 3 gibt die Position des Lese-/Schreibkopfs an.

▶ Register 4 dient für Nebenrechnungen.

▶ Für $j \geq 5$ enthält Register j die Nummer des Zeichens, das in Bandquadrat $j - 6$ steht.[19]

Siehe hierzu auch Abbildung 1.3.7.

Zur Vereinfachung der Formalismen lassen wir es zu, dass der Wert »-1« in Register 3 steht (auch wenn Registermaschinen nur natürliche Zahlen speichern können).

Die Bandsymbole seien so nummeriert, dass $a_0 = a_d = \square$ und $\Gamma \setminus \{\square\} = \{a_1, \ldots, a_{d-1}\}$. Da initial in allen Bandquadraten, in denen kein Eingabesymbol steht, das Blanksymbol $\square = a_0$ steht, können wir für alle Registerzellen $j > k + 6$ die initiale Registerbelegung $c(j) = 0$ verwenden. Der Algorithmus zur Erstellung der Registerbelegung für die initiale Konfiguration muss um eine Anweisung erweitert werden, die die Nummer des Begrenzungssymbols in Register 5 schreibt.

Abbildung 1.3.7 Simulation DTM durch RM

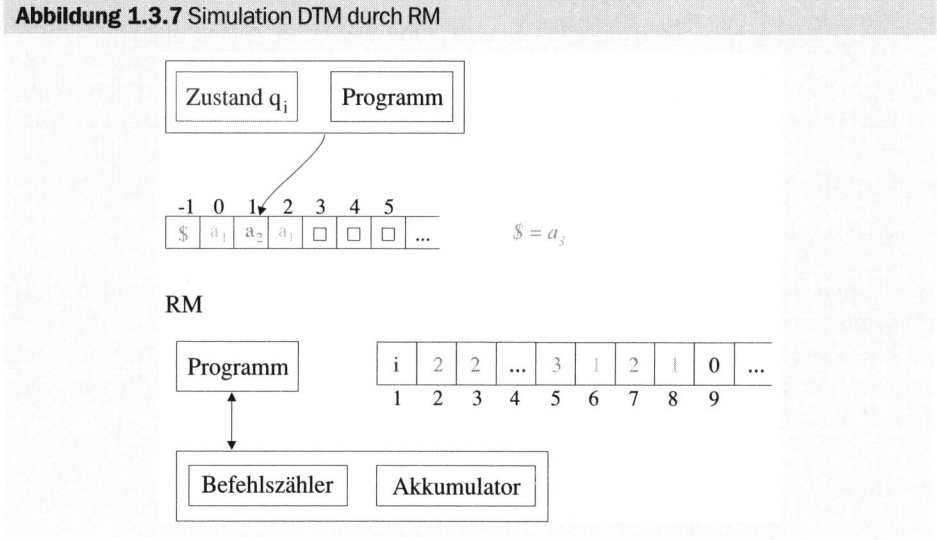

Das zu den Programm-Marken $M_{i,l}$ gehörende RM-Unterprogramm lässt sich wie in Listing 1.3.8 (Seite 72) gezeigt realisieren. Wir nehmen an, dass $\delta(q_i, a_l) = (q_r, a_k, L)$.

Der unzulässige Befehl STORE $(^*3) + 6$ ist selbstverständlich durch entsprechende RM-Befehle, die zuerst den Wert $c(3) + 6$ berechnen und in Register 4 ablegen, gefolgt von den Befehlen LOAD #k und STORE ^{*4}, zu ersetzen.

Kostenanalyse für Variante 1: Das Eingabewort für $\mathcal{T}$ sei $w = bin(n_1)\#\ldots\#bin(n_k)$. Die Rechenzeit der DTM $\mathcal{T}$ für w ist $t(w) = t_{\mathcal{T}}(w)$. Die DTM besucht insgesamt maximal $t(w) + 1$ Bandquadrate. Die Operanden aller RM-Befehle sind daher aus dem

---

[19] Zur Erinnerung: Die Bandzellen einer linksseitig beschränkten DTM sind mit -1 beginnend durchnummeriert. Die Bandzelle -1 enthält das Begrenzungssymbol $. Die Eingabe steht in den Bandzellen $0, 1, \ldots, n - 1$, wobei n die Länge des Eingabewortes ist.

Listing 1.3.8   [RM-Unterprogramm für $\delta(q_i, a_l) = (q_r, a_k, L)$]

```
LOAD #r
STORE 1              (* c(1) := r *)
LOAD #k
STORE (*3) + 6       (* c(c(3) + 6) := k *)
LOAD 3
SUB #1
STORE 3              (* c(3) := c(3) − 1 *)
```

Bereich $\{0,1,\dots,N_w\}$, wobei $N_w = \max\{|Q|, |\Gamma|, t(w) + 6\}$. Jeder RM-Befehl kostet daher unter dem logarithmischen Kostenmaß

$$\mathcal{O}(\log N_w) = \mathcal{O}(\log |Q| + \log |\Gamma| + \log\, t(w)) = \mathcal{O}(\log\, t(w))$$

Zeiteinheiten.[20] In jedem Simulationsschritt führt die Registermaschine eine feste Anzahl an Anweisungen aus. Der Gesamtaufwand für die Simulation ist daher

► $\mathcal{O}(t(w))$ unter dem uniformen Kostenmaß,

► $\mathcal{O}(t(w) \cdot \log t(w))$ unter dem logarithmischen Kostenmaß.

Die Kosten für die Erstellung der Registerbelegung, die der Anfangskonfiguration der DTM entspricht, sind wie folgt. Seien $n_1, \dots, n_k$ die Eingabewerte der Registermaschine. Im Initialisierungsschritt berechnen wir die Binärzahldarstellungen von $n_1, \dots, n_k$ und erstellen die dem Bandinhalt $w = bin(n_1)\#\dots\#bin(n_k)$ entsprechende Registerbelegung. Dazu sind

► $\mathcal{O}\left(\sum_{i=1}^{k} L(n_i)\right) = \mathcal{O}(|w|)$ Schritte unter dem uniformen Kostenmaß,

► $\mathcal{O}\left(\sum_{i=1}^{k} L(n_i)^2\right) = \mathcal{O}(|w|^2)$ Schritte unter dem logarithmischen Kostenmaß

erforderlich. Man beachte, dass $L(n_1) + \dots L(n_k) \leq |w|$ und $L(n_i)^2 \leq |w| \cdot L(n_i)$.

Die vorangegangenen Überlegungen zeigen:

---

[20] Die Größen $|Q|$ und $|\Gamma|$ sind konstant.

Satz 1.3.9

Jede DTM $\mathcal{T}$ kann durch eine Registermaschine $\mathcal{R}$ schrittweise simuliert werden, sodass die Rechenzeit, die $\mathcal{R}$ zur Simulation von $\mathcal{T}$ für ein Eingabewort $w \in \Sigma^*$ benötigt,

$$\mathcal{O}\left(poly(t_{\mathcal{T}}(w) + |w|)\right)$$

ist (uniformes und logarithmisches Kostenmaß).

Berechnet $\mathcal{T}$ eine partielle Funktion $f : \mathbb{N}^k \to \mathbb{N}$, dann kann man die simulierende Registermaschine $\mathcal{R}$ so konzipieren, dass $f_{\mathcal{R}} = f_{\mathcal{T}}$.

Variante 2: Simulation mit zwei Kellern

Wir beschreiben eine weitere Simulationsmöglichkeit einer DTM durch eine RM. Diese kodiert die Konfigurationen der DTM durch zwei Keller. Die Grobidee besteht darin, jede Konfiguration

$$\kappa = d_m d_{m-1} \ldots d_1 \, q \, b_1 b_2 \ldots b_l$$

durch

▶ einen Keller α zur Darstellung des Bandinhalts $d_m \ldots d_1$ links vom Lese-/Schreibkopf,

▶ eine Variable zur Speicherung des aktuellen Zustands q,

▶ einen Keller β zur Darstellung des Bandinhalts $b_1 \ldots b_l$ rechts vom Lese-/Schreibkopf

zu repräsentieren. Das aktuelle Zeichen unter dem Lese-/Schreibkopf ist das Topelement des Kellers β. Die Ordnung im Keller α ist so, dass das Element d_1, das links vom Lese-/Schreibkopf steht, das oberste Element ist.

Abbildung 1.3.10 Darstellung der aktuellen Konfiguration durch zwei Keller

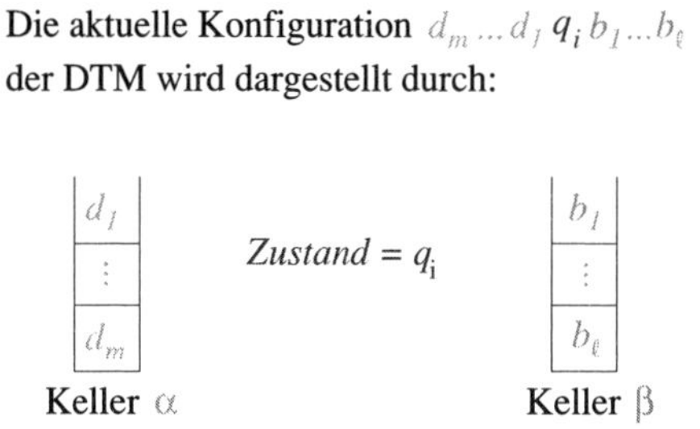

Die aktuelle Konfiguration $d_m \ldots d_1 \, q_i \, b_1 \ldots b_\ell$
der DTM wird dargestellt durch:

Keller α Keller β

Die eigentliche Simulation arbeitet nach dem in Listing 1.3.5 (Seite 69) skizzierten Schema. Die zu den Programm-Marken Mi, l gehörenden Anweisungsfolgen basieren auf folgendem Verfahren, das wir für den Fall einer Verschiebung des Lese-/Schreibkopfs nach links erläutern. Die anderen Fälle sind analog zu behandeln. Sei $\delta(q, b_1) = (p, a, L)$, wobei q der aktuelle Zustand und b_1 das gelesene Zeichen (also das Topelement von β) ist. Der Konfigurationswechsel

$$d_m \dots d_2 d_1 \ q \ b_1 b_2 \dots b_l \ \vdash \ d_m \dots d_2 \ p \ d_1 a b_2 \dots b_l$$

wird durch das in Algorithmus 1.3.11 (Seite 74) skizzierte Verfahren simuliert.

Algorithmus 1.3.11 [Simulation für $\delta(q, b_1) = (p, a, L)$]

$Pop(\beta); \quad Push(a, \beta);$ (* ersetze das oberste Kellerelement b_1 von β durch a *)

(* verschiebe den Lese-/Schreibkopf um eine Position nach links *)
IF $\alpha \neq \emptyset$ **THEN**
$\quad d_1 := Top(\alpha);$ (* 1. Schritt: bestimme das Zeichen d_1 links vom Lese-/Schreibkopf *)
$\quad Pop(\alpha);$
ELSE
$\quad d_1 := \square;$ (* links vom Lese-/Schreibkopf stehen nur Blanks *)
FI
$Push(d_1, \beta);$ (* 2. Schritt: lege d_1 auf den Keller β *)

Simulation der Kelleroperationen mit RM-Befehlen: Keller mit den zugehörigen Operationen (Pop, Push und Top) können ähnlich wie Listen (s. Seite 25) mithilfe indirekter Adressierung auf einer Registermaschine implementiert werden. Wir stellen hier eine weitere Implementierungsmöglichkeit vor, die ohne indirekte Adressierung auskommt und stattdessen einen Keller als natürliche Zahl kodiert.

Die Kelleroperationen werden durch arithmetische Operationen ersetzt. Insbesondere belegt diese Simulationsmöglichkeit, dass der Verzicht auf indirekte Adressierung keinen Berechenbarkeitsverlust für Registermaschinen darstellt.

Sei

$$\Gamma = \{a_0, a_1, \dots, a_{d-1}, a_d\},$$

wobei $a_0, a_1, \dots a_{d-1}$ paarweise verschieden sind und $a_0 = a_d = \square$. Entspricht der aktuelle Kellerinhalt von α dem Wort $a_{i_1} a_{i_2} \dots a_{i_m}$ (wobei a_{i_1} das oberste Kellerelement ist), dann ordnen wir α die Zahl

$$Zahl(\alpha) = \langle i_m, i_{m-1}, \dots, i_2, i_1 \rangle_d = i_m \cdot d^{m-1} + i_{m-1} \cdot d^{m-2} + \dots + i_2 \cdot d + i_1$$

zu. Die Operation $Pop(\alpha)$ entspricht der Anweisung

$$Zahl(\alpha) := Zahl(\alpha) \ \text{div} \ d.$$

$Push(a_{i_0}, \alpha)$ wird durch

$$Zahl(\alpha) := Zahl(\alpha) * d + i_0$$

realisiert. $Top(\alpha)$ ist $Zahl(\alpha)$ mod d.

Eine entsprechende Zahldarstellung verwenden wir für den Keller β, der den Bandinhalt rechts vom Lese-/Schreibkopf (beginnend mit dem Zeichen unter dem Lese-/Schreibkopf) repräsentiert.

Algorithmus 1.3.11 lässt sich nun zu Algorithmus 1.3.12 (Seite 75) umschreiben. Zur Vereinfachung haben wir $d = 10$, $\Gamma = \{0,1,\dots,9\}$ und $\square = 0$ angenommen.

Algorithmus 1.3.12   [Simulation für $\delta(q, b_1) = (p, 6, L)$]

```
β := β div 10;                       (* entferne das oberste Kellersymbol *)
β := β * 10 + 6                      (* überschreibe das gelesene Zeichen b₁ mit »6« *);
IF α ≠ 0 THEN
    i₀ := α mod 10;   (* Zeichen mit Nummer i₀ steht links vom Lese-/Schreibkopf *)
    α := α div 10;
ELSE
    i₀ := 0;                (* links vom Lese-/Schreibkopf stehen nur Blanks *)
FI
β := β * 10 + i₀             (* verschiebe den Lese-/Schreibkopf nach links *)
```

Die so skizzierten Ideen lassen sich in einem RM-Programm umsetzen. Dazu werden im Wesentlichen nur drei Register benötigt, etwa Register 1 für die Nummer des aktuellen Zustands, Register 2 und 3 für die Zahldarstellungen der Keller α und β. Die Kosten für die Simulation sind im Wesentlichen dieselben wie für Variante 1.

1.3.3 Churchsche These

Wir fassen die Ergebnisse der vorangegangenen beiden Abschnitte (Sätze 1.3.1 und 1.3.9) in folgendem Satz zusammen.

Satz 1.3.13

Sei $f : \mathbb{N}^k \to \mathbb{N}$ eine partielle Funktion. Dann gilt:

▶ *f ist genau dann Turing-berechenbar, wenn f durch eine Registermaschine berechnet werden kann.*

▶ *f ist genau dann durch eine polynomiell zeitbeschränkte DTM berechenbar, wenn f durch eine polynomiell zeitbeschränkte Registermaschine berechnet werden kann.[21]*

Satz 1.3.13 zeigt die Äquivalenz von Turingmaschinen und Registermaschinen als Modell für die Berechenbarkeit von partiellen Funktionen. Darüber hinaus induzieren beide Modelle denselben Begriff in (höchstens) polynomieller Zeit berechenbarer Funktionen. Neben diesen Rechnermodellen gibt es eine Reihe weiterer Formalismen, die alle *nachweislich* zu demselben Berechenbarkeitsbegriff führen. Zu diesen zählen Varianten von Registermaschinen (wie RASP (random access stored program) oder WHILE-Programme), der λ-Kalkül (Church, 1941), Postsysteme (Post, 1943) und μ-rekursive Funktionen (Kleene, 1952).

Die Frage, inwiefern der so formalisierte Berechenbarkeitsbegriff mit der intuitiven Vorstellung dessen, was prinzipiell mit einem vollautomatischen Verfahren machbar ist, übereinstimmt, lässt sich nicht beantworten. Dennoch scheint insbesondere das Modell von Registermaschinen mächtig genug zu sein, um das zu formalisieren, was heutige (und vermutlich auch zukünftige) Rechner »prinzipiell« können, jedenfalls dann, wenn man Speicherplatzrestriktionen außer Acht lässt. Insofern scheint es gerechtfertigt zu sein, den mit Register- oder Turingmaschinen definierten Berechenbarkeitsbegriff als eine gelungene Formalisierung intuitiver Berechenbarkeit zu akzeptieren.

Church hat bereits in den 40-er Jahren die These aufgestellt, dass der durch Turingmaschinen (und andere mathematische Formalismen) definierte Berechenbarkeitsbegriff mit dem der intuitiven Berechenbarkeit übereinstimmt.

Churchsche These: *Die durch die formalen Berechenbarkeitsbegriffe (z. B. Turingberechenbarkeit) erfasste Klasse von berechenbaren partiellen Funktionen stimmt genau mit der Klasse der intuitiv berechenbaren partiellen Funktionen überein.*

Im Folgenden sprechen wir kurz von *Berechenbarkeit* und meinen damit den durch Turing- oder Registermaschinen oder anderen mathematischen Modellen formalisierten Berechenbarkeitsbegriff. Wie auf Seite 47 angedeutet, verwenden wir den Begriff für beliebige Funktionen. Welche Kodierung für eine Realisierung mit einer DTM oder Registermaschine geeignet ist, sollte den Lesern und Leserinnen klar sein. Für den Nachweis der Berechenbarkeit einer konkreten Funktion ziehen wir uns oftmals auf die Churchsche

---

[21] Zur Erinnerung: Die polynomielle Zeitbeschränkung einer Registermaschine bezieht sich auf das logarithmische Kostenmaß. Nur unter gewissen Voraussetzungen stimmt diese mit der polynomiellen Zeitbeschränkung unter dem uniformen Kostenmaß überein.

These zurück und verwenden Algorithmen in Pseudo-Code oder verbale Formulierungen.

1.4   Übungen

Aufgabe 1.1 Berechnungsstärke von RMs

Zeigen Sie: Zu jeder Registermaschine $\mathcal{R}$ gibt es eine Registermaschine $\mathcal{R}'$, die weder Multiplikation noch Division benutzt, sodass

▶ $f_{\mathcal{R}'} = f_{\mathcal{R}}$

▶ $t_{\mathcal{R}'}(n_1, \ldots, n_k) = \mathcal{O}\big(t_{\mathcal{R}}(n_1, \ldots, n_k)^2\big).$

Aufgabe 1.2 Registermaschinen

(a) Geben Sie die genauen Kosten der folgenden RM-Befehle an.

	uniforme Kosten	logarithm. Kosten
LOAD #28		
STORE *17		
MULT 8		
SUB *4		
DIV 17		
GOTO 45		
JZERO 28		

(b) Skizzieren Sie RM-Befehle, mit denen sich der Effekt der folgenden Repeat-Schleife

$\vdots$

(* An dieser Stelle gelte $c(2) > 0$ *)
REPEAT
    $c(1) := 2 * c(1) + 1;$
    $c(2) := c(2) - 1$
UNTIL $c(2) < c(3);$

$\vdots$

erreichen lässt.

(c) Skizzieren Sie RM-Befehle, mit denen sich der Effekt der folgenden bedingten Anweisung der Form

$$\vdots$$

    IF $c(1) > c(2) + 17$ **THEN**
        $c(2) := c(2)^2 + 1$
    ELSE
        $c(2) := c(2) * c(3)$
    FI

$$\vdots$$

erreichen lässt.

(d) Erläutern Sie, wie man eine Matrix $A = (a_{ij})$ mit natürlichen Koeffizienten a_{ij} durch eine Registerbelegung darstellen kann.

Aufgabe 1.3 RM-Programm

(a) Geben Sie ein RM-Programm an, das die totale Funktion (Fakultätsfunktion)

$$f : \mathbb{N} \to \mathbb{N}, \quad f(n) = n!$$

berechnet.

(b) Bestimmen Sie die Kosten (Rechenzeit und Speicherplatzbedarf) Ihres Programms unter dem

  ▶   uniformen Kostenmaß,

  ▶   logarithmischen Kostenmaß.

Es genügt die Angabe der Größenordnungen der Kostenfunktionen (Operator Θ).

Aufgabe 1.4 RM-Programm

Gegeben sei die folgende rekursiv definierte Funktion f:

$$f(n, m) := \begin{cases} f(n-1, m) + f(n-1, m-1) & \text{falls } n > m > 0 \\ 1 & \text{sonst.} \end{cases}$$

Geben Sie ein Registermaschinenprogramm an, das f berechnet. Sie können annehmen, dass die Eingabe der Funktion in den Registern 1 und 2 steht.

Hinweis: Sie können zur Implementierung des Algorithmus einen zusammenhängenden Speicherbereich als Stack verwenden, dessen Basisadresse z.B. die Zelle 4711 ist. Definieren Sie sich Makro-Operationen für die notwendigen Stackoperationen push, pop, top (ggf. auch für das n-te Stackelement top(-n)).

Aufgabe 1.5 RM-Programm

Schreiben Sie ein Registermaschinenprogramm, das als Eingabe einen Binärbaum erhält, in dessen Blättern natürliche Zahlen stehen, und das als Ausgabe die Summe dieser Zahlen liefert.

Überlegen Sie sich eine geeignete Darstellung des Baumes.

Hinweis: Geben Sie Kommentare, welche die Arbeitsweise Ihres Programmes erläutern. Hilfreich ist z.B. die Angabe des Stackinhalts an unterschiedlichen, besonders relevanten Programmstellen (falls Sie bei der Implementierung einen Stack verwenden).

Aufgabe 1.6 DTM für SUB

(a) Geben Sie präzise eine Einband-DTM $\mathcal{T}$ an, die die Funktion

$$f_{-1} : \mathbb{N} \to \mathbb{N}, \quad f_{-1}(n) = \max\{0, n-1\}$$

berechnet.

(b) Geben Sie die Berechnungen von $\mathcal{T}$ für w_i, die Rechenzeiten $t_{\mathcal{T}}(w_i)$ und den Speicherplatzbedarf $s_{\mathcal{T}}(w_i)$ der in (a) konzipierten DTM $\mathcal{T}$ für die folgenden Eingabewörter an.

  (1) Eingabewort $w_1 = 101$
  (2) Eingabewort $w_2 = 1000$
  (3) Eingabewort $w_3 = 0$
  (4) Eingabewort $w_4 = \varepsilon$

(c) Geben Sie die Größenordnungen der Kostenfunktionen $t_{\mathcal{T}}$ und $s_{\mathcal{T}}$ an sowie die Größenordnungen der Kostenfunktionen

$$T_{\mathcal{T}}, S_{\mathcal{T}} : \mathbb{N} \to \mathbb{N} \cup \{\infty\}$$

in Abhängigkeit der Eingabegröße.

Aufgabe 1.7 DTMs mit mehrdimensionalen Bändern

In Abschnitt 1.2.5 Seite 58 ff. wurde die Äquivalenz von DTMs mit einem nach links und rechts unbeschränkten Band und DTMs mit einem linksseitig beschränkten Band gezeigt. Andererseits kann man Turingmaschinen mit mehrdimensionalen Bändern ausrüsten. Wir betrachten hier den Fall eines zweidimensionalen Bands, das in alle vier Richtungen (links, rechts, oben, unten) unbeschränkt ist. Die wesentlichen Unterschiede zu einer gewöhnlichen DTM sind wie folgt:

▶ Die Bandquadrate sind (gedanklich) mit Paaren $(\nu, \mu) \in \mathbb{Z} \times \mathbb{Z}$ beschriftet. Die erste Komponente ν steht für die Zeilennummer; die zweite Komponente μ für die Spaltennummer.

▶ Das Eingabewort $w = a_1 \dots a_n$ steht initial in den Bandzellen, die mit

$$(0,0), (1,0), \dots, (n-1,0)$$

beschriftet sind.

▶ In jedem Schritt (Konfigurationswechsel) kann die Turingmaschine den Lese/Schreibkopf verschieben:

■ L : nach links

■ R : nach rechts

■ U : nach unten

■ O : nach oben

■ N : nicht

Die Übergangsfunktion einer DTM $\mathcal{T} = (Q, \Sigma, \Gamma, \delta, q_0, \square, F)$ mit einem zweidimensionalen (in alle Richtungen unbeschränkten) Band ist also eine partielle Funktion des Typs

$$\delta : Q \times \Gamma \rightarrow Q \times \Gamma \times \{L, R, U, O, N\}.$$

(a) Wie lässt sich der Begriff einer Konfiguration auf DTMs mit einem zweidimensionalen Band verallgemeinern?

Geben Sie die Definition einer Konfigurationsrelation ⊢ für den Fall einer Verschiebung nach unten an.

(b) Zeigen Sie, dass sich jede DTM $\mathcal{T}$ mit einem zweidimensionalen Band durch eine (gewöhnliche) Mehrband-DTM $\mathcal{T}'$ simulieren lässt.

Welche Kosten entstehen durch die Simulation?

In Aufgabenteil (b) genügt es, die wesentlichen Ideen zu beschreiben, wie die Inhalte des zweidimensionalen Bands von $\mathcal{T}$ durch ein eindimensionales Band dargestellt werden und wie jeder Schritt von $\mathcal{T}$ simuliert wird.

Aufgabe 1.8 Entwurf einer Zweiband-DTM

Geben Sie präzise eine Zweiband-DTM an, die die Funktion

$$f : \{0,1\}^* \rightarrow \{0,1\}^*, \quad f(w) = ww$$

berechnet. Geben Sie die Berechnungen für die folgenden Eingabewörter an:

$$w_1 = 1100, \text{ und } w_2 = \varepsilon$$

Aufgabe 1.9 DTM für ADD, $n!$ und $\lfloor \log n \rfloor$

(a) Geben Sie eine Ein- oder Mehrband-DTM $\mathcal{T}$ an, die die Additionsfunktion

$$f_{ADD} : \mathbb{N} \times \mathbb{N} \to \mathbb{N}, \quad f_{ADD}(n, m) = n + m$$

in polynomieller Zeit berechnet, d.h. es gilt $f_{\mathcal{T}} = f_{ADD}$ und

$$t_{\mathcal{T}}(bin(n)\#bin(m)) = \mathcal{O}(poly(L(n) + L(m))) \, .$$

(b) Geben Sie jeweils eine Ein- oder Mehrband-DTM an, die die folgenden Funktionen berechnet: (Zur Erinnerung: $0! = 1$.)

$$f_{fak} : \mathbb{N} \to \mathbb{N}, \quad f_{fak}(n) = n!$$

$$f_{LOG} : \mathbb{N} \to \mathbb{N}, \quad f_{LOG}(n) = \left\{ \begin{array}{ll} \lfloor \log n \rfloor & : \quad \text{falls } n \geq 1 \\ \bot & : \quad \text{sonst} \end{array} \right.$$

Geben Sie jeweils die Größenordnungen der Kostenfunktionen (Zeit und Platz, in Abhängigkeit der Eingabegröße) der konzipierten DTMs an.

Es genügen informelle Beschreibungen; etwa durch Skizzen, aus denen ersichtlich wird, wie (aus dem vorangegangenen Kapitel) DTMs miteinander verknüpft werden.

Aufgabe 1.10 Simulation einer Zweiband-DTM

Gegeben ist folgende Zweiband-DTM

$$\mathcal{T} = (\{q_0, q_1\}, \{\$\}, \{\$, \square\}, \delta, q_0, \square, \{q_1\}),$$

wobei

$$\delta(q_0, \$, \square) = (q_0, \langle \square, R \rangle, \langle \square, N \rangle)$$
$$\delta(q_0, \square, \square) = (q_1, \langle \square, L \rangle, \langle \$, R \rangle)$$

und $\delta(\cdot) = \bot$ in allen verbleibenden Fällen.

Die Eingabe für $\mathcal{T}$ steht auf Band 1; Band 2 dient als Ausgabeband.

Geben Sie — in Anlehnung an die in Abschnitt 1.2.3, Seite 49 ff. vorgestellte Methode zur Simulation einer Mehrband-DTM durch eine Einband-DTM — die präzisen Komponenten einer Einband-DTM $\mathcal{T}'$ an, die $\mathcal{T}$ simuliert.

Nicht sehr hilfreicher Hinweis: Bitte wundern Sie sich nicht, dass die simulierende DTM reichlich kompliziert ist.

Aufgabe 1.11   Richtig oder falsch?

Welche der folgenden beiden Aussagen ist richtig bzw. falsch? Begründen Sie Ihre Antwort.

(a) Zu jeder Einband-DTM $\mathcal{T}$ gibt es eine Einband-DTM $\mathcal{T}'$, sodass

    1. $f_{\mathcal{T}} = f_{\mathcal{T}'}$

    2. $\mathcal{T}'$ hält für alle Eingaben akzeptierend an.

(b) Zu jeder Einband-DTM $\mathcal{T}$ gibt es eine Einband-DTM $\mathcal{T}'$ mit linksseitig beschränktem Band, sodass

    1. $f_{\mathcal{T}} = f_{\mathcal{T}'}$

    2. $\mathcal{T}'$ hat für alle Eingaben entweder eine akzeptierende oder eine endlose Berechnung.

(c) Die durch Registermaschinen berechneten partiellen Funktionen $f_{\mathcal{R}}$ sind stets entweder total oder haben unendlich viele Undefiniertheitsstellen.

Aufgabe 1.12   Simulation RM durch DTM

In Abschnitt 1.2.3, Seite 49 ff. wurde erläutert, wie sich eine Registermaschine durch eine Turingmaschine simulieren lässt.

(a) Welches sind die wesentlichen Schritte der simulierenden Vierband-DTM für das RM-Programm zur Berechnung der Modulo-Funktion n mod m (s. Beispiel 1.1.22 Seite 32) am Beispiel

$$n = 15, \, m = 3.$$

Skizzieren Sie, wie sich die Bandinschrift von Band 2 ändert, und erläutern Sie, welche Schritte die simulierende Vierband-DTM jeweils durchführt, um die RM-Befehle nachzuahmen.

(b) Erläutern Sie, welche Schritte die simulierende Vierband-DTM durchführen muss, um den bedingten Sprungbefehl

$$\text{JZERO 23}$$

zu simulieren.

Aufgabe 1.13   Simulation DTM durch RM

In Abschnitt 1.3.2, Seite 68 ff. wurden zwei Möglichkeiten erläutert, wie sich Turingmaschinen durch Registermaschinen simulieren lassen.

Welches sind die wesentlichen Schritte der Registermaschine zur Simulation der DTM

$$\mathcal{T} = (\{q_0, q_1\}, \{a_1, a_2\}, \{a_1, a_2, \square\}, \delta, q_0, \square, \{q_1\})$$

mit

$$\delta(q_0, a_1) \;=\; (q_0, a_1, R) \qquad \delta(q_1, a_1) \;=\; \perp$$
$$\delta(q_0, a_2) \;=\; (q_0, a_1, R) \qquad \delta(q_1, a_2) \;=\; \perp$$
$$\delta(q_0, \square) \;=\; (q_1, a_1, N) \qquad \delta(q_1, \square) \;=\; \perp$$

für das Eingabewort $w = a_1 a_2 a_1$?

(a) bzgl. Variante 1 (RM mit indirekter Adressierung)

(b) bzgl. Variante 2 (RM mit zwei Kellern)

In (a) und (b) genügt es anzugeben, wie sich die Registerbelegungen ändern.

KAPITEL 2

Entscheidungsprobleme

In diesem Abschnitt beschäftigen wir uns mit sog. Entscheidungsproblemen; d.h. Problemen, bei denen die korrekte Antwort entweder »JA« oder »NEIN« ist. Jedes solche JA/NEIN-Problem kann als so genanntes *Wortproblem* aufgefasst werden.

Das Wortproblem

▶ **Gegeben:** Sprache $L \subseteq \Sigma^*$ und ein Wort $w \in \Sigma^*$

▶ **Gefragt:** Gilt $w \in L$?

Der Zusammenhang zwischen JA/NEIN-Problemen und Wortproblemen, die zunächst nur ein Spezialfall von JA/NEIN-Problemen zu sein scheinen, ist wie folgt: Wir nehmen an, dass die Spezifikation eines JA/NEIN-Problems durch eine Abbildung

$$F_{SPEC} : I \to \{JA, NEIN\}$$

vorliegt. Die Menge I charakterisiert alle zulässigen Eingabewerte. Der Wert $F_{SPEC}(i)$ für eine Eingabe i ist genau dann »JA«, wenn die korrekte Antwort »JA« ist. Wir identifizieren nun F_{SPEC} mit der Menge $S_{SPEC} = \{i \in I : F_{SPEC}(i) = JA\}$, die genau solche Eingabewerte $i \in I$ enthält, für die die korrekte Antwort »JA« ist. Sei

$$code : I \to \{0,1,\#\}^*$$

eine bijektive Kodierung der Eingaben mit Wörtern gebildet aus Nullen, Einsen und dem Trennsymbol #. Wir setzen

$$L = \{code(i) : i \in S_{SPEC}\} \subseteq \{0,1,\#\}^*.$$

Offenbar gilt dann für jede Eingabe $i \in I$:

$$F_{SPEC}(i) = JA \quad \text{gdw} \quad code(i) \in L$$

Die Wahl des Alphabets $\{0,1,\#\}$ ist völlig willkürlich. Selbstverständlich können auch andere Alphabete verwendet werden. Tatsächlich ist sogar stets das binäre Alphabet $\{0,1\}$ ausreichend, da man jedes endliche Alphabet Σ mit einem eindeutig dekodierbaren Binärcode versehen kann. Beispielsweise kann man für das Alphabet $\Sigma = \{0,1,\#\}$ die Kodierung

$$0 \mapsto 00, \quad 1 \mapsto 01, \quad \# \mapsto 10$$

verwenden. Wir werden später von derartigen Binärkodierungen Gebrauch machen.

Beispiel 2.0.1. [Primzahltest] Die Fragestellung des Primzahltests geht von der Eingabemenge $I = \mathbb{N}$ aus und fragt, ob der Eingabewert $n \in \mathbb{N}$ eine Primzahl ist. Wir können auf die Binärzahldarstellung von n zurückgreifen und formalisieren das Primzahlproblem durch die Sprache

$$L_{Primzahl} = \{bin(n) : n \text{ ist eine Primzahl}\}.$$

Das zu Grunde liegende Alphabet ist $\Sigma = \{0,1\}$. ∎

Beispiel 2.0.2. [Zyklentest] Als zweites Beispiel betrachten wir den Zyklentest in einem Digraphen. Gegeben ist ein endlicher Digraph $G = (V, E)$. Gefragt ist, ob G zyklisch ist.

Wir kodieren G wie folgt. Wir wählen eine feste Nummerierung der Knoten in G; etwa $v_1, v_2, \ldots, v_n$. Durch die Angabe der Anzahl n an Knoten ist eine explizite Darstellung der Knoten überflüssig. Die Kante $e = (v_i, v_j)$ wird durch das Wort

$$bin(e) = \#bin(i)\#bin(j)\#$$

dargestellt. Der gesamte Graph ist dann durch Wort

$$bin(G) = \#bin(n)\#bin(e_1)\#bin(e_2)\# \ldots \#bin(e_m)\#$$

repräsentiert, wobei $e_1, \ldots, e_m$ eine fest gewählte Aufzählung der Kanten in G ist.[1] Die zu der Fragestellung des Zyklentests gehörende Sprache ist dann

$$L_{Zyklus} = \{bin(G) : G \text{ ist ein zyklischer Digraph}\}.$$

In diesem Fall ist das zu Grunde gelegte Alphabet $\Sigma = \{0,1,\#\}$. ∎

Entscheidungs- und Semientscheidungsverfahren

Salopp formuliert ist ein Entscheidungsverfahren für ein JA/NEIN-Problem ein Algorithmus, der für alle Eingaben terminiert und die korrekte Antwort »JA« oder »NEIN« liefert. JA/NEIN-Probleme, für die es ein solches Entscheidungsverfahren gibt, nennt man *entscheidbar*. Demgegenüber stehen Semientscheidungsverfahren, von denen man nur die partielle Korrektheit fordert. Genauer fordert man, dass für jede Eingabe, für die die korrekte Antwort »JA« ist, das Semientscheidungsverfahren mit der Antwort »JA« terminiert; während für Eingaben, für die »NEIN« die korrekte Antwort ist, das Verfahren entweder gar nicht terminiert oder mit der Antwort »NEIN« anhält.

---

[1] Die hier vorgestellte Kodierung ist nicht präzise definiert. Tatsächlich sind zusätzliche Forderungen an die Nummerierung der Kanten notwendig, um sicherzustellen, dass sich ein eindeutiges Codewort ergibt. Beispielsweise garantiert eine numerische Sortierung »$i < j$ impliziert $e_i < e_j$« die Eindeutigkeit der Kodierung von G, wenn eine feste Knotennummerierung vorliegt. Dabei gilt $e_i = (v_\mu, v_\nu) < (v_\rho, v_\sigma) = e_j$ genau dann, wenn $\mu < \rho$ oder $\mu = \rho$ und $\nu < \sigma$. Um die Freiheitsgrade in der Knotennummerierung zu umgehen, kann man sich auf Graphen mit der Knotenmenge $\{1, \ldots, n\}$ beschränken. Alternativ kann man jedoch auch mehrere Kodierungen für einen Graphen zulassen. In diesem Fall ist $bin(G)$ eine Menge von Wörtern, nicht ein einzelnes Wort. Diese mathematischen Feinheiten sind für uns nicht bedeutsam. Wir werden auch im Folgenden etwas lässig mit derartigen Kodierungsdetails umgehen.

Abbildung 2.0.3 Entscheidungs- und Semientscheidungsverfahren

Algorithmen für ein Ja/Nein-Problem:

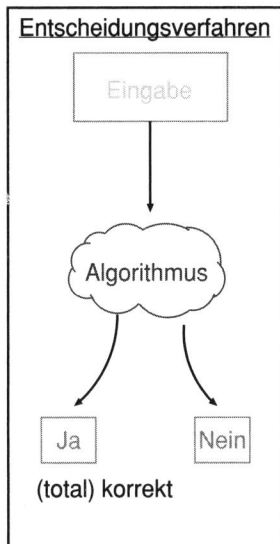

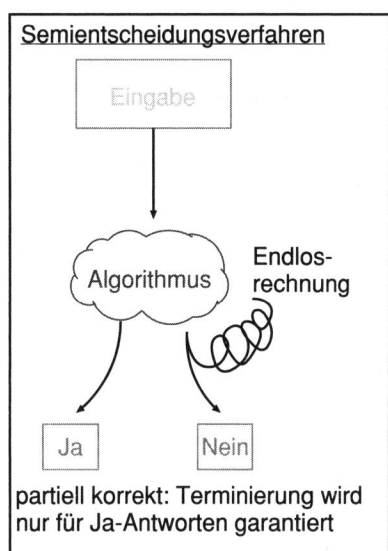

Als einfaches Beispiel für ein Semientscheidungsverfahren betrachten wir folgende Fragestellung. Gegeben sind zwei natürliche Zahlen n, m. Gefragt ist, ob es eine natürliche Zahl $k \geq 1$ gibt, sodass

$$n^k + m^k \text{ eine Primzahl ist.}$$

Beispielsweise ist $3^2 + 2^2 = 9 + 4 = 13$ eine Primzahl (d.h. für $n = 3$, $m = 2$ ist die Fragestellung mit »JA« zu beantworten). Die Semientscheidbarkeit der genannten Fragestellung ist leicht zu belegen. Wir betrachten sukzessive alle potentiellen »Lösungskandidaten« k, berechnen $x = n^k + m^k$ und prüfen, ob x eine Primzahl ist (vgl. Algorithmus 2.0.4, Seite 87).

Algorithmus 2.0.4   [Semientscheidungsverfahren für $\exists\, k \geq 1\; n^k + m^k$ ist prim]

Lies die Eingabewerte n und m.
FOR $k = 1, 2, \ldots$ **DO**
    Berechne $x = n^k + m^k$;
    IF x ist eine Primzahl **THEN**
        gib »JA« aus und halte an
    FI
OD

Man beachte, dass für alle Zahlenpaare (n, m), für die die genannte Fragestellung mit »NEIN« zu beantworten ist, das Verfahren endlos läuft.

Selbstverständlich würde man stets ein Entscheidungsverfahren vorziehen. Bedauerlicherweise gibt es Probleme, für die kein Entscheidungsverfahren existiert; wohl aber ein Semientscheidungsverfahren. In solchen Fällen kann ein Semientscheidungsverfahren zu einem halbautomatischen Verfahren erweitert werden, in dem Benutzerinteraktionen zum Auffinden der Antwort beitragen sollen. Solche halbautomatischen Techniken liegen den meisten *Theorembeweisern* zu Grunde, in denen mathematische Beweise computerunterstützt geführt werden. Neben Problemen, die zwar nicht entscheidbar, aber semientscheidbar sind, gibt es noch schwierigere Probleme, die nicht semientscheidbar sind. Für solche Probleme sind wir also vollständig auf unsere Intelligenz angewiesen.

2.1 Entscheidbarbeit und Semientscheidbarkeit

Der Begriff eines korrekten Algorithmus für ein JA/NEIN-Problem lässt sich mit Turingmaschinen formalisieren. Dazu können wir entweder auf den bereits eingeführten Begriff von Turing-berechenbaren Funktionen zurückgreifen oder das Modell von Turingmaschinen im Sinne von Sprachakzeptoren verwenden. Beide Varianten führen zu demselben Begriff der Lösbarkeit eines JA/NEIN-Problems.

Wortprobleme als Berechnungsprobleme für partielle Funktionen

Sei $L \subseteq \Sigma^*$ die Sprache, die das vorliegende JA/NEIN-Problem charakterisiert. Wir betrachten die totale charakteristische Funktion $\chi_L : \Sigma^* \to \{0,1\}$,

$$\chi_L(w) = \begin{cases} 1 & : \quad \text{falls } w \in L \\ 0 & : \quad \text{sonst.} \end{cases}$$

Liegt eine DTM zur Berechnung von χ_L vor, dann kann diese als Algorithmus für das Wortproblem für L angesehen werden. Diese DTM terminiert für alle Eingaben mit der Ausgabe 1 oder 0. Die Übersetzung der Antworten (1 entspricht »JA«, 0 entspricht »NEIN«) liefert die gewünschte Antwort. Andererseits induziert jede DTM zur Berechnung der partiellen charakteristischen Funktion $\chi'_L : \Sigma^* \to \{0,1\}$,

$$\chi'_L(w) = \begin{cases} 1 & : \quad \text{falls } w \in L \\ \bot & : \quad \text{sonst} \end{cases}$$

ein Semientscheidungsverfahren für das Wortproblem für L. Dieses Verfahren terminiert wenigstens für alle Eingaben $w \in L$.

▶ Liegt das Eingabewort w in L, dann liegt eine akzeptierende Berechnung mit der Antwort 1 (JA) vor.

▶ Für alle anderen Eingabewörter $w \in \Sigma^* \setminus L$ ist die Berechnung entweder verwerfend oder unendlich.

Das Verwerfen einer Eingabe kann als Antwort »NEIN« interpretiert werden.

Turingmaschinen als Sprachakzeptoren

Abstrahiert man von der eigentlichen Ausgabe einer Turingmaschine $\mathcal{T}$ und unterscheidet man nur, ob eine akzeptierende oder nicht akzeptierende (verwerfende oder unendliche) Berechnung vorliegt, dann kann man $\mathcal{T}$ eine Sprache zuordnen. Diese besteht aus allen Eingabewörtern, für die $\mathcal{T}$ eine akzeptierende Berechnung hat.

Definition 2.1.1 [Durch DTMs akzeptierte Sprache]

Sei $\mathcal{T}$ eine Einband-DTM mit dem Eingabealphabet Σ, dem Bandalphabet Γ, dem Anfangszustand q_0 und der Endzustandsmenge F. Die von $\mathcal{T}$ *akzeptierte Sprache* ist

$$\mathcal{L}(\mathcal{T}) = \{ w \in \Sigma^* : q_0\, w \vdash^* \alpha\, q\, \beta \text{ für ein } q \in F \text{ und Wörter } \alpha, \beta \in \Gamma^* \}$$

die Menge aller Wörter, für die $\mathcal{T}$ eine akzeptierende Berechnung hat. Entsprechend ist $\mathcal{L}(\mathcal{T})$ für DTMs mit zwei oder mehreren Bändern definiert.

Definition 2.1.2 [Semientscheidbarkeit]

Sei $L \subseteq \Sigma^*$ eine Sprache. L heißt *semientscheidbar*, wenn es eine DTM $\mathcal{T}$ mit

$$\mathcal{L}(\mathcal{T}) = L$$

gibt.

Mit den Ergebnissen aus Abschnitt 1 ist es völlig unerheblich, ob wir in Definition 2.1.1 eine Einband-DTM, Mehrband-DTM oder DTMs mit linksseitig beschränktem Arbeitsband zulassen.

Als Nächstes definieren wir den Begriff der Entscheidbarkeit einer Sprache $L \subseteq \Sigma^*$. Hierzu fordern wir die Existenz einer DTM $\mathcal{T}$, deren akzeptierte Sprache $\mathcal{L}(\mathcal{T})$ mit L übereinstimmt und die für alle Eingaben anhält.

Abbildung 2.1.3 Semientscheidbarkeit / Durch DTM akzeptierte Sprache

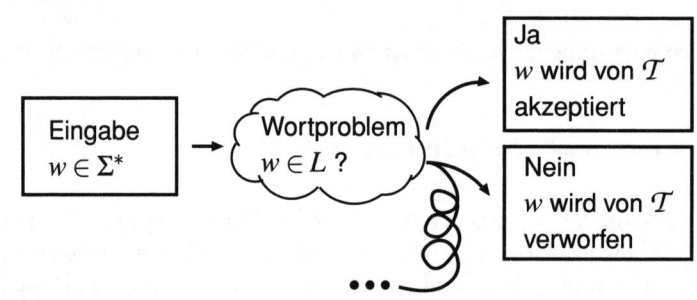

Definition 2.1.4 [Entscheidbarkeit]

Sei $L \subseteq \Sigma^*$ eine Sprache. L heißt *entscheidbar* oder *rekursiv*, wenn es eine DTM $\mathcal{T}$ mit

$$\mathcal{L}(\mathcal{T}) = L$$

gibt, die *alle* Eingabewörter $w \in \Sigma^* \setminus L$ verwirft. In diesem Fall sagen wir, dass $\mathcal{T}$ die Sprache L *entscheidet*. Eine Sprache wird *unentscheidbar* genannt, wenn sie nicht entscheidbar ist.

Obige Überlegungen zum Zusammenhang zwischen Wortproblemen und den charakteristischen Funktionen χ_L und χ'_L sind in folgendem Satz formuliert.

Satz 2.1.5

Sei $L \subseteq \Sigma^*$. Dann gilt:

(a) L ist genau dann entscheidbar, wenn die totale charakteristische Funktion χ_L Turing-berechenbar ist.

(b) L ist genau dann semientscheidbar, wenn die partielle charakteristische Funktion χ'_L Turing-berechenbar ist.

Entscheidbarkeit von beliebigen JA/NEIN-Problemen: Wir haben die (Semi-)Entscheidbarkeit zunächst zwar nur für Wortprobleme formal definiert; jedoch ist klar, dass wir die Begriffe auch für beliebige andere JA/NEIN-Probleme anwenden können. Dazu können wir (wie zu Beginn von Kapitel 2 beschrieben) auf Kodierungen zurückgreifen oder andere nahe liegende Transformationen anwenden. Zum Beispiel ist eine Tupelmenge $A \subseteq \Sigma_1^* \times \ldots \times \Sigma_k^*$ genau dann (semi-)entscheidbar, wenn die Sprache

$$L = \{w_1 \# \ldots \# w_k : (w_1, \ldots, w_k) \in A\}$$

über $\Sigma_1 \cup \ldots \cup \Sigma_k \cup \{\#\}$ (semi-)entscheidbar ist. Für JA/NEIN-Probleme natürlicher Zahlen kann man (neben den Kodierungen) auf den Berechenbarkeitsbegriff partieller Funktionen $f : \mathbb{N}^k \to \mathbb{N}$ zurückgreifen. Beispielsweise können wir für Teilmengen N von $\mathbb{N}^k$ folgende Definition von Berechenbarkeit verwenden. N ist genau dann entscheidbar, wenn die totale charakteristische Funktion $\chi_N : \mathbb{N}^k \to \mathbb{N}$,

$$\chi_N(n_1, \ldots, n_k) = \begin{cases} 1 & : \quad \text{falls } (n_1, \ldots, n_k) \in N \\ 0 & : \quad \text{sonst} \end{cases}$$

berechenbar ist. Entsprechend kann man die partielle charakteristische Funktion χ'_N zur Definition der Semientscheidbarkeit heranziehen. Umgekehrt kann man den für Wortprobleme formalisierten (Semi-)Entscheidbarkeitsbegriff auf diese Definition zurückführen. Sei $A \subseteq \{0,1\}^*$ und[2]

$$N_A = \{(1x)_2 : x \in A\}.$$

Dann ist A genau dann (semi-)entscheidbar, wenn N_A (semi-)entscheidbar ist. Ist $N \subseteq \mathbb{N}^k$ und

$$bin(N) = \{bin(n_1)\# \ldots \#bin(n_k) : (n_1, \ldots, n_k) \in N\},$$

dann ist N genau dann (semi-)entscheidbar, wenn die Sprache $bin(N)$ (semi-)entscheidbar ist. Derartige Überlegungen rechtfertigen es, von entscheidbaren oder semientscheidbaren Problemen zu sprechen, auch wenn diese (zunächst) keine Wortprobleme sind.

Der Zusammenhang zwischen Entscheidbarkeit und Semientscheidbarkeit

Es ist klar, dass jedes Entscheidungsverfahren zugleich ein Semientscheidungsverfahren ist. Daher ist jedes entscheidbare Problem auch semientscheidbar. Die Umkehrung gilt (leider) nicht, jedoch haben wir folgenden Zusammenhang:

Satz 2.1.6

Sei $L \subseteq \Sigma^*$ und $\overline{L} = \Sigma^* \setminus L$. Dann gilt:

(a) L entscheidbar gdw $\overline{L}$ entscheidbar

(b) L und $\overline{L}$ semientscheidbar gdw L entscheidbar.

Beweis: ad (a): Ist ein Entscheidungsverfahren für L gegeben, dann kann man dieses zu einem Entscheidungsverfahren für $\overline{L}$ konvertieren, indem man die Ausgaben »JA« und

---

[2] Wir erinnern an die in Bezeichnung 1.2.11 (Seite 45) eingeführte Notation für Zahldarstellungen bzgl. beliebiger Basen. $(b_r b_{r-1} \ldots b_1 b_0)_2$ steht für die Zahl $\sum_{j=0}^{r} b_j \cdot 2^j$.

»NEIN« jeweils vertauscht. Eine präzise Formulierung dieses Arguments« arbeitet mit DTMs.

Sei $\mathcal{T} = (Q, \Sigma, \Gamma, \delta, q_0, \square, F)$ eine DTM, die L entscheidet. Wir können o. E. annehmen, dass

$$\delta(q, a) = \perp \text{ für alle } q \in F.$$

Sei $Q' = Q \cup \{q'\}$, wobei $q' \notin Q$, $F' = \{q'\}$ und

$$\delta'(q, a) = \begin{cases} \delta(q, a) & : \quad \text{falls } \delta(q, a) \neq \perp \\ (q', a, N) & : \quad \text{falls } q \notin F, \delta(q, a) = \perp \\ \perp & : \quad \text{falls } q \in F. \end{cases}$$

Sei $\mathcal{T}' = (Q', \Sigma, \Gamma, \delta', q_0, \square, F')$. Offenbar ist $\mathcal{T}'$ eine DTM, die $\overline{L}$ entscheidet.

Die Umkehrung der Aussage folgt aus Symmetriegründen. Beachte

$$L = \overline{\overline{L}}.$$

ad (b): Es genügt offenbar, die Implikation »$\Longrightarrow$« zu zeigen. Wir nehmen an, dass uns Semientscheidungsverfahren für L und $\overline{L}$ vorliegen. Wir können o.E. voraussetzen, dass beide Verfahren niemals die Antwort »NEIN« ausgeben, sondern entweder mit »JA« terminieren oder endlos laufen. Wir setzen diese Verfahren zu einem Entscheidungsverfahren für L wie folgt zusammen.

▶ Wir lassen für jedes Eingabewort $x \in \Sigma^*$ die beiden Semientscheidungsverfahren *parallel* laufen.

▶ Da entweder $x \in L$ oder $x \in \overline{L}$ ist sichergestellt, dass eines der beiden Verfahren mit der Antwort »JA« terminiert.

Abhängig davon, welches der Verfahren mit der Antwort »JA« terminiert, geben wir die korrekte Antwort »JA« oder »NEIN« aus.

Diese Ideen können mit Turingmaschinen formalisiert werden. Seien $\mathcal{T}$ und $\overline{\mathcal{T}}$ DTMs mit

$$L = \mathcal{L}(\mathcal{T}) \text{ und } \overline{L} = \mathcal{L}(\overline{\mathcal{T}}).$$

Sei $\mathcal{T}'$ eine Zweiband-DTM, die bei Eingabe x die DTMs $\mathcal{T}$ und $\overline{\mathcal{T}}$ »gleichzeitig« (verzahnend) simuliert, wobei wir Band 1 für die Simulation von $\mathcal{T}$ und Band 2 für die Simulation von $\overline{\mathcal{T}}$ verwenden. Sobald $\mathcal{T}$ akzeptiert, hält auch $\mathcal{T}'$ akzeptierend an. Sobald $\overline{\mathcal{T}}$ akzeptiert, hält $\mathcal{T}'$ verwerfend an. Offenbar ist $\mathcal{T}'$ eine DTM, die L entscheidet. $\square$

Rekursive Aufzählbarkeit

Wir geben nun eine weitere Charakterisierung semientscheidbarer Sprachen an. Diese charakterisiert semientscheidbare Sprachen (die stellvertretend für umgangssprachlich

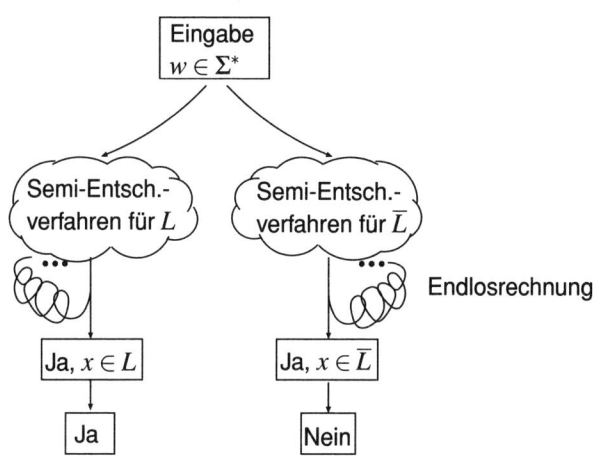

Abbildung 2.1.7 Entscheidungsverfahren für L

formulierte JA/NEIN-Probleme stehen) durch *Aufzählungsverfahren*. Intuitiv ist mit einem Aufzählungsverfahren eine (endlose) Berechnungsvorschrift gemeint, die ohne Eingabe gestartet wird und sukzessive alle Wörter der betreffenden Sprache ausgibt. Interpretiert man die Wörter der Sprache mit den betreffenden Instanzen des vorliegenden JA/NEIN-Problems, dann »zählt« ein Aufzählungsverfahren genau diejenigen Instanzen des JA/NEIN-Problems auf, für die die korrekte Antwort »JA« ist.

Definition 2.1.8 [Rekursive Aufzählbarkeit]

Sei $L \subseteq \Sigma^*$. L heißt *rekursiv aufzählbar*, wenn

▶ entweder $L = \emptyset$

▶ oder wenn es eine berechenbare totale Funktion[3] $f : \mathbb{N} \to \Sigma^*$ gibt, sodass

$$L = \{f(0), f(1), f(2), \dots\} = f(\mathbb{N}).$$

(Die Funktion f muss nicht injektiv sein.)

Bemerkung 2.1.9. [Aufzählungsverfahren] Die Wortwahl »rekursiv aufzählbar« erklärt sich daraus, dass es zu jeder nicht leeren rekursiv aufzählbaren Sprache L ein

---

[3] Der zu Grunde gelegte Berechenbarkeitsbegriff fordert die Berechenbarkeit der totalen Funktion $\overline{f} : \{0,1\}^* \to \Sigma^*$, $\overline{f}(\varepsilon) = f(0)$ und $\overline{f}(b_0 b_1 b_2 \dots b_n) = f(b_0 2^n + b_1 2^{n-1} + \dots + b_n)$. Siehe Seite 47.

Verfahren gibt, in dem sämtliche Elemente von L *aufgezählt* werden, eventuell manche Elemente mehrfach. Siehe Algorithmus 2.1.10 (Seite 94).[4]

Zur Erinnerung: Eine nicht leere Menge M heißt *abzählbar*, wenn es eine surjektive Abbildung $f : \mathbb{N} \to M$ gibt. Unmittelbar aus der Definition folgt, dass rekursiv aufzählbare Sprachen zugleich abzählbar sind. Die Umkehrung gilt jedoch nicht, da die rekursive Aufzählbarkeit die Existenz eines Aufzählungsverfahrens (d.h. die Berechenbarkeit der Funktion f) fordert. ∎

Algorithmus 2.1.10   [Aufzählungsverfahren]

$i := 0;$
WHILE $i \geq 0$ **DO**
    berechne $f(i);$
    gib $f(i)$ aus;
    $i := i + 1;$
OD

Beispiel 2.1.11. Wir machen uns die Definition am Beispiel der entscheidbaren Sprache

$$L_{prim} = \{bin(m) : m \text{ ist eine Primzahl}\}$$

klar. Diese formalisiert das Primzahlproblem, bei dem eine natürliche Zahl m gegeben ist und gefragt ist, ob m eine Primzahl ist. Ein Aufzählungsverfahren für das Primzahlproblem gibt also sukzessive alle Primzahlen aus. Wir können das folgende Verfahren anwenden, das die Primzahlen in sortierter Reihenfolge ausgibt:

Algorithmus 2.1.12   [Aufzählungsverfahren für das Primzahlproblem]

FOR $m = 0,1,2,\dots$ **DO**
    (* Führe einen Primzahltest durch. *)
    IF m ist Primzahl **THEN**
        gib m aus;
    FI
OD

Die induzierte »Aufzählungsfunktion« $f : \mathbb{N} \to \{0,1\}^*$ ist gegeben durch

$$f(n) = \text{Binärzahldarstellung der } n\text{-ten Primzahl.} \quad \blacksquare$$

---

[4] Die Bezeichnung »rekursiv« (alleinstehend als Synonym für »entscheidbar« oder in Kombination mit dem Wort »aufzählbar«) hat nichts mit unserer heutigen Vorstellung von rekursiven Algorithmen zu tun; sondern hat historische Gründe. Der Begriff »automatisierbar« anstelle von »rekursiv« scheint aus heutiger Sicht passender zu sein.

Beispiel 2.1.13. Als zweites Beispiel betrachten wir die Fragestellung, ob eine gegebene natürliche Zahl m im Nachkommateil von $\pi = 3.1415\ldots$ vorkommt. Zum Beispiel kommen die Zahlen $m = 14$ und 415 im Nachkommateil von π vor.

Zunächst ist klar, dass die genannte Fragestellung semientscheidbar ist. Sei

$$m = (a_0 a_1 \ldots a_r)_{10}$$

die Eingabezahl. Wir können für jede Position $i \in \{1, 2, 3, \ldots\}$ die ersten $i + r$ Nachkommastellen $b_1 \ldots b_i \ldots b_{i+r}$ mit einem numerischen Näherungsverfahren für π berechnen und dann prüfen, ob

$$a_0 a_1 \ldots a_r = b_i b_{i+1} \ldots b_{i+r},$$

d.h. ob m ab der i-ten Stelle im Nachkommateil von π steht. (Es ist hier ohne Belang, wie solche numerischen Approximationsalgorithmen arbeiten. Um die Semientscheidbarkeit zu belegen, ist lediglich die Existenz solcher Verfahren wesentlich.)

Algorithmus 2.1.14 [Semientscheidungsverfahren]

> Lies den Eingabewert $m = (a_0 a_1 \ldots a_r)_{10}$.
> **FOR** $i = 1, 2, 3, \ldots$ **DO**
> > Berechne die ersten $i + r$ Nachkommastellen von π;
> > diese seien $b_1 b_2 \ldots b_i \ldots b_{i+r}$.
> > **IF** $a_0 \ldots a_r = b_i \ldots b_{i+r}$ **THEN**
> > > gib »JA« aus und halte an
> > **FI**
> **OD**

Dieses Semientscheidungsverfahren modifizieren wir nun zu einem Aufzählungsverfahren für die Menge

$$N = \{m \in \mathbb{N} : m \text{ kommt im Nachkommateil der Dezimaldarstellung von } \pi \text{ vor}\},$$

die wir mit der Sprache $L_N = \{bin(m) : m \in N\}$ über dem Alphabet $\Sigma = \{0,1\}$ identifizieren können. Hierzu durchlaufen wir sukzessiv alle Paare

$$(i, r) \in \mathbb{N} \times \mathbb{N}$$

mit $i \geq 1$ und $r \geq 0$. Ist $b_i \neq 0$, dann ist $(b_i \ldots b_{i+r})_{10}$ eine natürliche Zahl (ohne führende Nullen), die im Nachkommateil von π vorkommt. Für jedes solche Paar (i, r) mit $b_i \neq 0$ geben wir die natürliche Zahl

$$(b_i \ldots b_{i+r})_{10}$$

aus.

Für $b_i = 0$ greifen wir eine feste Zahl $n_0 \in N$ heraus und geben diese aus: etwa $n_0 = 1415$.[5] Wir erhalten somit ein Aufzählungsverfahren der folgenden Gestalt (siehe Algorithmus 2.1.15):

Algorithmus 2.1.15

Lies den Eingabewert $n = (a_0 a_1 \ldots a_r)_{10}$.
FOR ALL (i, r) mit $i \in \mathbb{N}_{\geq 1}$ und $r \in \mathbb{N}$ **DO**
Berechne die ersten $i + r$ Nachkommastellen von π;
diese seien $b_1 b_2 \ldots b_i \ldots b_{i+r}$.
IF $b_i \neq 0$ **THEN**
  gib $(b_i \ldots b_{i+r})_{10}$ aus
ELSE
  gib 1415 aus
FI
OD

Es bleibt noch zu erläutern, in welcher Form die FOR-Schleife zu realisieren ist. Hierzu benötigen wir ein Aufzählungsverfahren, das alle Zahlenpaare (i, r) mit $i \in \mathbb{N}_{\geq 1}$ und $r \in \mathbb{N}$ durchläuft. Wir können das aus der Mathematik bekannte Diagonalisierungsschema verwenden, mit dem wir die Zahlenpaare (i, r) in der Reihenfolge

$$(1,0), (2,0), (1,1), (1,2), (2,1), (3,0), (4,0), (3,1), (2,2), (1,3), (1,4), \ldots$$

durchlaufen. Präzise ist dieses durch eine Bijektion

$$\Phi : \mathbb{N}_{\geq 1} \times \mathbb{N} \to \mathbb{N}$$

gegeben, die jedem Paar (i, r) die Nummer zuweist, die (i, r) in der obigen Folge hat. Dabei nummerieren wir mit 0 beginnend.

Für diese Funktion Φ sind die Komponenten Ψ_1, Ψ_2 der Umkehrfunktion

$$\Phi^{-1} = (\Psi_1, \Psi_2) : \mathbb{N} \to \mathbb{N}_{\geq 1} \times \mathbb{N}$$

berechenbar. Die Werte der induzierten »Aufzählungsfunktion« $f : \mathbb{N} \to \{0,1\}^*$ sind

$$f(n) = bin(\, F(n) \,),$$

wobei

$$F(n) = \begin{cases} (b_i \ldots b_{i+r})_{10} & : \quad \text{falls } i = \Psi_1(n),\ r = \Psi_2(n) \text{ und } b_i \neq 0 \\ 1415 & : \quad \text{falls } i = \Psi_1(n),\ r = \Psi_2(n) \text{ und } b_i = 0. \end{cases}$$

---

[5] Alternativ könnte man $(b_i \ldots b_{i_r})_{10}$ als Dezimalzahl mit führenden Nullen auffassen und diese ausgeben. Wie bereits erwähnt, ist es in diesem Beispiel nicht erforderlich für $b_i = 0$ eine Ausgabe zu generieren. Wir tun dies lediglich aus »kosmetischen« Gründen, um die explizite Angabe der induzierten Aufzählungsfunktion »$n \mapsto n$-te ausgegebene Zahl« zu erleichtern und um die Argumentation im Beweis des folgenden Satzes (Satz 2.1.16) zu demonstrieren.

Dabei ist $b_i \in \{0,1,\ldots,9\}$ die i-te Ziffer des Nachkommateils von π. ∎

Der Beweis des folgenden Satzes beruht auf einer ähnlichen Argumentation, wie sie in dem vorangegangenen Beispiel benutzt wurde.

Satz 2.1.16

Sei $L \subseteq \Sigma^*$. Dann gilt: L semientscheidbar   gdw L rekursiv aufzählbar

Beweis: Die leere Sprache $L = \emptyset$ ist offenbar rekursiv aufzählbar und semientscheidbar. Wir können also $L \neq \emptyset$ voraussetzen.

»⇐«: Wir nehmen an, dass L nicht leer und rekursiv aufzählbar ist. Das Aufzählungsverfahren für L lässt sich zu einem Semientscheidungsverfahren modifizieren. Siehe Algorithmus 2.1.17 (Seite 97).

Algorithmus 2.1.17

Sei $x \in \Sigma^*$ das Eingabewort.
$i := 0$;
REPEAT
  berechne $y = f(i)$;
  $i := i + 1$;
UNTIL $x = y$;
Gib »JA« aus.

»⇒«: Sei nun L eine nicht leere semientscheidbare Sprache und $\mathcal{T}$ eine DTM mit $\mathcal{L}(\mathcal{T}) = L$. Sei Σ das Eingabealphabet von $\mathcal{T}$. Da L nicht leer ist, gibt es ein Element

$$w_0 \in L.$$

(Auch wenn wir nicht wissen, wie wir ein solches Element w_0 finden können, so ist doch sichergestellt, dass es ein Element $w_0 \in L$ gibt. Nur das ist hier entscheidend. Siehe Bemerkung 2.1.19 auf Seite 99).

Sei $\mathcal{T}$ eine DTM und $L = \mathcal{L}(\mathcal{T})$. Um ein Aufzählungsverfahren für L zu konstruieren, durchlaufen wir alle Paare

$$(w, k) \in \Sigma^* \times \mathbb{N}$$

und prüfen, ob $\mathcal{T}$ das Wort w in höchstens k Schritten akzeptiert. Wenn ja, dann geben wir w aus. Andernfalls wird w_0 ausgegeben. Wir formalisieren nun die skizzierte Idee.

Zunächst benötigen wir eine totale berechenbare und surjektive Funktion $Z : \mathbb{N} \to \Sigma^*$, die die Elemente von Σ^* »generiert«. Sei

$$a_1, \ldots, a_{d-1}$$

eine Nummerierung der Symbole des zu Grunde liegenden Alphabets Σ. Wir interpretieren jedes Wort $w = a_{i_1} a_{i_2} \ldots a_{i_m} \in \Sigma^*$ als Zahl zur Basis d auf. Das heißt wir identifizieren w mit

$$Zahl(w) = (i_1 i_2 \ldots i_m)_d = i_1 \cdot d^{m-1} + i_2 \cdot d^{m-2} + \cdots + i_{m-1} \cdot d + i_m.$$

Offenbar ist die Frage entscheidbar, ob eine gegebene natürliche Zahl n von der Form $Zahl(w)$ für ein $w \in \Sigma^*$ ist. Ggf. lässt sich das Wort $w \in \Sigma^*$ mit $Zahl(w) = n$ berechnen. Diese Überlegungen zeigen, dass die folgende Funktion Z berechenbar ist.

$$Z : \mathbb{N} \to \Sigma^*, \quad Z(i) = \begin{cases} w & : \quad \text{falls } Zahl(w) = i \\ \varepsilon & : \quad \text{sonst}. \end{cases}$$

Um nun eine total berechenbare surjektive Funktion $\mathbb{N} \to \Sigma^* \times \mathbb{N}$ zu erhalten, wählen wir eine Bijektion

$$\Phi : \mathbb{N} \times \mathbb{N} \to \mathbb{N},$$

für die die beiden Komponenten $\Psi_1, \Psi_2 : \mathbb{N} \to \mathbb{N}$ der Umkehrfunktion Φ^{-1} berechenbar sind (vgl. Seite 96). Mithilfe von Ψ_1 und Ψ_2 und der berechenbaren Funktion Z können wir nun jeder natürlichen Zahl n das Paar

$$(w, k) = (Z(\Psi_1(n)), \Psi_2(n)) \in \Sigma^* \times \mathbb{N}$$

zuordnen. Für dieses Paar (w, k) prüfen wir nun, ob $\mathcal{T}$ das Wort w in höchstens k Konfigurationswechseln akzeptiert. Wenn ja, geben wir w (als den Funktionswert $f(n)$ der zu konstruierenden Aufzählungsfunktion $f : \mathbb{N} \to \Sigma^*$) aus. Andernfalls setzen wir $f(n) = w_0$. Diese Ideen sind in Algorithmus 2.1.18 formuliert. Entscheidend hierbei ist, dass mit dem Umweg über die berechenbaren Funktionen Ψ_1, Ψ_2 und Z eine Schleife der Form

FOR ALL $(w, k) \in \Sigma^* \times \mathbb{N}$ **DO**

$\ldots$

OD

realisiert wird.

Das Aufzählungsverfahren belegt die Berechenbarkeit der so konstruierten Funktion $f : \mathbb{N} \to \Sigma^*$. Weiter ist klar, dass f total ist. Wir zeigen nun, dass $f(\mathbb{N}) = L$.

▶ Es ist klar, dass es zu jedem $w \in L = \mathcal{L}(\mathcal{T})$ genau ein k gibt, sodass $\mathcal{T}$ das Eingabewort w in genau k Schritten akzeptiert. Wir müssen lediglich die Zahl $k = t_{\mathcal{T}}(w)$ betrachten. Da (Ψ_1, Ψ_2) eine bijektive Abbildung von $\mathbb{N}$ nach $\mathbb{N} \times \mathbb{N}$ ist und da $Z : \mathbb{N} \to \Sigma^*$ surjektiv ist, durchlaufen die Paare

$$(Z(\Psi_1(n)), \Psi_2(n)), n \in \mathbb{N}$$

alle Tupel $(w, k) \in \Sigma^* \times \mathbb{N}$. Damit ist klar, dass jedes Wort $w \in L$ tatsächlich in der Aufzählung $f(0), f(1), f(2), \ldots$ vorkommt.

Algorithmus 2.1.18 [Aufzählungsverfahren für nicht leere semientscheidbare Sprachen]

> **FOR** $n = 0,1,2,\ldots$ **DO**
> $\quad i := \Psi_1(n); k := \Psi_2(n);$
> $\quad w := Z(i);$
> $\quad$ Simuliere die ersten k Schritte der DTM $\mathcal{T}$ bei Eingabe w;
> $\quad$ **IF** $\mathcal{T}$ akzeptiert w in $\leq k$ Schritten **THEN**
> $\qquad$ gib w aus $\hspace{4cm}$ (* wir setzen $f(n) := w$ *)
> $\quad$ **ELSE**
> $\qquad$ gib w_0 aus $\hspace{3.8cm}$ (* wir setzen $f(n) := w_0$ *)
> $\quad$ **FI**
> **OD**

▶ Umgekehrt gilt: kein Wort $w \in \Sigma^* \setminus L$ wird von $\mathcal{T}$ akzeptiert. (Das Wort w_0 liegt in L.) Damit wird ein solches Wort weder im IF- noch im ELSE-Zweig jemals ausgegeben.

Diese Überlegungen zeigen, dass das Aufzählungsverfahren genau die Worte aus L ausgibt. □

Bemerkung 2.1.19. Im Beweis von Satz 2.1.16 (Teil »⇒«) haben wir aus der nicht leeren Menge L ein Element w_0 herausgegriffen und dieses im Aufzählungsverfahren benutzt. Da wir im Folgenden häufig ähnlich vorgehen werden, erläutern wir ausführlich, warum es unproblematisch ist, im Beweis von Satz 2.1.16, ein Element $w_0 \in L$ zu fixieren und dieses zur Formulierung eines algorithmischen Verfahrens zu benutzen.

Zunächst scheint es für das Aufzählungsverfahren für L wesentlich zu sein, dass man ein Verfahren kennt, mit dem man ein Element $w_0 \in L$ ausfindig machen kann. Tatsächlich ist es aber für die *Existenz* eines Aufzählungsverfahrens für L völlig unerheblich, ob bzw. wie man ein Element $w_0 \in L$ algorithmisch finden kann. Alleine die Tatsache, dass es ein Element $w_0 \in L$ gibt, ist für unsere Argumentation ausreichend, da Algorithmus 2.1.18 für *jedes* Wort w_0 formuliert werden kann. Somit haben wir eine Schar von Algorithmen $(A_{w_0})_{w_0}$. Jeder der Algorithmen A_{w_0} mit $w_0 \in L$ ist ein Aufzählungsverfahren für L. Da L nicht leer ist, ist damit die Existenz eines Aufzählungsverfahren für L gezeigt. ■

2.2 Das Halteproblem

Viele der Leser und Leserinnen werden die Situation kennen, in der man ein Programm geschrieben hat, das man voller Stolz vorführen und erklären möchte. Bei der Vorführung werden ausgerechnet solche Eingabewerte gewählt, die man vorher nicht ausgetestet hat. Alle Beteiligten warten und warten und warten ...

Abbildung 2.2.1 Das Halteproblem

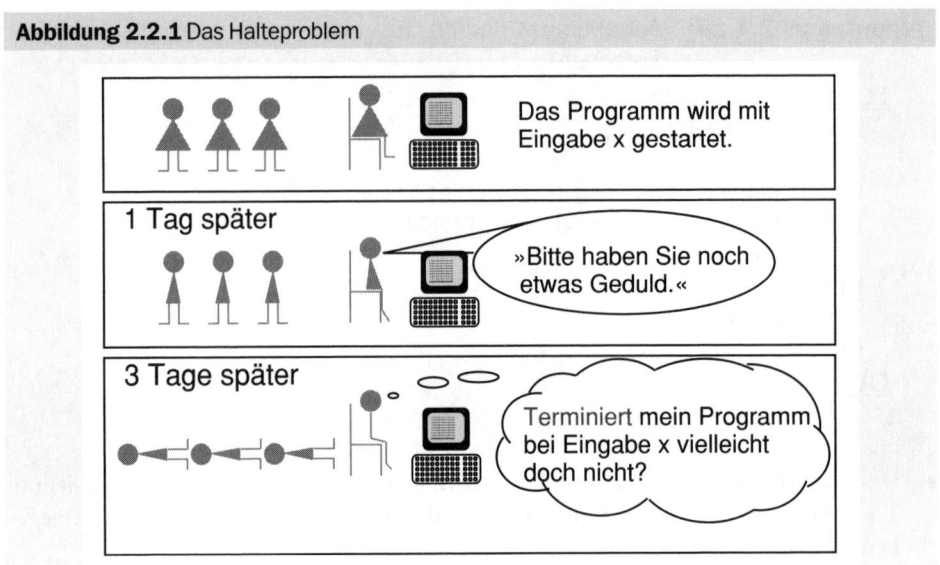

In dem oben skizzierten Szenario wäre es sicher schön, wenn man nicht mit der Ungewissheit, ob das Programm irgendwann terminieren wird, leben müsste, sondern ein anderes Programm zu Rate ziehen könnte, das prüft, ob A bei Eingabe i anhält (in der Hoffnung, dass dieses im Falle einer positiven Antwort schneller terminiert). Bedauerlicherweise kann es ein solches Programm *nicht* geben!

Das Diagonalisierungsprinzip

Die allgemeine Fragestellung des Halteproblems ist, ob ein gegebener Algorithmus (oder ein Programm) für eine gegebene Eingabe i anhält. Bevor wir formal die Unentscheidbarkeit des Halteproblems (mithilfe von Turingmaschinen) beweisen werden, machen wir uns intuitiv die Argumentationsweise klar. Wir beschränken uns im Folgenden auf Algorithmen für Entscheidungsprobleme natürlicher Zahlen und betrachten die *Halteproblem-Tabelle*. Da alle Algorithmen in endlichen Texten niedergeschrieben werden können, können wir die Algorithmen durchnummerieren. Sei $A_0, A_1, A_2, \ldots$ eine Nummerierung aller Algorithmen, die als Eingabe eine natürliche Zahl haben.

Die Halteproblem-Tabelle ist eine unendliche zweidimensionale Tabelle, in der in Zeile i und Spalte j das Zeichen »J« (für »JA«) steht, wenn Algorithmus A_i für die Eingabe j terminiert. Andernfalls ist der Buchstabe »N« (für »NEIN«) eingetragen (vgl. Abb. 2.2.2, Seite 101).

Wenn wir annehmen, dass das Halteproblem algorithmisch lösbar (entscheidbar) ist, dann gibt es ein vollautomatisches Verfahren, das als Eingabe die Algorithmennummer i und eine Zahl j hat und den Eintrag der Halteproblem-Tabelle in Zeile i und Spalte j zurückgibt.

Abbildung 2.2.2 Halteproblem-Tabelle

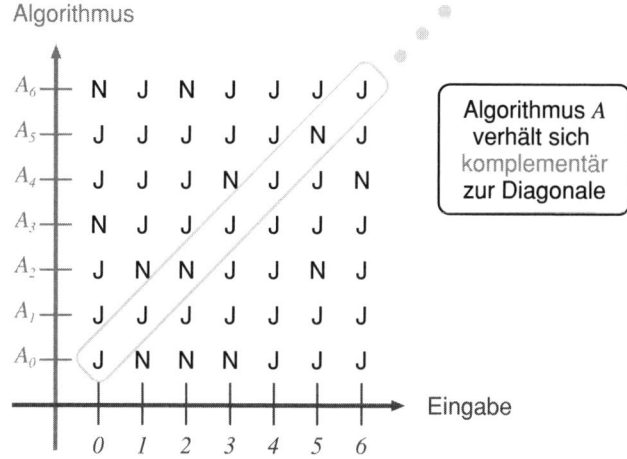

Algorithmus

Algorithmus A
verhält sich
komplementär
zur Diagonale

Eingabe

Wir betrachten die Diagonale der Halteproblem-Tabelle und den folgenden Algorithmus A, der sich *komplementär* zur Diagonale verhält. Die Eingabe für A ist eine natürliche Zahl i. Mit dem fiktiven Halteproblem-Algorithmus berechnen wir den Eintrag in Zeile und Spalte i.

▶ Ist dieser ein »J«, dann läuft A endlos.

▶ Andernfalls (d.h. der Eintrag ist »N«) hält A an.

Abbildung 2.2.3 Fiktiver Halteproblem-Algorithmus

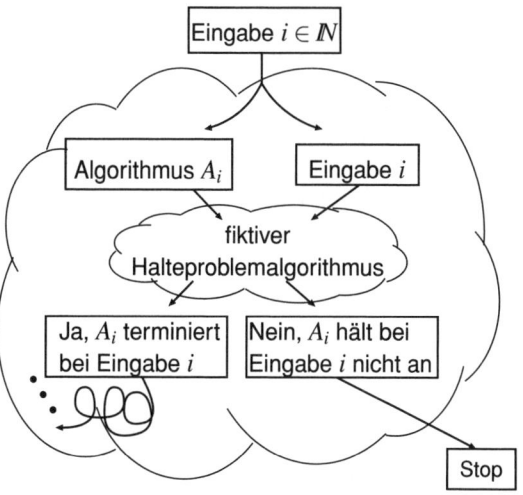

Da wir in der Halteproblem-Tabelle alle Algorithmen, die als Eingabe eine natürliche Zahl haben, aufgelistet haben, gibt es eine Nummer i, sodass

$$A = A_i.$$

Wenn der Eintrag in Zeile und Spalte i gleich »J« ist, dann terminiert A bei Eingabe i (nach Definition der Halteproblem-Tabelle). Andererseits läuft A bei Eingabe i endlos (nach Konstruktion des Algorithmus). Widerspruch!

Einen entsprechenden Widerspruch erhalten wir, wenn wir annehmen, dass der Eintrag in Zeile und Spalte i der Halteproblem-Tabelle ein »N« ist.

Obwohl man dieses intuitive Argument durchaus als Beweis zulassen kann, wollen wir präzise mit Turingmaschinen argumentieren. Zum einen hat dies den Vorzug, dass wir nicht auf einen schwammigen Algorithmenbegriff zurückgreifen müssen; zum zweiten ist die Durchführung des Beweises eine gute Übung im Umgang mit Turingmaschinen.

Das hier angewandte Prinzip beruht auf der Idee, Turingmaschinen zu entwerfen, die andere Turingmaschinen und zugehörige Eingabewörter als Eingabe erhalten und diese simulieren. Derartige Turingmaschinen nennt man auch *universelle* Turingmaschinen. Die Existenz solcher universellen Turingmaschinen unterstreicht nochmals die Mächtigkeit von DTMs, die zunächst als *special-purpose* Maschinen vorgestellt wurden (die ein konkretes Problem lösen).

Formalisierung des Halteproblems

Die Fragestellung des Halteproblems ist wie folgt. Gegeben ist eine Turingmaschine T mit dem Eingabealphabet $\Sigma = \{0,1\}$ und ein Wort $x \in \{0,1\}^*$. Gefragt ist, ob T bei Eingabe x anhält.[6] Wir stellen das Halteproblem durch eine Sprache über dem Alphabet $\{0,1\}$ dar. Dazu müssen wir die Eingaben des Halteproblems bestehend aus einer DTM T und einem Eingabewort x für T kodieren.

Kodierungen von DTMs: Sei $T = (Q, \{0,1\}, \Gamma, \delta, q_0, \Box, F)$ eine Einband-DTM mit dem binären Eingabealphabet. Seien $q_0, q_1, \ldots, q_n$ und $a_0, a_1, \ldots, a_k$ feste Nummerierungen der Zustände und Bandsymbole, sodass $a_0 = \Box$, $a_1 = 1$, $a_2 = 0$ und $q_0, \ldots, q_n$, $a_0, \ldots, a_k$ paarweise verschieden sind. Weiter sei # ein Symbol, das nicht in $Q \cup \Gamma$ vorkommt.

Das *Codewort* für T über dem Alphabet $\{0,1,\#\}$ ist das Wort

$$c(T) = \#bin(n)\#bin(k)\#code(\delta)\#\#code(F)\#.$$

---

[6] Für die Entscheidbarkeit ist es irrelevant, ob wir die Akzeptanz fordern oder ob wir lediglich nach der Terminierung (akzeptierend oder verwerfend) fragen. Wir können annehmen, dass die vorliegende DTM eine totale Übergangsfunktion und somit keine verwerfenden Berechnungen hat. In diesem Fall fragt das Halteproblem nach der Akzeptanz des Eingabeworts durch die vorliegende DTM. Alternativ können wir von einer DTM ausgehen, in der alle Zustände Endzustände sind. In diesem Fall fragt das Halteproblem nach der Terminierung.

Intuitiv stellen wir $\mathcal{T}$ durch die Anzahl an Zuständen, die Anzahl an Bandsymbolen und geeigneten Kodierungen der Übergangsfunktion und Endzustandsmenge dar. Man beachte, dass wir stets die Nummer 0 für den Anfangszustand verwenden und somit auf die Angabe der Anfangszustandsnummer in dem Codewort für $\mathcal{T}$ verzichten können. Das Codewort für die Übergangsfunktion ist wie folgt aufgebaut. Für jedes Paar

$$(i, j) \in \{0, 1, \ldots, n\} \times \{0, 1, \ldots, k\}$$

(das für eine Zustands- und Symbolnummer steht) mit

$$\delta(q_i, a_j) = (q_I, a_J, X)$$

definieren wir

$$code(\delta, i, j) \ = \ \#\#bin(i)\#bin(j)\#bin(I)\#bin(J)\#bin(X)\#\#.$$

Dabei ist

$$bin(L) = 00, \ bin(R) = 01 \text{ und } bin(N) = 10.$$

Das Codewort für δ ergibt sich durch Hintereinanderhängen der Wörter

$$code(\delta, i, j)$$

mit $\delta(q_i, a_j) \neq \perp$. Ist die Endzustandsmenge $F = \{q_{i_1}, \ldots, q_{i_l}\}$, dann können wir F durch das Wort

$$code(F) \ = \ \#bin(i_1)\# \ldots \#bin(i_l)\#$$

repräsentieren. Aus dem Codewort $code(\mathcal{T})$ lässt sich $\mathcal{T}$ (bis auf die Namen der Zustände und Bandsymbole) rekonstruieren.[7]

In dem informellen Beweis der Unentscheidbarkeit des Halteproblems haben wir das Verhalten des Algorithmus A_i bei der Eingabe i betrachtet. Dem entspricht im Wesentlichen, dass wir die zu Algorithmus A_i gehörende DTM $\mathcal{T}$ auf sich selbst anwenden. Um das Diagonalisierungsprinzip mit DTMs zu formulieren, müssen wir ein Codewort über dem Alphabet $\{0, 1\}$ für $\mathcal{T}$ generieren. Dieses ermöglicht es dann, $\mathcal{T}$ auf sich selbst anzuwenden.

Das *Codewort* für $\mathcal{T}$ über dem Alphabet $\{0, 1\}$ ist dasjenige Wort

$$code(\mathcal{T}) \, ,$$

---

[7] Das Codewort ist natürlich nicht eindeutig bestimmt. Beispielsweise führen verschiedene Zustandsnummerierungen zu unterschiedlichen Codewörtern. Tatsächlich haben wir einige Details verschwiegen, die für die prinzipielle Vorgehensweise irrelevant sind. Streng genommen sollten wir nur DTMs betrachten, deren Zustandsraum Q von der Form $\{0, 1, \ldots, n\}$ ist. Entsprechend sollten wir $\Gamma = \{\square, 0, 1, 2, \ldots, k-1\}$ fordern. Für die Codeworte für δ und F setzen wir eine geeignete Sortierung der aneinander gehängten Teilworte voraus, die die Wohldefiniertheit und Eindeutigkeit der Kodierungen sicherstellen.

das sich aus dem Wort $c(\mathcal{T}) \in \{0,1,\#\}^*$ ergibt, indem man die Binärkodierung

$$0 \mapsto 00, \ 1 \mapsto 01, \ \# \mapsto 10$$

anwendet.

Beispiel 2.2.4. Als Beispiel betrachten wir die DTM

$$\mathcal{T} = (\{q_0, q_1\}, \{0,1\}, \{0,1,\#\}, \delta, q_0, \square, \{q_1\}),$$

wobei

$$\delta(q_0, 0) = (q_0, 0, R), \quad \delta(q_0, \square) = (q_1, 1, L).$$

In allen anderen Fällen ist $\delta(\cdot) = \perp$. Zunächst erstellen wir das Codewort über dem Alphabet $\{0,1,\#\}$.

$$c(\mathcal{T}) \;=\; \#1\#10\# \underbrace{\#\#0\#10\#0\#10\#01\#\#}_{code(\delta,0,2)} \underbrace{\#\#0\#0\#1\#1\#00\#\#}_{code(\delta,0,0)} \#\#\#1\#\#$$

Das erste Teilwort $\#1\#10\#$ steht für $\#bin(n)\#bin(k)\#$, wobei n die Anzahl an Zuständen minus 1 ist und k die Anzahl an Zuständen minus 1. In diesem Beispiel ist $n = 1$, $k = 2$. Mit der Bandsymbolnummerierung

$$a_0 = \square, \quad a_1 = 1, \quad a_2 = 0$$

ist $code(\delta,0,2)$ das Codewort für den Übergang $\delta(q_0, 0)$. Entsprechend steht $code(\delta,0,0)$ für den Übergang $\delta(q_0, \square)$. Das Suffix $\#1\#\#$ von $c(\mathcal{T})$ steht für $\#code(F)\#\#$.

Das Codewort über $\{0,1\}$ ergibt sich nun aus $c(\mathcal{T})$, in dem die Zeichen von $c(\mathcal{T})$ durch den Code $0 \mapsto 00$, $1 \mapsto 01$ und $\# \mapsto 10$ ersetzt werden. Wir erhalten:

$$code(\mathcal{T}) \;=\; 10\ 01\ 10\ 01\ 00\ 10\ 10\ 10\ 00\ 10\ 01\ 00\ 10 \ \ldots \quad \blacksquare$$

Die Turingmaschinen $\mathcal{T}_w$: Zu jedem Wort $w \in \{0,1\}^*$ definieren wir eine DTM $\mathcal{T}_w$ wie folgt. Sei $\mathcal{T}_\perp$ eine DTM, die für keine Eingabe anhält.

$$\mathcal{T}_w = \begin{cases} \mathcal{T} & : \ \text{falls } w = code(\mathcal{T}) \\ \mathcal{T}_\perp & : \ \text{sonst.} \end{cases}$$

Falls w eine 0-1-Kodierung einer DTM ist, dann gibt es beliebig viele DTMs, deren Codewort genau w ist. Diese unterscheiden sich allerdings nur in den Namen der Zustände und Bandsymbole. In obiger Definition der DTM $\mathcal{T}_w$ wählen wir *eine* DTM $\mathcal{T}$ mit $code(\mathcal{T}) = w$. Für jedes Wort $w \in \Sigma^*$ gilt also:

$$\text{Entweder ist } \mathcal{T}_w = \mathcal{T}_\perp \text{ oder } code(\mathcal{T}_w) = w.$$

Mithilfe dieser Binärkodierungen von Turingmaschinen können wir das Halteproblem als Wortproblem definieren.

Definition 2.2.5 [Halteproblem]

Die Sprache des Halteproblems ist

$$H = \{w\#x : w, x \in \{0,1\}^*, \mathcal{T}_w \text{ hält bei Eingabe } x \text{ an}\}.$$

Die Wahl der Turingmaschinen $\mathcal{T}_w$ erlaubt folgende alternative Formulierung des Halteproblems.

$$H = \{code(\mathcal{T})\#x : \mathcal{T} \text{ hält bei Eingabe } x \text{ an}\}.$$

Universelle Turingmaschinen

Sowohl für den Nachweis der Unentscheidbarkeit des Halteproblems als auch für den Nachweis der Semientscheidbarkeit des Halteproblems benötigen wir universelle DTMs. Diese erhalten als Eingabe die kodierte Darstellung eines Paars $(\mathcal{T}, x)$ bestehend

▶ aus einer DTM $\mathcal{T}$ und

▶ einer zugehörigen Eingabe x

und simulieren $\mathcal{T}$ bei Eingabe x.

Wir skizzieren, wie man eine Vierband-DTM $\mathcal{U}$ entwerfen kann, die — salopp formuliert — bei Eingabe $(\mathcal{T}, x)$ eine schrittweise Simulation von $\mathcal{T}$ bei Eingabe x durchführt. Wir verwenden das Eingabealphabet

$$\Sigma = \{0, 1, \#\}$$

und stellen das Paar $(\mathcal{T}, x)$ durch das Wort $code(\mathcal{T})\#x$ dar.

▶ Auf Band 1 steht das Eingabewort, von dem wir annehmen, dass es die Form $code(\mathcal{T})\#x$ hat (mit $x \in \{0,1\}^*$).

▶ Band 2 dient zur Darstellung des aktuellen Zustands von $\mathcal{T}$.

▶ Band 3 enthält eine Kodierung der Bandinschrift von $\mathcal{T}$.

▶ Band 4 benutzen wir als Hilfsband.

In einem Inititalisierungsschritt kopiert die DTM $\mathcal{U}$ das Wort x (am Ende der auf Band 1 stehenden Eingabe) auf Band 3.
Wenn $\mathcal{T}$ in Zustand q_i ist, dann steht $bin(i)$ auf Band 2 von $\mathcal{U}$. Sei a_j das Zeichen unter dem Lese-/Schreibkopf von $\mathcal{T}$. $\mathcal{U}$ kann so konzipiert werden, dass der Lese-/Schreibkopf für Band 3 auf das erste Zeichen der Kodierung von a_j zeigt. $\mathcal{U}$ sucht nun auf Band 1 einen Eintrag über $\delta(q_i, a_j)$; d.h. sucht ein Wort der Gestalt

$$\#\#bin(i)\#bin(j)\#bin(I)\#bin(J)\#bin(X)\#\# .$$

Ist kein solcher Eintrag auf Band 1 vorhanden, dann ist $\delta(q_i, q_j) = \bot$, $\mathcal{T}$ hält also an. Entsprechend verhält sich $\mathcal{U}$. Andernfalls wechselt $\mathcal{T}$ in den Zustand q_I, überschreibt das gelesene Zeichen a_j mit a_J und ändert die Position des Lese-/Schreibkopfs gemäß X. Diesen Konfigurationswechsel von $\mathcal{T}$ kann $\mathcal{U}$ simulieren, indem

- die Inschrift von Band 2 durch $bin(I)$ ersetzt,

- die Kodierung $bin(j)$ von a_j durch die Kodierung $bin(J)$ von a_J ersetzt und

- die Position des Lese-/Schreibkopfs auf Band 3 gemäß X verändert

wird. Die so konzipierte Vierband-DTM $\mathcal{U}$ kann durch eine äquivalente Einband-DTM ersetzt werden (Satz 1.2.19, Seite 53).

Semientscheidbarkeit des Halteproblems

Die Existenz einer universellen Turingmaschine liefert folgenden Satz:

Satz 2.2.6

Die Sprache H des Halteproblems ist semientscheidbar.

Beweis: Sei $\mathcal{T}$ eine DTM, die als Eingabe ein Wort $y \in \{0,1,\#\}^*$ hat. Zunächst prüft $\mathcal{T}$, ob y die Gestalt $w\#x$ mit Wörtern w, $x \in \{0,1\}^*$ hat. Wenn nein, dann hält $\mathcal{T}$ verwerfend an. Wenn ja, dann simuliert $\mathcal{T}$ die DTM $\mathcal{T}_w$ bei Eingabe x. Hierzu verwenden wir die oben skizzierten Ideen zum Entwurf einer universellen Turingmaschine. Sobald $\mathcal{T}_w$ anhält, hält $\mathcal{T}$ akzeptierend an. (Wenn $\mathcal{T}_w$ bei Eingabe x nicht terminiert, dann terminiert auch $\mathcal{T}$ nicht.) Offenbar ist die akzeptierte Sprache $\mathcal{L}(\mathcal{T}) = H$. $\qquad\square$

Das spezielle Halteproblem

Als Hilfsmittel im Unentscheidbarkeitsbeweis des Halteproblems verwenden wir das *spezielle Halteproblem*, das auf dem Selbstanwendungsprinzip beruht. Dieses entspricht im Wesentlichen dem Diagonalisierungsprinzip im informellen Beweis der Unentscheidbarkeit des Halteproblems.

Satz 2.2.7

Die Sprache des speziellen Halteproblems

$$H' = \{w \in \{0,1\}^* : \mathcal{T}_w \text{ hält bei Eingabe } w \text{ an}\}$$

ist unentscheidbar.

Da $\mathcal{T}_w = \mathcal{T}_\perp$, falls w keine »zulässige« Kodierung einer DTM ist, und $\mathcal{T}_\perp$ niemals anhält, gilt:

$$H' = \{code(\mathcal{T}) : \mathcal{T} \text{ hält bei Eingabe } code(\mathcal{T}) \text{ an}\}.$$

Beweis: Angenommen es gibt eine DTM $\mathcal{T}'$, die H' entscheidet. Sei $\mathcal{T}$ eine DTM, deren Arbeitsweise für ein Eingabewort $x \in \{0,1\}^*$ wie folgt ist (vgl. auch Abb. 2.2.8).

1. Simuliere $\mathcal{T}'$ bei Eingabe x.

2. Akzeptiert $\mathcal{T}'$ das Wort x, dann gehe in einen Fangzustand (und laufe endlos).

3. Verwirft $\mathcal{T}'$ das Wort x, dann halte in einem akzeptierenden Endzustand an.

Abbildung 2.2.8 Arbeitsweise der DTM $\mathcal{T}$

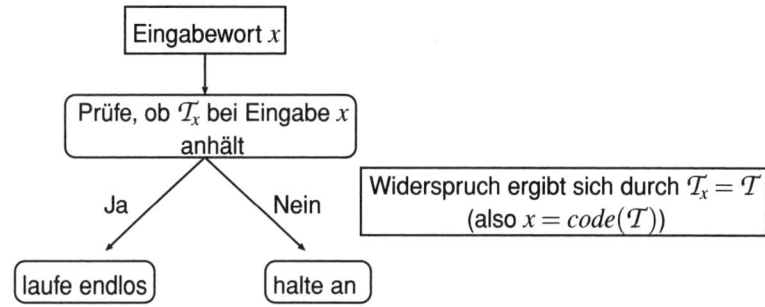

Sei $w = code(\mathcal{T})$ das Codewort für $\mathcal{T}$ über $\{0,1\}$. Wir können o.E. annehmen, dass $\mathcal{T}_w = \mathcal{T}$.[8] Für die Eingabe $w = x$ gelten folgende Äquivalenzen:

	$\mathcal{T}$ hält bei Eingabe w an	
gdw	$\mathcal{T}'$ verwirft die Eingabe w	(* Konstruktion von $\mathcal{T}$ *)
gdw	$w \notin H'$	(* $\mathcal{T}'$ entscheidet H' *)
gdw	$\mathcal{T} = \mathcal{T}_w$ hält bei Eingabe w nicht an	(* Definition von H' *)

Widerspruch! $\qquad\qquad\qquad\qquad\qquad\qquad\qquad\qquad\qquad\qquad\qquad\qquad$ □

Das Reduktionsprinzip

Bis jetzt haben wir lediglich das spezielle Halteproblem untersucht. Um auf die Unentscheidbarkeit des Halteproblems zu schließen, wenden wir das Reduktionsprinzip an.

---

[8] $\mathcal{T}$ und $\mathcal{T}_w$ berechnen dieselbe Funktion und unterscheiden sich höchstens in den Namen der Zustände und Bandsymbole.

Abbildung 2.2.9 Reduktion: Problem1 $\leq$ Problem2

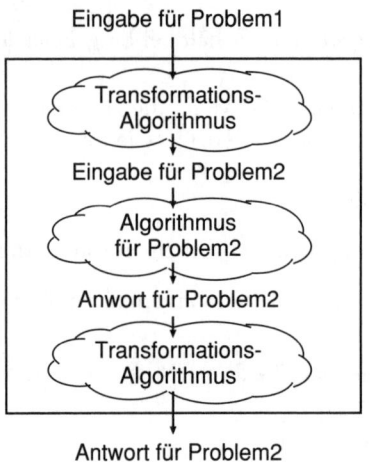

Reduktionen spielen sowohl beim Entwurf von Algorithmen als auch bei Unentscheidbarkeitsnachweisen oder Komplexitätsuntersuchungen eine wesentliche Rolle.

Beispiel 2.2.10. Ein Beispiel ist die Reduzierbarkeit des Problems eines optimalen Ampelzyklus für eine Straßenkreuzung auf das Graphfärbeproblem:

Gegeben ist ein ungerichteter Graph $G = (V, E)$, dessen Knoten so zu färben sind, dass benachbarte Knoten unterschiedlich gefärbt sind und dass die Anzahl der verwendeten Farben minimal ist. Die Färbung der Knoten lässt sich durch eine surjektive Abbildung $F : V \rightarrow \{1, 2, \dots, m\}$ formalisieren, sodass $F(v) \neq F(w)$ für $(v, w) \in E$. Minimalität einer Färbung steht für die Minimalität von m.

Beim Ampelzyklus-Problem soll für eine gegebene Straßenkreuzung ein Ampelzyklus bestimmt werden, sodass zwei sich kreuzende Fahrtrichtungen niemals zum gleichen Zeitpunkt »Grün« haben. Hierzu bildet man eine Kreuzung (z. B. der Straßen A, B, C und D) auf einen Graphen ab. Die Knoten des Graphen sind diejenigen Paare (X, Y) aus $\{A, B, C, D\}^2$, sodass eine Fahrt von X nach Y möglich ist. Je zwei Knoten des Graphen werden genau dann durch eine ungerichtete Kante verbunden, wenn die zu den jeweiligen Knoten korrespondierenden Strecken sich kreuzen (vgl. Abbildung 2.2.11, Seite 109).

Offensichtlich ist eine Lösung des Graphfärbeproblems zugleich eine Lösung des Ampelzyklus-Problems, da sich kreuzenden Fahrtrichtungen unterschiedliche Farben (Ampelzyklen) zugeordnet werden. Eine Färbung mit minimaler Anzahl an Farben definiert einen optimalen Ampelzyklus. ■

Abbildung 2.2.11 Reduktion des Ampelzyklus-Problems auf das Graphfärbeproblem

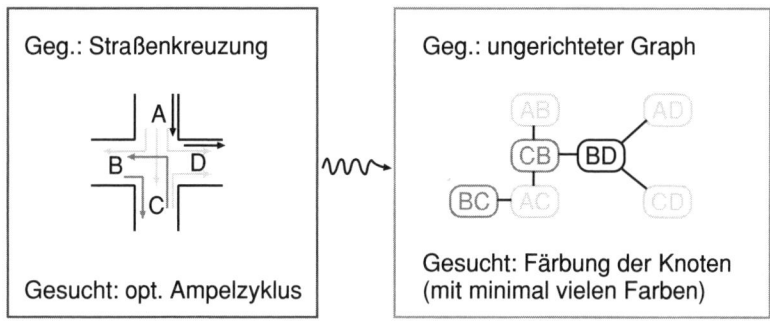

Geg.: Straßenkreuzung	Geg.: ungerichteter Graph
Gesucht: opt. Ampelzyklus	Gesucht: Färbung der Knoten (mit minimal vielen Farben)

Definition 2.2.12 [Reduzierbarkeit]

Seien Σ und Γ Alphabete und $L \subseteq \Sigma^*$, $K \subseteq \Gamma^*$. L heißt auf K *reduzierbar*, wenn es eine total berechenbare Funktion $f : \Sigma^* \to \Gamma^*$ gibt, sodass

$$x \in L \quad \text{gdw} \quad f(x) \in K$$

für alle $x \in \Sigma^*$. In diesem Fall verwenden wir die Schreibweise $L \leq K$.

Beispiel 2.2.13. Als Beispiel betrachten wir die Entscheidungsvarianten des bipartiten Matchingproblems (BM) und des Netzwerkflussproblems (NF).

Sei $G = (V, E)$ ein ungerichteter Graph. G heißt *bipartit* (zweigeteilt), falls es Knotenmengen V_L und V_R gibt, sodass $V = V_L \cup V_R$, $V_L \cap V_R = \emptyset$ und für jede Kante $(v, w) \in E$ ist $\{v, w\} \cap V_L \neq \emptyset$ und $\{v, w\} \cap V_R \neq \emptyset$.

Ein *Matching* für G ist eine Kantenmenge $M \subseteq E$, sodass für alle Kanten (v, w), $(v', w') \in M$ gilt:

$$\text{Aus } (v, w) \neq (v', w') \text{ folgt } \{v, w\} \cap \{v', w'\} = \emptyset.$$

Ein Matching M heißt *maximal*, wenn $|M| \geq |M'|$ für alle Matchings M' von G.

Die Fragestellung von BM ist nun wie folgt:

▶ Gegeben ist ein ungerichteter bipartiter Graph G und eine Zahl $k \in \mathbb{N}$.

▶ Gefragt ist, ob G ein Matching der Kardinalität $\geq k$ hat.

Entsprechend können wir das Netzwerkflussproblem (NF) als JA/NEIN-Problem formulieren.

Ein *Netzwerk* ist ein Tupel $N = (V, E, s, t)$ bestehend aus

▶ einem Digraphen $G_N = (V, E)$

▶ Knoten $s, t \in V$ mit $s \neq t$ und $Pre(s) = Post(t) = \emptyset$.

Der Knoten s wird *Quelle* (engl. source), der Knoten t auch *Zielknoten* (engl. target) genannt. Eine *0/1-Flussfunktion* für N ist eine Abbildung $f : E \to \{0,1\}$ mit der folgenden Eigenschaft:
Für alle Knoten $v \in V \setminus \{s, t\}$ gilt:

$$\sum_{u \in Pre(v)} f(u, v) \; = \; \sum_{w \in Post(v)} f(v, w).$$

Dieses so genannte *Flusserhaltungsgesetz* garantiert, dass die Masse, die in einen Knoten v hineinfließt, gleich der Masse ist, die aus v hinausfließt. Der *Flusswert* von f ist gegeben durch

$$Flow(f) \; = \; \sum_{w \in Post(s)} f(s, w).$$

Der *maximale Fluss* von N ist gegeben durch

$$MaxFlow(N) \; = \; \max\{\, Flow(f) : f \text{ ist eine Flussfunktion für } N \,\}.$$

Das JA/NEIN-Netzwerkflussproblem (NF) kann nun wie folgt formuliert werden:

▶ Gegeben ist ein Netzwerk N und eine Zahl $k \in \mathbb{N}$.

▶ Gefragt ist, ob es eine Flussfunktion f für N mit $Flow(f) \geq k$ gibt.

Die zugehörigen formalen Sprachen können Codewörter für Graphen bzw. Netzwerke und Binärkodierungen der Zahl k verwenden, etwa:

$$BM = \{code(G)\#\#\#bin(k) : G \text{ bipartiter Graph, der ein Matching der Kardinalität}$$
$$\geq k \text{ hat}\}$$

$$NF = \{code(N)\#\#\#bin(k) : N \text{ Netzwerk, dessen maximaler Fluss} \geq k \text{ ist}\} \, .$$

Beiden Sprachen liegt das Alphabet $\{0, 1, \#\}^*$ zu Grunde.

Die Grundidee der Reduktion des bipartiten Matchingproblems auf das Netzwerkflussproblem ist wie folgt: G wird mit einem Netzwerk N_G assoziiert. N_G entsteht aus G, in dem eine Quelle s und ein Zielknoten t zu G hinzugefügt werden. Wir verbinden s mit den Knoten $v \in V_L$, alle Knoten $w \in V_R$ mit t und richten die Kanten von G so, dass stets der V_L-Knoten der Anfangsknoten ist (vgl. Abbildung 2.2.14, Seite 111).

Die Reduktion des bipartiten Matchingproblems auf das Netzwerkflussproblem ist durch eine Vorschrift der Form

$$code(G)\#\#\#bin(k) \; \mapsto \; code(N_G)\#\#\#bin(k)$$

Abbildung 2.2.14 Reduktion von BM auf NF

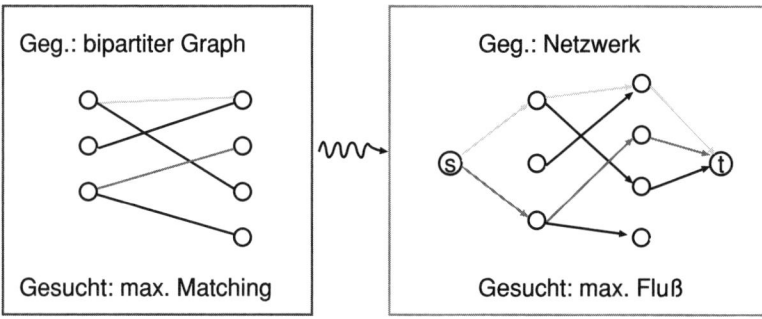

(und $w \mapsto \varepsilon$, falls w nicht von der Form $code(G)\#\#\#bin(k)$ ist) gegeben, wobei N_G für das G zugeordnete Netzwerk steht. ∎

Satz 2.2.15 [Das Reduktionsprinzip]

Seien Σ und Γ Alphabete und $L \subseteq \Sigma^*$, $K \subseteq \Gamma^*$ mit $L \leq K$. Dann gilt:

(a) K entscheidbar $\Longrightarrow$ L entscheidbar

(b) K semientscheidbar $\Longrightarrow$ L semientscheidbar

Die Aussage von Satz 2.2.15 ist klar, da man die Algorithmen zur Berechnung der Reduktionsfunktion f mit einem etwaigen Verfahren zur Lösung des Wortproblems für K so kombinieren kann, dass sich eine algorithmische Lösung des Wortproblems für L ergibt (vgl. Abb. 2.2.16, Seite 112).

Unentscheidbarkeit des Halteproblems

Für den Nachweis der Unentscheidbarkeit des Halteproblems benutzen wir Teil (a) von Satz 2.2.15 in der folgenden Form: Wenn $L \leq K$ und L unentscheidbar, dann ist K unentscheidbar.

Satz 2.2.17

Die Sprache H des Halteproblems (s. Def. 2.2.5, Seite 105) ist unentscheidbar.

Beweis: Wir zeigen, dass das spezielle Halteproblem H' auf H reduzierbar ist; d.h. $H' \leq H$. Hierzu ist zu zeigen, dass es eine totale, berechenbare Funktion $f : \{0,1\}^* \to \{0,1,\#\}^*$ gibt, sodass

$$x \in H' \ \text{gdw} \ f(x) \in H.$$

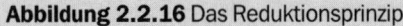

Abbildung 2.2.16 Das Reduktionsprinzip

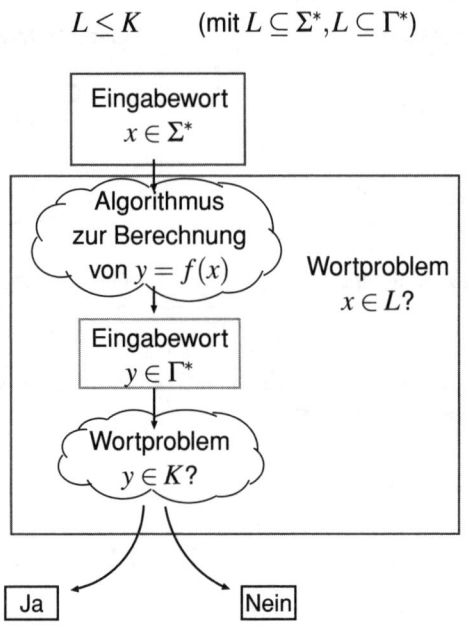

Für die Funktion $f(x) = x\#x$ sind offenbar die gewünschten Eigenschaften erfüllt. Satz 2.2.7 (Seite 106) und Teil (a) von Satz 2.2.15 (Seite 111) liefert die Unentscheidbarkeit von H. $\square$

Die Reduktion $H' \leq H$ ist mehr oder weniger trivial, da H' als Spezialfall von H angesehen werden kann. Wir werden später interessantere Reduktionen kennen lernen. Siehe Abschnitt 4.3 (Seite 162 ff). Der folgende Satz ist eine unmittelbare Folgerung aus der Unentscheidbarkeit des Halteproblems, der Semientscheidbarkeit des Halteproblems und Satz 2.2.15, Teil (b).

Satz 2.2.18

Das Komplement $\overline{H}$ der Sprache des Halteproblems ist nicht semientscheidbar.

Auch wenn $\overline{H}$ zunächst alle Wörter $y \in \{0,1,\#\}^*$ enthält, die nicht von der Form $w\#x$ sind (mit $w, x \in \{0,1\}^*$), so kann man doch $\overline{H}$ als die formalisierte Darstellung des Problems aller Paare (A, i) auffassen, wobei A ein Algorithmus ist, der für die Eingabe i *nicht* anhält. Dieses Problem ist also »noch weniger lösbar« als das Halteproblem.

Dieselbe Argumentation ist auch für den Nachweis, dass die Komplementsprache $\overline{H}'$ des speziellen Halteproblems nicht semientscheidbar ist, anwendbar. Alternativ kann man für das spezielle Halteproblem wie folgt argumentieren. Wir nehmen an, dass $\overline{H}'$ semientscheidbar ist. Dann ist

$$\overline{H}' = \mathcal{L}(\mathcal{T})$$

für eine DTM $\mathcal{T}$. Es ist keine Einschränkung anzunehmen, dass die Übergangsfunktion von $\mathcal{T}$ total ist. Dies stellt sicher, dass $\mathcal{T}$ keine verwerfenden (sondern nur endlose oder akzeptierende) Berechnungen hat. Sei $w = code(\mathcal{T})$ das Codewort für $\mathcal{T}$. Dann gilt $\mathcal{T} = \mathcal{T}_w$ und somit:

$$w \in \overline{H}'$$

gdw $\quad w \in \mathcal{L}(\mathcal{T})$

gdw $\quad$ die Berechnung von $\mathcal{T} = \mathcal{T}_w$ für w ist akzeptierend

gdw $\quad \mathcal{T} = \mathcal{T}_w$ hält bei Eingabe w an

gdw $\quad w \notin \overline{H}'$

Widerspruch!

Weitere unentscheidbare Probleme

In der Einleitung dieses Abschnitts haben wir das Halteproblem mit der Frage, ob ein vorliegendes Programm terminiert oder nicht, motiviert. Tatsächlich ist die Frage nach der Terminierung eine der (vermeintlich) einfachsten Fragen, die sich im Kontext der Softwareverifikation stellen. Tatsächlich sind die meisten Verifikationsprobleme unentscheidbar, solange man keine Einschränkung an die zu verifizierenden Programme macht. Dieses Ergebnis wird durch den Satz von Rice belegt.

Satz 2.2.19 [Satz von Rice]

Sei S eine nicht leere, echte Teilmenge der Menge aller partiellen berechenbaren Funktionen $f : \{0,1\}^* \to \{0,1\}^*$. Dann ist die Sprache

$$L_S = \{w \in \{0,1\}^* : \mathcal{T}_w \text{ berechnet eine partielle Funktion } f \in S\}$$

unentscheidbar.

Beweis: Sei $f_\perp$ die überall undefinierte partielle Funktion $\{0,1\}^* \to \{0,1\}^*$. Wir führen den Beweis mit einer Fallunterscheidung, ob $f_\perp \in S$ oder $f_\perp \notin S$, wobei wir nur den Fall $f_\perp \in S$ ausführen. Wir nehmen an, dass $f_\perp \in S$, und zeigen, dass

$$H \leq H_\varepsilon \quad \text{und} \quad \overline{H_\varepsilon} \leq L_S \,.$$

Salopp formuliert steht H_ε für das Problem, ob eine gegebene Turingmaschine bei Eingabe ε anhält. Formalisiert wird H_ε durch folgende Sprache:

$$
\begin{aligned}
H_\varepsilon &= \{w \in \{0,1\}^* : \mathcal{T}_w \text{ hält bei Eingabe } \varepsilon \text{ an}\} \\
&= \{code(\mathcal{T}) : \mathcal{T} \text{ hält bei Eingabe } \varepsilon \text{ an}\} .
\end{aligned}
$$

$\overline{H_\varepsilon}$ bezeichnet das komplementäre Problem, also die Sprache aller Wörter $w \in \{0,1\}^*$, für die $\mathcal{T}_w$ bei Eingabe ε *nicht* anhält.

Wir wählen eine beliebige partielle berechenbare Funktion $f : \{0,1\}^* \to \{0,1\}^*$ mit $f \notin \mathcal{S}$. Sei $\mathcal{T}$ eine DTM, die f berechnet.

Wir ordnen jedem Wort $w \in \{0,1\}^*$ eine DTM $\mathcal{T}'_w$ mit dem Eingabealphabet $\{0,1,\#\}$ zu, sodass durch $w \mapsto code(\mathcal{T}'_w)$ eine totale berechenbare Funktion mit

$$
w \in \overline{H_\varepsilon} \text{ gdw } code(\mathcal{T}'_w) \in L_\mathcal{S}
$$

gegeben ist. Hierzu definieren wir $\mathcal{T}'_w$ so, dass die berechnete partielle Funktion

▶ $f_\perp (\in S)$ ist, falls $w \in \overline{H_\varepsilon}$

▶ $f (\notin S)$ ist, falls $w \notin \overline{H_\varepsilon}$.

Sei $\mathcal{T}'_w$ eine DTM mit dem Eingabealphabet $\{0,1\}$, die sich bei Eingabe $x \in \Sigma^*$ wie folgt verhält:

1. $\mathcal{T}'_w$ simuliert $\mathcal{T}_w$ mit dem leeren Band (d.h. mit dem Eingabewort ε).

2. Falls $\mathcal{T}_w$ anhält, dann simuliert $\mathcal{T}_w$ die DTM $\mathcal{T}$ bei Eingabe x.

Falls $\mathcal{T}_w$ bei Eingabe ε endlos läuft, dann läuft auch $\mathcal{T}'_w$ endlos. Offenbar berechnet $\mathcal{T}'_w$ die partielle Funktion

$$
f_w = \begin{cases} f_\perp & : \text{ falls } \mathcal{T}_w \text{ bei leerem Band nicht anhält} \\ f & : \text{ sonst} \end{cases}
$$

ist. Wegen $f_\perp \in \mathcal{S}$ und $f \notin \mathcal{S}$ gilt:

$$
w \in \overline{H_\varepsilon}
$$

gdw $\mathcal{T}_w$ hält bei leerem Band nicht an

gdw $\mathcal{T}'_w$ berechnet die partielle Funktion $f_\perp$

gdw $\mathcal{T}'_w$ berechnet eine partielle Funktion in $\mathcal{S}$

gdw $code(\mathcal{T}'_w) \in L_\mathcal{S}$

Somit ist durch die Abbildung $w \mapsto code(T'_w)$ eine Reduktion von $\overline{H_\varepsilon}$ auf L_S gegeben.[9] Es gilt also

$$\overline{H_\varepsilon} \leq L_S.$$

Es bleibt noch die Unentscheidbarkeit von $\overline{H_\varepsilon}$ zu zeigen. Wegen Teil (a) von Satz 2.1.6 (Seite 91) genügt es zu zeigen, dass H_ε unentscheidbar ist. Hierzu zeigen wir

$$H \leq H_\varepsilon,$$

indem wir jedem Eingabewort $y \in \{0,1,\#\}^*$ eine Turingmaschine T''_y zuordnen, sodass

$$y \in H \quad gdw \quad code(T''_y) \in H_\varepsilon.$$

Das heißt ist $y = w\#x \in H$, dann muss T''_y so konzipiert sein, dass T''_y bei leerem Band (Eingabe ε) anhält. Andernfalls, d.h. wenn $y \notin H$, so muss T''_y bei leerem Band endlos laufen.

Sei $y \in \{0,1\}^*$ und T''_y sei eine DTM, deren Arbeitsweise wie folgt festgelegt ist. T''_y gestartet auf ein nicht leeres Eingabewort, hält sofort verwerfend an. Für das Eingabewort ε verhält sich T''_y wie folgt:

1. Ist y nicht von der Form $y = w\#x$, wobei $w, x \in \{0,1\}^*$, dann läuft T''_y endlos.

2. Ist $y = w\#x$, wobei $w, x \in \{0,1\}^*$, dann simuliert T''_y die DTM T_w bei Eingabe x. In diesem Fall hält T''_y bei Eingabe ε genau dann an, wenn T_w bei Eingabe x anhält.

Offenbar gelten folgende Äquivalenzen:

$$w\#x \in H$$
$$gdw \quad T_w \text{ hält bei Eingabe } x \text{ an}$$
$$gdw \quad T''_{w\#x} \text{ hält für die Eingabe } \varepsilon \text{ an}$$
$$gdw \quad code(T''_{w\#x}) \in H_\varepsilon$$

Für alle Wörter $y \in \{0,1\}^*$, die nicht von der Form $w\#x$ mit $w, x \in \{0,1\}^*$ sind, gilt: $y \notin H$ und $code(T''_y) \notin H_\varepsilon$. Somit liefert die totale Funktion

$$\{0,1\}^* \to \{0,1\}^*, y \mapsto code(T''_y)$$

eine Reduktion des Halteproblems auf H_ε.

Der Fall $f_\perp \notin S$ kann analog behandelt werden, indem man zeigt, dass $H_\varepsilon \leq L_S$. $\square$

---

[9] Codewörter wurden zunächst nur für DTMs mit dem Eingabealphabet $\{0,1\}$ definiert. T'_w ist zwar eine DTM mit dem Eingabealphabet $\{0,1,\#\}$; jedoch können wir T'_w durch eine »äquivalente« DTM mit dem Eingabealphabet $\{0,1\}$ ersetzen. Hierzu müssen wir lediglich die Symbole $0,1,\#$ binär kodieren. Beispielsweise können wir die Kodierung $0 \mapsto 00$, $1 \mapsto 10$, $\# \mapsto 11$ verwenden. Aus dem binären Eingabewort kann die modifizierte DTM das »tatsächliche« Eingabewort über $\{0,1,\#\}$ erstellen und dann wie T'_w verfahren. Man beachte, dass das Symbol $\#$ als Bandsymbol verwendet werden kann.

Der Satz von Rice belegt, dass keinerlei nicht triviale Programmeigenschaften vollautomatisch nachgewiesen werden können. Andererseits ist gerade die Verifikation von höchster praktischer Bedeutung, da das Auftreten von Fehlern fatale Folgen haben kann. Man denke an Programme, die in sog. sicherheitskritischen Systemen eingesetzt werden. Drastische Beispiele sind Programme, die zur Regelung des Flugverkehrs, nuklearer Anlagen oder in der Intensivmedizin eingesetzt werden.

Neben den Unentscheidbarkeitsresultaten für Verifikationsprobleme gibt es eine Reihe weiterer Unentscheidbarkeitsergebnisse. Wir werden hier nur wenige dieser Ergebnisse kennen lernen. Ein sehr bedeutsames Ergebnis ist die *Unentscheidbarkeit der Prädikatenlogik*. Die wesentliche Konsequenz aus diesem Resultat ist, dass Computer nicht vollständig »logisch denken« können. In diesem Zusammenhang ist auch der *Gödelsche Unvollständigkeitssatz* zu nennen, der besagt, dass eine vollständige und korrekte Axiomatisierung der ganzzahligen arithmetischen Formeln nicht möglich ist. Näheres erfährt man in der Literatur oder in einer Vorlesung über Logik.

2.3 Nichtdeterminismus

Bisher haben wir uns nur mit deterministischen Algorithmen (formalisiert durch Register- oder Turingmaschinen) beschäftigt, in denen der jeweils nächste auszuführende Schritt eindeutig bestimmt ist. Im Gegensatz hierzu lässt man in *nichtdeterministischen Algorithmen* zu, dass mehrere Alternativen für den nächsten Schritt zur Auswahl stehen. Auch wenn reale Rechner deterministisch arbeiten, so ist das Konzept von Nichtdeterminismus sehr hilfreich für den Entwurf komplexer Computersysteme mit vielen parallelen Komponenten und der Analyse von Problemklassen. Uns geht es hier nur um den zweiten Aspekt; nämlich die prinzipielle Mächtigkeit von Rechnermodellen und deren Effizienz. In diesem Kontext wird angenommen, dass für die Auflösung des Nichtdeterminismus, d.h. für die Entscheidung, welcher der möglichen nächsten Schritte ausgeführt wird, ein *Orakel* zur Verfügung steht, das den »richtigen« Weg weist.

Wir betrachten hier nur nichtdeterministische Algorithmen für JA/NEIN-Probleme. Für jede Eingabe w kann es mehrere Berechnungen geben. Manche dieser Berechnungen können die Antwort »JA« liefern, während andere Berechnungen die Antwort »NEIN« zurückgeben. Darüber hinaus können manche Berechnungen unendlich sein. Die Aufgabe des Orakels ist es, den Weg zu einer akzeptierenden Berechnung (d.h. zur Antwort »JA«) zu weisen. Daher sieht man einen nichtdeterministischen Algorithmus als korrekt an, wenn folgende Bedingungen gelten:

▶ Wenn es eine akzeptierende Berechnung gibt (also wenn es eine Berechnung mit der Antwort »JA« gibt), dann ist die Antwort »JA« korrekt.

▶ Wenn es keine akzeptierende Berechnung gibt (d.h. wenn alle Berechnungen verwerfend oder endlos sind), dann ist die Antwort »NEIN« korrekt.

Abbildung 2.3.1 Berechnungsbaum eines nichtdeterministischen Algorithmus

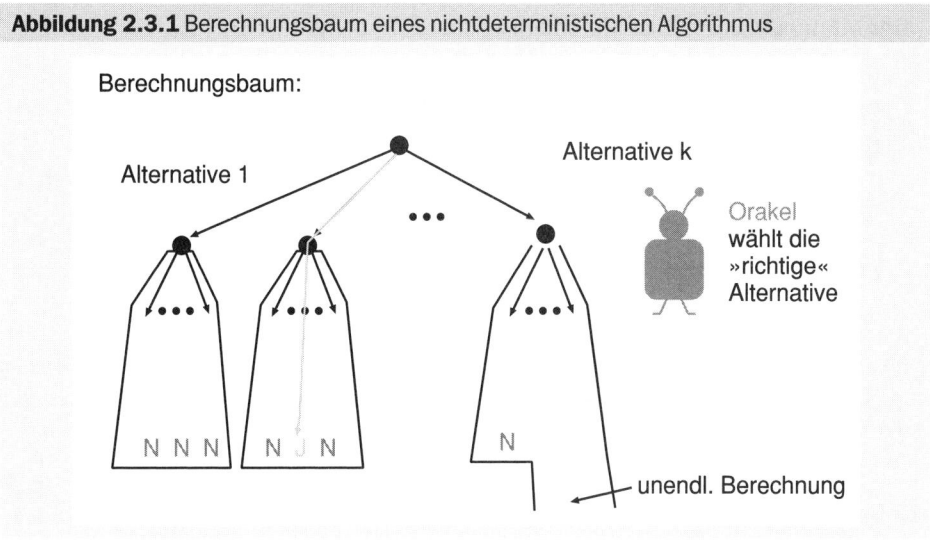

Um Missverständnisse zu vermeiden, möchten wir darauf hinweisen, dass Nichtdeterminismus ein gedankliches Konzept ist. Reale Rechner arbeiten deterministisch; ein Orakel, wie wir es zur Auflösung des Nichtdeterminismus annehmen, gibt es (leider) nicht.

Zunächst machen wir uns exemplarisch klar, wie ein nichtdeterministischer Algorithmus arbeitet.

Beispiel 2.3.2. [Nichtdeterministischer Algorithmus für SAT] Wir betrachten das Erfüllbarkeitsproblem der Aussagenlogik (Abk. SAT für satisfiability).

▸ Gegeben ist eine aussagenlogische Formel α mit den Aussagensymbolen $x_1, x_2, \ldots, x_n$.

▸ Gefragt ist, ob α erfüllbar ist.

Zum Beispiel ist die Formel $\alpha_1 = x_1 \vee (x_2 \wedge \neg x_3)$ erfüllbar; nicht aber $\alpha_2 = x_1 \wedge \neg x_1$.[10]

Eine sehr einfache deterministische Lösung für SAT besteht darin, für alle Belegungen der Variablen $x_1, \ldots, x_n$ den Wahrheitswert von α zu berechnen. Sofern irgendeine Belegung zu dem Wahrheitswert 1 führt, ist α erfüllbar; andernfalls ist α unerfüllbar. Diese Methode kann in einem Backtracking-Algorithmus mit exponentieller Laufzeit formuliert werden.

Nichtdeterministisch lässt sich SAT sehr viel einfacher lösen. Siehe Algorithmus 2.3.3. Die wesentliche Idee besteht darin, nicht alle Belegungen auszuprobieren; sondern das Orakel zu bemühen, eine erfüllende Belegung auszuwählen (falls es eine solche gibt).

Man beachte, dass die Antwort »NEIN« möglich ist, selbst wenn α erfüllbar ist. Dennoch ist das Verfahren korrekt, da es genau dann eine Berechnung mit der Antwort »JA« gibt, wenn α erfüllbar ist. ∎

---

[10] In Anhang B ist die präzise Syntax und Semantik der Aussagenlogik angegeben.

Algorithmus 2.3.3   [Nichtdeterministischer Algorithmus für SAT]

Wähle nichtdeterministisch eine Belegung μ für $x_1, \ldots, x_n$.
Berechne den Wahrheitswert von α bzgl. der Belegung μ.
IF der Wahrheitswert ist 1 **THEN**
  gib »JA« aus   (* α hat eine erfüllende Belegung *)
ELSE
  gib »NEIN« aus
FI

Obwohl sich viele Algorithmen sehr viel einfacher lösen lassen, wenn man das Konzept von Nichtdeterminismus hinzunimmt, so ändert sich doch an der Leistungsfähigkeit von Algorithmen nichts. Wir werden diese Aussage mit Turingmaschinen formalisieren.

Definition 2.3.4 [Nichtdeterministische Turingmaschine (NTM)]

Eine NTM ist ein Tupel

$$T = (Q, \Sigma, \Gamma, \delta, q_0, \Box, F),$$

dessen Komponenten Q, Σ, Γ, q_0, $\Box$, F wie für deterministische Turingmaschinen definiert sind.[11] Die Übergangsfunktion δ ist eine totale Abbildung des Typs

$$\delta : Q \times \Gamma \rightarrow 2^{Q \times \Gamma \times \{L, R, N\}}.$$

Dabei steht 2^A für die Potenzmenge von A.[12]

Ist $q \in Q \setminus F$ der aktuelle Zustand und b das gelesene Zeichen, dann repräsentiert

$$\delta(q, b) \subseteq Q \times \Gamma \times \{L, R, N\}$$

die Menge aller möglichen nächsten Schritte. Intuitiv wählt das Orakel einen dieser Schritte (d.h. Tupel $(p, a, X) \in \delta(q, a)$) aus.

▶ Ist $\delta(q, b) = \emptyset$, dann hält die NTM an.

▶ Ist $q \in Q \setminus F$ und $\delta(q, b) = \emptyset$, so verwirft die NTM die Eingabe.

Intuitiv ist es die Aufgabe des Orakels, den Nichtdeterminismus einer NTM aufzulösen.

---

[11] Alternativ kann man eine Menge von Anfangszuständen (anstelle eines einzigen Anfangszustands) betrachten.

[12] Zur Erinnerung: Die Potenzmenge von einer Menge A ist die Menge aller Teilmengen von A. Die Bezeichung 2^A ist gebräuchlich. Sie erklärt sich daraus, dass die Kardinalität von 2^A genau $2^{|A|}$ ist, falls A endlich ist.

Konfigurationen, Berechnungsbäume, akzeptierte Sprache

Konfigurationen von NTMs: Die Konfigurationsrelation $\vdash_{\mathcal{T}}$ (oder $\vdash$) und deren reflexive Hülle $\vdash_{\mathcal{T}}^*$ (oder $\vdash^*$) sind wie für DTMs definiert. Siehe Seite 41. Maximale Folgen von Konfigurationswechseln heißen Berechnungen.

Man beachte, dass es für NTMs im Allgemeinen zu jeder Konfiguration $\kappa = \alpha \, q \, \beta$ mehrere Nachfolgekonfigurationen gibt. Insbesondere kann es zu jedem Wort viele Berechnungen geben.

Berechnungsbäume: Jedem Eingabewort $w \in \Sigma^*$ kann man einen *Berechnungsbaum* zuordnen, dessen maximale Pfade den möglichen Berechnungen entsprechen.

▶ Die Wurzel des Berechnungbaums ist mit der Anfangskonfiguration $q_0 \, w$ beschriftet.[13]

▶ Ist v ein innerer Knoten, der mit der Konfiguration $\alpha \, q \, b\beta$ markiert ist und ist

$$\delta(q, b) = \{(q_1, b_1, X_1), \ldots, (q_r, b_r, X_r)\},$$

dann hat v genau r Söhne, die jeweils mit den Nachfolgekonfigurationen von $\alpha \, q \, b\beta$ bzgl. (q_i, b_i, X_i) beschriftet sind ($i = 1, \ldots, r$).

Man beachte, dass der Berechnungsbaum sowohl akzeptierende als auch verwerfende als auch unendliche Berechnungen enthalten kann.

Akzeptierte Sprache: Die von einer NTM $\mathcal{T}$ akzeptierte Sprache ist

$$\mathcal{L}(\mathcal{T}) = \{w \in \Sigma^* : \text{es gibt eine akzeptierende Berechnung von } \mathcal{T} \text{ für } w\}.$$

Wie für DTMs gilt also:

$$w \in \mathcal{L}(\mathcal{T}) \text{ gdw } q_0 \, w \vdash^* \alpha \, q \, \beta \text{ für ein } q \in F.$$

Umgekehrt gilt $w \in \Sigma^* \setminus \mathcal{L}(\mathcal{T})$ genau dann, wenn alle Berechnungen von $\mathcal{T}$ für w verwerfend oder endlos sind.

Definition 2.3.5 [Nichtdeterministisches Entscheidungsverfahren]

Eine NTM $\mathcal{T}$ *entscheidet* eine Sprache L, falls

▶ $\mathcal{L}(\mathcal{T}) = L$ und

▶ der Berechnungsbaum jedes Eingabeworts endlich ist.

$\mathcal{T}$ entscheidet also genau dann die Sprache L, wenn $L = \mathcal{L}(\mathcal{T})$ und alle möglichen Berechnungen von $\mathcal{T}$ verwerfend oder akzeptierend sind.

---

[13] Ist $w = \varepsilon$, dann identifizieren wir $q_0 \, w$ mit $q_0 \, \square$.

Beispiel 2.3.6. Wir betrachten eine NTM mit drei Zuständen q_0, q_1, q_2, dem Eingabealphabet $\{0,1\}$ und dem Bandalphabet $\{0,1,\square\}$. q_0 sei der Anfangszustand, die Endzustandsmenge sei $F = \{q_2\}$. Weiter sei

$$
\begin{aligned}
\delta(q_0,0) &= \{(q_0,0,R),(q_1,0,R)\} \\
\delta(q_0,1) &= \{(q_0,1,R)\} \\
\delta(q_1,1) &= \{(q_1,1,R)\} \\
\delta(q_1,\square) &= \{(q_2,\square,N)\}
\end{aligned}
$$

und $\delta(\cdot) = \bot$ in allen verbleibenden Fällen. Der Berechnungsbaum für $w = 101$ hat die in Abbildung 2.3.7 gezeigte Gestalt.

Abbildung 2.3.7 Berechnungsbaum für 101

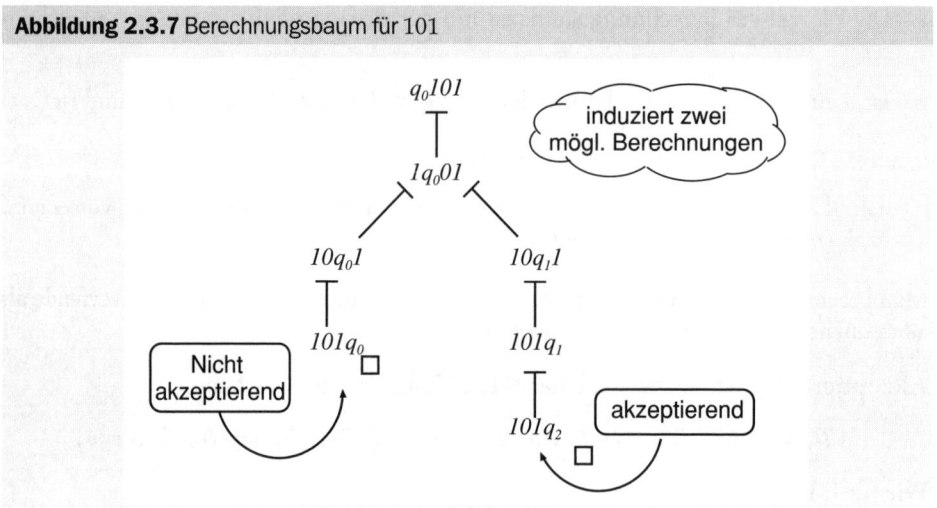

$w = 101$ hat also eine verwerfende Berechnung

$$
q_0\,101 \vdash^* 101\,q_0\,\square
$$

und eine akzeptierende Berechnung

$$
q_0\,101 \vdash^* 101\,q_2\,\square.
$$

Für die akzeptierte Sprache ist nur die Existenz einer akzeptierenden Berechnung ausschlaggebend. Es gilt $101 \in \mathcal{L}(\mathcal{T})$. ∎

Bemerkung 2.3.8. Durch NTMs werden *Relationen* anstelle von partiellen Funktionen berechnet. Man kann jeder NTM die Menge aller Paare (w, x) bestehend aus einem Eingabewort w und einem Ausgabewort x zuordnen. Wir werden davon jedoch keinen Gebrauch machen. ∎

Mehrband-NTMs

NTMs mit zwei oder mehr Bändern können in Analogie zum deterministischen Fall definiert werden. Für k-Band-NTMs ist die Übergangsfunktion eine Funktion des Typs

$$\delta : Q \times \Gamma \rightarrow 2^{Q \times (\Gamma \times \{L,R,N\})^k}.$$

Wie in Satz 1.2.19 (Seite 53) kann man zeigen, dass jede Mehrband-NTM durch eine Einband-NTM (mit einem mehrspurigen Band) simuliert werden kann.

Beispiel 2.3.9. [Mustererkennung] Als Beispiel betrachten wir das Mustererkennungsproblem. Gegeben ist

▶ ein Text $w = b_1 \ldots b_n \in \{0,1\}^*$ und

▶ ein Muster $x = a_1 \ldots a_k \in \{0,1\}^*$.

Gefragt ist, ob x ein Teilwort von w ist. Im Folgenden gehen wir von $n = |w| \geq k = |x|$ aus.

Der naive deterministische Algorithmus prüft für jede Textposition i, ob das Muster an der Stelle i im Text beginnt. Sobald eine solche Textposition i gefunden ist, bricht der Algorithmus mit der Antwort »JA« ab. Wenn alle möglichen Textpositionen i erfolglos ausprobiert wurden, terminiert der Algorithmus mit der Antwort »NEIN«.

Algorithmus 2.3.10 [Naiver deterministischer Mustererkennungsalgorithmus]

> **FOR** $i = 1,2,\ldots,n-k+1$ **DO**
>   **IF** $b_i \ldots b_{i+k-1} = x$ **THEN**
>   return »JA«
>   **FI**
> **OD**
> return »NEIN«

Das skizzierte Entscheidungsverfahren lässt sich zu einem nichtdeterministischen Verfahren umformulieren, in dem — anstelle des sukzessiven Ausprobierens aller Textpositionen i — eine Textposition i nichtdeterministisch geraten wird.

Algorithmus 2.3.11 [Nichtdeterministischer Mustererkennungsalgorithmus]

> Wähle nichtdeterministisch eine Textposition $i \in \{1,2,\ldots,n-k+1\}$;
> **IF** $b_i \ldots b_{i+k-1} = x$ **THEN**
>   return »JA«
> **FI**
> return »NEIN«

Man beachte, dass auch hier die Antwort »NEIN« möglich ist, selbst wenn x in w vorkommt. Zum Beispiel liefert das Verfahren für $w = 0110101$ und $x = 110$ die Antwort

»NEIN«, wenn $i = 1$ oder $i = 3$ gewählt wird, während man für $i = 2$ die korrekte Antwort »JA« erhält. Dennoch ist das skizzierte nichtdeterministische Verfahren korrekt, da die Antwort »JA« genau dann möglich ist, wenn es eine Textposition i gibt, für die das Verfahren mit der Antwort »JA« anhält. (Auch hier können wir uns wieder vorstellen, dass das Orakel das »richtige« i wählt. Genauer: Das Orakel wählt nacheinander $L(n)$ Bits, die als Binärdarstellung von i interpretiert werden.)

Das nichtdeterministische Entscheidungsverfahren lässt sich wie folgt durch eine Zweiband-NTM $\mathcal{T}$ realisieren. Das Eingabealphabet ist $\Sigma = \{0, 1, \#\}$; die dem Mustererkennungsproblem zu Grunde gelegte formale Sprache ist

$$L_{Muster} = \{w\#x : w, x \in \{0,1\}^*, x \text{ ist Teilwort von } w\}.$$

Wir nehmen an, dass das Eingabewort auf Band 1 steht. Zunächst prüft $\mathcal{T}$, ob das Eingabewort $z \in \{0,1\}^*$ von der Form

$$z = w\#x, \quad w, x \in \{0,1\}^*$$

ist. Wenn nicht, dann hält $\mathcal{T}$ verwerfend an; andernfalls kopiert $\mathcal{T}$ das Wort x auf Band 2 und positioniert die Lese-/Schreibköpfe für beide Bänder auf das jeweils erste Zeichen von w bzw. x. Hierzu kann $\mathcal{T}$ auf die Arbeitsweise einer deterministischen DTM zurückgreifen, die wir nicht näher erläutern. Der zweite Schritt besteht aus zwei Phasen:

▶ Phase 1: Rate nichtdeterministisch eine Textposition i mit $a_i = b_1$.　　(Zustand q)

▶ Phase 2: Prüfe, ob x im Text w ab Position i vorkommt.　　(Zustand q')

Wenn x ab Posistion i in w vorkommt, wechselt $\mathcal{T}$ in den Endzustand q_F, in dem $\mathcal{T}$ akzeptierend anhält. Wir nehmen an, dass der zweite Schritt in Zustand q gestartet wird. Die Übergangsfunktion δ von $\mathcal{T}$ hat nun folgende Gestalt:

$$\delta(q,0,1) = \{ (q, \langle 0, R\rangle, \langle 1, N\rangle) \} \qquad (^* \text{ nächste Textposition } ^*)$$
$$\delta(q,1,0) = \{ (q, \langle 1, R\rangle, \langle 0, N\rangle) \} \qquad (^* \text{ nächste Textposition } ^*)$$

$$\delta(q, \ldots, \square) = \{ (q_F, \ldots, \ldots) \} \qquad (^* \text{ Akzeptiere, falls } x = \varepsilon \ ^*)$$

$$\delta(q,0,0) = \{ \begin{array}{l} (q, \langle 0, R\rangle, \langle 0, N\rangle) \\ (q', \langle 0, R\rangle, \langle 0, R\rangle) \} \end{array} \qquad \begin{array}{l} (^* \text{ nächste Textposition } ^*) \\ \text{oder Beginn von Phase 2 } ^*) \end{array}$$

$$\delta(q,1,1) = \{ \begin{array}{l} (q, \langle 1, R\rangle, \langle 1, N\rangle) \\ (q', \langle 1, R\rangle, \langle 1, R\rangle) \} \end{array} \qquad \begin{array}{l} (^* \text{ nächste Textposition } ^*) \\ \text{oder Beginn von Phase 2 } ^*) \end{array}$$

$$\delta(q',0,0) = \{ (q', \langle 0, R\rangle, \langle 0, R\rangle) \} \qquad (^* \text{ prüfe, ob } b_i \ldots b_{i+k-1} = x \ ^*)$$
$$\delta(q',1,1) = \{ (q', \langle 1, R\rangle, \langle 1, R\rangle) \} \qquad (^* \text{ prüfe, ob } b_i \ldots b_{i+k-1} = x \ ^*)$$

$$\delta(q', \ldots, \square) = \{ (q_F, \ldots, \ldots) \} \qquad \begin{array}{r} (^* \text{ Akzeptiere,} \\ \text{da } x \text{ in } w \text{ ab Position } i \text{ steht } ^*) \end{array}$$

Die Ausarbeitung der Details überlassen wir den Leserinnen und Lesern. In diesem Beispiel wird das »Raten« einer Textposition durch den Übergang zu Zustand q' modelliert, in dem die Verifikationsphase beginnt. (Diese wird deterministisch durchgeführt.) ∎

Beispiel 2.3.12. Als zweites Beispiel betrachten wir erneut die Fragestellung, ob eine gegebene natürliche Zahl m im Nachkommateil der Dezimaldarstellung von π vorkommt. (Im Grunde handelt es sich hierbei auch um ein Mustererkennungsproblem; jedoch ist der vorliegende »Text« unendlich, nämlich der Nachkommateil von π.) Ein deterministisches Semientscheidungsverfahren wurde auf Seite 95 vorgestellt. Dieses betrachtet sukzessive alle Positionen $i = 1, 2, 3, \ldots$ und prüft, ob m ab der i-ten Stelle im Nachkommateil von π steht; also ob

$$a_0 a_1 \ldots a_r = b_i b_{i+1} \ldots b_{i+r},$$

wobei $b_i \in \{0, 1, \ldots, 9\}$ die i-te Ziffer im Nachkommateil von π und $a_j \in \{0, 1, \ldots, 9\}$ die j-te Ziffer der Dezimaldarstellung von m ist. Nichtdeterministisch können wir — in Analogie zum Mustererkennungsproblem für endliche Texte — wie folgt verfahren. Wir raten eine Position i und prüfen anschließend, ob $a_0 a_1 \ldots a_r = b_i b_{i+1} \ldots b_{i+r}$. Die Formulierung des zweiten Schritts als Turingprogramm ist recht komplex. Er erfordert die Konzeption eines numerischen Näherungsverfahrens für π, das die ersten $i + r$ Nachkommastellen berechnet. Wir verzichten auf die Ausführung dieser Details und konzentrieren uns auf den ersten Schritt (die Ratephase).

Wir arbeiten mit einer Zweiband-NTM $\mathcal{T}$, deren erstes Band das eigentliche Arbeitsband ist. Das zweite Band dient der Darstellung der nichtdeterministisch gewählten Zahl $i \in \mathbb{N}$. $\mathcal{T}$ startet in dem Anfangszustand q_0, in dem nichtdeterministisch zwischen drei möglichen Aktionen gewählt werden kann:

$$\delta(q_0, a, \square) = \{ (q_0, \langle a, N \rangle, \langle 0, L \rangle), \ (q_0, \langle a, N \rangle, \langle 1, L \rangle), \ (q_1, \langle a, N \rangle, \langle \square, R \rangle) \}.$$

Das Symbol a des ersten Bands ist ein beliebiges Bandsymbol. Die beiden ersten Alternativen stehen für das Raten eines Bits (0 oder 1) als Ziffer der Binärzahldarstellung der zu ratenden Zahl i. Die dritte Alternative steht für das Beenden der Ratephase. Die resultierende Bitfolge, die sich nach Abschluss der Ratephase ergibt, kann als Binärzahl mit eventuellen führenden Nullen interpretiert werden. Diese nichtdeterministisch gewählte Zahl i wird im zweiten Schritt, der in Zustand q_1 beginnt, eingesetzt.

Man beachte, dass das so konzipierte Verfahren ein nichtdeterministisches Semientscheidungsverfahren ist, da die Terminierung der Ratephase *nicht* sichergestellt ist. Für jedes Eingabewort gibt es eine endlose Berechnung, in der in der Ratephase unendlich viele Bits auf Band 2 geschrieben werden. Tatsächlich ist hier keine Einschränkung an die Anzahl der auf Band 2 zu schreibenden Bits sinnvoll, da man für gegebenes m nicht a priori vorhersagen kann, aus welchem Zahlenbereich die in Frage kommenden Positionen i sind. ∎

Äquivalenz von NTMs und DTMs

Offenbar können DTMs als Spezialfall von NTMs angesehen werden, in denen die Mengen $\delta(q, a)$ stets höchstens einelementig sind.[14] Wir zeigen nun, dass NTMs durch DTMs simuliert werden können.

Satz 2.3.13

Zu jeder NTM $\mathcal{T}$ gibt es eine DTM $\mathcal{T}'$ mit $\mathcal{L}(\mathcal{T}) = \mathcal{L}(\mathcal{T}')$.

Beweis: Die Grundidee der Simulation besteht darin, den Berechnungsbaum mit einer Breitensuche (BFS) zu durchlaufen.[15] Sobald eine akzeptierende Berechnung (ein akzeptierendes Blatt) gefunden ist, halten wir akzeptierend an. Siehe Algorithmus 2.3.14.

Wenn $\mathcal{T}$ eine akzeptierende Berechnung für ein Wort x hat, dann ist sichergestellt, dass diese akzeptierende Berechnung mit der Breitensuche gefunden wird. Es gilt also $\mathcal{L}(\mathcal{T}) = \mathcal{L}(\mathcal{T}')$, wenn wir $\mathcal{T}'$ gemäß Algorithmus 2.3.14 konzipieren. $\square$

Algorithmus 2.3.14   [Simulation einer NTM durch eine DTM]

$Q := \{q_0 x\}$;(* Organisation der besuchten Konfigurationen in einer Warteschlange *)
WHILE $Q \neq \emptyset$ **DO**
     $\kappa := Front(Q)$;
     $Remove(Q)$;
     FOR ALL Nachfolgekonfigurationen $\kappa' = \alpha' \, q' \, \beta'$ von κ in $\mathcal{T}$ **DO**
        IF $q' \in F$ **THEN**
           akzeptiere (und halte an)   (* akzeptierende Berechnung gefunden *)
        ELSE
           $Add(Q, \kappa')$;
        FI
     OD
OD
verwerfe.   (* $\mathcal{T}$ hat keine akzeptierende Berechnung für x *)

Mit Satz 2.3.13 erhalten wir, dass eine Sprache L genau dann semientscheidbar ist, wenn es eine NTM $\mathcal{T}$ mit $\mathcal{L}(\mathcal{T}) = L$ gibt. Die analoge Aussage gilt auch für entscheidbare Sprachen. Dies beruht auf folgender Beobachtung. Offenbar terminiert Algorithmus 2.3.14 für jedes Eingabewort w, für das der Berechnungsbaum von $\mathcal{T}$ für w endlich ist.

Wir erhalten: Wenn $\mathcal{T}$ eine NTM ist, die L entscheidet (s. Def. 2.3.5, Seite 119), dann hält die simulierende DTM für alle Eingaben an.

---

[14] Falls $\delta(q, a) \neq \emptyset$, dann identifizieren wir $\delta(q, a)$ mit der Menge $\{\delta(q, a)\}$. Weiter identifizieren wir $\bot$ mit der leeren Menge.

[15] Der Berechnungsbaum ist endlich verzweigend. Die Breitensuche (gestartet in der Wurzel) findet stets jedes Blatt. Diese Aussage gilt *nicht* für die Tiefensuche (DFS).

Corollar 2.3.15

Sei L eine Sprache.

(a) L ist genau dann semientscheidbar, wenn es eine NTM T mit $\mathcal{L}(T) = L$ gibt.

(b) L ist genau dann entscheidbar, wenn es eine NTM gibt, die L entscheidet.

Die Guess & Check-Methode

Viele nichtdeterministische Algorithmen verfahren ähnlich wie der nichtdeterministische Algorithmus für SAT (siehe Algorithmus 2.3.3, Seite 118) oder die auf Seite 121 ff beschriebenen nichtdeterministischen Mustererkennungsalgorithmen. Im ersten Schritt wird eine Lösung »geraten«, die dann in einem zweiten Schritt verifiziert oder falsifiziert wird.

Abbildung 2.3.16 Guess & Check-Methode (RV-NTM)

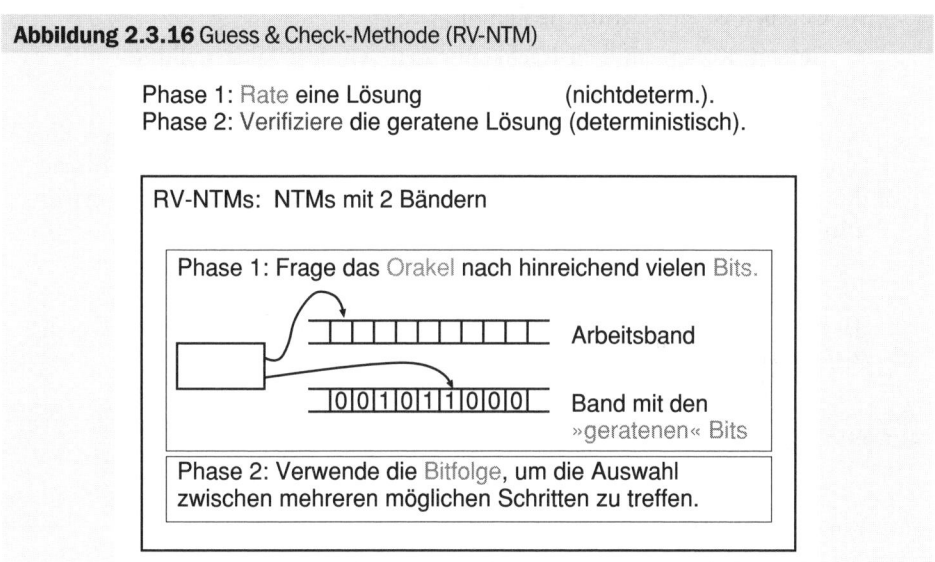

Phase 1: Rate eine Lösung　　　　　　(nichtdeterm.).
Phase 2: Verifiziere die geratene Lösung (deterministisch).

RV-NTMs: NTMs mit 2 Bändern

Phase 1: Frage das Orakel nach hinreichend vielen Bits.

Arbeitsband

Band mit den »geratenen« Bits

Phase 2: Verwende die Bitfolge, um die Auswahl zwischen mehreren möglichen Schritten zu treffen.

Dieses Konzept lässt sich auch auf Turingmaschinen übertragen. Man kann zeigen, dass jede NTM in eine äquivalente RV-NTM (Rate-Verifiziere-NTM) überführt werden kann, die in einer Vorbereitungsphase hinreichend viele Bits »rät« und diese auf ein separates Band schreibt.[16] Nach Abschluss der Ratephase arbeitet die NTM deterministisch. Sie benutzt die geratenen Bits, um Entscheidungen darüber zu treffen, welcher der möglichen Schritte auszuführen ist.

---

[16] Das Orakel weiß, wie viele und welche Bits benötigt werden.

2.4 Übungen

Aufgabe 2.1 (Semi)Entscheidungsverfahren

(a) Begründen Sie die Entscheidbarkeit des folgenden Problems:

- ▶ Gegeben: Spielkonfiguration von 4gewinnt, in der Spieler X am Zug ist.
- ▶ Gefragt: Gibt es eine Gewinnstrategie für Spieler X, d.h. eine Zugmöglichkeit, die Spieler X den Gewinn garantiert, wenn Spieler X im Folgenden stets einen optimalen Zug ausführt; unabhängig davon, wie sich Spieler O verhält?

Hinweis: Sie müssen nicht erläutern, wie eine solche Gewinnstrategie zu finden ist, sondern lediglich die Existenz eines Algorithmus, der prüft, ob es eine Gewinnstrategie gibt, belegen.

(b) Begründen Sie die Semientscheidbarkeit des folgenden Problems:

- ▶ Gegeben ist eine natürliche Zahl $n \geq 1$.
- ▶ Gefragt: Kommt in dem Nachkommateil der Dezimaldarstellung von π n-mal hintereinander die Ziffer »6« vor?

Hinweis: Sie dürfen als bekannt voraussetzen, dass es beliebig genaue Näherungsverfahren für π gibt. Skizzieren Sie die Arbeitsweise eines Semientscheidungsverfahrens für das genannte Problem unter Verwendung eines Algorithmus

$$Pi\text{-}N\ddot{a}herungsverfahren(k),$$

das als Eingabe eine natürliche Zahl $k \geq 1$ hat und als Ausgabe die k ersten Ziffern des Nachkommateils der Dezimaldarstellung von π zurückgibt.

Aufgabe 2.2 Reduktion

(a) Wir betrachten folgende beiden Problemstellungen:

- ▶ Das Job-Rechnerproblem: Gegeben sind n Rechner $R_1, \ldots, R_n$ und m Jobs $J_1, \ldots, J_m$. Weiter liegt eine Tabelle

$$T = (t_{i,k})_{1 \leq i \leq n, 1 \leq k \leq m}$$

vor, in der eingetragen ist, welcher Rechner für welchen Job die notwendige Ausstattung besitzt. Dabei ist $t_{i,k} = 1$, falls der k-te Job J_k auf Rechner R_i ausführbar ist. Andernfalls ist $t_{i,k} = 0$. Gefragt ist, ob es eine Zuordnung Jobs ⟶ Rechner gibt, sodass die m Jobs gleichzeitig ausgeführt werden können. Wir nehmen dabei an, dass kein Rechner zwei oder mehr Jobs gleichzeitig ausführen kann.

► Matchingproblem (einfache Variante für bipartite Graphen): Gegeben ist ein ungerichteter Graph $G = (V, E)$ und eine Partition $V = V_L \cup V_R$ mit disjunkten nicht leeren Mengen V_L und V_R, sodass jede Kante zwischen V_L und V_R verläuft; d.h. für jede Kante (zweielementige Teilmenge von V) $e \in E$ gilt:

$$e \cap V_L \neq \emptyset \text{ und } e \cap V_R \neq \emptyset.$$

Gefragt ist, ob es eine Kantenmenge $M \subseteq E$ gibt, sodass jeder Knoten $v \in V$ auf höchstens einer Kante von M liegt und $|M| = |V_L|$.

Zeigen Sie, dass das Job-Rechnerproblem auf das Matchingproblem reduzierbar ist.

(b) Wir betrachten folgende beiden Varianten von linearen Programmierungsproblemen:

► Variante 1: Gegeben ist ein lineares Ungleichungssystem der Form

$$
\begin{aligned}
a_{1,1}x_1 + a_{1,2}x_2 + \ldots + a_{1,m}x_m &\geq b_1 \\
&\vdots \\
a_{n,1}x_1 + a_{n,2}x_2 + \ldots + a_{n,m}x_m &\geq b_n \\
a_{n+1,1}x_1 + a_{n+1,2}x_2 + \ldots + a_{n+1,m}x_m &> b_{n+1} \\
&\vdots \\
a_{n+l,1}x_1 + a_{n+l,2}x_2 + \ldots + a_{n+l,m}x_m &> b_{n+l} \, ,
\end{aligned}
$$

wobei $a_{i,j}, b_i \in \mathbb{Z}$. Dabei sind $m, n, l \geq 1$. Gefragt ist, ob es einen Vektor $(x_1, \ldots, x_m)$ mit ganzzahligen Koeffizienten x_j gibt, der die $n + l$ Ungleichungen löst.

► Variante 2: Gegeben ist ein lineares Ungleichungssystem der Form

$$
\begin{aligned}
c_{1,1}x_1 + c_{1,2}x_2 + \ldots + c_{1,m}x_m &\leq d_1 \\
&\vdots \\
c_{k,1}x_1 + c_{k,2}x_2 + \ldots + c_{k,m}x_m &\leq d_k \, ,
\end{aligned}
$$

wobei $c_{i,j}, d_i \in \mathbb{Z}$. Dabei sind $m, k \geq 1$. Gefragt ist, ob es einen Vektor $(x_1, \ldots, x_m)$ mit ganzzahligen Koeffizienten x_j gibt, der die k Ungleichungen löst.

Zeigen Sie, dass sich die Problemstellung von Variante 1 auf die Problemstellung von Variante 2 reduzieren lässt.

Aufgabe 2.3 Satz von Rice

Vervollständigen Sie den vorgestellten Beweis des Satzes von Rice (Satz 2.2.19, Seite 113), indem Sie folgende Aussage beweisen:

$$\text{Ist } f_\perp \notin \mathcal{S}, \text{ so gilt } H_\varepsilon \leq L_\mathcal{S}.$$

Aufgabe 2.4 Berechenbarkeit

Zeigen Sie die Existenz einer bijektiven Abbildung $\Phi : \mathbb{N} \times \mathbb{N} \to \mathbb{N}$, die samt der beiden Komponenten Ψ_1, Ψ_2 der Umkehrfunktion berechenbar ist.

Aufgabe 2.5 NTM

Geben Sie (präzise) eine Ein- oder Mehrband-NTM an, die die Sprache

$$L = \{xx^R : x \in \{0,1\}^*\}$$

in linearer Zeit entscheidet. Skizzieren Sie den Berechnungsbaum für die Wörter

$$w = 0110 \text{ und } w' = 0111.$$

Aufgabe 2.6 NTM

Zeigen Sie, dass sich jede NTM $\mathcal{T}$ durch eine NTM $\mathcal{T}'$ simulieren lässt, die in jedem Schritt höchstens zwei Folgekonfigurationen hat und sodass

$$T_{\mathcal{T}'}(n) = \mathcal{O}(T_{\mathcal{T}}(n)).$$

Es genügt eine informelle Beschreibung der simulierenden NTM $\mathcal{T}'$.

Zur Erinnerung: $T_{\mathcal{T}}$ bezeichnet die Kostenfunktion für $\mathcal{T}$ in Abhängigkeit der Eingabegröße; d.h. die Funktion $T_{\mathcal{T}} : \mathbb{N} \to \mathbb{N}$,

$$T_{\mathcal{T}}(n) = \max\{t_{\mathcal{T}}(w) : w \in \Sigma^*, |w| \leq n\}$$

(wobei Σ das Eingabealphabet von $\mathcal{T}$ bezeichnet).

Aufgabe 2.7 Nichtdet. Algorithmen

Geben Sie möglichst einfache nichtdeterministische Algorithmen (umgangssprachliche Formulierung) für folgende Problemstellungen an.

(a) Graphfärben: Gegeben ist ein ungerichteter endlicher Graph G und eine natürliche Zahl k. Gefragt ist, ob es eine Färbung der Knoten von G mit höchstens k Farben gibt, so dass benachbarte Knoten unterschiedlich gefärbt sind.

(b) Zusammengesetztheitsproblem: Gegeben ist eine natürliche Zahl $n \geq 3$. Gefragt ist, ob n zusammengesetzt (keine Primzahl) ist.

(c) Hamiltonwegproblem: Gegeben ist ein endlicher Digraph G. Gefragt ist, ob es einen Hamiltonweg in G gibt.

Zur Erinnerung: Ein Hamiltonweg ist ein einfacher Pfad, der jeden Knoten von G genau einmal besucht.

(d) Gegeben ist eine aussagenlogische Formel α. Gefragt ist, ob α nicht gültig ist, d.h. ob es eine Belegung μ gibt, unter der α falsch ist.

Aufgabe 2.8 Halteproblemvarianten

Zeigen Sie, dass folgende Sprachen unentscheidbar sind:

(a) $H_\forall = \{w \in \{0,1\}^* : \mathcal{T}_w$ hält für alle Eingaben an$\}$

(b) $H_\exists = \{w \in \{0,1\}^* :$ es gibt eine Eingabe x, für die $\mathcal{T}_w$ anhält$\}$

(c) $\overline{H_\forall}$

(d) $\overline{H_\exists}$

Hinweis: Mit einer Reduktion des Halteproblems auf die in (a) und (b) genannten Probleme ist man gut beraten.

Aufgabe 2.9 Äquivalenzproblem

Zeigen Sie, dass das Äquivalenzproblem für DTMs

$$\ddot{A}quiv = \{w\#v : w, v \in \{0,1\}^*, f_{\mathcal{T}_w} = f_{\mathcal{T}_v}\}$$

nicht semientscheidbar ist.

Hinweis: Benutzen Sie das Reduktionsprinzip für semientscheidbare Sprachen (Teil (b) von Satz 2.2.5) in der Form

$$L \leq K \text{ und } L \text{ nicht semientscheidbar} \Longrightarrow K \text{ nicht semientscheidbar.}$$

Aufgabe 2.10 Semientscheidbarkeit

Zeigen Sie die Äquivalenz der folgenden Aussagen.

(a) L ist semientscheidbar,

(b) es gibt eine partielle berechenbare Funktion $f : \Sigma^* \to \Sigma^*$, sodass für alle $x \in \Sigma^*$ gilt:

$$f(x) \neq \perp \quad \text{gdw} \quad x \in L,$$

(c) es gibt eine totale berechenbare Funktion $g : \mathbb{N} \to \Sigma^*$ mit $g(\mathbb{N}) = L$.

Dabei ist Σ ein Alphabet und $\emptyset \neq L \subseteq \Sigma^*$.

Aufgabe 2.11 NTM

Gegeben ist folgende NTM

$$\mathcal{T} = (\{q_0, q_1, q_2, q_F\}, \{a, b, c\}, \{a, b, c, \square\}, \delta, q_0, \square, \{q_F\}),$$

wobei

$$
\begin{aligned}
\delta(q_0, a) &= \{(q_0, c, N)\} \\
\delta(q_0, b) &= \{(q_2, b, R), (q_0, b, N)\} \\
\delta(q_0, c) &= \{(q_0, c, R), (q_1, \square, N)\} \\
\delta(q_0, \square) &= \{(q_0, \square, N), (q_F, \square, L)\} \\
\delta(q_1, \square) &= \{(q_1, \square, N)\} \,.
\end{aligned}
$$

In allen verbleibenden Fällen ist $\delta(\cdot) = \emptyset$.

(a) Skizzieren Sie die Berechnungsbäume von $\mathcal{T}$ für die Eingabewörter

$$w_1 = \varepsilon, \quad w_2 = aca, \quad w_3 = bbac \,.$$

(b) Welche Sprache akzeptiert $\mathcal{T}$? (Geben Sie eine umgangssprachliche Charakterisierung von $\mathcal{L}(\mathcal{T})$ an.)

Aufgabe 2.12 Semientscheidungsverfahren

Geben Sie ein deterministisches Semientscheidungsverfahren und ein (rekursives) Aufzählungsverfahren für die Sprache

$$H_\exists = \{w \in \{0,1\}^* : \text{es existiert ein } x \in \{0,1\}^*, \text{sodass } \mathcal{T}_w \text{ bei Eingabe } x \text{ anhält}\}$$

an. Es genügt eine verbale Beschreibung der Verfahren, in der die wesentlichen Ideen skizziert sind.

Teil II

Komplexität

Die Entscheidbarkeit nützt für praktische Anwendungen recht wenig, wenn keine effizienten Entscheidungsverfahren verfügbar sind. In den folgenden beiden Kapiteln untersuchen wir, was es bedeutet, dass ein Problem *effizient lösbar* ist.

Üblicherweise orientiert man sich bei der Kostenanalyse eines Algorithmus entweder an dem schlimmsten oder an dem durchschnittlichen Fall. In diesem Buch beschränken wir unsere Effizienzbetrachtungen auf den *schlimmsten Fall*.

Bereits in Abschnitt 1.3 haben wir gesehen, dass die unterschiedlichen Rechnermodelle zwar zu unterschiedlichen Laufzeiten und unterschiedlichem Platzbedarf führen, jedoch entsteht durch die gegenseitigen Simulationen jeweils nur ein polynomieller Mehraufwand.[1] Aus diesem Grund betrachtet man *Komplexitätsklassen*, die unter polynomiellen Transformationen abgeschlossen sind. Als effizient lösbar werden genau solche Probleme angesehen, die sich mit einem Verfahren polynomieller Laufzeit lösen lassen. Selbstverständlich können auch Polynomialzeitalgorithmen für praktische Anwendungen ineffizient sein. Beispielsweise wird man einen Algorithmus mit der Laufzeit $\Theta(n^{1000})$ als indiskutabel schlecht ansehen. Jedoch ist es meistens so, dass die Laufzeit von Polynomialzeitalgorithmen für praxisrelevante Probleme durch ein Polynom geringen Grads beschränkt ist.

Polynomiell zeitbeschränkte Algorithmen: In Kapitel 2 haben wir konsequent zwischen umgangssprachlich formulierten JA/NEIN-Problemen und der präzisen Formulierung als Wortproblem unterschieden. Wir werden im Folgenden zu den lässigen Formulierungen von JA/NEIN-Problemen zurückkehren und nur vereinzelt darauf hinweisen, welche Kodierung in dem betreffenden Fall geeignet ist. Dabei werden wir jedoch im

---

[1] Wir erinnern an die Ergebnisse aus Abschnitt 1.3. Dort haben wir gesehen, dass polynomiell zeitbeschränkte Turingmaschinen durch polynomiell zeitbeschränkte Registermaschinen simuliert werden können und umgekehrt, vorausgesetzt, für Registermaschinen wird das logarithmische Kostenmaß zu Grunde gelegt.

Auge behalten, was es bedeutet, dass ein Algorithmus (etwa in Pseudo-Code) polynomielle Laufzeit hat.[2]

Die Eingabegröße eines Algorithmus wird gemessen an der Darstellungsgröße N der *Eingabe einer entsprechenden Turingmaschine*, die Zahlen, Nummern etc. binär kodiert. Wir sprechen von einem *polynomiell zeitbeschränkten Algorithmus*, wenn seine Kostenfunktion $T(N)$ unter dem *logarithmischen Kostenmaß* durch ein Polynom beschränkt ist. Das Argument N steht für die Eingabegröße. Auf das angenehmere uniforme Kostenmaß können wir für den Nachweis polynomieller Laufzeit nur unter gewissen Bedingungen zurückgreifen. Am Ende von Abschnitt 1.1.20 (Seite 35) haben wir ein Kriterium für Registermaschinen angegeben, das sich auf Algorithmen in Pseudo-Code übertragen lässt. Im Wesentlichen war die Forderung, dass — neben polylogarithmischer Laufzeit unter dem uniformen Kostenmaß — in jedem Rechenschritt nur polynomiell viele Bits verarbeitet werden. Diese Bedingungung ist für viele Algorithmen erfüllt.

Beispielsweise ist für das Mustererkennungsproblem (vgl. Beispiel 2.3.9, Seite 121) die Darstellungsgröße der Eingabe die Länge n des Texts plus die Länge k des Musters. Die Laufzeit $\Theta(nk)$ des naiven Verfahrens unter dem uniformen Kostenmaß induziert polynomielle Laufzeit, gemessen mit dem logarithmischen Kostenmaß.

Entsprechendes gilt für die einfachen Graphalgorithmen wie z. B. Tiefensuche, Breitensuche oder Zyklentest. In diesen Fällen müssen wir zur Ermittlung der Eingabegröße eine Kodierung der Eingabe vornehmen. Beispielsweise kann für Graphalgorithmen eine wie in Kapitel 2 (Seite 86) vorgestellte Kodierung verwendet werden. Die Darstellungsgröße des Graphen ist dann $\Theta(m \log n)$, wobei m die Kantenanzahl und n die Knotenanzahl ist. Die Laufzeit $\Theta(n + m)$ unter dem uniformen Kostenmaß der Tiefen- oder Breitensuche induziert polynomielle Laufzeit unter dem logarithmischen Kostenmaß, wenn man $m \geq n$ voraussetzt.

Entscheidungsprobleme versus Optimierungsprobleme

In Kapitel 2 haben wir lediglich Entscheidungsprobleme betrachtet. Tatsächlich liegen aber oftmals Probleme vor, in denen nicht nach den Antworten »JA« oder »NEIN« gefragt ist, sondern eine komplexere Lösung gesucht ist. In vielen Fällen liegt ein Optimierungsproblem vor, in dem eine Lösung gesucht ist, die eine gewisse Zielfunktion minimiert oder maximiert. Beispiele sind das Handlungsreisendenproblem (TSP), bei dem eine kürzeste Tour in einem vorgegebenen Wegenetz (Graph) zu bestimmen ist, oder das Graphfärbeproblem (GFP), bei dem ein gegebener Graph mit einer möglichst geringen Zahl an Farben so eingefärbt werden soll, dass benachbarte Knoten mit unterschiedlichen Farben gefärbt sind. Für die optimalen Lösungen sind nur Algorithmen mit exponentieller Laufzeit bekannt. Bevor wir uns der Frage widmen, ob bessere Algorithmen für diese Probleme entworfen werden können, machen wir uns klar, dass die

---

[2] Um Missverständnisse zu vermeiden, erwähnen wir, dass der Begriff *Algorithmus* stets für einen deterministischen Algorithmus gebraucht wird. Für Verfahren, die das Konzept von Nichtdeterminismus verwenden, werden wir stets den Zusatz »nichtdeterministisch« machen.

komplexitätstheoretische Schwierigkeit dieser und vieler anderer Probleme unverändert bleibt, wenn man die Fragestellung zu einem JA/NEIN-Problem vereinfacht.

Drei Varianten für »schwierige« Probleme: Probleme wie TSP, RP oder GFP können in drei Varianten betrachtet werden.

1. Entscheidungsproblem: Gibt es eine Lösung mit einem konkreten Wert?

2. Optimierungsproblem (Typ 1): Bestimme den Wert einer optimalen Lösung.

3. Optimierungsproblem (Typ 2): Bestimme eine optimale Lösung.

Beispielsweise kann man das Graphfärbeproblem so formulieren, dass für einen gegebenen Graphen G und eine gegebene Konstante k geprüft werden soll, ob es eine Knotenfärbung für G mit k Farben gibt. Typ 1 der Optimierungsvariante fragt nach der minimalen Anzahl an Farben, die für eine Färbung von G notwendig ist. In Typ 2 der Optimierungsvariante ist eine optimale Knotenfärbung gesucht.

Zunächst scheint es so, als ob die Probleme zunehmend schwieriger sind. Jede Lösung der Optimierungsvariante des zweiten Typs induziert offenbar eine Lösung für die beiden anderen Varianten. Entsprechend lässt sich die Entscheidungsvariante mithilfe der Lösung für die Optimierungsvariante des ersten Typs oftmals sehr leicht beantworten. Dennoch sind (in vielen Fällen) alle drei Varianten aus komplexitätstheoretischer Sicht gleich schwierig. Wir machen uns diesen Sachverhalt an einem Beispiel für folgendes »schwierige« Problem klar.

Das Cliquenproblem: Gegeben ist ein ungerichteter Graph $G = (V, E)$. Eine *Clique* in G ist eine Knotenmenge $V' \subseteq V$, sodass je zwei Knoten in V' über eine Kante miteinander verbunden sind. Die Größe einer Clique V' ist $|V'|$ (die Anzahl an Knoten in V').

Abbildung 3.0.1 Cliquenproblem

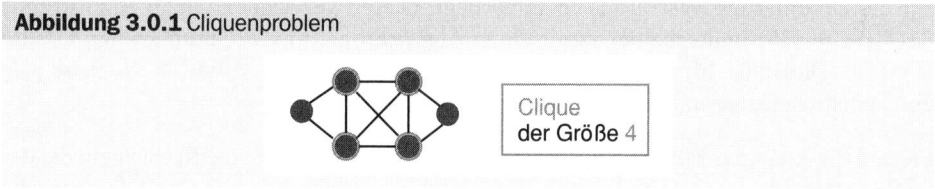

Die drei Varianten des Cliquenproblems sind in 3.0.2 angegeben.

Wie für das Graphfärbeproblem induziert eine polynomiell zeitbeschränkte Lösung für die Optimierungsvariante (Typ 2) eine polynomiell zeitbeschränkte Lösung für die Optimierungsvariante (Typ 1), und diese wiederum eine polynomiell zeitbeschränkte Lösung für die Entscheidungsvariante. Folgendes Lemma zeigt, dass auch die Umkehrungen gelten.

Tabelle 3.0.2   [Die drei Varianten des Cliquenproblems]

1. Entscheidungsvariante:

   ▶ **Gegeben:** Ungerichteter Graph G und eine ganze Zahl $k \geq 1$

   ▶ **Gefragt:** Gibt es in G eine Clique der Größe k?

2. Optimierungsvariante (Typ 1):

   ▶ **Gegeben:** Ungerichteter Graph G

   ▶ **Gesucht:** Maximale Cliquengröße in G

3. Optimierungsvariante (Typ 2):

   ▶ **Gegeben:** Ungerichteter Graph G

   ▶ **Gesucht:** Clique in G mit maximaler Größe

Lemma 3.0.3

Die drei Varianten des Cliquenproblems haben aus komplexitätstheoretischer Sicht denselben Schwierigkeitsgrad.

(a) Wenn die Optimierungsvariante (Typ 1) des Cliquenproblems in polynomieller Zeit lösbar ist, dann auch die Optimierungsvariante (Typ 2).

(b) Wenn die Entscheidungsvariante des Cliquenproblems in polynomieller Zeit lösbar ist, dann auch die beiden Optimierungsvarianten.

Beweis: ad (a): Wir nehmen an, dass uns ein polynomiell zeitbeschränkter Algorithmus für die Optimierungsvariante (Typ 1) vorliegt. Diesen verwenden wir in Algorithmus 3.0.4 (Seite 135) und erhalten somit einen Algorithmus für die Optimierungsvariante (Typ 2). (Dieser ist für den Fall $E \neq \emptyset$ formuliert. Für $E = \emptyset$ und $V \neq \emptyset$ ist jede einelementige Knotenmenge eine Clique maximaler Größe.)

Seien n die Knotenanzahl, m die Kantenanzahl in G und $T(n, m)$ die Rechenzeit, die der Algorithmus für die Optimierungsvariante vom Typ 1 benötigt. Die Darstellungsgröße des Graphen ist

$$N = \Theta(m \log n).$$

Die Kosten für Algorithmus 3.0.4 sind $\Theta(m \cdot T(n, m))$. Ist $T(n, m) = \mathcal{O}(poly(N))$, so ist auch

$$m \cdot T(n, m) = \mathcal{O}(poly(N)).$$

ad (b): Wir nehmen an, dass uns ein polynomiell zeitbeschränkter Algorithmus für die Entscheidungsvariante vorliegt. Um die maximale Cliquengröße zu berechnen, wenden wir Algorithmus 3.0.5 an.

Algorithmus 3.0.4 [Algorithmus für das Cliquenproblem (Opt., Typ 2)]

Berechne die maximale Cliquengröße k_{opt} in G;
Markiere alle Kanten in G als unbesichtigt;
$E' := E$;   (* E ist die Kantenmenge von G *)
REPEAT
    Wähle eine noch nicht besichtigte Kante $e \in E'$;
    Bestimme die maximale Cliquengröße k in dem Graphen $(V, E' \setminus \{e\})$;
    IF $k = k_{opt}$ **THEN**
        $E' := E' \setminus \{e\}$;   (* Kante e wird in maximaler Clique *nicht* benötigt *)
    ELSE
        Markiere e als besichtigt;   (* Kante e wird in maximaler Clique benötigt *)
    FI
UNTIL alle Kanten in E' wurden besichtigt;
$V' :=$ Menge aller Endknoten von Kanten in E';
Gib V' aus.

Algorithmus 3.0.5 [Algorithmus für das Cliquenproblem (Opt., Typ 2)]

$k_{opt} := 0$;
FOR $k = 1, \ldots, \min\{|V|, |E| + 1\}$ **DO**
    IF es gibt eine Clique der Größe k **THEN**
        $k_{opt} := k$
    FI
OD
Gib k_{opt} aus.

Man überlegt sich leicht, dass die Kosten polynomiell beschränkt sind, falls der Test, ob es eine Clique fester Größe gibt, in polynomieller Zeit durchführbar ist. $\qquad \square$

Beispiel 3.0.6. [Cliquenproblem] Wir demonstrieren die Arbeitsweise von Algorithmus 3.0.4 (Seite 135) an einem Beispiel.

▶ Im ersten Schritt berechnen wir die maximale Cliquengröße 3.

▶ Die Kante $(1, 2)$ wird nicht in einer maximalen Clique benötigt, da die Knoten $2, 3, 4$ eine Clique bzgl. der Kantenmenge $E' = E \setminus \{(1, 2)\}$ bilden. Die Kante $(1,2)$ wird also gestrichen.

▶ In den folgenden Schritten stellen wir fest, dass die Kanten $(2, 3)$, $(3, 4)$ oder $(2, 4)$ nicht entfernt werden können; wohl aber die Kante $(1, 3)$.

Das skizzierte Verfahren liefert die Knotenmenge $\{2, 3, 4\}$ als Clique maximaler Größe.

■

Abbildung 3.0.7 Polynomielle Reduktion von CP-Typ2 auf CP-Typ1

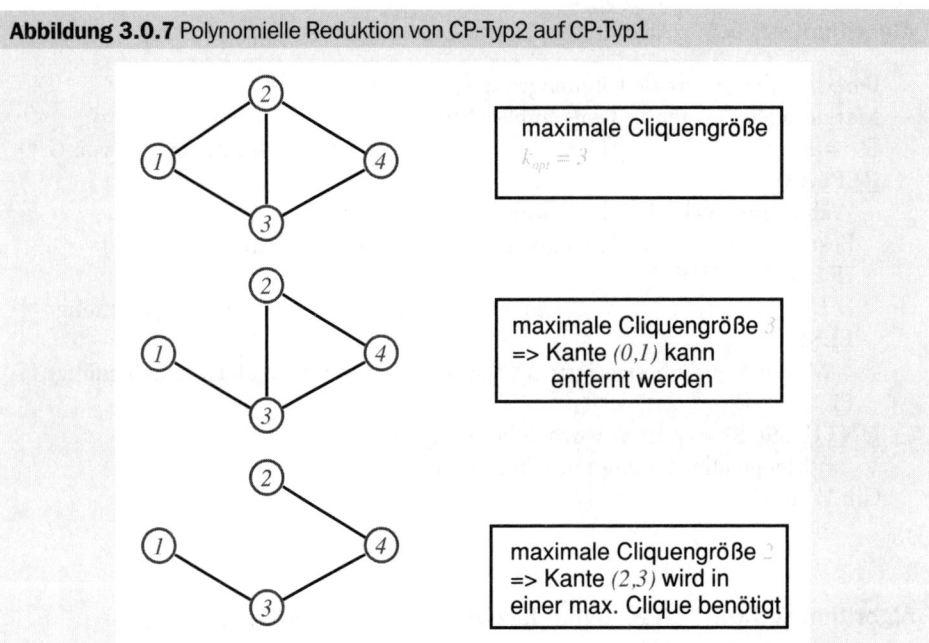

Für eine Vielzahl von Problemen können derartige Überlegungen belegen, dass die Untersuchung der einfacher erscheinenden Entscheidungsvariante für komplexitätstheoretische Untersuchungen mit der eigentlichen Fragestellung gleichwertig ist. Dies rechtfertigt es, sich im Folgenden auf Entscheidungsprobleme zu beschränken.

KAPITEL 3

Komplexitätsklassen

Im Folgenden definieren wir Zeit- und Platzkomplexitätsklassen, die bzgl. polynomieller Transformationen abgeschlossen und damit unabhängig vom zu Grunde gelegten Rechnermodell sind. Zur Formalisierung werden Turingmaschinen verwendet.

Die Elemente von Komplexitätsklassen sind JA/NEIN-Probleme (und nicht etwa Algorithmen). In der formalisierten Darstellung einer Komplexitätsklasse nehmen wir eine Beschreibung der JA/NEIN-Probleme durch formale Sprachen an (s. Seite 85 ff), auch wenn wir diese nicht explizit angeben.

3.1 Zeitkomplexität

In Abschnitt 1.2 (Def. 1.2.23, Seite 56) haben wir die Rechenzeit $t_T(x)$ einer DTM T als die Anzahl an Konfigurationswechseln, die T bei Eingabe x durchführt, definiert. Die Abbildung $t_T : \Sigma^* \to \mathbb{N} \cup \{\infty\}$ induziert eine Abbildung $T_T : \mathbb{N} \to \mathbb{N} \cup \{\infty\}$, welche die Rechenzeit an der Eingabegröße misst.

Rechenzeit von NTMs: Eine entsprechende Definition können wir für NTMs angeben: Sei T eine Einband-NTM mit dem Eingabealphabet Σ. Wir definieren die Funktion $t_T : \Sigma^* \to \mathbb{N} \cup \{\infty\}$ durch

$$t_T(x) = \text{maximale Länge einer Berechnung von } T \text{ für } x.$$

Offenbar ist $t_T(x)$ die Höhe des Berechnungsbaums von T für x. Wir erweitern t_T zu einer Abbildung

$$T_T : \mathbb{N} \to \mathbb{N} \cup \{\infty\}$$

in Abhängigkeit der Eingabegröße.

$$T_T(n) = \max\{t_T(x) : x \in \Sigma^*, |x| \leq n\}.$$

In analoger Weise lässt sich die Laufzeit von NTMs mit zwei oder mehr Bändern definieren.

Die so definierte Rechenzeit nichtdeterministischer Turingmaschinen lässt sich auf umgangssprachlich formulierte nichtdeterministische Algorithmen übertragen. Die worstcase Laufzeit eines nichtdeterministischen Entscheidungsverfahrens ergibt sich, indem man die Kosten $T(n)$ für Eingaben der Größe n ermittelt, die im Falle einer längsten möglichen Berechnung für eine Eingabe der Größe $\leq n$ entstehen können. Wie für deterministische Algorithmen müssen wir das logarithmische Kostenmaß zu Grunde legen und die Eingabegröße an der Länge des Eingabeworts einer entsprechend konzipierten NTM messen.

Beispiel 3.1.1. [SAT] Der nichtdeterministische Algorithmus für SAT aus Beispiel 2.3.2 (Seite 117) hat die Laufzeit

$$\mathcal{O}(|\alpha| + n),$$

wobei $|\alpha|$ die Länge der Formel α (die Anzahl der Operatoren in α) ist.

Eine entsprechende NTM arbeitet mit einer Kodierung der Eingabeformel α, z.B. über dem Alphabet

$$\Sigma = \{0,1, \wedge, \neg, (,)\},$$

wenn man nur $\wedge$, $\neg$ als Basisoperatoren verwendet. (Selbstverständlich können auch weitere boolesche Verknüpfer, etwa Disjunktion $\vee$ oder Implikation $\rightarrow$, verwendet werden). Die Symbole 0 und 1 können zur Kodierung der Aussagensymbole $x_1, \ldots, x_n$ verwendet werden. Die Länge des Codeworts für α über dem Alphabet Σ ist ein Vielfaches von $|\alpha| \cdot L(n)$, also polynomiell in $|\alpha|$ und $L(n)$. Die Rechenzeit einer gemäß Algorithmus 2.3.3 (Seite 118) konzipierten NTM ist daher polynomiell in $|\alpha|$ und n.

Setzt man voraus, dass alle Aussagensymbole $x_1 \ldots, x_n$, für die eine Belegung nichtdeterministisch geraten wird, in α vorkommen, dann ist die Länge von α mindestens $n-1$. In diesem Fall ergibt sich polynomielle Rechenzeit

$$\mathcal{O}(\ poly(|\alpha|)\ ).$$

Selbstverständlich kann man o.E. annehmen, dass letztere Bedingung erfüllt ist, da man in Zeit $\mathcal{O}(|\alpha|)$ feststellen kann, welche Aussagensymbole in α vorkommen. ∎

Beispiel 3.1.2. [Zusammengesetztheitstest] Der naive deterministische Primzahltest, der für gegebene natürliche Zahl $n \geq 3$ die Werte $m = 2, 3, \ldots, n-1$ durchläuft und prüft, ob m ein Teiler von n ist, hat — unter dem logarithmischen Kostenmaß — die Laufzeit

$$\Theta(n \log n) = \Theta\left(2^{L(n)} \cdot L(n)\right),$$

ist also exponentiell in der Eingabelänge $L(n)$. Man beachte, dass der eigentliche Teilertest (die Frage, ob m ein Teiler von n ist) durch die Berechnung von $n \bmod m$ in

$$\Theta(L(n) + L(m)) = \Theta(L(n))$$

Schritten (unter dem logarithmischen Kostenmaß) durchgeführt werden kann.

Dieser Algorithmus lässt sich zu einem polynomiell zeitbeschränkten nichtdeterministischen Entscheidungsverfahren modifizieren. Hierzu raten wir nichtdeterministisch eine Zahl

$$m \in \{2, 3, \ldots, n-1\}$$

und prüfen dann, ob m ein Teiler von n ist. Das Raten von m kann ziffernweise durch die nichtdeterministische Wahl von $L(n)$ Bits erfolgen und erfordert somit $\mathcal{O}(L(n))$ Schritte. Insgesamt erhält man somit die Kosten

$$\mathcal{O}(L(n))$$

für eine längste Berechnung. ■

Beispiel 3.1.3. [Cliquenproblem] Wir betrachten die Entscheidungsvariante des Cliquenproblems, bei dem ein ungerichteter Graph $G = (V, E)$ und eine Zahl $k \in \mathbb{N}$ gegeben ist und gefragt ist, ob G eine Clique der Kardinalität k hat (s. Seite 134 ff). Selbstverständlich kann

$$k \leq n = |V| \quad \text{und} \quad |E| = m \geq k - 1$$

vorausgesetzt werden, da für $k > |V|$ oder $|E| < k - 1$ die Antwort trivial (nämlich »NEIN«) ist. Die Eingabe auf einer Turingmaschine könnte durch ein Wort der Gestalt

$$code(G)\#\#\#bin(k)$$

erfolgen. Die Eingabegröße ist dann $|G| + 3 + L(k) = \Theta(m \log n)$, wobei $|G|$ für die Länge des Codeworts für G steht.

Eine deterministische Lösung könnte darin bestehen, alle k-elementigen Knotenmengen $V' \subseteq V$ zu betrachten und für diese zu prüfen, ob V' eine Clique ist. Die Laufzeit dieses Verfahrens kann nach unten durch

$$\Omega\left(\binom{n}{k}\right)$$

abgeschätzt werden, wobei $n = |V|$. Ist n gerade und $k = n/2$, so gilt:

$$\text{Anzahl der } k\text{-elementigen Teilmengen von } V = \binom{n}{k} \geq 2^{\frac{n}{2}} = \sqrt{2}^n.$$

Wir erhalten also ein Verfahren mit mindestens exponentieller Laufzeit.

Ein effizientes nichtdeterministisches Entscheidungsverfahren für das Cliquenproblem erhält man, indem man eine k-elementige Teilmenge V' von V nichtdeterministisch rät und dann prüft, ob V' eine Clique ist. Das »Raten« der k-elementigen Teilmenge von V kann in Zeit

$$\mathcal{O}(poly(k, |G|))$$

durchgeführt werden, ebenso der Test, ob die geratene Knotenmenge V' eine Clique ist. Die gesamte Laufzeit des skizzierten nichtdeterministischen Verfahrens ist daher polynomiell beschränkt in der Eingabelänge. (Beachte: Wegen $k \leq |E| + 1 = m + 1$ ist $k \leq |G|$.) ■

Warnung: In der Literatur wird manchmal eine andere Definition der Rechenzeit von NTMs zu Grunde gelegt. Diese verwenden die Funktion

$$t'_T(x) = \text{Länge einer kürzesten Berechnung von } T \text{ bei Eingabe } x,$$

falls $x \in \mathcal{L}(T)$. Für die nicht akzeptierten Wörter $x \in \Sigma^* \setminus \mathcal{L}(T)$ wird $t'_T(x) = 0$ gesetzt.

Diese Definition lehnt an der Vorstellung an, dass das zur Verfügung stehende Orakel stets den Weg zu einer *kürzesten akzeptierenden Berechnung* weist. Andererseits lässt diese Definition die Längen der Berechnungen für die Wörter $x \notin L$ völlig unberücksichtigt. Letztendlich führen jedoch beide Varianten zu denselben Komplexitätsklassen (siehe Lemma 3.1.10, Seite 144).

Definition 3.1.4 [Zeitkomplexitätsklassen]

Sei $\varphi : \mathbb{N} \to \mathbb{N}$ eine totale Funktion.

$$DTIME(\varphi(n))$$

bezeichnet die Klasse aller Sprachen $L \subseteq \Sigma^*$, für die es eine Ein- oder Mehrband-DTM T gibt, sodass gilt:

▶ T entscheidet L (d.h. $\mathcal{L}(T) = L$ und T hält bei allen Eingaben an)

▶ $T_T(n) = \mathcal{O}(\varphi(n))$.

Entsprechend ist $NTIME(\varphi(n))$ die Klasse aller Sprachen $L \subseteq \Sigma^*$, für die es eine Ein- oder Mehrband-NTM T gibt, die L entscheidet und für die $T_T(n) = \mathcal{O}(\varphi(n))$ gilt.[1]

Man beachte, dass Elemente der Zeitkomplexitätsklassen $DTIME(\varphi(n))$, $NTIME(\varphi(n))$ stets *entscheidbare* Sprachen sind.

Die Klassen *P*, *NP* und *EXPTIME*

In Definition 3.1.4 haben wir eine Funktion φ fixiert, deren Größenordnung als obere Schranke für die Rechenzeit dient.[2] Mit der nächsten Definition gehen wir zu Funktionsklassen über, die unter polynomiellen Transformationen abgeschlossen sind. Die so erhaltenen Komplexitätsklassen *P*, *NP* und *EXPTIME* (die wir mit Turingmaschinen

---

[1] Σ bezeichnet ein beliebiges Alphabet. Der Tatsache, dass wir keine Einschränkungen an Σ machen, tragen wir dadurch Rechnung, dass wir von einer *Klasse* anstelle einer *Menge* sprechen.

[2] Einige Autoren fordern $T_T(n) \leq \varphi(n)$ für alle $n \in \mathbb{N}$. Tatsächlich wird diese Definition benötigt, um ein mögliches »Speed-up« um einen konstanten Faktor mit Komplexitätsklassen zu formalisieren. Wir machen keinen Gebrauch von derartigen Aussagen und haben deshalb die etwas bequemere Definition mit der Größenordnung von φ gewählt.

formalisieren) sind damit unabhängig vom zu Grunde gelegten Rechnermodell. Entsprechende Definitionen mit Registermaschinen (und dem logarithmischen Kostenmaß) führen zu denselben Komplexitätsklassen.

Definition 3.1.5 [Die Klassen *P*, *NP* und *EXPTIME*]

P bezeichnet die Klasse aller mit einer DTM in polynomieller Zeit lösbaren Probleme, *NP* die Klasse aller mit einer NTM in polynomieller Zeit lösbaren Probleme.

$$P = PTIME \;=\; \bigcup_{k \geq 1} DTIME\left(n^k\right)$$

$$NP = NPTIME \;=\; \bigcup_{k \geq 1} NTIME\left(n^k\right)$$

Eine weitere wichtige Zeitkomplexitätsklasse ist

$$EXPTIME \;=\; \bigcup_{c > 1} \bigcup_{k \geq 1} DTIME\left(c^{n^k}\right),$$

die alle Probleme erfasst, die sich in exponentieller Zeit mit einer DTM lösen lassen. Entsprechend kann man das nichtdeterministische Analog *NEXPTIME* definieren.

Beispielsweise liegt SAT (das Erfüllbarkeitsproblem der Aussagenlogik) in

▶ *EXPTIME* (da SAT z. B. durch einen Backtracking-Algorithmus exponentieller Laufzeit gelöst werden kann),

▶ *NP* (da der in Beispiel 2.3.2, Seite 117, angegebene nichtdeterministische Algorithmus polynomielle Laufzeit hat).

Das Mustererkennungsproblem, bei dem ein Text $W = b_1 \ldots b_n \in \Sigma^*$ und ein Muster $X = a_1 \ldots a_k \in \Sigma^*$ gegeben ist und gefragt ist, ob X ein Teilwort von W ist, lässt sich bereits durch den naiven deterministischen Algorithmus »alle Textpositionen ausprobieren« in polynomieller Zeit (nämlich $\mathcal{O}(n \cdot k)$) lösen. Daher liegt das Mustererkennungsproblem in *P*.

Bemerkung 3.1.6. Die Klasse *EXPTIME* ist eine Oberklasse von $\bigcup_{c>1} DTIME(c^n)$. Es gilt

$$EXPTIME \;=\; \bigcup_{k \geq 1} DTIME\left(2^{n^k}\right) = \bigcup_{c > 1} \bigcup_{p\, Polynom} DTIME\left(c^{p(n)}\right)$$

und die entsprechende Aussage für *NEXPTIME*. ∎

Offenbar ist $P \subseteq NP$ und $P \subseteq EXPTIME \subseteq NEXPTIME$. Der folgende Satz zeigt, dass auch

$$NP \subseteq EXPTIME.$$

Dieses Ergebnis belegt, dass jedes polynomiell zeitbeschränkte nichtdeterministische Entscheidungsverfahren zu einem deterministischen exponentiell zeitbeschränkten Algorithmus umformuliert werden kann.

Satz 3.1.7

Zu jeder Sprache $L \in NP$ gibt es eine DTM, die L in höchstens exponentieller Zeit entscheidet.[3]

Beweis: Das L zu Grunde liegende Alphabet sei Σ. Sei $\mathcal{T}'$ eine NTM, die L in Polynomialzeit entscheidet. Sei

$$t(x) = t_{\mathcal{T}'}(x)$$

die Rechenzeit von $\mathcal{T}'$ bei Eingabe x. Weiter sei p ein Polynom mit

$$t(|x|) \leq p(|x|) \text{ für alle } x \in \Sigma^*.$$

Wir geben nun einen deterministischen Algorithmus mit höchstens exponentieller Laufzeit an, der $\mathcal{T}'$ simuliert. Sei $x \in \Sigma^*$ das Eingabewort. Die wesentliche Idee beruht auf einer Analyse des Berechnungsbaums für $\mathcal{T}'$ bei Eingabe x. Wir können einen Preorderdurchlauf oder eine Breitensuche verwenden.[4]

▶ Enthält der Berechnungsbaum eine akzeptierende Konfiguration, dann akzeptieren wir x.

▶ Andernfalls verwerfen wir x.

Die exakte Angabe einer DTM, die den Berechnungsbaum durchläuft, ist mühsam. Wir verzichten darauf.

Der Berechnungsbaum für x hat die Höhe $t(x) \leq p(|x|)$. Sei Q der Zustandsraum, Γ das Bandalphabet und δ die Übergangsfunktion von $\mathcal{T}'$. Offenbar gilt für alle $q \in Q$, $a \in \Gamma$:

$$|\delta(q, a)| \leq 3 \cdot |Q| \cdot |\Gamma|.$$

Beachte $|\{L, R, N\}| = 3$. Sei $c = 3|Q||\Gamma|$. Der Berechnungsbaum hat höchstens den Verzweigungsgrad c. Damit ist die Anzahl an Knoten durch

$$\mathcal{O}\left(c^{p(|x|)}\right)$$

beschränkt. Die Analyse des Berechnungsbaums lässt sich also deterministisch in exponentieller Zeit durchführen. □

---

[3] Die Aussage von Satz 3.1.7 lässt sich verallgemeinern zu $NTIME(\varphi(n)) \subseteq \bigcup_{c>1} DTIME(c^{\varphi(n)})$, falls φ eine Funktion mit $\varphi(n) = \Omega(\log n)$ ist.

[4] Ein Preorderdurchlauf entspricht im Wesentlichen einem Backtracking-Algorithmus.

Corollar 3.1.8

$P \subseteq NP \subseteq EXPTIME \subseteq NEXPTIME$

Polynomialzeit akzeptierende NTMs

Zu Beginn dieses Abschnitts (Seite 140) haben wir darauf hingewiesen, dass einige Autoren eine andere Definition der Rechenzeit von NTMs verwenden. Wir zeigen nun, dass dieser Unterschied für die Definition der Klasse *NP* irrelevant ist. Wir nennen eine NTM $\mathcal{T}$ *Polynomialzeit akzeptierend*, wenn es ein Polynom p gibt, sodass für alle Eingaben $x \in \mathcal{L}(\mathcal{T})$ gilt:

Der Berechnungsbaum von $\mathcal{T}$ für x hat ein akzeptierendes Blatt der Tiefe $\leq p(|x|)$.

Mit anderen Worten: $\mathcal{T}$ hat eine akzeptierende Berechnung für x der Länge $\leq p(|x|)$. Für alle Eingabewörter, die nicht in $\mathcal{L}(\mathcal{T})$ liegen, werden keine Forderungen an die Rechenzeit gestellt.

Man beachte, dass es auch für $x \in \mathcal{L}(\mathcal{T})$ beliebig lange (sogar unendliche) Berechnungen geben kann. Die vorliegende NTM muss die Sprache $\mathcal{L}(\mathcal{T})$ nicht entscheiden. Beispielsweise kann man eine Polynomialzeit akzeptierende NTM für das Erfüllbarkeitsproblem der Aussagenlogik (SAT) entwerfen, die auf folgendem nichtdeterministischen Semientscheidungsverfahren beruht (siehe Algorithmus 3.1.9).

Algorithmus 3.1.9 [Semientscheidungsverfahren für SAT]

(* Eingabe: Formel α mit den Aussagensymbolen $x_1, \ldots, x_n$ *)

Wähle nichtdeterministisch eine Belegung μ für $x_1, \ldots, x_n$.
Berechne den Wahrheitswert von α bzgl. der Belegung μ.
IF der Wahrheitswert ist 1 **THEN**
    gib »JA« aus   (* α hat eine erfüllende Belegung *)
ELSE
    laufe endlos
FI

Für jede erfüllbare Formel α gibt es eine akzeptierende Berechnung polynomieller Länge. Ist α jedoch nicht gültig, dann gibt es unendliche Berechnungen für α.

Dennoch ist die Sprache $\mathcal{L}(\mathcal{T})$ einer Polynomialzeit akzeptierenden NTM stets entscheidbar. Ein deterministisches Entscheidungsverfahren ergibt sich wie folgt. Sei p ein berechenbares Polynom, sodass jedes Wort $x \in \mathcal{L}(\mathcal{T})$ eine akzeptierende Berechnung der Länge $\leq p(|x|)$ hat. Für das Eingabewort x führen wir folgende Schritte durch.

1. Konstruiere den Berechnungsbaum bis zur Tiefe $p(|x|)$.

2. Prüfe durch Inspektion der generierten Knoten, ob $\mathcal{T}$ eine akzeptierende Berechnung der Länge $\leq p(|x|)$ hat.

▸ Wenn das so ist, dann liegt x in $\mathcal{L}(\mathcal{T})$.

▸ Andernfalls liegt x nicht in $\mathcal{L}(\mathcal{T})$.

Man beachte, dass die generierten Knoten des Berechnungsbaums von $\mathcal{T}$ für x die in maximal $p(|x|)$ Schritten erreichbaren Konfigurationen von $\mathcal{T}$ darstellen.

Das skizzierte deterministische Verfahren belegt die Entscheidbarkeit der Sprache $\mathcal{L}(\mathcal{T})$. Es hat jedoch im Allgemeinen exponentielle Laufzeit. Das folgende Lemma zeigt, dass die Sprache $\mathcal{L}(\mathcal{T})$ *nichtdeterministisch* in Polynomialzeit entscheidbar ist.

Satz 3.1.10

Sei $\mathcal{T}$ eine Polynomialzeit akzeptierende NTM, dann gilt: $\mathcal{L}(\mathcal{T}) \in NP$.

Beweis: Sei $\mathcal{T}$ eine Einband-NTM und p ein Polynom, sodass es zu jedem Eingabewort $x \in \mathcal{L}(\mathcal{T})$ eine akzeptierende Berechnung der Länge $\leq p(|x|)$ gibt. Wir können o.E. annehmen, dass die Koeffizienten von p natürliche Zahlen sind.

Sei $\mathcal{T}'$ eine Dreiband-NTM, die für Eingabe x zunächst die Zahl $p(|x|)$ berechnet und auf Band 2 schreibt.[5] $\mathcal{T}'$ simuliert $\mathcal{T}$ schrittweise (mithilfe von Band 1), wobei wir auf Band 3 die Anzahl der bereits durchgeführten Simulationsschritte mitzählen. $\mathcal{T}'$ terminiert, sobald $\mathcal{T}$ anhält oder auf Band 3 der Wert $p(|x|)$ steht. Dabei konzipieren wir $\mathcal{T}'$ so, dass Folgendes gilt:

▸ Jeder akzeptierenden Berechnung von $\mathcal{T}$ der Länge $\leq p(|x|)$ entspricht eine akzeptierende Berechnung von $\mathcal{T}'$.

Entsprechendes gilt für verwerfende Berechnungen der Länge $\leq p(|x|)$.

▸ Alle Berechnungen von $\mathcal{T}$, die länger als $p(|x|)$ sind, werden in $\mathcal{T}'$ durch verwerfende Berechnungen ersetzt.

Es ist klar, dass $\mathcal{T}'$ zur Simulation eines Schritts von $\mathcal{T}$ nur polynomiell viele Konfigurationswechsel durchzuführen hat. Im Wesentlichen muss $\mathcal{T}'$ — neben dem Konfigurationswechsel von $\mathcal{T}$ — den Eintrag auf Band 3 aktualisieren (den Zähler um 1 erhöhen) und die Inschriften der Bänder 2 und 3 vergleichen. Diese Operationen erfordern $\mathcal{O}(p(|x|))$ Schritte.

Diese Überlegungen zeigen, dass die Rechenzeit $T_{\mathcal{T}'}(n)$ von $\mathcal{T}'$ für Eingaben der Länge n durch

$$T_{\mathcal{T}'}(n) = \mathcal{O}\left(poly(n)\right)$$

beschränkt ist. Weiter ist klar, dass $\mathcal{L}(\mathcal{T}') = \mathcal{L}(\mathcal{T}) = L$. □

Eine entsprechende Aussage kann man für Exponentialzeit akzeptierende NTMs machen.

---

[5] Wir kennen zwar p nicht, können aber sicher sein, dass p berechenbar ist.

3.2 Platzkomplexität

Sei $\mathcal{T}$ eine Turingmaschine mit dem Eingabealphabet Σ. Die Funktion $s_{\mathcal{T}} : \Sigma^* \to \mathbb{N} \cup \{\infty\}$ ist für DTMs durch

$$s_{\mathcal{T}}(x) = \text{Anzahl an Bandzellen, die } \mathcal{T} \text{ bei Eingabe } x \text{ besucht.}$$

gegeben. Diese wurde erweitert zu $S_{\mathcal{T}} : \mathbb{N} \to \mathbb{N} \cup \{\infty\}$, wobei

$$S_{\mathcal{T}}(n) = \max\Big\{ s_{\mathcal{T}}(x) : x \in \Sigma^*, |x| \leq n \Big\}.$$

(S. Abschnitt 1.2, Seite 56). Für NTMs kann man eine entsprechende Definition angeben.

In Analogie zu den Zeitkomplexitätsklassen $DTIME(\varphi(n))$ oder $NTIME(\varphi(n))$ kann man die Platzkomplexitätsklassen $DSPACE(\varphi(n))$ und $NSPACE(\varphi(n))$ definieren. Wir beschränken uns hier auf die Komplexitätsklasse aller mit höchstens polynomiellem Platz lösbaren Probleme und betrachten die Platzkomplexitätsklassen $PSPACE$ und $NPSPACE$.

Definition 3.2.1 [Die Klasse *PSPACE*]

PSPACE enthält genau die Sprachen $L \subseteq \Sigma^*$, für die es eine DTM $\mathcal{T}$ gibt, die L entscheidet und für die

$$S_{\mathcal{T}}(n) = \mathcal{O}(poly(n))$$

gilt. In analoger Weise ist *NPSPACE* definiert.

Beispiel 3.2.2. [SAT $\in$ *PSPACE*] SAT (das Erfüllbarkeitsproblem der Aussagenlogik) liegt in *PSPACE*. Wir weisen dies nach, indem wir einen rekursiven Backtracking-Algorithmus mit polynomiellem Platz angeben.

Sei α eine aussagenlogische Formel mit den Aussagensymbolen $x_1, \dots, x_n$. Die Erfüllbarkeit von α können wir deterministisch durch folgenden rekursiven Algorithmus prüfen, den wir wie folgt aufrufen.

> **IF** $Sat(0)$ **THEN**
>   gib »JA« aus
> **ELSE**
>   gib »NEIN« aus
> **FI**

Der rekursive Algorithmus $Sat(\cdot)$ wird mit zwei Argumenten aufgerufen: einem Index $i \in \{0, 1, \dots, n\}$ und einer Folge $(b_1, \dots, b_i)$ von Bits $b_i \in \{0, 1\}$, die für die Belegungen der Aussagensymbole $x_1, \dots, x_i$ stehen. Durch den Aufruf von $Sat(i, b_1, \dots, b_i)$ wird ein boolescher Wert zurückgegeben, der angibt, ob $b_1, \dots, b_i$ zu einer erfüllenden Belegung ergänzt werden kann.

Algorithmus 3.2.3 $[Sat(i, b_1, \ldots, b_i)]$

IF $i = n$ **THEN**
  Berechne den Wahrheitswert von α bzgl. der Belegung μ mit $\mu(x_1) = b_1, \ldots, \mu(x_n) = b_n$.
  IF der Wahrheitswert ist 1 **THEN**
    return »true«
  ELSE
    return »false«
  FI
ELSE
  IF $Sat(i + 1, b_1, \ldots, b_i, 0)$ **THEN**
    return »true«
  ELSE
    IF $Sat(i + 1, b_1, \ldots, b_i, 1)$ **THEN**
      return »true«
    ELSE
      return »false«
    FI
  FI
FI

Die Rekursionstiefe des skizzierten Verfahrens ist $n = \mathcal{O}(|\alpha|)$, vorausgesetzt jede der Variablen $x_1, \ldots, x_n$ kommt in α vor. Weiter ist klar, dass die Berechnung des Wahrheitswerts von α unter μ nur linearen Platz erfordert. Daher ist das Verfahren polynomiell platzbeschränkt. Wir erhalten: SAT $\in$ *PSPACE*. ∎

Beispiel 3.2.4. [In-Place Acceptance $\in$ *PSPACE*] Wir betrachten folgende Fragestellung. Gegeben ist eine Einband-DTM $\mathcal{T}$ mit dem Eingabealphabet Σ und ein Eingabewort $x \in \Sigma^+$ für $\mathcal{T}$. Gefragt ist, ob x von $\mathcal{T}$ in Platz $|x|$ akzeptiert wird, d.h. ob

$$x \in \mathcal{L}(\mathcal{T}) \text{ und } s_{\mathcal{T}}(x) \leq |x|.$$

Ein polynomiell platzbeschränktes Entscheidungsverfahren kann wie folgt konzipiert werden. Wir verwenden eine Variante der universellen Turingmaschine $\mathcal{U}$ (s. Seite 105), die während der Simulation von $\mathcal{T}$ bei Eingabe x die Anzahl der besuchten Bandzellen mitzählt.

▶ $\mathcal{U}$ hält verwerfend an, sobald $\mathcal{T}$ mehr als $|x|$ Bandzellen besucht oder eine Konfiguration zum zweiten Mal annimmt;

▶ $\mathcal{U}$ hält akzeptierend an, wenn $\mathcal{T}$ akzeptierend anhält.

Da $\mathcal{T}$ deterministisch ist, kann $\mathcal{T}$ höchstens dann akzeptierend anhalten, wenn keine Konfiguration mehrfach durchlaufen wird. (Sofern $\mathcal{T}$ eine Konfiguration wiederholt besucht, läuft $\mathcal{T}$ bei Eingabe x endlos, $\mathcal{U}$ hält also verwerfend an.)

Zunächst ist es nahe liegend, die von $\mathcal{T}$ bereits besuchten Konfigurationen zu speichern. Damit erhält man ein Verfahren, das im schlimmsten Fall exponentiell viele Bandzellen besucht. Das resultierende Verfahren wäre also *nicht* polynomiell platzbeschränkt.

Dennoch kann man das skizzierte Verfahren zu einem polynomiell platzbeschränktem Verfahren modifizieren. Hierzu verzichten wir auf die Speicherung der bereits besuchten Konfigurationen; stattdessen führen wir die Simulation der »ersten« Schritte wiederholt durch. Hat $\mathcal{U}$ die ersten j Konfigurationswechsel von $\mathcal{T}$

$$q_0 x = \alpha_0 q_0 \beta_0 \vdash_{\mathcal{T}} \alpha_1 q_1 \beta_1 \vdash_{\mathcal{T}} \ldots \vdash_{\mathcal{T}} \alpha_{j-1} q_{j-1} \beta_{j-1} \vdash_{\mathcal{T}} \alpha_j q_j \beta_j$$

simuliert, so generiert $\mathcal{U}$ nacheinander (erneut) die ersten j Konfigurationen

$$\alpha_i q_i \beta_i,\ i = 0, 1, \ldots, j - 1$$

(wobei $\mathcal{U}$ jeweils nur die letzte Konfiguration $\alpha_i q_i \beta_i$ speichert) und prüft, ob

$$\alpha_i q_i \beta_i\ =\ \alpha_j q_j \beta_j.$$

Wenn ja, dann hält $\mathcal{U}$ verwerfend an.

Man macht sich leicht klar, dass die so konzipierte Turingmaschine $\mathcal{U}$ lediglich polynomiellen Platz benötigt und genau dann akzeptierend anhält, wenn $\mathcal{T}$ das Wort x akzeptiert und höchstens $|x|$ Bandzellen besucht. ■

Die beiden vorangegangenen Beispiele zeigen, dass SAT und In-Place Acceptance in der Platzkomplexitätsklasse *PSPACE* liegen.

Platz- versus Zeitkomplexität

Die Inklusionen $P \subseteq PSPACE$ und $NP \subseteq NPSPACE$ sind offensichtlich, da jede Zeitbeschränkung zugleich eine Platzbeschränkung ist. (Mit n Konfigurationswechseln können höchstens $n + 1$ Bandzellen besucht werden.) Weiter ist klar, dass

$$PSPACE \subseteq NPSPACE.$$

Die erste Inklusion des folgenden Satzes zeigt, dass sich jedes Problem, das sich nichtdeterministisch mit einem Polynomialzeitalgorithmus lösen lässt, zugleich durch ein polynomiell platzbeschränktes deterministisches Verfahren lösbar ist. Die zweite Inklusion besagt, dass polynomielle Platzbeschränkung exponentielle Laufzeitbeschränkung zur Folge hat.[6]

---

6 Die Laufzeit kann sehr viel besser als exponentiell sein. Exponentielle Laufzeitbeschränkung bedeutet lediglich, dass die Rechenzeit durch eine Exponentialfunktion nach oben abgeschätzt werden kann.

Satz 3.2.5

$NP \subseteq PSPACE \subseteq EXPTIME$

Beweis: Zunächst zeigen wir, dass $NP \subseteq PSPACE$. Hierzu simulieren wir eine polynomiell zeitbeschränkte NTM $\mathcal{T}$ durch eine DTM, die den Berechnungsbaum von $\mathcal{T}$ mit einer Tiefensuche durchläuft. Sei p ein Polynom, sodass

$$T_{\mathcal{T}}(n) \leq p(n) \text{ für alle } n \in \mathbb{N}.$$

Zur Durchführung der DFS ist polynomieller Platz ausreichend, da die Rekursionstiefe durch $p(n)$ beschränkt ist, wenn n die Länge des Eingabeworts ist.

Wir zeigen nun die Inklusion $PSPACE \subseteq EXPTIME$. Hierzu betrachten wir eine polynomiell platzbeschränkte DTM $\mathcal{T}$. Sei p ein Polynom, sodass $\mathcal{T}$ für die Eingabe $x \in \Sigma^*$ höchstens $p(|x|)$ Bandzellen besucht. Die Gesamtanzahl an möglichen Konfigurationen, die $\mathcal{T}$ bei der Bearbeitung von x durchläuft, ist durch

$$p(|x|) \cdot |Q| \cdot |\Gamma|^{p(|x|)}$$

beschränkt, wobei Q der Zustandsraum und Γ das Bandalphabet von $\mathcal{T}$ ist. Der Faktor $p(|x|)$ steht für die möglichen Positionen des Lese-/Schreibkopfs und $|\Gamma|^{p(|x|)}$ für die möglichen Belegungen der $p(|x|)$ Bandzellen.

Wir wählen eine Konstante $c \geq 1$ und ein Polynom q, sodass

$$c^{q(n)} \geq p(n) \cdot |Q| \cdot |\Gamma|^{p(n)}$$

für alle $n \in \mathbb{N}$. Da $\mathcal{T}$ deterministisch ist und für alle Eingaben anhält, kann keine Konfiguration wiederholt während der Berechnung für x auftreten. Daher ist die Rechenzeit von $\mathcal{T}$ durch die Gesamtanzahl an durchlaufenen Konfigurationen bestimmt. Hieraus folgt, dass $\mathcal{T}$ exponentiell zeitbeschränkt ist. $\square$

Man kann zeigen, dass für alle unter polynomiellen Transformationen abgeschlossenen Funktionsklassen die induzierte deterministische Platzkomplexitätsklasse mit der betreffenden nichtdeterministischen Platzkomplexitätsklasse übereinstimmt. Für die Funktionsklasse der Polynome ergibt sich damit folgendes Ergebnis:

Satz 3.2.6 [Satz von Savitch]

$$PSPACE = NPSPACE \hspace{3cm} \textit{(ohne Beweis)}$$

Folgende Skizze zeigt den Zusammenhang zwischen den Komplexitätsklassen, der sich aus unseren bisherigen Ergebnissen ergibt.

Abbildung 3.2.7 Komplexitätsklassen

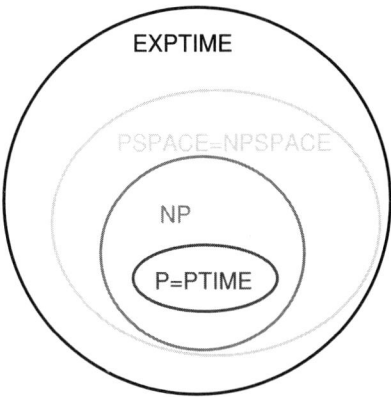

3.3 Übungen

Aufgabe 3.1 Enscheidbarkeit

Sei $f : \mathbb{N} \to \mathbb{N}$ eine totale berechenbare Funktion und $\mathcal{T}$ eine NTM, sodass es zu jedem Wort $w \in \mathcal{L}(\mathcal{T})$ eine akzeptierende Berechnung der Länge $\leq f(|w|)$ gibt. Zeigen Sie, dass $\mathcal{L}(\mathcal{T})$ entscheidbar ist.

Aufgabe 3.2 Entscheidungs- vs Optimierungsprobleme

Wir betrachten das Handlungsreisendenproblem (TSP). Gegeben ist ein Digraph $G = (V, E)$ mit einer Kostenfunktion

$$c : E \to \mathbb{N}.$$

Unter einer Rundreise versteht man eine Knotenfolge, sodass aufeinander folgende Knoten mir einer Kante verbunden sind und jeder Knoten genau einmal besucht wird. Die Länge einer Rundreise ergibt sich aus der Kostenfunktion, indem die Kosten der Kanten aufsummiert werden.

Die Optimierungsvariante vom Typ 2 fragt nach einer kürzesten Rundreise. Die Optimierungsvariante vom Typ 1 fragt nach den Kosten einer kürzesten Rundreise. Die Entscheidungsvariante hat neben G und c eine Zahl $t \in \mathbb{N}$ als Eingabe und fragt, ob es eine Rundreise mit den Kosten $\leq t$ gibt.

Zeigen Sie, dass aus der effizienten Lösbarkeit einer der drei Varianten die effiziente Lösbarkeit der beiden anderen Varianten folgt.

(Mit »effizienter Lösbarkeit« ist die Existenz eines polynomiell zeitbeschränkten Algorithmus gemeint.)

Aufgabe 3.3 Linear Time Acceptance

Wir betrachten das folgende JA/NEIN-Problem:

▶ Gegeben: Einband-DTM T mit dem Eingabealphabet $\{0,1\}$ und ein Wort $w \in \{0,1\}^+$.

▶ Gefragt: Gilt $w \in \mathcal{L}(T)$ und $t_T(w) \leq |w|$?

Beachten Sie, dass T (genauer das Codewort von T) Bestandteil der Eingabe ist.

(a) Formulieren Sie das Problem als formale Sprache.

(b) Zeigen Sie, dass das Problem in P liegt.

Aufgabe 3.4 Ein- und Mehrband-DTMs

Im vorangegangenen Kapitel wurden die Zeit- und Platzkomplexitätsklassen mithilfe von Ein- *oder* Mehrband-DTMs definiert. Zum Beispiel L liegt genau dann in P, wenn es eine Ein- oder Mehrband-DTM T' gibt mit $\mathcal{L}(T') = L$ und $T_{T'}(n) = \mathcal{O}(poly(n))$.

Zeigen Sie, dass Folgendes gilt:

(a) Ist $L \in P$, dann gibt es eine Einband-DTM T mit $\mathcal{L}(T) = L$ und

$$T_T(n) = \mathcal{O}(poly(n)).$$

(b) Ist $L \in PSPACE$, dann gibt es eine Einband-DTM T mit $\mathcal{L}(T) = L$ und

$$S_T(n) = \mathcal{O}(poly(n)).$$

KAPITEL 4

Das *P-NP*-Problem

Unter dem *P-NP*-Problem versteht man die Frage, ob $P = NP$. Wegen $P \subseteq NP$ kann man das *P-NP*-Problem wie folgt formulieren.

> Lässt sich jedes Problem,
> das sich *nichtdeterministisch* in polynomieller Zeit lösen lässt,
> auch *deterministisch* in Polynomialzeit lösen?

Die allgemein anerkannte Vermutung ist, dass $P \neq NP$. Diese Vermutung wird durch die Tatsache untermauert, dass es sehr viele *NP*-Probleme[1] gibt, für die sämtliche bekannten deterministischen Algorithmen *superpolynomielle* Laufzeit haben; d.h. Algorithmen, deren Laufzeit nicht polynomiell zeitbeschränkt ist. Beispiele sind das Graphfärbeproblem, das Rucksackproblem, das Cliquenproblem, das Handlungsreisendenproblem und das Erfüllbarkeitsproblem der Aussagenlogik.

Trotz großer Anstrengungen ist es bis heute weder gelungen, die Aussage $P \neq NP$ zu beweisen noch zu widerlegen. Um der Antwort auf die Frage, ob P und NP übereinstimmen, näher zu kommen, wurde eine Theorie entwickelt, die die Struktur der Komplexitätsklasse *NP* analysiert. Das Ziel ist eine Klassifizierung der »schwierigsten« Probleme in *NP*, die Kandidaten für Probleme von $NP \setminus P$ sind. Dieses Arbeitsgebiet wurde maßgeblich von Cook (1971) und Karp (1972) geprägt.

4.1 *NP*-Vollständigkeit

Salopp formuliert sind die »schwierigsten« Probleme in *NP* diejenigen Probleme L in *NP*, sodass — mithilfe eines deterministischen Polynomialzeitalgorithmus für L — auch alle anderen Probleme in *NP* in Polynomialzeit deterministisch gelöst werden können. In diesem Kontext spielt das bereits zum Nachweis der Unentscheidbarkeit vorgestellte Reduktionsprinzip (s. Satz 2.2.15, Seite 111) eine zentrale Rolle. Als zusätzliche Bedingung benötigen wir hier, dass der Reduktionsschritt (die Transformation der Eingaben) in polynomieller Zeit durchführbar ist.

---

[1] Unter einem *NP*-Problem verstehen wir ein Problem, das sich mit einer polynomiell zeitbeschränkten NTM lösen lässt.

Definition 4.1.1 [Polynomialzeitreduktionen]

Seien Σ und Γ Alphabete und $L \subseteq \Sigma^*$, $K \subseteq \Gamma^*$. L heißt auf K in *polynomieller Zeit reduzierbar*, wenn es eine totale berechenbare Funktion $f : \Sigma^* \to \Gamma^*$ gibt, sodass

(1) $x \in L$ gdw $f(x) \in K$

(2) f ist in polynomieller Zeit berechenbar.

In diesem Fall schreiben wir $L \leq_{poly} K$.

Abbildung 4.1.2 Polynomialzeitreduktion

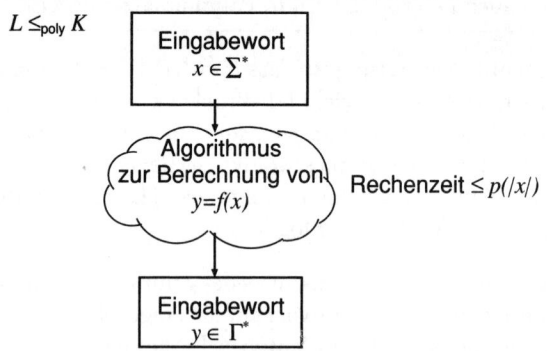

In Beispiel 2.2.13 (Seite 109) haben wir eine Reduktion der Entscheidungsvarianten des bipartiten Matchingproblems (BM) und des Netzwerkflussproblems (NF) betrachtet und gezeigt, dass

$$\text{BM} \leq \text{NF} .$$

Tatsächlich handelt es sich hierbei sogar um eine polynomielle Reduktion, da das zu einem bipartiten Graphen G gehörende Netzwerk N_G in polynomieller Zeit konstruiert werden kann; genauer kann das Wort

$$code(N_G)\#\#\#bin(k)$$

in polynomieller Zeit aus dem Wort $code(G)\#\#\#bin(k)$ berechnet werden.

Satz 4.1.3

Seien L und K Sprachen mit $L \leq_{poly} K$, *dann gilt:*

(a) $K \in P \Longrightarrow L \in P$

(b) $K \in NP \Longrightarrow L \in NP$

(c) $K \in PSPACE \Longrightarrow L \in PSPACE$

Beweis: In allen drei Fällen betrachten wir das Entscheidungsverfahren für L, das sich durch Kombination der Berechnungsvorschrift für $f(x)$ und dem Entscheidungsverfahren für K bei Eingabe $f(x)$ ergibt. Für (a) und (b) müssen wir lediglich die Rechenzeiten der beiden Verfahren addieren. Im Wesentlichen erhalten wir die Kosten

$$p(|x|) + q(\, |f(x)|\,).$$

Dabei ist p ein Polynom, das die Laufzeit des Verfahrens zur Berechnung von $f(x)$ beschränkt, und q ein Polynom, das die Laufzeit der DTM/NTM für das Wortproblem für K beschränkt. Wir können o.E. annehmen, dass alle Koeffizienten von q nichtnegative ganze Zahlen sind. Insbesondere ist q (als Funktion von $\mathbb{N}$ nach $\mathbb{N}$) monoton. Da

$$|f(x)| \leq p(|x|) + |x|,$$

ist das Polynom

$$p(n) + q\Big(p(n) + n\Big)$$

eine obere Schranke für die Rechenzeit des kombinierten Verfahrens (vgl. Abbildung 4.1.4 Seite 154).

Die Argumentation für *PSPACE* ist ähnlich. Wir benutzen die Tatsache, dass in polynomieller Zeit nur polynomiell viele Bandquadrate besucht werden können. Somit kann das Eingabewort $y = f(x)$ für L ebenfalls nur polynomiell wachsen. Da K in *PSPACE* liegt, folgt analog zu der Argumentation für P und NP, dass auch $L \in PSPACE$. □

Im Folgenden definieren wir den wichtigen Begriff der *NP*-Vollständigkeit. *NP*-vollständige Probleme sind solche *NP*-Probleme, auf die sich *alle* anderen Probleme in *NP* in polynomieller Zeit reduzieren lassen.

Abbildung 4.1.4 Zum Beweis von Satz 4.1.3

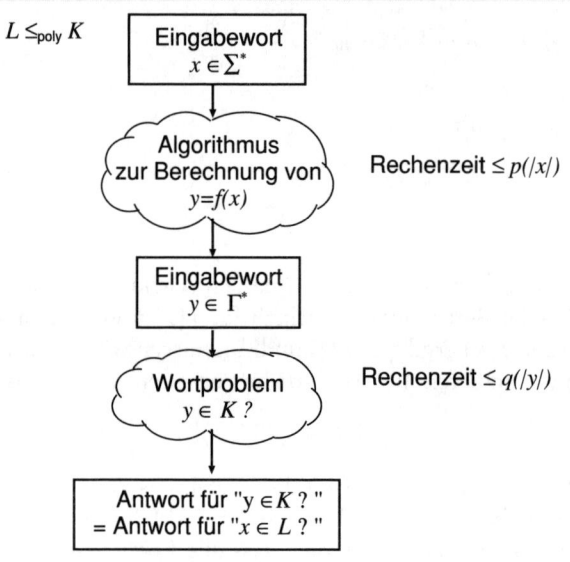

Definition 4.1.5 [*NP*-hart, *NP*-vollständig]

Sei K eine Sprache. K heißt

NP-hart, wenn für alle Sprachen $L \in NP$ gilt

$$L \leq_{poly} K.$$

K heißt *NP-vollständig*, wenn K in *NP* liegt und *NP*-hart ist.

Man beachte, dass *NP*-harte Probleme *nicht* in *NP* liegen müssen; wohl aber *NP*-vollständige Probleme.

Der folgende Satz zeigt, dass *NP*-vollständige Probleme tatsächlich die schwierigsten Probleme in *NP* sind. Er besagt, dass — sofern für *ein* *NP*-vollständiges Problem ein deterministischer Algorithmus mit polynomieller Laufzeit angegeben werden kann — dann *alle* Probleme in *NP* deterministisch in Polynomialzeit lösbar sind. Diese zentrale Aussage ist uns einen »Kasten« wert.

Sobald für *ein* *NP*-vollständiges Problem
ein deterministischer Polynomialzeitalgorithmus angegeben werden kann,
liegen *alle* *NP*-Probleme in *P*.

Bis heute wurde für sehr viele Probleme die *NP*-Vollständigkeit nachgewiesen. Diese Tatsache wird als Indiz für die Vermutung $P \neq NP$ angesehen, da sonst »Unglaubliches«

folgen würde (nämlich die effiziente Lösbarkeit sehr vieler Probleme, für die bislang noch keine effizienten Algorithmen gefunden wurden).

Satz 4.1.6

Sei K eine NP-vollständige Sprache. Dann gilt:

$$K \in P \ gdw \ P = NP.$$

Beweis: Wenn $NP = P$ ist, dann ist nichts zu zeigen. Wir nehmen an, dass K eine NP-vollständige Sprache mit $K \in P$ ist. Wir zeigen, dass dann $P = NP$ gilt.

Sei $L \in NP$. Da K NP-hart ist, gilt

$$L \leq_{poly} K.$$

Aus Teil (a) von Satz 4.1.3 (Seite 153) folgt $L \in P$.   □

4.2   Der Satz von Cook

Unsere bisherigen Ergebnisse belegen noch nicht die Existenz NP-vollständiger Probleme. Wir werden sehen, dass man beim Nachweis der NP-Vollständigkeit ähnlich wie beim Nachweis der Unentscheidbarkeit verfahren kann:

▶ Man weist von einem Problem die NP-Vollständigkeit explizit nach.

▶ Anschließend kann man das Prinzip polynomieller Reduktionen anwenden, indem man bereits bekannte NP-Vollständigkeitsergebnisse benutzt.

In diesem Sinn werden NP-Vollständigkeitsbeweise also »zunehmend leichter«, da die Anzahl an nachweislich NP-vollständigen Problemen ständig zunimmt und somit immer mehr Kandidaten für die Reduktion zur Verfügung stehen.

Bevor wir uns den Reduktionen zuwenden, zeigen wir die NP-Vollständigkeit des Erfüllbarkeitsproblems der Aussagenlogik (SAT). Dieses war das erste NP-Vollständigkeitsresultat und wurde 1971 von Cook vorgestellt.

4.2.1   Die *NP*-Vollständigkeit von SAT

Das Erfüllbarkeitsproblem (SAT für *satisfiability problem*) der Aussagenlogik fragt, ob eine gegebene aussagenlogische Formel α erfüllbar ist[2]. Eine präzise Formulierung als Wortproblem verwendet eine Kodierung der Formeln, z. B. mit dem Alphabet

---

[2]   In Anhang B Seite 409 ff. werden die notwendigen Grundbegriffe der Aussagenlogik kurz wiederholt. Leserinnen und Leser, die diese nicht mehr parat haben, können ihre Kenntnisse dort auffrischen.

$\{\neg, \wedge, (,), 0, 1\}$, wobei die Binärziffern 0, 1 zur Kodierung der in α vorkommenden Aussagensymbole $x_1, \ldots, x_n$ verwendet werden. Man macht sich leicht klar, wie diese Kodierung präzisiert werden kann. Zur besseren Lesbarkeit werden wir im Folgenden mit nicht kodierten Formeln arbeiten.

> **SAT (Erfüllbarkeitsproblem der Aussagenlogik)**
>
> ▶ Gegeben: aussagenlogische Formel α
>
> ▶ Gefragt: Ist α erfüllbar?

Satz 4.2.1 [Satz von Cook]

SAT ist NP-vollständig.

Beweis: Ein nichtdeterministischer Algorithmus mit polynomieller Laufzeit (basierend auf der Guess & Check-Methode) wurde in Algorithmus 2.3.3 (Seite 118) angegeben. Damit ist

$$\text{SAT} \in NP.$$

Wir zeigen nun, dass SAT *NP*-hart ist. Hierzu müssen wir nachweisen, dass *jedes NP*-Problem L auf SAT polynomiell reduzierbar ist.

Sei L eine Sprache in *NP* und sei $\mathcal{T} = (Q, \Sigma, \Gamma, \delta, q_0, \square, F)$ eine polynomiell zeitbeschränkte NTM, die L entscheidet. Wir können o.E. annehmen, dass $\delta(q, a) = \{(q, a, N)\}$ für alle $q \in F$. Sei p ein Polynom, das die Laufzeit von $\mathcal{T}$ beschränkt, also

$$t_{\mathcal{T}}(x) \leq p(|x|)$$

für alle $x \in \Sigma^*$. Wir können o.E. voraussetzen, dass alle Koeffizienten von p ganze Zahlen ≥ 0 sind und dass $p(n) \geq n$ für alle $n \in \mathbb{N}$. Wir zeigen, dass

$$L = \mathcal{L}(\mathcal{T}) \leq_{poly} \text{SAT}.$$

Hierzu geben wir eine in Polynomialzeit durchführbare Transformation an, die zu gegebener Eingabe $x \in \Sigma^*$ eine Formel α konstruiert, sodass α genau dann erfüllbar ist, wenn $x \in \mathcal{L}(\mathcal{T})$.

Im Wesentlichen kodiert die Formel α das Verhalten von $\mathcal{T}$ bei Eingabe x, wobei lediglich die ersten $p(|x|)$ Schritte von $\mathcal{T}$ berücksichtigt werden. Tatsächlich wissen wir ja, dass $\mathcal{T}$ nach spätestens $p(|x|)$ Konfigurationswechseln terminiert; unabhängig davon, wie der Nichtdeterminismus aufgelöst wird. Des Weiteren nutzen wir im folgenden die Beobachtung aus, dass $\mathcal{T}$ zur Bearbeitung von x höchstens $t_{\mathcal{T}}(|x|)$ Bandquadrate besucht. Insbesondere sind höchstens die Bandquadrate mit den Nummern $-p(|x|), \ldots, 0, 1, \ldots, p(|x|)$ von Belang.

Die Formel α setzt sich wie folgt zusammen:

$$\alpha = A \wedge \ddot{U}b \wedge E \wedge R.$$

Intuitiv steht A für die Anfangsbedingung, *Üb* für die Übergangsfunktion, E für die Endbedingung und R für gewisse Randbedingungen. Die Konstruktion von α beginnt mit der Berechnung des Werts $p(|x|)$.[3] In Abb. 4.2.2 (Seite 157) sind die verwendeten Aussagensymbole erläutert.

Tabelle 4.2.2   [Die im Satz von Cook verwendeten Aussagensymbole]

Aussagen-symbol	Schreibweise	Intuitive Bedeutung
$z_{t,q}$	$zustand(t) = q$	Nach t Schritten ist $\mathcal{T}$ in Zustand q.
$y_{t,i}$	$position(t) = i$	Nach t Schritten zeigt der Lese-/Schreibkopf von $\mathcal{T}$ auf Bandzelle i.
$x_{t,i,a}$	$band(t, i) = a$	Nach t Schritten ist der Inhalt von Bandzelle i gleich a.

Dabei ist

▶ $q \in Q$,

▶ $a \in \Gamma$,

▶ $i \in \{-p(|x|), \ldots, 0, 1, \ldots, p(|x|)\}$ und

▶ $t \in \{0, 1, \ldots, p(|x|)\}$.

Während i über die Nummern der eventuell besuchten Bandzellen quantifiziert, steht der Index t für die jeweiligen Zeitpunkte. Wir benutzen intuitive Schreibweisen wie

$$zustand(t) \neq q \text{ anstelle von } \neg z_{t,q}.$$

Zur Vereinfachung der folgenden Formeln verwenden wir Kurzschreibweisen wie $\bigwedge_{q,i} \ldots$, wobei q alle Zustände durchläuft und i alle Werte aus dem Zahlenbereich

$$\{-p(|x|), \ldots, 0, \ldots, p(|x|)\}.$$

---

[3] Auch wenn wir das Polynom p nicht kennen, so ist p dennoch berechenbar.

Man beachte, dass die Aussagensymbole vom Wert $p(|x|)$ abhängig sind, der eine obere Schranke für die Anzahl der Konfigurationswechsel von $\mathcal{T}$ vorgibt. Die Anzahl der Aussagensymbole ist in

$$\Theta\Big(p(|x|) \cdot |Q| + |\Gamma| \cdot p(|x|)^2 \Big),$$

also polynomiell in $|Q|$, $|\Gamma|$ und $|x|$. Da Γ und Q von der Eingabe x unabhängig sind, können wir $|Q|$ und $|\Gamma|$ als Konstanten auffassen. Somit ist die Zahl der Aussagensymbole polynomiell in der Eingabelänge $|x|$.

Im Folgenden nehmen wir an, dass

$$x = a_1 a_2 \ldots a_n,$$

wobei $a_i \in \Sigma$. Insbesondere ist $|x| = n$.

Die Anfangsbedingung A kodiert die Anfangskonfiguration $q_0\, a_1 \ldots a_n$ von $\mathcal{T}$ für Eingabe x. A legt die Komponenten für den Zeitpunkt $t = 0$ fest.

$$A \;=\; (\; zustand(0) = q_0\;) \;\wedge\; (\; position(0) = 0\;) \;\wedge$$

$$\bigwedge_{1 \leq i \leq n} (\; band(0, i-1) = a_i\;) \quad \wedge \quad \bigwedge_{\substack{-p(n) \leq i \leq p(n) \\ i \notin \{0,1,\ldots,n-1\}}} (\; band(0, i) = \square)$$

Intuitiv beschreibt A, dass $\mathcal{T}$ im Zustand q_0 startet und dass der Lese-/Schreibkopf auf das Bandquadrat 0 zeigt. Die letzten beiden Konjunktionen legen die Inhalte der Bandquadrate fest. Die Bandquadrate $0, 1, \ldots, n-1$ sind mit den Eingabesymbolen belegt; alle anderen Bandquadrate enthalten Blanks.

Die Übergangsbedingungen werden durch die Teilformel $\ddot{U}b$ beschrieben. Diese setzt sich aus zwei Teilen zusammen.

$$\ddot{U}b \;=\; \ddot{U}b_1 \wedge \ddot{U}b_2.$$

Die Formel $\ddot{U}b_1$ beschreibt die Übergangsmöglichkeiten von Zeitpunkt t zu Zeitpunkt $t+1$; während $\ddot{U}b_2$ aussagt, dass die Inhalte aller Bandzellen, auf die der Lese-/Schreibkopf nicht zeigt, unverändert bleiben.

Für die Formel $\ddot{U}b_1$ nehmen wir eine leichte Modifikation an der Übergangsfunktion δ vor, um Berechnungen, die zu einem Zeitpunkt $t < p(|x|)$ anhalten, leichter handhaben zu können. Wir setzen

$$\delta'(q, a) \;=\; \begin{cases} \{(q, a, N)\} & : \quad \text{falls } \delta(q, a) = \emptyset \text{ (oder } q \in F) \\ \delta(q, a) & : \quad \text{sonst.} \end{cases}$$

Der Übergang von δ zu δ' hat lediglich technische Gründe. Im Wesentlichen verlängert δ' die frühzeitig terminierenden Berechnungen von $\mathcal{T}$ durch Konfigurationswiederholungen (bis zum Zeitpunkt $t = p(n)$).

Die Formel $\ddot{U}b_1$ ist nun wie folgt definiert:

$$\ddot{U}b_1 = \bigwedge_{\substack{t < p(n) \\ -p(n) < i < p(n) \\ q,a}} \Big(\big((\, zustand(t) = q) \wedge (\, position(t) = i) \wedge $$

$$(\, band(t,i) = a) \big) \longrightarrow \Delta(t,q,i,a) \Big)$$

(Der »Pfeil« $\longrightarrow$ steht für den Implikationsoperator $\gamma \longrightarrow \beta = \neg\gamma \vee \beta$.)

Intuitiv steht die Teilformel $\Delta(t,q,i,a)$ für die Menge $\delta'(q,a)$ aller möglichen Übergänge im Zustand q bei gelesenem Zeichen a.

$$\Delta(t,q,i,a) = \bigvee_{(q',b,X) \in \delta'(q,a)} \big((zustand(t+1) = q') \wedge (position(t+1) = i + X) $$

$$\wedge \, (band(t+1,i) = b) \big)$$

Die durch die Komponente $X \in \{L, R, N\}$ angegebene Bewegungsrichtung des Lese-/ Schreibkopfs fassen wir als Zahl auf:

$$L \text{ entspricht } -1, \quad N \text{ entspricht } 0, \quad R \text{ entspricht } 1.$$

Der zweite Teil der Formel für die Übergangsfunktion drückt aus, dass die Inschriften aller Bandquadrate, auf die der Lese-/Schreibkopf nicht zeigt, unverändert bleiben.

$$\ddot{U}b_2 = \bigwedge_{\substack{t < p(n) \\ i,a}} \big((\, position(t) \neq i) \wedge (band(t,i) = a) \longrightarrow (band(t+1,i) = a) \big)$$

Die Endbedingung charakterisiert die akzeptierenden Konfigurationen. Dabei genügt es, den Zeitpunkt $t = p(n)$ zu betrachten, da wir δ zu einer totalen Funktion δ' modifiziert haben, für die sämtliche Endzustände Fangzustände sind.

$$E = \bigvee_{q \in F} (\, zustand(\, p(n) \,) = q).$$

Die Randbedingungen werden durch $R = R_1 \wedge R_2 \wedge R_3$ festgelegt. R_1 besagt, dass sich $\mathcal{T}$ zu jedem Zeitpunkt t in genau einem Zustand befindet.

$$R_1 = \bigwedge_t \bigvee_q \Big((\, zustand(t) = q) \wedge \bigwedge_{q' \in Q \backslash \{q\}} (zustand(t) \neq q') \Big).$$

In Analogie sind die beiden anderen Teilformeln R_2 und R_3 definiert. Diese garantieren, dass für jeden Zeitpunkt t der Lese-/Schreibkopf von $\mathcal{T}$ auf genau ein Bandquadrat zeigt (R_2) und dass zu jedem Zeitpunkt t genau ein Zeichen $a \in \Gamma$ in jeder Bandzelle i steht (R_3) (vgl. auch Übungsaufgabe 4.1).

Korrektheit der Konstruktion: Wir zeigen, dass $x \in \mathcal{L}(\mathcal{T})$ genau dann gilt, wenn α erfüllbar ist.

▶ Ist $x \in \mathcal{L}(\mathcal{T}) = L$, dann kann man eine erfüllende Belegung μ für α aus einer akzeptierenden Berechnung von $\mathcal{T}$ für x konstruieren. Die Wahrheitwerte der Aussagensymbole unter der erfüllenden Belegung μ ergeben sich, indem wir die intuitive Interpretation einsetzen. Zum Beispiel ist der Wahrheitswert von $z_{t,q}$ genau dann gleich 1 gesetzt, wenn in der akzeptierenden Berechnung der Zustand q nach dem t-ten Konfigurationswechsel erreicht ist.

▶ Umgekehrt: Ist α erfüllbar, dann ergibt sich eine akzeptierende Berechnung aus einer erfüllenden Belegung für α. An dieser Stelle sind die durch die Teilformel R angegebenen Randbedingungen entscheidend. Diese stellen sicher, dass wir jedem Zeitpunkt t genau eine Konfiguration zuordnen können. Hieraus ergibt sich eine Berechnung für $\mathcal{T}$ bei Eingabe x.[4] Diese Berechnung ist akzeptierend, da durch die Formel E sichergestellt wird, dass ein Endzustand erreicht wurde.

Somit gilt:

$$x \in L = \mathcal{L}(\mathcal{T}) \text{ gdw } \alpha \text{ erfüllbar.}$$

Kosten der Konstruktion: Abschließend müssen wir uns überlegen, dass α aus x in polynomieller Zeit berechnet werden kann. Die Berechnung des Werts $p(n)$ erfordert polynomielle Zeit. Für die eigentliche Konstruktion von α müssen wir uns lediglich davon überzeugen, dass die Länge von α polynomiell in $|x| = n$ ist.[5] Offenbar ist

$$|A| = \mathcal{O}(p(n)) \text{ und } |E| = \mathcal{O}(|F|) = \mathcal{O}(1),$$

da $|F|$ als konstant angesehen werden kann. Die Formeln zur Darstellung der Übergangsfunktion haben die Länge

$$|Üb_1| = \mathcal{O}(p(n) \cdot |Q| \cdot p(n) \cdot |\Gamma|) = \mathcal{O}\left(p(n)^2\right)$$
$$|Üb_2| = \mathcal{O}(p(n) \cdot p(n) \cdot |\Gamma|) = \mathcal{O}\left(p(n)^2\right).$$

Auch hier machen wir davon Gebrauch, dass $|Q|$ und $|\Gamma|$ als konstant angesehen werden. Die Länge der Formeln $\Delta(t, q, i, a)$ ist daher jeweils konstant. Für die Formel R kann man zeigen, dass sie kubisch in $p(n)$ beschränkt ist (d.h. $|R| = \mathcal{O}\left(p(n)^3\right)$). $\square$

---

[4] Bei der Rekonstruktion der Berechnung ist zu beachten, dass nicht existente Übergänge mit der modifizierten Übergangsfunktion δ' für frühzeitig terminierende Berechnungen stehen.

[5] Wir haben uns oben bereits klargemacht, dass die Anzahl an Aussagensymbolen polynomiell in n ist. Die Kodierungslänge von α ist daher polynomiell in der Anzahl an Operatoren von α und der Länge von x.

Beispiel 4.2.3. [Reduktion $\mathcal{L}(\mathcal{T}) \leq_{poly}$ SAT] Wir veranschaulichen die im Beweis von Satz 4.2.1 (Seite 156) beschriebene Transformation. Sei

$$\mathcal{T} = (\{q_0, q_1\}, \{\$\}, \{\$, \square\}, \delta, q_0, \square, \{q_1\})$$

eine NTM mit einem unären Eingabealphabet und der Übergangsfunktion

$$\delta(q_0, \$) = \{(q_1, \$, N), (q_0, \square, L)\}$$

und $\delta(\cdot) = \emptyset$ in allen anderen Fällen.

Offenbar terminiert $\mathcal{T}$ stets nach spätestens einem Konfigurationswechsel, da

$$q_0\$\$^n \vdash q_0\square\square\$^n \not\vdash \quad \text{und} \quad q_0\$\$^n \vdash q_1\$\$^n \not\vdash$$

die einzigen Berechnungen für nicht leere Eingabewörter sind. Für das leere Wort terminiert $\mathcal{T}$ sofort (ohne einen Konfigurationswechsel durchzuführen). Die Rechenzeit von $\mathcal{T}$ ist daher durch das konstante Polynom

$$p(n) = 1$$

beschränkt.

Dem Eingabewort $w = \$$ wird nun gemäß $\mathcal{T}$ die im Beweis konstruierte Formel

$$\alpha = A \wedge \ddot{U}b \wedge R \wedge E$$

zugeordnet.

A beschreibt die Anfangskonfiguration $q_0\$$.

$$\begin{aligned}
A \quad = \quad & (\mathit{zustand}(0) = q_0) \wedge (\mathit{position}(0) = 0) \wedge \\
& (\mathit{band}(0,0) = \$) \wedge (\mathit{band}(0,1) = \square) \wedge (\mathit{band}(0,-1) = \square).
\end{aligned}$$

Die Übergangsfunktion wird durch die Formel $\ddot{U}b = \ddot{U}b_1 \wedge \ddot{U}b_2$ kodiert. Wir verzichten auf die Angabe von $\ddot{U}b_2$ und beschränken uns auf die Angabe von $\ddot{U}b_1$.

$$\begin{aligned}
\ddot{U}b_1 \quad = \quad & \Big(((\mathit{zustand}(0) = q_0) \wedge (\mathit{position}(0) = 0) \wedge (\mathit{band}(0,0) = \$)) \;\rightarrow\; \Delta(0, q_0, 0, \$)\Big) \\
\wedge \quad & \Big(((\mathit{zustand}(0) = q_1) \wedge (\mathit{position}(0) = 0) \wedge (\mathit{band}(0,0) = \$)) \;\rightarrow\; \Delta(0, q_1, 0, \$)\Big) \\
\wedge \quad & \Big(((\mathit{zustand}(0) = q_0) \wedge (\mathit{position}(0) = 0) \wedge (\mathit{band}(0,0) = \square)) \;\rightarrow\; \Delta(0, q_0, 0, \square)\Big) \\
\wedge \quad & \Big(((\mathit{zustand}(0) = q_1) \wedge (\mathit{position}(0) = 0) \wedge (\mathit{band}(0,0) = \square)) \;\rightarrow\; \Delta(0, q_1, 0, \square)\Big)
\end{aligned}$$

Die Teilformeln $\Delta(\cdot)$ beschreiben die jeweiligen Übergangsmöglichkeiten. Zum Beispiel ist

$$\begin{aligned}
\Delta(0, q_0, 0, \$) \quad = \quad & ((\mathit{zustand}(1) = q_0) \wedge (\mathit{position}(1) = -1) \wedge (\mathit{band}(1,0) = \square)) \\
\vee \quad & ((\mathit{zustand}(1) = q_1) \wedge (\mathit{position}(1) = 0) \wedge (\mathit{band}(1,0) = \$)) \\
\Delta(0, q_0, 0, \square) \quad = \quad & ((\mathit{zustand}(1) = q_0) \wedge (\mathit{position}(1) = 0) \wedge (\mathit{band}(1,0) = \square)) \;.
\end{aligned}$$

Die zweite Formel kodiert den Funktionswert $\delta(q_0, \square) = \emptyset$, den wir durch

$$\delta'(q_0, \square) = \{(q_0, \square, N)\}$$

ersetzen. Die Formel E für die akzeptierenden Endkonfigurationen ist

$$E = (zustand(1) = q_1).$$

In analoger Weise kann man die Formel R für die Randbedingungen angeben. Die akzeptierende Berechnung

$$q_0\$ \vdash q_1\$$$

induziert eine erfüllende Belegung μ für α. Beispielsweise haben unter μ für $t = 0$ genau die Aussagensymbole

$$
\begin{array}{llll}
zustand(0) & = & q_0 & \quad band(0,0) & = & \$ \\
position(0) & = & 0 & \quad band(0,-1) & = & \square \\
& & & \quad band(0,1) & = & \square
\end{array}
$$

den Wahrheitswert 1. Zum Zeitpunkt $t = 1$ sind (unter μ) genau die Aussagensymbole

$$
\begin{array}{llll}
zustand(1) & = & q_1 & \quad band(1,0) & = & \$ \\
position(1) & = & 0 & \quad band(1,-1) & = & \square \\
& & & \quad band(1,1) & = & \square
\end{array}
$$

wahr. ∎

4.3 Weitere *NP*-vollständige Probleme

Der folgende Satz bietet die Basis für das Reduktionsprinzip zum Nachweis der *NP*-Härte eines Problems.

Satz 4.3.1

Seien Σ ein Alphabet und $K \subseteq \Sigma^*$. K ist genau dann NP-hart, wenn es eine NP-harte Sprache L über einem Alphabet Γ gibt, sodass $L \leq_{poly} K$.

Beweis: Sei K *NP*-hart. Offenbar erfüllt $L = K$ die gewünschte Eigenschaft. Sei nun umgekehrt L ein *NP*-hartes Problem mit $L \leq_{poly} K$. Wir zeigen, dass K *NP*-hart ist.

Sei M eine beliebige Sprache in *NP*. Weiter seien $\mathcal{T}_{M,L}$ und $\mathcal{T}_{L,K}$ polynomiell zeitbeschränkte DTMs, die jeweils totale Funktionen f und g berechnen, sodass

▶ $x \in M$ genau dann, wenn $f(x) \in L$

▶ $y \in L$ genau dann, wenn $g(y) \in K$.

Wir schalten die DTMs $\mathcal{T}_{M,L}$ und $\mathcal{T}_{L,K}$ hintereinander und erhalten eine DTM $\mathcal{T}$, die die Funktion $g \circ f$ berechnet. Es gilt offenbar:

$$x \in M \text{ gdw } f(x) \in L \text{ gdw } g(f(x)) \in K \,.$$

Seien p und q Polynome, sodass

$$t_{\mathcal{T}_{M,L}}(x) \le p(|x|) \text{ und } t_{\mathcal{T}_{L,K}}(y) \le q(|y|) \,.$$

Die Größenordnung der Rechenzeit von $\mathcal{T}$ für ein Eingabewort x ist beschränkt durch

$$p(|x|) + q\left(|f(x)|\right) \le p(|x|) + q\left(|x| + p(|x|)\right) \le r(|x|),$$

wobei r ein geeignet zu wählendes Polynom ist. Man kann z. B. $r(n) = p(n) + q(n + p(n))$ wählen, wenn man voraussetzt, dass alle Koeffizienten von p und q nichtnegativ sind. Dabei benutzen wir die Tatsache, dass das Ausgabewort $f(x)$ von $\mathcal{T}_{M,L}$ höchstens die Länge

$$|x| + p(|x|)$$

hat.   □

Der Beweis von Satz 4.3.1 (Seite 162) zeigt die Transitivität der polynomiellen Reduktionsrelation $\le_{poly}$. Das heißt es gilt:

$$\text{Aus } M \le_{poly} L \text{ und } L \le_{poly} K \text{ folgt } M \le_{poly} K.$$

Wir benutzen nun die explizit nachgewiesene *NP*-Vollständigkeit von SAT als Startpunkt zum Nachweis weiterer *NP*-Vollständigkeitsresultate. Hierzu wenden wir jeweils das Reduktionsprinzip für den Nachweis der *NP*-Härte an. Das heißt um die *NP*-Härte eines Problems K zu zeigen, wählen wir ein Problem L, von dem die *NP*-Härte bereits nachgewiesen ist, und zeigen, dass L auf K in polynomieller Zeit reduzierbar ist.

NP-Vollständigkeitsbeweise laufen in der Regel nach dem folgenden Schema ab:

NP-Vollständigkeitsbeweis:

▶   1. Teil: Zeige, dass das Problem K in *NP* liegt. Hierzu genügt die Angabe eines nichtdeterministischen Algorithmus, der K in polynomieller Zeit löst.

▶   2. Teil: Zeige die *NP*-Härte des Problems, indem ein bekanntes *NP*-hartes Problem L auf K in polynomieller Zeit reduziert wird.

$$L \le_{poly} K$$

Abbildung 4.3.2 Transitivität von $\leq_{poly}$

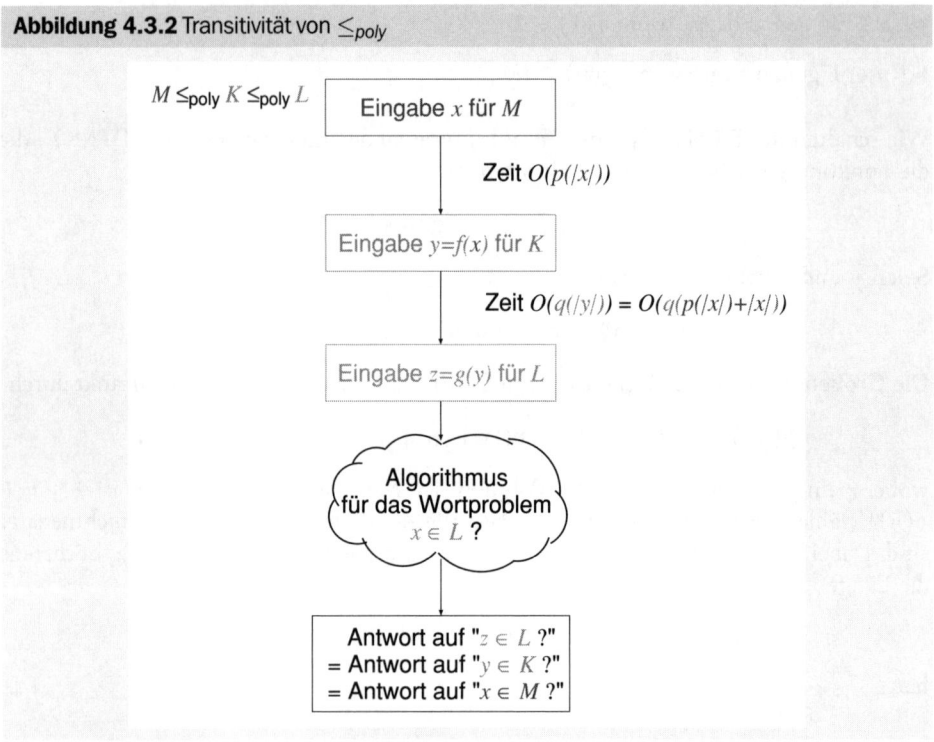

4.3.1   3SAT

Wir betrachten eine Variante des SAT-Problems, in der man von Formeln in 3KNF ausgeht, d.h. einer KNF Formel, in der jede Klausel maximal drei Literale besitzt (s. Definition B.6, Seite 412).

3SAT (Erfüllbarkeitsproblem für 3KNF)
- ▶ Gegeben: aussagenlogische Formel α in 3KNF
- ▶ Gefragt: Ist α erfüllbar?

Offenbar ist 3SAT ein Spezialfall von SAT und somit höchstens so »schwierig« wie SAT. (Diese Beobachtung können wir durch 3SAT $\leq_{poly}$ SAT formalisieren. Die zu Grunde liegende polynomiell zeitbeschränkte Transformation bildet jede 3KNF-Formel α auf sich selbst ab.)

Der folgende Satz zeigt, dass der komplexitätstheoretische Schwierigkeitsgrad für SAT und 3SAT derselbe ist. Im Wesentlichen beruht diese Tatsache darauf, dass jede Formel (Instanz für SAT) *erfüllbarkeitsäquivalent* zu einer Formel in 3SAT ist. Dabei heißen zwei Formeln erfüllbarkeitsäquivalent, wenn sie entweder beide erfüllbar oder beide unerfüllbar sind. Die erfüllenden Belegungen der beiden Formeln können jedoch gänzlich unterschiedlich sein. Beispielsweise sind die Literale x und $\neg x$ erfüllbarkeitsäquivalent, obwohl sie keine gemeinsame erfüllende Belegung haben.

> **Satz 4.3.3**
>
> *3SAT ist NP-vollständig.*

Beweis: Offenbar liegt 3SAT in *NP* (Guess & Check-Methode wie für SAT). Wir zeigen, dass sich SAT auf 3SAT polynomiell reduzieren lässt, d.h.

$$\text{SAT} \leq_{poly} \text{3SAT}.$$

Wir geben ein Polynomialzeitverfahren an, das eine gegebene aussagenlogische Formel α in eine erfüllbarkeitsäquivalente Formel α' in 3KNF überführt. In einem ersten Schritt erstellen wir in $\mathcal{O}(|\alpha|)$ Schritten den Syntaxbaum für α, der die Operatoren $\neg$, $\wedge$ und $\vee$ benutzt.[6] Durch Anwenden der de Morganschen Regeln

$$\neg(\beta_1 \wedge \beta_2) \equiv \neg\beta_1 \vee \neg\beta_2, \quad \neg(\beta_1 \vee \beta_2) \equiv \neg\beta_1 \wedge \neg\beta_2$$

und der Regel für doppelte Verneinung

$$\neg\neg\beta \equiv \beta$$

können wir die Negationsknoten des Syntaxbaums eliminieren und erhalten einen modifizierten Baum T, dessen innere Knoten mit $\wedge$ oder $\vee$ beschriftet sind und dessen Blätter Literale repräsentieren (vgl. Bild 4.3.4, Seite 166).

Die Kosten der beschriebenen Transformation sind linear in der Größe des Syntaxbaums, also $\mathcal{O}(|\alpha|)$.

Wir ordnen jedem Knoten v des Baums T ein neues Aussagensymbol zu. Zur Vereinfachung der Formalismen verwenden wir die Knotennamen als Aussagensymbole.

Ist v ein innerer Knoten mit den beiden Söhnen v_L und v_R und ist *op* der Verknüpfungsoperator, mit dem v beschriftet ist (also entweder $op = \wedge$ oder $op = \vee$), dann ordnen wir v die Formel

$$\alpha_v = v \leftrightarrow (v_L \; op \; v_R)$$

zu. Dabei steht $\leftrightarrow$ für den Äquivalenzoperator $\beta_1 \leftrightarrow \beta_2 = (\beta_1 \wedge \beta_2) \vee (\neg\beta_1 \wedge \neg\beta_2)$. Die Formel α_v kann in *konstanter* Zeit in eine äquivalente Formel α'_v in 3KNF gebracht werden. Dazu benutzen wir die folgenden Regeln:

$$v \leftrightarrow (v_L \vee v_R) \equiv (v \vee \neg v_L) \wedge (\neg v \vee v_L \vee v_R) \wedge (v \vee \neg v_R)$$
$$v \leftrightarrow (v_L \wedge v_R) \equiv (\neg v \vee v_L) \wedge (\neg v \vee v_R) \wedge (v \vee \neg v_L \vee \neg v_R)$$

---

[6] In der formalen Definition der Syntax aussagenlogischer Formeln (Seite 409) haben wir auf den Disjunktionsoperators $\vee$ verzichtet. Es ist hier unerheblich, ob wir davon ausgehen, dass eine Formel gebildet aus $\wedge$, $\vee$ und $\neg$ vorliegt oder eine Formel, die zunächst nur $\wedge$ und $\neg$ benutzt.

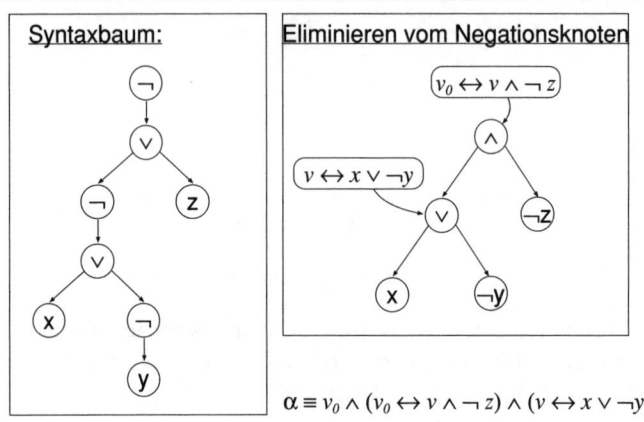

Abbildung 4.3.4 Transformation des Syntaxbaumes für
$$\alpha = \neg(\neg(x \vee \neg y) \vee z) \equiv (x \vee \neg y) \wedge \neg z$$

Syntaxbaum:

Eliminieren vom Negationsknoten

$$\alpha \equiv v_0 \wedge (v_0 \leftrightarrow v \wedge \neg z) \wedge (v \leftrightarrow x \vee \neg y)$$

Man beachte, dass die Formeln auf der rechten Seite eine feste Länge (nämlich 9 bzw. 10) haben und daher nur konstante Kosten entstehen.[7] Ist v ein Blatt, dann identifizieren wir v mit dem Literal, mit dem v beschriftet ist. Sei

$$\alpha' = \left(\bigwedge_v \alpha'_v \right) \wedge v_0,$$

wobei v_0 den Wurzelknoten bezeichnet. (Dabei quantifiziert v über alle inneren Knoten des modifizierten Syntaxbaums.)

Korrektheit der Konstruktion: Wir zeigen nun, dass α genau dann erfüllbar ist, wenn α' erfüllbar ist.

Im Folgenden bezeichne β_v die durch den Teilbaum mit Wurzel v repräsentierte aussagenlogische Formel (die nur die in α vorkommenden Aussagesymbole enthält). Im Beispiel aus Abbildung 4.3.4 ist $\beta_v = x \vee \neg y$ und $\beta_{v_0} = (x \vee \neg y) \wedge \neg z$. Da durch die Elimination der Negationsknoten (Anwenden der de Morganschen Regeln und der Regel für doppelte Verneinung) eine zu α äquivalente Formel α'' entsteht, gilt:

$$\beta_{v_0} = \alpha'' \equiv \alpha$$

für den Wurzelknoten v_0.

1. Sei μ eine erfüllende Belegung für α. Wir erweitern μ zu einer Belegung für die Aussagesymbole der inneren Knoten, indem wir

$$\mu(v) = \begin{cases} 1 & : \quad \text{falls } \mu \models v_L \ op \ v_R \\ 0 & : \quad \text{sonst} \end{cases}$$

---

[7]   Selbstverständlich ist der Umweg über die Formel α_v unnötig. Jedoch ist die Semantik von α_v offensichtlicher als die der angegebenen äquivalenten Formeln α'_v in 3KNF.

setzen. Damit ist sofort klar, dass $\mu \models \alpha'_v$ für alle Knoten v. Durch Induktion nach der Höhe des Teilbaums mit Wurzel v kann man zeigen, dass

$$\mu(v) = 1 \quad \text{gdw} \quad \mu \models \beta_v.$$

Wegen $\mu \models \alpha$ gilt $\mu \models \beta_{v_0}$. Hieraus folgt $\mu(v_0) = 1$. Also sind alle Klauseln unter μ erfüllt. Wir erhalten:

$$\mu \models \alpha'.$$

und somit die Erfüllbarkeit von α'.

2. Ist α' erfüllbar und μ eine erfüllende Belegung für α', dann ist μ zugleich eine erfüllende Belegung für α. Dies ist wie folgt einsichtig. Durch Induktion nach der Höhe des Teilbaums mit Wurzel v kann man — unter Ausnutzung der Tatsache, dass $\mu \models \alpha'_v$ — zeigen, dass

$$\mu(v) = 1 \quad \text{gdw} \quad \mu \models \beta_v.$$

Mit $v = v_0$ ergibt sich

$$\mu \models \beta_{v_0} \equiv \alpha;$$

also $\mu \models \alpha$.

Die Tatsache, dass die beschriebene Transformation höchstens polynomielle Zeit erfordert, folgt aus der Beobachtung, dass der vereinfachte Syntaxbaum T ohne Negationsknoten in linearer Zeit erstellt werden kann und dass die Anzahl an Knoten in T durch $\mathcal{O}(|\alpha|)$ beschränkt ist. Für jeden Knoten v in T kann die Formel α'_v in konstanter Zeit berechnet werden. Damit erfordert auch der zweite Schritt nur lineare Kosten. □

Bemerkung 4.3.5. [2SAT ist in *P*] Das entsprechend definierte Problem 2SAT liegt in *P*. Wir verzichten hier auf eine Erläuterung, wie sich 2SAT effizient lösen lässt. ∎

Im Folgenden werden wir einige Beispiele geben, in denen wir die *NP*-Härte weiterer Probleme zeigen, indem wir 3SAT auf diese polynomiell reduzieren. Bei der Beschreibung dieser Reduktionen geben wir jeweils ein polynomiell zeitbeschränktes Verfahren an, das zu gegebener Formel α in 3KNF eine Instanz des jeweiligen anderen Problems generiert, sodass α genau dann erfüllbar ist, wenn das andere Problem für die konstruierte Instanz mit »JA« zu beantworten ist. Wir können annehmen, dass α mindestens eine Klausel enthält und dass jede Klausel in α aus genau drei Literalen besteht.[8]

4.3.2 Das Cliquenproblem

Wir zeigen die *NP*-Vollständigkeit des Cliquenproblems (s. Seite 133 ff), indem wir 3SAT auf die Entscheidungsvariante des Cliquenproblems reduzieren.

---

[8] Ist $\alpha = \textit{true}$, dann können wir α durch $x \vee x \vee \neg x$ ersetzen. Die zweite Bedingung können wir sicherstellen, in dem wir α in polynomieller Zeit in eine äquivalente Formel überführen, die ebenfalls in 3KNF ist und in der jede Klausel genau drei Klausel enthält. Siehe Bemerkung B.7 (Seite 412).

CP (Cliquenproblem)

▶ **Gegeben:** ungerichteter Graph $G = (V, E)$ und eine natürliche Zahl k

▶ **Gefragt:** Gibt es für G eine Clique der Größe k?

Satz 4.3.6

CP ist NP-vollständig.

Beweis: Daß CP in *NP* liegt, ist klar, da wir die Guess & Check-Methode anwenden können:

1. Wähle nichtdeterministisch eine Knotenmenge V' der Kardinalität k,

2. prüfe, ob V' eine Clique in G ist.

Dabei setzen wir $k \leq |V|$ voraus. Für $k > |V|$ kann man sofort mit der Antwort »NEIN« anhalten. Wir zeigen die *NP*-Härte, in dem wir 3SAT auf CP polynomiell reduzieren:

$$3\text{SAT} \leq_{poly} \text{CP}.$$

Sei α eine Formel in 3KNF. Wir konstruieren in polynomieller Zeit einen ungerichteten Graphen $G = (V, E)$ und berechnen eine Zahl $k \in \mathbb{N}$, sodass α genau dann erfüllbar ist, wenn G eine Clique der Größe k hat. Sei

$$\alpha = \bigwedge_{j=1}^{k} (A_{j,1} \vee A_{j,2} \vee A_{j,3}),$$

wobei $A_{j,1}, A_{j,2}, A_{j,3} \in \{x_1, \ldots, x_n\} \cup \{\neg x_1, \ldots, \neg x_n\}$. Die Knotenmenge V besteht aus allen Paaren $(j,1)$, $(j,2)$, $(j,3)$, wobei $j = 1, 2, \ldots, k$.

$$V = \{(j, i) : j = 1, \ldots, k, i = 1, 2, 3\}.$$

Intuitiv können wir uns die Literale als Knoten vorstellen (wobei mehrfach vorkommende Literale mit entsprechender Vielfachheit repräsentiert sind). Die Kantenmenge E ist wie folgt:

Es gibt genau dann eine Kante von (j, i) nach (h, l), wenn $j \neq h$ und $A_{j,i} \not\equiv \neg A_{h,l}$.

In Worten: Wir ziehen jeweils eine Kante zwischen allen Literalen zweier Klauseln; einzige Ausnahme sind zueinander komplementäre Literale x und $\neg x$. Die Grundidee dabei ist, dass die Kanten genau solche Literale verbinden, die denselben Wahrheitswert haben können. Literale, die zur selben Klausel gehören, sind in keinem Fall miteinander verbunden.

Abbildung 4.3.7 Reduktion von 3SAT auf CP

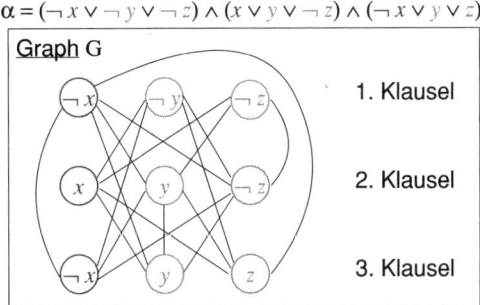

$$\alpha = (\neg x \vee \neg y \vee \neg z) \wedge (x \vee y \vee \neg z) \wedge (\neg x \vee y \vee z)$$

Graph G

1. Klausel

2. Klausel

3. Klausel

G hat eine Clique der Größe 3

Erfüllende Belegung für α:

$\mu(x)=0 \quad \mu(y)=1 \quad \mu(z)=0$

Zur Verdeutlichung betrachten wir drei Beispiele. Im ersten Beispiel betrachten wir eine erfüllbare Formel α mit drei Aussagensymbolen x, y und z (siehe Abb. 4.3.7).

In den folgenden beiden Beispielen (siehe Abbildung 4.3.8) liegt jeweils eine unerfüllbare Formel α vor. In diesen Beispielen haben die Klauseln weniger als drei Literale. Die Annahme, dass alle Klauseln drei Literale haben, wurde nur aus formalen Gründen gemacht, um die Definition des assoziierten Graphen zu vereinfachen.

Abbildung 4.3.8 Unerfüllbare Formeln

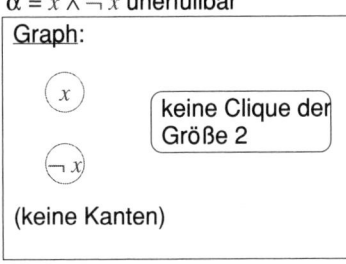

$\alpha = x \wedge \neg x$ unerfüllbar

Graph:

keine Clique der Größe 2

(keine Kanten)

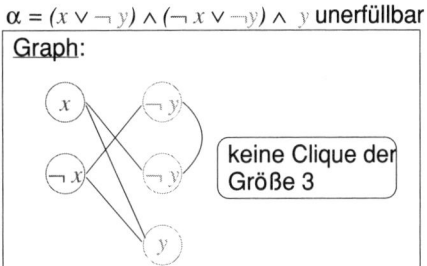

$\alpha = (x \vee \neg y) \wedge (\neg x \vee \neg y) \wedge y$ unerfüllbar

Graph:

keine Clique der Größe 3

Es ist leicht einsichtig, dass G in polynomieller Zeit konstruiert werden kann. Wir zeigen nun, dass α genau dann erfüllbar ist, wenn G eine Clique der Größe k hat.

1. G habe eine Clique V' der Größe k. Dann gibt es zu jedem $j \in \{1, \dots, k\}$ genau einen Knoten $(j, i_j) \in V'$.[9] Sei μ eine Belegung für die Aussagensymbole $x_1, \dots, x_n$

---

[9] Dies folgt aus der Tatsache, dass die Knoten $(j,1)$, $(j,2)$ und $(j,3)$ jeweils nicht durch eine Kante miteinander verbunden sind. Daher ist für jedes j höchstens einer der Knoten (j, i) in V' enthalten. Aus diesem Grund kann V' nur dann die Kardinaliät k haben, wenn für jedes j einer der Knoten (j, i) in V' liegt.

mit

$$\mu(A_{j,i_j}) = 1.$$

Eine solche Belegung gibt es, da $A_{j,i_j} \not\equiv \neg A_{h,i_h}$. Dann gilt offenbar $\mu \models \alpha$. Also ist α erfüllbar.

Im Beispiel aus Abbildung 4.3.7 können wir eine Clique bestehend aus dem Literal $\neg x$ der ersten Klausel und den Literalen y der zweiten und dritten Klausel betrachen und setzen $\mu(x) = 0$ und $\mu(y) = 1$. Die Belegung von z ist irrelevant. Es gilt dann $\mu \models \alpha$.

2. Wir nehmen an, dass α erfüllbar ist. Sei μ eine erfüllende Belegung für α, dann gibt es zu jedem $j \in \{1, \ldots, k\}$ einen Index $i_j \in \{1, 2, 3\}$ mit

$$\mu(A_{j,i_j}) = 1.$$

Insbesondere ist dann $A_{j,i_j} \not\equiv \neg A_{h,i_h}$. Somit ist

$$V' = \{(j, i_j) : j = 1, \ldots, k\}$$

eine Clique der Größe k.

Im Beispiel aus Abbildung 4.3.7 ist $\mu(x) = \mu(z) = 1, \mu(y) = 0$ eine erfüllende Belegung für α. Eine entsprechende Clique besteht aus den Literalen $\neg y$ der ersten Klausel, x der zweiten Klausel und z der dritten Klausel. $\qquad\square$

4.3.3 Das Rucksackproblem

Die informelle Fragestellung des Rucksackproblems ist wie folgt. Gegeben sind n Objekte mit Gewinnen $p_1, \ldots, p_n \geq 0$ und Gewichten $w_1, \ldots, w_n \geq 0$ sowie ein Wert $K \geq 0$, der die Kapazität des Rucksacks angibt. Die Optimierungsvariante des Rucksackproblems (Typ 2) fragt nach einer optimalen Füllung des Rucksacks, sodass die Rucksackkapazität nicht überschritten und der Gewinn maximiert wird.

Das *rationale Rucksackproblem*, in dem Bruchstücke der Objekte mitgenommen werden dürfen, lässt sich effizient mit einem Greedy-Algorithmus lösen (vgl Aufgabe 4.9, Seite 190). Dagegen können wir für das $\{0, 1\}$-Rucksackproblem lediglich obere und untere Schranken mit der Greedy-Methode bestimmen. Um die optimale Rucksackfüllung zu berechnen, können Backtracking- und Branch & Bound-Algorithmen mit exponentieller Laufzeit angegeben werden. Darüber hinaus gibt es auf der Methode des dynamischen Programmierens beruhende Algorithmen mit der Laufzeit $\mathcal{O}(nK)$. Diese Algorithmen sind jedoch *nicht* polynomiell zeitbeschränkt, da der Faktor K exponentiell in der logarithmischen Länge von n (und damit der Eingabegröße von RP) ist.

Wir betrachten hier die Entscheidungsvariante des $\{0, 1\}$-Rucksackproblems (das wir im Folgenden kurz als Rucksackproblem bezeichnen), bei dem die Objekte entweder ganz oder gar nicht mitgenommen werden dürfen und bei dem ein Wert q, der den gewünschten Gesamtgewinn vorgibt, vorgeschrieben ist.

RP (Rucksackproblem)

▶ Gegeben: natürliche Zahlen $p_1, \ldots, p_n, w_1, \ldots, w_n, q, K$

▶ Gefragt: Gibt es eine Teilmenge I von $\{1, \ldots, n\}$ mit

$$\sum_{i \in I} w_i \leq K \qquad \text{und} \qquad \sum_{i \in I} p_i = q \ ?$$

Wir zeigen die *NP*-Vollständigkeit des $\{0, 1\}$-Rucksackproblems, indem wir die *NP*-Vollständigkeit des Spezialfalls, in dem alle Objekte das Einheitsgewicht $w_i = 1$ haben und die Ruckkapazität $K = n$ ist, nachweisen. Dieser Spezialfall ist unter dem Titel *Teilsummenproblem* bekannt.

SUBSUM (Teilsummenproblem)

▶ Gegeben: natürliche Zahlen $p_1, \ldots, p_n, q$

▶ Gefragt: Gibt es eine Teilmenge I von $\{1, \ldots, n\}$, sodass $\sum_{i \in I} p_i = q$?

Satz 4.3.9

SUBSUM und RP sind NP-vollständig.

Beweis: Offensichtlich können beide Probleme mit der Guess & Check-Methode nichtdeterministisch in polynomieller Zeit gelöst werden.

1. Rate (nichtdeterministisch) eine Teilmenge I von $\{1, \ldots, n\}$.

2. Prüfe, ob I eine Lösung ist.

Also ist SUBSUM, RP $\in NP$. Weiter ist offensichtlich, dass

$$\text{SUBSUM} \leq_{poly} \text{RP}.$$

Für die Transformation »Eingabe für SUBSUM $\mapsto$ Eingabe für das RP« müssen wir lediglich die Eingabe $p_1, \ldots, p_n, q$ für SUBSUM um die Einheitgewichte $w_1 = \ldots w_n = 1$ und die Rucksackkapazität $K = n$ erweitern.[10]

Daher genügt es, die *NP*-Härte von SUBSUM nachzuweisen. Hierzu zeigen wir

$$\text{3SAT} \leq_{poly} \text{SUBSUM}.$$

Sei

$$\alpha = \bigwedge_{1 \leq i \leq k} (A_{i,1} \vee A_{i,2} \vee A_{i,3})$$

---

[10] Alternativ kann man $w_1 = \ldots = w_n = K = 0$ setzen.

eine Formel in 3KNF, in der jede Klausel genau drei Literale hat. Siehe Bemerkung B.7 (Seite 412.) Die in α vorkommenden Aussagensymbole seien $x_1, \ldots, x_n$. Also ist $A_{i,1}, A_{i,2}, A_{i,3} \in \{x_1, \ldots, x_n\} \cup \{\neg x_1, \ldots, \neg x_n\}$. Wir nennen

$$\gamma_i \;=\; A_{i,1} \vee A_{i,2} \vee A_{i,3}$$

die i-te Klausel (oder Klausel i).

Nun ordnen wir α eine Instanz bestehend aus Werten p_j, q für SUBSUM zu. Die Idee der Transformation »$\alpha \mapsto$ Instanz für SUBSUM« besteht darin, die Literale x_j und $\neg x_j$ als Objekte aufzufassen, für die wir Gewinne v_j bzw. $\overline{v}_j$ so definieren, dass für jede erfüllende Belegung μ für $x_1, \ldots, x_n$ die Literale A mit $\mu(A) = 1$ zu einer Rucksack-füllung mit dem zu erzielenden Gewinn q ergänzt werden können. (Zusätzlich müssen wir natürlich sicherstellen, dass jede Lösung von SUBSUM eine erfüllende Belegung für α induziert.) Die folgende — recht trickreiche — Konstruktion lässt sich gut an einem Beispiel (vgl. Beispiel 4.3.10) nachvollziehen.

Die Dezimalzahl q (der zu erzielende Gewinn) sei

$$q \;=\; \underbrace{444\ldots 4}_{k\text{-mal}} \; \underbrace{111\ldots 1}_{n\text{-mal}},$$

wobei k die Anzahl an Klauseln in α und n die Anzahl der in α vorkommenden Aussa-gensymbole ist.

Neben den Gewinnen v_j und $\overline{v}_j$ für die Literale x_j und $\neg x_j$ benötigen wir gewisse Hilfs-objekte mit Gewinnen c_i und d_i. Insgesamt erhalten wir also $2n + 2k$ Objekte mit den Gewinnen:

Objekte	x_1	$\ldots$	x_n	$\neg x_1$	$\ldots$	$\neg x_n$	$2k$ Hilfsobjekte					
Gewinne	v_1	$\ldots$	v_n	$\overline{v}_1$	$\ldots$	$\overline{v}_n$	c_1	$\ldots$	c_k	d_1	$\ldots$	d_k

die wie folgt definiert sind.

▶ Sei $b_{j,i}$ die Anzahl der Vorkommen des positiven Literals x_j in Klausel i.

▶ Entsprechend bezeichnet $\overline{b}_{j,i}$ die Anzahl an Vorkommen des negativen Literals $\neg x_j$ in Klausel i.

Dann ist

$$\overline{b}_{j,i}, b_{j,i} \in \{0, 1, 2, 3\}.$$

Die Zahlen v_j, $\overline{v}_j$ und $c_1, \ldots, c_k, d_1, \ldots, d_k$ haben jeweils $k + n$ Dezimalstellen und sind wie folgt definiert:

$$
\begin{array}{rccccccccccc}
v_j & = & b_{j,1} & b_{j,2} & \ldots & b_{j,i-1} & b_{j,i} & b_{j,i+1} & \ldots & b_{j,k} & 00\ldots010\ldots0 \\
\overline{v}_j & = & \overline{b}_{j,1} & \overline{b}_{j,2} & \ldots & \overline{b}_{j,i-1} & \overline{b}_{j,i} & \overline{b}_{j,i+1} & \ldots & \overline{b}_{j,k} & 00\ldots010\ldots0 \\
c_i & = & 0 & 0 & \ldots & 0 & 1 & 0 & \ldots & 0 & 00\ldots000\ldots0 \\
d_i & = & 0 & 0 & \ldots & 0 & 2 & 0 & \ldots & 0 & 00\ldots000\ldots0
\end{array}
$$

In v_j und $\overline{v}_j$ steht die »1« im hinteren Ziffernblock an der j-ten Position. Entsprechend steht die Ziffer »1« bzw.»2« in c_i und d_i an der i-ten Position des ersten Ziffernblocks.

Die Zahlen v_j, $\overline{v}_j$, c_i und d_i sind so gewählt, dass beim Aufsummieren kein Übertrag entsteht.

Die Werte c_i und d_i dienen zum »Auffüllen«, um die Ziffern »4« im ersten Zahlenblock zu erreichen. Andererseits kann die Ziffer »4« in Spalte i nur dann erreicht werden, wenn wenigstens einer der Werte v_j mit $b_{j,i} \geq 1$ oder $\overline{v}_j$ mit $\overline{b}_{j,i} \geq 1$ an der Summe beteiligt ist. Hierdurch wird gewährleistet, dass in jeder Lösung für SUBSUM mindestens eines der Objekte x_j oder $\neg x_j$ beteiligt ist. Der zweite Block (bestehend aus n Spalten) wird verwendet um sicherzustellen, dass niemals gleichzeitig v_j und $\overline{v}_j$ in einer Rucksackfüllung enthalten sein können, was der unzulässigen Belegung $\mu(x_j) = 1$ und $\mu(\neg x_j) = 1$ entspräche.

Wir zeigen nun, dass α genau dann erfüllbar ist, wenn das zugehörige Teilsummenproblem eine Lösung hat.

▶ Sei α erfüllbar und μ eine erfüllende Belegung für α. Die Werte

- v_j, wobei $\mu(x_j) = 1$ und

- $\overline{v}_j$, wobei $\mu(x_j) = 0$,

können durch Hinzufügen geeigneter c_i's und d_i's zu einer Lösung für SUBSUM ergänzt werden.

▶ Liegt eine Auswahl I der Zahlen v_j, $\overline{v}_j$, c_i, d_i vor, die sich zu q summiert, dann gilt für jeden Index $j \in \{1, \ldots, n\}$: Genau einer der beiden Werte v_j oder $\overline{v}_j$ gehört zur Auswahl I.[11] Sei μ die Belegung mit

$$
\mu(x_j) = \begin{cases} 1 & : \quad \text{falls } v_j \text{ in } I \\ 0 & : \quad \text{sonst (d.h. falls } \overline{v}_j \text{ in } I\text{).} \end{cases}
$$

Dann gilt $\mu \models \alpha$. Dies ist wie folgt einsichtig. Wir nehmen an, dass $\mu \not\models \alpha$. Dann gibt es eine Klausel i, die unter μ nicht wahr ist, d.h.

$$
\mu(A_{i,1}) = \mu(A_{i,2}) = \mu(A_{i,3}) = 0.
$$

---

[11] Betrachte den hinteren Zahlenblock.

Sei etwa $A_{i,1} = x_j$. Dann ist $\overline{v}_j$ in I. Es gilt $\overline{b}_{j,i} \geq 1$, da sich sonst die Ziffern der ausgewählten Zahlen in Spalte i des vorderen Ziffernblocks nicht zu 4 aufsummieren können und da $v_j \notin I$. Also kommt in Klausel i das Literal $\neg x_j$ mindestens einmal vor. Etwa $A_{i,l} = \neg x_j$. Dann ist $\mu(A_{i,l}) = 1$. Widerspruch! Entsprechend führt $A_{i,1} = \neg x_j$ zu einem Widerspruch. $\qquad\qquad\square$

Beispiel 4.3.10. [Reduktion 3SAT $\leq_{poly}$ SUBSUM] Wir betrachten zwei Beispiele für die Reduktion 3SAT $\leq_{poly}$ SUBSUM. Für

$$\alpha = (x_1 \vee x_1 \vee x_1) \wedge (\neg x_1 \vee \neg x_1 \vee \neg x_1) \equiv x_1 \wedge \neg x_1$$

liegen $k = 2$ Klauseln und $n = 1$ Aussagensymbole vor. Die zugehörige Instanz von SUBSUM ist wie folgt: $q = 441$ und

$$
\begin{aligned}
v_1 &= 301 & \overline{v}_1 &= 031 \\
c_1 &= 100 & d_1 &= 200 \\
c_2 &= 010 & d_2 &= 020
\end{aligned}
$$

Offenbar ist α unerfüllbar und SUBSUM hat keine Lösung. Die Formel

$$\alpha' = (x_1 \vee \neg x_2 \vee x_3) \wedge (\neg x_1 \vee x_2 \vee \neg x_4) \wedge (\neg x_1 \vee \neg x_3 \vee \neg x_3)$$

enthält $k = 3$ Klauseln und $n = 4$ Aussagensymbole. Die assoziierte Instanz für SUBSUM ist $q = 444\ 1111$ und

$$
\begin{aligned}
v_1 &= 100 \quad 1000 & \overline{v}_1 &= 011 \quad 1000 \\
v_2 &= 010 \quad 0100 & \overline{v}_2 &= 100 \quad 0100 \\
v_3 &= 100 \quad 0010 & \overline{v}_3 &= 002 \quad 0010 \\
v_4 &= 000 \quad 0001 & \overline{v}_4 &= 010 \quad 0001 \\
\\
c_1 &= 100 \quad 0000 & d_1 &= 200 \quad 0000 \\
c_2 &= 010 \quad 0000 & d_2 &= 020 \quad 0000 \\
c_3 &= 001 \quad 0000 & d_3 &= 002 \quad 0000.
\end{aligned}
$$

Der erfüllenden Belegung μ für α mit $\mu(x_1) = \mu(x_2) = 1$, $\mu(x_3) = \mu(x_4) = 0$ entspricht die Lösung

$$v_1 + v_2 + \overline{v}_3 + \overline{v}_4 + c_1 + d_1 + d_2 + d_3 = q$$

des Teilsummenproblems. ∎

4.3.4   0/1 Integer Linear Programming

Lineare Optimierungsprobleme treten in zahlreichen Anwendungen auf. Die Fragestellung ist wie folgt: Gegeben ist eine $n \times m$-Matrix A und ein Spaltenvektor b, jeweils mit ganzzahligen Koeffizienten $a_{i,j}$ und b_i, $i = 1, \ldots, n$, $j = 1, \ldots, m$. Gesucht ist ein Vektor x mit den Komponenten $x_1, \ldots, x_m$, sodass $A \cdot x \geq b$, d.h.

$$\sum_{j=1}^{m} a_{i,j} \cdot x_j \geq b_i, \quad i = 1, \ldots, n.$$

Werden an x keine weiteren Forderungen gestellt, dann lässt sich in polynomieller Zeit ein Lösungsvektor x berechnen (falls es einen solchen gibt).[12] Verlangt man, dass alle Komponenten x_j von x ganzzahlig sind, dann liegt ein *NP*-vollständiges Problem vor. Wir beschränken uns hier auf den Spezialfall, dass sogar $x_j \in \{0, 1\}$ gefordert wird.

0/1 ILP (0/1 Integer Linear Programming)

▶ Gegeben: Lineares Ungleichungssystem $Ax \geq b$ mit ganzzahligen Koeffizienten

▶ Gefragt: Gibt es einen Lösungsvektor x, dessen Komponenten 0 oder 1 sind?

Beispielsweise hat das lineare Ungleichungssystem

$$\begin{aligned}
x_1 \; - 2x_2 \; + x_3 \; &\geq \; -1 \\
x_2 \; + x_3 \; &\geq \; 2
\end{aligned}$$

die Lösung $x_1 = 0$, $x_2 = 1$ und $x_3 = 1$.

Die Gleichung $2x_1 + 2x_2 = 1$ lässt sich als Instanz von 0/1 ILP wie folgt schreiben:

$$\begin{aligned}
2x_1 \; + 2x_2 \; &\geq \; 1 \\
- 2x_1 \; - 2x_2 \; &\geq \; -1 \, .
\end{aligned}$$

Dieses hat keine ganzzahlige Lösung. Aufgefasst als gewöhnliches lineares Programmierungsproblem (in dem eine rationale Lösung zulässig ist) wird es z. B. durch $x_1 = x_2 = 1/4$ gelöst.

---

[12] In der Praxis wird man jedoch nicht die Polynomialzeitalgorithmen anwenden, sondern das sog. *Simplexverfahren*, dessen Laufzeit im schlimmsten Fall exponentiell ist. Dennoch ist die tatsächliche Laufzeit des Simplexverfahrens in den meisten Fällen sehr viel besser.

Satz 4.3.11

0/1 ILP ist NP-vollständig.

Beweis: Mit der Guess & Check-Methode erhalten wir einen *NP*-Algorithmus für 0/1 ILP.

1. Rate (nichtdeterministisch) einen Bitvektor $x \in \{0, 1\}^n$.

2. Prüfe, ob x eine Lösung ist.

Wir zeigen die *NP*-Härte durch die Reduktion

$$3\text{SAT} \leq_{poly} 0/1 \text{ ILP}.$$

Sei $\alpha = \gamma_1 \wedge \ldots \wedge \gamma_k$ eine Formel in 3KNF mit den Aussagensymbolen $x_1, \ldots, x_n$. Wir können o. E. annehmen, dass keine der Klauseln x_j und $\neg x_j$ enthält.[13] Wir assoziieren mit α ein lineares Ungleichungssystem mit $2n + k$ Ungleichungen und $2n$ Variablen, die wir mit

$$x_1, \ldots, x_n, \overline{x}_1, \ldots \overline{x}_n$$

bezeichnen. Die Variablen stehen intuitiv für den Wahrheitswert des betreffenden Literals, wobei wir $\overline{x}_j$ mit $\neg x_j$ identifizieren.

▶ Die ersten $2n$ Ungleichungen stellen sicher, dass genau einer der Werte x_j oder $\overline{x}_j$ gleich 1 ist. Dies drücken wir durch $x_j + \overline{x}_j = 1$ aus, was wir zu

$$x_j + \overline{x}_j \geq 1, \quad -x_j - \overline{x}_j \geq -1, \quad j = 1, \ldots, n$$

umschreiben.

▶ Weiter fügen wir eine Ungleichung für jede Klausel $\gamma_i = A_{i,1} \vee A_{i,2} \vee A_{i,3}$ hinzu:

$$A_{i,1} + A_{i,2} + A_{i,3} \geq 1$$

wobei wir $\overline{x}_j$ mit $\neg x_j$ identifizieren. Entsprechend verfahren wir für Klauseln mit weniger als drei Literalen.

Diese Ungleichungen stehen dafür, dass jede Klausel von α erfüllt ist.

Das zugehörige Ungleichungssystem kann offenbar in polynomieller Zeit konstruiert werden. Weiter ist klar, dass α genau dann erfüllbar ist, wenn das zugehörige Ungleichungssystem eine Lösung in $\{0, 1\}^{2n}$ hat. □

Beispiel 4.3.12. [Reduktion 3SAT $\leq_{poly}$ 0/1-ILP] Wir betrachten die Formel

$$\alpha = (x_1 \vee x_2) \wedge (x_1 \vee \neg x_2).$$

---

[13] Andernfalls kann die betreffende Klausel gestrichen werden.

Die erste Klausel ersetzen wir durch die Ungleichung $x_1 + x_2 \geq 1$, die zweite Klausel durch die Ungleichung $x_1 + \bar{x}_2 \geq 1$. Das zugehörige lineare Ungleichungssystem enthält zusätzlich die Ungleichungen

$$
\begin{array}{llll}
x_1 & + & \bar{x}_1 & \geq 1 \\
x_2 & + & \bar{x}_2 & \geq 1
\end{array}
\qquad
\begin{array}{llll}
-x_1 & - & \bar{x}_1 & \geq -1 \\
-x_2 & - & \bar{x}_2 & \geq -1 \,.
\end{array}
$$

Offenbar ist $\mu(x_1) = \mu(x_2) = 1$ eine erfüllende Belegung für α. Diese entspricht der Lösung $x_1 = x_2 = 1$, $\bar{x}_1 = \bar{x}_2 = 0$ der zugehörigen Instanz von 0/1 IPL. ∎

Der Beweis von Satz 4.3.11 (Seite 176) zeigt zugleich die *NP*-Härte des gewöhnlichen ILPs, indem nur $x_j \in \mathbb{Z}$ (anstelle von $x_j \in \{0, 1\}$) gefordert wird.

ILP (Integer Linear Programming)

▶ Gegeben: Lineares Ungleichungssystem $Ax \geq b$ mit ganzzahligen Koeffizienten

▶ Gefragt: Gibt es einen Lösungsvektor x, dessen Komponenten ganze Zahlen sind?

Tatsächlich liegt auch ILP in *NP*. Die Angabe eines nichtdeterministischen Polynomialzeitalgorithmus für ILP ist jedoch sehr viel schwieriger als für 0/1 ILP. Wir verzichten auf die Angabe dieses nichtdeterministischen Verfahrens.

Satz 4.3.13

ILP ist NP-vollständig.

Prinzipielle Techniken für *NP*-Vollständigkeitsbeweise

In der Literatur findet man sehr viele weitere *NP*-Vollständigkeitsbeweise. Zu den bekanntesten noch nicht erwähnten *NP*-vollständigen Problemstellungen zählen: das Problem des Handlungsreisenden (TSP), das Graphfärbeproblem, das Hamiltonkreisproblem und die Frage nach längsten einfachen Wegen in Graphen[14].

NP-Vollständigkeitsbeweise laufen meist nach dem hier vorgestellten Prinzip ab. Um zu zeigen, dass ein vorliegendes Problem in *NP* liegt, genügt ein umgangssprachlich formulierter nichtdeterministischer Algorithmus. Oftmals ist die Vorgehensweise mit der Guess & Check-Methode offensichtlich. Im zweiten Teil ist die *NP*-Härte zu zeigen. Dazu

---

[14] Letzteres ist insofern erstaunlich, als die scheinbar symmetrische Frage nach kürzesten Wegen recht einfach in polynomieller Zeit beantwortet werden kann.

bedient man sich meist des Prinzips der polynomiellen Reduktion. Ist K das Problem, für das man die *NP*-Vollständigkeit nachweisen möchte, dann zeigt man

$$\text{bekanntes } \textit{NP}\text{-hartes Problem } L \leq_{poly} K.$$

Für die Reduktion gibt es im Wesentlichen drei Strategien.

1. Spezialisierung

2. Lokale Ersetzung

3. Transformation mit verbundenen Komponenten

Spezialisierung ist die einfachste Form, in der man zeigt, dass sich die Problemstellung von L durch Einschränkungen an die Voraussetzungen für K aus der Problemstellung von K ergibt. Salopp formuliert zeigt man, dass L ein Spezialfall von K ist. Beispielsweise beruht die Reduktion SUBSUM $\leq_{poly}$ RP auf dem Spezialisierungsprinzip. Ein weiteres Beispiel ist die Reduktion des speziellen Halteproblems auf das Halteproblem.

Lokale Ersetzung: Die Grundidee besteht darin, die Eingabe für L in »Basiseinheiten« zu zerlegen, die dann jeweils unabhängig voneinander durch Eingabestücke für K ersetzt werden. Ein Beispiel hierfür ist die Reduktion

$$\text{SAT} \leq_{poly} \text{3SAT,}$$

bei der jedem Knoten v des vereinfachten Syntaxbaums drei Klauseln zugeordnet werden.

Transformation mit verbundenen Komponenten: Diese Reduktionstechnik ist die bei weitem komplizierteste. Im Gegensatz zur lokalen Ersetzung werden die »Basiseinheiten« der Eingaben für L zu Eingabestücken für K kombiniert. Beispiele hierfür sind die Reduktionen

▶ 3SAT $\leq_{poly}$ CP,

▶ 3SAT $\leq_{poly}$ SUBSUM,

▶ $\mathcal{L}(\mathcal{T}) \leq_{poly}$ SAT im Beweis des Satzes von Cook.

Beispielsweise werden bei der Reduktion 3SAT $\leq_{poly}$ CP Literale und Klauseln in Knoten und Kanten transformiert.

Bei der Reduktion 3SAT $\leq_{poly}$ SUBSUM sind die definierten Objektgewinne von den Literalen und Klauseln abhängig.

4.4   Die Klasse *coNP*

Die Antworten »NEIN« und »JA« sind für deterministische Entscheidungsverfahren symmetrisch (in dem Sinne, dass sie vertauscht werden können, um ein Entscheidungsverfahren derselben Komplexität für die Komplementsprache zu erhalten). Für nicht-deterministische Entscheidungsverfahren sind die Antworten »JA« und »NEIN« jedoch asymmetrisch. Das Vertauschen der Antworten liefert im Allgemeinen kein Verfahren, das das komplementäre Problem löst. Dennoch ist das komplementäre Problem entscheidbar (da die Begriffe »Entscheidbarkeit durch DTMs« und »Entscheidbarkeit durch NTMs« zusammenfallen). Es stellt sich die Frage, ob die Sprachen L und $\overline{L}$ in denselben nichtdeterministischen Komplexitätsklassen liegen, wenn L eine entscheidbare Sprache ist.

Zunächst erinnern wir an die Definition der Komplementsprache. Ist L eine Sprache über Σ, dann enthält die Komplementsprache $\overline{L}$ alle Wörter über Σ, die nicht in L liegen. Also

$$\overline{L} = \Sigma^* \setminus L.$$

Beispielsweise steht die Komplementsprache $\overline{L}_{Prim}$ für das Primzahlproblem

$$L_{Prim} = \{bin(n) : n \text{ ist eine Primzahl}\}$$

für die Menge Wörter $w \in \{0,1\}^*$, die entweder nicht von der Form $bin(n)$, $n \in \mathbb{N}$, sind oder die eine *zusammengesetzte Zahl* repräsentieren. Im Wesentlichen ist also die Frage, ob eine gegebene natürliche Zahl zusammengesetzt ist, das zum Primzahltest gehörende komplementäre Problem.

Die Sprache $\overline{SAT}$ steht im Wesentlichen für die Frage, ob eine gegebene Formel α *unerfüllbar* ist. Zusätzlich enthält sie alle Wörter über dem gewählten Kodierungsalphabet, die keine Formel kodieren.

Es ist klar, dass die Klasse P unter Komplementbildung abgeschlossen ist. Das heißt für jede Sprache L in P ist auch die Komplementsprache $\overline{L}$ in P. (Dies folgt unmittelbar aus der Beobachtung, dass man die Antworten »JA« und »NEIN« eines Entscheidungs-verfahrens austauschen kann. S. oben.) Entsprechendes gilt für jede *deterministische* Komplexitätsklasse (z. B. *PSPACE*).

Anders verhält es sich mit den nichtdeterministischen Komplexitätsklassen. Das Vertauschen der Antworten »JA« und »NEIN« in einem nichtdeterministischen Algorithmus (oder das Vertauschen des Akzeptierens und Verwerfens in einer NTM) liefert im Allgemeinen kein Verfahren für das komplementäre Problem. Betrachtet man beispielsweise den nichtdeterministischen Algorithmus für SAT (Algorithmus 2.3.3, Seite 118), dann entsteht durch Vertauschen der Antworten »JA« und »NEIN« ein Algorithmus, der als Eingabe eine aussagenlogische Formel α hat und genau dann »JA« ausgibt, wenn es eine Belegung μ gibt, unter der α nicht wahr ist. Beispielsweise wird

$$\alpha = x_1 \wedge \neg x_2$$

akzeptiert (da die Belegung μ mit $\mu(x_1) = \mu(x_2) = 1$ nicht erfüllend ist), obwohl α erfüllbar ist (also $\alpha \notin \overline{SAT}$.) Durch das Vertauschen der Antworten »JA« und »NEIN« entsteht also ein Algorithmus für die zum Gültigkeitsproblem komplementäre Sprache; nicht aber für $\overline{SAT}$.

Definition 4.4.1 [Komplementkomplexitätsklassen]

Sei $\mathcal{C}$ eine Komplexitätsklasse. Die Klasse

$$co\mathcal{C}$$

besteht aus allen Sprachen L, deren Komplement $\overline{L}$ in $\mathcal{C}$ liegt.

Mit der obigen Beobachtung gilt

$$P \,=\, coP \text{ und } PSPACE \,=\, coPSPACE.$$

Die Klasse $coNP$ besteht also aus allen Sprachen L, deren Komplement $\overline{L}$ in NP liegt. Die obigen Überlegungen zeigen, dass das Unerfüllbarkeits- oder Gültigkeitsproblem der Aussagenlogik in $coNP$ liegt.

Auch das Primzahlproblem liegt in $coNP$, da der naive nichtdeterministische Algorithmus

1. Rate eine Zahl $x \in \{2,3,\ldots,n-1\}$.

2. Prüfe ob x ein Teiler von n ist.

3. Falls ja, dann gib »JA« aus, sonst »NEIN«.

polynomielle Laufzeit hat und das Zusammengesetztheitsproblem löst.

Der Zusammenhang zwischen NP und $coNP$ ist bislang noch ungeklärt. Man vermutet, dass $NP \neq coNP$. Der folgende Satz zeigt, dass der Nachweis für $NP \neq coNP$ das P-NP-Problem löst. Dennoch ist die Frage, ob $NP = coNP$, möglicherweise nicht äquivalent zur Frage, ob $P = NP$. Es ist nach heutigem Wissensstand nicht auszuschließen, dass $NP = coNP$ und $P \neq NP$.

Satz 4.4.2

Aus $P = NP$ folgt $NP = coNP$.

Beweis: Wenn $P = NP$ gilt, dann ist $NP = P = coP = coNP$. □

Der folgende Satz belegt, dass — unter der Annahme $NP \neq coNP$ — keines der NP-vollständigen Probleme in $coNP$ liegt.

Sei NPC die Klasse der NP-vollständigen Probleme.

Satz 4.4.3

Aus $NPC \cap coNP \neq \emptyset$ folgt $NP = coNP$.

Beweis: Sei L eine Sprache in $NPC \cap coNP$. Wir zeigen, dass $NP \subseteq coNP$ gilt. Sei L_1 ein beliebiges Problem in NP. Da L NP-hart ist, gilt

$$L_1 \leq_{poly} L.$$

Sei f eine in polynomieller Zeit berechenbare totale Funktion, welche die Eingaben für L_1 in eine Eingabe für L transformiert mit

$$w \in L_1 \ \text{gdw} \ f(w) \in L.$$

Insbesondere gilt für die Komplementsprachen:

$$w \in \overline{L}_1 \ \text{gdw} \ f(w) \in \overline{L}.$$

Wegen $L \in coNP$ liegt $\overline{L}$ in NP. Sei $\overline{\mathcal{T}}$ eine polynomiell zeitbeschränkte NTM für $\overline{L}$. Weiter sei $\overline{\mathcal{T}}_1$ eine NTM, die bei Eingabe w,

▶ zunächst $f(w)$ berechnet,

▶ dann $\overline{\mathcal{T}}$ bei der Eingabe $f(w)$ simuliert und

▶ mit derselben Antwort wie $\overline{\mathcal{T}}$ anhält.

Offenbar ist $\overline{\mathcal{T}}_1$ eine NTM, die $\overline{L}_1$ entscheidet und nach dem in Abbildung 4.4.4, Seite 182 skizzierten Schema arbeitet. Weiter ist klar, dass $\overline{\mathcal{T}}_1$ so konzipiert werden kann, dass die Rechenzeit polynomiell beschränkt ist. Damit ist $L_1 \in coNP$ gezeigt.

Die Inklusion $coNP \subseteq NP$ folgt mit analogen Argumenten. $\square$

Wenn man beispielsweise für das Gültigkeitsproblem der Aussagenlogik nachweisen könnte, dass es in NP liegt, dann wäre auch das Unerfüllbarkeitsproblem in NP. Damit wäre SAT eine Sprache aus $NPC \cap coNP$ und somit $NP = coNP$. Umgekehrt, sobald es gelingt zu zeigen, dass das Gültigkeitsproblem nicht in NP liegt, dann ist $coNP \neq NP$ und somit $P \neq NP$.

Mit Satz 4.4.3 ergibt sich folgendes Bild 4.4.5 (wobei wir von der Annahme $NP \neq P$ und $NP \neq coNP$ ausgehen):

Bemerkung 4.4.6. Die Skizze suggeriert, dass $NP \setminus (P \cup NPC) \neq \emptyset$. Selbstverständlich weiß man nicht, ob es Probleme gibt, die weder NP-vollständig sind noch in P liegen. Aber im Gegensatz zur Vielzahl an NP-vollständigen Problemen, von denen man annimmt, dass sie nicht in P liegen, gibt es nur sehr wenig Probleme, von denen man *vermutet*, dass sie in $NP \setminus (P \cup NPC)$ liegen. ∎

Abbildung 4.4.4 *NP*-Algorithmus für »$w \in L_1$?« (also $L_1 \in$ *coNP*)

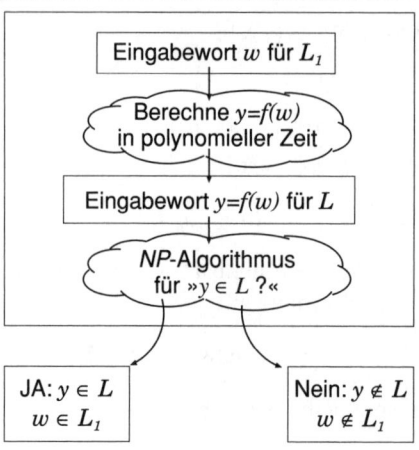

Abbildung 4.4.5 *P, NP, NPC* und *coNP*

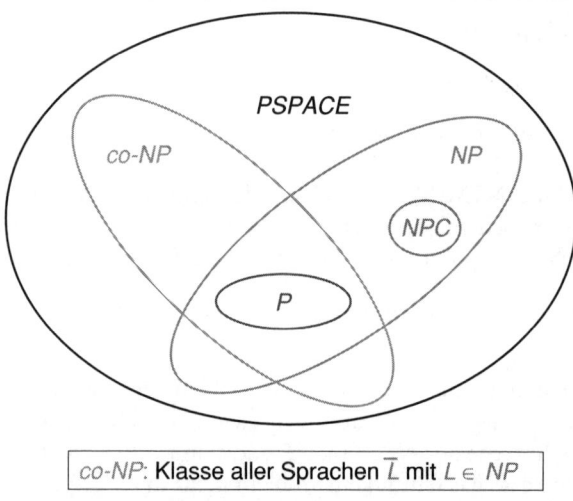

co-NP: Klasse aller Sprachen $\overline{L}$ mit $L \in NP$

4.5 *PSPACE*-Vollständigkeit

Wir haben in Satz 3.2.5 (Seite 148) gesehen, dass *NP* eine Teilklasse von *PSPACE* ist. Die Frage, ob *NP* = *PSPACE*, ist noch nicht geklärt. Auch hier vermutet man, dass *PSPACE* eine echte Oberklasse von *NP* ist.

In Analogie zu dem Begriff der *NP*-Vollständigkeit lässt sich die Vollständigkeit bzgl. der Komplexitätsklasse *PSPACE* definieren. *PSPACE*-vollständige Probleme sind insbesondere *NP*-hart und damit mindestens ebenso schwierig wie *NP*-vollständige Probleme.

Definition 4.5.1 [*PSPACE*-Vollständigkeit, *PSPACE*-Härte]

Sei K eine Sprache. K heißt *PSPACE-vollständig*, wenn

1. $K \in PSPACE$ und

2. jede Sprache $L \in PSPACE$ auf K polynomiell reduzierbar ist.

Jede Sprache, welche die zweite Eigenschaft erfüllt, wird *PSPACE-hart* genannt.

Teil (c) von Satz 4.1.3 (Seite 153) zeigt:

> Sobald für *ein PSPACE*-vollständiges Problem
> ein (deterministischer) Polynomialzeitalgorithmus angegeben werden kann,
> liegen *alle PSPACE*-Probleme in P.

Entsprechend gilt, dass man aus der Existenz eines nichtdeterministischen Algorithmus mit polynomieller Laufzeit für ein *PSPACE*-vollständiges Problem die Schlussfolgerung ziehen kann, dass $PSPACE = NP$. Vermutlich sind jedoch *PSPACE*-vollständige Probleme noch »schwieriger« als *NP*-vollständige Probleme.

Für eine Variante von SAT (dem sog. QBF für die englische Bezeichnung *quantified boolean formulas*) wurde die *PSPACE*-Vollständigkeit explizit nachgewiesen.[15] Durch Anwenden des Reduktionsprinzips wurde für eine Reihe weiterer Probleme die *PSPACE*-Vollständigkeit gezeigt. Beispielsweise ist die Frage nach einer Gewinnstrategie für diverse Zweipersonen-Brettspiele wie Go, Dame u.v.m. *PSPACE*-vollständig.

Die uns bekannten *PSPACE*-Vollständigkeitsbeweise für die genannten Probleme sind recht umfangreich. Wir beschränken uns hier auf ein Beispiel für ein *PSPACE*-vollständiges Problem, für das der Nachweis recht einfach erbracht werden kann.

In-Place Acceptance

▶ Gegeben: Einband-DTM $\mathcal{T}$ und Eingabewort x für $\mathcal{T}$

▶ Gefragt: Gilt $x \in \mathcal{L}(\mathcal{T})$ und $s_{\mathcal{T}}(x) \leq |x|$?

Dabei ist $s_{\mathcal{T}}(x)$ die Anzahl an Bandzellen, die $\mathcal{T}$ bei Eingabe x besucht oder die durch Eingabesymbole belegt sind (siehe Definition 1.2.23, Seite 56).

---

[15] QBF hat als Eingabe eine um die Quantoren $\forall$ und $\exists$ erweiterte aussagenlogische Formel und fragt nach der Gültigkeit der betreffenden Formel.

Satz 4.5.2

In-Place Acceptance ist PSPACE-vollständig.

Beweis:
1. Teil: In-Place Acceptance $\in$ *PSPACE*: In-Place Acceptance kann mit einer Variante der *universellen* DTM $\mathcal{U}$ in polynomiellem Platz gelöst werden (Siehe Beispiel 3.2.4, Seite 146).

2. Teil: In-Place Acceptance ist *PSPACE*-hart: Sei $L \in$ *PSPACE* und $\mathcal{T}$ eine Einband-DTM, die L entscheidet und für die gilt:

$$s_{\mathcal{T}}(x) \leq p(|x|)$$

für alle Eingabewörter x. Dabei ist p ein nicht konstantes Polynom mit positiven ganzzahligen Koeffizienten. Insbesondere ist p berechenbar und

$$p(n) > n \text{ für alle } n \in \mathbb{N} \ .$$

Sei $\mathcal{T} = (Q, \Sigma, \Gamma, \delta, q_0, \square, F)$. Wir modifizieren $\mathcal{T}$ zu einer DTM $\mathcal{T}'$ mit dem Eingabealphabet

$$\Sigma' = \Sigma \cup \{\square, \$\},$$

die sich (im Wesentlichen) für die Eingabewörter

$$f(x) = \underbrace{\square\square\ldots\square}_{(p(n)-1)-mal} \$x \underbrace{\square\square\ldots\square}_{(p(n)-n+1)-mal}$$

wie $\mathcal{T}$ bei Eingabe $x \in \Sigma^*$ verhält. Dabei ist $n = |x|$ die Länge des Eingabeworts von $\mathcal{T}$. $f(x)$ besteht also aus genau $2p(n) + 1$ Zeichen, beginnend mit $p(n) - 1$ Blanks, gefolgt von dem Wort $\$x$ und $p(n) - n + 1$ Blanks. (Das Symbol $\$$ dient lediglich dazu, das leere Wort $x = \varepsilon$ »rechtzeitig« zu erkennen.)

Da das Blanksymbol $\square$ von $\mathcal{T}$ Eingabezeichen von $\mathcal{T}'$ ist, benötigen wir ein neues Blanksymbol $\square'$ (wobei wir $\square' \notin \Gamma$ annehmen) und definieren $\mathcal{T}'$ wie folgt:

$$\mathcal{T}' = (Q \cup \{q_0'\}, \Sigma', \Gamma \cup \{\square'\}, \delta', q_0', \square', F),$$

wobei

$$
\begin{aligned}
\delta(q_0', \square) &= (q_0', \square, R) \\
\delta(q_0', \$) &= (q_0, \square, R) \\
\delta(q, a) &= \delta(q, a) \qquad \text{für alle } q \in Q, a \in \Gamma
\end{aligned}
$$

und $\delta'(\cdot) = \bot$ in allen verbleibenden Fällen.

Offenbar gilt für alle Wörter $x \in \Sigma^*$: Wenn

$$q_0 x \vdash_{\mathcal{T}}^* \alpha q \beta \not\vdash_{\mathcal{T}},$$

dann hat die Berechnung von $\mathcal{T}'$ für $f(x)$ die Gestalt:

$$q_0' \, f(x) \;=\; q_0' \, \Box \ldots \Box \$ x \Box \ldots \Box \;\; \vdash_{\mathcal{T}'}^* \;\; \Box \ldots \Box \, q_0' \, \$ x \Box \ldots \Box$$
$$\vdash_{\mathcal{T}'} \;\; \Box \ldots \Box \Box \, q_0 \, x \Box \ldots \Box$$
$$\vdash_{\mathcal{T}'}^* \;\; \Box \ldots \Box \, \alpha \, q \, \beta \Box \ldots \Box \;\; \nvdash_{\mathcal{T}'} \, ,$$

wobei die Blanks links von α und rechts von β für diejenigen Bandzellen stehen, die nach der Initialisierungsphase (die mithilfe der Übergänge in Zustand q_0' stattfindet) nicht mehr besucht werden.[16] Insbesondere gilt:

$$s_{\mathcal{T}'}(f(x)) \;\le\; p(|x|) + s_{\mathcal{T}}(x) \;\le\; 2p(|x|) \;<\; |f(x)| \quad \text{für alle } x \in \Sigma^+ \, .$$

Da $\mathcal{T}$ und $\mathcal{T}'$ dieselbe Endzustandsmenge F haben, akzeptiert $\mathcal{T}'$ das Eingabewort $f(x)$ genau dann, wenn $\mathcal{T}$ das Eingabewort x akzeptiert. Somit gilt:

$$x \in L \;\; \text{gdw} \;\; f(x) \in \mathcal{L}(\mathcal{T}') \;\; \text{gdw} \;\; f(x) \in \mathcal{L}(\mathcal{T}') \,\wedge\, s_{\mathcal{T}'}(f(x)) \le |f(x)|.$$

Daher ist

$$(\mathcal{T}', f(x))$$

eine Instanz für In-Place Acceptance mit der Eigenschaft

$$x \in L \;\; \text{gdw} \;\; (\mathcal{T}', f(x)) \in \text{In-Place Acceptance}.$$

Dabei identifizieren wir die zu In-Place Acceptance gehörende Sprache mit den Paaren $(\mathcal{T}', x')$ bestehend aus einer DTM $\mathcal{T}'$ und einer zugehörigen Eingabe x', sodass $\mathcal{T}'$ das Wort x' in Platz $\le |x'|$ akzeptiert.

Weiter ist klar, dass $\mathcal{T}'$ in konstanter Zeit konstruiert werden kann (da $\mathcal{T}$ als fest angesehen wird) und dass das Wort $f(x)$ in Zeit $\mathcal{O}(poly(|x|))$ berechnet werden kann. (Wesentlicher Kostenfaktor bei der Konstruktion von $f(x)$ ist die Berechnung des Werts $p(|x|)$.) □

Jenseits von *EXPTIME*

Bevor wir den Abschnitt über Komplexitätsthoerie beenden, möchten wir erwähnen, dass wir hier lediglich einen sehr kleinen Ausschnitt der Komplexitätstheorie betrachtet haben. Neben Komplexitätsklassen innerhalb P oder zwischen P und NP oder $PSPACE$ gibt es diverse Klassen, die jenseits von *EXPTIME* liegen. Dazu zählt die Klasse der durch doppelt exponentiell zeitbeschränkte Algorithmen lösbaren Probleme

$$2EXPTIME \;=\; \bigcup_{p \text{ Polynom}} DTIME\left(2^{2^{p(n)}}\right).$$

---

[16] Die Bandzellen, welche die Blanks rechts von β enthalten, werden gar nicht besucht.

Mit ähnlichen Argumenten, wie sie im Beweis für die Aussage $PSPACE \subseteq EXPTIME$ verwendet wurden (Satz 3.2.5, Seite 148), kann man zeigen, dass

$$EXPSPACE \subseteq 2EXPTIME.$$

Das zum *P-NP*-Problem exponentielle Äquivalent ist die ungeklärte Frage

»Gilt $EXPTIME = NEXPTIME$?«

Dabei steht *EXPSPACE* für die Klasse der mit exponentiellem Platz lösbaren Probleme und *NEXPTIME* für das nichtdeterministische Analog von *EXPTIME*.

Über diesen Klassen liegt die Klasse der *elementaren* Probleme. Damit sind sämtliche Probleme gemeint, die sich mit Algorithmen lösen lassen, deren Laufzeit durch eine Funktion des Typs

$$2^{2^{2^{\cdot^{\cdot^{\cdot^{2^{p(n)}}}}}}}$$

für ein Polynom p beschränkt ist.

Abbildung 4.5.3 Komplexitätsklassen jenseits von *EXPTIME*

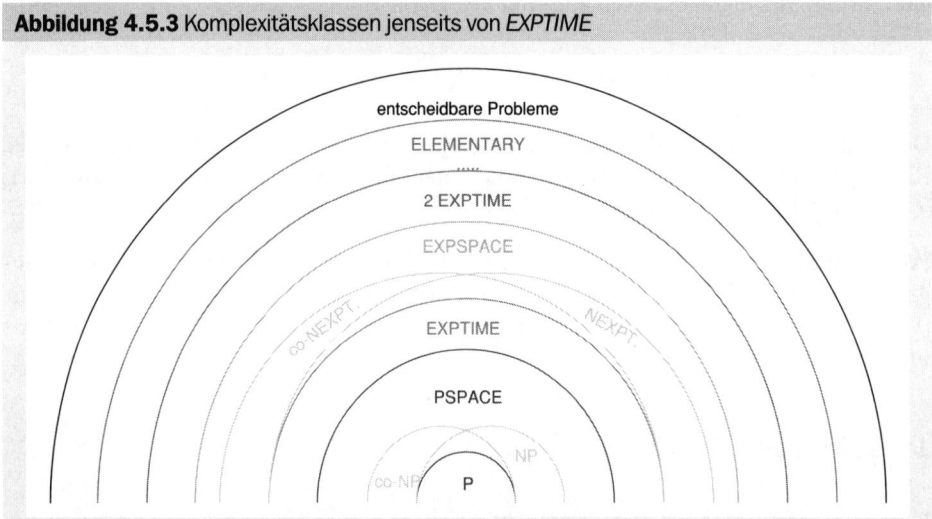

Während wir in diesem Abschnitt nur über Probleme gesprochen haben, die *vermutlich* keine effiziente Lösung haben, gibt es eine Reihe von Problemen, die *nachweislich* nicht effizient lösbar sind. Beispielsweise gibt es Fragestellungen, von denen man nachweisen kann, dass sie durch keinen Polynomialzeitalgorithmus gelöst werden können, während exponentiell zeitbeschränkte Algorithmen bekannt sind. Diese Ergebnisse belegen, dass *P* nicht mit *EXPTIME* übereinstimmt. Insbesondere muss eine der Inklusionen

$$P \subseteq NP \subseteq PSPACE \subseteq EXPTIME$$

echt sein. Es gibt sogar Probleme, die nachweislich bestenfalls in doppelt exponentieller Laufzeit lösbar sind, und entscheidbare Probleme, die noch nicht einmal in der Klasse der elementaren Probleme liegen.

4.6 Übungen

Aufgabe 4.1 Satz von Cook

(a) Im Beweis zum Satz von Cook (vgl. Satz 4.2 Seite 155) wurden Formeln R_1, R_2, R_3 verwendet, um Randbedingungen für das Verhalten einer NTM $\mathcal{T}$ zu codieren. Dabei besagt R_1, dass sich $\mathcal{T}$ zu jedem Zeitpunkt t in genau einem Zustand befindet.

$$R_1 = \bigwedge_t \bigvee_q \left((zustand(t) = q) \land \bigwedge_{q' \in Q \backslash \{q\}} (zustand(t) \neq q') \right).$$

In Analogie sind die beiden anderen Teilformeln R_2 und R_3 definiert. Diese garantieren, dass für jeden Zeitpunkt t der Lese-/Schreibkopf von $\mathcal{T}$ auf genau ein Bandquadrat zeigt (R_2) und dass zu jedem Zeitpunkt t genau ein Zeichen $a \in \Gamma$ in Bandzelle i steht (R_3).

Geben Sie die Formeln R_2 und R_3 und deren Länge an.

(b) Sei $\mathcal{T}_{+1} = (\{q_0, q_1, q_2, q_3\}, \{0, 1\}, \{0, 1, \square\}, \delta, q_0, \square, \{q_3\})$ die Turingmaschine für die Addition »+1« wie in Beispiel 1.2.2. Wir betrachten das Eingabewort $w = 1011$ und die im Beweis des Satzes von Cook konstruierte Formel α.

(i) Nennen Sie ein Polynom p, für das die Konstruktion durchgeführt werden kann.

(ii) Wenn man genau diejenigen Aussagensymbole wahr macht, die für die akzeptierende Berechnung von $\mathcal{T}_{+1}$ für w wahr sind, dann erhält man eine erfüllende Belegung für α. Geben Sie an, welche der folgenden Aussagensymbole unter der so konstruierten erfüllenden Belegung für α wahr sind.

$$zustand(0) = q_1 \qquad zustand(0) = q_0$$
$$position(0) = 0 \qquad position(0) = 1$$
$$band(0,2) = 0 \qquad band(0,2) = 1$$

$$zustand(7) = q_1 \qquad zustand(7) = q_2$$
$$position(7) = 3 \qquad position(7) = 1$$
$$band(7,2) = 0 \qquad band(7,2) = 1$$

Aufgabe 4.2   3COLOR

Die Fragestellung des Dreifärbbarkeitsproblems (3COLOR) ist wie folgt:

3COLOR:

▶ Gegeben: ungerichteter Graph $G = (V, E)$ mit $|V| \leq |E|$

▶ Gefragt: Gibt es eine zulässige Färbung der Knoten von G, die mit (maximal) drei Farben auskommt?

Zeigen Sie: 3COLOR $\leq_{poly}$ SAT.

Aufgabe 4.3   VC, ISET und CP

Sei $G = (V, E)$ ein ungerichteter Graph und $V' \subseteq V$. V' heißt

▶ *unabhängig*, wenn je zwei Knoten $v, w \in V'$ *nicht* über eine Kante miteinander verbunden sind (also wenn $(v, w) \notin E$ für alle $v, w \in V'$),

▶ *Knotenüberdeckung*, wenn jede Kante $(v, w) \in E$ mindestens einen Knoten in V' enthält (also wenn $v \in V'$ oder $w \in V'$).

Die Fragestellungen des »Independent Set Problems« (ISET) und des »Vertex Cover Problems« (VC) sind wie folgt:

ISET:

▶ Gegeben: ungerichteter Graph $G = (V, E)$ und $k \in \mathbb{N}$

▶ Gefragt: Gibt es eine unabhängige Knotenmenge der Kardinalität k?

VC:

▶ Gegeben: ungerichteter Graph $G = (V, E)$ und $k \in \mathbb{N}$

▶ Gefragt: Gibt es eine Knotenüberdeckung der Kardinalität k?

Zeigen Sie, dass ISET und VC *NP*-vollständig sind.

Aufgabe 4.4   Hamiltonkreise und TSP

(a) Wir betrachten folgende beiden Fragestellungen:

▶ DHC (gerichtete Hamiltonkreise): Gegeben ist ein Digraph $G = (V, E)$. Gefragt ist, ob es einen Hamiltonkreis in G gibt; also ob es einen Zyklus gibt, der jeden Knoten genau einmal durchläuft.

▶ TSP (Handlungsreisendenproblem): Gegeben ist ein Digraph $G = (V, E)$ mit einer Kostenfunktion $c : E \to \mathbb{N}$ und $t \in \mathbb{N}$. Gefragt ist, ob es eine Rundreise (einen Hamiltonkreis) der Kosten $\leq t$ gibt.

Zeigen Sie: DHC $\leq_{poly}$ TSP.

(b) Setzen Sie als bekannt voraus, dass DHC NP-vollständig ist, und zeigen Sie, dass auch das Problem längster einfacher Wege in Digraphen:

▶ Gegeben ist ein Digraph G und eine Zahl $t \in \mathbb{N}$.

▶ Gefragt ist, ob es einen einfachen Pfad in G der Länge $\geq t$ gibt.

NP-vollständig ist.

Ist auch das kürzeste Wegeproblem NP-vollständig, d.h. die Frage, ob es zu gegebener Konstante $t \in \mathbb{N}$ und gegebenem Digraphen G einen Pfad der Länge $\leq t$ gibt?

Aufgabe 4.5 Beispiel Reduktionen

Vollziehen Sie die folgenden Reduktionen nach:

(a) SAT $\leq_{poly}$ 3SAT
am Beispiel von $\alpha = \neg(\neg x \vee z) \wedge (\neg(x \vee \neg y))$

(b) 3SAT $\leq_{poly}$ CP
am Beispiel von $(x_1 \vee x_2) \wedge (\neg x_1 \vee x_3 \vee \neg x_4) \wedge (\neg x_2 \vee \neg x_3) \wedge x_4$

(c) 3SAT $\leq_{poly}$ 0/1-ILP
wie (b)

(d) 3SAT $\leq_{poly}$ SUBSUM
wie (b)

Aufgabe 4.6 Richtig oder falsch?

Welche der folgenden Aussagen sind richtig? Geben Sie jeweils eine kurze Begründung für Ihre Antwort.

(a) Wenn RP $\in coNP$, dann gilt $NP = coNP$.

(b) Wenn $\overline{RP} \in P$, dann ist $P = NP$.

(c) Das Zyklusproblem für Digraphen liegt in $coNP$.

(d) Das Primzahlproblem liegt in $PSPACE$.

(e) Jede rekursiv aufzählbare Sprache liegt in $PSPACE$.

(f) Wenn In-Place Acceptance in P liegt, dann ist $NP = PSPACE$.

(g) Die Laufzeit jeder für alle Eingaben terminierenden Registermaschine ist exponentiell zeitbeschränkt (uniformes Kostenmaß).

(h) 0/1-ILP ist rekursiv aufzählbar.

Aufgabe 4.7 Cliquenproblem

(a) Zeigen Sie, dass das Problem, für einen ungerichteten Graphen zu entscheiden, ob er eine k-Clique enthält, für ein konstantes $k \in \mathbb{N}$ in P liegt.

(b) Warum ist dies kein Widerspruch zur NP-Vollständigkeit des Cliquenproblems?

Aufgabe 4.8 Task Scheduling

Betrachten Sie folgende Fragestellung, die unter dem Namen »Task Scheduling« bekannt ist, und zeigen Sie, dass das Problem NP-vollständig ist.

▶ Gegeben: Zahl $k \in \mathbb{N}$ und n Aufträge mit

  ■ den Ausführungszeiten $t_1, \ldots, t_n \in \mathbb{N}$,

  ■ den Schlussterminen $d_1, \ldots, d_n \in \mathbb{N}$,

  ■ den Verlusten $v_1, \ldots, v_n \in \mathbb{N}$.

Der Wert v_i steht für den Verlust, der entsteht, wenn Auftrag i nicht fristgerecht fertig gestellt wird.

▶ Gefragt: Gibt es einen Ausführungszeitplan (beginnend zum Zeitpunkt 0), in dem die Aufträge nacheinander ausgeführt werden, sodass der Gesamtverlust durch k beschränkt ist?

Formalisiert kann die Frage wie folgt formuliert werden: Gibt es eine Permutation $(i_1, \ldots, i_n)$ der Zahlen $(1, \ldots, n)$, sodass

$$\sum_{j=1}^{n} Verlust_j(i_1, \ldots, i_n) \leq k?$$

Dabei ist

$$Verlust_j(i_1, \ldots, i_n) = \begin{cases} v_{i_j} & : \quad \text{falls } t_{i_1} + t_{i_2} + \ldots + t_{i_j} > d_{i_j} \\ 0 & : \quad \text{sonst.} \end{cases}$$

Aufgabe 4.9 Rucksackproblem

Zeigen Sie, dass der nachfolgende Algorithmus

(a) eine optimale Lösung für das rationale Rucksackproblem

  ▶ Gegeben: natürliche Zahlen $p_1, \ldots, p_n, w_1, \ldots, w_n, q, K$

  ▶ Gefragt: Gibt es ein n-Tupel $(x_1, \ldots, x_n)$ rationaler Zahlen mit $x_i \in [0,1]$ und

$$\sum_{i=1}^{n} x_i w_i \leq K \quad \text{und} \quad \sum_{i=1}^{n} x_i p_i = q \ ?$$

liefert.

(b) im Allgemeinen eine nicht optimale Lösung für das $\{0, 1\}$-RP findet.

Algorithmus 4.6.1 [rationales Rucksackproblem]

Wir nehmen o.E. an, dass $p_1/w_1 \geq p_2/w_2 \geq \ldots \geq p_n/w_n$.

$x_1 := 0; \ldots; x_n := 0;$
FOR $i = 1, \ldots, n$ **DO**
   $Gewicht := \sum_{j=1}^{i-1} x_j w_j$
  IF $Gewicht \leq K$ **THEN**
    IF $w_i + Gewicht \leq K$ **THEN**
     $x_i := 1$
    ELSE
     $x_i := \frac{K - Gewicht}{w_i}$
    FI
  FI
OD

Teil III

Formale Sprachen

Formale Sprachen und Automatentheorie spielen z. B. beim Übersetzerbau, Schaltkreis-entwurf oder in der Textverarbeitung eine zentrale Rolle. In diesem Abschnitt erläutern wir die wesentlichen Ideen für den Einsatz formaler Sprachen für den Compilerbau.

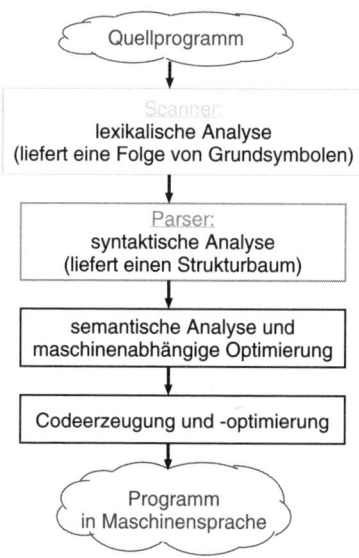

Lexikalische Analyse: Das Ziel der lexikalischen Analyse (die vom *Scanner* vorge-nommen wird) ist im Wesentlichen die Erkennung und Kodierung der *Grundsymbole* sowie die Ausblendung bedeutungsloser Zeichen und Zeichenketten (z. B. Kommentare und Leerzeichen). Man unterscheidet vier Arten von Grundsymbolen: *Schlüsselwörter* (z. B. **IF**, **THEN**, **BEGIN**, etc.), *Spezialsymbole* (z. B. $<$, $+$, ; etc.), *Identifier* (vom Be-nutzer gewählte Namen für Variablen, Programmodule etc.) und *Literale* (vordefinierte Bezeichner für Werte gewisser Datentypen, z. B. Zahlen).

Für Schlüsselwörter und Spezialsymbole ist keine spezielle Spezifikation notwendig, sie können explizit vorgegeben werden. Anders verhält es sich mit den Identifiern und Literalen. Diese werden durch *reguläre Sprachen* spezifiziert. Zu den unterschiedlichen Formalismen zur Darstellung regulärer Sprachen zählen Syntaxdiagramme, reguläre Ausdrücke, reguläre Grammatiken und endliche Automaten.

Syntaktische Analyse: Das Programm geht als Folge von Grundsymbolen aus der lexikalischen Analyse hervor. In der syntaktischen Analyse geht es darum, die Struktur des Programms zu erkennen und eine abstrakte Baumstruktur des Quellprogramms zu erstellen. Dazu wird ein *Parser* verwendet, d.h. ein Analysealgorithmus, der die syntaktische Korrektheit des Programms (repräsentierende Folge von Grundsymbolen) bzgl. der syntaktischen Regeln prüft, die der Programmiersprache zu Grunde liegen.

Die zulässige syntaktische Strukturierung von Programmen einer höheren Programmiersprache wird durch eine (deterministisch) *kontextfreie Grammatik* festgelegt. Beispielsweise könnte man die Konstrukte einer an unsere Algorithmensprache anlehnenden imperativen Sprache durch Regeln der folgenden Form angeben:

$$
\begin{array}{rcl}
Stmts & \to & Assignment \mid CondStmt \mid Loop \mid Stmts; Stmts \mid \ldots \\
Assignment & \to & \text{Variable} := Expr \\
CondStmt & \to & \textbf{IF } BoolExpr \textbf{ THEN } Stmts \textbf{ FI} \mid \ldots \\
Loop & \to & \textbf{WHILE } BoolExpr \textbf{ DO } Stmts \textbf{ OD} \mid \\
BoolExpr & \to & Expr < Expr \mid Expr \leq Expr \mid \ldots \\
& & BoolExpr \wedge BoolExpr \mid \neg BoolExpr \mid \ldots \\
& \vdots &
\end{array}
$$

Semantische Analyse: Im Anschluss an die syntaktische Analyse findet die semantische Analyse statt, deren Aufgaben sehr vielfältig sind (Erstellen eines Definitionsmoduls, Prüfung von Typverträglichkeit, Operatoridentifikation etc.). Wesentlicher Bestandteil ist die Berechnung *kontextsensitiver* Eigenschaften von Programmelementen. Eine zentrale Rolle spielen hier »attributierte Grammatiken«.

Automaten: Ein wesentlicher Aspekt ist die Beziehung zwischen den verschiedenen Sprachtypen und Automatenmodellen (endliche Automaten, Kellerautomaten, Turingmaschinen). Während die Spezifikation einer formalen Sprache mithilfe einer Grammatik die Regeln festlegt, die ein Benutzer anwenden darf, um Wörter der Sprache zu bilden (d.h. den Programmcode zu formulieren), dienen die Automaten als Sprachakzeptoren. Die wesentliche Aufgabe des Automaten besteht darin, zu prüfen, ob das vom Benutzer geschriebene »Wort« (der Quellcode) den syntaktischen Regeln entspricht (d.h. zu der betreffenden Sprache gehört). Tatsächlich basiert die Funktionsweise eines Scanners auf einem *endlichen Automaten*, die eines Parsers auf einem *Kellerautomaten*.

KAPITEL 5

Grammatiken

Im Gegensatz zu Turingmaschinen, für die festgelegt ist, wie ein Wort bearbeitet (und dann evt. akzeptiert oder verworfen wird), geben Grammatiken Regeln vor, nach denen Wörter einer Sprache generiert werden können. Die Grundidee ist ein *Termersetzungsprozess*, bei dem einzelne Zeichen oder Zeichenketten — gebildet aus Terminalzeichen und Hilfsvariablen (Nichtterminalen) — durch andere Wörter ersetzt werden dürfen, bis ein Wort entsteht, das ausschließlich Terminalzeichen enthält. Die Terminalzeichen sind die Symbole der Sprache. Beispielsweise wird man die Symbole »+«, »−«, $0, \ldots, 9$ als Terminalzeichen verwenden, um ganzzahlige Dezimalzahlen zu spezifizieren.

Bevor wir die formale Definition einer Grammatik angeben, erläutern wir die Grundidee an einem einfachen Beispiel. Dabei und im Folgenden werden wir häufig von den Verknüpfungsoperatoren Vereinigung $L_1 \cup L_2$, Durchschnitt $L_1 \cap L_2$, Komplement $\overline{L} = \Sigma^* \setminus L$, Konkatenation

$$L_1 \circ \ldots \circ L_n = L_1 L_2 \ldots L_n = \{x_1 x_2 \ldots x_n : x_i \in L_i, i = 1, \ldots, n\}$$

und dem Kleeneabschluss

$$L^* = \bigcup_{n \geq 0} L^n = \{\varepsilon\} \cup \{x_1 \ldots x_n : x_i \in L, i = 1, \ldots, n, n \geq 1\}$$

Gebrauch machen.

Beispiel 5.0.1. Viele Programmiersprachen lassen als Identifier genau diejenigen Wörter zu, die aus einer beliebig langen Zeichenkette — gebildet aus Klein- und Großbuchstaben und den Ziffern $0, 1, \ldots, 9$ — bestehen und die mit einem Buchstaben beginnen.

> Jeder *Identifier* besteht aus einem *Buchstaben*, gefolgt von
> beliebig vielen *Buchstaben* oder *Ziffern*.

Mit den Operatoren $\circ$ (Konkatenation), Vereinigung und dem Kleeneabschluss können wir die Identifier durch die Sprache

$$L_{Idf} = L_{Buchstabe} \circ \left(L_{Buchstabe} \cup L_{Ziffer}\right)^*$$

charakterisieren. Dabei ist $L_{Buchstabe} = \{$»A«, »B«, $\ldots$, »Z«, »a«, »b«, $\ldots$, »z«$\}$ die Menge (endliche Sprache) der Klein- und Großbuchstaben und $L_{Ziffer} = \{0, 1, \ldots, 9\}$. Alternativ können wir L_{Idf} durch die in Grammatik 5.0.2 angegebenen *Regeln* darstellen.

Die Anführungszeichen (z. B. in »A«) haben lediglich die Funktion, das Terminalsymbol A von dem Nichtterminal A zu unterscheiden (sie sind nicht Bestandteil des Terminalalphabets.)

Grammatik 5.0.2 [Die reguläre Grammatik G_{Idf}]

$$Idf \rightarrow Buchstabe\ A$$

$$A \rightarrow \varepsilon \mid Buchstabe\ A \mid Ziffer\ A$$

$$Buchstabe \rightarrow \text{»A«} \mid \text{»B«} \mid \ldots \mid \text{»Z«} \mid \text{»a«} \mid \text{»b«} \mid \ldots \mid \text{»z«}$$

$$Ziffer \rightarrow 0 \mid 1 \mid \ldots \mid 9$$

Intuitiv steht Idf für eine Variable, die über alle Identifier quantifiziert, während das Symbol A alle Zeichenketten repräsentiert, die aus Buchstaben und Ziffern gebildet werden (einschließlich der Zeichenkette der Länge 0, die wir durch das leere Wort ε repräsentieren).

Die erste Regel $Idf \rightarrow Buchstabe\ A$ besagt, dass wir einen Identifier erhalten, indem wir zuerst einen Buchstaben wählen und an diesen ein aus dem Symbol A hergeleitetes Wort hängen. Die zweite Zeile ist eine Kurzschreibweise für die drei Regeln

$$A \rightarrow \varepsilon, \quad A \rightarrow Buchstabe\ A, \quad A \rightarrow Ziffer\ A.$$

Diese erlauben es, das Symbol A durch eines der drei Wörter ε, $Buchstabe\ A$ oder $Ziffer\ A$ zu ersetzen. Beispielsweise existiert folgende Herleitung

$$Idf \Rightarrow Buchstabe\ A \Rightarrow Buchstabe\ Ziffer\ A \Rightarrow Buchstabe\ Ziffer\ Ziffer\ A$$
$$\Rightarrow Buchstabe\ Ziffer\ Ziffer \Rightarrow \text{H}\ Ziffer\ Ziffer \Rightarrow \text{H4}\ Ziffer \Rightarrow \text{H46}$$

des Identifiers H46 mit der zuvor gezeigten Grammatik. ∎

5.1 Die Chomsky-Hierarchie

Wir geben nun die allgemeine Definition einer Grammatik an. Eine Grammatik besteht aus einer Menge von Variablen, die repräsentativ für herleitbare Wörter stehen. Weiter gibt es eine Menge von Terminalsymbolen. Dies sind die Zeichen des Alphabets Σ, über dem wir eine Sprache definieren möchten. Die Regeln (auch Produktionen genannt) sind von der Form $u \rightarrow v$, wobei u und v Wörter, gebildet aus Terminalzeichen und Variablen, sind.

Im Beispiel der Grammatik G_{Idf} (Grammatik 5.0.2, Seite 196) haben wir es nur mit sehr einfachen Regeln zu tun, in denen das Wort auf der linken Seite einer Regel eine Variable ist. Dies ist ein Spezialfall; allgemein lässt man beliebige Wörter auf der linken und rechten Seite zu. Die einzige Forderung ist, dass das Wort auf der linken Seite einer Regel *mindestens ein Nichtterminal* enthält. Formalisiert werden die Regeln durch Wortpaare.

Definition 5.1.1 [Grammatik]

Eine Grammatik ist ein Tupel $G = (V, \Sigma, \mathcal{P}, S)$ bestehend aus

▶   einer endlichen Menge V von *Variablen* (auch *Nichtterminale* genannt),

▶   einer endlichen Menge Σ von *Terminalsymbolen* mit $V \cap \Sigma = \emptyset$,

▶   einer endlichen Menge

$$\mathcal{P} \subseteq ((V \cup \Sigma)^+ \setminus \Sigma^+) \times (V \cup \Sigma)^* = (V \cup \Sigma)^* V (V \cup \Sigma)^* \times (V \cup \Sigma)^*,$$

▶   einem *Startsymbol* $S \in V$.

Σ wird auch *Terminalalphabet* genannt. Die Elemente von $\mathcal{P}$ werden *Produktionen* oder *Regeln* genannt. Man nennt $\mathcal{P}$ daher auch *Produktionssystem* oder *Regelsystem*.

Üblich ist die Schreibweise $u \rightarrow_G v$ oder kurz $u \rightarrow v$ anstelle von $(u, v) \in \mathcal{P}$. Entsprechend schreibt man $u \not\rightarrow_G v$ oder kurz $u \not\rightarrow v$, falls $(u, v) \notin \mathcal{P}$.

Wir werden im Folgenden häufig auf die explizite Angabe der Komponenten V, Σ und S einer Grammatik verzichten und nur das zugehörige Produktionssystem angeben. Wir verwenden Großbuchstaben $S, A, B, \ldots$ für die Nichtterminale und Kleinbuchstaben $a, b, \ldots$ für die Terminalzeichen. Werden keine weiteren Angaben gemacht, dann ist S das Startsymbol.

Das Produktionssystem wird üblicherweise nicht als Menge von Wortpaaren angegeben. Stattdessen gibt man die Regeln in der Form $u \rightarrow v$ an. Die Schreibweise

$$u \rightarrow v_1 \,\Big|\, v_2 \,\Big|\, \ldots \,\Big|\, v_n$$

ist eine Kurzschreibweise für die Regeln $u \rightarrow v_1, u \rightarrow v_2, \ldots, u \rightarrow v_n$.

Beispiel 5.1.2. [Die Grammatik G_{Idf}] Zunächst machen wir uns die Definition am Beispiel der Regeln für Identifier klar (s. Grammatik 5.0.2 auf Seite 196). Die Variablenmenge ist

$$V = \{Idf, A, Buchstabe, Ziffer\}.$$

Das Terminalalphabet ist die Menge der Buchstaben und Ziffern. Das Startsymbol ist $S = Idf$. Die oben angegebenen Regeln stehen für das Produktionssystem $\mathcal{P}$, bestehend aus den Wortpaaren

$$\langle Idf, Buchstabe\ A\rangle, \quad \langle A, \varepsilon\rangle, \quad \langle A, Buchstabe\ A\rangle, \quad \langle A, Ziffer\ A\rangle,$$

sowie alle Wortpaare $\langle Buchstabe, »\textsf{a}«\rangle$, $\langle Buchstabe, »\textsf{b}«\rangle$, ..., und $\langle Ziffer, \textsf{0}\rangle$, $\langle Ziffer, \textsf{1}\rangle$, ..., $\langle Ziffer, \textsf{9}\rangle$. ∎

Das Anwenden einer Regel bedeutet, dass man in einem bereits hergeleiteten Wort das Teilwort u auf der linken Seite einer Regel $u \rightarrow v$ durch das Wort v auf der rechten Seite ersetzt. Dies wird durch eine Relation $\Rightarrow$ bestehend aus Wortpaaren über dem Alphabet $V \cup \Sigma$ formalisiert. Üblich ist die Schreibweise $x \Rightarrow y$ anstelle von $(x, y) \in \Rightarrow$.

Definition 5.1.3 [Die Ableitungsrelationen $\Rightarrow_G$ und $\Rightarrow_G^*$]

Sei $G = (V, \Sigma, \mathcal{P}, S)$ eine Grammatik. Die Relation $\Rightarrow_G$ (oder kurz $\Rightarrow$) ist wie folgt definiert. Seien x und y zwei Wörter über dem Alphabet $V \cup \Sigma$, dann gilt $x \Rightarrow y$ genau dann, wenn es Wörter $u, v, w, z \in (V \cup \Sigma)^*$ gibt, sodass

$$x = wuz, \quad y = wvz, \quad u \rightarrow v.$$

Die Relation $\Rightarrow_G^*$ oder kurz $\Rightarrow^*$ bezeichnet die reflexive, transitive Hülle von $\Rightarrow$. Diese ist gegeben durch:

$$x \Rightarrow^* y$$

genau dann, wenn es eine Folge $x_0, x_1, \ldots, x_n$ von Wörtern $x_i \in (V \cup \Sigma)^*$ gibt, sodass

$$x_0 = x \Rightarrow x_1 \Rightarrow x_2 \Rightarrow \ldots \Rightarrow x_{n-1} \Rightarrow x_n = y.$$

Der Spezialfall $n = 0$ ist zugelassen. Es gilt also $x \Rightarrow^* x$ für alle Wörter $x \in (V \cup \Sigma)^*$.

Es gilt also $x \Rightarrow y$ genau dann, wenn es eine Regel $u \rightarrow v$ gibt, sodass y aus x entsteht, indem ein Vorkommen von u in x durch das Wort v ersetzt wird. Weiter gilt $x \Rightarrow^* y$ genau dann, wenn sich y aus x durch Anwenden von beliebig vielen (0 oder mehreren) Regeln aus x ergeben kann.

Zum Beispiel gilt für die Grammatik G_{Idf} (Gr. 5.0.2, Seite 196): $Idf \Rightarrow^*$ H46.

Wir verwenden Sprechweisen wie »ein Wort y ist in G aus x ableitbar«, wenn $x \Rightarrow^* y$. Sprechweisen wie »w ist in G ableitbar« oder »w kann durch G erzeugt werden« haben die Bedeutung, dass

$$S \Rightarrow^* w.$$

Die Begriffe *Ableitung* und *Herleitung* verwenden wir als Synonyme.

Definition 5.1.4 [Die durch eine Grammatik erzeugte Sprache]

Sei $G = (V, \Sigma, \mathcal{P}, S)$ eine Grammatik. Die durch G erzeugte Sprache

$$\mathcal{L}(G) \;=\; \{w \in \Sigma^* : S \Rightarrow^* w\}$$

besteht aus allen Wörtern $w \in \Sigma^*$, die sich aus dem Startsymbol S ableiten lassen. $\mathcal{L}(G)$ wird häufig auch die von G *definierte* oder *generierte* Sprache genannt.

Beispiel 5.1.5. *[Erzeugte Sprache]* Wir betrachten die Grammatik G_{Idf} (Gr. 5.0.2, Seite 196). Die erzeugte Sprache $\mathcal{L}(G_{Idf})$ ist — wie erwartet — die Sprache bestehend aus allen Zeichenketten, die mit einem Buchstaben beginnen und dann mit einem beliebig langen (eventuell leeren) Wort — gebildet aus Buchstaben und Ziffern — enden. ■

Definition 5.1.6 [Äquivalenz von Grammatiken]

Seien $G_1 = (V_1, \Sigma, \mathcal{P}_1, S_1)$, $G_2 = (V_2, \Sigma, \mathcal{P}_2, S_2)$ zwei Grammatiken mit demselben Terminalalphabet Σ. G_1 und G_2 heißen *äquivalent*, falls $\mathcal{L}(G_1) \;=\; \mathcal{L}(G_2)$.

Beispiel 5.1.7. *[Äquivalente Grammatiken]* Beispielsweise ist die Grammatik G_{Idf} (Gr. 5.0.2, Seite 196) äquivalent zu der Grammatik G'_{Idf} mit dem Startsymbol Idf' und folgendem Produktionssystem.

$$Idf' \;\;\rightarrow\;\; Buchstabe\ A \;\Big|\; Buchstabe,$$

$$A \;\;\rightarrow\;\; Buchstabe\ A \;\Big|\; Ziffer\ A \;\Big|\; Buchstabe \;\Big|\; Ziffer$$

Dabei ist Idf' das Startsymbol. Die Regeln für die Nichtterminale A, *Buchstabe* und *Ziffer* sind wie in G_{Idf}. ■

Definition 5.1.8 [Grammatiktypen der Chomsky-Hierarchie]

Sei $G = (V, \Sigma, \mathcal{P}, S)$ eine Grammatik. G heißt

▶ *kontextsensitiv* oder *vom Typ 1*, wenn für alle Regeln $u \rightarrow_G v$ gilt: $|u| \leq |v|$[1],

▶ *kontextfrei* oder *vom Typ 2*, wenn $\mathcal{P} \subseteq V \times (V \cup \Sigma)^*$,

▶ *regulär* oder *vom Typ 3*, wenn $\mathcal{P} \subseteq V \times (\{\varepsilon\} \cup \Sigma \cup \Sigma V)$.

Werden keine Einschränkungen gemacht, nennt man G eine Grammatik *vom Typ 0*.

---

[1] Für Grammatiken, für die das leere Wort ableitbar ist, werden wir in Definition 5.1.14 eine Sonderregel angeben.

G ist also genau dann kontextfrei, wenn alle Produktionen von der Form $A \to v$ für ein Nichtterminal A sind. G ist genau dann regulär, wenn alle Produktionen in G von der Form

$$A \to \varepsilon, \quad A \to a, \quad A \to aB$$

sind, wobei A, B Nichtterminale sind und a ein Terminalzeichen ist.

Unmittelbar aus der Definition folgt, dass jede Grammatik vom Typ i ($i = 1,2,3$) zugleich eine Grammatik vom Typ 0 ist. Weiter ist klar, dass jede reguläre Grammatik zugleich kontextfrei ist.

Beispiel 5.1.9. [Grammatiktypen] Wir betrachten Grammatiken mit dem Terminalalphabet

$$\Sigma = \{a, b, c\}$$

und der Variablenmenge

$$V = \{S, A, B\}.$$

Folgende Grammatik ist vom Typ 0, aber nicht vom Typ 1,2 oder 3.

$$S \to AS \mid ccSb, \quad cS \to a, \quad AS \to Sbb, \quad cSb \to c$$

Folgende Grammatik ist kontextsensitiv, aber nicht kontextfrei.

$$S \to aAb, \quad aA \to Abc, \quad Abc \to aacc$$

Ein Beispiel für eine kontextfreie Grammatik, die nicht regulär ist, ist

$$S \to AB, \quad A \to aBb \mid Abc \mid bc, \quad B \to A.$$

Die Grammatik mit den Regeln

$$S \to b, \quad A \to \varepsilon \mid a \mid aA \mid aS$$

ist regulär. Die Grammatik G_{Idf} (Gr. 5.0.2, Seite 196) ist zwar nicht regulär, jedoch ist sie äquivalent zu der regulären Grammatik bestehend aus folgenden Regeln:

$$Idf \quad \to \quad »A«A \mid \ldots \mid »Z«A \mid »a«A \mid \ldots \mid »z«A$$

$$A \quad \to \quad »A«A \mid \ldots \mid »Z«A \mid »a«A \mid \ldots \mid »z«A \mid 0A \mid 1A \mid \ldots \mid 9A \mid \varepsilon \ \blacksquare$$

Die Motivation kontextsensitiver Grammatiken ist wie folgt. Typische kontextsensitive Regeln sind von der Form

$$xAy \to xwy,$$

die es erlauben, A im Kontext $\ldots x \ldots y \ldots$ durch w zu ersetzen. Man beachte jedoch, dass die Definition kontextsensitiver Grammatiken auch völlig andere Regeln zulässt, die dieser intuitiven Erklärung nicht standhalten; Etwa die Regel

$$aAB \to cAd,$$

mit der das Wort aAB durch cAd ersetzt werden darf und somit eine Änderung des Kontexts (und keine kontextabhängige Änderung) erfolgt.

Der Begriff »kontextfrei« erklärt sich daraus, dass in Grammatiken vom Typ 2 die Nichtterminale völlig unabhängig vom Kontext, in dem sie auftauchen, ersetzt werden dürfen.

Die Backus-Naur-Form für kontextfreie Grammatiken ist eine vereinfachte Form, das Produktionssystem anzugeben. Üblich ist die Verwendung des Symbols »::=« anstelle des Pfeils $\to$, d.h. man schreibt

$$A ::= x_1 \mid x_2 \mid \ldots \mid x_n \quad \text{anstelle von} \quad A \to x_1 \mid x_2 \mid \ldots \mid x_n.$$

Eckige Klammern stehen für Optionen:

$$A ::= x[y]z \quad \text{steht für} \quad A \to xz \mid xyz$$

Geschweifte Klammern stehen für beliebig viele Wiederholgungen:

$$A ::= x\{y\}z \quad \text{steht für} \quad A \to xBz, \quad B \to \varepsilon \mid y \mid yB$$

Wir werden im Folgenden von diesen Schreibweisen keinen Gebrauch machen. ∎

Definition 5.1.10 [Sprache vom Typ i]

Sei $L \subseteq \Sigma^*$ eine Sprache. L heißt Sprache *vom Typ i*, falls es eine Grammatik G vom Typ i mit

$$\mathcal{L}(G) = L$$

gibt. Wir verwenden die nahe liegenden Begriffe:

▶ *kontextsensitive* Sprachen für Sprachen vom Typ 1[2]

▶ *kontextfreie* Sprachen für Sprachen vom Typ 2

▶ *reguläre* Sprachen für Sprachen vom Typ 3

Im Folgenden verwenden wir häufig die Abkürzung *KFG* für kontextfreie Grammatiken.

---

[2] In Def. 5.1.14 (Seite 204) werden wir noch weitere Sprachen zur Klasse der kontextsensitiven Sprachen zulassen.

Beispiel 5.1.11. [KFG für aussagenlogische Formeln] Aussagenlogische Formeln über der Menge $X = \{x_1, \ldots, x_n\}$ können induktiv durch folgende vier »Axiome« definiert werden.

1. *true* ist eine Formel.

2. Jedes Aussagensymbol x_i ist eine Formel.

3. Sind α und β Formeln, dann sind auch $(\neg\alpha)$ und $(\alpha \wedge \beta)$ Formeln.

4. Nichts sonst ist eine Formel.

Oftmals verwendet man anstelle derartiger verbaler induktiver Definitionen eine vereinfachte Schreibweise der Form

$$\alpha \ ::= \ true \ \Big| \ x_i \ \Big| \ (\alpha \wedge \beta) \ \Big| \ (\neg\alpha) \, .$$

Wenn wir von einigen »Schönheitsfehlern« absehen, dann ist diese sehr intuitive Schreibweise das Produktionssystem einer kontextfreien Grammatik, aus der sich alle aussagenlogischen Formeln ableiten lassen.

Wir erläutern nun, wie man (präzise) eine kontextfreie Grammatik für die Syntax aussagenlogischer Formeln angeben kann. Das Alphabet der Terminalzeichen ist

$$\Sigma \ = \ X \cup \{true\} \cup \{\neg, \wedge, (,)\}.$$

Wir benötigen nur ein einziges Nichtterminal S. Dieses ist zugleich das Startsymbol. Die vier »Axiome« setzen wir durch folgende Regeln um:

$$S \ \rightarrow \ true \ \Big| \ x_i \ \Big| \ (S \wedge S) \ \Big| \ (\neg S)$$

Für diese Grammatik G gilt nun: Die durch G definierte Sprache $\mathcal{L}(G)$ stimmt mit der Menge aller aussagenlogischen Formeln α über X überein.[3] Beispielsweise ist

$$
\begin{aligned}
S \ &\Rightarrow \ (S \wedge S) \Rightarrow ((S \wedge S) \wedge S) \\
&\Rightarrow \ (((\neg S) \wedge S) \wedge S) \\
&\Rightarrow \ (((\neg x_1) \wedge S) \wedge S) \\
&\Rightarrow \ (((\neg x_1) \wedge x_2) \wedge S) \\
&\Rightarrow \ (((\neg x_1) \wedge x_2) \wedge x_3)
\end{aligned}
$$

eine Ableitung der Formel $\alpha = (((\neg x_1) \wedge x_2) \wedge x_3)$. ∎

---

[3] Wenn man das Symbol α als Startsymbol verwendet, dann unterscheidet sich die oben erwähnte saloppe Schreibweise nur in der Formel $(\alpha \wedge \beta)$ von der präzisen Grammatik. Diese muss durch $(\alpha \wedge \alpha)$ ersetzt werden. Wir haben hier die Verwendung eines neuen Startsymbols S vorgezogen, da wir das Symbol α für Formeln (also die aus der Grammatik abgeleiteten Wörter $\in \Sigma^*$) verwenden.

Beispiel 5.1.12. [Typ 0 Grammatik] Erweitert man die Grammatik aus Beispiel 5.1.11 (Seite 202) um die folgenden Regeln, so erhält man eine Grammatik vom Typ 0, mit der (aufgrund des Assoziativgesetzes überflüssige) Klammern eingespart werden können.

$$(S \wedge (S \wedge S)) \rightarrow (S \wedge S \wedge S)$$
$$((S \wedge S) \wedge S) \rightarrow (S \wedge S \wedge S)$$

Beispielsweise lässt sich nun die Formel $\alpha' = ((\neg x_1) \wedge x_2 \wedge x_3)$ ableiten.[4] ∎

Beispiel 5.1.13. [Typ 1 Grammatik] Die Sprache $L = \{a^n b^n c^n : n \in \mathbb{N}_{\geq 1}\}$ kann durch eine kontextsensitive Grammatik G beschrieben werden.

$$\begin{aligned}
S &\rightarrow aSBC \mid aBC \\
CB &\rightarrow BC \\
aB &\rightarrow ab \\
bB &\rightarrow bb \\
bC &\rightarrow bc \\
cC &\rightarrow cc
\end{aligned}$$

Dabei sind S, B, C Nichtterminale und S das Startsymbol. Beispielsweise ist

$$S \Rightarrow aSBC \Rightarrow aaBCBC \Rightarrow aaBBCC \Rightarrow aabBCC \Rightarrow aabbCC \Rightarrow aabbcC \Rightarrow aabbcc$$

eine Herleitung für das Wort $aabbcc$. Wir zeigen nun, dass

$$\mathcal{L}(G) = L.$$

Durch Induktion nach n kann man zeigen, dass alle Wörter $a^n b^n c^n$, $n \geq 1$, aus S abgeleitet werden können.

Für die Inklusion »⊆« kann man wie folgt argumentieren.

Ist $w \in \{S, B, C, a, b, c\}^*$ und $X \subseteq \{a, b, c, B, C\}$, so schreiben wir

$$Anz(w, X),$$

um die Anzahl an Vorkommen eines Symbols aus X in w zu bezeichnen.

(1) Sei $w \in \{S, B, C, a, b, c\}^*$ ein Wort, sodass $S \Rightarrow^* w$. Durch Inspektion aller Regeln stellt man fest, dass

$$Anz(w, \{a\}) = Anz(w, \{b, B\}) = Anz(w, \{c, C\}).$$

---

[4] Grammatiken vom Typ 0 sind keinesfalls notwendig, um Formeln ohne redundante Klammern zu erzeugen. Man kann eine KFG für die Syntax aussagenlogischer Formeln angeben, mit der es möglich ist, überfüssige Klammern einzusparen. Das Beispiel sollte nur das Prinzip von Typ 0-Grammatiken erläutern.

Damit ist klar, dass jedes Wort $w \in \mathcal{L}(G) \subseteq \{a, b, c\}^*$ ebenso viele a's wie b's und c's enthält.

(2) Ebenso macht man sich durch Inspektion aller Regeln klar, dass für $w \in \{S, B, C, a, b, c\}^*$ mit $S \Rightarrow^* w$ gilt:

▶ Ist $w = uav$, dann ist u von der Form a^n (für ein $n \geq 0$).

▶ Ist $w = ubv$, so enthält u keines der Symbole c, S oder C (d.h. $Anz(u, \{c, S, C\}) = 0$).

Diese Überlegungen zeigen, dass jedes Wort $w \in \mathcal{L}(G)$ die Gestalt $a^n b^m c^k$ hat.

Aus (1) und (2) folgt, dass jedes Wort $w \in \mathcal{L}(G)$ die Gestalt $a^n b^n c^n$ hat. Offenbar ist der Fall $n = 0$ ausgeschlossen. ∎

Die ε-Sonderregel und die ε-Freiheit

Im Folgenden werden wir zeigen, dass Sprachen vom Typ i zugleich Sprachen vom Typ $i - 1$ sind. Für die Fälle $i = 1$ oder $i = 3$ ist diese Aussage klar. Für $i = 2$ liegt eine technische Panne vor. Mit der Forderung

$$|u| \leq |v|$$

für alle Produktionen $u \to v$ einer kontextsensitiven Grammatik kann das leere Wort niemals in der durch eine kontextsensitive Grammatik definierten Sprache $\mathcal{L}(G)$ liegen. Insofern ist jede kontextfreie Sprache, die ε enthält, nicht kontextsensitiv; jedenfalls wenn wir an den in den Definitionen 5.1.8 und 5.1.10 (Seite 199 ff) angegebenen Bedingungen festhalten.

Im Folgenden lockern wir die Definition kontextsensitiver Grammatiken/Sprachen etwas auf und berücksichtigen den Spezialfall von Sprachen, die das leere Wort enthalten.

Definition 5.1.14 [Die ε-Sonderregel für kontextsensitive Grammatiken]

Eine Grammatik $G = (V, \Sigma, \mathcal{P}, S)$ mit $\varepsilon \in \mathcal{L}(G)$ heißt *kontextsensitiv* oder *vom Typ 1*, falls gilt:

(1) $S \to \varepsilon$

(2) Für alle Regeln $u \to v$ in $\mathcal{P} \setminus \{S \to \varepsilon\}$ ist $|u| \leq |v|$ und S kommt in v nicht vor.

Die zugehörige Sprache $\mathcal{L}(G)$ wird als Sprache vom Typ 1 oder kontextsensitive Sprache bezeichnet.

Eine Sprache L ist also genau dann kontextsensitiv, wenn die Sprache $L \setminus \{\varepsilon\}$ kontextsensitiv (im Sinne der Definitionen 5.1.8 und 5.1.10) ist.

Beispiel 5.1.15. Die Grammatik mit dem Startsymbol S und den Regeln

$$S \rightarrow \varepsilon \ \Big| \ Aba, \quad Ab \rightarrow bb$$

ist kontextsensitiv, nicht aber die Grammatik $S \rightarrow \varepsilon \ \Big| \ Sba$. ∎

Wir zeigen nun, dass sich jede kontextfreie Grammatik in eine kontextsensitive Grammatik transformieren lässt. Problematisch sind die in KFGs zulässigen ε-Regeln, d.h. Regeln der Form $A \rightarrow \varepsilon$. Im Folgenden zeigen wir, dass diese ε-Regeln weitgehend entfernt werden können.

Der Markierungsalgorithmus hat als Eingabe eine KFG G und berechnet die Menge aller Nichtterminale A, sodass

$$A \Rightarrow^* \varepsilon.$$

Siehe Algorithmus 5.1.16. Der Markierungsalgorithmus kann insbesondere für den Test, ob

$$\varepsilon \in \mathcal{L}(G),$$

angewandt werden. Hierzu ist lediglich zu prüfen, ob $S \Rightarrow^* \varepsilon$, also ob der Markierungsalgorithmus S ausgibt.

Algorithmus 5.1.16 [Markierungsalgorithmus zur Berechnung aller Nichtterminale A mit $A \Rightarrow^* \varepsilon$]

Markiere alle Nichtterminale A mit $A \rightarrow \varepsilon$.
WHILE es gibt eine Regel $B \rightarrow A_1 \ldots A_n$, sodass $A_1, \ldots, A_n$ markierte Nichtterminale sind und B nicht markiert ist **DO**
   wähle eine solche Regel und markiere B.
OD
Gib alle markierten Nichtterminale aus.

Definition 5.1.17 [ε-Freiheit kontextfreier Grammatiken]

Sei $G = (V, \Sigma, \mathcal{P}, S)$ eine KFG. G heißt ε-*frei*, falls gilt:

(1) Aus $A \rightarrow \varepsilon$ folgt $A = S$.

(2) Falls $S \rightarrow \varepsilon$, dann gibt es *keine* Regel $A \rightarrow v$, sodass S in v vorkommt.

Bis auf die Regel $S \rightarrow \varepsilon$ sind also keine ε-Regeln in ε-freien KFGs zugelassen. Falls $S \rightarrow \varepsilon$, dann stellt Bedingung (2) sicher, dass diese nur zur Herleitung des leeren Worts angewandt, aber in keiner anderen Ableitung eingesetzt werden kann.

Lemma 5.1.18

Zu jeder KFG gibt eine äquivalente ε-freie KFG.

Beweis: Sei $G = (V, \Sigma, \mathcal{P}, S)$ eine KFG. Wir wählen ein neues Startsymbol $S' \notin V \cup \Sigma$ und setzen $V' = V \cup \{S'\}$ und

$$\mathcal{P}'' = \begin{cases} \mathcal{P} \cup \{S' \to S\} & : \quad \text{falls } \varepsilon \notin \mathcal{L}(G) \\ \mathcal{P} \cup \{S' \to S, S' \to \varepsilon\} & : \quad \text{sonst.} \end{cases}$$

Offenbar ist $G'' = (V', \Sigma, \mathcal{P}'', S')$ eine KFG mit $\mathcal{L}(G) = \mathcal{L}(G'')$ und der Eigenschaft, dass das Startsymbol S' auf keiner rechten Seite einer Produktion in G'' vorkommt. Es ist jedoch möglich, dass es in G'' ε-Regeln, d.h. Regeln der Form $A \to \varepsilon$, gibt.

Sei G' diejenige Grammatik, die aus G'' entsteht, indem Algorithmus 5.1.19 angewandt wird. Offenbar ist G' eine ε-freie Grammatik mit

$$\mathcal{L}(G') = \mathcal{L}(G'') = \mathcal{L}(G).$$

$\square$

Algorithmus 5.1.19   [Konstruktion einer äquivalenten ε-freien KFG]

Wende den Markierungsalgorithmus an, um $V_\varepsilon = \{A \in V : A \Rightarrow^* \varepsilon\}$ zu berechnen.
Entferne alle ε-Regeln aus G.
WHILE $\exists$ Regel $B \to xAy$ mit $A \in V_\varepsilon$, $|xy| \geq 1$ und $B \not\to xy$ **DO**
     wähle eine solche Regel und füge $B \to xy$ als neue Regel ein.
OD
IF $S' \in V_\varepsilon$ **THEN**
     Füge die Regel $S' \to \varepsilon$ ein.
FI

Offenbar ist jede ε-freie KFG kontextsensitiv. Damit erhalten wir:

Corollar 5.1.20

Jede kontextfreie Sprache ist kontextsensitiv.

Beweis: Dieser folgt sofort aus Lemma 5.1.18 (Seite 206) und der Tatsache, dass bis auf die eventuelle Regel $S \to \varepsilon$ jede Regel $A \to v$ einer ε-freien KFG die Bedingung

$$|A| = 1 \leq |v|$$

erfüllt.

$\square$

Die offensichtlichen Inklusionen zusammen mit Corollar 5.1.20 ergeben folgenden Satz:

Satz 5.1.21

Sprachen vom Typ i sind zugleich Sprachen von Typ $i - 1$ ($i = 1,2,3$).

Die Klassisifizierung der Sprachtypen sowie deren Zusammenhang geht auf Chomsky (1956) zurück und wird daher als Chomsky-Hierarchie bezeichnet.

Abbildung 5.1.22 Chomsky-Hierarchie

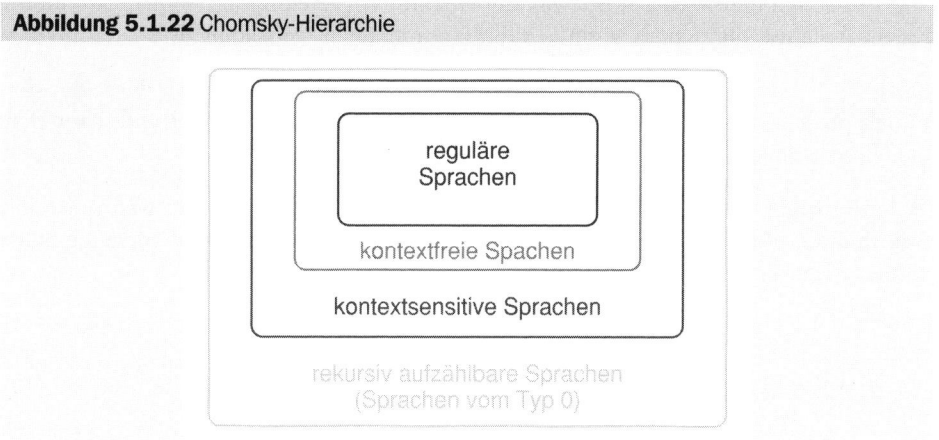

Abschlusseigenschaften

Die Verknüpfungsoperatoren Vereinigung, Durchschnitt und Komplement, Konkatenation und Kleeneabschluss spielen eine wichtige Rolle beim Entwurf von Grammatiken.[5]

Beispielsweise kann man die Menge von natürlichen Dezimalzahlen durch die Sprache

$$L_{Dezimalzahl} = \{0\} \cup \{1,2,\ldots,9\} \circ \{0,1,2,\ldots,9\}^*$$

über dem Alphabet $\Sigma = \{0,1,2,\ldots,9\}$ charakterisieren. Eine Grammatik für $L_{Dezimalzahl}$ ergibt sich durch Grammatiken für die endlichen Sprachen

$$\{0\}, \quad \{1,2,\ldots,9\} \quad \text{und} \quad \{0,1,\ldots,9\}$$

und die Operatoren Vereinigung, Kleeneabschluss und Konkatenation.

Abgeschlossenheit unter Verknüpfungsoperatoren: Wir sagen Sprachtyp i ist *abgeschlossen* unter der Vereinigung, falls für je zwei Sprachen L_1 und L_2 gilt:

$$\text{Mit } L_1 \text{ und } L_2 \text{ ist auch } L_1 \cup L_2 \text{ vom Typ } i.$$

---

[5]   Der Konkatenationsoperator und der Kleeneabschluss wurden auf Seite 195 eingeführt.

Dabei kann man o. E. annehmen, dass L_1 und L_2 dasselbe Alphabet zu Grunde liegt. Sind $L_1 \subseteq \Sigma_1^*$ und $L_2 \subseteq \Sigma_2^*$, dann betrachten wir das Alphabet

$$\Sigma = \Sigma_1 \cup \Sigma_2$$

und fassen L_1, L_2 und $L_1 \cup L_2$ als Sprachen über dem Alphabet Σ auf.

Entsprechende Bedeutung haben die Begriffe Abgeschlossenheit unter Durchschnitt, Komplement, Konkatenation oder Kleeneabschluss.

Wir betrachten hier zunächst nur die drei Operatoren Vereinigung, Konkatenation und Kleeneabschluss, die sich recht einfach mit Grammatiken realisieren lassen.

Seien $G_1 = (V_1, \Sigma, \mathcal{P}_1, S_1)$ und $G_2 = (V_2, \Sigma, \mathcal{P}_2, S_2)$ Grammatiken mit denselben Terminalalphabeten. Wir können o.E. annehmen, dass $V_1 \cap V_2 = \emptyset$. (Andernfalls kann man die Nichtterminale entsprechend umbenennen.)

Vereinigung: $G_1 \uplus G_2$ bezeichnet diejenige Grammtik, die man erhält, wenn man alle Regeln in G_1 und G_2 zulässt und ein neues Startsymbol S hinzufügt, aus dem die Startsymbole von G_1 und G_2 in einem Schritt herleitbar sind. Formal ist

$$G_1 \uplus G_2 = (V, \Sigma, \mathcal{P}, S)$$

wie folgt definiert. Die Variablenmenge ist

$$V = V_1 \cup V_2 \cup \{S\}$$

mit einem neuen Startsymbol $S \notin V_1 \cup V_2$. Das Produktionssystem ist

$$\mathcal{P} = \mathcal{P}_1 \cup \mathcal{P}_2 \cup \{S \to S_1, S \to S_2\}.$$

Dann ist

$$\mathcal{L}(G_1 \uplus G_2) = \mathcal{L}(G_1) \cup \mathcal{L}(G_2).$$

Weiter gilt: Sind G_1 und G_2 vom Typ i, dann ist auch $G_1 \uplus G_2$ vom Typ i. Dabei ist $i \in \{1,2,3\}$.

Konkatenation: $G_1 \circ G_2$ erhält man, indem man alle Regeln von G_1 und G_2 zulässt und ein neues Startsymbol S einfügt, aus dem sich das Wort $S_1 S_2$ ableiten lässt. Formal ist

$$G_1 \circ G_2 = (V, \Sigma, \mathcal{P}, S)$$

wie folgt definiert. Die Variablenmenge ist

$$V = V_1 \cup V_2 \cup \{S\}$$

mit einem neuen Startsymbol $S \notin V_1 \cup V_2$. Das Produktionssystem ist

$$\mathcal{P} = \mathcal{P}_1 \cup \mathcal{P}_2 \cup \{S \to S_1 S_2\}.$$

Offenbar ist

$$\mathcal{L}(G_1 \circ G_2) = \mathcal{L}(G_1) \circ \mathcal{L}(G_2).$$

Mit G_1 und G_2 ist auch $G_1 \circ G_2$ vom Typ 1 bzw. 2.

Kleeneabschluss: Sei $G = (V, \Sigma, \mathcal{P}, S)$ eine Grammatik. G^* bezeichnet diejenige Grammtik, die G um ein neues Startsymbol S' erweitert, aus dem sich ε und SS' herleiten lassen. Formal ist

$$G^* = (V', \Sigma, \mathcal{P}', S'),$$

wobei $V' = V \cup \{S'\}$ mit $S' \notin V$ und

$$\mathcal{P}' = \mathcal{P} \cup \{S' \to \varepsilon, S' \to SS'\}.$$

Dann gilt $\mathcal{L}(G^*) = \mathcal{L}(G)^*$. Mit G ist auch G^* vom Typ 2. Für kontextsensitive Grammatiken ist G^* zwar nicht kontextsensitiv (aufgrund der Regeln $S' \to SS'$ und $S' \to \varepsilon$); jedoch können wir eine zu G^* äquivalente Grammatik mit dem Produktionssystem

$$\mathcal{P}'' = \mathcal{P} \cup \{S'' \to \varepsilon, S'' \to S', S' \to S, S' \to SS'\}$$

und dem Startsymbol S'' angeben. Diese ist kontextsensitiv, falls G kontextsensitiv und $\varepsilon \notin \mathcal{L}(G)$ ist. Ist G kontextsensitiv und $\varepsilon \in \mathcal{L}(G)$ (also $S \to_G \varepsilon$), so können wir das Produktionssystem $\mathcal{P}'' \setminus \{S \to \varepsilon\}$ (anstelle von $\mathcal{P}''$) verwenden, um eine zu G^* äquivalente kontextsensitive Grammatik zu erhalten.

Diese Ergebnisse zeigen, dass die Klasse der Sprachen vom Typ 0, 1 und 2 jeweils unter der Vereinigung, der Konkatenation und dem Kleeneabschluss abgeschlossen sind. Entsprechendes gilt auch für reguläre Sprachen, wie wir später sehen werden. (S. Satz 6.2.16, Seite 246).

Beispiel 5.1.23. [Grammatik für Dezimalzahlen] Die Grammatik G mit den Regeln

$$S \to 0 \,\big|\, 1 \,\big|\, 2 \,\big|\, \dots \,\big|\, 9$$

definiert die Sprache der Ziffern $\mathcal{L}(G) = \{0, 1, \dots, 9\}$. Der Kleeneabschluss enthält alle Ziffernfolgen und wird durch die Grammatik G^* mit den Regeln

$$S_* \;\to\; \varepsilon \,\big|\, S \,\big|\, SS_* \qquad\qquad S \;\to\; 0 \,\big|\, 1 \,\big|\, 2 \,\big|\, \dots \,\big|\, 9$$

definiert, wobei S_* das Startsymbol ist. Die Sprache

$$\mathcal{L}(G)^+ = \mathcal{L}(G) \circ \mathcal{L}(G)^* \qquad \big(= \mathcal{L}(G \circ G^*) \big)$$

aller nicht leeren Ziffernfolgen wird durch die Regeln

$$S_+ \;\to\; SS_* \qquad S_* \;\to\; \varepsilon \,\big|\, S \,\big|\, SS_* \qquad S \;\to\; 0 \,\big|\, 1 \,\big|\, 2 \,\big|\, \dots \,\big|\, 9$$

definiert (wobei S_+ das Startsymbol ist).

Um Dezimalzahlen ohne führende Nullen zu spezifizieren, benötigen wir eine leichte Modifikation:

$$S' \;\to\; 0 \;\Big|\; 1S_* \;\Big|\; 2S_* \;\Big|\; \dots \;\Big|\; 9S_* \qquad S_* \;\to\; \varepsilon \;\Big|\; S \;\Big|\; SS_* \qquad S \;\to\; 0 \;\Big|\; 1 \;\Big|\; 2 \;\Big|\; \dots \;\Big|\; 9$$

(wobei S' das Startsymbol ist). ∎

5.2 Sprachen vom Typ 0

Die Herleitung von Wörtern aus einer Grammatik ist ein nichtdeterministischer Prozess, der mit NTMs (und damit DTMs) vollzogen werden kann. In Algorithmus 5.2.1 ist ein nichtdeterministisches Semientscheidungsverfahren für die durch eine Grammatik erzeugte Sprache $\mathcal{L}(G)$ skizziert, aus dem sich nachfolgendes Lemma ergibt:

Algorithmus 5.2.1 [Nichtdeterministisches Semientscheidungsverfahren für die Sprache $\mathcal{L}(G)$]

(* Sei Σ das Terminalalphabet und S das Startsymbol von G *)
(* Sei $w \in \Sigma^*$ das Eingabewort *)

WHILE $w \neq S$ **DO**
    wähle nichtdeterministisch eine Regel $u \to v$ in G;
    IF v ist ein Teilwort von w **THEN**
        ersetze ein Vorkommen von v in w durch u
    FI
OD
Gib »JA« aus und halte an.

Lemma 5.2.2

Zu jeder Grammatik G gibt es eine NTM $\mathcal{T}$ mit $\mathcal{L}(G) = \mathcal{L}(\mathcal{T})$.

Umgekehrt kann man zu jeder Turingmaschine $\mathcal{T}$ eine Grammatik konstruieren, die die Sprache $\mathcal{L}(\mathcal{T})$ generiert. Wir zitieren das Ergebnis ohne Beweis.

Lemma 5.2.3

Zu jeder DTM $\mathcal{T}$ gibt es eine Grammatik G mit $\mathcal{L}(\mathcal{T}) = \mathcal{L}(G)$.

Lemma 5.2.3 und 5.2.2 zusammen mit Satz 2.3.13 (Seite 124) liefern, dass Grammatiken vom Typ 0 ein weiterer Formalismus für Semientscheidbarkeit sind. Wir erhalten folgenden Satz.

Satz 5.2.4

Sei L eine Sprache. Dann sind folgende Aussagen äquivalent:

▶ *L ist semientscheidbar, d.h. $L = \mathcal{L}(\mathcal{T})$ für eine DTM $\mathcal{T}$.*

▶ *$L = \mathcal{L}(\mathcal{T})$ für eine NTM $\mathcal{T}$.*

▶ *L ist eine Sprache vom Typ 0, d.h. $L = \mathcal{L}(G)$ für eine Grammatik G.*

Abschlusseigenschaften

Die Verknüpfungsoperatoren für Grammatiken (Seite 207) belegen, dass die Klasse der Sprachen vom Typ 0 unter Vereinigung, Konkatenation und Kleeneabschluss abgeschlossen ist.

Es ist leicht zu sehen, dass mit L_1 und L_2 auch die Durchschnittssprache $L_1 \cap L_2$ vom Typ 0 ist. Man kann sich diesen Sachverhalt z. B. mit Semientscheidungsverfahren sehr leicht klar machen. Wir können ein Verfahren angeben, das zwei Semientscheidungsverfahren für L_1 und L_2 parallel ausführt und genau dann mit der Antwort »JA« terminiert, wenn beide Semientscheidungsverfahren mit der Antwort »JA« anhalten. (Alternativ kann man die Semientscheidungsverfahren für L_1 und L_2 hintereinander schalten; d.h. zuerst das Verfahren für L_1 ausführen; falls dieses mit der Antwort »JA« terminiert, startet man das Verfahren für L_2.)

Andererseits haben wir in Abschnitt 2 gesehen, dass die semientscheidbaren Sprachen nicht unter der Komplementbildung abgeschlossen sind. Beispielsweise ist die Komplementsprache $\overline{H}$ des Halteproblems nicht vom Typ 0, während H vom Typ 0 ist (siehe Satz 2.2.6 auf Seite 106 und Satz 2.2.18 auf Seite 112).

Wir fassen zusammen:

Satz 5.2.5

Die Klasse der semientscheidbaren Sprachen ist unter Vereinigung, Konkatenation, Kleeneabschluss und Durchschnitt abgeschlossen, nicht aber unter der Komplementbildung.

5.3 Kontextsensitive Sprachen

Kontextabhängige Eigenschaften von Programmelementen spielen bei der semantischen Analyse eines Übersetzers eine entscheidende Rolle. Sie können mit Grammatiken vom Typ 1 formuliert werden.

In diesem Abschnitt untersuchen wir den Zusammenhang zwischen Sprachen vom Typ 1 und Turingmaschinen. Wir werden sehen, dass sich die kontextsensitiven Sprachen durch eine Unterklasse von Turingmaschinen, die mit linearem Platz auskommen, charakterisieren lassen.

Linear beschränkte Automaten (LBAs)

Linear beschränkte Automaten (Abk. LBAs) sind NTMs, die mit zwei Begrenzungssymbolen \$ und # arbeiten. Das Symbol \$ kennzeichnet das linke Ende und # das rechte Ende des Bandbereichs, den die NTM nutzen darf. Dies wird durch folgende beide Bedingungen, die an die Übergangsfunktion δ eines LBAs gestellt werden, sichergestellt.

(1) Ist $(q', c, X) \in \delta(q, \$)$, so ist $c = \$$ und $X \in \{R, N\}$.

(2) Ist $(q', c, X) \in \delta(q, \#)$, so ist $c = \#$ und $X = \{L, N\}$.

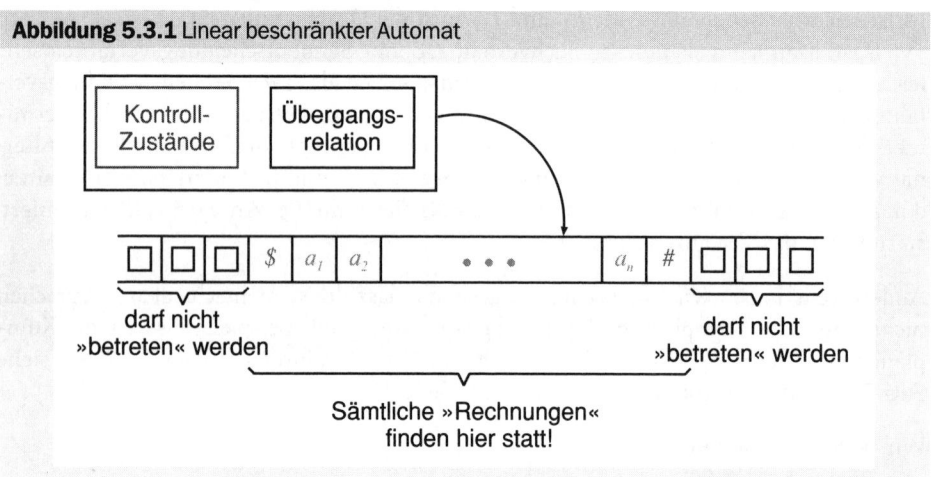

Abbildung 5.3.1 Linear beschränkter Automat

Initial steht das Eingabewort genau zwischen den Begrenzungssymbolen. Die Anfangskonfiguration für das Eingabewort w ist

$$\$q_0 w\#,$$

wobei q_0 der Anfangszustand ist. Die akzeptierte Sprache eines LBAs mit dem Eingabealphabet Σ, der Endzustandsmenge F und dem Anfangszustand q_0 ist

$$\mathcal{L}_{LBA}(\mathcal{T}) = \{w \in \Sigma^* : \$q_0 w\# \vdash^* \alpha q \beta \text{ für ein } q \in F\}.$$

Beispiel 5.3.2. Wir betrachten die Sprache

$$L = \{w \in \{a, b, c\}^* : Anz(w, a) = Anz(w, b) = Anz(w, c)\}$$

aller Wörter w über dem Alphabet $\Sigma = \{a, b, c\}$, für die die Anzahl an a's, b's und c's in w übereinstimmt. Dabei ist $Anz(w, a)$ die Anzahl an a's in w. Entsprechende Bedeutung haben $Anz(w, b)$ und $Anz(w, c)$. Zum Beispiel gilt

$$abcacb \in L, \quad abbcc \notin L.$$

L wird durch einen LBA akzeptiert, dessen Arbeitsweise auf Algorithmus 5.3.3 (Seite 213) beruht. ■

Algorithmus 5.3.3   [Nichtdeterministisches Entscheidungsverfahren für L]

> **WHILE** w enthält mindestens ein a **DO**
>   Ersetze ein Vorkommen von a durch $\sqrt{}$
>   **IF** w enthält mindestens ein b **THEN**
>   Ersetze ein Vorkommen von b durch $\sqrt{}$
>   **ELSE**
>   Laufe endlos
>   **FI**
>   **IF** w enthält mindestens ein c **THEN**
>   ersetze ein Vorkommen von c durch $\sqrt{}$
>   **ELSE**
>   Laufe endlos
>   **FI**
> **OD**
> **IF** $w = \varepsilon$ oder w besteht nur noch aus $\sqrt{}$'s **THEN**
>   Akzeptiere
> **ELSE**
>   Laufe endlos
> **FI**

LBAs und kontextsensitive Grammatiken

Die Forderung, dass nur die durch Eingabesymbole belegten Bandzellen benutzt werden dürfen, induziert, dass LBAs niemals mehr als n Zeichen speichern können, wenn n die Eingabelänge ist. Genauer gilt: Aus

$$\$q_0 w\# \;\vdash^*\; \alpha\, q\, \beta$$

folgt, dass das Wort $\alpha\beta$ von der Form $\$x\#$ mit $|x| = |w|$ ist.

Ein symmetrisches Phänomen ist auch für kontextsensitive Grammatiken zu verzeichnen, für die sämtliche abgeleiteten Wörter x_i einer Herleitung

$$S \Rightarrow x_1 \Rightarrow \ldots \Rightarrow x_{m-1} \Rightarrow x_m = w$$

höchstens die Länge $|w|$ haben. Daher lässt sich das im Beweis von Lemma 5.2.2 (Seite 210) angegebene Verfahren mit LBAs realisieren, falls eine kontextsensitive Grammatik vorliegt. Wir erhalten folgendes Lemma (vgl. auch Abbildung 5.3.4)

Abbildung 5.3.4

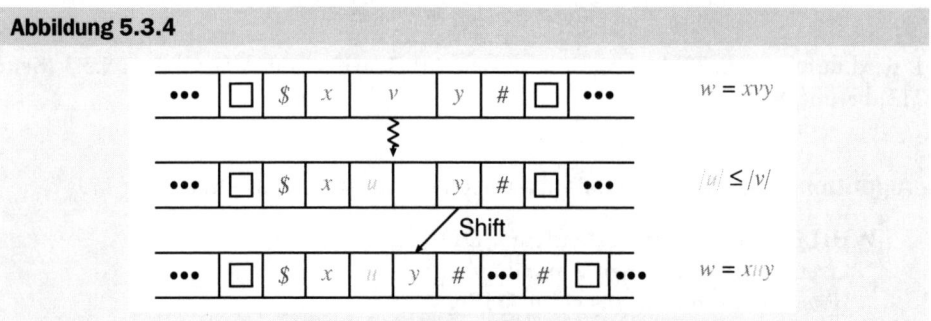

Lemma 5.3.5

Zu jeder kontextsensitiven Grammatik G gibt es einen LBA T mit

$$\mathcal{L}_{LBA}(T) = \mathcal{L}(G).$$

Ohne Beweis erwähnen wir, dass auch umgekehrt zu jeder Grammatik G vom Typ 1 ein LBA konstruiert werden kann, der die Sprache $\mathcal{L}(G)$ akzeptiert.

Lemma 5.3.6

Zu jedem LBA T gibt es eine Grammatik G mit $\mathcal{L}_{LBA}(T) = \mathcal{L}(G)$. (ohne Beweis)

Lemma 5.3.6 und 5.3.5 liefern die Gleichwertigkeit von LBAs und Grammatiken vom Typ 1. Diese Beobachtung geht auf Kuroda (1964) zurück (siehe z. B. [Sch92] oder [HU80]).

Satz 5.3.7

Eine Sprache L ist genau dann kontextsensitiv, wenn

$$L = \mathcal{L}_{LBA}(T)$$

für einen LBA T.

Nichtdeterminismus versus Determinismus

Ein deterministischer LBA bezeichnet einen linear beschränkten Automaten, dem eine DTM zu Grunde liegt.

Während NTMs und DTMs gleich mächtig sind, ist die entsprechende Frage, ob deterministische LBAs und LBAs dieselben Sprachen akzeptieren können, noch ungeklärt.

Abschlusseigenschaften

Die Klasse der kontextsensitiven Sprachen ist unter Vereinigung, Konkatenation und Kleeneabschluss abgeschlossen (Seite 207). Darüber hinaus ist das Komplement $\overline{L}$ einer kontextsensitiven Sprache L kontextsensitiv. Diese Ergebnis geht auf Immerman und Szelepcsényi (1987) zurück (siehe z. B. [Sch92] oder [Weg93]). Wir verzichten auf den sehr aufwändigen Beweis.

Durch Anwenden der de Morganschen Regel

$$L_1 \cap L_2 \;=\; \overline{\overline{L_1} \cup \overline{L_2}}$$

ergibt sich, dass die Klasse der Sprachen vom Typ 0 auch unter der Durchschnittsbildung abgeschlossen ist.

Satz 5.3.8

Die Klasse der Sprachen vom Typ 1 ist unter Vereinigung, Konkatenation, Kleeneabschluss, Komplementbildung und Durchschnitt abgeschlossen.

(teilweise ohne Beweis)

5.4   Das Wortproblem für Sprachen vom Typ 0 und vom Typ 1

In jeder Teilphase des Analysevorgangs eines Übersetzers ist die wesentliche Problemstellung, zu prüfen, ob das Quellprogramm bzw. eine daraus resultierende Folge von Symbolen die Regeln der betreffenden Programmiersprache erfüllt. Es handelt sich also um ein Wortproblem.[6] Für jeden Sprachentyp kann man das zugehörige Wortproblem betrachten.

Das Wortproblem für Sprachen vom Typ i

▶   Gegeben: Sprache $L \subseteq \Sigma^*$ vom Typ i und ein Wort $w \in \Sigma^*$

▶   Gefragt: Gilt $w \in L$?

---

[6]   Beispielsweise ist es die Aufgabe des Scanners, festzustellen, ob eine Zeichenkette des Quellprogramms aus der für die Grundsymbole angegebenen Grammatik ableitbar ist (und um welches Grundsymbol es sich handelt). Der Parser muss prüfen, ob sich die vom Scanner generierte Folge von Grundsymbolen aus den Regeln der der Programmiersprache zu Grunde liegenden Grammatik ableiten lässt.

Da die Klasse der Sprachen vom Typ 0 mit der Klasse der von Turingmaschinen akzeptierten Sprachen übereinstimmt, erhalten wir folgenden Satz, der im Wesentlichen eine Folgerung aus der Unentscheidbarkeit des Halteproblems ist (siehe Satz 2.2.17, Seite 111).

Satz 5.4.1 [Das Wortproblem für Sprachen vom Typ 0]

Für Sprachen vom Typ 0 ist das Wortproblem unentscheidbar.

Grammatiken vom Typ 0 scheiden daher für die beim Compilerbau zu lösenden Aufgaben aus. Für kontextsensitive Sprachen ist das Wortproblem zwar entscheidbar, aber teuer. Wir geben einen Algorithmus an, der das Wortproblem für Sprachen vom Typ 1 in exponentieller Zeit löst, wenn die Sprache durch eine kontextsensitive Grammatik gegeben ist.

Sei $G = (V, \Sigma, \mathcal{P}, S)$ eine Grammatik vom Typ 1 und $w \in \Sigma^*$.

Ist $w = \varepsilon$, dann können wir durch Inspektion der Regeln mit dem Startsymbol S auf der linken Seite feststellen, ob $w \in \mathcal{L}(G)$ liegt.

Im Folgenden nehmen wir an, dass $w \neq \varepsilon$. Sei $n = |w|$ die Länge von w. (Es gilt $n \geq 1$, da $w \neq \varepsilon$.) Die Grundidee besteht in der Berechnung der Mengen T_n^m aller Wörter $x \in (V \cup \Sigma)^*$ mit $|x| \leq n$ und für die es eine Ableitung von x aus S in höchstens m Schritten gibt.

Für festes n geben wir eine induktive Charakterisierung der Mengen T_n^m an, die wir als Berechnungsvorschrift einsetzen werden. Es gilt:

$$T_n^0 = \{S\}$$

und

$$T_n^{m+1} = T_n^m \cup \{x \in (V \cup \Sigma)^* : |x| \leq n \wedge t \Rightarrow x \text{ für ein } t \in T_n^m\}.$$

Da eine kontextsensitive Grammatik vorliegt, gilt für $n \in \mathbb{N}_{\geq 1}$:

$$\{w \in \mathcal{L}(G) : |w| \leq n\} \subseteq \bigcup_{m \geq 0} T_n^m.$$

Andererseits ist T_n^m eine Menge von Wörtern über dem Alphabet $V \cup \Sigma$, die die Länge $\leq n$ haben. Offenbar ist

$$T_n^0 \subseteq T_n^1 \subseteq T_n^2 \subseteq \ldots$$

Da es nur endlich viele Wörter über $V \cup \Sigma$ der Länge $\leq n$ gibt, existiert ein Index m mit

$$T_n^m = T_n^{m+1} = T_n^{m+2} = \ldots$$

Damit ergibt sich folgendes Verfahren für das Wortproblem. Wir berechnen sukzessive die Mengen T_n^m, $m = 0,1,\ldots$ und halten an, sobald entweder $w \in T_n^m$ oder $T_n^m = T_n^{m+1}$. Diese Idee ist in Algorithmus 5.4.2 skizziert.

Algorithmus 5.4.2   [Algorithmus für das Wortproblem bei kontextsensitiven Sprachen]

$n := |w|;$
$m := 0;$
$T_n^0 := \{S\};$
REPEAT
  Berechne $T_n^{m+1};$
  $m := m + 1;$
UNTIL $w \in T_n^m$ oder $T_n^{m-1} = T_n^m;$
IF $w \in T_n^m$ **THEN**
  return »JA. w gehört zu $\mathcal{L}(G)$.«
ELSE
  return »NEIN. w gehört nicht zu $\mathcal{L}(G)$.«
FI

Der angegebene Algorithmus hat exponentielle worst-case Laufzeit.[7] Tatsächlich können wir kein sehr viel besseres Verfahren erwarten, da das Wortproblem für kontextsensitive Sprachen zu den vermutlich nicht effizient lösbaren Problem zählt.

Satz 5.4.3

Für Sprachen vom Typ 1 ist das Wortproblem PSPACE-vollständig.

Beweis: Siehe Übungsaufgabe 5.4.   □

Schränkt man die Sprachtypen weiter ein und geht von speziellen Eingabeformaten aus, dann ist das Wortproblem sehr viel effizienter lösbar. Für Sprachen vom Typ 2 werden wir einen Algorithmus mit kubischer Laufzeit angeben. Für Sprachen vom Typ 3 kann das Wortproblem in linearer Zeit gelöst werden. Weiter werden wir eine Teilklasse der kontextfreien Sprachen kennen lernen, für die wir das Wortproblem ebenfalls in linearer Zeit lösen können. Diese Linearzeitalgorithmen spielen für praktische Anwendungen (insb. im Bereich des Compilerbaus) eine entscheidende Rolle.

---

[7] Man beachte, dass im schlimmsten Fall alle Wörter in $(V \cup \Sigma)^*$ der Länge $\leq n$ in T_n^m liegen. Die Anzahl an Wörtern in $(V \cup \Sigma)^*$ der Länge $\leq n$ ist $\Theta((|V| + |\Sigma|)^n)$.

5.5 Übungen

Aufgabe 5.1 Beispiel: kontextsensitive Grammatik

Geben Sie eine kontextsensitive Grammatik für die Sprache

$$L = \left\{ w \in \{a, b, c\}^* : Anz(w, a) = Anz(w, b) = Anz(w, c) \right\}$$

an.

Dabei ist $Anz(w, a)$ die Anzahl an a's, die in w vorkommen. Entsprechende Bedeutung haben $Anz(w, b)$ und $Anz(w, c)$.

Begründen Sie, warum $\mathcal{L}(G) = L$ für die von Ihnen angegebene Grammatik G und skizzieren Sie die Ableitungen für die Wörter $aabbcc$ und $cbaacb$.

Aufgabe 5.2 Entwurf von Grammatiken

Geben Sie jeweils Grammatiken an, die die folgenden Sprachen erzeugen:

(a) $L_a = \{ww^R : w \in \{0,1\}^*, w$ endet mit einer Eins$\}$.

(b) L_b Menge aller Wörter $w \in \{0,1\}^*$, die das Teilwort 001 enthalten.

(c) $L_c = \{a^n b^n c^k : n \geq 0, k \geq 2\}$.

(d) $L_d = \{\varepsilon, 001, 010, 101\} \cup \{(01)^n (10)^m : n, m \geq 1\}$.

Geben Sie zu jeder der genannten Grammatiken den höchsten Typ an, von dem sie ist.

Aufgabe 5.3 LBAs

(a) Ein Mehrband-LBA ist eine Mehrband-DTM, die für das Eingabewort in der Anfangskonfiguration

$$q_0 \begin{pmatrix} \$w\# \\ \varepsilon \\ \vdots \\ \varepsilon \end{pmatrix}$$

startet (wobei q_0 der Anfangszustand ist) und die auf keinem Band mehr als $|w| + 2$ Bandzellen besucht. Erläutern Sie, warum jeder Mehrband-LBA durch einen LBA simuliert werden kann.

(b) Skizzieren Sie die Arbeitsweise eines LBAs für die Sprache

$$L = \{ww^R w : w \in \{0,1\}^*\}.$$

(Es genügt eine informelle Beschreibung.)

Aufgabe 5.4 PSPACE-Vollständigkeit von LBA-Acceptance

Wir betrachten folgende Problemstellung.

> **LBA-Acceptance:**
> ▶ Gegeben: LBA $\mathcal{T}$ mit dem Eingabewort x
> ▶ Gefragt: Gilt $x \in \mathcal{L}_{LBA}(\mathcal{T})$?

Zeigen Sie:

(a) LBA-Acceptance $\leq_{poly}$ In-Place Acceptance

(b) Beweisen Sie die Aussage von Satz 5.4.3, d.h. zeigen Sie, dass LBA-Acceptance *PSPACE*-vollständig ist.

Aufgabe 5.5 Grammatik

(a) Zeigen Sie, dass die Summe der ersten n ungeraden Zahlen n^2 ergibt; also dass

$$\sum_{i=1}^{n} (2i - 1) = n^2.$$

(b) Geben Sie eine Grammatik für die Sprache

$$L = \{0^n : n \text{ ist eine Quadratzahl}\}$$

an.

Aufgabe 5.6 Typ1-Typ2

Gegeben ist die kontextfreie Grammatik

$$G = (\{S, A, B, C, D, E\}, \{a, b, c\}, \mathcal{P}, S),$$

wobei das Produktionssystem $\mathcal{P}$ aus den Regeln

$$S \rightarrow aCb \mid ACB,$$
$$A \rightarrow aAA \mid DDDD \mid aab,$$
$$B \rightarrow AAC \mid b,$$
$$C \rightarrow SB \mid \varepsilon,$$
$$D \rightarrow AacbS \mid CE,$$
$$E \rightarrow C \mid bca$$

besteht. Wenden Sie das vorgestellte Verfahren an, um G in eine äquivalente kontextsenstive Grammatik zu überführen.

KAPITEL 6

Reguläre Sprachen

Das Konzept regulärer Sprachen (Sprachen vom Typ 3) wird in vielen Bereichen angewandt. Zu den wichtigsten zählen der Schaltkreisentwurf und die lexikalische Analyse beim Kompilieren von Programmen höherer Programmiersprachen.

Reguläre Sprachen wurden in Abschnitt 5, Seite 195 mithilfe regulärer Grammatiken definiert. In diesem Kapitel stellen wir äquivalente Formalismen für reguläre Sprachen vor: endliche Automaten, reguläre Ausdrücke und Syntaxdiagramme.

6.1 Endliche Automaten

Während für die Hardwarespezifikation endliche Automaten als sequentielle Ein-/Ausgabemaschinen eingesetzt werden (Mealy and Moore-Automaten), werden sie beim Compilerbau als Sprachakzeptoren verwendet.

Abbildung 6.1.1 Endlicher Automat als sequentielle Ein-/Ausgabemaschine

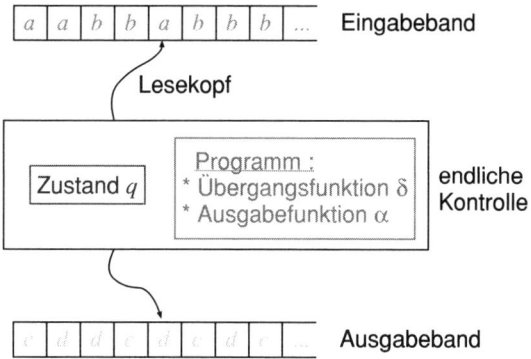

Wir beschäftigen uns hier nur mit endlichen Automaten als *Sprachakzeptoren*. Endliche Automaten können als eine sehr eingeschränkte Variante von Turingmaschinen angesehen werden, die mit einem Eingabeband ausgerüstet sind, auf dem der Lesekopf nur nach rechts bewegt werden kann und denen *kein* weiteres Band zur Verfügung steht[1] (siehe Abbildung 6.1.2).

---

[1] Obwohl es prinzipiell möglich ist, werden wir endliche Automaten *nicht* als Spezialfall von Turingmaschinen definieren. Der Unterschied wird im Akzeptanzverhalten liegen.

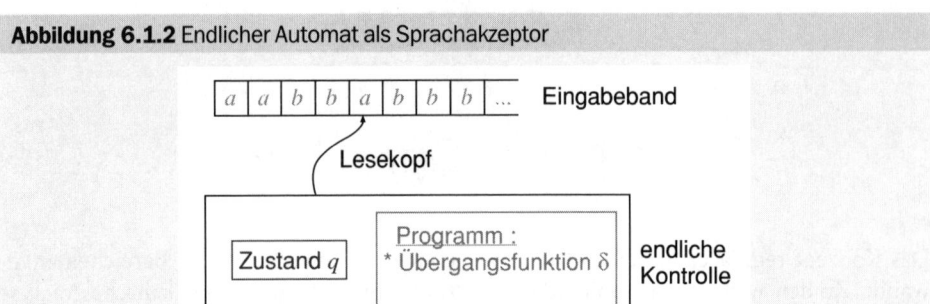

Abbildung 6.1.2 Endlicher Automat als Sprachakzeptor

Ein endlicher Automat besteht also im Wesentlichen nur aus der endlichen Kontrolle (den Zuständen und der Übergangsfunktion) und dem Eingabeband. Das einzige zur Verfügung stehende Speichermedium sind die Zustände.

6.1.1 Deterministische endliche Automaten

Wir betrachten zunächst deterministische endliche Automaten, für die wir die Abkürzung DEA verwenden.[2] In Abschnitt 6.1.2 werden wir die nichtdeterministische Variante untersuchen.

Definition 6.1.3 [Deterministischer endlicher Automat (DEA)]

Ein DEA ist ein Tupel

$$\mathcal{M} = (Q, \Sigma, \delta, q_0, F),$$

bestehend aus

▶ einer endlichen Menge Q von *Zuständen*,

▶ einem endlichen Alphabet Σ,

▶ einer partiellen Funktion $\delta : Q \times \Sigma \to Q$,

▶ einem *Anfangszustand* (auch *Startzustand* genannt) $q_0 \in Q$,

▶ einer Menge $F \subseteq Q$ von *Endzuständen* (auch *Akzeptanzzustände* genannt).

δ wird auch *Übergangsfunktion* genannt.

Initial steht das Eingabewort auf dem Eingabeband. In jedem Schritt (Konfigurationswechsel) wird der Lesekopf auf dem Eingabeband um eine Position nach rechts verschoben. Sobald das letzte Zeichen der Eingabe gelesen ist, hält die Berechnung an. Eine Berechnung ist entweder akzeptierend (wenn der Automat einen Endzustand erreicht

---

[2] Im Englischen ist die Abkürzung DFA gebräuchlich. Sie steht für »deterministic finite automaton«.

hat) oder verwerfend. Jede Berechnung, in welcher der Automat anhält, ohne das Eingabewort zu Ende gelesen zu haben, ist verwerfend. Man beachte den Unterschied des
Akzeptanz- und Terminierungsverhaltens eines DEAs zu dem einer Turingmaschine.
Hört die Berechnung verfrüht auf (noch bevor das Eingabewort vollständig gelesen
wurde), dann akzeptiert der DEA *nicht*, unabhängig vom erreichten Zustand. Während
eine Turingmaschine stets anhält, sobald ein Endzustand erreicht ist, geht die Berechnung eines DEAs in einem Endzustand weiter, sofern die Eingabe noch nicht vollständig
gelesen ist.

Zur Darstellung des DEAs verwenden wir Kreise für die Zustände $q \in Q \setminus F$ und Qua-
drate oder Rechtecke für die Endzustände. Der Anfangszustand ist durch einen kleinen
Pfeil markiert.

Beispiel 6.1.4. [DEA für Dezimalzahlen] Die folgende Abbildung 6.1.5 zeigt das Syntaxdiagramm und einen DEA für Dezimalzahlen. Zur Vereinfachung fassen wir das
Symbol *Ziffer* als ein Terminalzeichen auf und verwenden das Alphabet

$$\Sigma = \{ \text{»+«}, \text{»−«}, \text{».«}, \textit{Ziffer} \} \ .$$

Abbildung 6.1.5 DEA mit partieller Übergangsfunktion

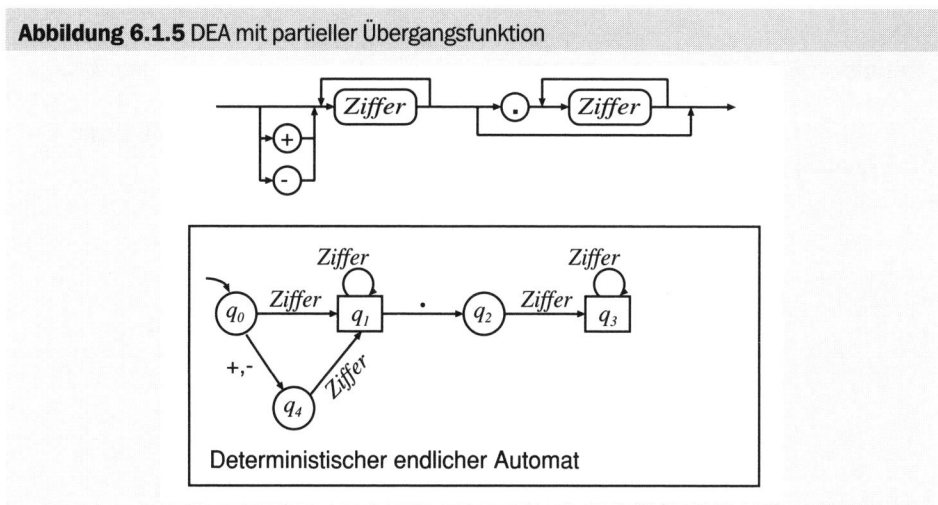

Totale Übergangsfunktion: Wie für DTMs können wir die Übergangsfunktion δ durch
eine totale Funktion $\widehat{\delta}$ ersetzen, die das Akzeptanzverhalten von $\mathcal{M}$ nicht verändert. Dazu
müssen wir lediglich $\mathcal{M}$ um einen neuen Fangzustand p erweitern und die Übergangsfunktion wie folgt modifizieren:

$$\widehat{\delta}(q, a) = \begin{cases} \delta(q, a) & : \text{ falls } q \in Q \text{ und } \delta(q, a) \neq \bot \\ p & : \text{ sonst.} \end{cases}$$

Der neue Fangzustand ist kein Akzeptanzzustand.

Aus technischen Gründen werden wir im Folgenden häufig voraussetzen, dass ein DEA mit einer totalen Übergangsfunktion vorliegt.

Der Automat aus Beispiel 6.1.4 hat zunächst eine partielle Übergangsfunktion (z. B. ist $\delta(q_4, +) = \perp$). Er kann durch die Hinzunahme eines Fangzustands p_5 zu einem DEA mit totaler Übergangsfunktion modifiziert werden. ∎

Abbildung 6.1.6 DEA mit totaler Übergangsfunktion

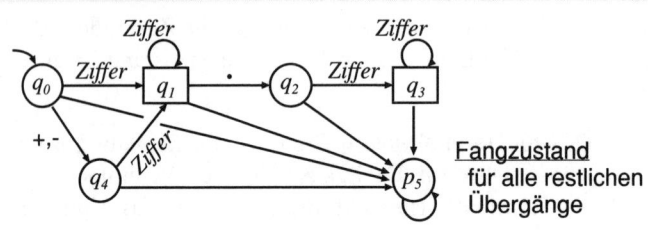

Wir formalisieren nun das intuitiv erläuterte Akzeptanzverhalten eines DEAs.

Definition 6.1.7 [Erweiterte Übergangsfunktion für DEAs, akzeptierte Sprache]

Sei $\mathcal{M} = (Q, \Sigma, \delta, q_0, F)$ ein DEA. Wir erweitern δ zu einer (ebenfalls mit δ bezeichneten) partiellen Abbildung

$$\delta : Q \times \Sigma^* \to Q.$$

Sei $a \in \Sigma$, $x \in \Sigma^+$ und $q \in Q$. Dann ist

$$\delta(q, \varepsilon) = q, \quad \delta(q, ax) = \begin{cases} \delta(\,\delta(q, a),\, x\,) & : \quad \text{falls } \delta(q, a) \neq \perp \\ \perp & : \quad \text{sonst.} \end{cases}$$

Die von $\mathcal{M}$ *akzeptierte Sprache* ist $\mathcal{L}(\mathcal{M}) = \{w \in \Sigma^* : \delta(q_0, w) \in F\}$.

Bemerkung und Definition 6.1.8. [Lauf] Sei $\mathcal{M} = (Q, \Sigma, \delta, q_0, F)$ ein DEA und $w = a_1 a_2 \ldots a_n \in \Sigma^*$.

▶ Ist $\delta(q_0, w) \neq \perp$ und ist

$$q_{i+1} = \delta(q_i, a_{i+1}), \, i = 1, \ldots, n-1,$$

dann nennen wir die Zustandsfolge $q_0, \ldots, q_n$ den *Lauf* von $\mathcal{M}$ für w. Ist $q_n \in F$, dann sprechen wir von einem akzeptierenden Lauf, andernfalls von einem verwerfenden Lauf.

▶ Ist $\delta(q_0, w) = \perp$, dann ist der zu w gehörende Lauf die Folge

$$q_0, q_1, \ldots, q_m, \perp,$$

wobei $q_{i+1} = \delta(q_i, a_{i+1}) \in Q$, $i = 1, \ldots, m - 1$, und $\delta(q_m, a_{m+1}) = \perp$. Dieser ist verwerfend.

Die von $\mathcal{M}$ akzeptierte Sprache ist also genau die Menge aller Wörter $w \in \Sigma^*$, für die der zugehörige Lauf akzeptierend ist. ∎

Beispiel 6.1.9. Wir betrachten den DEA aus Beispiel 6.1.4 und das Eingabewort $w = +78.2$.

$$\delta(q_0, +78.2) = \delta(q_4, 78.2) = \delta(q_1, 8.2) = \delta(q_1, .2) = \delta(q_2, 2) = \delta(q_3, \varepsilon) = q_3.$$

Der zu w gehörende Lauf ist die Zustandsfolge

$$q_0, q_4, q_1, q_1, q_2, q_3.$$

Das Wort »$+78.2$« wird also akzeptiert. Entsprechend ist

$$\delta(q_0, 78 + 9) = \delta(q_1, 8 + 9) = \delta(q_1, +9) = \perp,$$

wenn wir die ursprüngliche (nicht zu einer totalen Funktion erweiterte) Übergangsfunktion betrachten.[3] Das Wort »$78 + 9$« wird also verworfen; der zugehörige Lauf ist $q_0, q_1, q_1, \perp$.

Als weiteres Beispiel betrachten wir den DEA mit dem Alphabet $\Sigma = \{0, 1\}$ der folgenden Skizze.

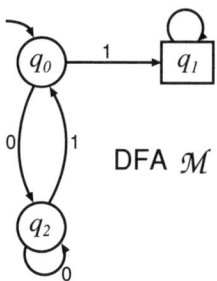

Dieser akzeptiert genau diejenigen Wörter über $\{0, 1\}$, die entweder mit einer Eins beginnen oder das Teilwort 011 enthalten. Beispielsweise ist der zu

$$w = 01100$$

gehörende Lauf die Zustandsfolge

$$q_0, q_2, q_0, q_1, q_1, q_1.$$

Diese endet in einem Endzustand. Das Wort w wird also akzeptiert. Der zu dem Wort

$$w' = 0010$$

---

[3]   Für die totale Übergangsfunktion ist $\hat{\delta}(q_0, 78 + 9) = p_5$, da der zugehörige Lauf q_0, q_1, q_1, p_5, p_5 ist.

gehörende Lauf ist die Zustandsfolge

$$q_0, q_2, q_2, q_0, q_2.$$

Diese endet in dem Zustand $q_2 \notin F$; w' wird also nicht akzeptiert. ■

Endliche Automaten und reguläre Grammatiken (1. Teil)

Wir werden sehen, dass DEAs und reguläre Grammatiken dieselbe Ausdrucksstärke haben.

Im Beweis des folgenden Lemmas geben wir ein Verfahren an, wie man zu gegebenem DEA eine reguläre Grammatik konstruieren kann. Dieses belegt, dass DEAs höchstens so ausdrucksstark wie reguläre Grammatiken sind.

Lemma 6.1.10

Zu jedem DEA $\mathcal{M}$ gibt es eine reguläre Grammatik G mit $\mathcal{L}(\mathcal{M}) = \mathcal{L}(G)$.

Beweis: Sei $\mathcal{M} = (Q, \Sigma, \delta, q_0, F)$ ein DEA mit einer totalen Übergangsfunktion. Wir fassen die Zustände als Nichtterminale auf. Die Übergangsfunktion entspricht den Regeln einer regulären Grammatik. Wir definieren das Produktionssystem der Grammatik $G = (Q, \Sigma, \mathcal{P}, q_0)$ wie folgt.

▶ Ist $q_0 \in F$, dann gilt $q_0 \to \varepsilon$.

▶ Ist $\delta(q, a) = p$, dann gilt $q \to ap$.

▶ Ist $\delta(q, a) = p \in F$, dann gilt $q \to a$.

Wir zeigen, dass $\mathcal{L}(G) = \mathcal{L}(\mathcal{M})$.

»$\supseteq$«: Sei $x = a_1 a_2 \ldots a_n \in \Sigma^*$ und $q_0, q_1, \ldots, q_n$ der zu x gehörende Lauf. Dann gilt:

$$x \in \mathcal{L}(\mathcal{M}).$$

Somit ist der Lauf $q_0, \ldots, q_n$ akzeptierend und

$$q_0 \Rightarrow a_1 q_1 \Rightarrow a_1 a_2 q_2 \Rightarrow \ldots \Rightarrow a_1 a_2 \ldots a_{n-1} a_{n-1} q_{n-1} \Rightarrow a_1 a_2 \ldots a_{n-1} a_n$$

eine Ableitung von x. Also ist

$$x \in \mathcal{L}(G).$$

»$\subseteq$« folgt mit analogen Argumenten.   □

Wir demonstrieren die im Beweis von Lemma 6.1.10 (Seite 226) angegebene Transformation an einem Beispiel. Gegeben sei folgender DEA $\mathcal{M}$.

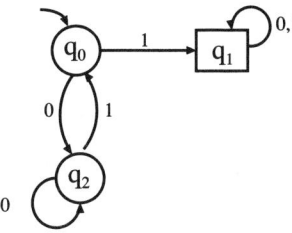

Die konstruierte reguläre Grammatik ist durch die Regeln

$$S \rightarrow 0B \,\big|\, 1A \,\big|\, 1 \qquad A \rightarrow 0A \,\big|\, 1A \,\big|\, 0 \,\big|\, 1 \qquad B \rightarrow 1S \,\big|\, 0B$$

gegeben. Dabei identifizieren wir S mit q_0, A mit q_1 und B mit q_2.

6.1.2   Nichtdeterministische endliche Automaten

Wie Turingmaschinen können endliche Automaten um das Konzept von Nichtdeterminismus erweitert werden. Nichtdeterministische endliche Automaten (Abk. NEA) sind bis auf zwei Unterschiede wie DEAs definiert. Erstens lassen wir eine *Menge* von Anfangszuständen zu, unter denen eine nichtdeterministische Auswahl stattfindet. Zweitens ordnet die Übergangsfunktion jedem Paar $(q, a) \in Q \times \Sigma$ eine Menge von möglichen Folgezuständen zu.

Definition 6.1.11 [Nichtdeterministischer endlicher Automat (NEA)]

Ein NEA ist ein Tupel $\mathcal{M} = (Q, \Sigma, \delta, Q_0, F)$, bestehend aus einer endlichen Menge Q von Zuständen, einem endlichen Alphabet Σ, einer Menge $F \subseteq Q$ von Endzuständen und

▶   einer totalen *Übergangsfunktion* $\delta : Q \times \Sigma \rightarrow 2^Q$,

▶   einer Menge $Q_0 \subseteq Q$ von *Anfangszuständen*.

(Zur Erinnerung: 2^Q bezeichnet die Potenzmenge von Q.)

In Anlehnung an die visuelle Darstellung von NEAs als Digraphen (eventuell mit parallelen Kanten) kann man die Übergangsfunktion eines NEAs auch als Relation $\subseteq Q \times \Sigma \times Q$ auffassen.

Definition 6.1.12 [Erweiterte Übergangsfunktion, akzeptierte Sprache]

Sei $\mathcal{M} = (Q, \Sigma, \delta, Q_0, F)$ ein NEA . In Analogie zu Definition 6.1.7 (Seite 224) erweitern wir die Übergangsfunktion eines NEAs zu einer (ebenfalls mit δ bezeichneten) Abbildung

$$\delta : 2^Q \times \Sigma^* \to 2^Q.$$

Intuitiv ist $\delta(P, x)$ die Menge aller Zustände, die man mit dem Wort x von einem Zustand $p \in P$ erreichen kann. Die formale Definition ist wie folgt:

Sei $P \subseteq Q$ und $a \in \Sigma$, $x \in \Sigma^+$, dann ist $\delta(P, \varepsilon) = P$ und

$$\delta(P, ax) = \bigcup_{p \in P} \delta(\,\delta(p, a), x\,).$$

Die von $\mathcal{M}$ *akzeptierte Sprache* ist $\mathcal{L}(\mathcal{M}) = \{w \in \Sigma^* : \delta(Q_0, w) \cap F \neq \emptyset\}$.

In Analogie zu Bemerkung 6.1.8 (Seite 224) können wir $\mathcal{L}(\mathcal{M})$ über die Läufe charakterisieren. Sei $w = a_1 a_2 \ldots a_n \in \Sigma^*$ und $q_0, q_1, \ldots, q_m$ eine Zustandsfolge mit

$$q_0 \in Q_0 \quad \text{und} \quad q_{i+1} \in \delta(q_i, a_{i+1}), \, i = 1, \ldots, m - 1.$$

▶ Ist $m = n$, dann nennen wir $q_0, \ldots, q_n$ einen Lauf von $\mathcal{M}$ für w. Dieser heißt akzeptierend, wenn $q_n \in F$; andernfalls verwerfend.

▶ Ist $m < n$ und $\delta(q_m, a_{m+1}) = \emptyset$, dann nennen wir

$$q_0, \ldots, q_m, \perp$$

einen verwerfenden Lauf von $\mathcal{M}$ für w.

Die von $\mathcal{M}$ akzeptierte Sprache ist also genau die Menge aller Wörter $w \in \Sigma^*$, für die es einen akzeptierenden Lauf gibt. Im Gegensatz zu DEAs kann ein Wort w viele Läufe in einem NEA haben. Für die Akzeptanz wird lediglich gefordert, dass einer der Läufe für w akzeptierend ist.

Beispiel 6.1.13. [Läufe eines NEAs] Wir betrachten den nachstehenden NEA $\mathcal{M}$ mit dem Alphabet $\Sigma = \{0, 1\}$ und das Wort $w = 0100$.

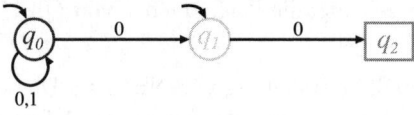

w hat mehrere Läufe.

q_0, q_0, q_0, q_0, q_0	nicht akzeptierend
q_0, q_0, q_0, q_0, q_1	nicht akzeptierend
q_0, q_0, q_0, q_1, q_2	akzeptierend
$q_0, q_1, \bot$	nicht akzeptierend
$q_1, q_2, \bot$	nicht akzeptierend

Nur die Existenz eines akzeptierenden Laufs ist entscheidend. Es gilt also $w \in \mathcal{L}(\mathcal{M})$. Man kann zeigen, dass $\mathcal{M}$ genau diejenigen Wörter akzeptiert, die entweder 0 sind oder mit 00 enden. ∎

NEAs können auch außerhalb des Übersetzerbaus und Schaltkreisentwurfs nützlich sein. Wir haben bereits gesehen, dass nichtdeterministische Algorithmen oftmals einfacher als entsprechende deterministische Algorithmen sind. In solchen Fällen, in denen ein endlicher Speicher ausreichend ist, können wir nichtdeterministische Algorithmen anhand von NEAs entwerfen (anstelle der sehr viel komplexeren NTMs).

Beispiel 6.1.14. [NEA für Mustererkennung] Wir betrachten das Problem der Mustererkennung, bei dem ein Muster $M = m_1 \ldots m_k$ und ein Text $T = t_1 \ldots t_n$ gegeben und gefragt ist, ob M in T vorkommt. Für eine algorithmische Lösung ist es ausreichend, nur die maximale Musterposition i, für die das Teilwort $m_1 \ldots m_i$ ein Endstück des gelesenen Textteils ist, zu speichern.

Wir nehmen nun an, dass das zu suchende Muster $M = m_1 \ldots m_k$ fest ist und betrachten den NEA, der genau das Wort M akzeptiert.

Abbildung 6.1.15 NEA für das Mustererkennungsproblem

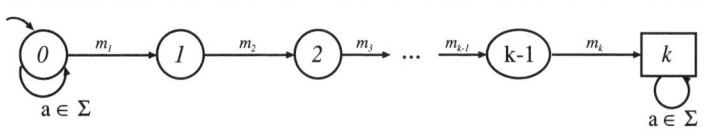

Wird nun ein Text $T = t_1 t_2 \ldots t_n$ über den Automaten »gescannt«, gibt es genau dann einen akzeptierenden Lauf für T, wenn M ein Teilwort von T ist. ∎

Beispiel 6.1.16. [NEA für das Teilsummenproblem] Wir betrachten eine vereinfachte Variante von SUBSUM (s. Abschnitt 4.3.3, Seite 170 ff).

▶ Gegeben sind n Zahlen $p_1, \ldots, p_n \in \{1, \ldots, N\}$.

▶ Gefragt ist, ob es eine Teilmenge I von $\{1, \ldots, n\}$ gibt, sodass

$$\sum_{i \in I} p_i = N.$$

Zu jedem $N \in \mathbb{N}$ können wir einen NEA entwerfen, der das Problem nichtdeterministisch löst. Intuitiv bearbeitet der Automat die Eingabewerte $p_1, \ldots, p_n$ der Reihe nach und entscheidet nichtdeterministisch, die i-te Zahl p_i an der Summe zu beteiligen oder nicht. Wir betrachten folgenden NEA, dessen Zustände die Zahlen

$$q \in \{0, 1, \ldots, N\}$$

sind, die jeweils für den Wert der Teilsummen stehen. Der Automat verfügt über einen eindeutigen Anfangs- und Endzustand. Der Anfangszustand ist 0; dies entspricht der initialen Teilsumme 0. Der Endzustand ist N (der gewünschte Wert der Teilsumme).

Wir definieren den NEA $\mathcal{M}$ wie folgt:

$$\mathcal{M} = (\{0, 1, \ldots, N\}, \{1, 2, \ldots, N\}, \delta, \{0\}, \{N\}),$$

wobei

$$\delta(q, a) = \{q, q + a\} \cap \{0, 1, \ldots, N\}.$$

Für $N = 2$ hat der NEA folgende Gestalt:

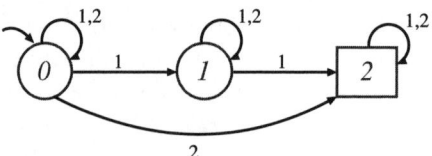

Man überlegt sich leicht, dass die von $\mathcal{L}(\mathcal{M})$ akzeptierte Sprache genau die Menge aller Zahlenfolgen $p_1, \ldots, p_n$ ist, für die es eine Teilfolge $p_{i_1}, \ldots, p_{i_l}$ gibt, deren Summe N ergibt. ∎

Äquivalenz von DEAs und NEAs

Jeder DEA kann als NEA aufgefasst werden. Dies ist wie folgt einsichtig. Ist $\mathcal{M} = (Q, \Sigma, \delta, q_0, F)$ ein DEA, dann definieren wir einen NEA wie folgt. Sei

$$\mathcal{M}' = (Q, \Sigma, \delta', \{q_0\}, F),$$

wobei

$$\delta'(q, a) = \begin{cases} \{\delta(q, a)\} & : \quad \text{falls } \delta(q, a) \neq \bot \\ \emptyset & : \quad \text{sonst.} \end{cases}$$

Offenbar ist jeder Lauf von $\mathcal{M}'$ für w zugleich ein Lauf von $\mathcal{M}$ in w und umgekehrt. Somit gilt

$$\mathcal{L}(\mathcal{M}) = \mathcal{L}(\mathcal{M}').$$

Es stellt sich die Frage, ob NEAs mächtiger sind als DEAs; d.h. ob es Sprachen gibt, die von einem NEA, aber nicht von einem DEA akzeptiert werden können. Das folgende Lemma zeigt, dass dies nicht der Fall ist.

Definition 6.1.17 [Äquivalenz von NEAs]

Seien $\mathcal{M}_1$ und $\mathcal{M}_2$ zwei NEAs mit demselben Alphabet Σ. $\mathcal{M}_1$ und $\mathcal{M}_2$ heißen *äquivalent*, falls

$$\mathcal{L}(\mathcal{M}_1) = \mathcal{L}(\mathcal{M}_2).$$

(Wir fassen DEAs als NEAs auf, sodass der Äquivalenzbegriff zugleich für DEAs definiert ist.)

Lemma 6.1.18

Zu jedem NEA gibt es einen äquivalenten DEA.

Beweis: Sei $\mathcal{M} = (Q, \Sigma, \delta, Q_0, F)$ ein NEA. Wir wenden die sog. *Potenzmengenkonstruktion* an und definieren einen DEA, dessen Zustände Mengen von Zuständen in $\mathcal{M}$ sind.

$$\mathcal{M}' = \left(2^Q, \Sigma, \delta', Q_0, F' \right),$$

wobei $F' = \{P \subseteq Q : P \cap F \neq \emptyset\}$ und

$$\delta'(P, a) = \bigcup_{p \in P} \delta(p, a).$$

Insbesondere ist $\delta'(\emptyset, a) = \emptyset$ für alle $a \in \Sigma$. Man beachte, dass die Übergangsfunktion δ' von $\mathcal{M}'$ total ist. Wir zeigen nun, dass

$$\mathcal{L}(\mathcal{M}) = \mathcal{L}(\mathcal{M}').$$

»$\subseteq$«: Sei $w = a_1 a_2 \ldots a_n \in \mathcal{L}(\mathcal{M})$ und $q_0, q_1, \ldots, q_n$ ein akzeptierender Lauf von $\mathcal{M}$ für w. Dann ist $q_0 \in Q_0$, $q_{i+1} \in \delta(q_i, a_{i+1})$, $i = 0, 1, \ldots, n-1$, und $q_n \in F$. Sei $P_0, P_1, \ldots, P_n$ der zu w gehörende Lauf in $\mathcal{M}'$. Durch Induktion nach i kann man zeigen, dass

$$q_i \in P_i, \quad i = 0, 1, \ldots, n.$$

Insbesondere ist $q_n \in P_n \cap F$ und daher $P_n \cap F \neq \emptyset$. Hieraus folgt $P_n \in F'$. Also ist $P_0, P_1, \ldots, P_n$ ein akzeptierender Lauf. Somit ist $w \in \mathcal{L}(\mathcal{M}')$.

»$\supseteq$«: Sei $w \in \mathcal{L}(\mathcal{M}')$ und $w = a_1 \ldots a_n$. Weiter sei $P_0, P_1, \ldots, P_n$ der zu w gehörende Lauf in $\mathcal{M}'$. Dann ist $P_0 = Q_0$, $P_{i+1} = \delta'(P_i, a_{i+1})$, $i = 0, 1, \ldots, n-1$, und $P_n \cap F \neq \emptyset$.

▶ Wir wählen einen beliebigen Zustand $q_n \in P_n \cap F$.

► Sei $q_{n-1} \in P_{n-1}$ mit $q_n \in \delta(q_{n-1}, a_n)$.

► Sei $q_{n-2} \in P_{n-2}$ mit $q_{n-1} \in \delta(q_{n-2}, a_{n-1})$.

► ⋮

► Sei $q_0 \in P_0$ mit $q_1 \in \delta(q_0, a_1)$.

Beachte: Es gilt

$$P_{n-i+1} = \delta'(P_{n-i}, a_{n-i+1}) = \bigcup_{q \in P_{n-i}} \delta(q, a_{n-i+1}).$$

Daher gibt es zu jedem Zustand $q_{n-i+1} \in P_{n-i+1}$ einen Zustand

$$q_{n-i} \in P_{n-i} \quad \text{mit} \quad q_{n-i+1} \in \delta(q_{n-i}, a_{n-i+1}).$$

► Wegen $P_0 = Q_0$ ist q_0 ein Anfangszustand und $q_0, q_1, \ldots, q_n$ ein Lauf von $\mathcal{M}$ für w.

► Wegen $q_n \in F$ ist der Lauf $q_0, q_1, \ldots, q_n$ akzeptierend.

Also ist $w \in \mathcal{L}(\mathcal{M})$. □

In Abbildung 6.1.19 betrachten wir ein einfaches Beispiel für die im Beweis von Lemma 6.1.18 angegebene Potenzmengenkonstruktion.

Abbildung 6.1.19 Potenzmengenkonstruktion

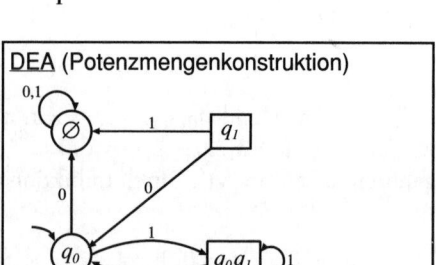

Beispielsweise kann der akzeptierende Lauf

$$q_0, q_1, q_0, q_1$$

für das Wort 1010 durch den akzeptierenden Lauf

$$\{q_0\}, \{q_0, q_1\}, \{q_0\}, \{q_0, q_1\}$$

im DEA »simuliert« werden.

Beispiel 6.1.20. [DEA für das Teilsummenproblem] Als weiteres Beispiel betrachten wir die Variante von SUBSUM, wie sie in Beispiel 6.1.16 (Seite 229) vorgestellt wurde. Wird die Potenzmengenkonstruktion auf den dort angegebenen NEA angewandt, liefert sie einen DEA $\mathcal{M}'$, dessen Zustände Teilmengen von $\{0, 1, \ldots, N\}$ sind. Dieser hat folgende Komponenten.

$$\mathcal{M}' = \left(2^{\{0,1,\ldots,N\}}, \{0, 1, \ldots, N\}, \delta', \{0\}, \{N\} \right),$$

wobei

$$\delta'(P, a) \;=\; \{p \in \{0, 1, \ldots, N\} : p \in P \text{ oder } p - a \in P\}.$$

Das Eingabewort $p_1 p_2 \ldots p_n$ hat genau dann einen akzeptierenden Lauf in $\mathcal{M}'$, wenn

$$\sum_{i \in I} p_i = N$$

für eine Teilmenge I von $\{1, \ldots, n\}$.

Abbildung 6.1.21 DEA für SUBSUM ($N = 2$)

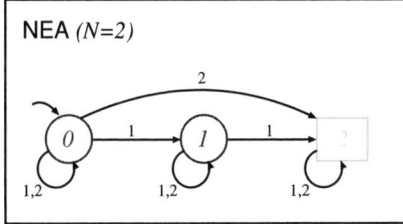 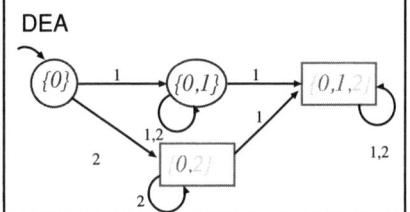

Für $N = 2$ erhält man einen DEA mit vier (vom Anfangszustand $\{0\}$) erreichbaren Zuständen (siehe Abb. 6.1.21). ∎

Effizienz von NEAs

Die Potenzmengenkonstruktion aus Lemma 6.1.18 (Seite 231) hat einen kleinen Haken. Sie zeigt zwar, dass man jeden NEA in einen äquivalenten DEA umwandeln kann; jedoch entsteht ein exponentiell großer DEA.[4] Insbesondere ist auch der zeitliche Auf-

---

[4]   Der Zustandsraum des DEAs ist die Potenzmenge des Zustandsraums des NEAs. Möglicherweise sind zwar manche dieser Mengen (DEA-Zustände) nicht von dem Anfangszustand Q_0 erreichbar und können daher weggelassen werden; jedoch muss man im Allgemeinen mit exponentiell vielen DEA-Zuständen rechnen.

wand für die Konstruktion exponentiell in der Größe des NEAs. Dennoch lässt sich das exponentielle Blow-Up im Allgemeinen nicht verhindern, da es Sprachen gibt, für die die Darstellung durch einen NEA sehr viel effizienter als durch einen DEA ist. Hierzu betrachten wir die Sprachfamilie $(L_n)_{n \geq 1}$, wobei

$$L_n = \{w \in \{0,1\}^* : \text{das } n\text{-letzte Zeichen von } w \text{ ist eine »1«}\}.$$

Die Sprache L_n wird durch einen NEA mit $n + 1$ Zuständen der folgenden Form akzeptiert (siehe Abbildung 6.1.22).

Abbildung 6.1.22 NEA mit $n + 1$ Zuständen

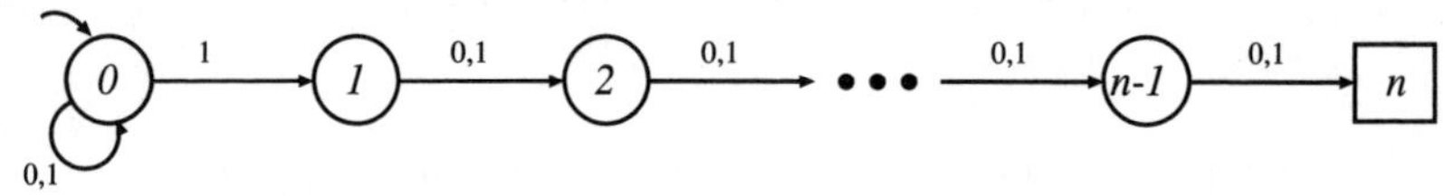

Andererseits hat jeder DEA für L_n mindestens exponentiell viele Zustände. Wir werden dieses Resultat in Abschnitt 6.4.1 beweisen. Siehe Lemma 6.4.14 (Seite 267). Wir greifen diesen Ergebnissen vor und erhalten damit den folgenden Satz:

Satz 6.1.23

Es gibt eine Folge von Sprachen L_n, $n = 1, 2, \ldots$, die durch NEAs der Größe $\mathcal{O}(n)$ akzeptiert werden, während jeder DEA für L_n (mindestens) $\Omega(2^n)$ Zustände hat.

Satz 6.1.23 belegt, dass sich die exponentielle worst-case Rechenzeit der Potenzmengen-konstruktion nicht unterbieten lässt.[5]

Endliche Automaten und reguläre Grammatiken (2. Teil)

In Lemma 6.1.10 (Seite 226) haben wir gezeigt, dass die durch einen DEA akzeptierte Sprache durch eine reguläre Grammatik erzeugt wird. Die wesentliche Idee der Konstruktion einer regulären Grammatik bestand darin, die Überführungsfunktion als Regel einer Grammatik aufzufassen. Umgekehrt können reguläre Grammatiken über den Umweg eines NEAs in DEAs überführt werden. Hierzu konstruieren wir zu gegebener regulärer Grammatik einen NEA, dessen Zustände im Wesentlichen die Nichtterminale sind und dessen Übergänge durch die Regeln der Grammatik gegeben sind.

---

[5] Dennoch gibt es bessere Verfahren, die nur den erreichbaren Teil des durch die Potenzmengenkon-struktion gegebenen DEAs generieren und damit *oftmals* eine bessere Laufzeit erzielen.

Lemma 6.1.24

Zu jeder regulären Grammatik G gibt es einen NEA $\mathcal{M}$ mit $\mathcal{L}(G) = \mathcal{L}(\mathcal{M})$.

Beweis: Sei $G = (V, \Sigma, \mathcal{P}, S)$ eine ε-freie reguläre Grammatik.[6] Wir definieren nun einen NEA $\mathcal{M}$ wie folgt.

▶ Die Zustandsmenge ist $Q = V \cup \{q_F\}$, wobei $q_F \notin V$.

▶ Die Anfangszustandsmenge ist $Q_0 = \{S\}$.

▶ Die Endzustandsmenge ist abhängig davon, ob $\varepsilon \in \mathcal{L}(G)$.

$$
F = \begin{cases} \{S, q_F\} & : \quad \text{falls } S \to \varepsilon \\ \{q_F\} & : \quad \text{sonst.} \end{cases}
$$

Die Übergangsfunktion δ ist durch folgende beiden »Axiome« gegeben. Seien $A, B \in V$ und $a \in \Sigma$.

$$
\begin{aligned}
B \in \delta(A, a) \quad &\text{gdw} \quad A \to aB \\
q_F \in \delta(A, a) \quad &\text{gdw} \quad A \to a
\end{aligned}
$$

Weiter ist $\delta(q_F, a) = \emptyset$ für alle $a \in \Sigma$.

Dann gilt für alle $w = a_1 a_2 \ldots a_n \in \Sigma^+$:

$w \in \mathcal{L}(\mathcal{M})$

gdw   es existiert ein akzeptierender Lauf $A_0, A_1, \ldots, A_n$ von $\mathcal{M}$ für w

gdw   es gibt eine Folge $A_0, A_1, \ldots, A_{n-1}$ von Variablen mit $A_0 = S$, $q_F \in \delta(A_{n-1}, a_n)$

       und $A_{i+1} \in \delta(A_i, a_{i+1})$, $i = 0, \ldots, n-2$

gdw   es existieren $A_0, \ldots, A_{n-1} \in V$ mit $A_0 = S$, $A_{n-1} \to a_n$

       und $A_{i+1} \to a_{i+1} A_i$, $i = 0, \ldots, n-2$,

gdw   es existiert eine Ableitung $S \Rightarrow^* a_1 a_2 \ldots a_n = w$

gdw $w \in \mathcal{L}(G)$

Weiter gilt:

$$
\varepsilon \in \mathcal{L}(G) \text{ gdw } S \to \varepsilon \text{ gdw } S \in F \text{ gdw } \varepsilon \in \mathcal{L}(\mathcal{M}).
$$

Es folgt $\mathcal{L}(G) = \mathcal{L}(\mathcal{M})$.   □

---

[6]   Mit geringfügigen Modifikationen der in Kapitel 5 (s. Algorithmus 5.1.19, Seite 206) beschriebenen Technik kann jede reguläre Grammatik in eine äquivalente reguläre Grammatik überführt werden, die ε-frei ist.

Beispiel 6.1.25. Wir veranschaulichen die im Beweis von Lemma 6.1.24 angegebene Konstruktion exemplarisch anhand der Grammatik

$$S \rightarrow 0 \mid 0A, \quad A \rightarrow 0 \mid 1 \mid 0A \mid 1A.$$

Diese erzeugt die Sprache bestehend aus allen Wörtern $w \in \{0, 1\}^{+}$, die mit einer Null beginnen. Der konstruierte NEA hat die Gestalt:

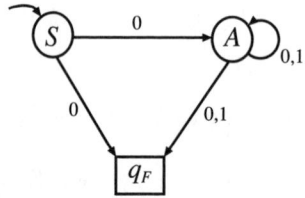

Corollar 6.1.26

Sei $L \subseteq \Sigma^*$ eine Sprache. L ist genau dann regulär, wenn es einen DEA (oder NEA) $\mathcal{M}$ mit $L = \mathcal{L}(\mathcal{M})$ gibt.

Corollar 6.1.26 ergibt sich unmittelbar aus den beschriebenen Transformationen:

$$\text{DEA} \Rightarrow \text{reguläre Grammatik} \Rightarrow \text{NEA} \Rightarrow \text{DEA}$$

6.2 Eigenschaften regulärer Sprachen

Bevor wir weitere Charakterisierungen regulärer Sprachen angeben, weisen wir einige Eigenschaften regulärer Sprachen nach, die sich aus der Darstellbarkeit durch endliche Automaten ergeben.

6.2.1 Konstruktion endlicher Automaten

Reguläre Sprachen sind unter allen gängigen Verknüpfungsoperatoren (Vereinigung, Durchschnitt, Konkatenation, Kleeneabschluss und Komplementbildung) abgeschlossen. Wir erläutern, wie sich diese Operationen mit endlichen Automaten realisieren lassen.

Vereinigung: Seien $\mathcal{M}_1 = (Q_1, \Sigma, \delta_1, Q_{0,1}, F_1)$ und $\mathcal{M}_2 = (Q_2, \Sigma, \delta_2, Q_{0,2}, F_2)$ zwei NEAs mit $Q_1 \cap Q_2 = \emptyset$.[7] Die Grundidee zur Bildung des NEAs für die Vereinigung besteht darin, für ein gegebenes Eingabewort w nichtdeterministisch zu entscheiden, mit

---

[7] Man kann die Forderung $Q_1 \cap Q_2 = \emptyset$ durch die Bedingung, dass $\delta_1(q, a) = \delta_2(q, a)$ für alle $q \in Q_1 \cap Q_2$, ersetzen.

welchem der beiden Automaten $\mathcal{M}_1$ oder $\mathcal{M}_2$ die Worterkennung durchgeführt wird. Wir definieren

$$\mathcal{M}_1 \uplus \mathcal{M}_2 = (Q_1 \cup Q_2, \Sigma, \delta, Q_{0,1} \cup Q_{0,2}, F_1 \cup F_2),$$

wobei

$$\delta(q, a) = \begin{cases} \delta_1(q, a) & : \quad \text{falls } q \in Q_1 \\ \delta_2(q, a) & : \quad \text{sonst.} \end{cases}$$

Dann gilt

$$\mathcal{L}(\mathcal{M}_1 \uplus \mathcal{M}_2) = \mathcal{L}(\mathcal{M}_1) \cup \mathcal{L}(\mathcal{M}_2).$$

Die Kosten für die Konstruktion von $\mathcal{M}_1 \uplus \mathcal{M}_2$ sind $\mathcal{O}((|Q_1| + |Q_2|)|\Sigma|)$. Man beachte, dass $\mathcal{M}_1 \uplus \mathcal{M}_2$ kein DEA ist; auch dann nicht, wenn $\mathcal{M}_1$ und $\mathcal{M}_2$ deterministisch sind.

Abbildung 6.2.1 Vereinigung von NEAs

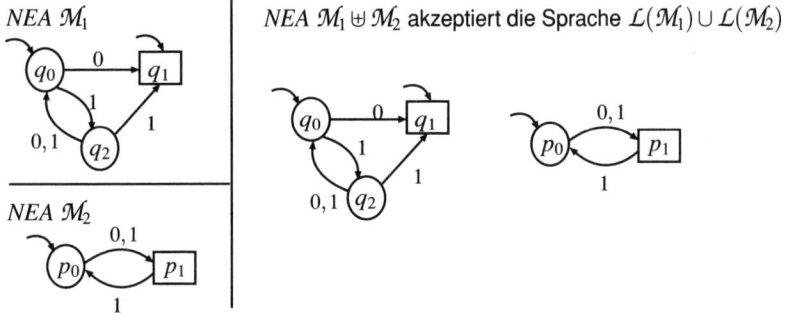

Durchschnitt: Seien $\mathcal{M}_1 = (Q_1, \Sigma, \delta_1, q_{0,1}, F_1)$ und $\mathcal{M}_2 = (Q_2, \Sigma, \delta_2, q_{0,2}, F_2)$ zwei NEAs. Der *Produktautomat* $\mathcal{M}_1 \times \mathcal{M}_2$ unterliegt der Vorstellung, dass $\mathcal{M}_1$ und $\mathcal{M}_2$ parallel geschaltet werden. Ist w das Eingabewort, dann starten wir die synchrone Bearbeitung des Worts w durch $\mathcal{M}_1$ und $\mathcal{M}_2$. Sobald einer der Automaten frühzeitig verwirft, dann auch der Produktautomat. Nur wenn beide Automaten akzeptieren, dann akzeptiert auch der Produktautomat.

Wir definieren

$$\mathcal{M}_1 \times \mathcal{M}_2 = (Q_1 \times Q_2, \Sigma, \delta, Q_{0,1} \times Q_{0,2}, F_1 \times F_2),$$

wobei

$$\delta(\langle q_1, q_2 \rangle, a) = \{\langle p_1, p_2 \rangle : p_1 \in \delta_1(q_1, a), p_2 \in \delta_2(q_2, a)\}.$$

Dann gilt

$$\mathcal{L}(\mathcal{M}_1 \times \mathcal{M}_2) = \mathcal{L}(\mathcal{M}_1) \cap \mathcal{L}(\mathcal{M}_2).$$

Wird diese Konstruktion für zwei DEAs $\mathcal{M}_1$, $\mathcal{M}_2$ durchgeführt, dann entsteht ein DEA, dessen Übergangsfunktion durch die Formel

$$\delta(\langle q_1, q_2 \rangle, a) = \begin{cases} \langle \delta_1(q_1, a), \delta_2(q_2, a) \rangle & : \text{ falls } \delta_1(q_1, a) \neq \bot \text{ und } \delta_2(q_2, a) \neq \bot \\ \bot & : \text{ sonst} \end{cases}$$

gegeben ist. Der Produktautomat von DEAs ist also wieder ein DEA.

Die Konstruktion des Produktautomaten (für NEAs oder DEAs) kann in Zeit

$$\mathcal{O}(|Q_1| \cdot |Q_2| \cdot |\Sigma|)$$

durchgeführt werden.

Beispiel 6.2.2. Als Beispiel (siehe Abb. 6.2.3) betrachten wir die zwei folgenden DEAs $\mathcal{M}_1$ und $\mathcal{M}_2$, welche die Sprachen

$$\mathcal{L}(\mathcal{M}_1) = \{1^n 0 0^m : m, n \geq 0\}$$
$$\mathcal{L}(\mathcal{M}_2) = \{0x_1 0x_2 0 \ldots 0x_k 0 : k \geq 0, x_1, \ldots, x_k \in \{0, 1\}\}$$

akzeptieren.

Abbildung 6.2.3

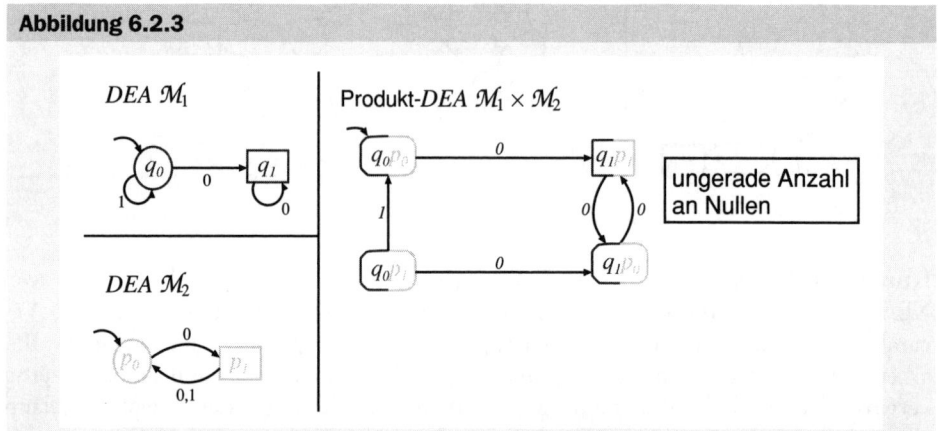

Der Produktautomat hat vier Zustände; diese sind Paare, bestehend aus einem Zustand von $\mathcal{M}_1$ und $\mathcal{M}_2$. Der Anfangszustand ist $\langle q_0, p_0 \rangle$. Der Endzustand ist $\langle q_1, p_1 \rangle$.

Man überzeugt sich leicht davon, dass die akzeptierte Sprache genau die Menge aller Wörter 0^{2k+1}, $k \in \mathbb{N}$, ist. Tatsächlich ist die Durchschnittssprache $\mathcal{L}(\mathcal{M}_1) \cap \mathcal{L}(\mathcal{M}_2)$ genau die Menge aller Wörter w, die zugleich die Gestalt $1^n 0 0^m$ und $0x_1 0 \ldots 0x_k 0$, $x_i \in \{0, 1\}$, haben. Also

$$n = 0, x_1 = \ldots = x_k = 0 \text{ und } m = 2k$$

und somit $1^n 0 0^m = 0^{2k+1}$. ∎

Komplement: Für den Komplementoperator gehen wir von einem DEA $\mathcal{M} = (Q, \Sigma, \delta, q_0, F)$ mit einer totalen Übergangsfunktion aus und konstruieren einen DEA für die Komplementsprache

$$\overline{\mathcal{L}(\mathcal{M})} = \Sigma^* \setminus \mathcal{L}(\mathcal{M}).$$

Wir erhalten einen DEA für $\overline{\mathcal{L}(\mathcal{M})}$, indem wir die Endzustandsmenge komplementieren.

$$\overline{\mathcal{M}} = (Q, \Sigma, \delta, q_0, Q \setminus F)$$

Dann ist $\overline{\mathcal{M}}$ ein DEA mit

$$\mathcal{L}(\overline{\mathcal{M}}) = \overline{\mathcal{L}(\mathcal{M})}.$$

Man beachte die wesentliche Annahme, dass der vorliegende DEA eine totale Übergangsfunktion hat, da alle Wörter w, für die $\mathcal{M}$ eine »vorzeitig abbrechende« (verwerfende) Berechnung hat, von $\overline{\mathcal{M}}$ akzeptiert werden müssen.

Die Konstruktion des Komplementautomaten erfordert lediglich $\mathcal{O}(|Q|)$ Schritte.

Als Beispiel betrachten wir einen DEA, der alle Wörter über $\{0, 1\}$ akzeptiert, die mit 0 beginnen (siehe Abbildung 6.2.4).

Abbildung 6.2.4 Komplementbildung für DEAs

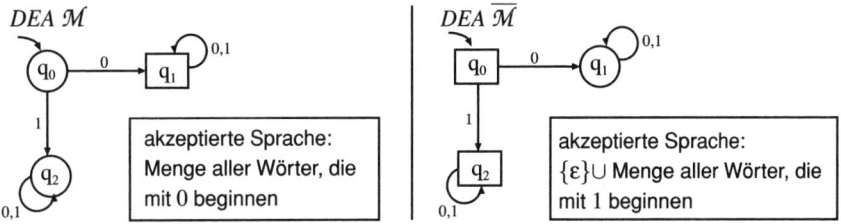

Man beachte, dass die entsprechende Konstruktion für einen NEA fehlschlagen kann. Dieser Sachverhalt ist wegen der Asymmetrie von Akzeptanz und Verwurf in nichtdeterministischen Maschinenmodellen nicht verwunderlich.[8] Wir machen uns die Aussage an folgendem Beispiel klar (siehe Abbildung 6.2.5, Seite 240).

Der skizzierte NEA $\mathcal{M}$ akzeptiert genau diejenigen Wörter, die das Teilwort 11 enthalten. Der Komplementautomat $\overline{\mathcal{M}}$ akzeptiert jedoch alle Wörter in $\{0, 1\}^*$ (da $q_0, q_0, \ldots, q_0$ stets ein akzeptierender Lauf ist) und nicht nur diejenigen Wörter, die keine zwei Einsen hintereinander enthalten.

Liegt ein NEA vor, dann kann man mit der im Beweis von Lemma 6.1.18 (Seite 231) vorgestellten Potenzmengenkonstruktion einen äquivalenten DEA konstruieren und auf diesen den Komplementoperator anwenden.

---

[8]   Ein NEA akzeptiert genau dann, wenn es einen akzeptierenden Lauf gibt. Es kann jedoch auch verwerfende Läufe für das betreffende Eingabewort geben. Andererseits wird ein Eingabewort w nur dann von einem NEA verworfen, wenn *alle* Läufe für w verwerfend sind.

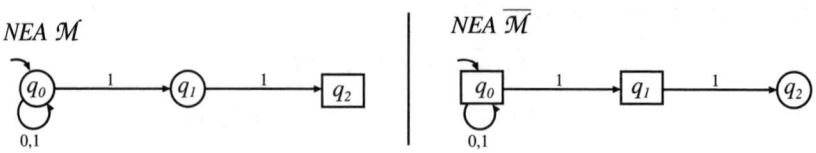

Abbildung 6.2.5 Fehlgeschlagene Komplementierung für NEAs

Vereinigung für DEAs: Wir haben erwähnt, dass die oben angegebene Konstruktion für die Vereinigung zunächst einen NEA liefert; auch wenn zwei DEAs verknüpft werden. Liegen zwei DEAs $\mathcal{M}_1$, $\mathcal{M}_2$ vor, für die ein DEA für die Sprache $\mathcal{L}(\mathcal{M}_1) \cup \mathcal{L}(\mathcal{M}_2)$ erstellt werden soll, so könnte man zwar den Operator $\uplus$ anwenden und dann die Potenzmengenkonstruktion durchführen; jedoch gibt es einen einfacheren Weg, mit dem die exponentiellen Kosten für die Potenzmengenkonstruktion umgangen werden können.

Hierzu wenden wir die de Morgansche Regel

$$\mathcal{L}(\mathcal{M}_1) \cup \mathcal{L}(\mathcal{M}_2) = \overline{\overline{\mathcal{L}(\mathcal{M}_1)} \cap \overline{\mathcal{L}(\mathcal{M}_2)}}$$

an, die es erlaubt, die Vereinigung auf die Komplement- und Durchschnittsbildung zurückzuführen. Die Aussage, dass der DEA

$$\mathcal{M} = \overline{\overline{\mathcal{M}_1} \times \overline{\mathcal{M}_2}}$$

genau die Vereinigungssprache akzeptiert, kann man sich intuitiv wie folgt klarmachen. Die Endzustände von $\mathcal{M}$ sind genau diejenigen Zustandspaare $\langle q_1, q_2 \rangle$, für die wenigstens einer der beiden Zustände q_1 oder q_2 ein Endzustand ist. Somit akzeptiert $\mathcal{M}$ genau dann, wenn wenigstens einer der Läufe in $\mathcal{M}_1$ oder $\mathcal{M}_2$ akzeptierend ist. Tatsächlich ist der Umweg über die Komplementierung unnötig, da es genügt, den Produktautomaten von $\mathcal{M}_1$ und $\mathcal{M}_2$ zu bilden und diesen mit der Endzustandsmenge

$$F = \{\langle q_1, q_2 \rangle : q_1 \in F_1 \ \vee \ q_2 \in F_2\}$$

zu versehen. Dabei müssen wir voraussetzen, dass $\mathcal{M}_1$ und $\mathcal{M}_2$ jeweils mit einer totalen Übergangsfunktion ausgestattet sind.

Diese Überlegungen zeigen, dass auch die Bildung eines DEAs für die Vereinigung in Zeit

$$\mathcal{O}(|Q_1| \cdot |Q_2| \cdot |\Sigma|)$$

möglich ist.

Als Beispiel betrachten wir die in Abbildung 6.2.6 skizzierten DEAs $\mathcal{M}_1$ und $\mathcal{M}_2$. $\mathcal{M}_1$ akzeptiert genau diejenigen Wörter $w \in \{0, 1\}^*$, die mit Eins enden. Die von $\mathcal{M}_2$ akzeptierte Sprache besteht aus allen Wörtern $w \in \{0, 1\}^*$, die mit einer Eins beginnen.

Abbildung 6.2.6 Produktautomat mit modifizierter Akzeptanzmenge

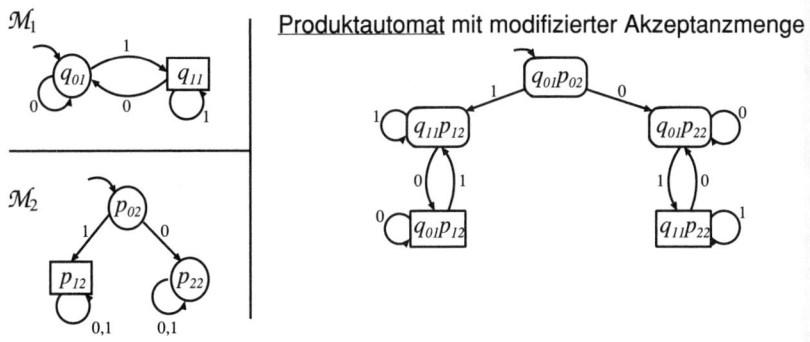

Tatsächlich akzeptiert der DEA

$$\overline{\mathcal{M}_1 \times \mathcal{M}_2}$$

genau die Sprache aller Wörter, die mit einer Eins beginnen oder enden.

NEAs mit ε-Übergängen

Als technisches Hilfsmittel zur Behandlung von Konkatenation und Kleeneabschluss betrachten wir eine Erweiterung von NEAs, in denen ε-Übergänge möglich sind. ε-Übergänge sind *spontane Zustandsveränderungen*, die unabhängig vom Zeichen unter dem Lesekopf stattfinden und die die Position des Lesekopfs unverändert lassen. Zu jedem Zeitpunkt können beliebig viele ε-Übergänge stattfinden.

Definition 6.2.7 [NEAs mit ε-Übergängen]

Ein *ε-erweiterter NEA* ist ein Tupel $\mathcal{M} = (Q, \Sigma, \delta, Q_0, F)$, dessen Komponenten Q, Σ, Q_0 und F wie in einem NEA definiert sind und dessen Übergangsfunktion eine Funktion des Typs

$$\delta : Q \times (\Sigma \cup \{\varepsilon\}) \to 2^Q$$

ist.

Wir formalisieren das Verhalten ε-erweiterter NEAs durch die Erweiterung der Übergangsfunktion zu einer Abbildung

$$\delta_\varepsilon : 2^Q \times \Sigma^* \to 2^Q.$$

Sei $P \subseteq Q$. Wir setzen

$$\delta(P, \varepsilon) = \bigcup_{p \in P} \delta(p, \varepsilon).$$

Zunächst definieren wir den ε-Abschluss $\Delta(P)$. Dieser enthält genau diejenigen Zustände, die von P durch beliebig viele (0 oder mehrere) ε-Übergänge erreicht werden können.

$$\Delta(P) = \bigcup_{i \geq 0} \Delta_i(P), \quad \text{wobei } \Delta_0(P) = P \text{ und } \Delta_{i+1}(P) = \Delta_i(P) \cup \delta(\Delta_i(P), \varepsilon).$$

$\Delta_i(P)$ ist die Menge aller Zustände $q \in Q$, die durch höchstens i ε-Übergänge von einem Zustand $p \in P$ erreichbar sind. Wir definieren nun

$$\delta_\varepsilon(P, \varepsilon) = \Delta(P), \quad \delta_\varepsilon(P, ax) = \bigcup_{q \in \Delta(P)} \delta_\varepsilon(\delta(q, a), x),$$

wobei $a \in \Sigma$ und $x \in \Sigma^*$. Ist $P = \{p\}$ einelementig, dann schreiben wir auch $\delta_\varepsilon(p, a)$ anstelle von $\delta_\varepsilon(\{p\}, a)$. Entsprechend steht $\Delta(p)$ für $\Delta(\{p\})$.

Es gilt $q \in \delta_\varepsilon(P, a)$ genau dann, wenn es einen Zustand $p \in P$ gibt, von dem der Automat durch beliebig viele (0 oder mehrere) ε-Übergänge, gefolgt von einem a-Übergang und beliebig vielen ε-Übergängen, in den Zustand q wechseln kann. Weiter gilt

$$q \in \delta_\varepsilon(P, a_1 \dots a_n)$$

genau dann, wenn es eine Folge $q_0, q_1, \dots, q_n$ von Zuständen gibt, sodass

▶ $q_0 \in P$ und

▶ $q_{i+1} \in \delta_\varepsilon(q_i, a_{i+1})$, $i = 0, 1, \dots, n$.

Die durch einen ε-erweiterten NEA $\mathcal{M}$ *akzeptierte Sprache* ist

$$\mathcal{L}(\mathcal{M}) = \{w \in \Sigma^* : \delta_\varepsilon(Q_0, w) \cap F \neq \emptyset\}.$$

Als Beispiel betrachten wir einen ε-erweiterten NEA, der die Sprache $L = \{b\} \cup \{b^n a : n \in \mathbb{N}\}$ akzeptiert.

Abbildung 6.2.8 NEA mit ε-Übergängen

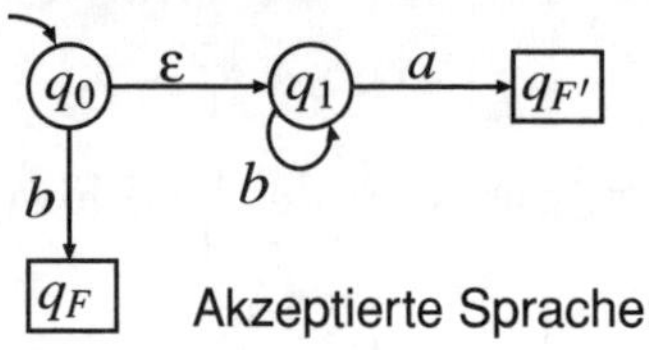

Akzeptierte Sprache: $\{b\} \cup \{b^n a : n \geq 0\}$

Offenbar kann jeder NEA (und damit auch jeder DEA) als ε-erweiterter NEA interpretiert werden. Wir müssen dazu lediglich die Übergangsfunktion δ eines NEAs durch

$\delta(q, \varepsilon) = \emptyset$ erweitern. ε-erweiterte NEAs sind daher mindestens so ausdrucksstark wie NEAs oder DEAs. Das folgende Lemma belegt, dass auch die Umkehrung gilt; d.h. dass jede von einem ε-erweiterten NEA akzeptierte Sprache durch einen NEA (oder DEA) repräsentiert werden kann.

Lemma 6.2.9

Zu jedem ε-erweiterten NEA gibt es einen NEA $\mathcal{M}'$ mit $\mathcal{L}(\mathcal{M}) = \mathcal{L}(\mathcal{M}')$.

Beweis: Sei $\mathcal{M} = (Q, \Sigma, \delta, Q_0, F)$ ein ε-erweiterter NEA. Wir definieren einen NEA

$$\mathcal{M}' = (Q, \Sigma, \delta', \Delta(Q_0), F)$$

wie folgt.

$$\delta'(q, a) \;=\; \delta_\varepsilon(q, a)$$

für alle $q \in Q$ und $a \in \Sigma$. Es ist leicht zu sehen, dass $\mathcal{L}(\mathcal{M}) = \mathcal{L}(\mathcal{M}')$. $\qquad\square$

Wir demonstrieren die in Lemma 6.2.9 angegebene Konstruktion an einem Beispiel.

Abbildung 6.2.10 Äquivalenter NEA ohne ε-Übergänge

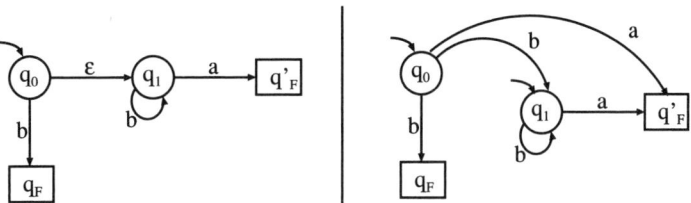

Die Erweiterung von NEAs durch ε-Übergänge ermöglicht recht einfache Verknüpfungen zur Realisierung von Konkatenation und Kleeneabschluss. In beiden Fällen gehen wir von NEAs (mit oder ohne ε-Übergängen) aus und konstruieren einen NEA mit ε-Übergängen. Dieser kann mit der im Beweis von Lemma 6.2.9 (Seite 243) angegebenen Methode zu einem gewöhnlichen NEA transformiert werden.

Konkatenation und Kleeneabschluss

Konkatenation: Seien $\mathcal{M}_1 = (Q_1, \Sigma, \delta_1, Q_{0,1}, F_1)$ und $\mathcal{M}_2 = (Q_2, \Sigma, \delta_2, Q_{0,2}, F_2)$ zwei NEAs (mit oder ohne ε-Übergängen). Wir können o.E. annehmen, dass $Q_1 \cap Q_2 = \emptyset$. Der ε-erweiterte NEA

$$\mathcal{M}_1 \circ \mathcal{M}_2 \;=\; (Q_1 \cup Q_2, \Sigma, \delta, Q_{0,1}, F_2)$$

verbindet die Endzustände von $\mathcal{M}_1$ mit den Anfangszuständen von $\mathcal{M}_2$ durch einen ε-Übergang.

Abbildung 6.2.11 Konkatenation zweier NEAs

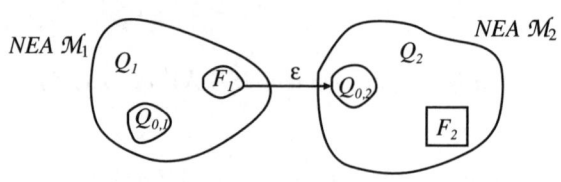

Wir formalisieren dies durch folgende Definition der Übergangsfunktion δ:

$$\delta(q,a) = \begin{cases} \delta_1(q,a) & : \text{ falls } q \in Q_1 \text{ und } (q \notin F_1 \text{ oder } a \neq \varepsilon) \\ \delta_2(q,a) & : \text{ falls } q \in Q_2 \\ Q_{0,2} \cup \delta(q,\varepsilon) & : \text{ falls } q \in F_1 \text{ und } a = \varepsilon \end{cases}$$

Dabei ist $a \in \Sigma \cup \{\varepsilon\}$. Die Konstruktion von $\mathcal{M}_1 \circ \mathcal{M}_2$ ist in Zeit $\mathcal{O}((|Q_1| + |Q_2|) \cdot |\Sigma|)$ möglich.

Kleeneabschluss: Sei $\mathcal{M} = (Q, \Sigma, \delta, Q_0, F)$ ein NEA mit oder ohne ε-Übergängen. Sei $q_\varepsilon \notin Q$.

Wir definieren einen ε-erweiterten NEA

$$\mathcal{M}^* = (Q \cup \{q_\varepsilon\}, \Sigma, \delta^*, Q_0 \cup \{q_\varepsilon\}, F \cup \{q_\varepsilon\}),$$

dessen Übergangsfunktion δ^* die Endzustände über einen ε-Übergang mit den Anfangszuständen verbindet.

Abbildung 6.2.12 Kleeneabschluss eines NEAs

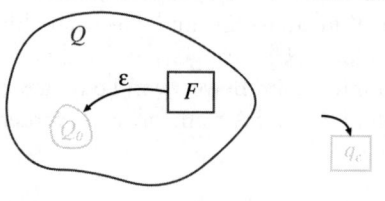

Falls $a \in \Sigma$ und $q \in Q$, so ist $\delta^*(q,a) = \delta(q,a)$. Die ε-Übergänge der Zustände $q \in Q$ sind durch

$$\delta^*(q,\varepsilon) = \begin{cases} Q_0 \cup \delta(q,\varepsilon) & : \text{ falls } q \in F \\ \delta(q,\varepsilon) & : \text{ falls } q \in Q \setminus F \end{cases}$$

gegeben. Der Spezialzustand q_ε wird benötigt, um sicherzustellen, dass das leere Wort akzeptiert wird.[9] Wir definieren q_ε als einen Zustand ohne Übergänge, also $\delta^*(q_\varepsilon, a) = \emptyset$ für alle $a \in \Sigma \cup \{\varepsilon\}$. Es ist leicht zu sehen, dass

$$\mathcal{L}(\mathcal{M}^*) = \mathcal{L}(\mathcal{M})^*.$$

Für die Konstruktion von $\mathcal{M}^*$ sind $\mathcal{O}(|Q| \cdot |\Sigma|)$ Schritte ausreichend.

Beispiel 6.2.13. Als Beispiel betrachten wir die Konstruktion eines NEAs für die Menge aller nicht leeren Ziffernfolgen.

Abbildung 6.2.14 Beispiel zu Konkatenation und Kleeneabschluss

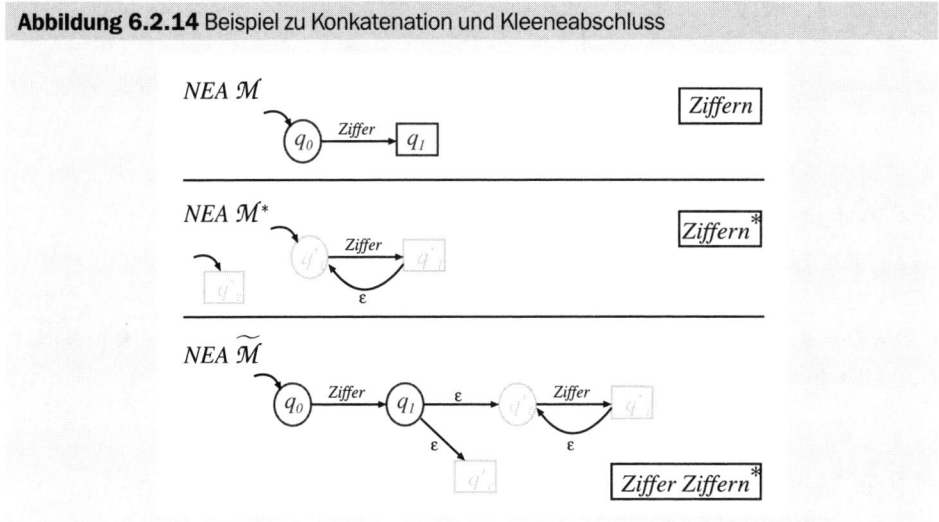

Die Konstruktion eines NEAs mit ε-Übergängen für die Sprache

$$\mathcal{L}(\mathcal{M})^+ = \mathcal{L}(\mathcal{M}) \circ \mathcal{L}(\mathcal{M})^*$$

kann man (wie in obigem Beispiel) durch Anwenden des Operators für den Kleeneabschluss, gefolgt vom Konkatenationsoperator, vornehmen. Tatsächlich ist jedoch eine einfachere Konstruktion möglich. Dazu definieren wir einen ε-erweiterten NEA

$$\mathcal{M}^+ = (Q, \Sigma, \delta^+, Q_0, F)$$

wie folgt. Intuitiv entsteht $\mathcal{M}^+$ aus $\mathcal{M}$, indem von allen Endzuständen ein ε-Übergang zu den Anfangszuständen eingefügt wird. Falls $a \in \Sigma$, so ist $\delta^+(q, a) = \delta(q, a)$. Die ε-Übergänge sind durch

$$\delta^+(q, \varepsilon) = \begin{cases} Q_0 \cup \delta(q, \varepsilon) & : \text{ falls } q \in F \\ \delta(q, \varepsilon) & : \text{ sonst} \end{cases}$$

---

[9] Man kann auf q_ε verzichten, falls $\varepsilon \in \mathcal{L}(\mathcal{M})$. Ist $\varepsilon \in \mathcal{L}(\mathcal{M})$, dann ist $\mathcal{L}(\mathcal{M})^+ = \mathcal{L}(\mathcal{M})^*$ und man kann auf die einfachere Konstruktion $\mathcal{M}^+$ (siehe unten) zurückgreifen.

gegeben. Offenbar gilt dann $\mathcal{L}(\mathcal{M}^+) = \mathcal{L}(\mathcal{M})^+$. Als Beispiel betrachten wir nochmals die Konstruktion eines NEAs für die Sprache der nicht leeren Ziffernfolgen (siehe Abbildung 6.2.15). ■

Abbildung 6.2.15 Vereinfachte Konstruktion eines NEAs für $\mathcal{L}(\mathcal{M})^+$

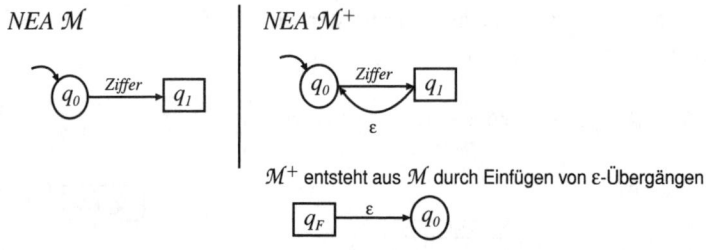

Die Ergebnisse dieses Abschnitts liefern folgenden Satz.

Satz 6.2.16

Die Klasse der regulären Sprachen ist unter Vereinigung, Konkatenation, Kleeneabschluss, Komplementbildung und Durchschnitt abgeschlossen.

6.2.2 Algorithmen für den Nachweis von Eigenschaften regulärer Sprachen

In engem Zusammenhang zur Konstruktion von endlichen Automaten für gegebene reguläre Sprachen stehen Analysealgorithmen, bei denen Verfahren für das Wortproblem und der Äquivalenztest zu den wichtigsten Fragestellungen zählen.

Das Wortproblem: Ist $\mathcal{M}$ ein DEA mit dem Alphabet Σ und w ein Wort über Σ, dann kann die Frage

$$\text{»Gilt } w \in \mathcal{L}(\mathcal{M})\text{?«}$$

in linearer Zeit $\mathcal{O}(|w|)$ beantwortet werden. Wir müssen lediglich den DEA $\mathcal{M}$ bei Eingabe w simulieren.

Äquivalenztest: Die Frage, ob zwei DEAs $\mathcal{M}_1$ und $\mathcal{M}_2$ äquivalent sind, d.h.

$$\text{»Gilt } \mathcal{L}(\mathcal{M}_1) = \mathcal{L}(\mathcal{M}_2)\text{?«,}$$

lässt sich auf das Inklusionsproblem reduzieren:

Es gilt

$$\mathcal{L}(\mathcal{M}_1) = \mathcal{L}(\mathcal{M}_2) \quad \text{gdw} \quad \mathcal{L}(\mathcal{M}_1) \subseteq \mathcal{L}(\mathcal{M}_2) \text{ und } \mathcal{L}(\mathcal{M}_2) \subseteq \mathcal{L}(\mathcal{M}_1).$$

Für den Inklusionstest können wir folgende Beobachtung ausnutzen:

$$\mathcal{L}(\mathcal{M}_1) \subseteq \mathcal{L}(\mathcal{M}_2) \quad \text{gdw} \quad \mathcal{L}(\mathcal{M}_1) \cap \overline{\mathcal{L}(\mathcal{M}_2)} = \emptyset \quad \text{gdw} \quad \mathcal{L}\left(\mathcal{M}_1 \times \overline{\mathcal{M}_2}\right) = \emptyset$$

Zur Beantwortung der Frage »Gilt $\mathcal{L}(\mathcal{M}_1) \subseteq \mathcal{L}(\mathcal{M}_2)$?« können wir also wie folgt verfahren. Wir bilden den Produktautomaten aus $\mathcal{M}_1$ und aus dem Komplementautomaten von $\mathcal{M}_2$ und führen für diesen den Leerheitstest durch.

Leerheitstest: Die Frage

$$\text{»Gilt } \mathcal{L}(\mathcal{M}) = \emptyset\text{?«}$$

für einen DEA (oder NEA) $\mathcal{M}$ lässt sich mit einer Erreichbarkeitsanalyse realisieren. Wir müssen lediglich prüfen, ob einer der Endzustände vom Anfangszustand (oder einem der Anfangszustände) erreichbar ist. Dazu können wir eine Tiefen- oder Breitensuche anwenden. Der zu Grunde liegende Digraph ist $\mathcal{G} = (Q, E)$, wobei

$$(q, q') \in E \text{ genau dann, wenn } \delta(q, a) = q' \text{ für ein } a \in \Sigma.$$

Es ist klar, dass der zeitliche Aufwand für den Leerheitstest $\mathcal{O}(|Q| \cdot |\Sigma|)$ ist. Die Laufzeit für den Inklusions- und Äquivalenztest wird durch die Bildung des Produktautomaten und der Erreichbarkeitsanalyse dominiert. Daher können der Inklusions- und Äquivalenztest in Zeit $\mathcal{O}(|Q_1| \cdot |Q_2| \cdot |\Sigma|)$ durchgeführt werden.

Wir illustrieren nun das für den Inklusionstest skizzierte Verfahren am Beispiel eines DEAs $\mathcal{M}_1$ für die Sprache $\{1x : x \in \{0, 1\}^*\}$ und eines DEAs $\mathcal{M}_2$ für die Sprache aller Wörter $w \in \{0, 1\}^*$, die mindestens eine Eins enthalten (vgl. Abbildung 6.2.17).

Abbildung 6.2.17 Produktautomat $\mathcal{M}_1 \times \overline{\mathcal{M}_2}$

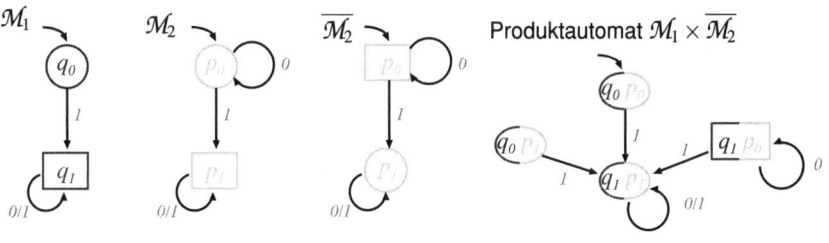

Der Produktautomat $\mathcal{M}_1 \times \overline{\mathcal{M}_2}$ hat vier Zustände. Der Endzustand $\langle q_1, p_0 \rangle$ ist nicht vom Anfangszustand $\langle q_0, p_0 \rangle$ erreichbar. Daher ist

$$\mathcal{L}\left(\mathcal{M}_1 \times \overline{\mathcal{M}_2}\right) = \emptyset.$$

Wir erhalten das offenkundige Resultat $\mathcal{L}(\mathcal{M}_1) \subseteq \mathcal{L}(\mathcal{M}_2)$.

Endlichkeitstest: Um die Frage zu beantworten, ob die durch einen DEA $\mathcal{M}$ akzeptierte Sprache endlich ist, müssen wir prüfen, ob von dem Anfangszustand ein Zyklus erreichbar ist, von dem wiederum ein Pfad zu einem akzeptierender Zustand führt. Letztendlich können wir hierzu wohlbekannte Graphalgorithmen anwenden.

1. Zunächst entfernen wir sämtliche vom Anfangszustand q_0 nicht erreichbaren Zustände. (Zum Beispiel können wir mit einer Tiefen- oder Breitensuche die von q_0 erreichbaren Zustände berechnen.)

2. Dann bilden wir den inversen Graphen $\mathcal{G}^{-1}$, der aus $\mathcal{G}$ entsteht, indem alle Kanten umgedreht werden.[10]

3. Der Digraph $\mathcal{G}^{-1}$ enthält genau dieselben Zyklen, durchläuft sie aber in entgegengesetzter Richtung. Wir prüfen nun, ob ein Endzustand in $\mathcal{G}^{-1}$ einen Zyklus erreichen kann. Hierzu können wir bekannte DFS-Kantenklassifizierungsalgorithmen anwenden. Ein Zyklus liegt genau dann vor, wenn es Rückwärtskanten gibt.

Beispiel 6.2.18. Wir verdeutlichen diese Aussage an einem Beispiel: Gegeben sei folgender DEA $\mathcal{M}$ für die Sprache $\{00\} \cup \{(10)^n : n \geq 1\}$ (vgl. Abbildung 6.2.19).

Abbildung 6.2.19

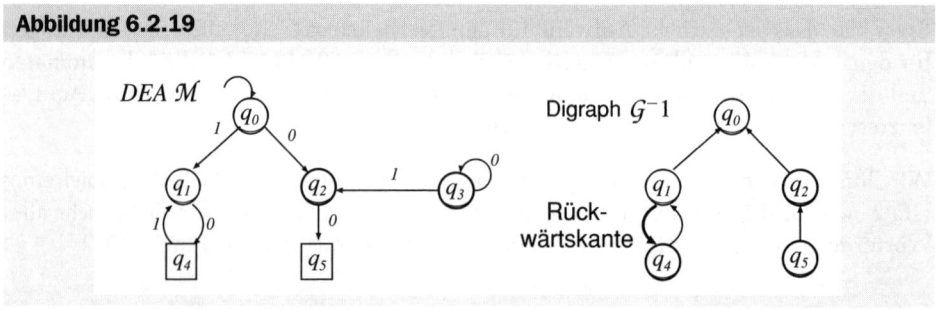

Im ersten Schritt stellen wir fest, dass der Zustand q_3 nicht von q_0 erreichbar ist. Wir entfernen den Knoten q_3 und analysieren den Digraphen $\mathcal{G}^{-1}$.

Die Tiefensuche mit dem Endzustand q_5 gestartet, liefert keine Rückwärtskanten, wohl aber die mit q_4 gestartete Tiefensuche. Hieraus folgt die Unendlichkeit der Sprache $\mathcal{L}(\mathcal{M})$. ∎

Es ist klar, dass der zeitliche Aufwand für das skizzierte Verfahren durch die Erreichbarkeitsanalysen in $\mathcal{G}$ und $\mathcal{G}^{-1}$ dominiert wird. Daher ist die Laufzeit dieses Verfahrens linear in der Anzahl an Kanten und Knoten in $\mathcal{G}$ (bzw. $\mathcal{G}^{-1}$) und kann mit $\mathcal{O}(|Q| \cdot |\Sigma|)$ nach oben abgeschätzt werden.

---

[10] Dabei ist $\mathcal{G} = (Q, E)$ wie oben, also $(q, q') \in E$, falls $\delta(q, a) = q'$ für ein $a \in \Sigma$. Die Annahme, dass alle vom Anfangszustand q_0 nicht erreichbaren Zustände eliminiert wurden, stellt sicher, dass jeder Zustand $q \subset Q$ über einen Pfad in $\mathcal{G}$ von q_0 erreichbar ist. Der Digraph $\mathcal{G}^{-1}$ hat (wie $\mathcal{G}$) die Knotenmenge Q und ist mit der Kantenrelation $E^{-1} = \{(q', q) : (q, q') \in E\}$ ausgerüstet.

Wir fassen zusammen:

Satz 6.2.20

Seien $\mathcal{M} = (Q, \Sigma, \delta, q_0, F)$, $\mathcal{M}_i = (Q_i, \Sigma, \delta_i, q_{0,i}, F_i)$, $i = 1,2$, DEAs und $w \in \Sigma^*$.

(a) Man kann in Zeit $\mathcal{O}(|Q| \cdot |\Sigma|)$ entscheiden, ob $\mathcal{L}(\mathcal{M}) = \emptyset$.

(a) Man kann in Zeit $\mathcal{O}(|Q| \cdot |\Sigma|)$ entscheiden, ob $\mathcal{L}(\mathcal{M})$ endlich ist.

(c) Man kann in Zeit $\mathcal{O}(|w|)$ entscheiden, ob $w \in \mathcal{L}(\mathcal{M})$.

(d) Man kann in Zeit $\mathcal{O}(|Q_1| \cdot |Q_2| \cdot |\Sigma|)$ prüfen, ob $\mathcal{L}(\mathcal{M}_1) = \mathcal{L}(\mathcal{M}_2)$.

6.2.3 Das Pumping Lemma für reguläre Sprachen

Der folgende Satz (in der Literatur als Pumping Lemma bekannt) präsentiert ein notwendiges Kriterium für reguläre Sprachen und kann für den Nachweis genutzt werden, dass eine Sprache *nicht* regulär ist.

Satz 6.2.21 [Pumping Lemma für reguläre Sprachen]

Sei $L \subseteq \Sigma^*$ eine reguläre Sprache. Dann gibt es eine ganze Zahl $n \geq 1$, sodass jedes Wort $x \in L$ mit $|x| \geq n$ wie folgt zerlegt werden kann: $x = uvw$ mit Wörtern $u, v, w \in \Sigma^*$, sodass

(1) $|v| \geq 1$

(2) $|uv| \leq n$

(3) $uv^k w \in L$ für alle $k \in \mathbb{N}$.

Beweis: Sei $\mathcal{M} = (Q, \Sigma, \delta, q_0, F)$ ein DEA mit $\mathcal{L}(\mathcal{M}) = L$ (Corollar 6.1.26) und $|Q| = n$. Wir zeigen nun, dass jedes Wort in $\mathcal{L}(\mathcal{M})$ der Länge $\geq n$ zerlegt werden kann, sodass die Bedingungen (1), (2) und (3) erfüllt sind.

Sei $x = a_1 a_2 \ldots a_m \in \mathcal{L}(\mathcal{M})$ mit $|x| = m \geq n$. Sei $q_0, q_1, \ldots, q_m$ der zu x gehörende Lauf von $\mathcal{M}$. Dann ist

$$q_m \in F.$$

Wir betrachten nur die ersten $n + 1$ Zustände des Laufs. Da $\mathcal{M}$ genau n Zustände hat, gibt es Indizes i, j mit $0 \leq i < j \leq n$, sodass $q_i = q_j$. Wir zerlegen x wie folgt:

$$u = a_1 a_2 \ldots a_i, \quad v = a_{i+1} a_{i+2} \ldots a_j, \quad w = a_{j+1} a_{j+2} \ldots a_m.$$

Wir weisen nun die geforderten Eigenschaften (1), (2) und (3) nach.

(1) Wegen $i < j$ gilt $|v| \geq 1$.

(2) Wegen $j \leq n$ gilt $|uv| = |a_1 \ldots a_j| = j \leq n$.

(3) Sei $k \in \mathbb{N}$. Wir betrachten das Wort

$$x' = uv^k w = \underbrace{a_1 \ldots a_i}_{=u} \underbrace{a_{i+1} \ldots a_j}_{=v} \underbrace{a_{i+1} \ldots a_j}_{=v} \ldots \underbrace{a_{i+1} \ldots a_j}_{=v} \underbrace{a_{j+1} \ldots a_m}_{=w}.$$

Der zu x' gehörende Lauf hat die Form

$$q_0, \ldots, q_i, q_{i+1}, \ldots, q_j, q_{i+1}, \ldots, q_j, \ldots, q_{i+1}, \ldots, q_j, q_{j+1}, \ldots, q_m$$
$$= q_0, \ldots, q_i, (q_{i+1}, \ldots, q_j)^k, q_{j+1}, \ldots, q_m.$$

Dabei benutzen wir die Tatsache, dass $q_i = q_j$. Wegen $q_m \in F$ folgt $x' \in \mathcal{L}(\mathcal{M}) = L$.
$\square$

Beispiel 6.2.22. Wir machen uns die Aussage von Satz 6.2.21 an einem einfachen Beispiel klar. Wir betrachten einen DEA mit vier Zuständen, der die Sprache

$$L = \{0(01)^n 00 : n \in \mathbb{N}\}$$

akzeptiert.

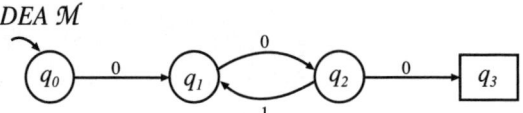

Jedes Wort $x \in \mathcal{L}(\mathcal{M})$ der Länge ≥ 4 hat die Form

$$x = 0(01)^{n+1}00, \quad \text{wobei } n \in \mathbb{N}.$$

Mit $u = 0$, $v = 01$ und $w = 00$ erhält man $uv^k w \in \mathcal{L}(\mathcal{M}) = L$ für alle $k \in \mathbb{N}$. $\blacksquare$

Nicht reguläre Sprachen

Das Pumping Lemma kann für den Nachweis verwendet werden, dass eine Sprache nicht regulär ist.[11]

---

[11] Es gibt jedoch Sprachen, die zwar nicht regulär sind, aber dennoch die im Pumping Lemma angegebene Bedingung erfüllen. S. unten.

Als Beispiel betrachten wir

$$L = \{a^n b^n : n \in \mathbb{N}_{\geq 1}\}.$$

Zunächst machen wir uns intuitiv klar, weshalb L nicht regulär ist. Dies liegt im Wesentlichen daran, dass endliche Automaten keinen unbeschränkten Speicher haben, sondern lediglich die Zustände zur Speicherung von Daten verwenden können. Endliche Automaten können so konzipiert werden, dass sie bis 2, 3 oder bis zu einem anderen *festen* (von der Eingabe unabhängigen) Wert k »zählen« können; jedoch sind sie nicht in der Lage, von der Eingabe abhängige Werte zu speichern. Beim Einlesen der Eingabe kann der endliche Automat zwar prüfen, ob das Eingabewort von der Form $a^n b^m$ ist, er ist aber nicht in der Lage, die Information über die Anzahl der gelesenen a's und b's zu verwalten.

Wir weisen nun formal nach, dass L nicht regulär ist. Hierzu zeigen wir, dass die im Pumping Lemma angegebene Bedingung verletzt ist. Wir nehmen an, L wäre regulär und führen diese Annahme zu einem Widerspruch. Sei n die Zahl aus dem Pumping Lemma und sei $x = a^n b^n$. Weiter seien u, v und w Teilworte von x mit $x = uvw$ und den Eigenschaften (1), (2) und (3) aus dem Pumping Lemma.

Da $|uv| \leq n$ ist, besteht v nur aus a's.

Etwa $v = a^l$. Dann ist $l = |v| \geq 1$. Somit ist

$$uv^2 w \;=\; uvvw \;=\; a^{n+l} b^n \notin L.$$

Das ist ein Widerspruch zu Eigenschaft (3).

Ebenfalls mithilfe des Pumping Lemmas kann man zeigen, dass auch die Sprache L' aller Wörter $w \in \{a, b\}^*$, die ebenso viele a's wie b's enthalten, *nicht* regulär ist. Eine andere Methode, um den Nachweis zu erbringen, dass L' nicht regulär ist, ist diese. Offenbar ist

$$L \;=\; L' \cap \{a^n b^m : n, m \geq 0\}.$$

Die Sprache $L'' = \{a^n b^m : n, m \geq 0\}$ ist regulär. Dies kann man z. B. durch die Angabe eines DEAs $\mathcal{M}$ für L'' belegen. Hierzu genügen zwei Zustände q_a und q_b. q_a ist der Startzustand, die Endzustandsmenge ist $\{q_a, q_b\}$. Der Startzustand q_a wird genau dann verlassen, wenn ein b gelesen wird. Im Zustand q_b können beliebig viele b's gelesen werden. Sobald das Eingabezeichen jedoch ein a ist, hält der DEA verwerfend an.

Wäre nun L' regulär, dann wäre (gemäß der Aussage von Satz 6.2.16, Seite 246) auch die Sprache $L = L' \cap L''$ regulär. Dies ist nicht der Fall, wie wir oben gesehen haben.

Die Aussage des Pumping Lemmas stellt eine notwendige Bedingung für reguläre Sprachen dar. Es gibt jedoch nicht reguläre Sprachen, die das im Pumping Lemma angegebene Kriterium erfüllen. Beispielsweise ist die Sprache

$$L' \;=\; \{b^m : m \geq 0\} \cup \{a^n b^{m^2} : m, n \geq 1\}$$

nicht regulär, obwohl sie die im Pumping Lemma angegebene Eigenschaft hat (vgl. Übungsaufgabe 6.4).

6.3 Reguläre Ausdrücke

Satz 6.2.16 (Seite 246) kann dahingehend verschärft werden, dass die Klasse der regulären Sprachen über Σ die kleinste Klasse ist, die unter den Operationen Vereinigung, Konkatenation und Kleeneabschluss abgeschlossen ist und welche die Sprachen $\emptyset$, $\{\varepsilon\}$ und $\{a\}$, $a \in \Sigma$ enthält.[12] Um diese Aussage zu belegen, betrachten wir einen weiteren Formalismus, der sehr intuitive Schreibweisen für reguläre Sprachen ermöglicht.

Definition 6.3.1 [Syntax regulärer Ausdrücke]

Sei Σ ein Alphabet. Die Menge der regulären Ausdrücke über Σ ist durch folgende induktive Definition gegeben.

1. $\emptyset$ und ε sind reguläre Ausdrücke.

2. Für jedes $a \in \Sigma$ ist a ein regulärer Ausdruck.

3. Mit α und β sind auch $(\alpha\beta)$, $(\alpha + \beta)$ und (α^*) reguläre Ausdrücke.

4. Nichts sonst ist ein regulärer Ausdruck.

Die Klammern werden oftmals weggelassen, wobei der Verknüpfungsoperator $+$ die schwächste Priorität hat und der Sternoperator am stärksten bindet. Zum Beispiel steht $a\varepsilon + bc^*$ für $((a\varepsilon) + (b(c^*)))$. Anstelle von $\alpha + \beta$ wird häufig auch $\alpha|\beta$ geschrieben.

Anstelle der induktiven Definition kann man auch auf folgende kontextfreie Grammatik zurückgreifen, die die regulären Ausdrücke generiert:

$$\alpha \;\to\; \emptyset \;\mid\; \varepsilon \;\mid\; a \;\mid\; \alpha\alpha \;\mid\; \alpha + \alpha \;\mid\; \alpha^*$$

Reguläre Ausdrücke stehen für Sprachen. Intuitiv sind ε und a Kurzschreibweisen für die jeweils einelementigen Sprachen $\{\varepsilon\}$ und $\{a\}$. Das Symbol $+$ steht für die Vereinigung, die Schreibweise $\alpha\beta$ deutet Konkatenation an. Der Sternoperator repräsentiert den Kleeneabschluss.

Definition 6.3.2 [Semantik regulärer Ausdrücke]

Die zu einem regulären Ausdruck α gehörende Sprache $\mathcal{L}(\alpha)$ ist wie folgt definiert:

$$
\begin{aligned}
\mathcal{L}(\emptyset) &= \emptyset &\qquad \mathcal{L}(\varepsilon) &= \{\varepsilon\} \\
\mathcal{L}(a) &= \{a\} &\qquad \mathcal{L}(\alpha\beta) &= \mathcal{L}(\alpha) \circ \mathcal{L}(\beta) \\
\mathcal{L}(\alpha + \beta) &= \mathcal{L}(\alpha) \cup \mathcal{L}(\beta) &\qquad \mathcal{L}(\alpha^*) &= \mathcal{L}(\alpha)^*
\end{aligned}
$$

Zwei reguläre Ausdrücke α_1, α_2 heißen *äquivalent* (i. Z. $\alpha_1 \equiv \alpha_2$), wenn $\mathcal{L}(\alpha_1) = \mathcal{L}(\alpha_2)$. Wir nennen α nicht leer, wenn $\alpha \not\equiv \emptyset$, also wenn $\mathcal{L}(\alpha) \neq \emptyset$.

---

[12] Diese Beobachtung geht auf Kleene zurück und wird daher häufig als *Satz von Kleene* bezeichnet.

Beispielsweise stellt der reguläre Ausdruck

$$\alpha = \textit{Ziffer Ziffer}^*$$

die Menge aller nicht leeren Ziffernfolgen dar. Dabei kann man entweder *Ziffer* als Terminalzeichen auffassen (d.h. man legt das Alphabet $\{\textit{Ziffer}\}$ zu Grunde) oder fasst $\textit{Ziffer} = 0|1|2|\ldots|9$ als regulären Ausdruck über $\{0, 1, \ldots, 9\}$ auf.

Als komplexeres Beispiel betrachten wir nichtnegative Gleitpunktzahlen, die durch das nachstehende Syntaxdiagramm spezifiziert sind.

Syntaxdiagramm

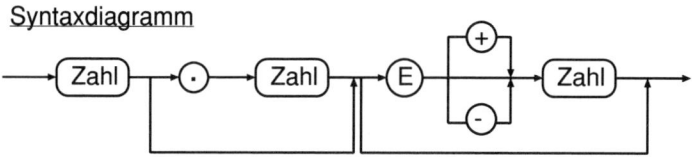

Zum Beispiel sind »3.87E $-$ 7«, »3.475« oder »014E74« zulässige Gleitpunktdarstellungen. Die durch das Syntaxdiagramm festgelegte Sprache wird durch den folgenden regulären Ausdruck beschrieben:

$$\textit{Zahl} \; (\; \varepsilon \; | \; . \; \textit{Zahl} \;) \; (\; \varepsilon \; | \; \text{E}(+ \; | \; - \; | \; \varepsilon) \; \textit{Zahl} \;)$$

Dabei ist *Zahl* der (oben betrachtete) reguläre Ausdruck

$$\textit{Ziffer Ziffer}^*.$$

Hier haben wir das Symbol »|« anstelle von »+« für den Vereinigungsoperator verwendet, um Verwechslungen mit dem Terminalzeichen »+« zu verhindern.

Konstruktion eines NEAs zu gegebenem regulären Ausdruck

Wir geben zwei Verfahren an, wie man zu gegebenem regulären Ausdruck α einen NEA konstruieren kann, der genau die Sprache $\mathcal{L}(\alpha)$ akzeptiert. Diese Verfahren liefern den Beweis für folgendes Lemma.

Lemma 6.3.3

Zu jedem regulären Ausdruck α gibt es einen NEA $\mathcal{M}$ mit $\mathcal{L}(\alpha) = \mathcal{L}(\mathcal{M})$.

1. Verfahren: Für $\alpha = \emptyset$, ε oder $a \in \Sigma$ geben wir explizit einen NEA $\mathcal{M}$ mit $\mathcal{L}(\mathcal{M}) = \mathcal{L}(\alpha)$ an (vgl. Abbildung 6.3.4).

Ist α von der Form

$$\alpha_1 \alpha_2 \; \text{oder} \; \alpha_1 + \alpha_2 \; \text{oder} \; \alpha_0^* \, ,$$

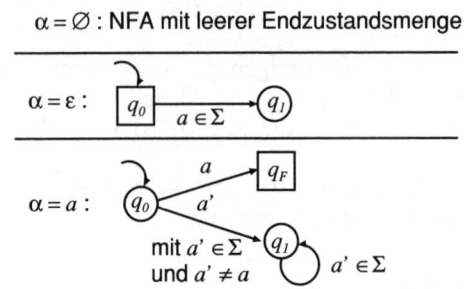

Abbildung 6.3.4 Beispiel für erstes Verfahren

dann konstruieren wir zuerst (rekursiv) NEAs für die Teilausdrücke α_i und wenden dann den entsprechenden Operator für NEAs an. Siehe Abschnitt 6.2.1 (Seite 236 ff).

2. Verfahren: Eine weitere Konstruktionsmöglichkeit verwendet ε-erweiterte NEAs (siehe Seite 241 ff). Den Spezialfall $\alpha \equiv \emptyset$ können wir ausklammern, da die akzeptierte Sprache eines NEAs ohne Endzustände (d.h. mit leerer Endzustandsmenge) offenbar $\emptyset = \mathcal{L}(\emptyset)$ ist.

Im Folgenden setzen wir $\alpha \not\equiv \emptyset$ voraus. Beginnend mit einem Digraphen, bestehend aus zwei Zuständen, die über eine mit α beschriftete Kante miteinander verbunden sind, fügen wir sukzessive neue Zustände ein. Die Übergänge sind zunächst mit regulären Ausdrücken beschriftet (vgl. Abbildung 6.3.5). Diese werden sukzessive durch echte Teilausdrücke ersetzt, bis alle Kanten mit ε oder einem Terminalzeichen $a \in \Sigma$ beschriftet sind. Der resultierende Graph ist ein ε-erweiterter NEA, der genau die Sprache $\mathcal{L}(\alpha)$ akzeptiert.

Konstruktion eines regulären Ausdrucks aus einem DEA

Die bisherigen Ergebnisse belegen noch nicht, dass jede reguläre Sprache durch einen regulären Ausdruck beschrieben werden kann. Wir zeigen nun, dass zu jedem DEA $\mathcal{M}$ ein regulärer Ausdruck α konstruiert werden kann, sodass $\mathcal{L}(\alpha) = \mathcal{L}(\mathcal{M})$. Wir werden dazu die Methode des *dynamischen Programmierens* zur Berechnung regulärer Ausdrücke für die Sprachen $\mathcal{L}_{i,j}$ aller Wörter x, sodass $\delta(q_i, x) = q_j$, anwenden.

Lemma 6.3.6

Zu jedem DEA $\mathcal{M}$ gibt es einen regulären Ausdruck α mit $\mathcal{L}(\alpha) = \mathcal{L}(\mathcal{M})$.

Beweis: Sei $\mathcal{M} = (Q, \Sigma, \delta, q_1, F)$ ein DEA. Sei

$$Q = \{q_1, \ldots, q_n\},$$

Abbildung 6.3.5 Konstruktion eines NEAs mit ε-Übergängen

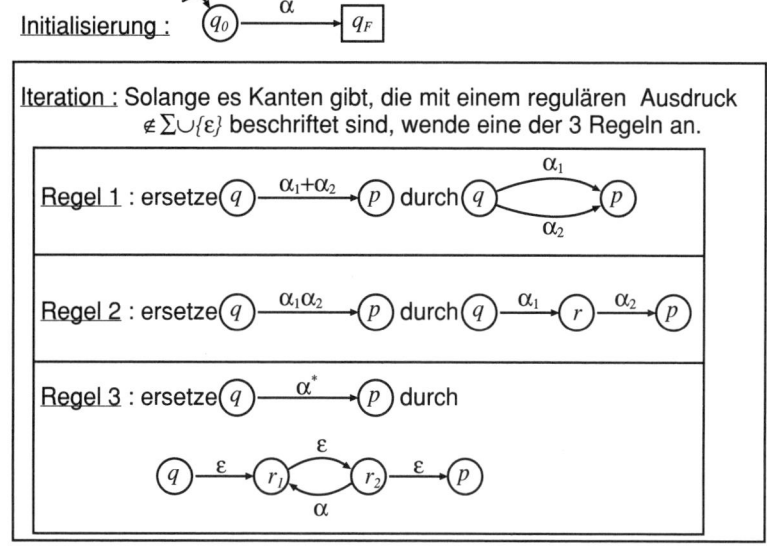

wobei $q_1, \ldots, q_n$ paarweise verschieden sind. Für $x = a_1 a_2 \ldots a_m \in \Sigma^*$ sei

$$run_i(x)$$

der Lauf für x in dem DEA $\mathcal{M}_i = (Q, \Sigma, \delta, q_i, F)$. $\mathcal{M}_i$ stimmt also mit $\mathcal{M}$ bis eventuell auf den Anfangszustand überein. Es gilt: Ist $\delta(q_i, x) \neq \perp$, so ist $run_i(x)$ die Zustandsfolge $p_0, p_1, \ldots, p_m$, wobei

▶ $p_0 = q_i$ und

▶ $p_{l+1} = \delta(p_l, a_{l+1})$, $l = 0, 1, \ldots, m - 1$.

Weiter sei $L_{i,j}^k$ die Menge aller Wörter $x \in \Sigma^*$, sodass

▶ $\delta(q_i, x) = q_j$ und

▶ $run_i(x) = p_0, p_1, \ldots, p_m$, wobei $p_1, \ldots, p_{m-1} \in \{q_1, q_2, \ldots, q_k\}$.

In Worten: $L_{i,j}^k$ umfasst genau diejenigen Wörter x, für die der DEA $\mathcal{M}_i$ im Zustand $p_m = q_j$ endet und — abgesehen vom Anfangszustand q_i und dem letzten Zustand $p_m = q_j$ — nur Zustände aus der Menge $\{q_1, \ldots, q_k\}$ durchläuft.

Es gilt für $1 \leq i, j \leq n$:

$$L_{i,j}^0 = \{a \in \Sigma : \delta(q_i, a) = q_j\}, \qquad L_{i,i}^0 = \{\varepsilon\} \cup \{a \in \Sigma : \delta(q_i, a) = q_i\}.$$

Für $k = 0, 1, \ldots, n - 1$ erhalten wir:

$$L_{i,j}^{k+1} = L_{i,j}^{k} \cup L_{i,k+1}^{k} \circ \left(L_{k+1,k+1}^{k} \right)^* \circ L_{k+1,j}^{k} .$$

Anhand dieser Rekursionsformeln für die Mengen $L_{i,j}^{k}$ definieren wir induktiv reguläre Ausdrücke $\alpha_{i,j}^{k}$ mit

$$L_{i,j}^{k} = \mathcal{L}\left(\alpha_{i,j}^{k} \right) .$$

Offenbar gibt es reguläre Ausdrücke $\alpha_{i,j}^{0}$ mit $\mathcal{L}(\alpha_{i,j}^{0}) = L_{i,j}^{0}$, $i, j = 1, \ldots, n$.

▶ Ist $L_{i,j}^{0} = \{a_{l_1}, a_{l_2}, \ldots, a_{l_r}\} \neq \emptyset$ und $i \neq j$, so können wir reguläre Ausdrücke der Form

$$\alpha_{i,j}^{0} = a_{l_1} + a_{l_2} + \ldots + a_{l_r}$$

verwenden.

▶ Ist $i = j$ und $L_{i,j}^{0}$ wie oben, so setzen wir $\alpha_{i,i}^{0} = \varepsilon + a_{l_1} + a_{l_2} + \ldots + a_{l_r}$.

▶ Ist $L_{i,j}^{0} = \emptyset$ und $i \neq j$, so setzen wir $\alpha_{i,j}^{0} = \emptyset$.

Für $k = 0, 1, \ldots, n - 1$ setzen wir

$$\alpha_{i,j}^{k+1} = \alpha_{i,j}^{k} + \alpha_{i,k+1}^{k} \left(\alpha_{k+1,k+1}^{k} \right)^* \alpha_{k+1,j}^{k} .$$

Sei $F = \{q_{l_1}, \ldots, q_{l_r}\}$, wobei $1 \leq l_1 < \ldots < l_r \leq n$. Es gilt offenbar:

$$\mathcal{L}(\mathcal{M}) = \bigcup_{\substack{j \\ q_j \in F}} L_{1,j}^{n} = L_{1,l_1}^{n} \cup \ldots \cup L_{1,l_r}^{n} .$$

Somit ist $\alpha = \alpha_{1,l_1}^{n} + \ldots + \alpha_{1,l_r}^{n}$ ein regulärer Ausdruck mit $\mathcal{L}(\alpha) = \mathcal{L}(\mathcal{M})$. $\qquad \square$

Beispiel 6.3.7. Wir veranschaulichen die im Beweis von Lemma 6.3.6 (Seite 254) angegebene Methode exemplarisch für den folgenden Automaten $\mathcal{M}$.

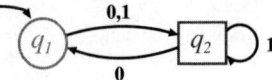

Man erhält folgende regulären Ausdrücke:

$$
\begin{array}{llll}
\alpha_{1,1}^{0} &=& \varepsilon \qquad\qquad\qquad & \alpha_{2,2}^{0} &=& 1 + \varepsilon \\
\alpha_{1,2}^{0} &=& 0 + 1 & \alpha_{2,1}^{0} &=& 0 \\
\alpha_{1,1}^{1} &\equiv& \varepsilon & \alpha_{2,2}^{1} &=& 1 + \varepsilon + 00 + 01 \\
\alpha_{1,2}^{1} &\equiv& 0 + 1 & \alpha_{2,1}^{1} &\equiv& 0
\end{array}
$$

und

$$\begin{aligned}
\alpha &= \alpha_{1,2}^2 = \alpha_{1,2}^1 + \alpha_{1,2}^1 \left(\alpha_{2,2}^1\right)^* \alpha_{2,2}^1 \\
&\equiv 0 + 1 + (0+1)(\varepsilon + 1 + 00 + 01)^*(\varepsilon + 1 + 00 + 01) \quad \blacksquare
\end{aligned}$$

Syntaxdiagramme

Syntaxdiagramme sind eine sehr intuitive Darstellungsform der Regeln, die zur Bildung von Grundsymbolen (z. B. vom Benutzer definierte Variablennamen, Ziffern etc.) zugelassen sind. Wir haben Syntaxdiagramme bereits an mehreren Stellen verwendet und gehen davon aus, dass die Semantik den Leserinnen und Lesern intuitiv klar ist.

Syntaxdiagramme und reguläre Ausdrücke: Jeder reguläre Ausdruck $\alpha \not\equiv \emptyset$ lässt sich grafisch durch ein Syntaxdiagramm darstellen. Das folgende Konstruktionsverfahren benutzt *strukturelle Induktion* über den syntaktischen Aufbau des Ausdrucks α (vgl. Abbildung 6.3.8).

Abbildung 6.3.8 Transformationen regulärer Ausdrücke in Syntaxdiagramme

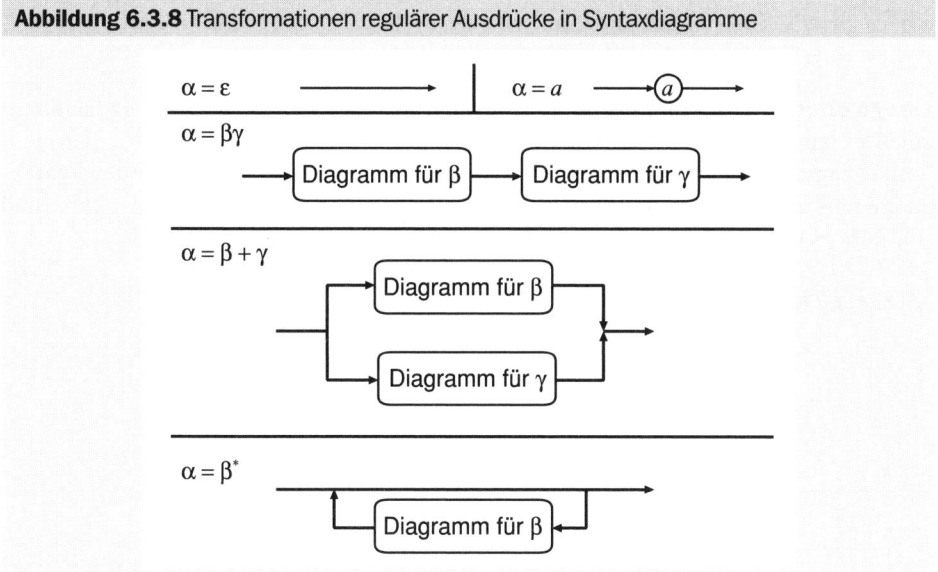

Als Beispiel betrachten wir den regulären Ausdruck $\alpha = (0+1)1^*$, für den das in Abbildung 6.3.9 skizzierte Syntaxdiagramm erstellt wird.

Syntaxdiagramme und endliche Automaten: Um ein Verfahren anzugeben, das ein Syntaxdiagramm in einen endlichen Automaten überführt, verwenden wir eine graphtheoretische Sicht. Wir fassen ein Syntaxdiagramm als *Digraphen* auf, dessen Knoten mit einem Symbol $a \in \Sigma$ markiert sind. Weiter arbeiten wir mit zwei zusätzlichen (im

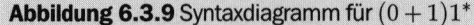

Abbildung 6.3.9 Syntaxdiagramm für $(0 + 1)1^*$

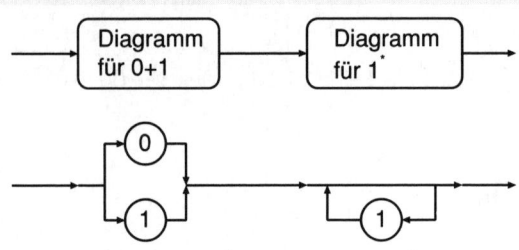

Syntaxdiagramm nicht explizit dargestellten) Knoten, die für den Eingang bzw. Ausgang stehen und nicht markiert sind. Diese nennen wir *start* und *stop*.

▶ Die Kantenmenge bezeichnen wir mit E, die Knotenmenge mit N.

▶ Wir schreiben $\ell(v)$ für die Markierung eines Knotens $v \in N \setminus \{start, stop\}$.

Für jeden Knoten u des Syntaxdiagramms sei $Post(u)$ die Menge aller Knoten w, die von u über eine Kante erreichbar sind (also die Menge der direkten Nachfolger von u), d.h. es gilt $v \in Post(u)$ genau dann, wenn $\langle u, v \rangle \in E$. Entsprechend ist $Pre(v) = \{u \in N : \langle u, v \rangle \in E\}$.

Der zu einem Syntaxdiagramm gehörende NEA: Wir ordnen dem Syntaxdiagramm zunächst einen NEA zu, der sich im Wesentlichen daraus ergibt, dass wir den zum Syntaxdiagramm *dualen Graphen* bilden. Das heißt wir fassen die Kanten des Syntaxdiagramms als Zustände und die Knoten (ausgenommen die Spezialknoten *start* und *stop*) des Syntaxdiagramms als Kanten auf (vgl. Abbildung 6.3.10).

Abbildung 6.3.10

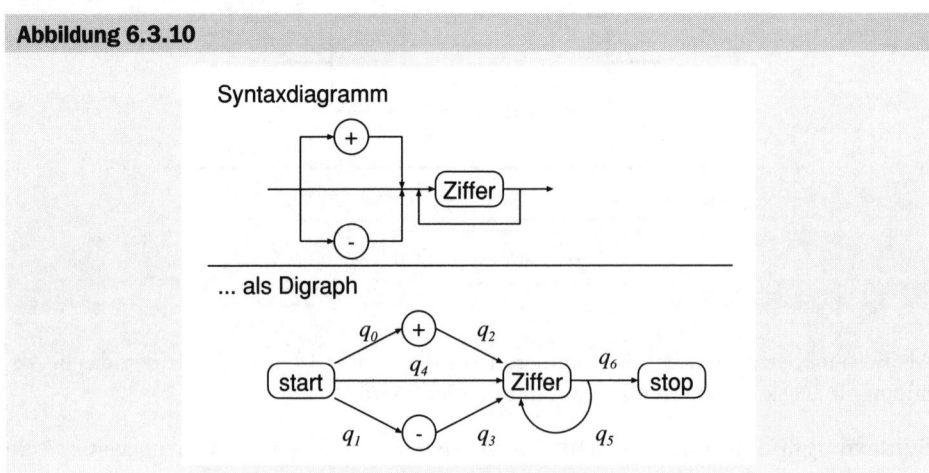

▶ Die Anfangszustände des NEAs sind die von dem Knoten *start* ausgehenden Kanten $\langle start, v \rangle$.

▶ Die Endzustandsmenge besteht aus allen Kanten $\langle v, stop \rangle$, die in den Zustand *stop* führen.

Der zum Syntaxdiagramm (N, E, ℓ) gehörende NEA ist

$$\mathcal{M} = \left(E, \Sigma, \delta, E_0, F \right)$$

mit

$$E_0 = \{ \langle start, v \rangle : v \in Post(start) \},$$
$$F = \{ \langle v, stop \rangle : v \in Pre(stop) \},$$

wobei die Übergangsfunktion δ wie folgt definiert ist: Für $a \in \Sigma$ ist

$$\delta(\langle u, v \rangle, a) = \left\{ \langle v, w \rangle : w \in Post(v), \ell(v) = a \right\}.$$

Abbildung 6.3.11

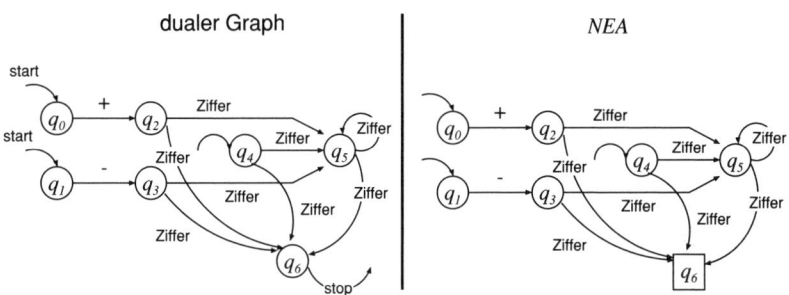

Der so erhaltene NEA kann nun mit der Potenzmengenkonstruktion in einen DEA überführt werden (siehe Lemma 6.1.18, Seite 231).

Zusammenfassung

Unsere bisherigen Ergebnisse belegen, dass die Klasse der regulären Sprachen durch die Formalismen reguläre Grammatiken, DEAs, NEAs, reguläre Ausdrücke und Syntaxdiagramme eindeutig charakterisiert ist. In diesem Sinn sind die genannten Formalismen gleichwertig. Darüber hinaus haben wir *konstruktive* Methoden angegeben, wie man die Formalismen ineinander überführen kann.

$$\text{DEA} \Longrightarrow \text{regulärer Ausdruck} \Longrightarrow \text{NEA} \Longrightarrow \text{DEA}$$

Weiter haben wir Transformationen

$$\text{Syntaxdiagramm} \Longrightarrow \text{NEA oder DEA} \Rightarrow \text{reguläre Grammatik} \Longrightarrow \text{NEA}$$

$$\text{regulärer Ausdruck} \Longrightarrow \text{Syntaxdiagramm}$$

kennen gelernt.

6.4 Minimierung von endlichen Automaten

Die Transformation der Formalismen ist teilweise sehr aufwändig. Beispielsweise entstehen mit der auf dem dynamischen Programmieren beruhenden Methode zur Erstellung eines regulären Ausdrucks für einen DEA im Allgemeinen sehr lange reguläre Ausdrücke. Ebenso führt die Potenzmengenkonstruktion eines DEAs aus einem NEA oftmals zu einem sehr großen Zustandsraum. Es gibt zwar reguläre Sprachen, für die jeder DEA mindestens exponentiell größer ist als ein kleinster NEA (Satz 6.1.23, Seite 234), jedoch entstehen bei den Transformationen oftmals *unnötig große* DEAs. In diesem Abschnitt stellen wir ein Verfahren vor, das einen gegebenen DEA $\mathcal{M}$ minimiert, d.h. $\mathcal{M}$ durch einen äquivalenten DEA ersetzt, dessen Zustandsraum minimal unter allen äquivalenten DEAs ist.

6.4.1 Der Satz von Myhill & Nerode

Der Satz von Myhill & Nerode stellt eine weitere Charakterisierung regulärer Sprachen dar und liefert die Basis für den Minimierungsalgorithmus.

Definition 6.4.1 [Die Äquivalenzrelation $\sim_L$]

Sei $L \subseteq \Sigma^*$ eine Sprache. Die Relation $\sim_L$ bezeichnet folgende Äquivalenzrelation auf Σ^*. Für alle $x, y \in \Sigma^*$ gilt

$$x \sim_L y \quad \text{gdw} \quad \text{für alle } z \in \Sigma^* \text{ gilt:} \quad xz \in L \iff yz \in L.$$

Wir schreiben $[x]_L$ oder kurz $[x]$ für die Äquivalenzklasse von x bzgl. $\sim_L$. Es gilt also

$$[x]_L = \{y \in \Sigma^* : x \sim_L y\}.$$

Entsprechend schreiben wir Σ^*/L für den Quotientenraum $\Sigma^* / \sim_L$.

Beispiel 6.4.2. Wir betrachten die reguläre Sprache $L = \mathcal{L}(0^*1^*)$. Zum Beispiel gilt

$$0 \sim_L 00 \sim_L 000 \sim_L \ldots,$$

da $0^n z \in L$ genau dann, wenn $z \in \mathcal{L}(0^*1^*)$. Sämtliche Wörter $x \in \mathcal{L}(0^*)$ liegen also in derselben Äquivalenzklasse (diese ist $\mathcal{L}(0^*)$). Entsprechend gilt

$$1 \sim_L 01 \sim_L 001 \sim_L \cdots,$$

da z. B. $0^n 1 z \in L$ genau dann, wenn $z \in \mathcal{L}(1^*)$. Entsprechendes gilt für die Wörter der Form $0^n 1^m$, $m \geq 1$, $n \geq 0$.

Alle anderen Wörter x (in denen eine Eins vor einer Null steht) sind paarweise äquivalent, da $xz \notin L$ für alle Wörter $z \in \{0, 1\}^*$. Beispielsweise gilt

$$10 \sim_L 1010 \sim_L 1000 \sim_L 0110.$$

Diese Überlegungen belegen, dass es genau drei Äquivalenzklassen bzgl. $\sim_L$ gibt. Der Quotientenraum bzgl. $\sim_L$ ist

$$\Sigma^*/L = \left\{ \mathcal{L}(0^*),\ \mathcal{L}(0^*11^*),\ L \setminus (\mathcal{L}(0^*) \cup \mathcal{L}(0^*11^*)) \right\} = \{[0], [1], [10]\},$$

es gibt also genau drei Äquivalenzklassen bzgl. $\sim_L$. ∎

Der *Index* einer Äquivalenzrelation bezeichnet die Anzahl an Äquivalenzklassen. Im Folgenden sprechen wir kurz von dem *Index von L*, um den Index von $\sim_L$ zu bezeichnen. Der Index von L ist also genau dann endlich, wenn der Quotientenraum Σ^*/L endlich ist.

Satz 6.4.3 [Satz von Myhill & Nerode]

Sei L eine Sprache.

> *L ist genau dann regulär, wenn der Index von L endlich ist.*

Bevor wir den Satz von Myhill & Nerode beweisen, überzeugen wir uns von der Aussage an zwei Beispielen.

▶ Für die reguläre Sprache $L = \mathcal{L}(0^*1^*)$ besteht Σ^*/L aus drei Elementen (siehe Beispiel 6.4.2).

▶ Die Sprache

$$K = \{0^n 1^n : n \geq 0\}$$

ist nicht regulär (siehe Seite 250). In der Tat sind die Wörter $0^i 1^j$ mit $0 \leq j \leq i$ paarweise nicht äquivalent bzgl. $\sim_K$. Zum Beispiel ist

$$0^i 1^j 1^{i-j} = 0^i 1^i \in K, \text{ aber } 0^i 1^{j+1} 1^{i-j} = 0^i 1^{i+1} \notin K.$$

(Dabei nehmen wir $0 \leq j < i$ an.)

Somit ist der Quotientenraum $\{0, 1\}^*/K$ unendlich.

Der Beweis von Satz 6.4.3 benutzt eine Hilfsaussage, die wir in den folgenden beiden Lemmas formulieren.

Definition 6.4.4 [Die Äquivalenzrelation $\sim_{\mathcal{M}}$]

Sei $\mathcal{M} = (Q, \Sigma, \delta, q_0, F)$ ein DEA. Die Äquivalenzrelation $\sim_{\mathcal{M}}$ ist durch

$$x \sim_{\mathcal{M}} y \text{ gdw } \delta(q_0, x) = \delta(q_0, y)$$

definiert. Wir schreiben $\Sigma^*/\mathcal{M}$, um den Quotientenraum $\Sigma^*/\sim_{\mathcal{M}}$ zu bezeichnen, und $[x]_{\mathcal{M}}$ (statt $[x]_{\sim_{\mathcal{M}}}$) für die Äquivalenzklasse von x bzgl. $\sim_{\mathcal{M}}$.

Beispiel 6.4.5. Als Beispiel betrachten wir einen DEA $\mathcal{M}$, der die Sprache $\mathcal{L}(0^*1^*)$ akzeptiert.

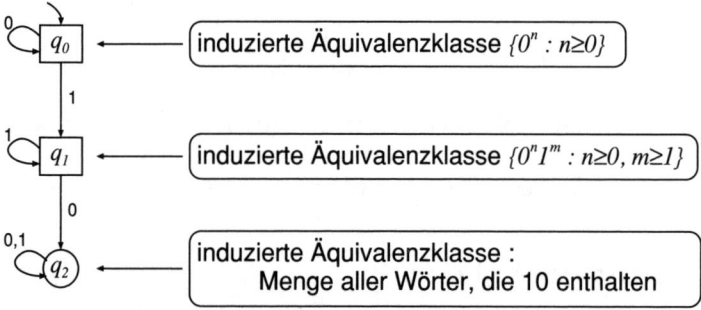

Die induzierte Äquivalenzklasse $\{0^n : n \geq 0\}$
induzierte Äquivalenzklasse $\{0^n 1^m : n \geq 0, m \geq 1\}$
induzierte Äquivalenzklasse :
Menge aller Wörter, die 10 enthalten

Lemma 6.4.6

Für jeden DEA $\mathcal{M}$ ist der Index von $\sim_{\mathcal{M}}$ endlich.

Beweis: Sei $\mathcal{M} = (Q, \Sigma, \delta, q_0, F)$ ein DEA. Für jeden Zustand q sind die Wörter aus der Sprache

$$K_q = \{x \in \Sigma^* : \delta(q_0, x) = q\}$$

paarweise äquivalent bzgl. $\sim_{\mathcal{M}}$. Andererseits gilt $x \not\sim_{\mathcal{M}} y$ für $q \neq p$, $x \in K_q$, $y \in K_p$. Somit gilt:

$$[x]_{\mathcal{M}} = K_q, \text{ falls } \delta(q_0, x) = q.$$

Der Quotientenraum bzgl. $\sim_{\mathcal{M}}$ ist daher

$$\Sigma^*/\mathcal{M} = \{K_q : q \in Q\} \setminus \{\emptyset\}.$$

Also ist

$$|\Sigma^*/\mathcal{M}| \leq |Q| < \infty.$$

□

Lemma 6.4.7

Sei $\mathcal{M} = (Q, \Sigma, \delta, q_0, F)$ ein DEA und $L = \mathcal{L}(\mathcal{M})$, dann gilt:

(a) $\sim_{\mathcal{M}}$ ist eine Verfeinerung von $\sim_L$, d.h. für alle $x, y \in \Sigma^*$ gilt:

$$\text{Aus } x \sim_{\mathcal{M}} y \text{ folgt } x \sim_L y.$$

(b) $|Q| \geq |\Sigma^*/\mathcal{M}| \geq |\Sigma^*/L|$.

Beweis: Es gelte $x \sim_{\mathcal{M}} y$. Weiter sei $z \in \Sigma^*$, dann gilt:

$$\delta(q_0, xz) \;=\; \delta(\,\delta(q_0, x),\, z\,) \;=\; \delta(\,\delta(q_0, y),\, z\,) \;=\; \delta(q_0, yz).$$

Hieraus folgt:

$$xz \in L = \mathcal{L}(\mathcal{M})$$
$$\text{gdw} \quad \delta(q_0, xz) \in F$$
$$\text{gdw} \quad \delta(q_0, yz) \in F$$
$$\text{gdw} \quad yz \in \mathcal{L}(\mathcal{M}) = L.$$

Somit gilt $x \sim_L y$. Die Relation $\sim_{\mathcal{M}}$ ist also eine Verfeinerung von $\sim_L$. Daher ist jede Äquivalenzklasse bzgl. $\sim_{\mathcal{M}}$ in einer Äquivalenzklasse bzgl. $\sim_L$ enthalten.

Sei Q' die Menge aller vom Anfangszustand q_0 erreichbaren Zustände. Für $q \in Q'$ sei L_q diejenige Äquivalenzklasse bzgl. $\sim_L$, welche die durch q induzierte Äquivalenzklasse

$$K_q = \{x \in \Sigma^* : \delta(q_0, x) = q\}$$

bzgl. $\sim_{\mathcal{M}}$ enthält. Also:

$$K_q \subseteq L_q \in \Sigma^*/L.$$

(Man beachte, dass $K_q \neq \emptyset$ für $q \in Q'$. Weiter ist $L_q = L_p$ für $q \neq p$ möglich.) Dann gilt:

$$\Sigma^*/L \;=\; \{L_q : q \in Q'\}.$$

Also ist

$$|\Sigma^*/L| \leq |Q'| = |\Sigma^*/\mathcal{M}| < \infty.$$

(Siehe Lemma 6.4.6, Seite 262.) □

Beweis von Satz 6.4.3 (Seite 261): Ist L regulär und $\mathcal{M} = (Q, \Sigma, \delta, q_0, F)$ ein DEA mit

$$\mathcal{L}(\mathcal{M}) = L,$$

dann gilt

$$|\Sigma^*/L| \leq |\Sigma^*/\mathcal{M}| \leq |Q| < \infty$$

(siehe Lemma 6.4.7, Seite 263).

Wir nehmen nun an, dass L eine Sprache mit endlichem Index ist. Wir zeigen, dass L regulär ist. Zunächst stellen wir fest, dass für alle $x, y \in \Sigma^*$ und $a \in \Sigma$ gilt:

(*) Aus $x \sim_L y$ folgt $xa \sim_L ya$.

Insbesondere ist $[xa]_L = [ya]_L$.

Wir definieren einen DEA

$$\mathcal{M}_L = (Q_L, \Sigma, \delta_L, q_{0,L}, F_L),$$

dessen Zustände die Äquivalenzklassen bzgl. $\sim_L$ sind:

$$Q_L = \Sigma^*/L, \quad q_{0,L} = [\varepsilon]_L, \quad F_L = \{[x]_L : x \in L\}, \quad \delta_L([x]_L, a) = [xa]_L.$$

Die Aussage (*) stellt sicher, dass die Übergangsfunktion wohl definiert ist. Durch Induktion nach der Länge von x kann man zeigen, dass

$$\delta_L([\varepsilon]_L, x) = [x]_L$$

für alle $x \in \Sigma^*$. Weiter gilt

$$x \in L \quad \text{gdw} \quad [x]_L \in F_L.^{13}$$

Hieraus folgt:

$$x \in \mathcal{L}(\mathcal{M}_L)$$
$$\text{gdw} \quad \delta_L([\varepsilon]_L, x) \in F_L$$
$$\text{gdw} \quad [x]_L \in F_L$$
$$\text{gdw} \quad x \in L.$$

Also ist $\mathcal{L}(\mathcal{M}_L) = L$ und L regulär. $\qquad\square$

Definition 6.4.8 [Minimalautomat]

Sei L eine reguläre Sprache. Der im Beweis von Satz 6.4.3 konstruierte DEA für L wird *Minimalautomat* von L genannt und mit $\mathcal{M}_L$ bezeichnet.

---

[13] Man beachte, dass »⇐« an der speziellen Form von $\sim_L$ liegt. Ist $[x]_L \in F_L$, dann gibt es ein $x' \in L$, sodass $[x']_L = [x]_L$; also $x \sim_L x'$. Wir betrachten das Wort $z = \varepsilon$ und erhalten: $x = xz \in L$, da $x'z = x' \in L$.

Beispiel 6.4.9. Als Beispiel betrachten wir wieder die Sprache $L = \mathcal{L}(0^*1^*)$. Sei $L_1 = \mathcal{L}(0^*)$, $L_2 = \mathcal{L}(0^*11^*)$ und $L_0 = \{0, 1\}^* \setminus (L_1 \cup L_2)$. Der Minimalautomat für L ist:

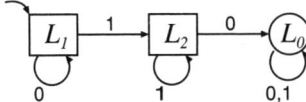

Teil (b) des folgenden Satzes 6.4.13 zeigt, dass die Anzahl der Zustände im Minimalautomaten minimal unter allen DEAs für die betreffende Sprache ist (was die Bezeichnung »Minimalautomat« rechtfertigt). In Teil (a) zeigen wir die Eindeutigkeit des Minimalautomaten als DEA, für den die induzierte Äquivalenzrelation $\sim_{\mathcal{M}}$ mit $\sim_L$ übereinstimmt. Tatsächlich haben wir nur Eindeutigkeit »bis auf Isomorphie«, d.h. bis auf eventuelles Umbenennen der Zustandsnamen. Auch wenn der Begriff der Isomorphie intuitiv klar ist, geben wir die präzise Definition von Isomorphie an.

Definition 6.4.10 [Isomorphie]

Zwei DEAs $\mathcal{M}_1 = (Q_1, \Sigma, \delta_1, q_1, F_1)$, $\mathcal{M}_2 = (Q_2, \Sigma, \delta_2, q_2, F_2)$ heißen *isomorph*, wenn es eine bijektive Abbildung $f : Q_1 \to Q_2$ gibt, sodass

▶ $q_2 = f(q_1)$,

▶ $F_2 = f(F_1)$ und

▶ $\delta_2(f(q), a) = f(\delta_1(q, a))$

für alle $q \in Q_1$ und $a \in \Sigma$. Die Abbildung f wird *Isomorphismus* genannt.

$\mathcal{M}_1$ und $\mathcal{M}_2$ sind also genau dann isomorph, wenn $\mathcal{M}_1$ und $\mathcal{M}_2$ bis auf die Namen der erreichbaren Zustände übereinstimmen. Intuitiv identifizieren wir isomorphe DEAs, da die Zustandsnamen völlig irrelevant für die akzeptierte Sprache sind. Offensichtlich gilt folgendes Lemma:

Lemma 6.4.11

Sind $\mathcal{M}_1$ und $\mathcal{M}_2$ isomorphe DEAs, so gilt $\mathcal{L}(\mathcal{M}_1) = \mathcal{L}(\mathcal{M}_2)$.

Bemerkung 6.4.12. Mit unserer Definition des Minimalautomaten erhalten wir eine totale Übergangsfunktion. Unter allen DEAs mit totaler Übergangsfunktion ist $\mathcal{M}_L$ minimal, jedoch ist eine weitere Zustandsreduktion möglich, wenn man partielle Übergangsfunktionen zulässt.

Sei $L_0 = \{x \in \Sigma^* : xz \notin L \text{ für alle } z \in \Sigma^*\}$. Falls $L_0 \neq \emptyset$, so können L_0 und alle zugehörigen Kanten entfernt werden. Der resultierende Automat ist nun minimal unter allen DEAs $\mathcal{M}$ mit $\mathcal{L}(\mathcal{M}) = L$.

Beispielsweise kann L_0 im Beispiel 6.4.9 aus dem Minimalautomaten $\mathcal{M}_L$ für die Sprache $L = \mathcal{L}(0^*1^*)$ eliminiert werden. ∎

Der folgende Satz belegt die versprochene Tatsache, dass der Minimalautomat tatsächlich minimale Größe hat.

Satz 6.4.13

Sei L eine reguläre Sprache.

(a) Der Minimalautomat $\mathcal{M}_L$ für L ist der bis auf Isomorphie eindeutig bestimmte DEA mit folgenden drei Eigenschaften:

▶ $\mathcal{L}(\mathcal{M}_L) = L$

▶ $\sim_{\mathcal{M}_L} = \sim_L$

▶ *Jeder Zustand ist vom Anfangszustand erreichbar.*

(b) Ist $\mathcal{M} = (Q, \Sigma, \delta, q_0, F)$ ein DEA mit $\mathcal{L}(\mathcal{M}) = L$, dann ist $|Q| \geq |\Sigma^*/L|$.

Beweis: Teil (b) folgt sofort aus Lemma 6.4.7 (Seite 263). Wir zeigen Aussage (a). Zunächst zeigen wir, dass die Relationen $\sim_{\mathcal{M}_L}$ und $\sim_L$ übereinstimmen.

Wegen Teil (a) von Lemma 6.4.7 (Seite 263) genügt es zu zeigen, dass $\sim_L$ eine Verfeinerung von $\sim_{\mathcal{M}_L}$ ist. Im Beweis von Satz 6.4.3 (Seite 264) haben wir erwähnt, dass

$$\delta_L([\varepsilon]_L, w) = [w]_L \quad \text{für alle Wörter } w \in \Sigma^* \,.$$

Seien $x, y \in \Sigma^*$ und $x \sim_L y$. Es folgt

$$\delta_L([\varepsilon]_L, x) = [x]_L = [y]_L = \delta_L([\varepsilon]_L, y) \,.$$

Also ist $x \sim_{\mathcal{M}_L} y$.

Es folgt, dass $\sim_L$ und $\sim_{\mathcal{M}_L}$ übereinstimmen. Weiter ist klar, dass jeder Zustand in $\mathcal{M}_L$ vom Anfangszustand erreichbar ist. Dies folgt aus der Beobachtung:

$$\text{Ist } x \in \Sigma^*, \text{ so ist } [x]_L = \delta_L([\varepsilon]_L, x) \,.$$

Die Aussage $\mathcal{L}(\mathcal{M}_L) = L$ wurde im Beweis von Satz 6.4.3 nachgewiesen.

Damit erfüllt $\mathcal{M}_L$ die drei genannten Eigenschaften. Wir zeigen nun, dass jeder weitere DEA mit den genannten drei Eigenschaften zu $\mathcal{M}_L$ isomorph ist.

Sei nun $\mathcal{M} = (Q, \Sigma, \delta, q_0, F)$ ein weiterer DEA mit folgenden drei Eigenschaften:

▶ $\mathcal{L}(\mathcal{M}) = L$,

▶ $\sim_{\mathcal{M}} = \sim_L$,

▶ Alle Zustände $q \in Q$ sind vom Anfangszustand q_0 erreichbar.

Für jeden Zustand $q \in Q$ definieren wir die Sprache

$$K_q = \{x \in \Sigma^* : \delta(q_0, x) = q\}.$$

Dann ist K_q eine Äquivalenzklasse bzgl. $\sim_{\mathcal{M}} = \sim_L$.[14] Also ist $K_q \in \Sigma^*/L$ ein Zustand im Minimalautomaten $\mathcal{M}_L$. Es ist leicht zu sehen, dass die Abbildung

$$Q \to \Sigma^*/L, \; q \mapsto K_q \,,$$

ein Isomorphismus ist. □

In Abschnitt 6.1.2 (Seite 234) haben wir erwähnt, dass die Sprachen

$$L_n = \{w \in \{0,1\}^* : \text{das } n\text{-letzte Zeichen von } w \text{ ist eine »1«}\}$$

durch NEAs mit $n + 1$ Zuständen akzeptiert werden können, während jeder DEA für L_n mindestens exponentiell viele Zustände hat. Den Beweis der letzten Aussage können wir nun recht einfach mit dem Satz von Myhill & Nerode (Seite 261) und Satz 6.4.13 (Seite 266) führen.

Lemma 6.4.14

Jeder DEA für L_n hat mindestens 2^n Zustände.

Beweis: Hierzu zeigen wir, dass der Index der Relationen $\sim_{L_n}$ mindestens exponentiell ist.

Je zwei Wörter $x \neq y \in \{0,1\}^n$ sind *nicht* äquivalent bzgl. der Relation $\sim_{L_n}$.

Dies ist wie folgt einsichtig. Sei $x = a_1 a_2 \ldots a_n$ und $y = b_1 b_2 \ldots b_n$ und $x \neq y$. Dann gibt es einen Index i mit $a_i \neq b_i$; etwa $a_i = 0$ und $b_i = 1$. Dann ist

$$x0^{i-1} \notin L_n \text{ und } y0^{i-1} \in L_n \,,$$

da a_i bzw. b_i das n-letzte Zeichen von $x0^{i-1}$ bzw. $y0^{i-1}$ ist. Also ist $x \not\sim_{L_n} y$.

Es folgt nun, dass $|\Sigma^*/L| \geq |\{0,1\}^n| = 2^n$. □

6.4.2 Der Minimierungsalgorithmus

Der Ausgangspunkt ist ein DEA $\mathcal{M} = (Q, \Sigma, \delta, q_0, F)$. Zur Vereinfachung nehmen wir an, dass die Übergangsfunktion total ist und dass alle Zustände $q \in Q$ vom Anfangszustand erreichbar sind. Gesucht ist ein äquivalenter DEA mit minimaler Anzahl an Zuständen. Aus Satz 6.4.13 (Seite 266) folgt, dass wir einen zum Minimalautomaten $\mathcal{M}_L$ isomorphen DEA konstruieren müssen.

---

[14] Beachte: Äquivalenzklassen sind (per Definition) nicht leer. In diesem Fall ist $K_q \neq \emptyset$, da q von q_0 erreichbar ist.

Die Grobidee des Minimierungsalgorithmus ist, sukzessive Zustände zu identifizieren, die mit genau denselben Wörtern einen Endzustand erreichen. Das heißt wir bilden den Quotientenautomaten bzgl. der wie folgt definierten Äquivalenzrelation $\equiv$ auf den Zuständen von $\mathcal{M}$.

Definition 6.4.15 [Der Quotientenautomat]

Sei $\equiv$ folgende Äquivalenzrelation auf Q.

$$q \equiv p \quad \text{gdw} \quad \text{für alle } z \in \Sigma^* \text{ gilt: } \delta(q, z) \in F \Leftrightarrow \delta(p, z) \in F.$$

Weiter sei

$$\mathcal{M}/\equiv \; = \; (Q/\equiv, \Sigma, \delta_{\equiv}, [q_0]_{\equiv}, F_{\equiv}),$$

wobei $F_{\equiv} = \{[q]_{\equiv} : q \in F\}$ und $\delta_{\equiv}([q]_{\equiv}, a) = [\delta(q, a)]_{\equiv}$.

Bevor wir fortfahren, müssen wir uns überlegen, dass die Übergangsfunktion des Quotientenautomaten *wohl definiert* ist. Hierzu ist zu zeigen, dass für je zwei Zustände q und p und $a \in \Sigma$ gilt:

$$\text{Aus } q \equiv p \text{ folgt } \delta(q, a) \equiv \delta(p, a).$$

Dies ist wie folgt einsichtig. Es gilt

$$\delta(\delta(q, a), z) = \delta(q, az) \in F \text{ genau dann, wenn } \delta(\delta(p, a), z) = \delta(p, az) \in F.$$

Lemma 6.4.16

$\mathcal{M}/\equiv$ *und* $\mathcal{M}$ *sind äquivalent.*

Beweis: Zunächst zeigen wir, dass der Übergang von $\mathcal{M}$ zum Quotientenautomaten die akzeptierte Sprache unverändert lässt. Wir müssen zeigen, dass $\mathcal{L}(\mathcal{M}/\equiv) = \mathcal{L}(\mathcal{M})$. Im Folgenden schreiben wir kurz $[q]$ anstelle von $[q]_{\equiv}$. Zunächst überlegen wir uns, dass

$$q \in F \text{ genau dann, wenn } [q] \in F_{\equiv} .$$

Die Richtung »$\Rightarrow$« folgt sofort aus der Definition von $F_{\equiv}$. Für die Richtung »$\Leftarrow$« nehmen wir an, dass $[p] \in F_{\equiv}$. Dann gibt es einen Endzustand $q \in F$ mit $[q] = [p]$, also $q \equiv p$. Wir betrachten das Wort $z = \varepsilon$ und erhalten $p = \delta(p, \varepsilon) \in F$, da $\delta(q, \varepsilon) = q \in F$.

Sei $x = a_1, \ldots, a_n \in \Sigma^*$ und $q_0, q_1, \ldots, q_n$ der zugehörige Lauf in $\mathcal{M}$. $[q_0], [q_1], \ldots, [q_n]$ ist dann der zu x gehörende Lauf in $\mathcal{M}/\equiv$. Es gilt:

$$x \in \mathcal{L}(\mathcal{M})$$

gdw $q_0, q_1, \ldots, q_n$ ist akzeptierend

gdw $q_n \in F$

gdw $[q_n] \in F_{\equiv}$

gdw $[q_0], [q_1], \ldots, [q_n]$ ist akzeptierend

gdw $x \in \mathcal{L}(\mathcal{M}/\equiv).$ $\square$

Satz 6.4.17

$\mathcal{M}/\equiv$ *und der Minimalautomat von* $\mathcal{L}(\mathcal{M})$ *sind isomorph.*

Beweis: Sei $L = \mathcal{L}(\mathcal{M})$. Wir zeigen, dass $\sim_L = \sim_{\mathcal{M}/\equiv}$. Da $\mathcal{M}/\equiv$ die Sprache L akzeptiert (Lemma 6.4.16, Seite 268), ist die induzierte Äquivalenz $\sim_{\mathcal{M}/\equiv}$ eine Verfeinerung von $\sim_L$ (Lemma 6.4.7, Seite 263). Wir zeigen nun, dass $\sim_L$ eine Verfeinerung von $\sim_{\mathcal{M}/\equiv}$ ist. Seien $x, y \in \Sigma^*$. Wir schreiben $[q]$ anstelle von $[q]_{\equiv}$.

$x \sim_L y$

$\Longrightarrow$ für alle $z \in \Sigma^*$ gilt: $xz \in L$ gdw $yz \in L$

$\Longrightarrow$ für alle $z \in \Sigma^*$ gilt: $\delta(q_0, xz) \in F$ gdw $\delta(q_0, yz) \in F$

$\Longrightarrow$ für alle $z \in \Sigma^*$ gilt: $\delta(\delta(q_0, x), z) \in F$ gdw $\delta(\delta(q_0, y)z) \in F$

$\Longrightarrow$ $\delta(q_0, x) \equiv \delta(q_0, y)$

$\Longrightarrow$ $\delta_{\equiv}([q_0], x) = \delta_{\equiv}([q_0], y)$

$\Longrightarrow$ $x \sim_{\mathcal{M}/\equiv} y.$

Die Behauptung folgt nun aus Teil (a) von Satz 6.4.13 (Seite 266). $\square$

Der Minimierungsalgorithmus beruht auf der Idee, den Quotientenautomaten (anstelle des Minimalautomaten) zu berechnen. Die Grobidee besteht darin, sukzessive zweistellige Relationen

$$R_0 \supseteq R_1 \supseteq R_2 \supseteq \ldots \supseteq \equiv$$

zu berechnen. Die initiale Relation R_0 ist eine Äquivalenzrelation, die alle Endzustände und alle Zustände in $Q \setminus F$ identifiziert. Im $(i+1)$-ten Iterationsschritt entfernen wir aus der Relation R_i ein Zustandspaar (q, q'), sodass

$$(\delta(q, a), \delta(q', a)) \notin R_i \text{ für ein } a \in \Sigma,$$

und erhalten somit die Relation R_{i+1}. Wenn es kein solches Paar $(q, q') \in R_i$ gibt, dann ist $R_i \ = \ \equiv$ und das Verfahren hält an.

Die Korrektheit des Verfahrens beruht auf der Isomorphie von $\mathcal{M}/ \equiv$ und dem Minimalautomaten sowie der Beobachtung, dass die Äquivalenzrelation $\equiv$ die größte Relation mit den folgenden Eigenschaften (1) und (2) ist.

(1) Aus $q \equiv p$ folgt: $q \in F$ gdw $p \in F$.

(2) Für alle $a \in \Sigma$ und $q \equiv p$ gilt: $\delta(q, a) \ \equiv \ \delta(p, a)$.

Wir formulieren den Algorithmus (der in der Literatur häufig als *table filling algorithm* bezeichnet wird) mit einer zweidimensionalen Tabelle, die die *ungeordneten* Zustandspaare verwaltet.[15] Siehe Algorithmus 6.4.18. Für alle Zustandspaare (q, q') ist in der Tabelle entweder eine Markierung oder kein Eintrag. Die Markierungen deuten an, für welche Zustandspaare (q, q') *bereits nachgewiesen* ist, dass

$$\delta(q, a) \not\equiv \delta(q', a).$$

In der i-ten Iteration besteht die Relation R_i genau aus allen Paaren (q, q'), für die *kein* Eintrag in der Tabelle ist.

Algorithmus 6.4.18   [Der Minimierungsalgorithmus]

Erstelle eine Tabelle für alle ungeordneten Zustandspaare (q, q').
Markiere in der Tabelle alle Zustandspaare (q, q') mit $q \in F$ und $q' \notin F$ (oder umgekehrt).
WHILE $\exists$ unmarkiertes Paar $(q, q') \ \exists \ a \in \Sigma$, sodass $(\delta(q, a), \delta(q', a))$ markiert ist **DO**
   wähle ein solches Paar und markiere es
OD
Bilde maximale Mengen paarweise unmarkierter Zustände.

Der skizzierte Minimierungsalgorithmus lässt sich so implementieren, dass er die Laufzeit $\mathcal{O}(|Q|^2 \cdot |\Sigma|)$ hat.

Zunächst berechnet der Minimierungsalgorithmus zwar nur die Äquivalenzklassen bzgl. $\equiv$; jedoch ist aufgrund von Definition 6.4.15 (Seite 268) klar, wie die Übergangsfunktion und die Endzustandsmenge zu wählen ist, um einen minimalen DEA zu erhalten.

Beispiel 6.4.19. Wir veranschaulichen die Arbeitsweise des Minimierungsalgorithmus an einem Beispiel (siehe Abbildung 6.4.20).

Initial werden die Paare (q_4, q_0), (q_4, q_1), (q_4, q_2) und (q_4, q_3) markiert, da nur q_4 ein Endzustand ist. Dann werden (in irgendeiner Reihenfolge) die Paare (q_1, q_0), (q_2, q_1),

---

[15] Für eine Implementierung kann man eine feste Nummerierung $q_0, q_1, \ldots, q_{n-1}$ der Zustände zu Grunde legen und die Tabelle so erstellen, dass genau die geordneten Zustandspaare (q_l, q_j) mit $l > j$ dargestellt sind.

Abbildung 6.4.20 Table filling algorithm

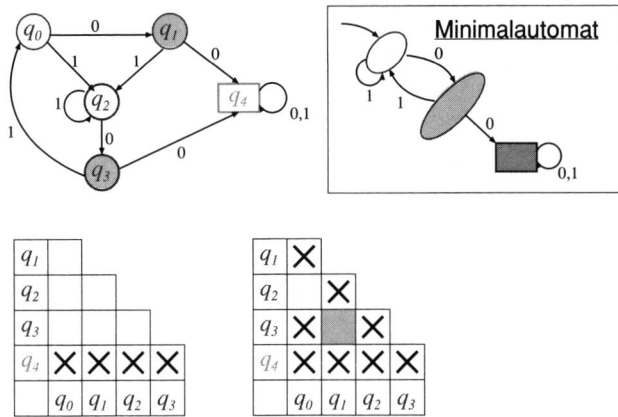

(q_3, q_0) und (q_3, q_2) markiert, da jeweils nur ein Zustand jedes Paares einen Übergang zum Endzustand besitzt. ∎

Zusammenfassung

Folgender Satz fasst die Charakterisierungen regulärer Sprachen, die wir in diesem Abschnitt kennen gelernt haben, zusammen.

Satz 6.4.21 [Charakterisierung regulärer Sprachen]

Sei L eine Sprache. Dann sind folgende Aussagen äquivalent:

(a) L ist regulär, d.h. $L = \mathcal{L}(G)$ für eine reguläre Grammatik G.

(b) $L = \mathcal{L}(\mathcal{M})$ für einen DEA $\mathcal{M}$.

(c) $L = \mathcal{L}(\mathcal{M})$ für einen NEA $\mathcal{M}$.

(d) $L = \mathcal{L}(\alpha)$ für einen regulären Ausdruck α.

(e) Der Index von L ist endlich.

Darüber hinaus sind Syntaxdiagramme ein weiterer Formalismus, mit dem sich reguläre Sprachen charakterisieren lassen.

6.5 Übungen

Aufgabe 6.1 DEAs , NEAs und reguläre Grammatiken

Gegeben ist folgender DEA $\mathcal{M}$.

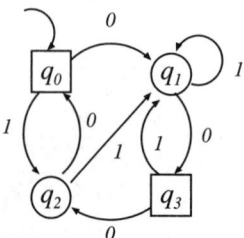

(a) Geben Sie eine reguläre Grammatik G mit $\mathcal{L}(G) = \mathcal{L}(\mathcal{M})$ an.

(b) Wenden Sie das vorgestellte Verfahren an, um aus der in (a) angegebenen regulären Grammatik einen NEA $\mathcal{M}'$ zu konstruieren.

(c) Wenden Sie die Potenzmengenkonstruktion an und skizzieren Sie den resultierenden äquivalenten DEA $\mathcal{M}''$.

(d) Wenden Sie das vorgestellte Verfahren an, um die Äquivalenz von $\mathcal{M}$ und $\mathcal{M}''$ nachzuweisen.

Aufgabe 6.2 Entwurf von DEAs/NEAs

Geben Sie in (a)–(d) jeweils die präzisen Komponenten eines endlichen Automaten (wahlweise DEA, NEA oder ε-erweiterter NEA) an, der die angegebene Sprache akzeptiert.

(a) Geben Sie einen endlichen Automaten $\mathcal{M}$ an, dessen akzeptierte Sprache die Menge aller Wörter $w \in \{0,1\}^*$ ist, die das Teilwort 0110 enthalten und mit einer Eins beginnen.

(b) Geben Sie einen endlichen Automaten $\mathcal{M}'$ an, dessen akzeptierte Sprache die Menge aller Wörter $w \in \{0,1,2\}^*$ ist, die das Teilwort 0110 enthalten und mit einer Eins enden.

(c) Geben Sie einen endlichen Automaten $\mathcal{M}''$ an, dessen akzeptierte Sprache die Menge aller Wörter $w \in \{0,1\}^*$ ist, die eine ungerade Anzahl an Einsen enthalten und für die die Anzahl an Nullen durch 3 teilbar ist.

(d) Geben Sie einen endlichen Automaten $\mathcal{M}'''$ an, dessen akzeptierte Sprache die Menge

$$\mathcal{L}(\mathcal{M}''') = \{0110, 101, 11110\} \cup \{1^n : n \geq 1\}$$

ist.

Aufgabe 6.3 Minimierungsalgorithmus

Vollziehen Sie die Arbeitsweise des Minimierungsalgorithmus für DEAs (table filling algorithm) an folgendem Beispiel nach:

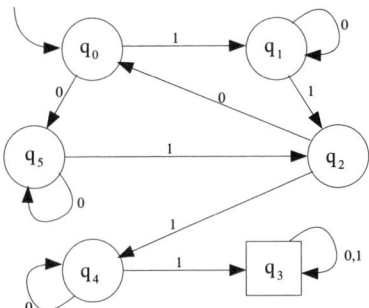

Skizzieren Sie anschließend den Minimalautomaten.

Aufgabe 6.4 Nicht reguläre Sprachen

Welche der folgenden Sprachen sind regulär? Begründen Sie Ihre Antwort.

(a) $L_a = \{ww^R : w \in \{0,1\}^*\}$

(b) $L_b = \{a^n c^m b^n : n, m \geq 0\}$

(c) $L_c = \{w \in \{0,1\}^* : Anz(w,0) \text{ ist gerade und } Anz(w,1) \text{ ist durch 3 teilbar}\}$.

(d) $L_d =$ Menge aller $w \in \{0,1\}^*$, sodass auf jede Null eine Eins folgt.

(e) $L_e = \{0^{n^2} : n \geq 0\}$

(f) $\{0^m 1^n 0^{n+m} : n, m \geq 1\}$

Aufgabe 6.5 Reguläre Ausdrücke

(a) Wenden Sie das vorgestellte Verfahren an, um aus dem folgenden DEA $\mathcal{M}$ einen regulären Ausdruck α mit $\mathcal{L}(\alpha) = \mathcal{L}(\mathcal{M})$ zu konstruieren.

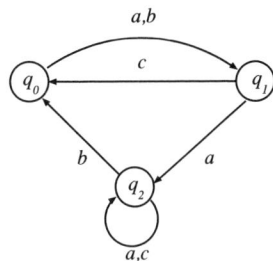

(b) Gegeben sind die folgenden beiden regulären Ausdrücke.

  ▶ $\alpha_1 = (11 + 0)^*(00 + 1)^*$

  ▶ $\alpha_2 = (1 + 01 + 001)^*(\varepsilon + 0 + 00)$

  (i) Skizzieren Sie für α_1 einen endlichen Automaten (DEA oder NEA, evt. mit ε-Übergängen), der die betreffende Sprache akzeptiert.

  (ii) Skizzieren Sie ein Syntaxdiagramm für α_2.

Aufgabe 6.6 Reguläre Ausdrücke

(a) Beweisen oder widerlegen Sie folgende Aussagen über reguläre Ausdrücke.

  (i) $\alpha(\beta + \gamma)\delta \equiv \alpha\beta\delta + \alpha\gamma\delta$

  (ii) $\varepsilon + \alpha^* \equiv \alpha^*$

  (iii) $(\alpha\beta + \alpha)^*\alpha \equiv \alpha(\beta\alpha + \alpha)^*$

  (iv) $(\alpha + \beta)^* \equiv \alpha^* + \beta^*$

  (v) $\alpha(\alpha + \varepsilon)^* + \varepsilon \equiv \alpha^*$

(b) Geben Sie einen regulären Ausdruck für jede der folgenden regulären Sprachen an.

  (i) L_a = Menge aller Wörter, die mit a beginnen und das Teilwort $bbca$ enthalten.

  (ii) L_b = Menge aller Wörter, in denen das Teilwort $bbca$ nicht vorkommt.

  (iii) L_c = Menge aller Wörter, die mit a beginnen, mit b enden und in denen das Wort $bbca$ mindestens zweimal vorkommt.

  (iv) L_d = Menge aller Wörter w, die

    ▶ entweder mit aa beginnen und mit bb enden

    ▶ oder mit bb enden und in denen das Teilwort $bbca$ nicht vorkommt.

Aufgabe 6.7 Reguläre Sprachen

(a) Seien L, K reguläre Sprachen über einem Alphabet Σ. Zeigen Sie, dass

$$L/K = \{x \in \Sigma^* : xy \in L \text{ für ein } y \in K\}$$

regulär ist.

(b) Sei L eine reguläre Sprache über einem mindestens zweielementigen Alphabet Σ. Zeigen Sie, dass die folgenden Sprachen regulär sind.

  (i) $L_1 = \{x \in L : \text{es gibt kein } y \in \Sigma^*, \text{sodass } xy \in L\}$

  (ii) $L_2 = \{x \in L : \text{kein echtes Präfix von } x \text{ liegt in } L\}$

  (iii) $L_3 = \{x \in L : x \text{ ist Präfix eines Worts } y \in L\}$.

(c) Seien Σ, Γ Alphabete und $h : \Sigma \to \Gamma^*$ eine Abbildung. Wir erweitern h zu einer (ebenfalls mit h bezeichneten) Abbildung

$$h : \Sigma^* \to \Gamma^*,$$

indem wir $h(\varepsilon) = \varepsilon$ und

$$h(a_1 \ldots a_m) = h(a_1) \ldots h(a_m)$$

setzen. Zeigen Sie:

(i) Ist L eine reguläre Sprache über Σ^*, so ist $h(L) = \{h(w) : w \in L\}$ eine reguläre Sprache über Γ.

(ii) Ist K eine reguläre Sprache über Γ, so ist

$$h^{-1}(K) = \{w \in \Sigma^* : h(w) \in K\}$$

regulär.

KAPITEL 7

Kontextfreie Sprachen

Sprachen vom Typ 0 oder 1 scheiden für die Anwendung bei der Syntaxanalyse eines Übersetzers aus, da für das zugehörige Wortproblem keine effizienten Algorithmen zur Verfügung stehen.[1] Für reguläre Sprachen kann das Wortproblem mit einem auf der Arbeitsweise eines DEAs beruhenden Algorithmus in linearer Zeit gelöst werden; allerdings sind reguläre Sprachen nicht ausdrucksstark genug, um die bei der syntaktischen Analyse anfallenden Problemstellungen zu lösen. Wir haben gesehen, dass die Sprache $\{a^n b^n : n \geq 1\}$ nicht regulär ist (siehe Seite 250). Tatsächlich werden aber Sprachen dieses Typs benötigt, um beispielsweise festzustellen, ob ein vorliegender arithmetischer Ausdruck korrekt geklammert ist. (Wir denken uns a als das Symbol für »Klammer auf« und b für »Klammer zu«.[2] Anstelle der Klammern kann man sich auch andere für höhere Programmsprachen typischen Konstrukte wie »begin ... end« oder »if ... then ... else ...« vorstellen.) Somit bleibt von der Chomsky-Hierarchie nur die Klasse der kontextfreien Sprachen, die für die Syntaxanalyse in Frage zu kommen scheint.

7.1 Grundbegriffe

Bevor wir loslegen, erinnern wir an die Definition kontextfreier Grammatiken und führen noch ein paar zusätzliche Bezeichnungen ein. Eine KFG (Abk. für kontextfreie Grammatik) ist eine Grammatik, in der sämtliche Regeln die Gestalt $A \to x$ haben, wobei A ein Nichtterminal ist. Siehe Definition 5.1.10 (Seite 201 ff).

Beispiel 7.1.1. Wir haben mehrfach erwähnt, dass die Sprache $L = \{a^n b^n : n \geq 1\}$ nicht regulär ist. Sie ist aber kontextfrei, da sie durch die KFG mit den Regeln

$$S \to ab \mid aSb$$

generiert wird. ∎

Beispiel 7.1.2. [KFG für korrekt geklammerte arithmetische Ausdrücke] Sei

$$G = (\{S, A, B\}, \{a, +, *, (,)\}, \mathcal{P}, S),$$

---

[1] Zur Erinnerung: Für Sprachen vom Typ 0 ist das Wortproblem unentscheidbar; für Sprachen vom Typ 1 haben wir es mit einem *PSPACE*-vollständigen Problem zu tun.

[2] Mit dieser Interpretation von a und b besteht die Sprache der korrekt geklammerten Ausdrücke aus allen Wörtern $w \in \{a, b\}^*$, sodass jedes Präfix w' von w mindestens so viele a's wie b's enthält und für w die Anzahl an a's und b's gleich ist. Zum Beispiel steht $w = aababb$ für einen korrekten Ausdruck der Form $(()())$, während die Wörter abb oder $baba$ für die unsinnig geklammerten Ausdrücke $())$ bzw. $)()($ stehen.

wobei das Produktionssystem $\mathcal{P}$ aus den Regeln

$$S \rightarrow A \mid S + A \qquad A \rightarrow B \mid A * B \qquad B \rightarrow a \mid (S)$$

besteht. Die durch G definierte Sprache ist die Menge aller geklammerten arithmetischen Ausdrücke, gebildet aus den zweistelligen Operatoren $+$ und $*$ (»modulo« der Assoziativ- und Kommutativgesetze für $+$ und $*$), mit der redundante Klammern eingespart werden können. Zum Beispiel gilt:

$$S \Rightarrow A \Rightarrow A * B \Rightarrow A * (S) \Rightarrow A * (S + A) \Rightarrow \ldots \Rightarrow a * (a + a).$$

Das Terminalzeichen a steht stellvertretend für Variablen oder Konstanten. ∎

In Lemma 5.1.18 (Seite 206) haben wir gesehen, dass jede KFG in eine äquivalente ε-freie KFG überführt werden kann, also eine KFG, die im Wesentlichen keine ε-Regeln enthält.[3] Wir können daher den Sonderfall von ε-Regeln ausklammern und annehmen, dass eine KFG vorliegt, die keinerlei ε-Regeln enthält.

Im Folgenden sei $G = (V, \Sigma, \mathcal{P}, S)$ eine KFG *ohne* ε-Regeln. Wie zuvor verwenden wir Großbuchstaben $S, A, B, C, \ldots$ für die Variablen. Werden keine anderen Angaben gemacht, dann steht S für das Startsymbol. Kleinbuchstaben am Anfang des Alphabets $(a, b, c, \ldots)$ stehen für Terminalzeichen. Wörter bezeichnen wir mit Kleinbuchstaben am Ende des Alphabets (etwa u, v, w, x, y, z), wobei w, z für Wörter des Terminalalphabets Σ^* stehen.

Ableitungsbäume

Jede Ableitung $A \Rightarrow x_1 \Rightarrow x_2 \Rightarrow \ldots \Rightarrow x_{n-1} \Rightarrow x_n = x$ eines Wortes $x \in (V \cup \Sigma)^*$ kann grafisch durch einen Baum (den sog. *Ableitungsbaum*, häufig auch *Syntaxbaum* genannt) dargestellt werden. Der Ableitungsbaum ist ein gerichteter Baum, dessen Knoten mit Symbolen aus $V \cup \Sigma$ beschriftet sind.

▶ Die Wurzel ist mit dem Nichtterminal A markiert.

▶ Jeder innere Knoten v ist mit einem Nichtterminal beschriftet; die Verzweigungen in v stellen eine der in der Ableitung $A \Rightarrow x_1 \Rightarrow \ldots \Rightarrow x_n = x$ angewandten Regel dar.

▶ Die Markierungen der Blätter ergeben — von links nach rechts gelesen — das Wort x.[4]

---

[3] In ε-freien KFGs ist höchstens die ε-Regel $S \rightarrow \varepsilon$ zulässig, wobei S das Startsymbol bezeichnet. Gehört diese zu den Produktionen einer ε-freien KFG, dann fordern wir, dass S in keiner Regel auf der rechten Seite erscheint. Siehe Definition 5.1.17 (Seite 205). Dies stellt sicher, dass die ε-Regel $S \rightarrow \varepsilon$ niemals in einer Ableitung der Länge > 1 angewandt werden kann.

[4] Dazu setzen wir eine Ordnung der Söhne eines inneren Knotens voraus, die es erlaubt, von »links« und »rechts« zu sprechen.

Formal lässt sich der Ableitungsbaum einer Herleitung durch Induktion nach der Länge n der Herleitung definieren. Wir sprechen im Folgenden von einem Ableitungsbaum für ein Wort $x \in (V \cup \Sigma)^*$, um den Ableitungsbaum von x bzgl. einer Herleitung

$$S \Rightarrow x_0 \ldots \Rightarrow x_n = x$$

zu bezeichnen. Selbstverständlich gibt es nur zu den Wörtern x mit $S \Rightarrow^* x$ einen Ableitungsbaum.

Beispiel 7.1.3. *[Ableitungsbaum]* Für die KFG mit den Regeln $S \to A$, $A \to AbC$, $A \to a$, $C \to c$ und die beiden Ableitungen

$$(L) \qquad S \Rightarrow A \Rightarrow AbC \Rightarrow abC \Rightarrow abc$$
$$(R) \qquad S \Rightarrow A \Rightarrow AbC \Rightarrow Abc \Rightarrow abc$$

hat der Ableitungsbaum folgende Gestalt:

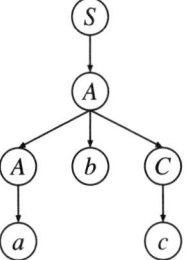

Man beachte, dass beide Ableitungen denselben Ableitungsbaum induzieren. ∎

Für reguläre Grammatiken (ohne ε-Regeln) ist der Ableitungsbaum stets ein Binärbaum der folgenden Gestalt:

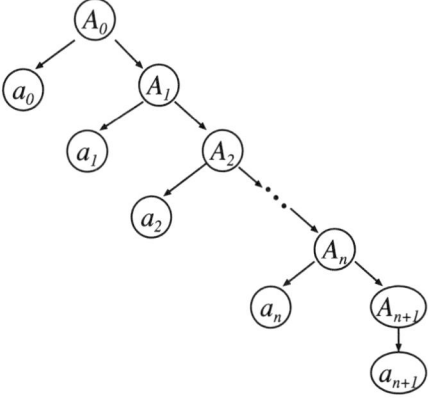

Die Kante $A_{n+1} \to a_{n+1}$ entfällt für Wörter x mit $S \Rightarrow^* x$ und $x \notin \Sigma^*$ (d.h. Wörter, die Nichtterminale enthalten).

Rechts- und Linksableitungen

Beispiel 7.1.3 (Seite 279) zeigt, dass mehrere Ableitungen denselben Ableitungsbaum haben können. Allerdings unterscheiden sich Ableitungen mit demselben Ableitungsbaum stets höchstens in der Reihenfolge, in der die Produktionen angewandt werden. Da sich die aus einer KFG ableitbaren Wörter aus den Ableitungsbäumen mit Wurzel S ergeben, kann man die Reihenfolge, in der die Nichtterminale ersetzt werden, festlegen, ohne die durch die KFG definierte Sprache zu ändern. Nahe liegend ist es, die Nichtterminale von links nach rechts oder umgekehrt zu ersetzen.

Definition 7.1.4 [Rechtsableitung, Linksableitung]

Sei $G = (V, \Sigma, \mathcal{P}, S)$ eine KFG. Wir definieren die Rechtsableitungsrelation $\Rightarrow_R$ wie folgt. Es gilt

$$u \Rightarrow_R u',$$

falls $u = xAz$, wobei $z \in \Sigma^*$, $A \in V$ und $x \in (V \cup \Sigma)^*$ und $u' = xyz$ für eine Regel $A \to y$ von G.

$\Rightarrow_R^*$ bezeichnet die reflexive transitive Hülle von $\Rightarrow_R$. In analoger Weise sind *Links-ableitungen* und die Relationen $\Rightarrow_L$, $\Rightarrow_L^*$ definiert.

Eine Ableitung $A \Rightarrow x_1 \Rightarrow \ldots \Rightarrow x_n$ ist also genau dann eine *Rechtsableitung*, falls in jedem Ableitungsschritt $x_{i-1} \Rightarrow x_i$ das rechteste Nichtterminal in x_{i-1} ersetzt wird. In Beispiel 7.1.3 (Seite 279) ist die erste (mit (L) markierte) Ableitung eine Linksableitung; während die zweite (mit (R) markierte) Ableitung eine Rechtsableitung ist.

Da man jeder Ableitung einen Ableitungsbaum zuordnen kann und aus diesem eine Rechtsableitung konstruieren kann, gilt

$$A \Rightarrow^* x \quad \text{gdw} \quad A \Rightarrow_R^* x.$$

Daher stellt die Einschränkung auf Rechtsableitungen keinen Verlust für die durch eine KFG definierte Sprache dar. Entsprechendes gilt für Linksableitungen.

Eindeutigkeit, Mehrdeutigkeit

Die »Schwierigkeit« des Wortproblems hängt wesentlich von dem Grad an Nichtde-terminismus ab, der dem Ableitungsprozess zu Grunde liegt. Aus der Tatsache, dass Ableitungsbäume und Rechtsableitungen in Eins-zu-Eins-Beziehung stehen, kann man *nicht* schließen, dass es zu jedem ableitbaren Wort genau eine Rechtsableitung gibt. In der Tat ist es möglich, dass es zwei Ableitungsbäume (und somit zwei Rechtsableitungen) für ein Wort x gibt.

Abbildung 7.1.5 Beispiel für eine Rechtsableitung

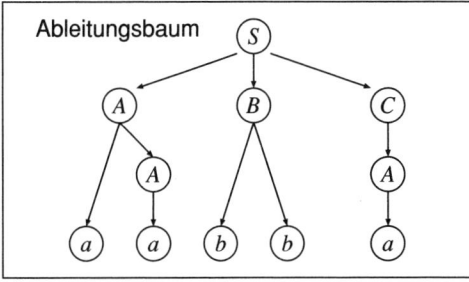

$$S \to ABC \qquad A \to a \mid aA$$
$$B \to bb \qquad C \to A$$

Ableitungsbaum

Zugehörige Rechtsableitung:

$$S \underset{R}{\Rightarrow} ABC \underset{R}{\Rightarrow} ABA \underset{R}{\Rightarrow} ABa \underset{R}{\Rightarrow} Abba \underset{R}{\Rightarrow} \cdots$$

Definition 7.1.6 [Eindeutigkeit, Mehrdeutigkeit]

Sei G eine KFG.

▶ G heißt *eindeutig*, wenn es zu jedem Wort $x \in \mathcal{L}(G)$ genau einen Ableitungsbaum gibt.

▶ Andernfalls heißt G *mehrdeutig*.

Eine Sprache L heißt *inhärent mehrdeutig*, falls es keine eindeutige KFG für L gibt.

Zum Beispiel ist die Grammatik aus Beispiel 7.1.1 (Seite 277) eindeutig, nicht aber die Grammatik aus Beispiel 7.1.3 (Seite 279).

Eindeutige Grammatiken sind wünschenswert, da sie algorithmisch leichter handhabbar sind. Liegt eine mehrdeutige Grammatik vor, dann besteht immerhin noch die Chance, die Grammatik in eine äquivalente eindeutige Grammatik zu überführen. Nur für inhärent mehrdeutige Sprachen ist dies nicht möglich. Man beachte: Ist G eine mehrdeutige Grammatik für die Sprache L, so impliziert dies *nicht*, dass L inhärent mehrdeutig ist. Es kann eine zu G äquivalente eindeutige KFG G' geben! Beispielsweise ist die Grammatik G

$$S \; \to \; aB \;\Big|\; Ac \qquad A \to ab \qquad B \to bc$$

mehrdeutig, da es für das Wort $abc \in \mathcal{L}(G)$ zwei Ableitungsbäume gibt.

Andererseits ist $\mathcal{L}(G) = \{abc\}$. Daher ist durch die Regel $S' \to abc$ eine zu G äquivalente eindeutige KFG gegeben.

Abbildung 7.1.7 Zwei Ableitungsbäume in einer mehrdeutigen Grammatik

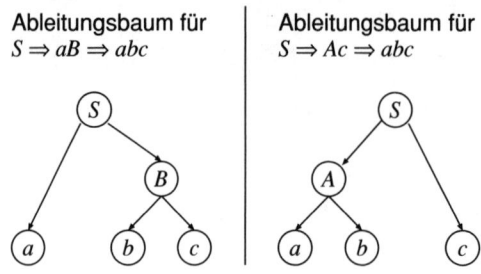

Ein Beispiel für eine inhärent mehrdeutige kontextfreie Sprache ist

$$L \ = \ \{a^i b^j c^k : i = j \vee j = k\}.$$

Wir verzichten auf den sehr aufwändigen Beweis dieser Aussage (der z. B. in [Weg93] nachgelesen werden kann).

Nutzlose Variablen

Variablen, aus denen sich kein Wort, bestehend aus Terminalzeichen, ableiten lässt, tragen nicht zur erzeugten Sprache bei. Man nennt sie daher »nutzlos«.

Definition 7.1.8 [Nutzlose Variablen]

Sei $G = (V, \Sigma, \mathcal{P}, S)$ eine KFG und $A \in V$. A heißt *nutzlos*, wenn es *kein* Wort $w \in \Sigma^*$ mit $A \Rightarrow^* w$ gibt.

Eliminierung nutzloser Variablen: Es ist klar, dass nutzlose Variablen eliminiert werden können, ohne die erzeugte Sprache zu ändern.[5] Dazu kann man folgenden Algorithmus anwenden.

1. Durch Inspektion aller Regeln ermitteln wir die Menge

$$N \ = \ \{A \in V : A \to w \text{ für ein } w \in \Sigma^*\}.$$

2. Solange es Regeln der Form $B \to x_1 A_1 x_2 A_2 x_3 \ldots x_n A_n x_{n+1}$ in G gibt, wobei

   ▶ $B \notin N$ und $A_1, \ldots, A_n \in N$,

---

[5] Selbstverständlich darf — aus formalen Gründen — das Startsymbol S nicht entfernt werden. Ist dieses nutzlos, dann liegt eine Grammatik vor, deren erzeugte Sprache leer ist. Wenn wir im Folgenden von der Eliminierung nutzloser Variablen sprechen, dann setzen wir stets voraus, dass das Startsymbol nicht nutzlos ist.

▶ $x_1, \ldots, x_{n+1} \in \Sigma^*$,

wählen wir eine solche Regel und fügen B in N ein.

In der Menge N werden alle Nichtterminale A verwaltet, die als nicht nutzlos erkannt wurden. Die verbleibende Menge aller Nichtterminale $A \in V \setminus N$ enthält genau die nutzlosen Variablen.

Man kann sich diese Vorgehensweise als Markierungsverfahren klarmachen, bei dem sukzessive alle Nichtterminale B markiert werden, für die eine Herleitung $B \Rightarrow^* w$ für ein $w \in \Sigma^*$ gefunden wurde.

Initial werden alle Nichtterminale markiert, aus denen ein Terminalwort in einem Schritt hergeleitet werden kann. In den folgenden Schritten werden sukzessive solche noch nicht markierten Nichtterminale B markiert, für die es eine Regel $B \rightarrow y$ gibt, sodass alle in y vorkommenden Nichtterminale markiert sind.

Beispiel 7.1.9. [Eliminierung nutzloser Variablen] Die Variablen A und B der folgenden Grammatik sind nutzlos.

$$S \rightarrow A \mid B \mid C \qquad A \rightarrow aA \qquad B \rightarrow aAB \mid A \mid Bb \qquad C \rightarrow aSb \mid ab$$

Eine äquivalente KFG ohne nutzlose Variablen ist durch die Produktionen

$$S \rightarrow C, \quad C \rightarrow aSb \text{ und } C \rightarrow ab$$

gegeben. ∎

7.2   Die Chomsky-Normalform

Für algorithmische Problemstellungen (z. B. das Wortproblem) — aber auch für den Nachweis von Eigenschaften kontextfreier Sprachen — ist es angenehm, von KFGs in Normalformen auszugehen. Eine der wichtigsten Normalformen für KFGs ist die Chomsky-Normalform.

Definition 7.2.1 [Chomsky-Normalform (CNF)]

Sei $G = (V, \Sigma, \mathcal{P}, S)$ eine KFG. G heißt in CNF, falls alle Produktionen in G von der Form

▶ $A \rightarrow a$ für ein $a \in \Sigma$

▶   oder $A \rightarrow BC$ für Nichtterminale B, C

sind. Wir sprechen von einer CNF-Grammatik, um eine KFG in CNF zu bezeichnen.

Zum Beispiel ist die KFG mit den Regeln

$$S \rightarrow AD|AB, \quad D \rightarrow SD|d, \quad A \rightarrow a, \quad B \rightarrow b$$

in CNF; nicht aber die KFG mit den Regeln $S \rightarrow aSb|ab$.

Satz 7.2.2

Zu jeder KFG G mit $\varepsilon \notin \mathcal{L}(G)$ gibt es eine äquivalente KFG in CNF.

Beweis: Sei $G = (V, \Sigma, \mathcal{P}, S)$ eine KFG mit $\varepsilon \notin \mathcal{L}(G)$. In Algorithmus 7.2.3 (Seite 285) ist ein Verfahren angegeben, mit dem G in eine äquivalente KFG G' in CNF überführt werden kann.

1. Im ersten Schritt führen wir G in eine äquivalente KFG *ohne Kettenregeln* (d.h. Regeln der Form $A \rightarrow B$) über. Dazu wenden wir das in Algorithmus 7.2.4 (Seite 286) angegebene Verfahren an.

   Der erste Teil von Algorithmus 7.2.4 lässt sich mit einem Algorithmus durchführen, der die starken Zusammenhangskomponenten des Digraphen

   $$(V, E), \text{ wobei } (A, B) \in E \text{ genau dann, wenn } A \rightarrow B,$$

   berechnet, daraus den zugehörigen azyklischen Digraphen $\mathcal{G}$ der starken Zusammenhangskomponenten erstellt und anschließend eine topologische Sortierung für $\mathcal{G}$ bestimmt.

2. Jede Regel $A \rightarrow yaz$ mit $|yz| \geq 1$ wird durch $A \rightarrow yA_az$ ersetzt. Dabei ist A_a ein neues Nichtterminal mit der Regel $A_a \rightarrow a$. (Das heißt aus A_a ist nur das Wort a ableitbar.)[6]

3. Im letzten Schritt werden alle Regeln $A \rightarrow B_1 \ldots B_k$ mit $k \geq 3$ in CNF-Gestalt gebracht. Die Grobidee hierfür besteht darin, die Regel $A \rightarrow B_1 \ldots B_k$ durch die Rechtsableitung

$$
\begin{aligned}
A &\Rightarrow B_1 C_1 \\
&\Rightarrow B_1 B_2 C_2 \\
&\Rightarrow B_1 B_2 B_3 C_3 \\
&\Rightarrow \ldots \\
&\Rightarrow B_1 B_2 \ldots B_{k-2} C_{k-2} \\
&\Rightarrow B_1 B_2 \ldots B_{k-2} B_{k-1} B_k
\end{aligned}
$$

---

[6] In Schritt 2 ist es selbstverständlich ausreichend, nur für solche Terminalzeichen a ein neues Nichtterminal A_a einzuführen, für die es (nach Ausführung von Schritt 1) eine Regel $A \rightarrow x$ gibt, sodass $|x| \geq 2$ und a in x vorkommt. Weiter kann man $A_a = A$ setzen, falls A eine bereits existente Variable ist, für die es genau die Regel $A \rightarrow a$ gibt.

zu simulieren. Dabei sind $C_1, \ldots, C_{k-2}$ paarweise verschiedene Nichtterminale mit den Regeln

$$C_{i-1} \to B_i C_i, \quad i = 2, \ldots, k-2, \quad \text{und} \quad C_{k-2} \to B_{k-1} B_k.$$

Algorithmus 7.2.3 [Erstellung einer CNF-Grammatik]

Wende Algorithmus 7.2.4 zur Eliminierung der Regeln der Form $A \to B$ (mit $A, B \in V$) an.

FOR ALL $a \in \Sigma$ **DO**
  Füge ein neues Nichtterminal A_a und die Regel $A_a \to a$ ein.
OD
FOR ALL $a \in \Sigma$ **DO**
  FOR ALL Regeln $A \to x$ mit $|x| \geq 2$ **DO**
    Ersetze alle Vorkommen von a in x durch A_a.
  OD
OD
(* Jetzt sind alle Regeln von der Form $A \to a$ oder $A \to B_1 B_2 \ldots B_k$ mit $k \geq 2$ *)

FOR ALL Regeln $A \to B_1 B_2 \ldots B_k$ mit $k \geq 3$ **DO**
  Füge neue Nichtterminale $C_1, C_2, \ldots C_{k-2}$ ein.
  Ersetze die Regel $A \to B_1 B_2 \ldots B_k$ durch folgende Regeln:

$$
\begin{aligned}
A &\to B_1 C_1 \\
C_1 &\to B_2 C_2 \\
&\vdots \\
C_{k-3} &\to B_{k-2} C_{k-2} \\
C_{k-2} &\to B_{k-1} B_k
\end{aligned}
$$

OD

Dass durch die beschriebenen Transformationen keine Veränderungen in der durch die Grammatik definierten Sprache entstehen, ist leicht zu sehen. □

Bemerkung 7.2.5. [Eliminieren der Kettenregeln] In Algorithmus 7.2.4 ist die Reihenfolge, in der die Regeln $A_i \to A_j$ entfernt werden, wesentlich. Zum Beispiel für die Grammatik G mit den Regeln

$$S \to A, \quad A \to B \quad \text{und} \quad B \to b$$

wird zuerst $A \to B$ durch $A \to b$ ersetzt und dann $S \to A$ durch $S \to b$. Würde man zuerst $S \to A$ eliminieren, dann würde man die Grammatik bestehend aus den Regeln

$$S \to B, \quad A \to b, \quad B \to b$$

erhalten, die die Kettenregel $S \to B$ enthält.

Algorithmus 7.2.4   [Eliminierung von Kettenregeln]

(* Teil 1: Entferne Zyklen *)
WHILE $\exists A_1, \ldots, A_n \in V$ mit $A_1 \to A_2, A_2 \to A_3, \ldots, A_{n-1} \to A_n, A_n \to A_1$ **DO**
  Ersetze $A_2, \ldots, A_n$ durch A_1.
  Entferne die Regel $A_1 \to A_1$.
OD
Bestimme eine Nummerierung $A_1, \ldots, A_k$ der Nichtterminale, sodass gilt:
        Aus $A_i \to A_j$ folgt $i < j$.
(* Teil 2: Entferne die verbleibenden Kettenregeln *)
FOR $i = k, k - 1, \ldots, 1$ **DO**
  FOR $j = i + 1, \ldots, k$ **DO**
    IF $A_i \to A_j$ **THEN**
      Streiche die Regel $A_i \to A_j$;
      FOR ALL Regeln $A_j \to x$ **DO**
        Füge die Regel $A_i \to x$ hinzu.
      OD
    FI
  OD
OD

Selbst wenn man eventuell neu entstehende Kettenregeln ignoriert, kann das Verfahren fehlschlagen, falls die im Algorithmus beschriebene Reihenfolge nicht eingehalten wird. In obigem Beispiel würde man die Grammatik mit den Regeln

$$A \to b, \quad B \to b$$

erhalten, in der es keine Regel für das Startsymbol S gibt. Die erzeugte Sprache dieser Grammatik ist leer und stimmt somit *nicht* mit der durch G definierten Sprache $\mathcal{L}(G) = \{b\}$ überein. ∎

Beispiel 7.2.6. [Erstellung der CNF] Für die KFG mit den Regeln

$$S \to C \quad \text{und} \quad C \to aCb \mid ab$$

arbeitet der Algorithmus zur Erstellung einer äquivalenten CNF-Grammatik (Algorithmus 7.2.3, Seite 285) wie folgt:

Da es keine Zyklen $A_1 \to A_2, \ldots, A_{n-1} \to A_n, A_n \to A_1$ gibt, wird im ersten Schritt nur die Regel $S \to C$ entfernt und durch die beiden Regeln

$$S \to aCb \quad \text{und} \quad S \to ab$$

ersetzt. Im zweiten Schritt werden neue Nichtterminale $A_a = A$ und $A_b = B$ mit den Regeln

$$A \to a \quad \text{und} \quad B \to b$$

hinzugefügt. Anschließend werden sämtliche Vorkommen von a bzw. b auf der rechten Seite einer Regel durch A bzw. B ersetzt. Wir erhalten das Produktionssystem

$$S \rightarrow ACB \mid AB \qquad C \rightarrow ACB \mid AB \qquad A \rightarrow a \qquad B \rightarrow b$$

Im letzten Schritt werden die beiden Regeln $S \rightarrow ACB$ und $C \rightarrow ACB$ durch

$$S \rightarrow AD, \ D \rightarrow CB, \ C \rightarrow AE, \ E \rightarrow CB, A \rightarrow a, B \rightarrow b$$

ersetzt.[7] ∎

Beispiel 7.2.7. [Erstellung der CNF, Elimination von Kettenregeln] Wir betrachten die KFG mit den folgenden Regeln.

$$S \ \rightarrow \ A \mid aB \mid aC \qquad\qquad B \ \rightarrow \ S \mid Ba \qquad\qquad D \ \rightarrow \ d \mid dDD$$
$$A \ \rightarrow \ B \mid C \mid cAd \qquad\qquad C \ \rightarrow \ D \mid c$$

Zunächst werden mit Algorithmus 7.2.4 die Kettenregeln

$$S \rightarrow A, \ A \rightarrow B, \ B \rightarrow S, \ A \rightarrow C \ \text{und} \ C \rightarrow D$$

entfernt. Wir erstellen folgenden Digraphen:

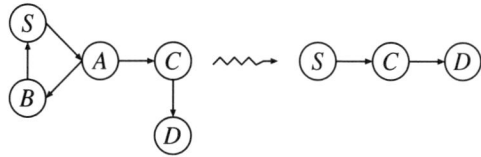

Die Variablen S, A, B bilden eine starke Zusammenhangskomponente. Zusätzlich bilden jeweils C und D einelementige starke Zusammenhangskomponenten. Wir ersetzen A und B durch S und streichen die Regel $S \rightarrow S$. Man erhält die Grammatik mit folgenden Regeln:

$$S \ \rightarrow \ aS \mid aC \mid C \mid cSd \mid Sa \qquad C \rightarrow D \mid c \qquad D \rightarrow d \mid dDD$$

Im letzten Schritt wird

▶ zuerst $C \rightarrow D$ durch $C \rightarrow d \mid dDD$,

▶ dann $S \rightarrow C$ durch $S \rightarrow d \mid dDD \mid c$

ersetzt. Auf die so erhaltene Grammatik wenden wir Algorithmus 7.2.3 an, der die Regel $C \ \rightarrow \ dDD$

▶ zunächst durch $C \rightarrow A_d DD, \ A_d \rightarrow d,$

---

[7] Soweit der Algorithmus. Man sieht, dass einige Optimierungen möglich sind. Beispielsweise kann man $D = E$ setzen und C durch S ersetzen.

▶   dann $C \to A_d DD$ durch $C \to A_d D_2$ und $D_2 \to DD$

ersetzt. Entsprechend wird mit der Regel $S \to dDD$ verfahren. Die Regeln

$$S \to aS \mid aC \mid Sa$$

werden nun durch

$$S \to A_a S \mid A_a C \mid SA_a \qquad A_a \to a \quad A_c \to c$$

ersetzt. Die Eliminierung der Regel $S \to cSd$ wird durch Einfügen der Regeln $S \to A_c E$ und $E \to SA_d$ vorgenommen. ∎

Die Größe der konstruierten CNF-Grammatik

Die Größe einer KFG G wird an der Anzahl der Nichtterminalen und der Summe der Längen aller Produktionen gemessen und mit $size(G)$ bezeichnet. (Das Terminalalphabet Σ wird als konstant angenommen und geht daher nicht in die Größe der Grammatik ein.)

Mit der beschriebenen Methode zur Erstellung einer äquivalenten CNF-Grammatik G' gilt

$$size(G') = \mathcal{O}\left(size(G)^2\right),$$

sofern eine KFG ohne ε-Regeln vorliegt. Man beachte, dass die Elimination der Kettenregeln die Größe der Grammatik quadratisch vergrößern kann, während der Ersetzungsprozess

$$A \to B_1 \dots B_k \;\; \mapsto \;\; A \to B_1 C_1, \;\; C_1 \to B_2 C_2, \;\; \dots, \;\; C_{k-2} \to B_{k-1} B_{k-2}$$

die Größe der Grammatik weitgehend unverändert lässt.

Der im Beweis von Lemma 5.1.18 (Seite 206) beschriebene Algorithmus, der eine gegebene KFG in eine äquivalente ε-freie KFG überführt, kann zu einem exponentiellen Blow-Up führen. Dieser Algorithmus kann jedoch verbessert werden, indem man vor der eigentlichen Eliminierung der ε-Regeln

▶   alle Regeln $A \to y$ mit $|y| \geq 3$ entfernt und

▶   durch Regeln der Gestalt $B \to x$ mit $|x| = 2$ ersetzt.

Hierzu können wir wie bei der Erstellung einer CNF-Grammatik verfahren (vgl. Aufgabe 7.7). Mit dieser Vorgehensweise kann zu jeder Grammatik G eine äquivalente ε-freie Grammatik G' erstellt werden, sodass

$$size(G') = \mathcal{O}(size(G)).$$

Wendet man auf G' das Verfahren zur Erstellung einer äquivalenten CNF-Grammatik an, dann erhält man eine CNF-Grammatik G'' mit

$$size(G'') = \mathcal{O}\left(size(G)^2\right).$$

7.3   Der Cocke-Younger-Kasami-Algorithmus

Um das Wortproblem für kontextfreie Sprachen zu lösen, gehen wir von einer Darstellung der Sprache durch eine CNF-Grammatik $G = (V, \Sigma, \mathcal{P}, S)$ aus. Sei

$$w = a_1 a_2 \ldots a_n \in \Sigma^*.$$

Für den Test, ob $w \in \mathcal{L}(G)$ liegt, wenden wir die Methode des dynamischen Programmierens zur Bestimmung der Variablenmengen

$$V[i, j] = \{A \in V : A \Rightarrow^* w_{i,j}\}$$

an. Dabei ist

$$w_{i,j} = a_i a_{i+1} \ldots a_{i+j-1}$$

und $1 \le i \le n$, $1 \le j \le n + 1 - j$. Es gilt:

$$w \text{ liegt genau dann in } \mathcal{L}(G), \text{ wenn } S \in V[1, n].$$

Da G in CNF ist, gilt

$$V[i,1] = \left\{A \in V : A \to a_i\right\}.$$

Für $j \ge 2$ und $A \in V$ gilt $A \Rightarrow w_{i,j}$ genau dann, wenn es eine Regel $A \to BC$ und einen Index $l \in \{1, \ldots, j-1\}$ gibt, sodass (vgl. Abbildung 7.3.1)

$$B \Rightarrow^* w_{i,l} \text{ und } C \Rightarrow^* w_{i+l,j-l}.$$

Abbildung 7.3.1

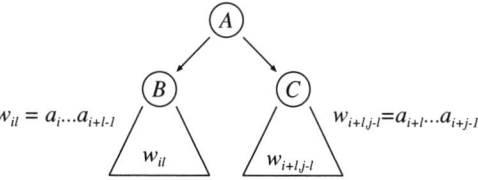

Daher haben wir folgende rekursive Charakterisierung der Mengen $V[i, j]$.

$$V[i, j] = \bigcup_{l=1}^{j-1} \{A \in V : \exists A \to BC \text{ mit } B \in V[i, l] \wedge C \in V[i + l, j - l]\}.$$

Diese Beobachtung wird im Algorithmus von Cocke-Younger-Kasami (kurz CYK-Algorithmus genannt) angewandt. Hierzu werden in Bottom-Up-Manier die Zeilen der folgenden Tabelle berechnet.

$$
\begin{array}{llllll}
V[1,n] & & & & & \\
V[1,n-1] & V[2,n-1] & & & & \\
V[1,n-2] & V[2,n-2] & V[3,n-2] & & & \\
& & \vdots & & & \\
V[1,2] & V[2,2] & V[3,2] & V[4,2] & \ldots & V[n-1,2] \\
V[1,1] & V[2,1] & V[3,1] & V[4,1] & \ldots & V[n-1,1] & V[n,1] \\
\hline
a_1 & a_2 & a_3 & a_4 & \ldots & a_{n-1} & a_n
\end{array}
$$

Siehe Algorithmus 7.3.2.

Algorithmus 7.3.2 [CYK-Algorithmus]

(* Das Eingabewort sei $w = a_1 a_2 \ldots a_n$. *)

FOR $i = 1, \ldots, n$ **DO**
  $V[i,1] := \{A \in V : A \to a_i\};$
OD
FOR $j = 2, \ldots, n$ **DO**
  FOR $i = 1, \ldots, n+1-j$ **DO**
    $V[i,j] := \emptyset;$
    FOR $l = 1, \ldots, j-1$ **DO**
      $V[i,j] := V[i,j] \cup \{A \in V : \exists A \to BC \text{ mit } B \in V[i,l] \wedge C \in V[i+l, j-l]\};$
    OD
  OD
OD
IF $S \in V[1,n]$ **THEN**
  Return »JA. $w \in \mathcal{L}(G)$.«
ELSE
  Return »NEIN. $w \notin \mathcal{L}(G)$.«
FI

Es ist offensichtlich, dass die Laufzeit des CYK-Algorithmus kubisch in der Länge des Eingabeworts ist und dass der Platzbedarf quadratisch ist (wenn die Grammatik als fest angesehen wird). Daher erhalten wir folgenden Satz:

Satz 7.3.3

Das Wortproblem für kontextfreie Sprachen lässt sich mit dem CYK-Algorithmus

$$in\ Zeit\ \mathcal{O}(n^3)\ und\ Platz\ \mathcal{O}(n^2)$$

lösen. Dabei ist n die Länge des Eingabeworts.[8]

Beispiel 7.3.4. [CYK-Algorithmus] Die Arbeitsweise des CYK-Algorithmus für die Sprache

$$L = \{a^n b^n : n \geq 1\},$$

dargestellt durch die CNF-Grammatik

$$S \rightarrow AC \mid AB \qquad C \rightarrow SB \qquad A \rightarrow a \qquad B \rightarrow b$$

und das Wort $w = aabb$ ist wie folgt. Im Initialisierungsschritt wird

$$V[1,1] = V[2,1] = \{A\} \quad und \quad V[3,1] = V[4,1] = \{B\}$$

gesetzt. Daraus ergibt sich

$$V[1,2] = V[3,2] = \emptyset \text{ und } V[2,2] = \{S\}\ .$$

Im zweiten Schleifendurchlauf erhalten wir

$$V[1,3] = \emptyset \text{ und } V[2,3] = \{C\}\ ,$$

da $S \in V[2,2]$, $B \in V[3,1]$ und $C \rightarrow SB$. Wegen $A \in V[1,1]$ und $C \in V[2,3]$ ergibt sich

$$V[1,4] = \{S\}.$$

Die oben erwähnte Tabelle hat also die Gestalt:

$$
\begin{array}{llll}
\{S\} & & & \\
-- & \{C\} & & \\
-- & \{S\} & -- & \\
\{A\} & \{A\} & \{B\} & \{B\} \\
\hline
a & a & b & b
\end{array}
$$

Der Algorithmus terminiert also mit der Antwort »JA«. ∎

---

[8]   Die Kosten beziehen sich auf den Fall, dass die kontextfreie Sprache durch eine CNF-Grammatik dargestellt ist. Die Größe der CNF-Grammatik wird als konstant angesehen. Liegt die Darstellung einer kontextfreien Sprache durch eine KFG, die nicht in CNF ist, vor, dann müssen die Kosten für das Erstellen einer äquivalenten CNF-Grammatik zusätzlich berücksichtigt werden.

7.4 Eigenschaften kontextfreier Sprachen

Wie für reguläre Sprachen gibt es ein notwendiges Kriterium, das für den Nachweis, dass eine Sprache nicht kontextfrei ist, hilfreich sein kann. Weiter diskutieren wir Abschlusseigenschaften für kontextfreie Sprachen. Algorithmische Problemstellungen (Äquivalenztest, Leerheitstest etc.) werden wir in Abschnitt 9 (Seite 381 ff) untersuchen.

7.4.1 Das Pumping Lemma für kontextfreie Sprachen

In Analogie zum Pumping Lemma für reguläre Sprachen gibt es ein einfaches notwendiges Kriterium für kontextfreie Sprachen. Wir werden dieses mithilfe der Ableitungsbäume für CNF-Grammatiken beweisen.

Satz 7.4.1 [Pumping Lemma für kontextfreie Sprachen]

Sei L eine kontextfreie Sprache. Dann gibt es eine natürliche Zahl n, sodass sich jedes Wort $z \in L$ der Länge $\geq n$ wie folgt zerlegen lässt: $z = uvwxy$, wobei

(1) $|vx| \geq 1$

(2) $|vwx| \leq n$

(3) $uv^k wx^k y \in L$ für alle $k \in \mathbb{N}$.

Beweis: Wir können o.E. annehmen, dass $\varepsilon \notin L$. (Ist $\varepsilon \in L$, dann betrachten wir die Sprache $L \setminus \{\varepsilon\}$ anstelle von L.)

Sei G eine CNF-Grammatik mit $L = \mathcal{L}(G)$ (siehe Satz 7.2.2, Seite 284). Weiter sei

▶ $N = |V|$ die Anzahl an Variablen in G und

▶ $n = 2^N$.

Sei $z \in L$ mit $|z| \geq n$. Der Ableitungsbaum T für z ist ein Binärbaum mit $|z| \geq n$ Blättern.

▶ Innere Knoten mit genau einem Sohn repräsentieren eine Regel der Form $A \to a$. Sie haben die Höhe 1.

▶ Alle anderen inneren Knoten stehen für eine Regel der Form $A \to BC$. Sie haben genau zwei Söhne.

Die Höhe von T sei $h + 1$. Es gilt

$$h \geq \log |z| \geq \log n = N.$$

Sei $v_0, v_1, \ldots, v_{h+1}$ ein Pfad in T (der Länge $h + 1$) von der Wurzel v_0 zu einem Blatt v_{h+1}. Weiter sei A_i die Markierung des Knotens v_i, $i = 0,1,\ldots,h$.

Dann ist $A_0 = S, A_1, \ldots, A_h$ eine Folge von Variablen der Länge $h + 1 \geq N + 1$. Also gibt es eine Variable A und Indizes $i, j \in \{0,1,\ldots,h\}$, sodass folgende drei Eigenschaften erfüllt sind:

▶ $A = A_i = A_j$

▶ $i < j$

▶ $A_{i+1}, \ldots, A_h$ sind paarweise verschieden.

Wir zerlegen z in $z = uvwxy$ gemäß der Skizze (vgl. Abbildung 7.4.2 (oben)).

Abbildung 7.4.2

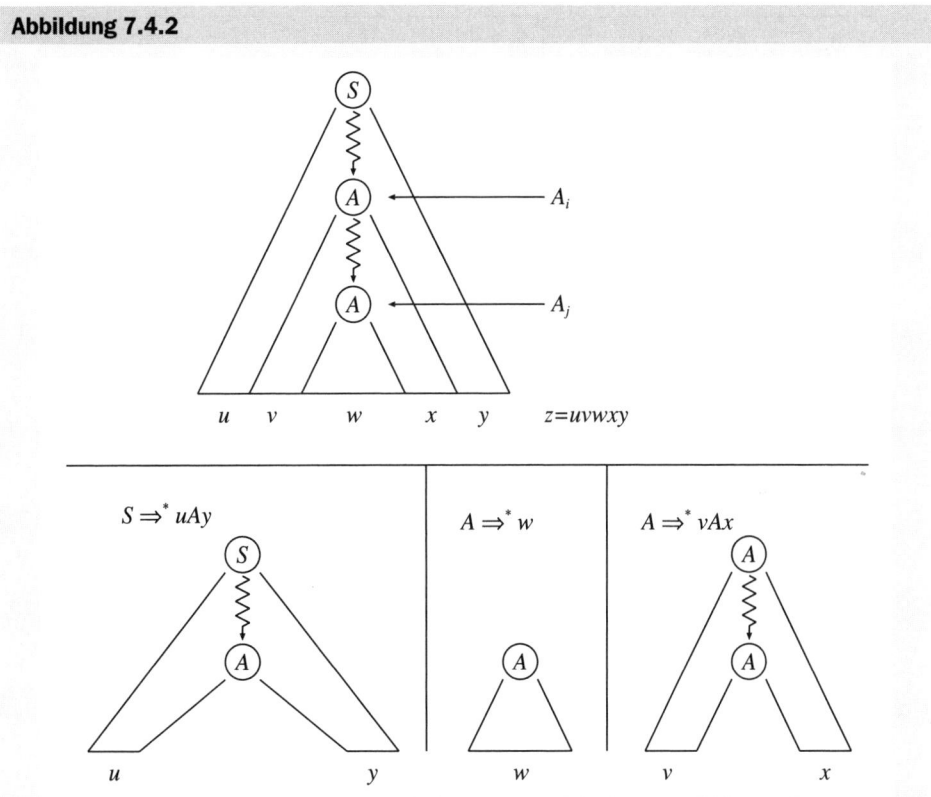

(1) Da G in CNF ist, ist $v \neq \varepsilon$ oder $x \neq \varepsilon$. (Da v_i ein innerer Knoten der Höhe > 1 ist, steht v_i für das Anwenden einer Regel der Gestalt $A_i \rightarrow BC$. Ist z. B. v_j ein Nachfolger des mit B markierten Sohns von v_i, so ist das aus C hergeleitete Wort ein Suffix von x. Somit ist $x \neq \varepsilon$.) Es folgt:

$$|vx| \geq 1.$$

(2) Wir betrachten den Teilbaum T' mit Wurzel v_i. T' ist ein Ableitungsbaum für die Ableitung $A_i \Rightarrow^* vwx$. Da $A_{i+1}, \ldots, A_h$ paarweise verschieden sind, hat T' die Höhe $h - i \leq N$. Daher gilt:

$$|vwx| \leq 2^{h-i} \leq 2^N = n.$$

(3) Ableitungen der Wörter $uv^k wx^k y$ ergeben sich durch Kombinieren der Ableitungen (vgl. Abbildung 7.4.2 (unten)).

$$S \Rightarrow^* uA_i y = uAy, \qquad A = A_j \Rightarrow^* w, \qquad A = A_i \Rightarrow^* vA_j x = vAx.$$

Abbildung 7.4.3

k=0:

$S \Rightarrow^* uAy \Rightarrow^* uwy$

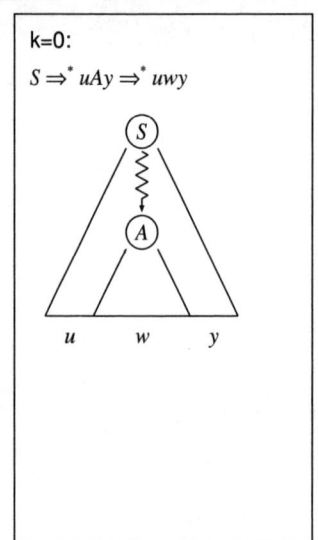

k=2:

$S \Rightarrow^* uAy \Rightarrow^* uvAxy \Rightarrow^* uvvAxxy \Rightarrow^* uv^2 wx^2 y$

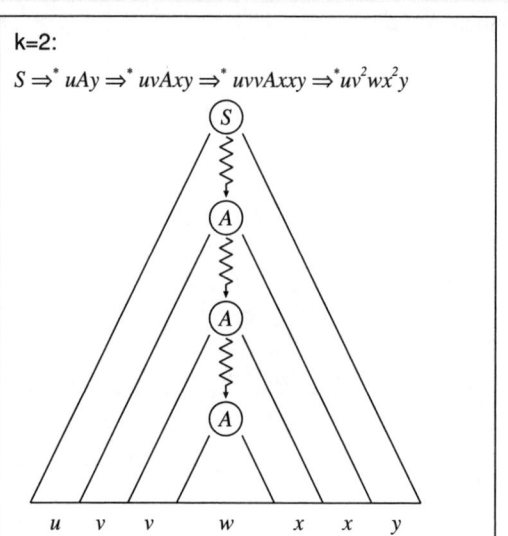

Es folgt $S \Rightarrow^* uv^k wx^k y$ (also $uv^k wx^k y \in L$) für alle $k \in \mathbb{N}$ (vgl. Abbildung 7.4.3).

Die Zerlegung $z = uvwxy$ erfüllt also die drei geforderten Bedingungen. $\square$

Nicht kontextfreie Sprachen

Das Pumping Lemma kann oftmals hilfreich sein, um nachzuweisen, dass eine Sprache *nicht* kontextfrei ist. Wir betrachten die Sprache

$$L = \{ a^n b^n c^n : n \in \mathbb{N} \}.$$

Wir nehmen an, dass L kontextfrei ist und führen diese Annahme mithilfe des Pumping Lemmas zu einem Widerspruch. Sei n die Zahl aus dem Pumping Lemma und

$$z = a^n b^n c^n.$$

z kann in $z = uvwxy$ zerlegt werden, sodass die Eigenschaften (1), (2) und (3) aus dem Pumping Lemma erfüllt sind. Wegen

$$|vwx| \leq n$$

ist vwx entweder ein Teilwort von $a^n b^n$ oder von $b^n c^n$. Da

$$v \neq \varepsilon \text{ oder } x \neq \varepsilon$$

ist es nicht möglich, dass die Anzahl der Vorkommen der drei Symbole a, b und c in $uv^2 wx^2 y$ gleich ist. Daher ist

$$uv^2 wx^2 y \notin L.$$

Widerspruch.

7.4.2   Abschlusseigenschaften kontextfreier Sprachen

In Kapitel 5 (Seite 195 ff) haben wir die Operationen $G_1 \uplus G_2$, $G_1 \circ G_2$ und G^* für beliebige Grammatiken definiert und festgestellt, dass die resultierenden Grammatiken vom Typ 2 sind, falls G_1, G_2 und G vom Typ 2 sind. Damit ist die Klasse der kontextfreien Sprachen abgeschlossen unter Vereinigung, Konkatenation und Kleeneabschluss. Sie sind jedoch *nicht* abgeschlossen unter der Durchschnitts- und Komplementbildung. Dies lässt sich wie folgt begründen. Die Sprachen

$$L_1 = \{a^n b^n c^m : n, m \geq 1\}, \quad L_2 = \{a^n b^m c^m : n, m \geq 1\}$$

sind kontextfrei. Zum Beispiel wird L_1 durch die KFG mit den Regeln

$$S \to DC \quad C \to c \,\big|\, Cc \quad D \to aDb \,\big|\, ab$$

erzeugt. Eine ähnliche Grammatik kann für L_2 angegeben werden. Die Durchschnittssprache

$$L_1 \cap L_2 = \{a^n b^n c^n : n \geq 1\}$$

ist jedoch *nicht* kontextfrei (wie zuvor gezeigt).

Wäre die Klasse der kontextfreien Sprachen abgeschlossen unter der Komplementbildung, dann wäre sie auch unter der Durchschnittsbildung abgeschlossen. Dies folgt aus dem de Morganschen Gesetz

$$L_1 \cap L_2 = \overline{\overline{L_1} \cup \overline{L_2}}$$

und der Abgeschlossenheit kontextfreier Sprachen unter der Vereinigung.

Satz 7.4.4

Die Klasse der kontextfreien Sprachen ist unter Vereinigung, Konkatenation und Kleeneabschluss abgeschlossen, nicht aber unter Durchschnitts- und Komplementbildung.

7.5 Die Greibach-Normalform

Neben der Chomsky-Normalform spielt eine weitere Normalform eine wichtige Rolle.

Definition 7.5.1 [Greibach-Normalform]

Sei G eine KFG. G ist in Greibach Normalform, falls alle Produktionen in G von der Form

$$A \rightarrow a B_1 B_2 \dots B_k$$

sind, wobei $a \in \Sigma$, $B_1, B_2, \dots, B_k \in V$ und $k \in \mathbb{N}$.[9]

Zum Beispiel ist durch $S \rightarrow aB \mid aSB$, $B \rightarrow b$ eine KFG in Greibach-Normalform für die Sprache

$$\{a^n b^n : n \geq 1\}$$

gegeben. Die KFG mit den Regeln

$$S \;\rightarrow\; aA \;\Big|\; bB \;\Big|\; aSA \;\Big|\; bSB \qquad A \rightarrow a \qquad B \rightarrow b$$

ist ebenfalls in Greibach-Normalform und erzeugt die Sprache $\{ww^R : w \in \{0,1\}^+\}$.[10]

Konstruktion einer äquivalenten Grammatik in Greibach-Normalform: In Algorithmus 7.5.3 (Seite 298) ist ein Verfahren angegeben, das eine CNF-Grammatik in Greibach-Normalform überführt. Die wesentlichen Schritte sind wie folgt: Sei $A_1, A_2, \dots \dots, A_m$ eine beliebige Nummerierung der Nichtterminale von G (sodass $A_i \neq A_j$, falls $i \neq j$).

1. Die Regeln von G werden in die Form $A \rightarrow a$ oder $A_i \rightarrow a A_{i_1} \dots A_{i_k}$ oder $A_i \rightarrow A_j A_{i_1} \dots A_{i_k}$, wobei $j \geq i$, gebracht.

---

[9] Der Fall $k = 0$ (also Regeln der Form $A \rightarrow a$) ist zugelassen.

[10] Dabei steht w^R für das inverse (gespiegelte) Wort von w. Ist also $w = a_1 a_2 \dots a_n$, so ist $w^R = a_n \dots a_2 a_1$.

2. Alle Regeln der Form $A_i \to A_i A_{i_1} \ldots A_{i_k}$ werden durch Regeln der Gestalt

$$A_i \;\to\; aB_i \;\Big|\; A_j y \quad (\text{mit } j > i) \qquad B_i \;\to\; a \;\Big|\; x \;\Big|\; xB_i$$

ersetzt. Dabei sind $x \in \{A_1, \ldots, A_m\}^+$, $y \in \{A_1, \ldots, A_m, B_1, \ldots, B_m\}^+$ und $B_1, B_2, \ldots \ldots, B_m$ paarweise verschiedene neue Variablen.

3. Die Regeln $A_i \to A_j x$ mit $j > i$ werden in Greibach-Normalform überführt.

4. Die Regeln $B_i \to A_j x$ werden in Greibach-Normalform überführt.

Die Äquivalenz von G und der resultierenden Grammatik macht man sich am besten klar, indem man zeigt, dass die erzeugte Sprache in keinem der vier Schritte verändert wird. Wir verzichten auf die Ausarbeitung der Details.

Aus Satz 7.2.2 (Seite 284) ergibt sich folgender Satz.

Satz 7.5.2

Zu jeder KFG mit $\varepsilon \notin \mathcal{L}(G)$ gibt es eine äquivalente KFG in Greibach-Normalform.

Beispiel 7.5.4. [Greibach-NF] Wir betrachten die CNF-Grammatik mit den Regeln

$$A_1 \;\to\; A_2 A_3, \quad A_2 \;\to\; A_1 A_3 \;\Big|\; a, \quad A_3 \to b.$$

(Das Startsymbol ist hier unerheblich.) Im ersten Schritt ersetzen wir die Regel $A_2 \to A_1 A_3$ durch

$$A_2 \;\to\; A_2 A_3 A_3.$$

Die so entstandene linksrekursive Regel wird im zweiten Schritt durch

$$B_2 \;\to\; A_3 A_3 B_2 \;\Big|\; A_3 A_3 \qquad A_2 \;\to\; aB_2$$

ersetzt. Im dritten Schritt wird die Regel $A_1 \to A_2 A_3$ entfernt. Anstelle von $A_1 \to A_2 A_3$ werden die beiden Regeln

$$A_1 \;\to\; aB_2 A_3 \;\Big|\; bA_3$$

eingefügt. Die Regeln $B_2 \to A_3 A_3 B_2$ und $B_2 \to bA_3$ werden im vierten Schritt durch

$$B_2 \to bA_3 \;\text{ und }\; B_2 \to bA_3 B_2$$

ersetzt. Die konstruierte Grammatik in Greibach-Normalform ist also durch das Produktionssystem

$$A_1 \;\to\; aA_3 \;\Big|\; aB_2 A_3, \quad A_2 \;\to\; aB_2 \;\Big|\; a, \quad A_3 \to b, \quad B_2 \;\to\; bA_3 \;\Big|\; bA_3 B_2$$

gegeben. ∎

Algorithmus 7.5.3   [Konstruktion einer äquiv. KFG in Greibach-Normalform]

(* 1. Schritt: Elimination der Regeln $A_i \to A_j x$ mit $j < i$ *)
FOR $i = 1, 2, \ldots, m$ **DO**
  FOR $j = 1, \ldots, i - 1$ **DO**
    FOR ALL Regeln $A_i \to A_j x$ **DO**
      FOR ALL Regeln $A_j \to \beta$ **DO**
        Füge die Regel $A_i \to \beta x$ ein;
      OD
      Entferne die Regel $A_i \to A_j x$;
    OD
    IF Es gibt Regeln der Form $A_i \to A_i x$ **THEN**
      (* 2. Schritt: Elimination der linksrekursiven Regeln $A_i \to A_i x$ *)
      Füge ein neues Nichtterminal B_i in G ein;
      FOR ALL Regeln $A_i \to A_i x$ **DO**
        Füge die Regeln $B_i \to x B_i$ und $B_i \to x$ ein;
        Entferne die Regel $A_i \to A_i x$;
      OD
      FOR ALL Regeln $A_i \to y$ **DO**
        (* entweder ist $y = a \in \Sigma$ oder $y = A_j y'$ für ein $j > i$ *)
        Füge die Regel $A_i \to y B_i$ ein;
      OD
    FI
  OD
OD
(* 3. Schritt: Bringe die Regeln $A_i \to A_j x$ mit $j > i$ in Greibach-Normalform *)
FOR $i = m - 1, m - 2, \ldots, 1$ **DO**
  FOR $j = i + 1, \ldots, m$ **DO**
    FOR ALL Regeln $A_i \to A_j x$ **DO**
      FOR ALL Regeln $A_j \to \beta$ **DO**
        Füge die Regel $A_i \to \beta x$ ein;
        Entferne die Regel $A_i \to A_j x$;
      OD
    OD
  OD
OD
(* 4. Schritt: Bringe die Regeln $B_i \to A_j x$ in Greibach-Normalform *)
FOR $i = 1, 2, \ldots, m$ **DO**
  FOR $j = 1, \ldots, m$ **DO**
    FOR ALL Regeln $B_i \to A_j x$ **DO**
      FOR ALL Regeln $A_j \to \beta$ **DO**
        Füge die Regel $B_i \to \beta x$ ein;
        Entferne die Regel $B_i \to A_j x$;
      OD
    OD
  OD
OD

7.6 Kellerautomaten

In Abschnitt 6 haben wir mithilfe des Pumping Lemmas nachgewiesen, dass die Sprache

$$L = \{a^n b^n : n \geq 1\}$$

nicht regulär ist (siehe Seite 250). Informell haben wir die Nichtregularität damit begründet, dass endliche Automaten nur Werte eines a-priori bekannten endlichen Bereichs speichern können. Wir erweitern nun endliche Automaten (genauer NEAs) um ein Speichermedium. Aber um welches?[11]

Linksableitungen für Grammatiken in Greibach-Normalform haben in i Schritten ein Wort der Form $a_1 \ldots a_i A_1 A_2 \ldots A_k$ erzeugt. Dabei sind $a_1, \ldots, a_i$ Terminalzeichen. Für den jeweils nächsten Ableitungsschritt ist nur die Kenntnis der ersten Variablen A_1 entscheidend. Diese wird durch ein Wort $a_{i+1} B_1 \ldots B_l$ ersetzt. Das hergeleitete Wort hat nun die Form

$$a_1 \ldots a_i a_{i+1} B_1 \ldots B_l A_2 \ldots A_k.$$

Zur Verwaltung der jeweils hergeleiteten Teilwörter, bestehend aus den noch zu ersetzenden Variablen, scheint ein Keller geeignet zu sein. Für die Auswahl, welche der Regeln $A_1 \rightarrow a_{i+1} B_1 \ldots B_l$ angewandt werden, setzen wir das Konzept von Nichtdeterminismus ein.

Diese Überlegungen führen zu den nichtdeterministischen Kellerautomaten. Intuitiv besteht ein Kellerautomat aus einer endlichen Kontrolle (Zustände mit einer Übergangsfunktion), einem Eingabeband, auf das nur lesende Zugriffe (von links nach rechts) zulässig sind, sowie einem Keller.

Abbildung 7.6.1 Kellerautomat (KA)

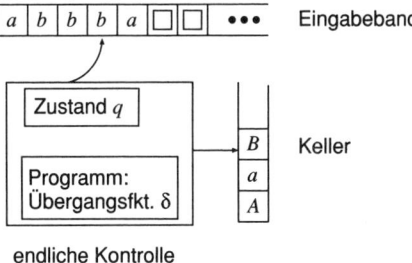

---

[11] Natürlich werden jeder Leser und jede Leserin aus der Überschrift ableiten, um welches Speichermedium es hier geht. Dennoch versuchen wir uns intuitiv klarzumachen, warum gerade Keller adäquat sind und nicht etwa Warteschlangen.

Definition 7.6.2 [Nichtdeterministischer Kellerautomat (NKA)]

Ein NKA ist ein Tupel

$$\mathcal{K} = (Q, \Sigma, \Gamma, \delta, q_0, \#, F) \,,$$

bestehend aus

▶ einer endlichen Menge Q von Zuständen,

▶ einem Eingabealphabet Σ,

▶ einem Kelleralphabet Γ,

▶ einem Anfangszustand $q_0 \in Q$,

▶ einem Kellerstartsymbol $\#$,

▶ einer Menge $F \subseteq Q$ von Endzuständen,

▶ einer Übergangsfunktion $\delta : Q \times (\Sigma \cup \{\varepsilon\}) \times \Gamma \; \rightarrow \; 2^{Q \times \Gamma^*}$.

Die intuitive Arbeitsweise eines Kellerautomaten ist wie folgt: Initial steht das Eingabewort auf dem Eingabeband; der Keller enthält nur das Symbol $\#$. Der Automat startet die Berechnung in dem Anfangszustand q_0. Das weitere Verhalten ist durch die Übergangsfunktion bestimmt. Ist q der aktuelle Zustand, a das Eingabezeichen unter dem Lesekopf und A das oberste Kellersymbol, dann wählt der Automat nichtdeterministisch ein Paar

$$(p, \eta) \in \delta(q, a, A) \cup \delta(q, \varepsilon, A).$$

Die Übergänge $(p, \eta) \in \delta(q, a, A)$ stehen für die Bearbeitung des nächsten Eingabezeichens; in diesem Fall wird der Lesekopf um eine Position nach rechts verschoben. Die Alternativen

$$(p, \eta) \in \delta(q, \varepsilon, A)$$

repräsentieren ε-Übergänge, in denen kein Eingabezeichen gelesen wird; in diesem Fall bleibt die Position des Lesekopfs unverändert.

Ist $(p, \eta) \in \delta(q, a, A) \cup \delta(q, \varepsilon, A)$ die gewählte Alternative, dann wechselt der Kellerautomat in Zustand p und ersetzt das oberste Kellersymbol A durch das Wort η. Ist $\eta = \varepsilon$, dann wird das oberste Kellersymbol lediglich entfernt, es wird jedoch nichts auf den Keller gelegt. In jedem Schritt werden also genau eine Pop-Operation und 0 oder mehrere Push-Operationen ausgeführt.

Konfigurationen und Konfigurationswechsel

Wie für Turingmaschinen formalisieren wir das schrittweise Verhalten durch eine Konfigurationsrelation. Sei $\mathcal{K}$ wie oben. Eine *Konfiguration* für $\mathcal{K}$ ist ein Tripel

$$\kappa \; = \; (q, x, \xi) \,,$$

bestehend aus

▶ einem Zustand $q \in Q$,

▶ einem Wort $x \in \Sigma^*$ und

▶ einem Wort $\xi \in \Gamma^*$.

Intuitiv steht q für den aktuellen Zustand, x für den noch nicht gelesenen Teil der Eingabe und ξ für den Kellerinhalt. (Das erste Symbol von ξ ist das oberste Kellersymbol.)

Die *Anfangskonfiguration* für das Eingabewort $w \in \Sigma^*$ ist $\kappa_0 = (q_0, w, \#)$.

Abbildung 7.6.3 Konfigurationen eines NKAs

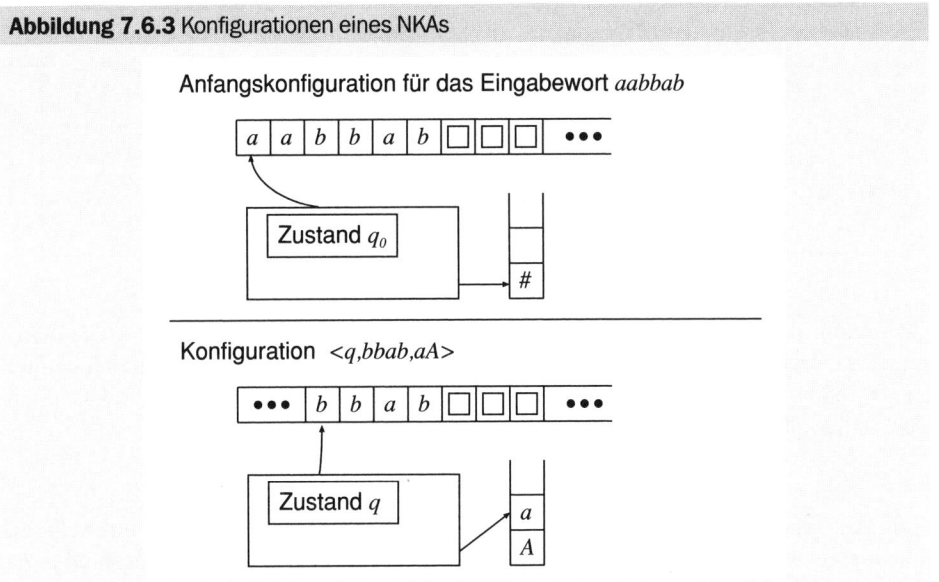

Definition 7.6.4 [Konfigurationsrelation]

Sei $\mathcal{K}$ ein NKA, wie zuvor. $Conf(\mathcal{K}) = Q \times \Sigma^* \times \Gamma^*$ bezeichnet die Menge aller Konfigurationen. Die Konfigurationsrelation $\vdash_{\mathcal{K}}$ (oder kurz $\vdash$) ist eine Relation des Typs

$$\vdash \subseteq Conf(\mathcal{K}) \times Conf(\mathcal{K}).$$

Sie wird als die kleinste Relation mit folgenden beiden Eigenschaften definiert.

(1) Aus $(p, \eta) \in \delta(q, a, A)$ und $a \in \Sigma$ folgt $(q, ax, A\xi) \vdash (p, x, \eta\xi)$.

(2) Aus $(p, \eta) \in \delta(q, \varepsilon, A)$ folgt $(q, x, A\xi) \vdash (p, x, \eta\xi)$.

Dabei sind $q, p \in Q$, $A \in \Gamma$, $x \in \Sigma^*$, $\xi, \eta \in \Gamma^*$.

$\vdash_{\mathcal{K}}^*$ (oder kurz $\vdash^*$) bezeichnet die transitive, reflexive Hülle von $\vdash$.

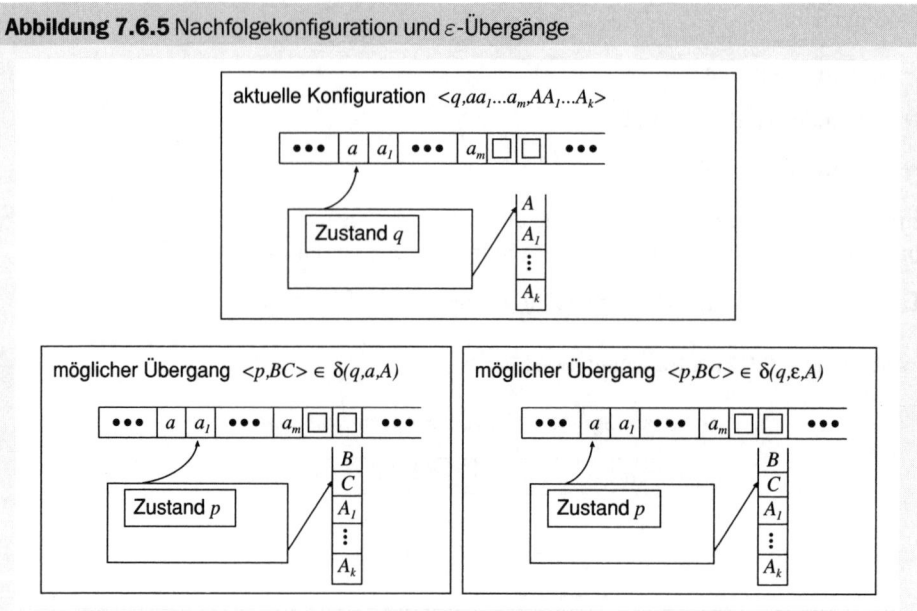

Abbildung 7.6.5 Nachfolgekonfiguration und ε-Übergänge

Bedingung (1) steht für die Bearbeitung eines Eingabezeichens. Bedingung (2) deutet an, dass ε-Übergänge unabhängig vom Zeichen unter dem Lesekopf stattfinden können. Beide Bedingungen (1) und (2) setzen die Existenz eines obersten Kellersymbols A voraus. Daher gilt stets

$$(q, x, \varepsilon) \not\vdash .$$

Kellerautomaten halten also stets an, wenn der Keller leer ist. Weiter hält ein Kellerautomat stets dann an, wenn $\delta(q, a, A) = \delta(q, \varepsilon, A) = \emptyset$ für den aktuellen Zustand q, das Zeichen a unter dem Lesekopf und das Topelement A des Kellers.

$(q, x, \xi) \vdash^* (p, y, \eta)$ gilt genau dann, wenn die Konfiguration (q, x, ξ) durch 0 oder mehrere Schritte in (p, y, η) überführt werden kann. Jede maximale Konfigurationsfolge

$$(q_0, w, \#) \vdash (q_1, x_1, \xi_1) \vdash (q_2, x_2, \xi_2) \vdash \ldots$$

wird eine *Berechnung* von $\mathcal{K}$ für w genannt. Wie im Falle von Turingmaschinen kann es unendliche Berechnungen geben.

Akzeptanzverhalten

Für Kellerautomaten unterscheidet man zwei Varianten der akzeptierten Sprache. Diese basieren entweder auf der Akzeptanz *durch Endzustände* oder *durch leeren Keller*.

Für die Akzeptanz durch Endzustände fordert man, dass nach dem Lesen der kompletten Eingabe (und nach evtl. ε-Übergängen) ein Endzustand erreicht ist, unabhängig vom

Kellerinhalt. In diesem Fall sind genau die Konfigurationen der Form (q, ε, ξ) mit $q \in F$ akzeptierend.

Dagegen stellt die Akzeptanz durch leeren Keller die Forderung, dass der Keller leer und die Eingabe zu Ende gelesen ist. In diesem Fall sind genau die Konfigurationen $(q, \varepsilon, \varepsilon)$ akzeptierend, wobei q ein beliebiger Zustand ist.[12] In beiden Varianten sind sämtliche Berechnungen, die enden, bevor die Eingabe zu Ende gelesen ist, verwerfend.

Definition 7.6.6 [Die akzeptierten Sprachen]

Sei $\mathcal{K} = (Q, \Sigma, \Gamma, \delta, q_0, \#, F)$ ein NKA. Die *durch leeren Keller akzeptierte* Sprache ist

$$\mathcal{L}_\varepsilon(\mathcal{K}) = \big\{ w \in \Sigma^* : (q_0, w, \#) \vdash^* (q, \varepsilon, \varepsilon) \text{ für ein } q \in Q \big\}.$$

Die *durch die Endzustände akzeptierte Sprache* ist

$$\mathcal{L}(\mathcal{K}) = \big\{ w \in \Sigma^* : (q_0, w, \#) \vdash^* (q, \varepsilon, \xi) \text{ für ein } \xi \in \Gamma^*, q \in F \big\}.$$

Beispiel 7.6.7. [NKA] Die Sprache

$$L = \{ a^n b^n : n \geq 1 \}$$

wird durch einen Kellerautomaten $\mathcal{K}$ akzeptiert, dessen Arbeitsweise informell wie folgt beschrieben werden kann. Für das Eingabewort $w \in \{a, b\}^*$ arbeitet $\mathcal{K}$ so:

$\mathcal{K}$ startet in Zustand q_a. Ist die Eingabe leer oder das erste Eingabezeichen ein b, dann verwirft $\mathcal{K}$ sofort. Andernfalls liest $\mathcal{K}$ die führenden a's von w und legt diese im Keller ab. (Mit dem Lesen des ersten a's wird das Anfangskellersymbol $\#$ überschrieben.) Sobald das erste b gelesen wird, wechselt $\mathcal{K}$ in den Zustand q_b. In Zustand q_b wird für jedes gelesene b ein a aus dem Keller entfernt. Befindet sich $\mathcal{K}$ in Zustand q_b, so verwirft $\mathcal{K}$ das Eingabewort genau in folgenden Fällen:

▶ In Zustand q_b wird ein a gelesen. Dann ist w von der Gestalt $a^n b^m a x$, wobei $1 \leq m < n$ und somit $w \notin L$.

▶ Der Keller ist leer und die Eingabe ist noch nicht zu Ende gelesen. Dann ist w von der Form $a^n b^n x$, wobei $|x| \geq 1$, und somit $w \notin L$.

Die präzise Darstellung von $\mathcal{K}$ ist wie folgt:

$$\mathcal{K} = (\{q_a, q_b\}, \{a, b\}, \{a, b, \#\}, \delta, q_a, \#, \{q_b\}),$$

---

[12] Für die Akzeptanz durch leeren Keller ist die Endzustandsmenge völlig unerheblich. Man kann $F = Q$ oder $F = \emptyset$ annehmen oder auf die Komponente F völlig verzichten.

wobei

$$\delta(q_a, a, \#) \;=\; \{(q_a, a)\} \qquad\qquad \delta(q_a, a, a) \;=\; \{(q_a, aa)\}$$
$$\delta(q_a, b, a) \;=\; \{(q_b, \varepsilon)\} \qquad\qquad \delta(q_b, b, a) \;=\; \{(q_b, \varepsilon)\}$$

und $\delta(\cdot) = \emptyset$ in allen verbleibenden Fällen. Beispielsweise gilt

$$(q_a, aabb, \#) \;\vdash\; (q_a, abb, a) \;\vdash\; (q_a, bb, aa) \;\vdash\; (q_b, b, a) \;\vdash\; (q_b, \varepsilon, \varepsilon)$$
$$(q_a, aaba, \#) \;\vdash\; (q_a, aba, a) \;\vdash\; (q_a, ba, aa) \;\vdash\; (q_b, a, a) \;\nvdash$$
$$(q_a, aabbb, \#) \;\vdash\; (q_a, abbb, a) \;\vdash\; (q_a, bbb, aa) \;\vdash\; (q_b, bb, a) \;\vdash\; (q_b, b, \varepsilon)$$

und $(q_a, bbaa, \#) \nvdash$ oder $(q_a, \varepsilon, \#) \nvdash$.

Offenbar gilt, dass $L = \mathcal{L}_\varepsilon(\mathcal{K})$. Die von $\mathcal{K}$ mit dem Endzustand q_b akzeptierte Sprache ist

$$\mathcal{L}(\mathcal{K}) \;=\; \{a^n b^m : n \geq m \geq 1\}.$$

Beispielsweise ist $(q_a, aab, \#) \vdash (q_a, ab, a) \vdash (q_a, b, aa) \vdash (q_b, \varepsilon, a)$ eine akzeptierende Berechnung für aab. ∎

Beispiel 7.6.8. [NKA] Wir entwerfen einen NKA für die Sprache

$$L = \{x x^R : x \in \{0,1\}^*\}.$$

Dabei steht x^R für das inverse Wort von x (siehe Seite 413). Die Arbeitsweise für das Eingabewort w basiert auf folgenden Ideen.

Wir verwenden zwei Zustände q^+ und q^-. In Zustand q^+ lesen wir ein Präfix von w und legen die gelesenen Symbole zeichenweise im Keller ab. Zu jedem Zeitpunkt steht also das Wort x^R im Keller, wenn x das bereits gelesene Präfix der Eingabe w ist. Der Zustand q^- dient dazu, zu prüfen, ob der Rest der Eingabe mit dem im Keller abgelegten Wort x^R übereinstimmt. Stimmt das gelesene Eingabezeichen mit dem obersten Kellerzeichen überein, dann wird die Entscheidung, ob von Zustand q^+ in den Zustand q^- zu wechseln ist, *nichtdeterministisch* gefällt. Wir definieren

$$\mathcal{K} \;=\; (\{q^+, q^-\}, \{0,1\}, \{0,1,\#\}, \delta, q^+, \{q^-\}).$$

Die Übergangsfunktion δ ist wie folgt definiert. Seien $a, b \in \{0,1\}$, $a \neq b$.

$$\delta(q^+, a, a) \;=\; \{(q^+, aa), (q^-, \varepsilon)\} \qquad\qquad \delta(q^+, a, b) \;=\; \{(q^+, ab)\}$$
$$\delta(q^+, a, \#) \;=\; \{(q^+, a\#)\} \qquad\qquad\qquad\quad\; \delta(q^+, \varepsilon, \#) \;=\; \{(q^+, \varepsilon)\}$$
$$\delta(q^-, a, a) \;=\; \{(q^-, \varepsilon)\} \qquad\qquad\qquad\quad\;\, \delta(q^-, \varepsilon, \#) \;=\; \{(q^-, \varepsilon)\}$$

und $\delta(\cdot) = \emptyset$ in allen anderen Fällen. Mögliche Berechnungen für das Wort $w = 0110$ sind:

$$(q^+,0110,\#) \;\vdash\; (q^+,110,0\#) \;\vdash\; (q^+,10,10\#) \;\vdash\; (q^-,0,0\#)$$
$$\vdash\; (q^-,\varepsilon,\#) \quad\;\vdash\; (q^-,\varepsilon,\varepsilon)$$

$$(q^+,0110,\#) \;\vdash\; (q^+,110,0\#) \;\vdash\; (q^+,10,10\#) \;\vdash\; (q^+,0,110\#)$$
$$\vdash\; (q^+,\varepsilon,0110\#)$$

$$(q^+,0110,\#) \;\vdash\; (q^+,0110,\varepsilon)$$

Wenn wir Akzeptanz durch leeren Keller voraussetzen, dann ist die erste Berechnung akzeptierend, die zweite und dritte nicht. Man kann zeigen, dass $\mathcal{L}_\varepsilon(\mathcal{K}) = L$. ∎

Äquivalenz der Akzeptanzbedingungen

Es ist klar, dass die Sprachen $\mathcal{L}(\mathcal{K})$ und $\mathcal{L}_\varepsilon(\mathcal{K})$ im Allgemeinen nicht übereinstimmen. Zum Beispiel wenn $F = \emptyset$, dann ist stets $\mathcal{L}(\mathcal{K}) = \emptyset$, während $\mathcal{L}_\varepsilon(\mathcal{K}) \neq \emptyset$ möglich ist. In Beispiel 7.6.8 gilt:

$$(q^+,111,\#) \;\vdash\; (q^+,11,1\#) \;\vdash\; (q^+,1,11\#) \;\vdash\; (q^-,\varepsilon,1\#)$$

und daher $111 \in \mathcal{L}(\mathcal{K}) \setminus \mathcal{L}_\varepsilon(\mathcal{K})$.

Dennoch sind die beiden Arten von Akzeptanzbedingungen äquivalent. Wir zeigen dies durch gegenseitige Simulationen.

Lemma 7.6.9

Zu jedem NKA $\mathcal{K}$ gibt es einen NKA $\mathcal{K}'$ mit $\mathcal{L}(\mathcal{K}) = \mathcal{L}_\varepsilon(\mathcal{K}')$.

Beweis: Sei $\mathcal{K} = (Q, \Sigma, \Gamma, \delta, q_0, \#, F)$ ein NKA. Wir entwerfen einen NKA $\mathcal{K}'$ so, dass $\mathcal{K}'$ eine schrittweise Simulation von $\mathcal{K}$ durchführt. Sobald $\mathcal{K}$ eine akzeptierende Konfiguration (p,ε,γ), $p \in F$, erreicht, entleert $\mathcal{K}'$ seinen Keller und akzeptiert ebenfalls. Um zu verhindern, dass nicht akzeptierende Berechnungen

$$(q_0, w, \#) \;\vdash^*_{\mathcal{K}}\; (q,\varepsilon,\varepsilon), \quad q \notin F,$$

zur Akzeptanz von $\mathcal{K}'$ führen, verwenden wir ein zusätzliches Kellersymbol $\perp$, das stets ganz unten im Keller von $\mathcal{K}'$ liegt und nur dann entfernt wird, wenn $\mathcal{K}$ eine akzeptierende Konfiguration (p,ε,γ), $p \in F$, erreicht (vgl. Abbildung 7.6.10).

Wir definieren die Komponenten von $\mathcal{K}'$ wie folgt. Der Zustandsraum von $\mathcal{K}'$ besteht aus den Zuständen von $\mathcal{K}$ und zwei weiteren Zuständen q_0' und q_{leer}. Der Zustand q_0'

Abbildung 7.6.10 Simulation der Akzeptanz durch Endzustände durch Akzeptanz mit leerem Keller

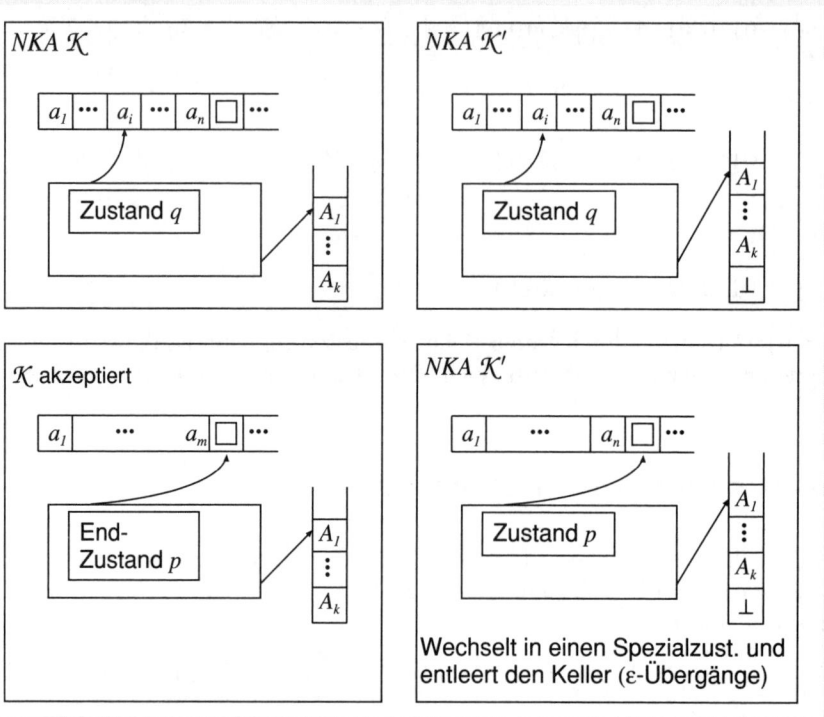

ist der Anfangszustand und dient lediglich dazu, $\mathcal{K}'$ in eine Konfiguration zu bringen, die $\perp$ als unterstes Element auf den Stack schreibt. Der Zustand q_{leer} dient der Entleerung des Kellers, sobald $\mathcal{K}$ eine akzeptierende Endkonfiguration erreicht hat. Die formale Konstruktion von $\mathcal{K}'$ erfolgt so, dass Folgendes gilt:

$$(q_0, w, \#) \vdash^*_{\mathcal{K}} (p, \varepsilon, A_1 \ldots A_n), \quad p \in F$$

impliziert

$$
\begin{aligned}
(q_0', w, \#) \ \vdash_{\mathcal{K}'} \ (q_0, w, \#\perp) \ &\vdash^*_{\mathcal{K}'} \ (p, \varepsilon, A_1 A_2 \ldots A_n \perp) \\
&\vdash_{\mathcal{K}'} \ (q_{leer}, \varepsilon, A_2 \ldots A_n \perp) \\
&\vdash^*_{\mathcal{K}'} \ (q_{leer}, \varepsilon, \perp) \\
&\vdash_{\mathcal{K}'} \ (q_{leer}, \varepsilon, \varepsilon).
\end{aligned}
$$

Es sei

$$\mathcal{K}' = (Q \cup \{q_0', q_{leer}\}, \Sigma, \Gamma \cup \{\perp\}, \delta', q_0', \#, \emptyset),$$

wobei $\perp \notin \Gamma$, $q_0', q_{leer} \notin Q$, $q_0' \neq q_{leer}$.

Die Übergangsfunktion δ' ist wie folgt definiert. Sei $q \in Q \setminus F$, $a \in \Sigma \cup \{\varepsilon\}$ und $A \in \Gamma$.

$$\begin{aligned}
\delta'(q_0', \varepsilon, \#) &= \{(q_0, \#\bot)\}, \\
\delta'(q_{leer}, \varepsilon, A) &= \{(q_{leer}, \varepsilon)\} \\
\delta'(q_{leer}, \varepsilon, \bot) &= \{(q_{leer}, \varepsilon)\}
\end{aligned}$$

und $\delta'(q, a, A) = \delta(q, a, A)$. Für die Endzustände $p \in F$ von $\mathcal{K}$ und $a \in \Sigma$ und $A \in \Gamma$ setzen wir

$$\delta'(p, \varepsilon, A) = \{(q_{leer}, \varepsilon)\} \cup \delta(p, \varepsilon, A), \quad \delta'(p, a, A) = \delta(p, a, A).$$

In allen verbleibenden Fällen ist $\delta'(\cdot) = \emptyset$.

Sobald sich $\mathcal{K}$ in einem Endzustand $p \in F$ befindet und der Keller von $\mathcal{K}$ nicht leer ist, entscheidet $\mathcal{K}'$ *nichtdeterministisch*, ob die Simulation fortgeführt wird oder ob $\mathcal{K}'$ in den Zustand q_{leer} wechselt und dort (nach Entleerung des Kellers) anhält. Findet dieser ε-Übergang zu Zustand q_{leer} zu früh (noch bevor die Eingabe vollständig gelesen wurde) statt, dann liegt eine verwerfende Berechnung von $\mathcal{K}'$ vor. Ist die Eingabe bereits zu Ende gelesen, dann akzeptieren $\mathcal{K}$ und $\mathcal{K}'$. Dies liegt daran, dass in Zustand q_{leer} ausschließlich ε-Übergänge möglich sind.

Für den Nachweis, dass $\mathcal{L}(\mathcal{K}) = \mathcal{L}_\varepsilon(\mathcal{K}')$ gilt, ist zu zeigen, dass es zu jeder akzeptierenden Berechnung

$$(q_0, w, \#) \vdash_{\mathcal{K}}^* (p, \varepsilon, \gamma), \ p \in F$$

von $\mathcal{K}$ eine akzeptierende Berechnung $(q_0', w, \#) \vdash_{\mathcal{K}'}^* (q', \varepsilon, \varepsilon)$ von $\mathcal{K}'$ ($q' \in Q \cup \{q_0', q_{leer}\}$)[13] gibt und umgekehrt. Wir verzichten auf den Nachweis. □

Lemma 7.6.11

Zu jedem NKA $\mathcal{K}$ gibt es einen NKA $\mathcal{K}'$ mit $\mathcal{L}(\mathcal{K}') = \mathcal{L}_\varepsilon(\mathcal{K})$.

Beweis: Sei $\mathcal{K} = (Q, \Sigma, \Gamma, \delta, q_0, \#, \emptyset)$. Wir verwenden eine ähnliche Simulationsstrategie wie im Beweis von Lemma 7.6.9 und konzipieren einen NKA $\mathcal{K}'$ so, dass $\mathcal{K}'$ sich schrittweise wie $\mathcal{K}$ verhält und — sobald $\mathcal{K}$ eine akzeptierende Konfiguration $(q, \varepsilon, \varepsilon)$ erreicht — in einen speziellen Zustand q_F überwechselt, in dem $\mathcal{K}'$ akzeptierend anhält.

Wir verwenden ein zusätzliches Kellersymbol $\bot$, das während der Simulation ganz unten im Keller von $\mathcal{K}'$ liegt. Dieses benötigen wir, um zu verhindern, dass $\mathcal{K}'$ verwerfend anhält, wenn $\mathcal{K}$ akzeptiert.

---

[13] Tatsächlich ist nur $q' = q_{leer}$ möglich.

Wir definieren

$$\mathcal{K}' = (Q \cup \{q_0', q_F\}, \Sigma, \Gamma \cup \{\bot\}, \delta', q_0', \#, \{q_F\}),$$

wobei $\bot \notin \Gamma$, $q_0', q_F \notin Q$ und $q_0' \neq q_F$.

Die Übergangsfunktion δ' ist wie folgt definiert. Sei $a \in \Sigma$, $A \in \Gamma$ und $q \in Q$.

$$\delta'(q_0', \varepsilon, \#) = \{(q_0, \#\bot)\}, \quad \delta'(q, a, A) = \delta(q, a, A), \quad \delta'(q, \varepsilon, \bot) = \{(q_F, \varepsilon)\}$$

In allen verbleibenden Fällen ist $\delta'(\cdot) = \emptyset$.

Man beachte, dass $\mathcal{K}'$ genau dann in den Endzustand q_F gelangen kann, wenn das Symbol $\bot$ das oberste Kellersymbol ist, also wenn der Keller von $\mathcal{K}$ leer ist.[14] Ist in diesem Fall die Eingabe zu Ende gelesen, akzeptieren $\mathcal{K}$ und $\mathcal{K}'$. Andernfalls verwerfen $\mathcal{K}$ und $\mathcal{K}'$ das Eingabewort.

Für den Nachweis, dass $\mathcal{L}(\mathcal{K}') = \mathcal{L}_\varepsilon(\mathcal{K})$, ist zu zeigen, dass es zu jeder akzeptierenden Berechnung

$$(q_0, w, \#) \vdash_\mathcal{K}^* (p, \varepsilon, \varepsilon)$$

von $\mathcal{K}$ eine akzeptierende Berechnung $(q_0', w, \#) \vdash_{\mathcal{K}'}^* (q_F, \varepsilon, \gamma)$ von $\mathcal{K}'$ gibt und umgekehrt. Wir verzichten auf den präzisen Nachweis. $\square$

Äquivalenz von NKAs und kontextfreien Grammatiken

Der Ersetzungsprozess mit einer KFG in Greibach-Normalform (s. Definition 7.5.1, Seite 296) kann in nahe liegender Weise durch einen NKA vorgenommen werden. Initial enthält der Keller das Startsymbol S. In jedem Schritt steht der Kellerinhalt für die Folge der noch zu ersetzenden Nichtterminale des bereits hergeleiteten Worts. Das Anwenden einer Regel $A \to aB_1 \ldots B_l$, wobei A das oberste Kellersymbol ist, wird dadurch simuliert, dass

▶ A vom Keller entfernt und

▶ die Symbole $B_1, \ldots, B_l$ (in umgekehrter Reihenfolge) auf den Keller gelegt werden.

Wird A durch ein Terminalzeichen a ersetzt (d.h. wird eine Regel $A \to a$ angewandt), dann wird A aus dem Keller entfernt, aber kein weiteres Symbol auf den Keller gelegt. Mit dieser Vorgehensweise simuliert der NKA Linksableitungen. Die Details sind im Beweis des folgenden Lemmas formuliert.

---

[14] Die Entscheidung, wann $\mathcal{K}'$ in den Zustand q_F übergeht, wird *deterministisch* gefällt. Diese Beobachtung wird später von Bedeutung sein, wenn wir deterministische Kellerautomaten betrachten.

Abbildung 7.6.12 Kontextfreie Grammatik $\longrightarrow$ NKA

Kontextfreie Grammatik G in Greibach-NF

$$
\begin{array}{l}
S \to aSA \mid bSB \\
A \to a \quad B \to b
\end{array}
$$

Kellerautomat mit einem Zustand q_0, z.B.

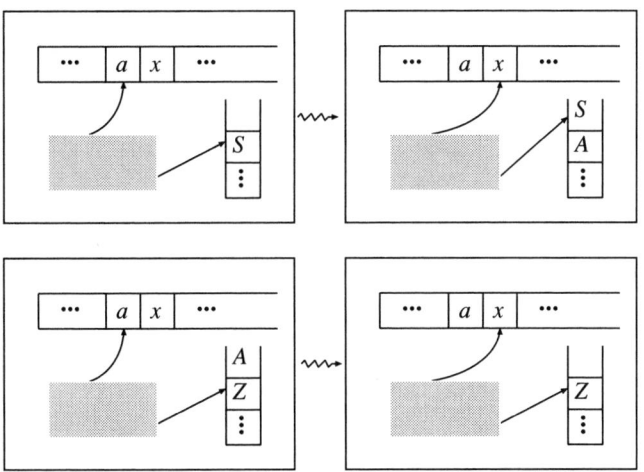

Lemma 7.6.13

Zu jeder KFG G gibt es einen NKA $\mathcal{K}$ mit $\mathcal{L}(G) = \mathcal{L}_\varepsilon(\mathcal{K})$.

Beweis: Sei $G = (V, \Sigma, \mathcal{P}, S)$ eine KFG. Wir können davon ausgehen, dass G in Greibach-Normalform ist (siehe Abschnitt 7.5, Seite 296 ff).[15] Wir definieren einen NKA $\mathcal{K}$ wie folgt:

$$
\mathcal{K} = (\{q_0\}, \Sigma, V, \delta, q_0, S, \emptyset),
$$

wobei

$$
\delta(q_0, a, A) = \begin{cases}
\{(q_0, B_1 \dots B_k) : A \to aB_1 \dots B_k\} & : \text{ falls } A \not\to a \\
\{(q_0, B_1 \dots B_k) : A \to aB_1 \dots B_k\} \cup \{(q_0, \varepsilon)\} & : \text{ falls } A \to a
\end{cases}
$$

---

[15] Mit den in Abschnitt 5 beschriebenen Methoden kann G zunächst zu einer ε-freien kontextfreien Grammatik umgeformt werden. Siehe Lemma 5.1.18 (Seite 206). Ist $\varepsilon \notin \mathcal{L}(G)$, dann enthält die erhaltene Grammatik keine ε-Regeln. Falls $\varepsilon \in \mathcal{L}(G)$, dann entfernen wir die Regel $S \to \varepsilon$ und erhalten eine Grammatik für die Sprache $\mathcal{L}(G) \setminus \{\varepsilon\}$. Für diese modifizierte Grammatik erstellen wir eine Greibach-Normalform und konstruieren mit der hier beschriebenen Methode einen NKA. Um einen NKA für $\mathcal{L}(G)$ zu erhalten, modifizieren wir die Übergangsfunktion, indem wir $\delta(q_0, \varepsilon, S) = \{(q_0, \varepsilon)\}$ setzen. Der so modifizierte NKA akzeptiert genau die Sprache $\mathcal{L}(G)$.

für alle $a \in \Sigma$ und $A \in V$.

Den Nachweis für $\mathcal{L}_\varepsilon(\mathcal{K}) = \mathcal{L}(G)$ kann man erbringen, indem man durch Induktion nach n zeigt:

$$(q_0, a_1 \ldots a_n x, S) \vdash^* (q_0, x, A_1 \ldots A_l) \quad \text{gdw} \quad S \Rightarrow^*_L a_1 \ldots a_n A_1 \ldots A_l \, .$$

Dabei sind $a_1, \ldots, a_n \in \Sigma$, $x \in \Sigma^*$, $A_1, \ldots, A_l \in V$. Mit $x = \varepsilon$, $w = a_1 \ldots a_n$, $l = 0$ folgt hieraus:

$$
\begin{aligned}
&w \in \mathcal{L}_\varepsilon(\mathcal{K}) \\
\text{gdw} \quad &(w, S) \vdash^* (q_0, \varepsilon, \varepsilon) \\
\text{gdw} \quad &S \Rightarrow^* w \\
\text{gdw} \quad &w \in \mathcal{L}(G).
\end{aligned}
$$

$\square$

Man beachte, dass der im Beweis von Lemma 7.6.13 angegebene NKA nur einen Zustand hat. Der nichtdeterministische Ableitungsprozess jeder kontextfreien Grammatik lässt sich also mit einem NKA mit nur *einem* Zustand simulieren!

Beispiel 7.6.14. [NKA für KFG] Die KFG mit den Regeln

$$S \to aSA \mid bSB \mid aB \mid bAAA, \quad A \to a, \quad B \to b$$

ist in Greibach-Normalform. Der gemäß Lemma 7.6.13 (Seite 309) konstruierte NKA hat folgende Komponenten.

$$\mathcal{K} = (\{q_0\}, \{a, b\}, \{A, S, B\}, \delta, q_0, S, \emptyset),$$

wobei

$$
\begin{aligned}
\delta(q_0, a, S) &= \{(q_0, SA), (q_0, B)\} & \delta(q_0, b, S) &= \{(q_0, SB), (q_0, AAA)\} \\
\delta(q_0, a, A) &= \{(q_0, \varepsilon)\} & \delta(q_0, b, B) &= \{(q_0, \varepsilon)\}
\end{aligned}
$$

Zum Beispiel entspricht die Linksableitung

$$S \Rightarrow aSA \Rightarrow aaBA \Rightarrow aabA \Rightarrow aaba$$

der akzeptierenden Berechnung

$$(q_0, aaba, S) \vdash (q_0, aba, SA) \vdash (q_0, ba, BA) \vdash (q_0, a, A) \vdash (q_0, \varepsilon, \varepsilon). \blacksquare$$

Wir erwähnen ohne Beweis, dass zu jedem Kellerautomaten $\mathcal{K}$ eine kontextfreie Grammatik konstruiert werden kann, die die Sprache $\mathcal{L}(\mathcal{K})$ erzeugt. Der Beweis ist z. B. in [HU80, Weg93] zu finden.

Lemma 7.6.15

Zu jedem NKA $\mathcal{K}$ gibt es eine KFG G mit $\mathcal{L}(\mathcal{K}) = \mathcal{L}(G)$.   (ohne Beweis)

Der folgende Satz beruht auf einer Kombination der Ergebnisse von Lemma 7.6.9 (Seite 305), Lemma 7.6.11 (Seite 307), Lemma 7.6.13 (Seite 309) und Lemma 7.6.15 (Seite 311) sowie Satz 7.5.2 (Seite 297).

Satz 7.6.16

Sei L eine Sprache. Dann sind folgende Aussagen äquivalent:

(a) L ist kontextfrei, d.h. $L = \mathcal{L}(G)$ für eine KFG G.

(b) $L = \mathcal{L}(\mathcal{K})$ für einen NKA $\mathcal{K}$.

(c) $L = \mathcal{L}_\varepsilon(\mathcal{K})$ für einen NKA $\mathcal{K}$.

In Abschnitt 7.4.1 (Seite 294) haben wir mithilfe des Pumping Lemmas nachgewiesen, dass die Sprache

$$L = \{a^n b^n c^n : n \geq 0\}$$

nicht kontextfrei ist. Mit Satz 7.6.16 können wir hierfür eine intuitive Erklärung geben. Liegt einem NKA ein Eingabewort der Form $a^n b^n c^n$ vor, dann kann er die führenden a's in seinem Keller ablegen und diese beim Lesen der b's entfernen. Nach dem Lesen der b's ist der Keller jedoch leer. Die Information über die Anzahl n der gelesenen a's bzw. b's steht bei der Bearbeitung der c's nicht mehr zur Verfügung.

Derartig intuitive Argumentationen helfen oftmals einzuschätzen, ob eine Sprache kontextfrei ist oder nicht. Selbstverständlich ersetzen sie keinen formalen Beweis.

NKAs mit zwei Kellern

Für Turingmaschinen haben wir gesehen, dass die Hinzunahme weiterer Bänder keinen Einfluss auf die Leistungsstärke von Turingmaschinen (als Berechnungsmodell) hat. Die entsprechende Aussage für Kellerautomaten ist *falsch*.

Dies liegt an den Ergebnissen aus Abschnitt 1.3.9 (Seite 73 ff). Dort haben wir nachgewiesen, dass sich jede Turingmaschine durch eine Registermaschine mithilfe von *zwei Kellern* simulieren lässt. Man kann sich überlegen, dass diese Simulation mit einem um einen zweiten Keller erweiterten NKA durchgeführt werden kann. Das heißt NKAs mit zwei oder mehreren Kellern haben die Mächtigkeit von Turingmaschinen und dies hat fatale Konsequenzen, u.a. die Unentscheidbarkeit des Wortproblems.

Durchschnitt zwischen kontextfreien und regulären Sprachen

In Abschnitt 7.4.2 (Seite 295 ff) haben wir gesehen, dass die Klasse der kontextfreien Sprachen *nicht* unter der Durchschnittsbildung abgeschlossen ist. Dennoch ist der Durchschnitt einer regulären Sprache mit einer kontextfreien Sprache stets kontextfrei. Wir können hierfür ähnlich wie für reguläre Sprachen verfahren und das *Produkt* eines NKAs mit einem DEA bilden; dieses ist ein NKA für die Durchschnittssprache.

Lemma 7.6.17

Ist L_1 eine reguläre und L_2 eine kontextfreie Sprache, so ist $L_1 \cap L_2$ kontextfrei.

Beweis: Sei $\mathcal{M} = (Q_1, \Sigma, \delta_1, q_{0,1}, F_1)$ ein DEA mit $\mathcal{L}(\mathcal{M}) = L_1$ und

$$\mathcal{K} = (Q_2, \Sigma, \Gamma, \delta_2, q_{0,2}, \#, F_2)$$

ein NKA mit $\mathcal{L}(\mathcal{K}) = L_2$. Die Übergangsfunktion δ des NKAs

$$\mathcal{M} \times \mathcal{K} = (Q_1 \times Q_2, \Sigma, \Gamma, \delta, \langle q_{0,1}, q_{0,2}\rangle, \#, F_1 \times F_2)$$

ist wie folgt definiert:

$$\delta(\langle q_1, q_2\rangle, \varepsilon, A) = \{((\langle q_1, p_2\rangle, \eta) : (p_2, \eta) \in \delta_2(q_2, \varepsilon, A)\}$$
$$\delta(\langle q_1, q_2\rangle, a, A) = \{((\langle \delta_1(q_1, a), p_2\rangle, \eta) : (p_2, \eta) \in \delta_2(q_2, a, A)\}.$$

Man kann zeigen, dass $\mathcal{L}(\mathcal{M} \times \mathcal{K}) = \mathcal{L}(\mathcal{M}) \cap \mathcal{L}(\mathcal{K})$. $\square$

7.7 Übungen

Aufgabe 7.1   Kontextfreie Grammatik

Geben Sie eine KFG G mit

$$\mathcal{L}(G) = \{w \in \{a, b\}^* : Anz(w, a) \geq Anz(w, b)\}$$

an. Dabei ist $Anz(w, a)$ die Anzahl an a's in w und $Anz(w, b)$ die Anzahl an b's in w.

Zeigen Sie, dass die von G erzeugte Sprache tatsächlich genau diejenigen Wörter $w \in \{a, b\}^*$, die nicht weniger a's als b's enthalten, umfasst.

Aufgabe 7.2 Beispiel zur CNF

Wandeln Sie die folgenden zwei Grammatiken in eine äquivalente CNF-Grammatik um.

(a) $G = (V, \Sigma, \mathcal{P}, S)$, wobei $V = \{S, A, B\}$, $\Sigma = \{*, +, (,), a\}$ und wobei $\mathcal{P}$ durch folgende Regeln gegeben ist:

$$S \rightarrow S + A \,\Big|\, A, \qquad A \rightarrow A * B \,\Big|\, B, \qquad B \rightarrow (S) \,\Big|\, a$$

(b) $G = (V, \Sigma, \mathcal{P}, S)$, wobei $V = \{S, A, B, C\}$, $\Sigma = \{0, 1\}$ und wobei $\mathcal{P}$ durch folgende Regeln gegeben ist:

$$\begin{aligned}
S &\rightarrow 0A0 \,\big|\, C1BA \,\big|\, BB \\
A &\rightarrow C \,\big|\, 01 \\
B &\rightarrow A \\
C &\rightarrow 111 \,\big|\, \varepsilon \,\big|\, B
\end{aligned}$$

Aufgabe 7.3 Widerlegung der Kontextfreiheit

Zeigen Sie, dass folgende Sprachen nicht kontextfrei sind:

(a) $L_a = \{0^{n^3} 1^n : n \in \mathbb{N}\}$

(b) $L_b = \{0^n : n \text{ Primzahl}\}$

(c) $L_c = \{0^n 1^m 0^k : n < m < k\}$

(d) $L_d = \{w \in \{a, b, c\} : Anz(w, a) = Anz(w, b) = Anz(w, c)\}$

Dabei ist $Anz(w, a)$ die Anzahl an a's in w. Entsprechende Bedeutung hat $Anz(w, b)$ und $Anz(w, c)$.

Aufgabe 7.4 Beispiel CYK-Algorithmus

Wenden Sie den CYK-Algorithmus auf die nachstehende CNF-Grammatik und die Wörter w_1, w_2, w_3 an.

$$\begin{aligned}
S &\rightarrow AB \,\Big|\, BC \\
A &\rightarrow BA \,\Big|\, a \\
B &\rightarrow CC \,\Big|\, b \\
C &\rightarrow AB \,\Big|\, a
\end{aligned}$$

Wörter: $w_1 = aaaaa = a^5$, $w_2 = aaaaaa = a^6$ und $w_3 = baaba$

Aufgabe 7.5 Länge von Ableitungen

Sei G eine KFG und $w \in \mathcal{L}(G)$ ein Wort der Länge n.

(a) Wie lang ist die Ableitung von w in G, wenn G in CNF ist?

(b) Wie lang ist die Ableitung von w in G, wenn G in Greibach-Normalform ist?

(c) Wie lang ist die Ableitung von w in G, wenn G eine ε-freie reguläre Grammatik ist?

(d) Kann man eine Aussage über die Länge der Ableitung von w in G machen, wenn G eine beliebige KFG ist? Begründen Sie Ihre Antwort.

Aufgabe 7.6 Greibach-NF

Führen Sie folgende CNF-Gammatik in eine äquivalente KFG in Greibach-Normalform über:

$$S \to AA|0, \quad A \to SS|1$$

Aufgabe 7.7 Eliminierung von ε-Regeln

Die Größe einer KFG $G = (V, \Sigma, \mathcal{P}, S)$ wird gemessen an der Anzahl an Nichtterminalen und der Gesamtlänge der Produktionen.

$$size(G) = |V| + \sum_{(A,y)\in\mathcal{P}} (1 + |y|)$$

(a) Zeigen Sie, dass Algorithmus 5.1.19, Seite 206, angewandt auf die KFG G_n mit den Regeln

$$S \to A, \quad A \to \underbrace{aBaBa \dots aBa}_{2n+1\text{Zeichen}}, \quad B \to \varepsilon$$

eine äquivalente ε-freie KFG G'_n zurückgibt, die exponentiell größer als G_n ist.

(b) Geben Sie einen Algorithmus an, der als Eingabe eine KFG G hat und eine äquivalente ε-freie KFG G' mit

$$size(G') = \mathcal{O}(size(G))$$

zurückgibt.

(c) Zeigen Sie, dass zu jeder KFG G mit $\varepsilon \notin \mathcal{L}(G)$ eine äquivalente CNF-Grammatik der Größe

$$\mathcal{O}(size(G)^2)$$

erstellt werden kann.

Hinweis zu (b): Verkürzen Sie zunächst die rechten Seiten aller Regeln in G, indem Sie jede Regel $A \rightarrow y$ mit $|y| \geq 3$ durch $|y| - 1$ neue Regeln ersetzen, die die Form $B \rightarrow x$ mit $|x| = 2$ haben.

Aufgabe 7.8 Analysealgorithmen für KFGs

Geben Sie möglichst effiziente Algorithmen und deren Laufzeit für die folgenden beiden Problemstellungen an.

(a) Gegeben ist eine KFG G. Gefragt ist, ob $\mathcal{L}(G) = \emptyset$.

(b) Gegeben ist eine KFG G. Gefragt ist, ob $|\mathcal{L}(G)| < \infty$.

Aufgabe 7.9 NKA

(a) Geben Sie präzise NKAs $\mathcal{K}$ und $\mathcal{K}'$ an, sodass

$$\mathcal{L}(\mathcal{K}) = \mathcal{L}_\varepsilon(\mathcal{K}') = \{w \in \{0,1\}^* : Anz(w,0) \leq Anz(w,1)\} .$$

Skizzieren Sie jeweils eine akzeptierende Berechnung für das Wort $w = 010110$ und die Berechnungen für das Wort $w' = 011$. Dabei ist $Anz(w,0)$ die Anzahl an 0's in w. Entsprechende Bedeutung hat $Anz(w,1)$.

(b) Gegeben ist die KFG G mit den Regeln

$$S \rightarrow aBC \mid bBBCC \mid aACCA \quad B \rightarrow b \mid aAB \quad A \rightarrow a \quad C \rightarrow c .$$

Geben Sie einen NKA $\mathcal{K}$ mit $\mathcal{L}(\mathcal{K}) = \mathcal{L}(G)$ an.

▶ Skizzieren Sie die Herleitung des Worts $w = baabbcc$ in G und eine akzeptierende Berechnung von $\mathcal{K}$ für w.

▶ Skizzieren Sie die möglichen Berechnungen von $\mathcal{K}$ für das Wort $w' = aaaaa$.

KAPITEL 8

Deterministisch kontextfreie Sprachen

In der Einleitung von Abschnitt 7 (Seite 277 ff) haben wir erwähnt, dass von der Chomsky-Hierarchie nur die kontextfreien Sprachen als geeignete Sprachklasse für die syntaktische Analyse eines Übersetzers in Frage zu kommen scheinen. Liegt eine KFG in Chomsky-Normalform vor, dann lässt sich das Wortproblem mit dem CYK-Algorithmus (Algorithmus 7.3.2, Seite 290) in Zeit $\mathcal{O}(n^3)$ lösen, wobei n die Länge des Eingabeworts ist. Die kubische Laufzeit in der Länge eines Programms ist für einen Parser jedoch immer noch unannehmbar schlecht.[1] Für die syntaktische Analyse ist jedoch eine echte Unterklasse der kontextfreien Sprachen ausreichend, für die das Wortproblem in *Linearzeit* lösbar ist. Diese Unterklasse entspricht den durch *deterministische Kellerautomaten* (DKAs) akzeptierten Sprachen.

Der den DKAs entsprechende Grammatiktyp sind LR(k)-Grammatiken, die eine echte Unterklasse der kontextfreien Grammatiken bilden. LR(k)-Grammatiken erlauben es, das Wortproblem zu lösen, indem in Bottom-Up-Manier eine Rechtsableitung (R) rekonstruiert wird, wobei das Eingabewort von links nach rechts (L) gelesen wird. Die Zahl k steht für die Länge des verwendeten *Lookaheads*, d.h. die Anzahl an Zeichen des noch nicht bearbeiteten Teils der Eingabe, die für die Entscheidung, welcher Schritt als nächstes ausgeführt wird, berücksichtigt werden. Für reale Programmiersprachen ist die zu Grunde liegende Grammatik oftmals eine Variante von LR(1)-Grammatiken (z. B. eine LALR(1)-Grammatik oder eine SLR(1)-Grammatik).

Ziel dieses Abschnitts ist es, die Grundzüge eines LR(k)-Parsers zu erläutern. Wir werden zuerst (in Abschnitt 8.1) deterministische Kellerautomaten betrachten und die Akzeptanzbedingungen »leerer Keller« und »durch Endzustände« diskutieren. Im Gegensatz zum nichtdeterministischen Fall ist Akzeptanz durch leeren Keller für deterministische Kellerautomaten schwächer. In Abschnitt 8.2 werden wir LR(0)-Grammatiken vorstellen und einen zugehörigen Parser entwerfen, der im Wesentlichen wie ein deterministischer Kellerautomat mit der Akzeptanz »leerer Keller« arbeitet. LR(0)-Grammatiken arbeiten ohne Lookahead (was einem Lookahead der Länge 0 entspricht) und sind für reale Programmiersprachen nicht (oder nur bedingt) geeignet. Dennoch liegt den Compilern vieler höheren Programmiersprachen ein Parser zu Grunde, der sehr ähnlich wie der für LR(0)-Grammatiken konzipierte deterministische Kellerautomat arbeitet. Die wesentlichen Ideen werden in Abschnitt 8.3 skizziert.

---

[1] Zur Erinnerung: Die Aufgabe des Parsers ist, zu prüfen, ob das Wort, das sich aus der vom Scanner generierten Folge von Grundsymbolen ergibt, mit den Regeln der der betreffenden höheren Programmiersprache zu Grunde liegenden Grammatik erzeugt werden kann. Der Wert n steht also im Wesentlichen für die Länge des Programms.

8.1   Deterministische Kellerautomaten

Deterministische Kellerautomaten sind NKAs, in denen der jeweils nächste Schritt eindeutig festgelegt ist. Da wir die ε-Übergänge beibehalten möchten, müssen wir fordern, dass für jeden Zustand q, jedes Zeichen $a \in \Sigma$ und jedes Bandsymbol A gilt:

$$|\delta(q, a, A) \cup \delta(q, \varepsilon, A)| \leq 1.$$

Dies stellt sicher, dass jede Konfiguration $(q, ax, A\xi)$ höchstens eine Folgekonfiguration hat.

> **Definition 8.1.1** [Deterministischer Kellerautomat (DKA)]
>
> Ein DKA ist ein NKA
>
> $$\mathcal{K} = (Q, \Sigma, \Gamma, \delta, q_0, \#, F),$$
>
> sodass für alle $q \in Q$, $a \in \Sigma$ und $A \in \Gamma$ gilt:
>
> (1) $|\delta(q, a, A)| \leq 1$
>
> (2) $|\delta(q, \varepsilon, A)| \leq 1$
>
> (3) Aus $\delta(q, \varepsilon, A) \neq \emptyset$ folgt $\delta(q, a, A) = \emptyset$.
>
> Eine Sprache L heißt *deterministisch kontextfrei*, falls es einen DKA $\mathcal{K}$ mit $L = \mathcal{L}(\mathcal{K})$ gibt.

Wir werden später sehen, dass die Sprachen $\mathcal{L}_\varepsilon(\mathcal{K})$ für DKAs $\mathcal{K}$ eine echte Unterklasse der deterministisch kontextfreien Sprachen bilden.

Die Übergangsfunktion δ wird als partielle Funktion $Q \times (\Sigma \cup \{\varepsilon\}) \times \Gamma \rightarrow Q \times \Gamma^*$ angesehen. Man verzichtet daher auf die Mengenschreibweise und schreibt $\delta(q, a, A) = (p, \eta)$, falls $\delta(q, a, A) = \{(p, \eta)\}$. Entsprechend ist die Schreibweise $\delta(q, a, A) = \perp$ anstelle von $\delta(q, a, A) = \emptyset$ gebräuchlich.

Beispiel 8.1.2. [Deterministisch kontextfreie Sprache] Die Sprache

$$L = \{a^n b^n : n \geq 1\}$$

ist deterministisch kontextfrei. Intuitiv ist klar, dass wir einen DKA entwerfen können, der führende a's des Eingabeworts in seinem Keller ablegt. Sobald das erste b gelesen wird, versucht der DKA seinen Keller zu entleeren, indem für jedes gelesene b ein a aus dem Keller genommen wird.

Tatsächlich arbeitet der in Beispiel 7.6.7 (Seite 303) angegebene NKA $\mathcal{K}$ für die Sprache L nach diesem Prinzip. Durch Inspektion der Übergangsfunktion überzeugt man sich davon, dass $\mathcal{K}$ deterministisch ist. ∎

Beispiel 8.1.3. [Deterministisch und *nicht* deterministisch kontextfreie Sprachen] Die Sprachen

$$L_1 = \{xx^R : x \in \{0,1\}^*\} \quad \text{und} \quad L_2 = \{x\$x^R : x \in \{0,1\}^*\}$$

sind kontextfrei. (Dabei steht x^R für das gespiegelte Wort von x).

Jedoch ist nur L_2 deterministisch kontextfrei. Wir begnügen uns mit informellen Argumenten.

Für die Sprache L_2 kann man einen DKA entwerfen, der zunächst sämtliche gelesenen Zeichen in seinem Keller ablegt. Sobald er das Symbol \$ liest, weiß der DKA, dass das Eingabewort von der Form

$$x\$y \quad (\text{mit } x \in \{0,1\}^* \text{ und } y \in \{0,1,\$\}^*)$$

ist und muss nun lediglich prüfen, ob der Kellerinhalt mit dem noch zu lesenden Teilwort y übereinstimmt.

Für die Sprache L_1 dagegen kann man zwar einen ähnlich arbeitenden NKA entwerfen (siehe Beispiel 7.6.8, Seite 304), jedoch muss dieser NKA *nichtdeterministisch* entscheiden, wann er beginnt, seinen Keller zu entleeren. ∎

Deterministisch kontextfreie Sprachen innerhalb der Chomsky-Hierarchie

Offenbar ist die Klasse der deterministisch kontextfreien Sprachen eine Teilklasse der Sprachen vom Typ 2. Andererseits umfasst die Klasse der deterministisch kontextfreien Sprachen die regulären Sprachen. Dies folgt aus der Beobachtung, dass man jeden DEA als DKA auffassen kann, der niemals das Startkellersymbol # durch andere Symbole ersetzt.

Zusammenhang der Akzeptanzbedingungen

In der Definition deterministisch kontextfreier Sprachen (Definition 8.1.1, Seite 318) haben wir die Akzeptanz durch Endzustände gefordert. Im Gegensatz zu NKAs sind die beiden Akzeptanzvarianten »Akzeptanz durch Endzustände« und »Akzeptanz durch leeren Keller« für deterministische Kellerautomaten *nicht* gleichwertig. Die Akzeptanz durch leeren Keller ist für DKAs schwächer als die Akzeptanz durch Endzustände. Dies liegt vor allem daran, dass ein Kellerautomat stets dann anhält, wenn sein Keller leer ist. Für die Akzeptanz ist es jedoch entscheidend, dass die Eingabe komplett gelesen wurde. Liegt ein DKA $\mathcal{K}$ und ein Eingabewort

$$w = xy \quad (\text{wobei } y \neq \varepsilon)$$

vor, sodass $\mathcal{K}$ für das Präfix x bei leerem Keller anhält, dann führt die Berechnung von $\mathcal{K}$ für das Eingabewort w zu einer Konfiguration, in der der Keller leer ist, aber das Teilwort y noch nicht gelesen ist. $\mathcal{K}$ verwirft also das Wort w. Wir präzisieren diese Beobachtungen.

Definition 8.1.4 [Präfixeigenschaft]

Sei $L \subseteq \Sigma^*$. L hat die *Präfixeigenschaft*, wenn für alle Wörter $w \in L$ gilt: Ist x ein echtes Präfix von w, so ist $x \notin L$.

Beispiel 8.1.5. [Präfixeigenschaft] Die Sprache

$$\{a^n b^n : n \geq 1\}$$

hat die Präfixeigenschaft, da für jedes Wort $w = a^n b^n$ alle echten Präfixe die Form

$$a^n b^i \ \text{ mit } n > i \ \text{ oder } \ a^i$$

haben.

Die reguläre Sprache

$$L = \mathcal{L}\left(a^* b^*\right)$$

hat die Präfixeigenschaft *nicht*. Zum Beispiel ist $w = aaab \in L$ und $x = aa \in L$. ∎

Wir zeigen nun, dass DKAs mit der Akzeptanz durch leeren Keller genau diejenigen deterministisch kontextfreien Sprachen erkennen können, die die Präfixeigenschaft haben (vgl. Abbildung 8.1.6).

Abbildung 8.1.6

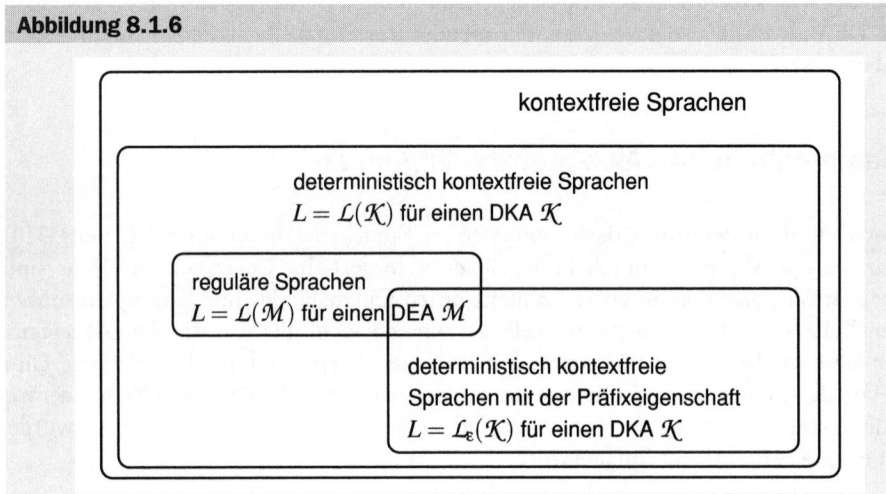

Lemma 8.1.7

Sei $\mathcal{K}$ ein DKA.

(a) $\mathcal{L}_\varepsilon(\mathcal{K})$ ist deterministisch kontextfrei, d.h. $\mathcal{L}_\varepsilon(\mathcal{K}) = \mathcal{L}(\mathcal{K}')$ für einen DKA $\mathcal{K}'$.

(b) $\mathcal{L}_\varepsilon(\mathcal{K})$ hat die Präfixeigenschaft.

Beweis: ad (a). Der im Beweis von Lemma 7.6.11 (Seite 307) konstruierte NKA $\mathcal{K}'$ ist deterministisch, falls $\mathcal{K}$ deterministisch ist.

ad (b). Sei $w \in \mathcal{L}_\varepsilon(\mathcal{K})$, $w = xy$, $y \neq \varepsilon$. Angenommen $x \in \mathcal{L}_\varepsilon(\mathcal{K})$, dann gilt

$$(q_0, x, \#) \vdash^* (q, \varepsilon, \varepsilon)$$

für einen Zustand $q \in Q$. Da $\mathcal{K}$ deterministisch ist, stimmen die ersten Schritte der Berechnung von $\mathcal{K}$ für w genau mit der Berechnung von $\mathcal{K}$ für x überein. Daher gilt:

$$(q_0, w, \#) = (q_0, xy, \#) \vdash^* (q, y, \varepsilon).$$

Wegen $y \neq \varepsilon$ liegt eine verwerfende Berechnung für w vor. Widerspruch. $\square$

Beispiel 8.1.8. [Deterministisch kontextfreie Sprache ohne Präfixeigenschaft] Die Sprache

$$L = \mathcal{L}(0^*1^*)$$

ist regulär und somit deterministisch kontextfrei. Es gibt jedoch *keinen* DKA $\mathcal{K}$ mit $L = \mathcal{L}_\varepsilon(\mathcal{K})$, da L die Präfixeigenschaft nicht hat. ∎

Im Beweis von Lemma 7.6.9 (Seite 305) haben wir zu gegebenem NKA $\mathcal{K}$ einen NKA $\mathcal{K}'$ konstruiert, sodass $\mathcal{L}(\mathcal{K}) = \mathcal{L}_\varepsilon(\mathcal{K}')$. Der konstruierte NKA $\mathcal{K}'$ ist jedoch auch dann kein DKA, wenn $\mathcal{K}$ deterministisch ist. Dies untermauert das Resultat, dass für DKAs die Akzeptanz durch leeren Keller schwächer als die Akzeptanz durch Endzustände ist. Hat jedoch die durch $\mathcal{K}$ akzeptierte Sprache $\mathcal{L}(\mathcal{K})$ die Präfixeigenschaft, dann können wir $\mathcal{K}'$ so modifizieren, dass ein DKA entsteht, für den die durch leeren Keller akzeptierte Sprache mit $\mathcal{L}(\mathcal{K})$ übereinstimmt. Die durchzuführende Veränderung besteht lediglich darin, dass — sobald $\mathcal{K}$ einen Endzustand erreicht — $\mathcal{K}'$ seinen Keller entleert.

Lemma 8.1.9

Sei L eine deterministische kontextfreie Sprache mit der Präfixeigenschaft. Dann gibt es einen DKA $\mathcal{K}$ mit $L = \mathcal{L}_\varepsilon(\mathcal{K})$.

Beweis: Sei $\mathcal{K}' = (Q', \Sigma, \Gamma', \delta', q_0', \#, F')$ ein DKA mit $\mathcal{L}(\mathcal{K}') = L$. Wir definieren

$$\mathcal{K} = (Q' \cup \{q_0\}, \Sigma, \Gamma' \cup \{\bot\}, \delta, q_0, \#, \emptyset),$$

wobei

- $\delta(q_0, \varepsilon, \#) = (q_0', \#\bot)$

- $\delta(q, a, A) = \delta'(q, a, A)$, falls $q \in Q' \setminus F'$, $a \in \Sigma \cup \{\varepsilon\}$, $A \in \Gamma'$

- $\delta(q', \varepsilon, A) = (q', \varepsilon)$, falls $q' \in F'$ und $A \in \Gamma'$

- $\delta(q', \varepsilon, \bot) = (q', \varepsilon)$, falls $q' \in F'$

und $\delta(\cdot) = \bot$ in allen anderen Fällen.

Für $x \in \mathcal{L}(\mathcal{K}')$ gibt es einen Endzustand $q' \in F'$ und ein Wort $\gamma \in \Gamma^*$, sodass

$$(q_0', x, \#) \vdash_{\mathcal{K}'}^* (q', \varepsilon, \gamma).$$

$\mathcal{K}$ verhält sich für das Eingabewort x wie folgt:

$$(q_0, x, \#) \vdash_{\mathcal{K}} (q_0', x, \#\bot) \vdash_{\mathcal{K}}^* (q', \varepsilon, \gamma\bot) \vdash_{\mathcal{K}}^* (q', \varepsilon, \varepsilon).$$

Also gilt $x \in \mathcal{L}_\varepsilon(\mathcal{K})$.

Für $x \in \mathcal{L}_\varepsilon(\mathcal{K})$ ist die Berechnung von $\mathcal{K}$ von der Gestalt

$$(q_0, x, \#) \vdash_{\mathcal{K}} (q_0', x, \#\bot) \vdash_{\mathcal{K}}^* (q', \varepsilon, \gamma\bot) \vdash_{\mathcal{K}}^* (q', \varepsilon, \bot) \vdash_{\mathcal{K}} (q', \varepsilon, \varepsilon),$$

wobei

$$(q_0', x, \#\bot) \vdash_{\mathcal{K}'}^* (q', \varepsilon, \gamma).$$

Da das Kellersymbol $\bot$ nur in einem Endzustand entfernt werden kann, gilt $q' \in F'$. Also ist

$$x \in \mathcal{L}(\mathcal{K}').$$

Diese Überlegungen zeigen, dass

$$\mathcal{L}(\mathcal{K}') = \mathcal{L}_\varepsilon(\mathcal{K})$$

und somit $\mathcal{L}_\varepsilon(\mathcal{K}) = L$. $\square$

Lemma 8.1.7 (Seite 321) und Lemma 8.1.9 (Seite 321) implizieren folgenden Satz.

Satz 8.1.10

Sei L eine Sprache. Dann gilt: L ist genau dann deterministisch kontextfrei mit der Präfixeigenschaft, wenn $L = \mathcal{L}_\varepsilon(\mathcal{K})$ für einen DKA $\mathcal{K}$.

Auch wenn zunächst viele Sprachen die Präfixeigenschaft nicht haben, so kann man doch jeder Sprache eine »ähnliche« Sprache mit der Präfixeigenschaft zuordnen.

Bezeichnung 8.1.11. [Die Sprache $L\$$] Sei $L \subseteq \Sigma^*$. Wir definieren:

$$L\$ = \{w\$: w \in \Sigma^*\},$$

wobei $\$$ ein Symbol ist, das nicht in Σ vorkommt. ∎

Lemma 8.1.12

Ist L deterministisch kontextfrei, so ist $L\$$ deterministisch kontextfrei mit der Präfixeigenschaft.   (siehe Übungsaufgabe 8.1, Seite 380)

Abschlusseigenschaften

Der vollständige Beweis des folgenden Satzes sowie weitere Abschlusseigenschaften kann z. B. in [HU80] nachgelesen werden:

Satz 8.1.13

Die Klasse der deterministisch kontextfreien Sprachen ist unter der Komplementbildung abgeschlossen; nicht aber unter Vereinigung, Konkatenation, Kleeneabschluss oder der Durchschnittsbildung.   (teilweise ohne Beweis)

Wir erläutern nur, wie man für den Durchschnitt und die Vereinigung argumentieren kann, wenn man das Abschlussresultat für den Komplementoperator als bekannt voraussetzt. Die Sprachen

$$L_1 = \{a^n b^m c^m : n, m \in \mathbb{N}\}, \quad L_2 = \{a^n b^n c^m : n, m \in \mathbb{N}\}$$

sind deterministisch kontextfrei.[2] Andererseits ist die Durchschnittssprache

$$L_1 \cap L_2 = \{a^n b^n c^n : n \in \mathbb{N}\}$$

nicht (deterministisch) kontextfrei (siehe Seite 294). Damit ist die Klasse der deterministisch kontextfreien Sprachen nicht unter der Durchschnittsbildung abgeschlossen. Das oben zitierte Ergebnis, dass mit L auch $\overline{L}$ deterministisch kontextfrei ist, zusammen mit der de Morganschen Regel

$$L_1 \cap L_2 = \overline{\overline{L_1} \cup \overline{L_2}},$$

ergibt, dass die Klasse der deterministischen kontextfreien Sprachen bzgl. der Vereinigung *nicht* abgeschlossen sein kann.

---

[2] Für L_1 und L_2 kann man einen ähnlichen DKA wie für die Sprache $\{a^n b^n : n \geq 1\}$ entwerfen. Siehe Beispiel 7.6.7 (Seite 303).

In Lemma 7.6.17 (Seite 312) haben wir gesehen, dass der Produktautomat

$$\mathcal{M} \times \mathcal{K}$$

eines NKAs $\mathcal{K}$ und DEAs $\mathcal{M}$ genau die Durchschnittsprache akzeptiert, wenn die Akzeptanz durch Endzustände zu Grunde gelegt wird. Durch Inspektion der Übergangsfunktion ergibt sich, dass $\mathcal{M} \times \mathcal{K}$ ein DKA ist, falls $\mathcal{K}$ deterministisch ist. Somit ist $L_1 \cap L_2$ deterministisch kontextfrei, wenn L_1 regulär und L_2 deterministisch kontextfrei ist. Diese Überlegungen liefern folgendes Lemma:

Lemma 8.1.14

Ist L_1 regulär und L_2 deterministisch kontextfrei, dann ist $L_1 \cap L_2$ deterministisch kontextfrei.

8.2 LR(0)-Grammatiken

In diesem und dem folgenden Abschnitt werden wir einen zu deterministisch kontextfreien Sprachen passenden Grammatiktyp besprechen, der von Knuth (1965) entwickelt wurde. Für diese sog. *LR(k)-Grammatiken* ist das Wortproblem in Linearzeit lösbar. Tatsächlich arbeiten sehr viele Compiler mit Varianten dieser LR(k)-Grammatiken; der zugehörige Parser ist im Wesentlichen ein DKA.

Die Bezeichnung »LR(k)« erklärt sich daraus, dass für das Wortproblem

L : die Eingabe von *links* nach rechts gelesen wird,

R : eine *Rechtsableitung* in Bottom-Up-Manier konstruiert wird,

k : mit einem Lookahead der Länge k gearbeitet wird.

Das Lookahead steht für ein Präfix des noch nicht bearbeiteten Teils der Eingabe.

Wir werden die Grobidee zunächst an dem einfacheren Fall von LR(0)-Grammatiken erläutern. Diese verwenden kein Lookahead. (Formal entspricht dies dem leeren Wort, also einem Lookahead der Länge 0.)

Im Folgenden wird der Begriff der *Rechtsableitung* sehr häufig gebraucht. Diese und zugehörige Bezeichnungen (z.B. die Rechtsableitungsrelationen $\Rightarrow_R$ und $\Rightarrow_R^*$) wurden auf Seite 280 ff eingeführt.

Zur Verdeutlichung, wann ein aus Terminalzeichen gebildetes Wort (also ein Wort über dem Terminalalphabet Σ) und wann ein aus Terminalzeichen und Variablen gebildetes Wort (ein Wort in $V \cup \Sigma)^*$) vorliegt, treffen wir für den Rest von Kapitel 8 folgende Vereinbarungen. Wir verwenden die lateinischen Buchstaben z und w für Wörter in Σ^* und die Buchstaben s, t, u, v, x, y für Wörter über $V \cup \Sigma$.

Abbildung 8.2.1 LR(k)-Grammatiken

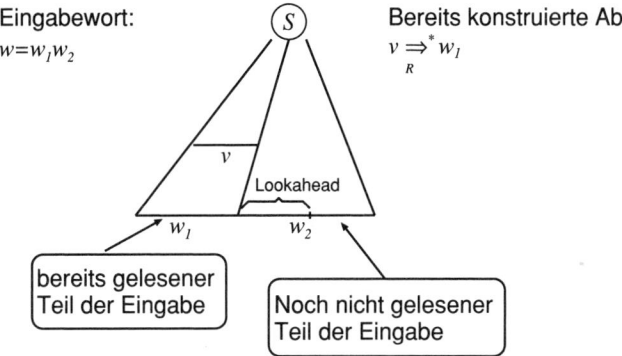

8.2.1   Die LR(0)-Bedingung

Wir machen uns zunächst klar, welche Vorgehensweise zur Konstruktion einer Rechtsableitung angestrebt wird. Sei $w = w_1 z_?$ das Eingabewort, das von links nach rechts gelesen wird. Wir nehmen an, dass das Teilwort w_1 bereits gelesen ist, während $z_?$ noch nicht bearbeitet wurde. Das Fragezeichen soll hier und im Folgenden verdeutlichen, dass der Parser $z_?$ nicht kennt. Wenn eine Rechtsableitung

$$v \Rightarrow_R^* w_1$$

gefunden ist, dann ist das weitere Ziel, eine Rechtsableitung

$$S \Rightarrow_R^* v z_?$$

zu finden. Dies beruht auf der Beobachtung, dass die Rechtsableitungen $S \Rightarrow_R^* v z_?$ und $v \Rightarrow_R^* w_1$ zu einer Rechtsableitung

$$S \;\Rightarrow_R^*\; v z_? \;\Rightarrow_R^*\; w_1 z_? \;=\; w$$

zusammengesetzt werden können.

Beispiel 8.2.2. [LR(0)-Grammatik] Wir betrachten die KFG G mit dem Terminalalphabet

$$\Sigma = \{ a, b, d, e, \text{»};\text{«} \}$$

und den Regeln

$$
\begin{aligned}
S &\;\rightarrow\; bD; Ae \\
D &\;\rightarrow\; D; d \mid d \\
A &\;\rightarrow\; A; a \mid a \,.
\end{aligned}
$$

Wir können uns G als eine Grammatik vorstellen, deren Regeln die Syntax einer (extrem vereinfachten) Programmiersprache festlegen, in der sämtliche Programme die Form

BEGIN   Deklarationsteil;   Anweisungsteil   **END**

haben. Dabei entspricht b dem Schlüsselwort **BEGIN**, e dem Schlüsselwort **END**. Variable D dient der Herleitung des Deklarationsteils, Variable A der Herleitung des Anweisungsteils. Deklarationen sowie Anweisungen werden jeweils durch ein Semikolon voneinander getrennt. Wir beschränken uns hier auf das vereinfachte Produktionssystem, in dem sämtliche Deklarationen durch das Terminalzeichen d und sämtliche Anweisungen durch das Terminalzeichen a repräsentiert werden. Beispielsweise kann

$bd; d; a; ae$

stellvertretend für ein Programm der Form

BEGIN   Deklaration für eine INTEGER-Variable x;

Deklaration für eine INTEGER-Variable y;

$x := x + y$;

$y := x - y$;

END

stehen.

Wir erläutern nun skizzenhaft, wie ein Parser für obige Grammatik G arbeitet. Wir werden später sehen, dass G die notwendigen Bedingungen erfüllt, die es dem Parser ermöglichen, in der nun umrissenen Weise zu verfahren.

Akzeptanz eines »syntaktisch korrekten Programms«: Liegt dem Parser das Eingabewort $w = bd; d; a; ae$ vor, dann stellt er beim Lesen des ersten d's fest, dass die Regel

$D \rightarrow d$

benutzt worden sein muss, vorausgesetzt, das Eingabewort ist aus S ableitbar, was der Parser zu diesem Zeitpunkt noch nicht wissen kann. (Man beachte, dass nur die Regel $D \rightarrow d$ als die zuletzt verwendete Regel einer Rechtsableitung für w in Frage kommt.)

Er ersetzt das gelesene Präfix der Eingabe ($w_1 = bd$) durch das Wort bD und sucht nun eine Herleitung für

$\underbrace{bD}_{v} ; \underbrace{d; a; ae}_{z_?},$

wobei das Suffix $z_? =; d; a; ae$ dem Parser noch nicht bekannt ist. Er liest dann die nächsten beiden Eingabezeichen »;« und »d« und stellt fest, dass das nun vorliegende Wort die Gestalt $bD; dz_?$ hat und nur durch den Ableitungsschritt

$bDz_? \Rightarrow_R bD; dz_?$

entstanden sein kann; d.h., dass die Regel $D \rightarrow D;d$ verwendet wurde. (Nachdem der Parser die Zeichen »;« und »d« gelesen hat, besteht der noch nicht gelesene Teil der Eingabe nun aus dem Wort $z_? =; a; ae$.) Der Grund, warum die Regel $D \rightarrow d$ an dieser Stelle nicht in Frage kommt, ist, dass es *keine* Rechtsableitung der Gestalt

$$S \Rightarrow_R^* bD; Dz \Rightarrow_R bD; dz$$

(mit $z \in \Sigma^*$) gibt. Andererseits gibt es eine Rechtsableitung der Form

$$S \Rightarrow_R^* bDz \Rightarrow_R bD; dz,$$

zum Beispiel ist $z =; ae$ oder $z =; a; ae$ möglich. Wir werden später erläutern, wie der Parser diese Information gewinnen und verwalten kann.

Nun ist eine Rechtsableitung $S \Rightarrow_R^* bDz_?$ für das Wort

$$bDz_? = bD; a; ae = \underbrace{bD}_{v} \underbrace{; a; ae}_{z_?}$$

gesucht. Hierzu liest der Parser wiederum die beiden nächsten Eingabezeichen (nämlich »;« und »a«) und stellt danach fest, dass die Regel $A \rightarrow a$ verwendet worden sein muss. Gesucht ist nun eine Herleitung

$$S \Rightarrow_R^* bD; A; ae = \underbrace{bD; A}_{v} \underbrace{; ae}_{z_?}$$

(wobei auch hier wieder $z_?$ für das dem Parser noch nicht bekannte Suffix »;ae« der Eingabe steht). Nach erneutem Lesen der nächsten beiden Eingabezeichen »;« und »a« kommt nur die Regel $A \rightarrow A;a$ in Frage. Auch an dieser Stelle benutzt der Parser die (auf noch zu klärende Weise gewonnene) Kenntnis, dass es keine Rechtsableitung

$$S \Rightarrow_R^* bD; A; Az \Rightarrow_R bD; A; az$$

gibt, während

$$S \Rightarrow_R^* bD; Az \Rightarrow_R bD; A; az$$

zum Beispiel für $z = e$ oder $z =; ae$ möglich ist.

Das weitere Ziel ist nun, eine Rechtsableitung $S \Rightarrow_R^* bD; Ae$ für das Wort

$$bD; Ae = \underbrace{bD; A}_{v} \underbrace{e}_{z_?}$$

zu finden. Hierzu liest der Parser das Zeichen e und stellt fest, dass das nun vorliegende Wort $bD; Ae$ in einem Schritt aus S ableitbar ist:

$$S \Rightarrow_R bD; Ae .$$

Der Parser akzeptiert das Eingabewort, da er nun die Kenntnis gewonnen hat, dass das Eingabewort $w = bd; d; a; ae$ aus S herleitbar ist. Die jeweils gefundenen Regeln liefern in umgekehrter Reihenfolge

$$S \Rightarrow_R bD; Ae \Rightarrow_R bD; A; ae \Rightarrow_R bD; a; ae \Rightarrow_R bD; d; a; ae \Rightarrow_R bd; d; a; ae$$

eine Rechtsableitung für das Eingabewort $w = bd; d; a; ae$.

In der skizzierten Weise kann der Parser darauf schließen, dass die Syntaxregeln der vorliegenden Programmiersprache vom Eingabewort $bd; d; a; ae$ erfüllt werden und es somit ein syntaktisch korrektes »Programm« darstellt.

Verwurf eines »syntaktisch fehlerhaften Programms«: Das Eingabewort $bdae$ stellt ein syntaktisch fehlerhaftes Programm dar, in dem der Strichpunkt zwischen dem Deklarations- und Anweisungsteil fehlt. Der Parser entdeckt diesen Fehler, indem er nach dem Lesen der ersten beiden Eingabezeichen b und d mit der Regel

$$D \to d$$

reduziert (wie oben) und dann — nach dem Lesen des nächsten Eingabezeichens a — feststellt, dass es für das nun vorliegende Wort bda keine Rechtsableitung der Form

$$S \Rightarrow_R^* bdaz$$

(mit $z \in \Sigma^*$) gibt. Der Parser verwirft also die Eingabe (mit einer entsprechenden Fehlermeldung), ohne das Eingabewort zu Ende gelesen zu haben. ■

Bezeichnung 8.2.3. [Reduktion] Auch wenn der Begriff der Reduktion in den vorangegangenen Kapiteln mit anderer Bedeutung gebraucht wurde, halten wir uns an die in der Literatur üblichen Begriffe und sprechen von einer *Reduktion* des Worts xyz auf xAz, wenn bei der Rekonstruktion einer Rechtsableitung das Teilwort y durch A ersetzt wird. Dabei wird vorausgesetzt, dass $z \in \Sigma^*$ und $A \to y$. ■

Um ein effizientes deterministisches Verfahren zu entwerfen, das für ein gegebenes Wort w eine Rechtsableitung »rückwärts« konstruiert, müssen wir einige Bedingungen an die Grammatik stellen. Wie zuvor nehmen wir an, dass das Eingabewort w die Gestalt $w = w_1 z_?$ hat und dass das Teilwort w_1 bereits gelesen ist, während $z_?$ noch unbekannt ist. Für das Präfix w_1 sei eine Rechtsableitung

$$v \Rightarrow_R^* w_1$$

bereits konstruiert. Ist $v = xy$ und $A \to y$ eine Regel in G ist, dann kann $vz_? = xyz_?$ auf $xAz_?$ reduziert werden.

Wir benötigen zwei Bedingungen, die gewährleisten, dass diese Reduktion tatsächlich zum Ziel führt.

1. Falls $w \in \mathcal{L}(G)$, dann muss sichergestellt sein, dass das durch die Substitution von y durch A entstandene Wort $xAz_?$ aus S ableitbar ist, also dass

$$S \Rightarrow_R^* xAz_? \Rightarrow_R xyz_?.$$

2. Weiter soll es *keine weitere* Regel $A' \to y'$ geben, sodass sich $xyz'' = x'y'z'$ auf $x'A'z'$ reduzieren lässt, da andernfalls der Parser nicht wissen kann, mit welcher der Regeln $A \to y$ oder $A' \to y'$ die Reduktion durchzuführen ist.

Da wir hier annehmen, dass der Parser keinerlei Kenntnisse über das Suffix $z_?$ des Eingabeworts w hat, müssen wir für z'' und z' beliebige Wörter des Terminalalphabets zulassen.

Abbildung 8.2.4 Zur Motivation von LR(0)-Grammatiken

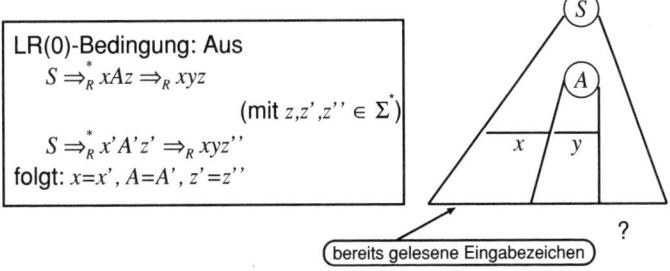

Definition 8.2.5 [LR(0)-Grammatik]

Sei $G = (V, \Sigma, \mathcal{P}, S)$ eine kontextfreie Grammatik. G heißt LR(0)-Grammatik, falls für alle $z, z', z'' \in \Sigma^*$, $y, x, x' \in (V \cup \Sigma)^*$ und $A, A' \in V$ gilt:

$$\left. \begin{array}{lllll} S & \Rightarrow_R^* & xAz & \Rightarrow_R & xyz \\ S & \Rightarrow_R^* & x'A'z' & \Rightarrow_R & x'y'z' = xyz'' \end{array} \right\} \implies x = x',\ A = A',\ z' = z''.$$

Weiter wird vorausgesetzt, dass G keine nutzlosen Variablen enthält und dass das Startsymbol S in keiner Regel von G auf der rechten Seite vorkommt.

Zusatz zu Definition 8.2.5. [LR(0)-Grammatik] Die in der Literatur übliche Definition ist wie in Definition 8.2.5. Zur Vereinfachung der Formalismen fordern wir zusätzlich, dass die Grammatik *keine* ε-Regeln enthält. ■

Um die Sprechweisen im Folgenden etwas zu vereinfachen, führen wir folgende Begriffe ein:

Bezeichnung 8.2.6. [Griff] Sei $G = (V, \Sigma, \mathcal{P}, S)$ eine KFG. Jedes Wortpaar (xy, y) mit $x, y \in (V \cup \Sigma)^*$, für das es eine Rechtsableitung der Form

$$S \Rightarrow_R^* xAz \Rightarrow_R xyz$$

für ein $A \in V$, $x \in (V \cup \Sigma)^*$ und $z \in \Sigma^*$ gibt, heißt *Griff* von xyz.

Die erste Komponente xy eines Griffs hat lediglich die Funktion, die Position innerhalb des Worts xyz anzugeben, an der die Regel $A \to y$ »greift«. Ist die Position von y in xyz klar (z. B. weil es nur ein Vorkommen des Worts y in xyz gibt), dann lässt man die Komponente xy weg und bezeichnet y als Griff von xyz. ∎

Zum Beispiel für die kontextfreie Grammatik mit den Regeln

$$S \to Ab \mid aB, \quad A \to a \mid aA, \quad B \to b$$

und das Wort $w = ab$ sind wegen

$$S \Rightarrow_R^* Ab \Rightarrow_R ab, \quad S \Rightarrow_R^* aB \Rightarrow_R ab$$

sowohl a und b (also die Wortpaare (a, a) und (ab, b)) Griffe. Für das Wort $w = aaab$ ist wegen

$$S \Rightarrow_R^* aaAb \Rightarrow_R aaab$$

das letzte a ein Griff. (Formal ist also das Wortpaar (aaa, a) ein Griff von $aaab$.)

Bezeichnung 8.2.7. [Rechtssatzform] Sei $G = (V, \Sigma, \mathcal{P}, S)$ eine KFG. Alle Wörter

$$t \in (V \cup \Sigma)^*,$$

die aus dem Startsymbol S durch eine Rechtsableitung generiert werden können, d.h. für die gilt

$$S \Rightarrow_R^* t,$$

nennt man *Rechtssatzformen*. ∎

Die LR(0)-Bedingung kann nun wie folgt formuliert werden: Ist G eine kontextfreie Grammatik ohne nutzlose Variablen (und ohne ε-Regeln) und für die das Startsymbol auf keiner rechten Seite einer Regel vorkommt, dann erfüllt G die LR(0)-Bedingung genau dann, wenn für jede Rechtssatzform t gilt:

▶ Der Griff von t und die zugehörige Regel ist eindeutig bestimmt.

▶ Ist (xy, y) der Griff von t und xyz eine Rechtssatzform mit $z \in \Sigma^*$, dann ist (xy, y) zugleich der Griff von xyz.

Beispiel 8.2.8. [LR(0)-Grammatik] Die in Beispiel 8.2.2 (Seite 325) angegebene Grammatik ist eine LR(0)-Grammatik. Dies kann man nachweisen, indem man sämtliche

Rechtssatzformen betrachtet. Die Rechtssatzformen von G sind S und die Wörter der Form

$$bD; Ae$$

$$bD; ae$$

$$bD; A; a; \ldots; ae$$

$$bD; a; a; \ldots; ae$$

$$bD; d; \ldots; d; a; \ldots; ae$$

$$bd; d; \ldots; d; a; \ldots; ae \,.$$

Der Griff von $bD; Ae$ ist $bD; Ae$. Für das Wort $bD; ae$ besteht der Griff aus dem Zeichen a. Für Wörter der Form

$$bD; A; a; \ldots; ae$$

(die mindestens ein a enthalten) ist $A; a$ der Griff. Für Wörter der Form

$$bD; d; \ldots; d; a; a; \ldots; ae$$

(mit mindestens einem d) ist $D; d$ der Griff. Das erste d ist der Griff der Rechtssatzformen

$$bd; d; \ldots; d; a; \ldots; ae.$$

In allen Fällen ist also sowohl der Griff als auch die zugehörige Regel eindeutig. Für den Griff (xy, y) einer Rechtssatzform xyz ist das Wort xy nur dann Präfix einer anderen Rechtssatzform xyz'', wenn (xy, y) zugleich der Griff von xyz'' ist. Diese Überlegungen belegen, dass G eine LR(0)-Grammatik ist.

Ersetzt man in G die linksrekursive Regel $A \to A; a$ durch die rechtsrekursive Regel

$$A \to a; A,$$

dann erhält man eine zu G äquivalente KFG, die die LR(0)-Bedingung verletzt. Dies ist wie folgt einsichtig. Wir betrachten die Rechtsableitungen

$$S \Rightarrow_R bD; Ae \Rightarrow_R bD; a; Ae \Rightarrow_R bD; a; ae$$

und

$$S \Rightarrow_R bD; Ae \Rightarrow_R bD; ae \,.$$

Wir setzen $z = z' = e$, $x = bD;$, $x' = bD; a;$, $A' = A$ und $y = a$, $z'' = ; ae$. Dann gilt:

$$S \quad \Rightarrow_R^* \quad xAz \quad \Rightarrow_R \quad xyz$$
$$S \quad \Rightarrow_R^* \quad x'A'z' \quad \Rightarrow_R \quad xyz'' \,,$$

aber $z' = e \neq ; ae = z''$.

Was geht hier intuitiv schief? Wir nehmen an, dass dem Parser ein Eingabewort der Form

$$w = bd; az_?$$

vorliegt und dass er das Teilwort »$bd; a$« bereits bearbeitet (und das Zeichen d durch D ersetzt) hat. Das Eingabewort

$$w = w_1 z_? = \underbrace{bd; a}_{w_1} z_?$$

wurde also bereits auf

$$v z_? = bD; a z_? = \underbrace{bD; a}_{v} z_?$$

reduziert. Ohne Kenntnis des Worts $z_?$ kann der Parser nach Lesen der ersten vier Zeichen (nach Lesen des Teilworts »$bd; a$« des Eingabeworts $w = bd; a z_?$) nicht wissen, ob er

▶ mit der Regel $A \to a$ reduzieren

▶ *oder* weitere Eingabezeichen lesen, um später mit der Regel $A \to a; A$ zu reduzieren,

soll. Die Reduktion mit der Regel $A \to a$ wäre dann richtig, wenn $w = bd; ae$, während sich für $w = bd; a; ae$ das Lesen der nächsten zwei Eingabezeichen »;« und »a«, gefolgt von der Reduktion mit der Regel $A \to a; A$, als richtig erweisen würde. ∎

Beispiel 8.2.9. [LR(0)-Grammatik] Wir betrachten die Grammatik G mit den Regeln

$$S \to C, \quad C \to aCb \mid ab.$$

Diese erzeugt die Sprache $\{a^n b^n : n \geq 1\}$. Jede mit dem Startsymbol S beginnende Ableitung ist eine Rechtsableitung der Gestalt

$$S \Rightarrow C \Rightarrow aCb \Rightarrow \ldots \Rightarrow a^{n-1} C b^{n-1} \Rightarrow a^n b^n.$$

Daher sind sämtliche Rechtssatzformen von der Gestalt S, $a^i C b^i$ oder $a^n b^n$, $i \geq 0, n \geq 1$. Das Wort C ist der Griff der Rechtssatzform

$$C = a^0 C b^0;$$

diese kann nur auf S reduziert werden. Der Griff von den Wörtern $a^n b^n$ ist das Wort ab; es kommt jeweils nur die Regel $C \to ab$ in Frage. In den Rechtssatzformen $a^i C b^i$, $i \geq 1$ ist das Wort aCb der Griff. Für diese ist nur die Regel $A \to aCb$ relevant. Die Rechtssatzform S ist für die LR(0)-Bedingung irrelevant. ∎

Beispiel 8.2.10. [LR(0)-Grammatik] Die kontextfreie Grammatik G_1 mit den Regeln

$$S \to aAc \quad A \to bbA \mid b$$

erzeugt die Sprache

$$\mathcal{L}(G_1) = \{ab^{2n+1} c : n \geq 0\}.$$

G_1 ist *keine* LR(0)-Grammatik. Zunächst machen wir uns intuitiv klar, was an der vorliegenden Grammatik problematisch ist. Wenn ein Eingabewort der Form

$$w = abz_?$$

vorliegt, dann kann der Parser — nach dem Lesen von ab (ohne Kenntnis des Worts $z_?$) — nicht entscheiden, ob er mit der Regel $A \to b$ reduzieren oder weitere Eingabezeichen lesen soll, um später mit der Regel $A \to bbA$ reduzieren zu können.

Diese Beobachtung kann wie folgt formalisiert werden. Wir betrachten die Rechtsableitungen

$$S \quad \Rightarrow_R \quad aAc \quad \Rightarrow_R \quad abc,$$
$$S \quad \Rightarrow_R \quad aAc \quad \Rightarrow_R \quad abbAc \quad \Rightarrow_R \quad abbbc\,.$$

Sei $x = a$, $y = b$, $z = c$ und $x' = abb$, $z' = c$ und $z'' = bbc$, dann gilt:

$$S \quad \Rightarrow_R^* \quad xAz \qquad\qquad \Rightarrow_R \quad abc \quad = \quad xyz$$
$$S \quad \Rightarrow_R^* \quad x'Az' \quad = \quad abbAc \quad \Rightarrow_R \quad abbbc \quad = \quad xyz''\,.$$

Aber $z' = c \neq bbc = z''$. Also ist die LR(0)-Bedingung verletzt.

Allgemein gilt für die Grammatik G_1: Für Rechtssatzformen der Form ab^iz lässt sich ohne Kenntnis des Worts z nicht feststellen, ob der Griff in z oder in ab^i liegt. Fängt z mit einem b an, dann ist der Griff ein Teilwort von z, andernfalls ist der Griff das letzte b in ab^i.

Obwohl G_1 keine LR(0)-Grammatik ist, kann die von G_1 erzeugte Sprache durch eine LR(0)-Grammatik generiert werden. Hierzu betrachten wir die Grammatik G_2 mit den Regeln

$$S \;\to\; aAc, \quad A \;\to\; Abb \;\big|\; b\,.$$

Man macht sich leicht klar, dass

$$\mathcal{L}(G_1) = \mathcal{L}(G_2).$$

Jede Rechtssatzform von G_2 hat die Form S, $aAbb^{2n}c$ oder $abb^{2n}c$. Der Griff von $aAbb^{2n}c$ ist Abb, einzige Reduktionsmöglichkeit ist auf das Wort $aAb^{2n}c$. Entsprechend ist der Griff von $abb^{2n}c$ das Wort b. Die Wörter $abb^{2n}c$ können nur auf $aAb^{2n}c$ reduziert werden. ■

Die Beispiele 8.2.8 und 8.2.10 (Seiten 330 und 332) zeigen, dass die LR(0)-Bedingung eine Grammatikeigenschaft ist, die sich nicht notwendig auf äquivalente Grammatiken überträgt. Es ist möglich, dass eine Grammatik die LR(0)-Bedingung verletzt, obwohl eine äquivalente Grammatik die LR(0)-Eigenschaft hat.

Eindeutigkeit von LR(0)-Grammatiken

Es ist klar, dass es für beliebige KFGs zu jeder Rechtssatzform mindestens einen Griff gibt. Die LR(0)-Bedingung stellt jedoch sicher, dass es zu jeder Rechtssatzform $\neq S$ *genau* einen Griff y gibt und dass die zugehörige Regel $A \to y$ eindeutig bestimmt ist. Diese Beobachtung (die bereits in den obigen Beispielen benutzt wurde) ist in folgendem Lemma formuliert:

Lemma 8.2.11

Sei $G = (V, \Sigma, \mathcal{P}, S)$ eine LR(0)-Grammatik. Zu jeder Rechtssatzform $t \neq S$ gibt es ein eindeutig bestimmtes Tupel (x, y, z, A), sodass folgende Bedingungen erfüllt sind:

▶ *$x, y \in (V \cup \Sigma)^*$, $z \in \Sigma^*$ und $A \in V$*

▶ *$A \to y$ ist eine Regel in G*

▶ *$t = xyz$*

▶ *xAz ist eine Rechtssatzform.*

Bevor wir Lemma 8.2.11 beweisen, machen wir uns die Aussage am Beispiel der Grammatik G aus Beispiel 8.2.2 und 8.2.8 (s. Seite 325 und Seite 330) klar. Wir betrachten die Rechtssatzform

$$t \ = \ bD; A; ae.$$

Das gemäß Lemma 8.2.11 eindeutig bestimmte Tupel besteht aus den Komponenten:

$$x = bD;, \quad y = A; a, \quad z = e$$

und dem Nichtterminal A.

Beweis: Da $t \neq S$ eine Rechtssatzform ist, gibt es ein Wort $u \in (V \cup \Sigma)^*$ mit

$$S \ \Rightarrow_R^* \ u \ \Rightarrow_R \ t.$$

Da t durch Anwenden einer Regel aus u entstanden ist, können wir t und u wie folgt zerlegen:

$$t \ = \ xyz, \quad u \ = \ xAz,$$

wobei $A \to y$ eine Regel in G ist. Da der Ableitungsschritt $u \Rightarrow_R t$ eine Rechtsableitung ist, ist $z \in \Sigma^*$. Wir nehmen nun an, dass es eine weitere Regel

$$A' \to y'$$

und Wörter $x' \in (V \cup \Sigma)^*$, $z' \in \Sigma^*$ gibt, sodass

▶ $u' = x'A'z'$ eine Rechtssatzform ist,

▶ $t = x'y'z'$.

Dann gilt:

$$S \Rightarrow^*_R x'A'z' \Rightarrow_R x'y'z' = t = xyz .$$

Aus der LR(0)-Eigenschaft folgt: $x' = x$, $A = A'$, $z' = z$. Somit ist auch $y = y'$. $\square$

Aus Lemma 8.2.11 (Seite 334) folgt sofort, dass es zu jedem Wort $w \in \mathcal{L}(G)$ *genau eine* Rechtsableitung gibt. Da Ableitungsbäume und Rechtsableitungen in Eins-zu-Eins-Beziehungen stehen, hat jedes Wort $w \in \mathcal{L}(G)$ genau einen Ableitungsbaum. Somit sind LR(0)-Grammatiken eindeutig (im Sinne von Def. 7.1.6, Seite 281).

Corollar 8.2.12

Jede LR(0)-Grammatik ist eindeutig.

LR(0)-Grammatiken und die Präfixeigenschaft

Das folgende Lemma zeigt, dass LR(0)-Grammatiken stets Sprachen mit der Präfixeigenschaft (s. Definition 8.1.4, Seite 320) erzeugen. Dies ist das erste Indiz dafür, dass LR(0)-Sprachen durch DKAs mit Akzeptanz durch leeren Keller beschrieben werden können.

Lemma 8.2.13

Für jede LR(0)-Grammatik G hat die erzeugte Sprache $\mathcal{L}(G)$ die Präfixeigenschaft.

Beweis: Sei $G = (V, \Sigma, \mathcal{P}, S)$. Wir zeigen folgende allgemeinere Aussage. Ist

$$S \Rightarrow_R t_1 \Rightarrow_R \cdots \Rightarrow_R t_{m-1} \Rightarrow_R t_m$$

eine Rechtsableitung (wobei $t_1, \ldots, t_m \in (V \cup \Sigma)^*$), dann gilt:

$$\text{Aus } u \in \Sigma^* \text{ und } S \Rightarrow^*_R t_m u \text{ folgt } u = \varepsilon.$$

Wir führen den Beweis durch Induktion nach m. Der Induktionsanfang $m = 1$ folgt sofort aus der LR(0)-Bedingung.

Induktionsschritt $m - 1 \implies m$ ($m \geq 2$): Es gelte:

$$S \Rightarrow_R^* \quad xAz \quad = t_{m-1} \Rightarrow_R \quad xyz \quad = t_m$$
$$S \Rightarrow_R^* \quad x'A'z' \qquad \Rightarrow_R \quad x'y'z' \quad = t_m u = xyzu$$

Die LR(0)-Bedingung liefert $x = x'$, $A = A'$ und $zu = z'$. Also ist

$$x'A'z' = xAzu = t_{m-1}u.$$

Da t_{m-1} in $m - 1$ Schritten aus S abgeleitet werden kann und da $t_{m-1}u$ eine Rechtssatzform ist, folgt aus der Induktionsvoraussetzung, dass $u = \varepsilon$. $\qquad \square$

8.2.2 Ein nichtdeterministischer LR(0)-Parser

In den folgenden Abschnitten werden wir einen Parser für LR(0)-Grammatiken entwerfen. Die Details stellen wir zunächst zurück, stattdessen machen wir uns die prinzipiellen Ideen klar. Dazu formulieren wir den Worterkennungsprozess zunächst als nichtdeterministisches Verfahren, dessen Arbeitsweise auf einem NKA mit der Akzeptanz »leerer Keller« beruht.

Abbildung 8.2.14 Arbeitsweise des nichtdeterministischen LR(0)-Parsers

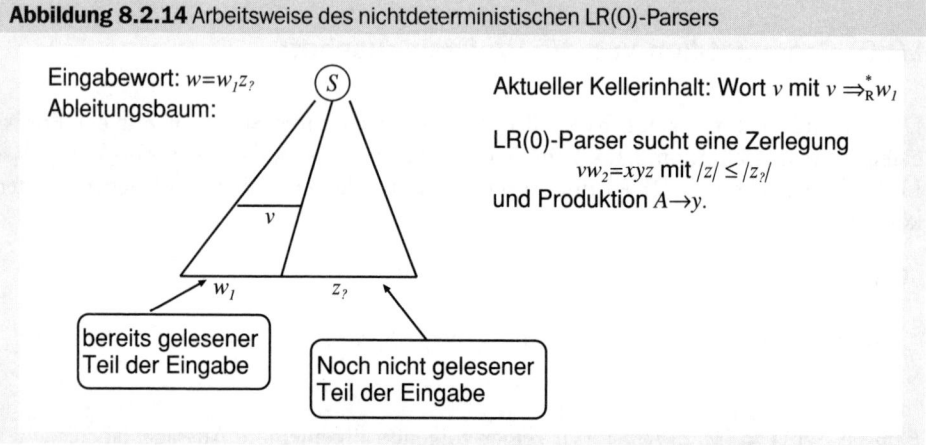

Im Folgenden sei $G = (V, \Sigma, \mathcal{P}, S)$ eine LR(0)-Grammatik. Sei

$$w = w_1 z_?$$

das Eingabewort, wobei das Präfix w_1 bereits gelesen ist und $z_?$ für den noch nicht gelesenen Teil der Eingabe steht. Der aktuelle Kellerinhalt gibt jeweils Aufschluss über dasjenige Wort $v \in (V \cup \Sigma)^*$, auf das w_1 bereits reduziert ist, d.h. für das eine Rechtsableitung

$$v \Rightarrow_R^* w_1$$

bereits gefunden ist. Dieses Wort v nennen wir im Folgenden das *gekellerte Wort*. Dem LR(0)-Parser stehen vier mögliche Aktionen zur Verfügung:

▶ ACCEPT: Sobald das im Keller gespeicherte Wort v in einem Schritt aus dem Startsymbol hergeleitet werden kann (d.h. $S \rightarrow v$) und die Eingabe komplett gelesen ist, kann der Parser akzeptierend anhalten.[3]

▶ REDUCE: Wenn das gekellerte Wort v von der Form $v = xy$ ist, sodass es eine Regel $A \rightarrow y$ gibt, dann kann der Kellerinhalt $v = xy$ auf xA reduziert werden, d.h. y durch A ersetzt werden.

▶ SHIFT: Wenn die Eingabe nicht zu Ende gelesen ist, dann kann das nächste Eingabezeichen gelesen und auf den Keller gelegt werden.

Das Ziel dieser Operation ist es, in einem späteren Schritt mithilfe einer der Regeln $A \rightarrow y$ zu reduzieren.

▶ ERROR: Das Eingabewort wird mit einer Fehlermeldung verworfen.

Wir werden später sehen, wann welche Aktion auszuführen ist. Zunächst bemühen wir jedoch das Orakel, das uns den richtigen Weg, eine nichtdeterministische Entscheidung zu treffen, weist. Das heißt wir betrachten das nichtdeterministische Verfahren, das für ein gegebenes Eingabewort w solange eine der genannten vier Aktionen ausführt, bis das Eingabewort mit der Aktion ACCEPT akzeptiert oder mit der Aktion ERROR verworfen wird.

Abbildung 8.2.15 SHIFT und REDUCE

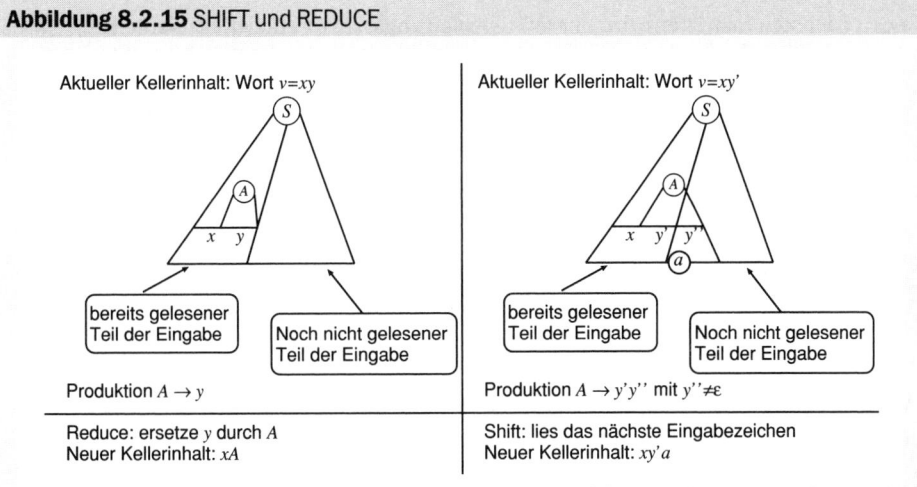

---

[3]   Aus der Sicht eines NKAs entspricht dies der Entleerung des Kellers. Da die Eingabe komplett gelesen wurde, akzeptiert der NKA das Eingabewort.

Akzeptanz: Sobald das so entworfene nichtdeterministische Verfahren akzeptierend anhält, induzieren die in den Reduceschritten angewandten Regeln in umgedrehter Reihenfolge eine Rechtsableitung für das Eingabewort w. Somit gilt:

$$\text{Falls } w \text{ akzeptiert wird, liegt } w \in \mathcal{L}(G).$$

Wir zeigen nun, dass es zu jedem Wort $w \in \mathcal{L}(G)$ eine akzeptierende Berechnung gibt. Wir starten mit dem gekellerten Wort $v = \varepsilon$. Sei

$$S \Rightarrow_R t_1 \Rightarrow_R \ldots \Rightarrow_R t_{m-1} \Rightarrow_R t_m = w.$$

Falls $m = 1$, dann ist $S \to w$ eine Regel in G und w kann mit der Aktion ACCEPT in einem Schritt akzeptiert werden.

Wir nehmen nun an, dass $m \geq 2$ und zeigen, wie der letzte Ableitungsschritt

$$t_{m-1} \Rightarrow_R t_m = w$$

ermittelt werden kann. Sei $A \to y$ die im letzten Ableitungsschritt angewandte Regel und

$$t_{m-1} = xAz, \quad t_m = w = xyz.$$

Zunächst wenden wir nur Shiftoperationen an, bis das gekellerte Wort von der Form $v = xy$ ist. Nun kann eine Reduceoperation stattfinden, in der y durch A ersetzt wird. Das neue gekellerte Wort ist also xA.

In den nächsten Schritten wird der letzte Ableitungsschritt einer Rechtsableitung für das Wort xAz gesucht (wobei wir $m \geq 3$ annehmen). Lemma 8.2.16 (Seite 339, s. unten) wird belegen, dass der Griff von xAz nicht vollständig in x liegt, sondern

▶ entweder von der Form $u_1 A u_2$ für ein Suffix u_1 von x und ein Präfix u_2 von z

▶ oder in z liegt.

Im ersten Fall besitzt das Wort xAz eine Zerlegung der folgenden Art:

$$xAz = x' \underbrace{u_1 A u_2}_{y'} z' = x'y'z', \quad A' \to y' = u_1 A u_2.$$

Wir führen nun sukzessive die Aktion SHIFT aus, um die noch nicht gelesenen Zeichen des Teilworts y' (die Zeichen von u_2) zu lesen und diese im Keller abzulegen. Das entstandene gekellerte Wort ist

$$x'y' = xAu_2 = x'u_1 Au_2.$$

Es findet nun wieder eine Reduceoperation statt, die y' durch A' ersetzt. Das neue gekellerte Wort ist $x'A'$. Das Wort z' bildet den noch nicht gelesenen Rest der Eingabe.

Im zweiten Fall (d.h. wenn der Griff von xAz in z liegt) gibt es eine Zerlegung

$$z = u_1 s u_2$$

und eine Regel $A' \to s$, sodass

$$S \Rightarrow_R^* xAu_1 A'u_2 \Rightarrow_R xAu_1 su_2 = xAz.$$

In diesem Fall führen wir $|u_1| + |s|$ Shiftoperationen aus und reduzieren anschließend mit der Regel $A' \to s$.

In der skizzierten Weise alternieren Folgen von Shift- und Reduceoperationen, bis schließlich das gekellerte Wort gleich t_1 ist. Dieses kann mit der Aktion ACCEPT akzeptiert werden.

Das folgende Lemma wurde in der oben angegebenen Argumentation benutzt:

Lemma 8.2.16

Sei $G = (V, \Sigma, \mathcal{P}, S)$ eine KFG. Weiter sei xAz eine Rechtssatzform von G und $z \in \Sigma^*$. Dann ist kein Griff von xAz vollständig in x enthalten; d.h. jeder Griff von xAz ist

▶ *entweder von der Form $(x'u_1 Au_2, u_1 Au_2)$, wobei*

  ■ *u_1 ein Suffix von x,*

  ■ *u_2 ein Präfix von z*

▶ *oder von der Form $(xAu_1 s, s)$, wobei $u_1 s$ ein Präfix von z ist.*

Beweis: Dieser folgt unmittelbar aus der Definition von Rechtsableitungen, in denen stets das am weitesten rechts stehende Nichtterminal ersetzt wird. $\square$

Beispiel 8.2.17. [Nichtdeterministischer LR(0)-Parser] Wir machen uns am Beispiel der LR(0)-Grammatik mit den Regeln

$$S \to C, \quad C \to ab \mid aCb$$

klar, wie der nichtdeterministische LR(0)-Parser arbeiten kann. Vgl. Beispiel 8.2.9 (Seite 332). Die in den Reduceschritten angewandten Regeln ergeben in umgekehrter Reihenfolge (zusammen mit der im ACCEPT-Schritt angewandten Regel) eine Rechtsableitung

$$S \Rightarrow_R C \Rightarrow_R aCb \Rightarrow_R aabb.$$

Gekellertes Wort	Rest der Eingabe	Aktion
ε	$aabb$	SHIFT
a	abb	SHIFT
aa	bb	SHIFT
aab	b	REDUCE mit der Regel $C \to ab$
aC	b	SHIFT
aCb	ε	REDUCE mit der Regel $C \to aCb$
C	ε	ACCEPT aufgrund der Regel $S \to C$

Für das Eingabewort $w = abb$ sind die Schritte einer akzeptierenden Berechnung des LR(0)-Parsers in der oben stehenden Tabelle skizziert.

Gekellertes Wort	Rest der Eingabe	Aktion
ε	abb	SHIFT
a	bb	SHIFT
ab	b	REDUCE mit der Regel $C \to ab$
C	b	ERROR

Obige Tabelle skizziert eine mögliche Bearbeitung des Worts aab. ∎

8.2.3   LR(0)-Items

Um die Arbeitsweise eines LR(0)-Parsers präzise erläutern zu können, benötigen wir einige zusätzlichen Bezeichnungen. Zur Darstellung der Reduktionsmöglichkeiten repräsentieren wir jede Regel $A \to y$ durch *punktierte Produktionen* der Form $[A \to y_1 \bullet y_2]$, wobei jede Zerlegung von y in $y = y_1 y_2$ zugelassen ist. Der Punkt auf der rechten Seite einer Regel soll verdeutlichen, dass das Präfix y_1 von y bereits im Keller abgelegt ist, während y_2 noch nicht generiert wurde.

Definition 8.2.18 [LR(0)-Item]

Sei $G = (V, \Sigma, \mathcal{P}, S)$ eine KFG und $A \to y$ eine Regel in G. Weiter sei $y = y_1 y_2$. Das Tripel

$$(A, y_1, y_2)$$

wird *LR(0)-Item* oder kurz *Item* von G genannt. Üblich ist die Schreibweise

$$[A \to y_1 \bullet y_2],$$

falls (A, y_1, y_2) ein Item von G ist.

Für die Sonderfälle $y_1 = \varepsilon$ oder $y_2 = \varepsilon$ verwendet man vereinfachte Schreibweisen. Man schreibt

$$[A \to \bullet y] \quad \text{anstelle von} \quad [A \to \varepsilon \bullet y].$$

Entsprechend steht $[A \to y\bullet]$ für $[A \to y \bullet \varepsilon]$. Items der Form $[A \to y\bullet]$ werden *vollständig* genannt.

Intuitiv steht ein Item $[A \to y_1 \bullet y_2]$ für die Situation, in der y_1 ein Suffix des gekellerten Worts v ist. Ist $y_2 \neq \varepsilon$, so ist die Regel $A \to y_1 y_2$ ein »Kandidat« für eine spätere Reduktion. Vollständige Items $[A \to y\bullet]$ kennzeichnen Situationen, in denen ein Reduceschritt mit der Regel $A \to y$ ausführbar ist.

Formalisiert wird diese intuitive Interpretation und die potentielle Durchführbarkeit eines Reduceschritts mit der Regel $A \to y_1 y_2$ durch den Begriff der Gültigkeit eines Items für ein Wort v (v steht hier wieder für das gekellerte Wort).

Definition 8.2.19 [Gültige Items]

Sei $G = (V, \Sigma, \mathcal{P}, S)$ eine KFG. Sei $v \in (V \cup \Sigma)^*$. Ein Item

$$[A \to y_1 \bullet y_2]$$

heißt *gültig* für v, wenn es eine Rechtsableitung

$$S \Rightarrow_R^* xAz \Rightarrow_R xy_1 y_2 z$$

mit

$$v = xy_1$$

gibt. *Items(v)* bezeichnet die Menge aller für v gültigen Items.

Bemerkung 8.2.20. [Gültigkeit vollständiger Items] Es ist klar, dass ein Item $[A \to y\bullet]$ genau dann gültig für v ist, wenn es eine Rechtsableitung

$$S \Rightarrow_R^* xAz \Rightarrow_R \underbrace{xy}_{v} z = vz$$

mit $v = xy$ gibt. Items der Form $[A \to \bullet y]$ sind genau dann gültig für v, wenn es ein Wort $z \in \Sigma^*$ gibt, sodass

$$S \Rightarrow_R^* vAz \Rightarrow_R^* vyz. \blacksquare$$

Beispiel 8.2.21. [LR(0)-Items] Wir betrachten die LR(0)-Grammatik mit den Regeln

$$S \to C, \quad C \to ab \mid aCb.$$

Siehe Beispiel 8.2.9 und 8.2.17 (Seite 332 und Seite 339). Für das leere Wort ε sind genau die Items

$$[S \to \bullet C], \quad [C \to \bullet ab] \quad \text{und} \quad [C \to \bullet aCb]$$

gültig. Die Tatsache, dass diese drei Items für das leere Wort gültig sind, folgt aus der Existenz der drei folgenden Rechtsableitungen:

$$
\begin{aligned}
S &\Rightarrow_R^* & S &\Rightarrow_R & C \\
S &\Rightarrow_R^* & C &\Rightarrow_R & ab \\
S &\Rightarrow_R^* & C &\Rightarrow_R & aCb\,.
\end{aligned}
$$

Für die Wörter $v = a^i b$, $i \geq 1$, ist nur das Item $[C \to ab\bullet]$ gültig. Die Gültigkeit von $[C \to ab\bullet]$ wird durch die Rechtsableitung

$$S \Rightarrow_R^* a^{i-1}Cb^{i-1} \Rightarrow_R a^i b^i = vb^{i-1}$$

belegt. Für das Wort $v = C$ ist nur das Item $[S \to C\bullet]$ gültig. Die Gültigkeit folgt aus der Existenz der Rechtsableitung

$$S \Rightarrow_R^* S \Rightarrow_R C.$$

Für die Wörter $v = a^i$, $i \geq 1$, sind genau die Items $[C \to a \bullet Cb]$, $[C \to \bullet aCb]$ und $[C \to a \bullet b]$ gültig. Die Gültigkeit wird jeweils durch die Rechtsableitungen

$$
\begin{aligned}
S &\Rightarrow_R^* & a^{i-1}Cb^{i-1} &\Rightarrow_R & a^i Cb^i &= vCbb^{i-1} \\
S &\Rightarrow_R^* & a^i Cb^i &\Rightarrow_R & a^{i+1}Cb^{i+1} &= vaCbb^i \\
S &\Rightarrow_R^* & a^{i-1}Cb^{i-1} &\Rightarrow_R & a^{i-1}abb^{i-1} &= vbb^{i-1}
\end{aligned}
$$

belegt. Durch Inspektion der anderen Items ergibt sich jeweils, dass es keine anderen gültigen Items gibt. Für Wörter der Form bw gibt es keine gültigen Items.

Die Tabelle 8.2.22 zeigt die Itemmengen für die Wörter ε, a, aa, aC, aCb, ab, aab und C. Die Nummerierung der Itemmengen, z. B. $I_0 = Items(\varepsilon)$, $I_1 = Items(a) = Items(aa)$, wird in späteren Beispielen benötigt. ∎

Tabelle 8.2.22   [Itemmengen für die LR(0)-Grammatik $S \to C$, $C \to ab$, $C \to aCb$]

	v	für v gültige Items $(Items(v))$
I_0	ε	$[S \to \bullet C]$, $[C \to \bullet aCb]$, $[C \to \bullet ab]$
I_1	a, aa	$[C \to \bullet ab]$, $[C \to \bullet aCb]$, $[C \to a \bullet b]$, $[C \to a \bullet Cb]$
I_2	aC	$[C \to aC \bullet b]$
I_3	ab, aab	$[C \to ab\bullet]$
I_4	aCb	$[C \to aCb\bullet]$
I_5	C	$[S \to C\bullet]$

Bemerkung 8.2.23. *[Gültige Items für das leere Wort]* In jeder KFG besteht $Items(\varepsilon)$ genau aus denjenigen Items $[A \to \bullet y]$, für die es eine Rechtsableitung

$$S \Rightarrow_R^* Az \Rightarrow_R yz \quad \text{für ein } z \in \Sigma^*$$

gibt. Insbesondere sind alle Items der Form $[S \to \bullet y]$ gültig für ε. ∎

Aktionen des deterministischen LR(0)-Parsers

Die Items sollen dem LR(0)-Parser helfen, deterministisch zu entscheiden, welche Aktion (Shift, Reduktion, Akzeptanz oder Verwurf) auszuführen ist.

▶ REDUCE: Ein Reduceschritt wird dann ausgeführt, wenn es ein für das gekellerte Wort gültiges vollständiges Item $[A \to y\bullet]$ mit $A \neq S$ gibt.

▶ SHIFT: Für die Shiftaktion setzen wir die Existenz eines unvollständigen gültigen Items der Form $[A \to y_1 \bullet y_2]$ voraus. Weiter soll die Shiftaktion nur dann ausgeführt werden, wenn kein Reduceschritt möglich ist und noch nicht alle Eingabezeichen gelesen sind.

▶ ACCEPT: Akzeptiert wird das Eingabewort genau dann, wenn es ein vollständiges gültiges Item mit dem Startsymbol S auf der linken Seite gibt und die Eingabe komplett gelesen ist.

▶ ERROR: Ist keine der drei Aktionen REDUCE, SHIFT oder ACCEPT (mit den oben angegebenen) Bedingungen ausführbar, dann wird die Eingabe verworfen.

Das folgende Lemma zeigt die Korrektheit der Aktion **ACCEPT**, also dass der LR(0)-Parser genau dann akzeptieren muss, sobald es ein für das gekellerte Wort v gültiges vollständiges Item gibt, das das Startsymbol S auf der linken Seite enthält.

Lemma 8.2.24

Sei $G = (V, \Sigma, \mathcal{P}, S)$ eine LR(0)-Grammatik. Weiter sei $v \in (V \cup \Sigma)^*$ und

$$[S \to y\bullet]$$

ein vollständiges Item. Dann sind folgende Aussagen äquivalent:

(a) $[S \to y\bullet]$ ist gültig für v

(b) $v = y$

In diesen Fällen ist v in einem Schritt aus S ableitbar.

Beweis: (b) $\Longrightarrow$ (a): Ist $v = y$, so ist $[S \to v\bullet]$ gültig, da

$$S \Rightarrow_R^* \varepsilon S \varepsilon = S \Rightarrow_R v = \varepsilon v \varepsilon$$

gilt.

(a) $\Longrightarrow$ (b): Ist $[S \to y\bullet]$ ein für v gültiges Item, dann gibt es eine Rechtsableitung

$$S \Rightarrow_R^* xSz \Rightarrow_R xyz = vz \, .$$

Da S auf keiner rechten Seite einer Regel in G vorkommt, ist $x = z = \varepsilon$. Also

$$v = xy = \varepsilon y = y.$$

v ist genau dann in einem Schritt aus S ableitbar, wenn $S \to v$ eine Regel in G ist. Hieraus ergibt sich die dritte Aussage. $\qquad\square$

Man überzeugt sich leicht von der Aussage von Lemma 8.2.24 (Seite 344) anhand der LR(0)-Grammatik aus den Beispielen 8.2.9, 8.2.17 und 8.2.21 (Seite 332, 339 und 342) mit den Regeln

$$S \to C \quad \text{und} \quad C \to ab \mid aCb.$$

Tatsächlich ist das Item $[S \to C\bullet]$ genau für das Wort C gültig.

Das folgende Lemma belegt die Existenz gültiger Items für das gekellerte Wort (während der Berechnung des LR(0)-Parsers), sofern das Eingabewort in $\mathcal{L}(G)$ liegt. (Wir formulieren das Lemma für beliebige KFGs, in denen jede Rechtssatzform mehrere Griffe haben kann.)

Lemma 8.2.25

Sei $G = (V, \Sigma, \mathcal{P}, S)$ eine KFG. Weiter sei $t \neq S$ eine Rechtssatzform von G und (xy, y) ein Griff von t. Dann gilt

$$Items(v) \neq \emptyset$$

für jedes Präfix v von xy.

Beweis: Es existiert ein $z \in \Sigma^*$ und eine Regel $A \rightarrow y$, sodass

$$S = t_0 \Rightarrow_R t_1 \Rightarrow_R t_1 \Rightarrow_R \dots \Rightarrow_R t_m = xAz \Rightarrow_R t_{m+1} = xyz = t$$

eine Rechtsableitung für $t = xyz$ ist. Sei v ein Präfix von xy.

1. Fall: $|v| \geq |x|$. Dann kann y zerlegt werden in

$$y = u_1 u_2,$$

sodass $v = xu_1$. Wegen

$$S \Rightarrow_R^* xAz = xyz = \underbrace{xu_1}_{v} u_2$$

ist $[A \rightarrow u_1 \bullet u_2]$ gültig für v.

2. Fall: $|v| < |x|$. Dann ist v ein echtes Präfix von x.

Seien $x_0, \dots, x_m \in (V \cup \Sigma)^*$, $B_0, \dots, B_m \in V$, $z_0, \dots, z_m \in \Sigma^*$, sodass

$$t_i = x_i B_i z_i, \quad i = 0, 1, \dots, m - 1,$$

dann gilt $x_0 = z_0 = \varepsilon$, $B_0 = S$ und $x_m = x$, $B_m = A$, $z_m = z$. Weiter sei $B_j \rightarrow y$ die im j-ten Ableitungsschritt angewandte Regel ($j = 0, 1, \dots, m - 1$). Es gibt einen Index

$$i \in \{0, 1, \dots, m - 1\},$$

sodass

▶ $|x_i| \leq |v|$

▶ $|x_j| > |v|, \quad j = i + 1, i = 2, \dots, m.$

Beachte $|x_m| = |x| > |v|$.

Dann gilt:

$$v \text{ ist echtes Präfix von } x_j, \quad j = i + 1, i + 2, \dots, m .$$

Man beachte, dass für $j = i + 1, \dots, m - 1$ gilt: Im j-ten Ableitungsschritt

$$t_j = x_j B_j z_j \Rightarrow_R x_j y_j z_j = t_{j+1}$$

bleiben (mindestens) die ersten $|v| + 1$ Zeichen erhalten, weil $|x_j| \geq |v| + 1$. Da v ein Präfix von $t_{m+1} = xyz$ ist, ist v ein Präfix aller Wörter $t_{i+1}, \ldots, t_m$.

Wegen $|x_i| < |v| \leq |x_{i+1}|$, $z_i, z_{i+1} \in \Sigma^*$, $B_i, B_{i+1} \in V$ und

$$t_i = x_i B_i z_i \Rightarrow_R x_i y_i z_i = t_{i+1} = x_{i+1} B_{i+1} z_{i+1}$$

gilt $|z_i| \leq |z_{i+1}|$ und somit

$$|x_i y_i| = |x_i y_i z_i| - |z_i| = |x_{i+1} B_{i+1} z_{i+1}| - |z_i| \geq |x_{i+1} B_{i+1}| \geq |v| + 1 \,.$$

Also ist y_i von der Form $y_i = u_1 u_2$, sodass

$$v = x_i u_1 \,.$$

Es gilt also

$$S \Rightarrow_R^* t_i = x_i B_i z_i \Rightarrow_R x_i y_i z_i = \underbrace{x_i u_1}_{v} u_2 z_i = v u_2 z_i \,.$$

Hieraus folgt $[B_i \rightarrow u_1 \bullet u_2] \in \mathit{Items}(v)$. $\qquad\qquad\qquad\qquad\qquad\qquad\quad$ $\square$

Das nächste Lemma zeigt, dass, sobald ein Item $[A \rightarrow y\bullet]$ für das gekellerte Wort gültig ist, die Reduktion mit der Regel $A \rightarrow y$ die einzige Chance eine Rechtsableitung zu rekonstruieren ist.

Lemma 8.2.26

Sei $G = (V, \Sigma, \mathcal{P}, S)$ eine LR(0)-Grammatik. Seien $x, y \in (V \cup \Sigma)^*$ und $z \in \Sigma^*$, sodass xyz eine Rechtssatzform ist und $[A \rightarrow y\bullet]$ ein gültiges Item für xy. Dann gilt:

(a) Aus $S \Rightarrow_R^* u \Rightarrow_R xyz$ folgt $u = xAz$.

(b) $\mathit{Items}(xA) \neq \emptyset$.

Beweis: ad (a): Es gelte

$$S \Rightarrow_R^* u \Rightarrow_R xyz \,,$$

dann gibt es eine Regel $B \rightarrow y'$ und Wörter $x' \in (V \cup \Sigma)^*$, $z' \in \Sigma^*$, sodass

$$u = x' B z' \quad \text{und} \quad xyz = x' y' z' \,.$$

Weiter gilt:

$$S \Rightarrow_R^* xAz'' \Rightarrow_R xyz''$$

für ein $z'' \in \Sigma^*$. Aus der LR(0)-Eigenschaft folgt:

$$x' = x, \quad A = B, \quad z = z'.$$

Also ist $u = xAz$.

(b) folgt aus Lemma 8.2.16 (Seite 339), das belegt, dass der Griff von xAz nicht vollständig in x liegt, und aus Lemma 8.2.25 (Seite 345). $\square$

Das folgende Lemma belegt die Reduce-Reduce-Konfliktfreiheit von LR(0)-Grammatiken. Diese besagt, dass es niemals zwei vollständige Items gibt, die für das gekellerte Wort gültig sind. Damit ist sichergestellt, dass die anzuwendende Regel für einen Reduceschritt stets eindeutig bestimmt ist.

Lemma 8.2.27 [Reduce-Reduce-Konfliktfreiheit]

Sei $G = (V, \Sigma, \mathcal{P}, S)$ eine LR(0)-Grammatik.

Wenn

$$[A \to y\bullet] \quad \text{und} \quad [A' \to y'\bullet]$$

gültige Items von v sind, dann gilt

$$A = A' \quad \text{und} \quad y = y'.$$

Beweis: Seien $[A \to y\bullet]$ und $[A' \to y'\bullet]$ gültige Items für v. Dann gibt es Rechtsableitungen

$$S \Rightarrow_R^* xAz \Rightarrow_R xyz, \quad S \Rightarrow_R^* x'A'z' \Rightarrow_R x'y'z',$$

sodass $v = xy = x'y'$. Aus der LR(0)-Bedingung:

$$x = x', \quad A = A'.$$

Wegen

$$xy = v = x'y' = xy'$$

folgt $y = y'$. $\square$

Beispiel 8.2.28. [LR(0)-Parser (informell)] Wir betrachten nochmals die Grammatik aus Beispiel 8.2.17 (Seite 339) mit den Regeln

$$S \to C, \quad C \to ab \mid aCb.$$

Wir überzeugen uns von der Aussage von Lemma 8.2.27 anhand des Eingabeworts $aabb$. Für dieses sind die einzelnen Schritte des Parsers wie folgt:

Gekellertes Wort	Rest der Eingabe	Aktion	gültige Items
ε	$aabb$	SHIFT	$[S \to \bullet C]$ $[C \to \bullet ab]$ $[C \to \bullet aCb]$
a	abb	SHIFT	$[C \to a \bullet b]$ $[C \to a \bullet Cb]$ $[C \to \bullet ab]$ $[C \to \bullet aCb]$
aa	bb	SHIFT	$[C \to a \bullet b]$ $[C \to a \bullet Cb]$ $[C \to \bullet ab]$ $[C \to \bullet aCb]$
aab	b	REDUCE mit der Regel $C \to ab$	$[C \to ab\bullet]$
aC	b	SHIFT	$[C \to aC \bullet b]$
aCb	ε	REDUCE mit der Regel $C \to aCb$	$[C \to aCb\bullet]$
C	ε	ACCEPT aufgrund der Regel $S \to C$	$[S \to C\bullet]$

Tatsächlich ist in jedem Schritt höchstens ein vollständiges Item gültig. Zum Beispiel besitzt das gekellerte Wort aa vier unvollständige gültige Items, während für $v = aab$ und aCb jeweils genau ein gültiges vollständiges Item vorliegt.

Der Einsatz der Items für das Eingabewort $w = abb$ ist in der folgenden Tabelle skizziert:

Gekellertes Wort	Rest der Eingabe	Aktion	gültige Items
ε	abb	SHIFT	$[S \to \bullet C]$ $[C \to \bullet ab]$ $[C \to \bullet aCb]$
a	bb	SHIFT	$[C \to a \bullet b]$ $[C \to a \bullet Cb]$ $[C \to \bullet ab]$ $[C \to \bullet aCb]$
ab	b	REDUCE mit der Regel $C \to ab$	$[C \to ab\bullet]$
C	b	ERROR	$[S \to C\bullet]$

Das Eingabewort aab wird verworfen, da im letzten Schritt nur das Item $[S \to C\bullet]$ gültig ist, aber die Eingabe noch nicht vollständig gelesen wurde. ■

8.2.4   Berechnung der Itemmengen

Wir geben nun an, wie die jeweils gültigen Itemmengen berechnet werden können. Wesentlich ist folgende rekursive Charakterisierung, die wir benutzen werden, um einen endlichen Automaten zu konstruieren, der es dem LR(0)-Parser ermöglicht, die Menge der für das gekellerte Wort v gültigen Items während der Worterkennung zu berechnen.

Lemma 8.2.29

Sei $G = (V, \Sigma, \mathcal{P}, S)$ eine KFG. Die Mengen Items(v) der für v gültigen Items sind die kleinsten Mengen mit folgenden Eigenschaften.

(1) Alle Items der Form $[S \to \bullet y]$ liegen in Items(ε).

(2) Ist $[A \to y_1 \bullet ay_2] \in$ Items(v), so ist $[A \to y_1 a \bullet y_2] \in$ Items(va).

(3) Ist $[A \to y_1 \bullet By_2] \in$ Items(v), so ist $[A \to y_1 B \bullet y_2] \in$ Items(vB).

(4) Ist $[A \to y_1 \bullet By_2] \in$ Items(v), dann liegen alle Items der Form $[B \to \bullet y]$ in Items(v).

Dabei sind $A, B \in V$, $y_1, y_2 \in (V \cup \Sigma)^*$ und $a \in \Sigma$.

Beweis:

1. Teil: Wir zeigen zunächst, dass die Itemmengen $Items(v)$ die Eigenschaften (1)–(4) haben.

(1) folgt aus Bemerkung 8.2.23 (Seite 343).

(2) ist wie folgt einsichtig. Sei $A \rightarrow y_1 a y_2$ eine Regel in G, wobei $a \in \Sigma^*$ und sei $v \in (V \cup \Sigma)^*$, sodass

$$[A \rightarrow y_1 \bullet a y_2] \in Items(v).$$

Dann gibt es ein $x \in (V \cup \Sigma)^*$ mit $v = x y_1$ und

$$S \Rightarrow_R^* x A z \Rightarrow_R \underbrace{x y_1}_{v} a y_2 z .$$

für ein $z \in \Sigma^*$. Insbesondere gilt:

$$S \Rightarrow_R^* x A z \Rightarrow_R \underbrace{x y_1 a}_{va} y_2 z .$$

Also liegt $[A \rightarrow y_1 a \bullet y_2]$ in $Items(va)$.

Die Argumentation für (3) ist analog.

Wir zeigen (4): Sei

$$[A \rightarrow y_1 \bullet B y_2] \in Items(v).$$

Weiter sei $B \rightarrow y$ eine Produktion in G. Dann gibt es eine Rechtsableitung der Form

$$S \Rightarrow_R^* x A z \Rightarrow_R \underbrace{x y_1}_{v} B y_2 z \Rightarrow_R \underbrace{x y_1}_{v} y y_2 z .$$

Also ist $[B \rightarrow \bullet y]$ gültig für $v = x y_1$.

2. Teil: Wir zeigen nun umgekehrt, dass keine anderen Items als die mit (1)–(4) ableitbaren zu den Itemmengen $Items(v)$ gehören.

Seien $Items'(v)$ die kleinsten Mengen von Items, die sich mit den in (1)–(4) angegebenen Bedingungen herleiten lassen.

Wir zeigen, dass folgende Bedingung erfüllt ist: Für jede Rechtsableitung

$$S \Rightarrow_R t_1 \Rightarrow_R \dots \Rightarrow_R t_{m-1} \Rightarrow_R t_m$$

und jedes Präfix v von t_m, sodass der Griff von t_m ein Paar der Form $(x y_1 y_2, y_1 y_2)$ mit $v = x y_1$ ist, gilt

$$[A \rightarrow y_1 \bullet y_2] \in Items'(v),$$

wobei $A \rightarrow y_1 y_2$ die im letzten Ableitungsschritt angewandte Regel ist.[4]

---

[4]   Man beachte, dass $Items(v)$ auf diese Weise definiert wurden. Insbesondere folgt aus dieser Aussage, dass $Items(v) \subseteq Items'(v)$. Die Inklusion $Items'(v) \subseteq Items(v)$ wurde im ersten Teil gezeigt.

Als Beweistechnik verwenden wir Doppelinduktion nach den Werten m und $k = |y_1|$.

Im Induktionsanfang $m = 1$ und $|y_1| = 0$ ist zu zeigen, dass aus

$$S \Rightarrow_R t$$

folgt $[S \rightarrow \bullet t] \in \mathit{Items}'(\varepsilon)$. Dies ist sofort aus Bedingung (1) klar.

Induktionsschritt »$(m', k') \Longrightarrow (m, k)$« mit ($m' = m$ und $k' < k$) oder $m' < m$, wobei $m \geq 2$ oder $k \geq 1$.

Sei

$$t_{m-1} = xAz, \quad t_m = xy_1y_2z \text{ und } v = xy_1 .$$

▶ 1. Fall: $|y_1| = 0$. Dann ist $x = v$ und $m \geq 2$. Insbesondere ist $A \neq S$ (da S in keiner Regel auf der rechten Seite vorkommt).

In einem der vorangegangenen Ableitungsschritte wurde eine Regel der Form

$$A' \rightarrow u_1 A u_2$$

angewandt, bei der das Präfix vA »entstanden« ist. Wir betrachten das letzte Wort t_i der Rechtsableitung für t_m, für das vA *kein* Präfix von t_i ist. t_i besitzt eine Zerlegung

$$t_i = x'A'z'$$

mit $|x'| < |vA|$. Das Wort vA ist ein Präfix von t_{i+1} und es gilt

$$t_i = x'A'z' \Rightarrow_R \underbrace{x'u_1}_{x} A \underbrace{u_2z'}_{z} = xAu_2z' = vAu_2z' = t_{i+1} .$$

(Vgl. Beweis von Lemma 8.2.25, Seite 345) Wegen $i < m$ gilt nach Induktionsvoraussetzung:

$$[A' \rightarrow u_1 \bullet Au_2] \in \mathit{Items}'(v).$$

Mit Bedingung (4) erhalten wir

$$[A \rightarrow \bullet y_2] = [A \rightarrow \bullet y_1y_2] \in \mathit{Items}'(v).$$

▶ 2. Fall: $y_1 = y_1'a$ für ein $a \in \Sigma$.

Sei $v' = xy_1'$. Dann ist

$$v = xy_1'a = v'a.$$

Nach Induktionsvoraussetzung gilt (beachte: $|y_1'| = |y| - 1 < |y|$):

$$[A \rightarrow y_1' \bullet ay_2] \in \mathit{Items}'(v').$$

Wir wenden (2) an und erhalten

$$[A \rightarrow y_1'a \bullet y_2] = [A \rightarrow y_1 \bullet y_2] \in \mathit{Items}'(v'a) = \mathit{Items}'(v).$$

▶ 3. Fall: $y_1 = y_1' B$ für ein $B \in V$.

Sei $v' = xy_1'$. Dann ist

$$v = xy_1' B = v' B.$$

Nach Induktionsvoraussetzung gilt:

$$[A \rightarrow y_1' \bullet By_2] \in \mathit{Items}'(v').$$

Wir wenden (3) an und erhalten

$$[A \rightarrow y_1' B \bullet y_2] = [A \rightarrow y_1 \bullet y_2] \in \mathit{Items}'(v'B) = \mathit{Items}'(v). \qquad \square$$

Die in Lemma 8.2.29 (Seite 349) angegebene rekursive Charakterisierung lässt sich mit einem endlichen Automaten ausdrücken. Wir definieren zuerst einen ε-erweiterten NEA, den wir dann zu einem DEA konvertieren. Die Übergangsfunktion des DEAs werden wir dann in dem LR(0)-Parser einsetzen.

ε-erweiterter NEA für die gültigen Items

Sei $G = (V, \Sigma, \mathcal{P}, S)$ eine KFG. Sei

$$\mathcal{M}_G = (Q, V \cup \Sigma, \delta, q_0, Q)$$

folgender ε-erweiterter NEA.[5] Der Zustandsraum ist

$$Q = \{q_0\} \cup \text{Menge aller Items von } G,$$

wobei q_0 ein Spezialzustand ist, der nur aus technischen Gründen benötigt wird. Die Übergangsfunktion δ ist wie folgt definiert:

$$
\begin{aligned}
\delta(q_0, \varepsilon) &= \text{Menge aller Items der Form } [S \rightarrow \bullet y] \\
\delta([A \rightarrow y_1 \bullet By_2], \varepsilon) &= \text{Menge aller Items der Form } [B \rightarrow \bullet y] \\
\delta([A \rightarrow y_1 \bullet ay_2], a) &= \{[A \rightarrow y_1 a \bullet y_2]\} \\
\delta([A \rightarrow y_1 \bullet By_2], B) &= \{[A \rightarrow y_1 B \bullet y_2]\}
\end{aligned}
$$

In allen verbleibenden Fällen ist $\delta(\cdot) = \emptyset$. Aus Lemma 8.2.29 (Seite 349) folgt: Für den ε-Abschluss der Übergangsfunktion δ gilt für $v \neq \varepsilon$:

$$\delta_\varepsilon(q_0, v) = \text{Menge aller für } v \text{ gültigen Items.}$$

Dabei ist δ_ε wie in Abschnitt 6.2.7 (Seite 241) definiert. Für das leere Wort gilt:

$$\delta_\varepsilon(q_0, \varepsilon) = \{q_0\} \cup \text{Menge aller für } v \text{ gültigen Items.}$$

---

[5] NEAs mit ε-Übergängen wurden auf Seite 241 eingeführt.

DEA für die gültigen Items

Mit dem Umweg über den zugehörigen gewöhnlichen NEA (ohne ε-Übergänge) und die Potenzmengenkonstruktion (siehe Abschnitt 6.2.1, Seite 241 ff, und Lemma 6.1.18, Seite 231) erhalten wir einen zugehörigen DEA .

Bezeichnung 8.2.30. Wir bezeichnen den vom Anfangszustand erreichbaren Teil des durch die Potenzmengenkonstruktion aus $\mathcal{M}_G$ entstandenen DEAs mit

$$\widehat{\mathcal{M}_G}.$$

$\widehat{\mathcal{M}_G}$ wird DEA für die gültigen Items genannt. Die Übergangsfunktion von $\widehat{\mathcal{M}_G}$ wird mit $\widehat{\delta}$ bezeichnet. ∎

Die Zustände von $\widehat{\mathcal{M}_G}$ sind (im Wesentlichen) Mengen bestehend aus Items. Der Spezialzustand q_0 des NEAs kann bei der Potenzmengenkonstruktion des DEAs vernachlässigt werden, da er von keinem anderen Zustand erreichbar ist.

Die rekursive Charakterisierung der Mengen *Items(v)* in Lemma 8.2.29 (Seite 349) liefert folgende Aussage:

Lemma 8.2.31 [Eigenschaften von $\widehat{\mathcal{M}_G}$]

Sei $G = (V, \Sigma, \mathcal{P}, S)$ eine KFG.

Der DEA für die gültigen Items hat folgende Eigenschaften:

(a) Der Anfangszustand von $\widehat{\mathcal{M}_G}$ ist $I_0 = \{q_0\} \cup Items(\varepsilon)$.

(b) Für alle $v \in (V \cup \Sigma)^*$ und $a \in \Sigma$, $B \in V$ gilt:

  (i) $\widehat{\delta}(Items(v), a) = Items(va)$.

  (ii) $\widehat{\delta}(Items(v), B) = Items(vB)$.

(c) $\widehat{\delta}(I_0, v) = Items(v)$ für alle $v \in (V \cup \Sigma)^*$.

Beweis: (a) folgt aus Lemma 8.2.29 (Seite 349).

Die Aussage (c) kann mithilfe von (b) und Induktion nach der Länge von v bewiesen werden. □

Im Folgenden sprechen wir von *Itemmengen* von G, um die vom Anfangszustand erreichbaren Zustände von $\widehat{\mathcal{M}_G}$ zu bezeichnen (wobei q_0 ignoriert wird). Es gilt:

$$\widehat{\mathcal{M}_G} = \Big(Items(G), V \cup \Sigma, \widehat{\delta}, I_0, Items(G) \Big).$$

Dabei ist $Items(G)$ die Menge aller (nicht leeren) Itemmengen von G.

$$I(G) = \{Items(v) : v \in (V \cup \Sigma)^*\} \setminus \{\emptyset\}.$$

Der Anfangszustand ist der ε-Abschluss $I_0 = \Delta(q_0)$ des Anfangszustands q_0 in $\mathcal{M}_G$.[6] Wenn man q_0 ignoriert, so gilt

$$I_0 = Items(\varepsilon).$$

Beispiel 8.2.32. [NEA /DEA für die gültigen Items] Wir betrachten wieder die Grammatik mit den Produktionen

$$S \to C, \quad C \to ab \mid aCb.$$

Der ε-erweiterte NEA $\mathcal{M}_G$ und zugehörige DEA $\widehat{\mathcal{M}_G}$ hat die in Abbildung 8.2.33 gezeigte Gestalt. ■

Abbildung 8.2.33 LR(0)-Grammatik $S \to C, \quad C \to ab \mid aCb$

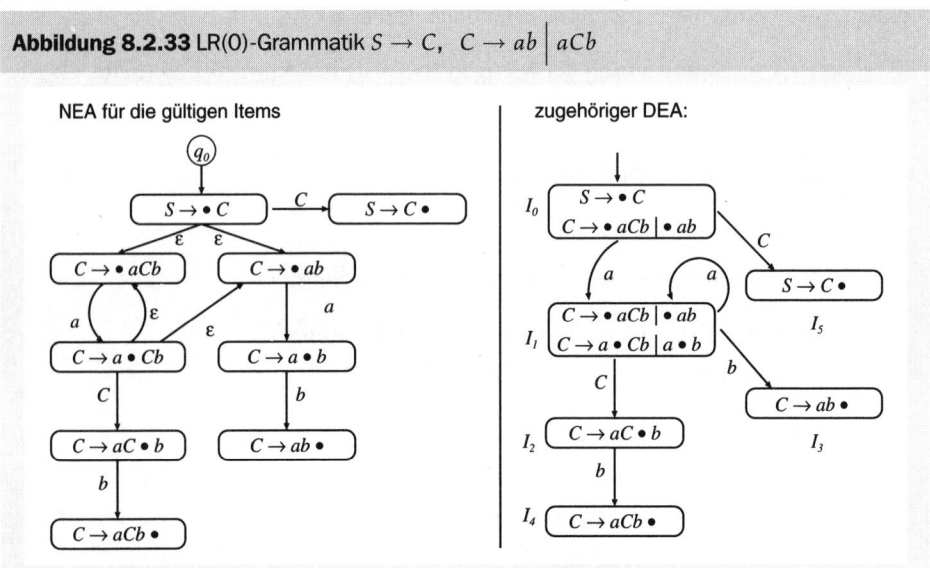

Alternative Charakterisierung der LR(0)-Bedingung

Der folgende Satz liefert eine Charakterisierung von LR(0)-Grammatiken, die für den Test, ob eine vorliegende KFG die LR(0)-Bedingung erfüllt, verwandt werden kann.

---

[6] Der ε-Abschluss wurde auf Seite 241 eingeführt.

Satz 8.2.34

Sei $G = (V, \Sigma, \mathcal{P}, S)$ eine KFG ohne nutzlose Variablen, ohne ε-Regeln, in der das Startsymbol S in keiner Regel auf der rechten Seite vorkommt. Dann gilt:

G ist genau dann eine LR(0)-Grammatik, wenn für alle Itemmengen I von G folgende beiden Eigenschaften erfüllt sind:

(a) I enthält keine Reduce-Reduce-Konflikte, d.h. I enthält höchstens ein vollständiges Item.

(b) I enthält keine Shift-Reduce-Konflikte, d.h. falls I ein vollständiges Item $[A \rightarrow y\bullet]$ enthält, dann gibt es kein unvollständiges Item

$$[A' \rightarrow y_1 \bullet y_2] \in I$$

mit $y_2 \neq \emptyset$.

Beweis: »$\Longrightarrow$«: Sei G eine LR(0)-Grammatik und I eine vom Anfangszustand $Items(\varepsilon)$ erreichbare Itemmenge, etwa

$$I = \widehat{\delta}(Items(\varepsilon), v) = Items(v).$$

Aus Lemma 8.2.27 (Seite 347) folgt, dass $Items(v)$ keine Reduce-Reduce-Konflikte enthält.

Wir nehmen an, dass $[A \rightarrow y\bullet]$ und $[A' \rightarrow y_1 \bullet ay_2]$ gültige Items für v sind und führen diese Annahme zu einem Widerspruch. Seien

$$S \Rightarrow_R^* xAz \Rightarrow_R xyz, \quad S \Rightarrow_R^* x'A'z' \Rightarrow_R x'y_1ay_2z'$$

Rechtsableitungen, sodass

$$v = xy = x'y_1.$$

Falls $y_2 \in \Sigma^*$, dann folgt aus der LR(0)-Bedingung:

$$x = x', \quad A = A', \quad z' = ay_2z'.$$

Letzteres ist nicht möglich, da $a \in \Sigma$ und somit

$$|ay_2z'| \geq 1 + |z'|.$$

Wir nehmen nun an, dass y_2 ein Nichtterminal enthält. Wir wählen eine Rechtsableitung

$$y_2 \Rightarrow_R^* u_1Bu_3 \Rightarrow_R u_1u_2u_3,$$

wobei $u_1, u_2, u_3 \in \Sigma^*$.[7] Wir setzen die Rechtsableitungen zusammen und erhalten eine Rechtsableitung

$$S \Rightarrow_R^* x'A'z' \Rightarrow_R x'y_1ay_2z' \Rightarrow_R^* x'y_1au_1Bu_3z' \Rightarrow_R \underbrace{x'y_1}_{v} au_1u_2u_3z' = xyau_1u_2u_3z'.$$

Aus der LR(0)-Bedingung folgt nun: Wegen

$$S \Rightarrow_R^* xAz \qquad\qquad \Rightarrow_R xyz$$
$$S \Rightarrow_R^* x'y_1au_1Bu_3z' \qquad \Rightarrow_R xyau_1u_2u_3z'$$

gilt:

$$A = B, \quad x = x'y_1au_1 \quad \text{und} \quad u_3z' = au_1u_2u_3z'.$$

Wegen $xy = v = x'y_1$ ist

$$|x'y_1au_1| \ \geq \ |x'y_1| + 1 \ = \ |v| + 1 \ = \ |xy| + 1 \ > \ |x|.$$

Es ergibt sich also auch hier ein Widerspruch.

»$\Longleftarrow$«: Sei G keine LR(0)-Grammatik.

1. Teil: Zunächst zeigen wir, dass es Rechtsableitungen

$$S \Rightarrow_R^* xAz \qquad \Rightarrow_R xyz$$
$$S \Rightarrow_R^* x'A'z' \qquad \Rightarrow_R xyz''$$

mit $x'A'z' \neq xAz''$ und $|xy| \leq |x'y'|$ gibt.

Beweis: Wenn die LR(0)-Bedingung verletzt ist, dann gibt es Rechtsableitungen

$$S \Rightarrow_R^* xAz \qquad \Rightarrow_R xyz$$
$$S \Rightarrow_R^* x'A'z' \qquad \Rightarrow_R xyz''$$

mit $x'A'z' \neq xAz''$. Ist $|xy| \leq |x'y'|$, so ist nichts mehr zu zeigen. Wir nehmen nun an, dass

$$|x'y'| \ < \ |xy|.$$

Sei u ein Wort, sodass

$$xy = x'y'u.$$

Weiter sei $A' \to y'$ die im Ableitungsschritt $x'A'z' \Rightarrow_R xyz'' = x'y'z'$ angewandte Regel. Wegen

$$x'y'uz'' = xyz'' = x'y'z'$$

---

7   Man beachte, dass die Definition von LR(0)-Grammatiken nur Grammatiken ohne nutzlose Variablen zulässt. Daher gibt es eine solche Rechtsableitung.

gilt

$$uz'' = z' \in \Sigma^*,$$

also ist $u \in \Sigma^+$. Beachte $|u| \geq 1$, da $|x'y'| < |xy| = |x'y'u|$. Daher sind

$$
\begin{aligned}
S &\Rightarrow_R^* x'A'z' &\Rightarrow_R& x'y'z' \\
S &\Rightarrow_R^* xAz &\Rightarrow_R& xyz = x'y'uz
\end{aligned}
$$

Rechtsableitungen mit $xAz \neq x'A'uz$ (da $|u| \geq 1$) und $|x'y'| \leq |xy|$.[8]

2. Teil: Seien

$$
\begin{aligned}
S &\Rightarrow_R^* xAz &\Rightarrow_R& xyz \\
S &\Rightarrow_R^* x'A'z' &\Rightarrow_R& x'y'z' = xyz''
\end{aligned}
$$

Rechtsableitungen mit

$$x'A'z' \neq xAz'' \text{ und } |xy| \leq |x'y'|.$$

Wir zeigen nun die Existenz einer Itemmenge I, die entweder einen Reduce-Reduce-Konflikt oder einen Shift-Reduce-Konflikt enthält.

Wegen $|xy| \leq |x'y'|$ und da $xyz'' = x'y'z'$ gibt es ein Wort $u \in (V \cup \Sigma)^*$ mit

$$xyu = x'y'.$$

▶ 1. Fall: u ist ein Suffix von y' (also $|u| \leq |y'|$), dann ist y' von der Form

$$y' = y''u$$

und $[A' \to y'' \bullet u]$ und $[A \to y\bullet]$ sind gültige Items für $xy = x'y''$.

Wir zeigen nun, dass die genannten Items nicht identisch sind. Angenommen

$$A' = A, \quad y'' = y, \quad u = \varepsilon,$$

dann ist $xy = xyu = x'y'$ und $y' = y''u = y$. Wegen $x'y'z' = xyz'' = x'y'z''$ folgt

$$z' = z''.$$

Hieraus folgt (wegen $y' = y$)

$$x'yz' = x'y'z' = xyz'' = xyz'.$$

Also ist $x' = x$ und somit $x'A'z' = xAz''$.

---

[8]   Wir erhalten also die gewünschte Aussage, wobei die Rollen von (x', y') und (x, y) vertauscht sind.

▶ 2. Fall: y' ist ein echtes Suffix von u (also $|u| > |y'|$), dann ist u von der Form

$$u = sy'$$

für ein $s \in (V \cup \Sigma)^+$. Wegen

$$xyuz' = x'y'z' = xyz''$$

gilt

$$uz' = z'' \in \Sigma^*$$

und somit $u \in \Sigma^+$. Hieraus folgt

$$s \in \Sigma^+.$$

Das Wort s ist also von der Form

$$s = as'$$

für ein $a \in \Sigma$ und $s' \in \Sigma^*$. Weiter gilt:

$$x'y' = xyu = xysy' = xyas'y'.$$

Hieraus ergibt sich:

$$x' = xyas'$$

und

$$x'A'z' = xyas'A'z'.$$

Wir argumentieren nun ähnlich wie im Beweis von Lemma 8.2.25 (Seite 345). Sei

$$S = t_0 \Rightarrow_R t_1 \Rightarrow_R t_2 \Rightarrow_R \ldots \Rightarrow_R t_{m-1} \Rightarrow_R t_m = x'A'z' = xyas'A'z'$$

eine Rechtsableitung für $x'A'z'$.

Seien $x_0, \ldots, x_m \in (V \cup \Sigma)^*$, $B_0, \ldots, B_m \in V$, $z_0, \ldots, z_m \in \Sigma^*$, sodass

$$t_i = x_i B_i z_i, \quad i = 0, 1, \ldots, m - 1.$$

Dann gilt $x_0 = z_0 = \varepsilon$, $B_0 = S$ und $x_m = x'$, $B_m = A'$, $z_m = z'$. Weiter sei $B_j \to y$ die im j-ten Ableitungsschritt angewandte Regel ($j = 0, 1, \ldots, m - 1$). Es gibt einen Index

$$i \in \{0, 1, \ldots, m - 1\},$$

sodass

$$|x_i| \leq |xy| \quad \text{und} \quad |x_j| > |xy|, \quad j = i + 1, i = 2, \ldots, m.$$

Dann ist xya ist Präfix von x_j, $j = i + 1, i + 2, \ldots, m$. Man beachte, dass für $j = i + 1, \ldots, m - 1$ gilt: Im j-ten Ableitungsschritt

$$t_j = x_j B_j z_j \Rightarrow_R x_j y_j z_j = t_{j+1}$$

bleiben (mindestens) die ersten $|xy| + 1$ Zeichen erhalten. Da xya ein Präfix von $t_m = xyas'A'z'$ ist, ist xya ein Präfix aller Wörter $t_{i+1}, \ldots, t_m$.

Wegen $|x_i| \leq |xy| < |x_{i+1}|$, $z_i, z_{i+1} \in \Sigma^*$, $B_i, B_{i+1} \in V$ und

$$t_i = x_i B_i z_i \Rightarrow_R x_i y_i z_i = t_{i+1} = x_{i+1} B_{i+1} z_{i+1}$$

gilt $|z_i| \leq |z_{i+1}|$ und somit

$$|x_i y_i| = |x_i y_i z_i| - |z_i| = |x_{i+1} B_{i+1} z_{i+1}| - |z_i| \geq |x_{i+1} B_{i+1}| > |xy| + 1$$

Also ist y_i von der Form $y_i = u_1 a u_2$, sodass

$$xy = x_i u_1 .$$

Es gilt also

$$S \Rightarrow_R^* t_i = x_i B_i z_i \Rightarrow_R x_i y_i z_i = \underbrace{x_i u_1}_{xy} a u_2 z_i = xy a u_2 z_i .$$

Hieraus folgt

$$[B_i \to u_1 \bullet a u_2] \in \mathit{Items}(xy).$$

Andererseits ist wegen

$$S \Rightarrow_R^* xAz \Rightarrow_R xyz$$

auch

$$[A \to y\bullet] \in \mathit{Items}(xy).$$

Es liegt also ein Shift-Reduce-Konflikt vor. $\square$

8.2.5   DKAs für LR(0)-Grammatiken

Wie zuvor sei $G = (V, \Sigma, \mathcal{P}, S)$ eine LR(0)-Grammatik. Wir beschreiben informell die Arbeitsweise eines DKAs mit

$$\mathcal{L}_\varepsilon(\mathcal{K}) = \mathcal{L}(G).$$

Das Kelleralphabet Γ umfasst die Grammatiksymbole (also die Nichtterminale und die Terminalzeichen) und alle Items von G.

$$\Gamma = V \cup \Sigma \cup \text{Menge aller Items von } G.$$

Der Kellerinhalt ist stets eine *alternierende* Folge

$$I_0 \xi_1 I_1 \xi_2 I_2 \ldots I_{t-1} \xi_t I_t ,$$

bestehend aus Grammatiksymbolen $\xi_i \in V \cup \Sigma$ und Itemmengen I_i. Das Wort

$$v = \xi_1 \xi_2 \ldots \xi_t$$

bildet zusammen mit dem Rest der Eingabe (dem noch nicht gelesenen Suffix $z_?$ des Eingabeworts) dasjenige Wort $vz_?$, für das eine Rechtsableitung zu bestimmen ist. (Mit unseren Bezeichnungen von zuvor ist v das gekellerte Wort; s. Seite 337.) Ist also $w = w_1 z_?$ das Eingabewort, dann ist v dasjenige Wort, für das eine Rechtsableitung $v \Rightarrow_R^* w_1$ bereits konstruiert ist.[9] Die Itemmenge I_i enthält genau diejenigen Items, die für das Wort $\xi_1 \ldots \xi_i$ gültig sind.

$$I_i \;=\; Items(\xi_1 \ldots \xi_i) \;=\; \text{Menge aller gültigen Items für } \xi_1 \ldots \xi_i \,.$$

Der Zustandsraum setzt sich aus einem speziellen Anfangszustand und Hilfszuständen (zur Durchführung der Reduktionsschritte) zusammen. Wir geben diese nicht explizit an.

Die Arbeitsweise von $\mathcal{K}$ ist wie folgt: Initial enthält der Keller nur die Itemmenge $I_0 = Items(\varepsilon)$. Sei

$$I_0 \xi_1 I_1 \ldots I_{t-1} \xi_t I_t$$

der aktuelle Kellerinhalt.

▶   1. Fall: I_t enthält ein Item der Form $[S \to y\bullet]$. Dann wird der Keller entleert. Abhängig davon, ob die Eingabe vollständig gelesen wurde oder nicht, hält $\mathcal{K}$ akzeptierend oder verwerfend an. Die ausgeführte Aktion ist also entweder ACCEPT oder ERROR.

▶   2. Fall: Wenn I_t ein Item der Form $[A \to y\bullet]$ enthält (wobei $A \neq S$), dann ist das Wort y von der Form

$$y = \xi_{i+1}\xi_{i+2} \ldots \xi_t \text{ für ein } i \in \{0,1,\ldots,t\} \,.$$

$\mathcal{K}$ entfernt der Reihe nach die Elemente $I_t, \xi_t, I_{t-1}, \ldots, I_{i+1}, \xi_{i+1}$ aus dem Keller (mit $2|y|$ Pop-Operationen). Das oberste Kellerelement ist dann die Itemmenge I_i. Anschließend wird die Itemmenge

$$J = Items(\xi_1 \ldots \xi_i A) \;=\; \widehat{\delta}(I_i, A)$$

berechnet (siehe Lemma 8.2.31, Seite 353).

■   Ist $J = \emptyset$, dann gibt es keine gültigen Items für das Wort $\xi_1 \ldots \xi_i A$. In diesem Fall hält $\mathcal{K}$ verwerfend an (Aktion ERROR).

■   Andernfalls führt $\mathcal{K}$ die Aktion REDUCE (mit der Regel $A \to y$) aus. Hierzu wird das Nichtterminal A und die Itemmenge J auf den Keller gelegt. Der neue Kellerinhalt ist also

$$I_0 \xi_1 I_1 \ldots I_{i-1} \xi_i I_i A J.$$

---

[9] In der informellen Erläuterung (Seite 337 ff), wie ein LR(0)-Parser arbeitet, haben wir die Itemmengen nicht erwähnt. Aus diesem Grund haben wir vorsichtige Formulierungen wie »der Kellerinhalt gibt Aufschluss über das Wort v« verwendet.

▶ 3. Fall: Die Itemmenge I_t enthält kein Item der Form $[A \to y\bullet]$. Falls die Eingabe zu Ende gelesen ist, hält $\mathcal{K}$ verwerfend an. Andernfalls liest $\mathcal{K}$ das nächste Eingabezeichen und berechnet die Itemmenge

$$J = Items(\xi_1 \ldots \xi_t a) = \widehat{\delta}(I_t, a)$$

(siehe Lemma 8.2.31, Seite 353).

■ Für den Fall, dass $J = \emptyset$, hält $\mathcal{K}$ verwerfend an.

■ Andernfalls ($J \neq \emptyset$) wird das Eingabezeichen a zusammen mit der Itemmenge

$$J = Items(\xi_1 \ldots \xi_t a)$$

auf den Keller gelegt. Der neue Kellerinhalt ist also

$$I_0 \xi_1 I_1 \ldots I_{t-1} \xi_t I_t a].$$

Die Arbeitsweise ist in Algorithmus 8.2.35 (Seite 362) zusammengefasst.

Der folgende Satz belegt die Korrektheit des Verfahrens.

Satz 8.2.36

Sei $G = (V, \Sigma, \mathcal{P}, S)$ eine LR(0)-Grammatik und $w \in \Sigma^*$. Wird der gemäß Algorithmus 8.2.35 (Seite 362) entworfene DKA $\mathcal{K}$ mit dem Eingabewort w gestartet, so gilt:

$$w \in \mathcal{L}(G) \quad gdw \quad w \text{ wird von } \mathcal{K} \text{ akzeptiert.}$$

Beweis: $\mathcal{K}$ akzeptiert das Eingabewort w genau dann, wenn die Eingabe zu Ende gelesen ist und das gekellerte Wort die Form v besitzt, wobei $S \to v$ eine Regel in G ist. In diesem Fall induzieren die in den Reduceschritten angewandten Regeln eine Rechtsableitung.[10] Diese Überlegungen zeigen, dass jedes von $\mathcal{K}$ akzeptierte Wort w eine Rechtsableitung besitzt und damit in der von G generierten Sprache liegt.

Wir zeigen nun, dass umgekehrt für jedes Wort $w \in \mathcal{L}(G)$ eine Rechtsableitung gefunden (und w akzeptiert) wird. Sei

$$S \Rightarrow_R t_1 \Rightarrow_R \ldots \Rightarrow_R t_{m-1} \Rightarrow_R t_m = w$$

eine Rechtsableitung für w. Wir nehmen an, dass die letzten $m - i$ Ableitungsschritte

$$t_i \Rightarrow_R t_{i+1} \Rightarrow_R \ldots \Rightarrow_R t_m = w$$

vom Parser (DKA $\mathcal{K}$) rekonstruiert wurden und zeigen nun, dass der Ableitungsschritt

$$t_{i-1} \Rightarrow_R t_i$$

---

[10] Der LR(0)-Parser findet die einzelnen Ableitungsschritte in umgekehrter Reihenfolge. Dies entspricht der Bottom-Up-Konstruktion des Ableitungsbaums.

Algorithmus 8.2.35   [Schematische Arbeitsweise eines LR(0)-Parsers]

$I_0 := Items(\varepsilon);$

WHILE Keller $\neq \emptyset$ **DO**

(* der aktuelle Kellerinhalt hat die Form $I_0\xi_1 I_1 \dots I_{t-1}\xi_t I_t$, *)
(* wobei $I_i = Items(\xi_1 \dots \xi_i)$
   und $v = \xi_1 \dots \xi_t \in (V \cup \Sigma)^*$ das »gekellerte Wort« ist*)

$I := Top(\text{Keller}); Pop(\text{Keller});$
IF es gibt ein Item der Form $[S \to y\bullet] \in I$ **THEN**
   Entleere den Keller
   IF Eingabe ist zu Ende gelesen **THEN**
      Akzeptiere und halte an   (* ACCEPT *)
   ELSE
      Erstelle eine Fehlermeldung und halte an;   (* ERROR *)
   FI
ELSE
   IF es gibt ein vollständiges Item $[A \to y\bullet] \in I$ **THEN**
      Entferne die obersten $2|y|$ Kellerelemente;
      $I' := Top(\text{Keller});$
      $J := \widehat{\delta}(I', A);$
      IF $J = \emptyset$ **THEN**
         Erstelle eine Fehlermeldung und halte an;   (*ERROR *)
      ELSE
         $Push(\text{Keller}, A);$ (* REDUCE *)
         $Push(\text{Keller}, J);$
      FI
   ELSE
      IF Eingabe ist zu Ende gelesen **THEN**
         Erstelle eine Fehlermeldung und halte an;   (* ERROR *)
      ELSE
         Lese das nächste Eingabezeichen a;
         $J := \widehat{\delta}(I, a);$
         IF $J = \emptyset$
            Erstelle eine Fehlermeldung und halte an;   (* ERROR *)
         ELSE
            $Push(\text{Keller}, a);$ (* SHIFT *)
            $Push(\text{Keller}, J);$
         ENDIF
      FI
   FI
FI
OD

gefunden wird. (Dabei ist $i \in \{m, \ldots, 2\}$.) Sei $A \to y$ diejenige Regel, die im Ableitungsschritt $t_{i-1} \Rightarrow_R t_i$ angewandt wird also

$$t_{i-1} = xAz \text{ und } t_i = xyz \,,$$

wobei $x, y \in (V \cup \Sigma)^*$, $z \in \Sigma^*$. Unmittelbar nach dem $(m - i)$-ten Reduktionsschritt
ist das gekellte Wort v ein Präfix von t_i.

Wir nehmen an, dass xy ein echtes Präfix von v ist und führen diese Annahme zu einem
Widerspruch. Zu einem früheren Zeitpunkt war das gekellte Wort genau xy. Zu diesem
Zeitpunkt wurde ein Reduktionsschritt mit der Regel

$$A \to y$$

ausgeführt. Wir betrachten den *letzten* Zeitpunkt, zu dem das gekellte Wort genau xy
war.

Dann wurde y vom Keller genommen und durch A ersetzt. Insbesondere kann xy nicht
Präfix des gekellten Worts v sein. Widerspruch.

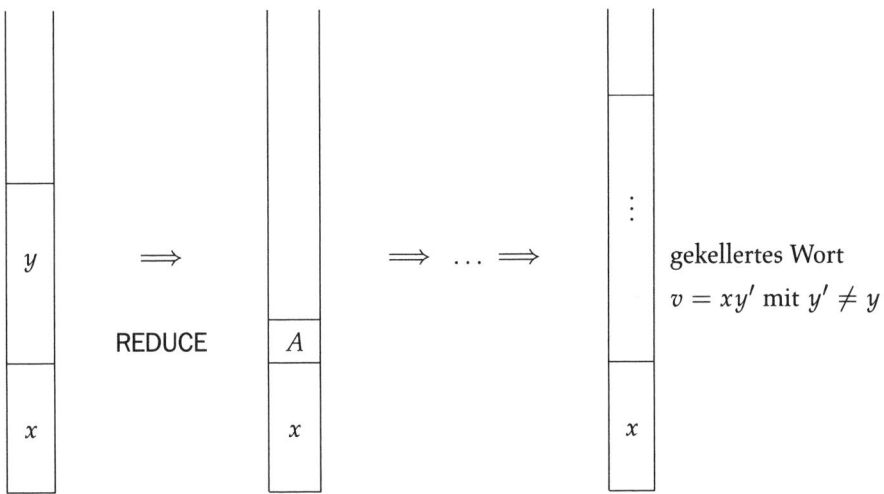

Diese Überlegungen zeigen, dass bei der Bearbeitung von t_i das gekellte Wort v ein
Präfix von xy ist. $\mathcal{K}$ führt also (nach eventuellen Shiftoperationen, die die noch fehlenden
Zeichen von xy auf den Keller legen) einen Reduceschritt mit der Regel $A \to y$ durch.
Somit ist der Ableitungsschritt

$$t_{i-1} \Rightarrow_R t_i$$

gefunden.   □

Beispiel 8.2.37. [LR(0)-Parser] Als Beispiel betrachten wir nochmals die Grammatik

$$S \to C, \ C \to ab \mid aCb$$

und das Eingabewort $aabb$. Vgl. Beispiel 8.2.28 (Seite 347) und Besipiel 8.2.17 (Seite 339). Die Itemmengen wurden in Abbildung 8.2.22 (Seite 343) angegeben.

Die folgende Tabelle skizziert die schrittweise Arbeitsweise für das Wort $aabb$.

Kellerinhalt	Rest der Eingabe	Aktion	angewandtes Item
I_0	$aabb$	SHIFT	—
$I_0 a I_1$	abb	SHIFT	—
$I_0 a I_1 a I_1$	bb	SHIFT	—
$I_0 a I_1 a I_1 b I_3$	b	REDUCE mit der Regel $C \to ab$	$[C \to ab\bullet]$
$I_0 a I_1 C I_2$	b	SHIFT	—
$I_0 a I_1 C I_2 b I_4$	ε	REDUCE mit der Regel $C \to aCb$	$[C \to aCb\bullet]$
$I_0 C I_5$	ε	ACCEPT aufgrund der Regel $S \to C$	$[S \to C\bullet]$

Entsprechend kann man die Arbeitsweise für das Wort abb anhand der Tabelle in Beispiel 8.2.28 auf Seite 349 nachvollziehen.

Kellerinhalt	Rest der Eingabe	Aktion	angewandtes Item
I_0	abb	SHIFT	–
$I_0 a I_1$	bb	SHIFT	–
$I_0 a I_1 b I_3$	b	REDUCE mit der Regel $C \to ab$	$[C \to ab\bullet]$
$I_0 C I_5$	b	ERROR	

Laufzeit

Die gesamte Anzahl an durchgeführten Aktionen für das Eingabewort w ist durch

$$\mathcal{O}(|w|)$$

beschränkt.

Für die Shiftoperationen ist diese Beschränkung klar, da höchstens $|w|$ Eingabezeichen gelesen werden.

Für die Reduceoperationen ist die Argumentation aufwändiger. Wir unterscheiden zwei Arten von Reduceoperationen:

▶ verkürzende Reduceoperationen, in denen entweder mit einer Regel

$$A \to y_1 y_2$$

reduziert wird, sodass $y_1 \Rightarrow_R^* z_1$ und $y_2 \Rightarrow_R^* z_2$, wobei $z_1, z_2 \in \Sigma^+$, oder mit einer Terminalregel der Form

$$A \to a \; ;$$

▶ Ketten bildende Reduceoperationen, in denen mit einer Regel $A \to B$ mit $B \in V$ reduziert wird.

Da LR(0)-Grammatiken eindeutig sind, kann es keine Zyklen

$$A_0 \to A_1, \quad A_1 \to A_2, \ldots, A_{k-1} \to A_k, \quad A_k \to A_0,$$

gebildet aus Kettenregeln geben. Daher können zwischen je zwei verkürzenden Reduceoperationen höchstens $\mathcal{O}(|V|)$ Ketten bildende Reduceoperationen stattfinden. Wenn wir die LR(0)-Grammatik als fest annehmen, dann ist $|V|$ eine Konstante.

Die Gesamtanzahl an durchgeführten Reduceoperationen ist $\mathcal{O}(|w|)$. Dies ist wie folgt einsichtig. Wir ignorieren im Folgenden die Ketten bildenden Reduceoperationen (da diese die Länge des gekellerten Worts unverändert lassen) und nehmen an, dass für das Eingabewort w der Reihe nach

▶ i_1 Shiftoperationen, j_1 verkürzende Reduceoperationen,

▶ i_2 Shiftoperationen, j_2 verkürzende Reduceoperationen,

▶ $\ldots$

▶ i_r Shiftoperationen, j_r verkürzende Reduceoperationen

stattfinden. Man beachte, dass $\sum_l i_l$ die Gesamtanzahl an durchgeführten Shiftoperationen ist. Diese ist durch die Länge des Eingabeworts beschränkt. (Insbesondere gibt es maximal $\mathcal{O}(|w|)$ alternierende Phasen von Shift- und Reduceoperationen.)

Da jede verkürzende Reduceoperation die Länge des gekellerten Worts um mindestens 1 verringert, gilt:

$$j_1 \leq i_1, \quad j_2 \leq (i_1 - j_1) + i_2, \ldots, j_r \leq (i_1 - j_1) + (i_2 - j_2) + \ldots + (i_{r-1} - j_{r-1}) + i_r \;.$$

Damit ergibt sich für die Gesamtanzahl an verkürzenden Reduceoperationen:

$$\sum_{l=1}^{r} j_l = \sum_{l=1}^{r-1} j_l + j_r$$

$$\leq \sum_{l=1}^{r-1} j_l + \sum_{l=1}^{r} i_l - \sum_{l=1}^{r-1} j_l$$

$$= \sum_{l=1}^{r} i_l \leq |w|.$$

Terminierung

Natürlich erwarten wir von einem Compiler, dass er auch bei einem syntaktisch fehlerhaften Programm terminiert. Tatsächlich kann die Aussage von Satz 8.2.36 (Seite 361) dahingehend verschärft werden, dass jedes Wort

$$w \notin \mathcal{L}(G)$$

vom LR(0)-Parser (DKA $\mathcal{K}$) verworfen wird. Die Argumentation, warum der Parser für jedes Eingabewort (akzeptierend oder verwerfend) anhält, ergibt sich aus der oben skizzierten Laufzeitanalyse, in der nachgewiesen wurde, dass höchstens $\mathcal{O}(|w|)$ Shift- und Reduceschritte ausgeführt werden.

Darüber hinaus erwarten wir, dass der Parser im Fehlerfall eine aussagekräftige Fehlermeldung (anstelle der wenig hilfreichen Antwort »das Programm wird verworfen«) ausgibt. Erläuterungen, wie solche Fehlermeldungen erstellt werden, gehen über die Inhalte dieses Buchs hinaus und können in der Literatur zum Thema Compilerbau nachgelesen werden.

LR(0)-Grammatiken und deterministisch kontextfreie Sprachen

Es ist klar, dass das in Algorithmus 8.2.35 (Seite 362) skizzierte Verfahren durch einen DKA mit der Akzeptanzbedingung »leerer Keller« realisiert werden kann. Wir erhalten damit folgenden Satz:

Satz 8.2.38

Zu jeder LR(0)-Grammatik G gibt es einen DKA $\mathcal{K}$ mit $\mathcal{L}_\varepsilon(\mathcal{K}) = \mathcal{L}(G)$.

Wir erwähnen ohne Beweis, dass auch die Umkehrung von Satz 8.2.38 gilt, also dass zu jedem DKA $\mathcal{K}$ eine LR(0)-Grammatik konstruiert werden kann, die genau die Sprache $\mathcal{L}_\varepsilon(\mathcal{K})$ erzeugt. Zusammen mit Satz 8.1.10 (Seite 322) erhalten wir folgendes Resultat:

Satz 8.2.39

Sei L eine Sprache. Dann sind folgende Aussagen äquivalent:

(a) $L = \mathcal{L}_{\varepsilon}(\mathcal{K})$ für einen DKA $\mathcal{K}$.

(b) L ist deterministisch kontextfrei und hat die Präfixeigenschaft.

(c) $L = \mathcal{L}(G)$ für eine LR(0)-Grammatik G.

8.3 LR(k)-Grammatiken

Den meisten Programmiersprachen liegt eine kontextfreie Sprache mit der Präfixeigenschaft zu Grunde. Daher sind LR(0)-Parser »prinzipiell« ausreichend, um die syntaktische Analyse vorzunehmen. Dennoch greift man für praktische Anwendungen im Allgemeinen nicht auf LR(0)-Grammatiken zurück, da für diese der zugehörige DEA für die gültigen Items extrem groß ist. Stattdessen weicht man auf Varianten von LR(0)-Grammatiken aus, für die ein Parser konzipiert werden kann, der einem LR(0)-Parser sehr ähnelt, jedoch mit einem im Allgemeinen kleineren DEA für die gültigen Items auskommt.

Die Grundidee besteht im Wesentlichen darin, dem Parser jeweils k noch nicht bearbeitete Zeichen der Eingabe zur Verfügung zu stellen. Dieses sog. *Lookahead* wird von dem Parser eingesetzt, um die Entscheidung, welche Aktion (Reduktion, Shift, Akzeptanz oder Verwerfen der Eingabe) ausgeführt wird, zu fällen. Die zu Grunde liegenden Grammatiken nennt man LR(k)-Grammatiken.

In diesem Abschnitt skizzieren wir in groben Zügen, wie die Bottom-Up-Syntaxanalyse für LR(k)-Grammatiken ausgeführt wird. Wir verzichten auf viele technische Details und Beweise der Aussagen. Diese können zum Beispiel in [AU72, Cha87, WM92, Weg93, Blu98] nachgelesen werden.

8.3.1 Die LR(k)-Bedingung

Die formale Definition von LR(k)-Grammatiken und des Lookaheads (das der Parser benutzen darf, um die Entscheidung zu fällen, welche Aktion durchzuführen ist) benutzt folgende Bezeichnung:

Bezeichnung 8.3.1. [Die Präfixfunktion] Sei k eine natürliche Zahl $k \geq 1$. Weiter sei

$$z = a_1 \ldots a_n \in \Sigma^*$$

(wobei $a_1, \ldots, a_n \in \Sigma$). Wir definieren das k-te Präfix von z wie folgt:

$$z[k] = \begin{cases} z & : \text{ falls } |z| = n \leq k \\ a_1 \ldots a_k & : \text{ falls } |z| = n > k. \end{cases}$$

$z[k]$ bezeichnet also das längste Präfix von z der Länge $\leq k$. ∎

Zum Beispiel gilt für $\Sigma = \{0,1\}$ und $z = 010$: $z[1] = 0$, $z[2] = 01$ und

$$z[3] = z[4] = z[5] = \ldots = 010 = z.$$

Die LR(k)-Bedingung schwächt die LR(0)-Bedingung dahingehend ab, dass für jede Rechtsableitung

$$S \Rightarrow_R^* xAz \Rightarrow_R xyz$$

das Präfix $z[k]$ von z berücksichtigt wird. Intuitiv steht z für den noch bearbeiteten Teil der Eingabe. Das Präfix $z[k]$ steht für das Lookahead, das der Parser benutzen darf, um zu entscheiden, welche Aktion auszuführen ist. In LR(k)-Grammatiken wird gefordert, dass alle Rechtssatzformen der Form xyz, für die das k-te Präfix von z übereinstimmt, denselben Griff und dieselbe zugehörige Regel haben.

Definition 8.3.2 [LR(k)-Grammatik]

Sei $G = (V, \Sigma, \mathcal{P}, S)$ eine KFG und k eine natürliche Zahl. G heißt LR(k)-Grammatik, falls für alle z, z', $z'' \in \Sigma^*$, y, x, $x \in (V \cup \Sigma)^*$ und A, $A' \in V$ gilt:

$$\left. \begin{array}{lll} S & \Rightarrow_R^* \; xAz & \Rightarrow_R \; xyz \\ S & \Rightarrow_R^* \; x'A'z' & \Rightarrow_R \; xyz'' \\ z[k] = z''[k] \end{array} \right\} \implies x = x' \, , \; A = A', \; z' = z''.$$

Weiter wird vorausgesetzt, dass G keine nutzlosen Variablen enthält und dass das Startsymbol S in keiner Regel von G auf der rechten Seite vorkommt.

Zusatz zu Definition 8.3.2. Wie für LR(0)-Grammatiken machen wir die zusätzliche Annahme, dass LR(k)-Grammatiken keine ε-Regeln enthalten. ∎

Für $k = 0$ ergibt sich offenbar die LR(0)-Bedingung. (Beachte: Alle Wörter $z \in \Sigma^*$ haben dasselbe 0-te Präfix, nämlich $z[0] = \varepsilon$.)

Beispiel 8.3.3. [LR(1)-Grammatik] Die Grammatik G mit den Regeln

$$S \rightarrow Ab \quad A \rightarrow a \mid aA$$

erzeugt die Sprache $\{a^n b : n \geq 1\}$.

Sie erfüllt die LR(1)-Bedingung, aber nicht die LR(0)-Bedingung. Zunächst machen wir uns klar, dass die LR(0)-Bedingung verletzt ist. Es gilt

$$S \;\Rightarrow_R^* \quad aAb \quad \Rightarrow_R \quad \underbrace{aa}_{xy}\,b \quad = \quad xyb$$

$$S \;\Rightarrow_R^* \quad aaA\underbrace{\,b\,}_{z'} \quad \Rightarrow_R \quad \underbrace{aa}_{xy}\,\underbrace{ab}_{z''} \quad = \quad xyab\,.$$

Mit $z' = b$, $z'' = ab$ sieht man, dass die LR(0)-Bedingung verletzt ist. Vgl. Def. 8.2.5 (Seite 329). Intuitiv liegt die Problematik für einen LR(0)-Parser darin, dass er für das gekellerte Wort aa nicht wissen kann, ob er mit der Regel $A \to a$ reduzieren oder das nächste Zeichen lesen (um später mit $A \to aA$ zu reduzieren) soll. In der Tat sind die LR(0)-Items

$$[A \to a\bullet] \text{ und } [A \to a \bullet A]$$

für aa gültig.

G ist jedoch eine LR(1)-Grammatik. Mit dem Lookahead der Länge $k = 1$ kann man eindeutig feststellen, ob für das gekellerte Wort aa ein Reduktionsschritt mit der Regel $A \to a$ durchzuführen ist (nämlich dann, wenn das Lookahead ein b ist) oder ob eine Shiftoperation durchzuführen ist (nämlich dann, wenn das Lookahead ein a ist) oder ob die Eingabe zu verwerfen ist (wenn das Lookahead ε ist).

Diese intuitive Erläuterung kann man formal durch Inspektion der Rechtsableitungen für die Wörter

$$aab = xyz \text{ und } aaab = xyz'' \text{ mit } x = a, \ y = a, \ z = b \text{ und } z'' = ab$$

nachvollziehen. Wegen

$$z[1] = b \neq ab = z''[1]$$

ergibt sich *kein* Widerspruch zur LR(1)-Bedingung. Eine entsprechende Begründung kann man für alle aus G erzeugbaren Rechtssatzformen geben. ∎

Beispiel 8.3.4. [LR(1)-Grammatik] Wir betrachten die Grammatik G_1 für die Sprache

$$\{ab^{2n+1}c : n \geq 0\}$$

aus Beispiel 8.2.10 (Seite 332) mit den Regeln

$$S \to aAc, \quad A \to bbA \ \Big| \ b\,.$$

Wir hatten gesehen, dass G_1 keine LR(0)-Grammatik ist. Jedoch ist G_1 eine LR(1)-Grammatik. Für den Nachweis der LR(1)-Bedingung betrachten wir die Rechtssatzformen von G_1. Diese sind von der Form

$$S, \quad aAc, \quad ab^{2n}bbAc, \quad ab^{2n+1}c.$$

Für die Rechtssatzform der Form aAc kommt nur die Regel $S \rightarrow aAc$ für eine Reduktion in Frage. Entsprechend stellt die Regel $A \rightarrow bbA$ die einzige Reduktionsmöglichkeit für die Wörter $ab^{2n}bbAc$ dar.

Die kritischen Rechtssatzformen sind von der Form $ab^i z$ (wobei $i \geq 0$).

▶ Beginnt z mit einem b (d.h. gilt $z[1] = b$), so liegt der Griff in z. In diesem Fall ist $A \rightarrow bbA$ die einzige Reduktionsmöglichkeit.

▶ Andernfalls ist $z = z[1] = c$ und das letzte b in b^i bildet den Griff in $xyz = ab^i z$. In diesem Fall kann nur mit der Regel $A \rightarrow b$ reduziert werden. ∎

Man beachte, dass eine LR(k)-Grammatik stets zugleich eine LR($k-1$)-Grammatik (für $k \geq 1$) ist, jedoch folgt nicht die Umkehrung. Dies wurde durch die beiden vorangegangenen Beispiele belegt.

Aus der LR(k)-Bedingung ergibt sich, dass es zu jedem aus einer LR(k)-Grammatik erzeugbaren Wort genau eine Rechtsableitung und damit genau einen Ableitungsbaum gibt. Wir erhalten:

Satz 8.3.5

LR(k)-Grammatiken sind eindeutig.

Bevor wir die Grobideen eines LR(k)-Parsers erläutern, erwähnen wir folgendes fundamentale Ergebnis, das die Ausdrucksstärke von LR(k)-Grammatiken (für beliebiges k) belegt.

Satz 8.3.6

Die Klasse der deterministisch kontextfreien Sprachen stimmt für jedes $k \in \mathbb{N}_{\geq 1}$ mit der Klasse der durch LR(k)-Grammatiken erzeugten Sprachen überein.

(ohne Beweis)

Weiter erwähnen wir (ebenfalls ohne Beweis), dass zwar für *festes k* entscheidbar ist, ob eine gegebene kontextfreie Grammatik G eine LR(k)-Grammatik ist, jedoch nicht die Frage, ob für eine vorliegende KFG die erzeugte Sprache deterministisch kontextfrei ist.

8.3.2 LR(k)-Items

LR(k)-Parser arbeiten nach einem sehr ähnlichen Prinzip wie LR(0)-Parser. Der wesentliche Unterschied zu einem LR(0)-Parser besteht darin, dass der jeweils nächste auszuführende Schritt nicht alleine durch den Kellerinhalt bestimmt ist, sondern auch von den nächsten k Zeichen des Eingabeworts (dem Lookahead der Länge k). Der zu

Abbildung 8.3.7

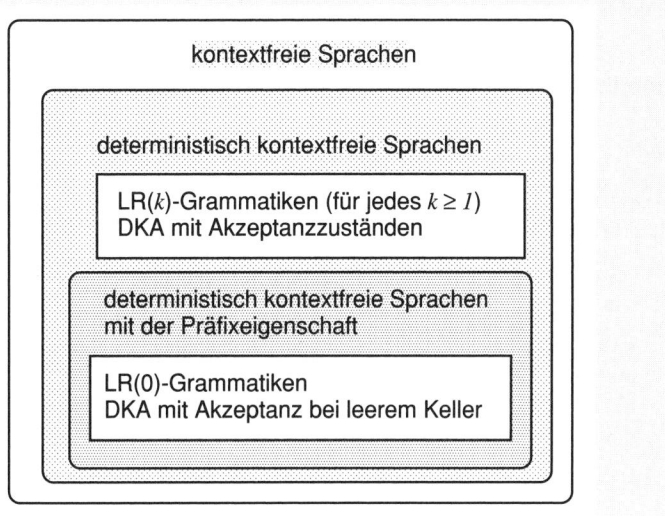

Grunde liegende Algorithmus lehnt an der Arbeitsweise eines DKAs mit der Akzeptanz-bedingung »leerer Keller« an.

Diese Vorgehensweise beruht auf Lemma 8.1.12 (Seite 323), das es erlaubt, eine determi-nistisch kontextfreie Sprache durch eine »ähnliche« deterministisch kontextfreie Sprache mit der Präfixeigenschaft zu ersetzen. Liegt eine Grammatik vor, für die die erzeugte Sprache die Präfixeigenschaft nicht hat, dann kann der LR(k)-Parser ein Sonderzeichen $ an das Eingabewort hängen. Die vorliegende LR(k)-Grammatik wird (gedanklich) durch ein neues Startsymbol S' und die Regel

$$S' \rightarrow S\$$$

erweitert, sodass die Sprache $\mathcal{L}(G)\$$ erzeugt wird.

Wir vernachlässigen im Folgenden diese Details und gehen von einer festen LR(k)-Grammatik $G = (V, \Sigma, \mathcal{P}, S)$ aus, deren erzeugte Sprache die Präfixeigenschaft hat.

Wie im Falle von LR(0)-Grammatiken sind die Kellerinhalte jeweils alternierende Folgen

$$I_0 \xi_1 I_1 \xi_2 I_2 \ldots I_{t-1} \xi_t I_t,$$

wobei $\xi_1 \ldots \xi_t$ ein Wort, gebildet aus den Grammatiksymbolen

$$\xi_i \in V \cup \Sigma,$$

ist. Das Wort $v = \xi_1 \ldots \xi_t$ repräsentiert dasjenige Wort, für das eine Rechtsableitung

$$v \Rightarrow_R^* w_1$$

bereits konstruiert ist, wobei w_1 für das bereits bearbeitete Präfix des Eingabeworts steht. (Mit unseren Bezeichnungen steht v für das »gekellerte Wort«; s. Seite 337.) $I_0, I_1, \ldots, I_t$

sind Mengen, bestehend aus punktierten Produktionen, mit jeweils einem möglichen Lookahead der Länge k.

Definition 8.3.8 [LR(k)-Items]

Sei G eine LR(k)-Grammatik, $k \geq 1$, $u \in \Sigma^*$ mit $|u| \leq k$. Weiter sei $A \rightarrow y$ eine Regel in G und $y = y_1 y_2$.

Das Tupel (A, y_1, y_2, u) wird *LR(k)-Item* von G genannt. Üblich ist die Schreibweise

$$[A \rightarrow y_1 \bullet y_2, u],$$

falls (A, y_1, y_2, u) ein LR(k)-Item von G ist. Ist $v \in (V \cup \Sigma)^*$, dann heißt

$$[A \rightarrow y_1 \bullet y_2, u] \quad \textit{gültig} \text{ für } v,$$

wenn es eine Rechtsableitung

$$S \Rightarrow_R^* xAz \Rightarrow_R xy_1 y_2 z$$

mit

$$u = z[k] \quad \text{und} \quad v = xy_1$$

gibt. Wir schreiben $Items_k(v)$ für die Menge aller für v gültigen LR(k)-Items.

Im Folgenden nehmen wir ein festes $k \geq 1$ an und sprechen kurz von Items anstelle von LR(k)-Items.

Intuitiv steht $[A \rightarrow y_1 \bullet y_2, u]$ für eine Situation, in der das Wort y_1 ein Suffix des gekellerten Worts und u ein mögliches Lookahead nach der Reduktion mit der Regel $A \rightarrow y_1 y_2$ ist.

Beispiel 8.3.9. [LR(1)-Items] Wir betrachten die LR(1)-Grammatik mit den Regeln

$$S \rightarrow Ab \quad A \rightarrow a \;\Big|\; aA$$

aus Beispiel 8.3.4 (Seite 369). Beispiele für Itemmengen sind in Abbildung 8.3.10 (Seite 373) angegeben. ■

Berechnung der Itemmengen

Wie im Falle $k = 0$ geben wir eine rekursive Charakterisierung für die Mengen $Items_k(v)$ an, die als Berechnungsvorschrift eingesetzt werden kann.

Bezeichnung 8.3.11. [k-Lookahead-Mengen] Sei $G = (V, \Sigma, \mathcal{P}, S)$ eine LR(k)-Grammatik. Weiter sei $x \in (V \cup \Sigma)^*$.

$$First_k(x)$$

Abbildung 8.3.10 LR(1)-Items für die KFG mit den Regeln $S \to Ab, A \to a \mid aA$

	für v gültige LR(1)-Items	v
I_0	$[S \to \bullet Ab, \varepsilon]$	
	$[A \to \bullet a, b]$,	ε
	$[A \to \bullet aA, b]$	
I_1	$[A \to a\bullet, b]$,	
	$[A \to a \bullet A, b]$	a
	$[A \to \bullet a, b]$,	aa
	$[A \to \bullet aA, b]$	
I_2	$[S \to A \bullet b, \varepsilon]$	A
I_3	$[A \to aA\bullet, b]$	aA
I_4	$[S \to Ab\bullet, \varepsilon]$	Ab

bezeichnet die Menge aller Wörter $w \in \Sigma^*$, sodass

▶ entweder $|w| \leq k$ und $x \Rightarrow^* w$

▶ oder $|w| = k$ und $x \Rightarrow^* wy$ für ein $y \in (V \cup \Sigma)^+$.

Man nennt $First_k(x)$ das k-Lookahead (oder die Vorausschaumenge) von x. ∎

Bemerkung 8.3.12. Für $z \in \Sigma^*$ gilt offenbar $First_k(z) = \{z[k]\}$. ∎

Beispiel 8.3.13. [Lookahead-Mengen] Für die Grammatik mit den Regeln

$$S \to Ab \qquad A \to a \,\Big|\, aA$$

ist

$$First_1(S) = \{a\}, \qquad\qquad (\text{z. B. } S \Rightarrow_R Ab \Rightarrow_R \underbrace{a}_{w} \underbrace{b}_{y})$$

$$First_2(S) = \{aa, ab\},$$
$$First_3(S) = \{aaa, aab, ab\}.$$

Ebenso ist $First_1(A) = \{a\}$, $First_2(A) = \{a, aa\}$. ∎

Lemma 8.3.14

Die Menge $Items_k(v)$ sind die kleinsten Mengen, sodass folgende Eigenschaften erfüllt sind.

(1) Alle Items der Form $[S \to \bullet y, \varepsilon]$ liegen in $Items_k(\varepsilon)$.

(2) Ist $[A \to y_1 \bullet ay_2, u] \in Items_k(v)$, so ist $[A \to y_1a \bullet y_2, u] \in Items_k(va)$.

(3) Ist $[A \to y_1 \bullet By_2, u] \in Items_k(v)$, so ist $[A \to y_1B \bullet y_2, u] \in Items_k(vB)$.

(4) Ist $[A \to y_1 \bullet By_2, u] \in Items_k(v)$ und $x \in First_k(y_2u)$, dann liegen alle Items der Form

$$[B \to \bullet y, x]$$

in $Items_k(v)$.

Dabei sind $A, B \in V$, v, y_1, $y_2 \in (V \cup \Sigma)^*$ und $a \in \Sigma$.

Beweis: Dieser Beweis gilt analog zum Beweis von Lemma 8.2.29 (Seite 349).   □

Wie für LR(0)-Grammatiken kann man über den Umweg eines ε-erweiterten NEAs einen DEA angeben, mit dessen Übergangsfunktion $\widehat{\delta}$ sich die Itemmengen bestimmen lassen.

8.3.3   Die Parsetabellen

Um wiederholte Berechnungen während des Worterkennungsprozesses zu vermeiden, werden (vor der Wortanalyse) zwei Tabellen erstellt. Auch wenn die Erstellung der Tabellen recht aufwändig ist, so müssen die Parsetabellen für jede LR(k)-Grammatik nur *einmalig* erzeugt werden. Beide Tabellen können für alle Eingabewörter verwendet werden. (Diese Parsetabellen können (und sollten) selbstverständlich auch für LR(0)-Grammatiken eingesetzt werden.)

Die GOTO-Tabelle

Die GOTO-Tabelle stellt die Übergangsfunktion $\widehat{\delta}$ des für die gültigen Itemmengen konstruierten DEAs dar. Für $\Sigma = \{a_1, \ldots, a_n\}$, $V = \{S, A_1, \ldots, A_m\}$ hat sie die Gestalt:

	a_1	...	a_n	A_1	...	A_m
I_0	I_1		ERROR	I_8		I_0
I_1	I_1		I_2	ERROR		I_4
I_2	ERROR		I_2	ERROR		I_6
I_3	ERROR		ERROR	ERROR		ERROR
I_4	I_5		ERROR	I_{17}		ERROR
$\vdots$	$\vdots$	$\vdots$	$\vdots$	$\vdots$	$\vdots$	$\vdots$

Dabei ist $I_0, I_1, I_2, \ldots$ eine Nummerierung der für wenigstens ein Wort $v \in (V \cup \Sigma)^*$ gültigen Itemmengen. Der Eintrag ERROR in der GOTO-Tabelle entspricht dem Funktionswert $\widehat{\delta}(\cdot) = \emptyset$.

Die Aktionstabelle

Die Aktionstabelle gibt Aufschluss, welche der Aktionen SHIFT, REDUCE, ACCEPT oder ERROR auszuführen ist. Sie enthält für jede Itemmenge I und mögliches Lookahead u einen Eintrag über die auszuführende Aktion. Sie ist für $k = 1$ und $\Sigma = \{a_1, \ldots, a_n\}$ von der Gestalt:

	a_1	...	a_n	ε
I_0	REDUCE (Regel $A \to aB$)	...	ERROR	SHIFT
I_1	ACCEPT (Regel $S \to aAa$)	...	ERROR	ERROR
I_2	ERROR	...	SHIFT	SHIFT
I_3	ERROR	...	REDUCE (Regel $B \to ab$)	ERROR
I_4	SHIFT	...	ERROR	REDUCE (Regel $B \to b$)
$\vdots$	$\vdots$	$\vdots$	$\vdots$	$\vdots$

Beachte: Im Fall $k = 0$ entfällt das Lookahead. In diesem Fall besteht die Aktionstabelle lediglich aus Einträgen der Form:

Itemmenge	Aktion
I_0	SHIFT
I_1	ERROR
I_2	SHIFT
I_3	SHIFT
I_4	ACCEPT (Regel $S \rightarrow aAa$)
I_5	REDUCE (Regel $A \rightarrow y$)
I_6	SHIFT
$\vdots$	$\vdots$

Die Einträge der Aktionstabelle ergeben sich wie folgt: Ist I die aktuelle Itemmenge und u das aktuelle Lookahead, dann ergibt sich die Aktion wie folgt:

▶ ACCEPT: falls es ein Item $[S \rightarrow y\bullet, \varepsilon] \in I$ gibt und $u = \varepsilon$,

▶ REDUCE: falls es ein Item $[A \rightarrow y\bullet, u] \in I$ mit $A \neq S$ gibt,

▶ SHIFT: falls es ein Item $[A \rightarrow y_1 \bullet y_2, v] \in I$ gibt, sodass $y_2 \neq \varepsilon$ und $u \in First_k(y_2 v)$,

▶ ERROR: in allen anderen Fällen.

Da wir eine LR(k)-Grammatik ohne ε-Regeln voraussetzen, gilt für $k = 1$: Die Shiftoperation wird genau dann ausgeführt, wenn es ein unvollständiges Item $[A \rightarrow y_1 \bullet y_2, v] \in I$ gibt, sodass $u \in First_1(y_2)$.

Beispiel 8.3.15. [LR(0)-Parsetabellen] Wir betrachten erneut die Grammatik

$$S \rightarrow C \qquad C \rightarrow ab \,\big|\, aCb$$

aus den Beispielen 8.2.9, 8.2.17 und 8.2.21 (Seite 332, 339 und 342). Die GOTO-Tabelle hat die Gestalt:

	a	b	C
I_0	I_1	ERROR	I_5
I_1	I_1	I_3	I_2
I_2	ERROR	I_4	ERROR
I_3	ERROR	ERROR	ERROR
I_4	ERROR	ERROR	ERROR
I_5	ERROR	ERROR	ERROR

Die Aktionstabelle ist:

	Aktion
I_0	SHIFT
I_1	SHIFT
I_2	SHIFT
I_3	REDUCE mit $C \to ab$
I_4	REDUCE mit $C \to aCb$
I_5	ACCEPT

■

Beispiel 8.3.16. [LR(1)-Parsetabellen] Wir betrachten die LR(1)-Grammatik mit den Regeln

$$S \to Ab, \quad A \to a \mid aA .$$

Vgl. Beispiel 8.3.4 (Seite 369). Die Itemmengen wurden in Abbildung 8.3.10 (Seite 373) angegeben. Die GOTO-Tabelle ist:

	A	a	b
I_0	I_2	I_1	ERROR
I_1	I_3	I_1	ERROR
I_2	ERROR	ERROR	I_4
I_3	ERROR	ERROR	ERROR
I_4	ERROR	ERROR	ERROR

Die Aktionstabelle hat folgende Gestalt:

	a	b	ε
I_0	SHIFT	ERROR	ERROR
I_1	SHIFT	REDUCE mit $A \to a$	ERROR
I_2	ERROR	SHIFT	ERROR
I_3	ERROR	REDUCE mit $A \to aA$	ERROR
I_4	ERROR	ERROR	ACCEPT

■

Mit ähnlichen Argumenten, wie sie im Beweis von Lemma 8.2.26 (Seite 346) benutzt wurden, kann man zeigen, dass die LR(k)-Bedingung Reduce-Reduce-Konflikte ausschließt. Das heißt wenn $[A \to y\bullet, u]$ ein gültiges Item für v ist, dann gibt es *kein* anderes für v gültiges, vollständiges Item $[A' \to y'\bullet, u']$.

8.3.4 Der LR(k)-Parser

Die prinzipielle Vorgehensweise eines LR(k)-Parsers unterscheidet sich kaum von der in Algorithmus 8.2.35 (Seite 362) angegebenen Methode. Welche Aktion auszuführen ist bzw. welche Itemmengen auf den Keller zu legen sind, ergibt sich jeweils aus der Aktions- bzw. GOTO-Tabelle. Die wesentlichen Schritte sind wie folgt:

(0) Initialisiere den Keller mit $I_0 = \mathit{Items}_k(\varepsilon)$.

(1) Bestimme das aktuelle Lookahead u und das oberste Kellersymbol I.

(2) Ermittle den Eintrag für (u, I) in der Aktionstabelle.

   ▶ Ist die eingetragene Aktion gleich ACCEPT, dann halte akzeptierend an.

   ▶ Ist die eingetragene Aktion gleich ERROR, dann gib eine Fehlermeldung aus und halte an.

   ▶ Ist die eingetragene Aktion gleich SHIFT oder REDUCE, dann führe die betreffende Aktion aus (s. unten).

(3) Gehe zu Schritt (1).

Die Aktionen SHIFT und REDUCE lassen sich wie beim LR(0)-Parser realisieren.

▶ SHIFT: Ist I das oberste Kellersymbol, dann wird mit der Aktion SHIFT das nächste Eingabezeichen a gelesen und auf den Keller gelegt.

   ■ Ist GOTO(I, a) $\neq$ ERROR, dann wird GOTO(I, a) auf den Keller gelegt.

   ■ Ist GOTO(I, a) $=$ ERROR, dann hält der Parser mit einer Fehlermeldung an.

▶ REDUCE: Die Ausführung der Aktion REDUCE mittels einer Regel $A \to y$ bewirkt $2|y|$ Pop-Operationen. Sei J das oberste Kellersymbol (nach Ausführung der Pop-Operationen).

   ■ Ist GOTO(J, A) $\neq$ ERROR, dann werden A und GOTO(J,A) auf den Keller gelegt.

   ■ Ist GOTO(J, A) $=$ ERROR, dann hält der Parser mit einer Fehlermeldung an.

Beispiel 8.3.17. [LR(1)-Parser] Wir betrachten die LR(1)-Grammatik mit den Regeln

$$S \to Ab, \quad A \to a \mid aA \,.$$

Vgl. Beispiel 8.3.4 (Seite 369) und Abbildung 8.3.10 (Seite 373). Die Parsetabellen wurden in Beispiel 8.3.16 (Seite 377) angegeben.

Für das Eingabewort $w = aab$ ergibt sich damit folgende Vorgehensweise des LR(1)-Parsers.

Kellerinhalt	Aktion	Rest der Eingabe
I_0	SHIFT	aab
$I_0 a I_1$	SHIFT	ab
$I_0 a I_1 a I_1$	REDUCE mit $A \to a$	b
$I_0 a I_1 A I_3$	REDUCE mit $A \to aA$	b
$I_0 A I_2$	SHIFT	b
$I_0 A I_2 b I_4$	ACCEPT	ε

Die für das akzeptierte Wort aab konstruierte Rechtsableitung ergibt sich aus der umgekehrten Reihenfolge der Regeln, die in den Reduceschritten angewandt wurden:

$$S \Rightarrow_R Ab \Rightarrow_R aAb \Rightarrow_R aab \, .$$

Für das Eingabewort $w = aba$ erhalten wir dagegen folgende verwerfende Berechnung:

Kellerinhalt	Aktion	Rest der Eingabe
I_0	SHIFT	aba
$I_0 a I_1$	REDUCE mit $A \to a$	ba
$I_0 A I_2$	SHIFT	ba
$I_0 A I_2 b I_4$	ERROR	a

Die Eingabe wird verworfen, da für die Itemmenge I_4 der Eintrag in der Aktions-Tabelle für das Lookahead a ERROR ist. ∎

Man kann nachweisen, dass die Anzahl an Aktionen, die ein LR(k)-Parser für das Eingabewort w durchführt, durch $\mathcal{O}(|w|)$ beschränkt ist. Damit erhalten wir:

Satz 8.3.18

Die Anzahl an Schritten, die ein LR(k)-Parser zur Bearbeitung eines Worts $w \in \Sigma^*$ der Länge n benötigt, ist $\mathcal{O}(n)$.   (ohne Beweis)

Das Wortproblem ist für LR(k)-Grammatiken also in linearer Zeit lösbar. Dabei berücksichtigen wir lediglich die Länge des Eingabeworts.[11] Für reale Anwendungen heißt das, dass die Syntaxanalyse nur linearen Aufwand in der Länge des Programms erfordert.

---

[11] Wie bereits erwähnt, ist die Erstellung der Parsetabellen zwar ein aufwändiger Prozess, dennoch muss sie für jede LR(k)-Grammatik nur einmal durchgeführt werden. Insofern ist es gerechtfertigt, die Kosten für die Generierung der GOTO- und Aktionstabelle für das Wortproblem zu ignorieren.

8.4 Übungen

Beweisen Sie Lemma 8.1.12, Seite 323.

Gegeben ist folgende KFG G.

$$S \rightarrow A, \quad A \rightarrow aAa \mid bAb \mid \$$$

(a) Zeigen Sie, dass G die LR(0)-Bedingung erfüllt und die Sprache $\{w\$w^R : w \in \{a, b\}^*\}$ erzeugt.

(b) Skizzieren Sie den DFA für die LR(0)-Items und die Arbeitsweise des LR(0)-Parsers für die Eingabewörter

$$w = ab\$ba, \quad w' = ab\$b.$$

Betrachten Sie folgende KFG G mit dem Terminalalphabet

$$\Sigma = \{a, b, d, e, »;«\}$$

und dem Produktionssystem:

$$\begin{aligned}
S &\rightarrow bD; Ae \\
D &\rightarrow D; d \mid d \\
A &\rightarrow a; A \mid a.
\end{aligned}$$

(a) Zeigen Sie, dass G eine LR(1)-Grammatik ist, aber keine LR(0)-Grammatik, und dass die erzeugte Sprache die Präfixeigenschaft hat.

Ist G zu einer LR(0)-Grammatik äquivalent?

(b) Geben Sie den DEA für die LR(1)-Itemmengen an.

(c) Skizzieren Sie die Parsetabellen (die GOTO-Tabelle und die Aktionstabelle).

(d) Skizzieren Sie die Arbeitsweise des LR(1)-Parsers für die Wörter $w = bd; ae$, $w' = bdae$ und $w'' = bd; aee$.

KAPITEL 9

Entscheidungsprobleme für formale Sprachen

Neben dem Wortproblem spielen verschiedene andere Fragestellungen eine wichtige Rolle für den Umgang mit formalen Sprachen. Beispielsweise wäre es wünschenswert, ein effizientes Verfahren zur Verfügung zu haben, das für eine vorliegende KFG prüft, ob die erzeugte Sprache deterministisch kontextfrei ist (und somit zu einer äquivalenten LR(k)-Grammatik umgeformt werden kann, für die das Wortproblem in linearer Zeit lösbar ist). Eine weitere wichtige Fragestellung ist das Äquivalenzproblem, das für jeden Grammatiktyp relevant ist.

Äquivalenzproblem für Grammatiken vom Typ i

▶ Gegeben: Zwei Grammatiken G_1, G_2 vom Typ i

▶ Gefragt: Gilt $\mathcal{L}(G_1) = \mathcal{L}(G_2)$?

Das Äquivalenzproblem stellt sich, z. B., wenn eine vorliegende deterministische KFG in eine äquivalente LR(1)-Grammatik transformiert werden soll oder wenn die Regeln einer höheren Programmiersprache dem Programmierer in anderer Form mitgeteilt werden sollen als sie für die Konzeption eines Parsers verwendet werden. Tatsächlich sind derartige Fragestellungen jedoch unentscheidbar, wenn man Grammatiken vom Typ ≤ 2 zu Grunde legt.

Für reguläre Sprachen sind zwar fast alle Fragestellungen algorithmisch handhabbar, jedoch hängt die Effizienz der Analysealgorithmen stark von der Darstellungsform ab. Während für die Darstellung durch einen DEA fast alle relevanten Fragestellungen in polynomieller Zeit (gemessen an der Größe des DEAs) lösbar sind (siehe Abschnitt 6.2.2, Seite 246), erhöht sich die Komplexität, wenn man von anderen Darstellungsformen (reguläre Grammatiken oder NEAs) ausgeht. Beispielsweise ist das Äquivalenzproblem für reguläre Grammatiken *PSPACE*-vollständig (und somit vermutlich nicht effizient lösbar).

Unentscheidbarkeitsresultate für formale Sprachen werden wir in Abschnitt 9.2 vorstellen. Den Nachweis der Unentscheidbarkeit einiger Fragestellungen für kontextfreie oder kontextsensitive Sprachen werden wir mithilfe der in Kapitel 2 (Seite 107 ff) beschriebenen Reduktionstechnik erbringen. Wir werden so vorgehen, dass wir zunächst die Unentscheidbarkeit einer anderen Problemstellung (das sog. Postschen Korrespondenzproblem) nachweisen (s. Abschnitt 9.1) und dann eine Reduktion des Postschen Korrespondenzproblems auf diverse Grammatikprobleme angeben. Abschnitt 9.3 wird sich mit dem Äquivalenzproblem für reguläre Sprachen beschäftigen.

9.1 Das Postsche Korrespondenzproblem

Das Postsche Korrespondenzproblem (Abk. PKP) wurde 1946 von Post vorgestellt. Obwohl es bei dem PKP zunächst um keine praxisrelevante Fragestellung geht, ist die Unentscheidbarkeit des PKPs ein bedeutsames Ergebnis, das häufig zum Nachweis der Unentscheidbarkeit eines anderen Problems verwendet wird. Die relativ einfache Fragestellung ermöglicht in vielen Fällen eine sehr intuitive Reduktion.

PKP (Postsches Korrespondenzproblem)

▶ **Gegeben:** Alphabet Σ und eine Folge

$$K = (u_1, v_1), (u_2, v_2), \ldots, (u_k, v_k)$$

von Wortpaaren mit $u_i, v_i \in \Sigma^+$

▶ **Gefragt:** Gibt es eine Indexfolge $i_1, i_2, \ldots, i_n$ mit $i_r \in \{1, \ldots, k\}$, $r = 1, \ldots, n$, sodass $n \geq 1$ und

$$u_{i_1} u_{i_2} \ldots u_{i_n} = v_{i_1} v_{i_2} \ldots v_{i_n}?$$

Jede Indexfolge $i_1, \ldots, i_n$ mit der angegebenen Eigenschaft wird eine Lösung des PKPs für die Instanz K genannt.

Beispiel 9.1.1. [PKP] Wir betrachten zwei Eingaben für PKP, wobei jeweils das binäre Alphabet $\Sigma = \{0, 1\}$ zu Grunde liegt. Die Instanz

$$(1, 101), (10, 00), (011, 11)$$

für das PKP hat die Indexfolge $1, 3, 2, 3$ als Lösung, da

$$u_1 u_3 u_2 u_3 = 1\ 011\ 10\ 011 = 101110011 = 101\ 11\ 00\ 11 = v_1 v_3 v_2 v_3.$$

Dagegen gibt es keine Lösung für die Folge

$$(u_1, v_1) = (1, 10), (u_2, v_2) = (101, 01).$$

Dies liegt daran, dass alle Wörter der Form $v_{i_1} \ldots v_{i_n}$ ebenso viele Nullen wie Einsen enthalten, während die Wörter $u_{i_1} \ldots u_{i_n}$ stets mehr Einsen als Nullen haben. ∎

Nicht immer ist die Lösbarkeit des PKPs so leicht zu belegen oder zu widerlegen wie in Beispiel 9.1.1. Für die harmlos scheinende Folge

$$(001, 0), (01, 011), (01, 101), (10, 001)$$

hat die kürzeste Lösung die Länge $n = 66$. Diese Aussage kann man durch Inspektion aller Indexfolgen der Länge ≤ 66 beweisen. Wir verzichten auf dieses fragwürdige Vergnügen.

Satz 9.1.2

PKP ist unentscheidbar.

Wir liefern den Beweis für Satz 9.1.2, indem wir PKP auf eine Variante reduzieren, in der das erste Wortpaar vorgeschrieben ist, und wir werden dessen Unentscheidbarkeit nachweisen. Das heißt wir lassen nur solche Indexfolgen $i_1, \ldots, i_n$ als Lösung zu, für die $i_1 = 1$ gilt.

MPKP (Modifiziertes Postsches Korrespondenzproblem)

▸ **Gegeben:** Alphabet Σ und eine Folge

$$K = (u_1, v_1), (u_2, v_2), \ldots, (u_k, v_k)$$

von Wortpaaren mit $u_i, v_i \in \Sigma^+$

▸ **Gefragt:** Gibt es eine Indexfolge $i_1, i_2, \ldots, i_n$ mit $i_r \in \{1, \ldots, k\}, r = 1, \ldots, n$, sodass $n \geq 1$, $i_1 = 1$ und $u_1 u_{i_2} \ldots u_{i_n} = v_1 v_{i_2} \ldots v_{i_n}$?

Lemma 9.1.3

$MPKP \leq PKP$

Beweis: Sei $K = (u_1, v_1), \ldots, (u_k, v_k)$ eine Instanz für MPKP mit dem Alphabet Σ. Wir wählen zwei neue Symbole #, \$ $\notin \Sigma$ (mit # $\neq$ \$) und setzen

$$\Sigma' = \Sigma \cup \{\#, \$\}.$$

Für $w = a_1 \ldots a_n \in \Sigma^+$ sei

$$\widehat{w} = a_1 \# a_2 \# \ldots \# a_n.$$

Dabei nehmen wir $a_i \in \Sigma$ an, $i = 1, \ldots, n$. Wir ordnen K folgende Instanz $f(K)$ für das PKP zu. Wir legen das Alphabet Σ' zu Grunde und definieren $f(K)$ als die Folge der folgenden $k + 2$ Wortpaare

$$
\begin{aligned}
(u_1', v_1') &= (\#\widehat{u_1}\#, \#\widehat{v_1}), \\
(u_2', v_2') &= (\widehat{u_1}\#, \#\widehat{v_1}), \\
&\vdots \\
(u_{k+1}', v_{k+1}') &= (\widehat{u_k}\#, \#\widehat{v_k}), \\
(u_{k+2}', v_{k+2}') &= (\$, \#\$) .
\end{aligned}
$$

Wir zeigen nun, dass das MPKP genau dann für K lösbar ist, wenn das PKP für $f(K)$ lösbar ist.

»$\Longrightarrow$«: Sei $(i_1, i_2, \ldots, i_n)$ eine Lösung des MPKP für K. Dann ist

$$\underbrace{\#\widehat{u_1}\#}_{u'_1} \; \underbrace{\widehat{u_{i_2}}\#}_{u'_{i_2+1}} \; \underbrace{\widehat{u_{i_3}}\#}_{u'_{i_3+1}} \cdots \underbrace{\widehat{u_{i_3}}\#}_{u'_{i_n+1}} \; \underbrace{\$}_{u'_{k+2}} \;=\; \underbrace{\#\widehat{v_1}}_{v'_1} \; \underbrace{\#\widehat{v_{i_2}}}_{v'_{i_2+1}} \; \underbrace{\#\widehat{v_{i_3}}}_{v'_{i_3+1}} \cdots \underbrace{\#\widehat{v_{i_3}}}_{v'_{i_n+1}} \; \underbrace{\#\$}_{v'_{k+2}} \; .$$

Also ist $(1, i_2 + 1, \ldots, i_n + 1, k + 2)$ eine Lösung des PKPs für $f(K)$.

»$\Longleftarrow$«: Sei $(i_1, i_2, \ldots, i_n)$ eine Lösung des PKPs für $f(K)$. Dann gilt:

▶ $i_1 = 1$, da nur $u'_1 = \#\widehat{u_1}\#$ und $v'_1 = \#\widehat{v_1}$ mit demselben Symbol beginnen.

▶ $i_n = k + 2$, da nur $u'_{k+2} = \$$ und $v'_2 = \#\$$ mit demselben Symbol enden.

Man kann nun zeigen, dass

$$i_2, \ldots, i_{n-1} \in \{2, 3, \ldots, k+1\}$$

und dass die Indexfolge $(1, i_2 - 1, \ldots, i_{n-1} - 1)$ eine Lösung des MPKPs für K ist. $\square$

Beispiel 9.1.4. [Reduktion des MPKPs auf das PKP] Wir veranschaulichen die Reduktion MPKP $\leq$ PKP am Beispiel der Folge K

$$(u_1, v_1) = (11, 1), \; (u_2, v_2) = (01, 101)$$

als Eingabe für das MPKP. Diese hat die Länge $k = 2$ und wird z. B. durch $i_1 = 1$, $i_2 = 2$ gelöst.

$$\underbrace{11}_{u_1} \underbrace{01}_{u_2} = 1101 = \underbrace{1}_{v_1} \underbrace{101}_{v_2}.$$

Die assoziierte Instanz $f(K)$ für das PKP besteht aus den Wortpaaren

$$\begin{aligned}
(u'_1, v'_1) &= (\#1\#1\#, \#1) \\
(u'_2, v'_2) &= (1\#1\#, \#1) \\
(u'_3, v'_3) &= (0\#1\#, \#1\#0\#1) \\
(u'_4, v'_4) &= (\$, \#\$).
\end{aligned}$$

Wir betrachten die Indexfolge $(1, i_2 + 1, k + 2) = (1, 3, 4)$

$$u'_1 u'_3 u'_4 \;=\; \#1\#1\# \; 0\#1\# \; \$ \;=\; \#1 \; \#1\#0\#1 \; \#\$ \;=\; v'_1 v'_3 v'_4$$

und stellen fest, dass sich tatsächlich eine Lösung für $f(K)$ ergibt. ∎

Wir reduzieren nun die Sprache H des Halteproblems auf MPKP. Siehe Definition 2.2.5 (Seite 105).

Lemma 9.1.5

$H \leq MPKP$

Beweis: Die Eingabe für das Halteproblem ist im Wesentlichen eine DTM

$$\mathcal{T} = (Q, \{0, 1\}, \Gamma, \delta, q_0, \square, F)$$

und ein zugehöriges Eingabewort $w \in \{0, 1\}^*$.[1] Es ist keine Einschränkung anzunehmen, dass die Übergangsfunktion δ von $\mathcal{T}$ genau für die Endzustände undefiniert ist. Das heißt wir setzen

▶ $\delta(q, a) \neq \perp$ für alle $q \in Q \setminus F$ und

▶ $\delta(q, a) = \perp$ für $q \in F$

voraus. (Dabei ist $a \in \Gamma$ ein beliebiges Bandsymbol.) Wir geben eine Vorschrift an, die dem Paar $(\mathcal{T}, w)$ eine Eingabe K für MPKP zuordnet, sodass $\mathcal{T}$ genau dann bei Eingabe w (akzeptierend) anhält, wenn MPKP für K lösbar ist.

Wir verwenden das Alphabet $\Sigma = Q \cup \Gamma \cup \{\#\}$, wobei wir $\# \notin Q \cup \Gamma$ und $Q \cap \Gamma = \emptyset$ annehmen. Die Wortpaare (u_i, v_i) von K werden wir so wählen, dass jede Berechnung

$$q_0 w \vdash \kappa_1 \vdash \ldots \vdash \kappa_t$$

von $\mathcal{T}$ durch eine Indexfolge $i_1 = 1, i_2, \ldots, i_\rho$ »simuliert« werden kann. Die »Simulation« erfolgt in dem Sinn, dass die gebildeten Wörter folgende Gestalt haben:

$$u_{i_1} u_{i_2} \ldots u_{i_\rho} = \#\#q_0 w \# \kappa_1 \# \ldots \# \kappa_{t-1}$$
$$v_{i_1} v_{i_2} \ldots v_{i_\rho} = \#\#q_0 w \# \kappa_1 \# \ldots \# \kappa_{t-1} \# \kappa_t$$

Salopp formuliert: Das obere u-Wort »hinkt« dem unteren v-Wort um einen Konfigurationswechsel hinterher. Das Sonderzeichen $\#$ hat zweierlei Funktionen. Erstens soll es dazu dienen, die Konfigurationswechsel zu trennen, zweitens steht es repräsentativ für alle noch nicht besuchten Bandzellen von $\mathcal{T}$.

Wir machen uns im Folgenden klar, welche Wortpaare wir benötigen, um die Berechnung von $\mathcal{T}$ für das Eingabewort w in diesem Sinn zu simulieren.

Das Anfangswortpaar repräsentiert die Anfangskonfiguration $q_0 w$, d.h. den Fall $t = 0$. Als erstes Wortpaar wählen wir das Wortpaar

$$(u_1, v_1) = (\#, \#\#q_0 w).$$

---

[1] In der formalen Definition des Halteproblems setzen wir ein Eingabewort über dem Alphabet $\{0, 1, \#\}$ voraus. Ist das Eingabewort x nicht von der Form $code(\mathcal{T})\#w$, dann können wir x eine beliebige unlösbare Instanz für MPKP zuordnen. Da aus dem Codewort auf die Komponenten von $\mathcal{T}$ (bis auf Isomorphie) eindeutig geschlossen werden kann, können wir alle anderen Eingabewörter als Paare $(\mathcal{T}, w)$ auffassen.

Wenn $\kappa_t = a_1 \ldots a_m \, q \, ab_2 \ldots b_l \in Conf(\mathcal{T})$ und $\delta(q, a) = (q', a', R)$, dann benötigen wir Wortpaare, die den Konfigurationswechsel

$$a_1 \ldots a_m \, q \, ab_2 \ldots b_l \;\vdash\; a_1 \ldots a_m a' \, q' \, b_2 \ldots b_l$$

simulieren können. Ist $l \geq 2$, so erreichen wir durch Verlängerung der Indexfolge $i_1, \ldots, i_\rho$ durch die Nummern $i_{\rho+1}, \ldots, i_s$ der Wortpaare $(\#, \#)$, (a_i, a_i), $i = 1, \ldots, m$, $(qa, a'q')$, (b_j, b_j), $j = 2, \ldots, l$, und $(\#, \#)$, dass

$$u_{i_1} \ldots u_{i_s} \;=\; \#\# q_0 w \# \kappa_1 \# \ldots \# \kappa_{t-1} \# a_1 \ldots a_m q a b_2 \ldots b_l \#$$
$$v_{i_1} \ldots v_{i_s} \;=\; \#\# q_0 w \# \kappa_1 \# \ldots \# \kappa_{t-1} \# a_1 \ldots a_m q a b_2 \ldots b_l \# a_1 \ldots a_m a' \, q' \, b_2 \ldots b_l \# \, .$$

Für den Spezialfall $\kappa_t = a_1 \ldots a_m \, q$ verwenden wir das Wortpaar $(q\#, a'q'\#)$ anstelle von $(qa, a'q')$ und $(\#, \#)$.[2] Dies liefert:

$$u_{i_1} \ldots u_{i_s} \;=\; \#\# q_0 w \# \kappa_1 \# \ldots \# \kappa_{t-1} \# a_1 \ldots a_m q \#$$
$$v_{i_1} \ldots v_{i_s} \;=\; \#\# q_0 w \# \kappa_1 \# \ldots \# \kappa_{t-1} \# a_1 \ldots a_m q \# a_1 \ldots a_m \, a'q'\# \, .$$

Für die Simulation der einzelnen Konfigurationswechsel benötigen wir also Wortpaare (a, a), $a \in \Gamma \cup \{\#\}$, die dazu dienen, die Inschrift der unveränderten Bandzellen zu kopieren, und Wortpaare wie $(qa, a'q')$ oder $(q\#, a'q'\#)$, die für den eigentlichen Konfigurationswechsel stehen. Wird der Lese-/Schreibkopf nach links oder gar nicht verschoben, dann werden entsprechend modifizierte Wortpaare benötigt. Beispielsweise benötigen wir für einen Übergang $\delta(q, a) = (q', a', L)$ u.a. die Wortpaare $(bqa, q'baa')$, $b \in \Sigma$ und $(\#qa, \#q'\square a')$. Letzteres wird benötigt, um Konfigurationswechsel der Form

$$q \, ab_1 \ldots b_l \;\vdash\; q \, \square \, ab_1 \ldots b_l$$

zu simulieren.

Wenn die Berechnung von $\mathcal{T}$ für w akzeptierend ist, etwa wenn sie die Form

$$q_0 w \vdash \kappa_1 \vdash \ldots \vdash \kappa_t \;=\; a_1 \ldots a_m \, q \, b_1 \ldots b_l, \quad q \in F$$

hat, dann soll das MPKP eine Lösung haben. Daher benötigen wir weitere Wortpaare, die es dem »nachhinkenden u-Wort« ermöglichen, Zeichen »aufzuholen«. Wir erläutern, welche weiteren Wortpaare benötigt werden, um eine Lösung für das MPKP zu erhalten.

Durch Anhängen der Indizes für die Wortpaare $(a_1, a_1), \ldots, (a_{m-1}, a_{m-1})$ erhalten wir:

$$u_{i_1} \ldots u_{i_r} \;=\; \#\# q_0 w \# \kappa_1 \# \ldots \# \kappa_t \# a_1 \ldots a_{m-1}$$
$$v_{i_1} \ldots v_{i_r} \;=\; \#\# q_0 w \# \kappa_1 \# \ldots \# \kappa_t \# a_1 \ldots a_{m-1} q b_1 \ldots b_l \# a_1 \ldots a_{m-1} \, .$$

An dieser Stelle benötigen wir ein Wortpaar der Form $(a_m q, q)$, das es erlaubt, den Vorsprung des v-Worts zu verkürzen. Durch Anhängen des Index für das Wortpaar $(a_m q, q)$ erhalten wir:

---

[2] Tatsächlich ist dieser Fall nur für $m = 0$ und $w = \varepsilon$ relevant.

$$u_{i_1} \ldots u_{i_r} u_{i_{r+1}} = \#\#q_0 w \# \kappa_1 \# \ldots \# \kappa_t \# a_1 \ldots a_{m-1} a_m q$$

$$v_{i_1} \ldots v_{i_r} v_{i_{r+1}} = \#\#q_0 w \# \kappa_1 \# \ldots \# \kappa_t \# a_1 \ldots a_{m-1} a_m q b_1 \ldots b_l \# a_1 \ldots a_{m-1} q \ .$$

Wir wenden nun wieder die Kopierregeln $(b_1, b_1), \ldots, (b_l, b_l), (\#, \#)$ an und erhalten eine ähnliche Situation wie zur Darstellung der Endkonfiguration.

$$u_{i_1} \ldots u_{i_\mu} = \#\#q_0 w \# \ldots \# \kappa_t \# a_1 \ldots a_{m-1} a_m q b_1 \ldots b_l \#$$

$$v_{i_1} \ldots v_{i_\mu} = \#\#q_0 w \# \ldots \# \kappa_t \# a_1 \ldots a_{m-1} a_m q b_1 \ldots b_l \# a_1 \ldots a_{m-1} q \ b_1 \ldots b_l \#$$

So fortfahrend erreichen wir, dass das u-Wort nur noch um das Wort $q b_1 \ldots b_l \#$ nachhinkt.

$$u_{i_1} \ldots u_{i_\nu} = \#\#q_0 w \# \ldots \# a_1 \ldots a_m q b_1 \ldots b_l \# \ldots \# a_1 q b_1 \ldots b_l \#$$

$$v_{i_1} \ldots v_{i_\nu} = \#\#q_0 w \# \ldots \# a_1 \ldots a_m q b_1 \ldots b_l \# \ldots \# a_1 q b_1 \ldots b_l \# q \ b_1 \ldots b_l \#$$

Wir verkürzen nun sukzessive den Vorsprung des v-Worts, indem wir die Indizes der Wortpaare $(q b_j, q)$ und der Kopierregeln $(b_{j+1}, b_{j+1}), \ldots, (b_l, b_l), (\#, \#)$ anhängen. Wir erhalten für $j = 1$:

$$u_{i_1} \ldots u_{i_\rho} = \#\#q_0 w \# \ldots \# a_1 q b_1 \ldots b_l \# q b_1 b_2 \ldots b_l \#$$

$$v_{i_1} \ldots v_{i_\rho} = \#\#q_0 w \# \ldots \# a_1 q b_1 \ldots b_l \# q b_1 b_2 \ldots b_l \# q b_2 \ldots b_l \#$$

und für $j = l$:

$$u_{i_1} \ldots u_{i_\sigma} = \#\#q_0 w \# \ldots \# q b_l \#$$

$$v_{i_1} \ldots v_{i_\sigma} = \#\#q_0 w \# \ldots \# q b_l \# q \# \ .$$

Abschießend nehmen wir noch das Wort $(q\#\#\#, \#\#)$ hinzu, um eine Lösung für das MPKP zu erhalten.

Diese Überlegungen zeigen, welche Wortpaare wir benötigen, um eine akzeptierende Berechnung von $\mathcal{T}$ für w zu simulieren. Die dem Paar $(\mathcal{T}, w)$ zugeordnete Instanz für MPKP besteht aus den in Abbildung 9.1.6 (Seite 388) angegebenen Wortpaaren. Obige Betrachtungen zeigen: Falls $\mathcal{T}$ für w anhält, können wir mit der skizzierten Methode eine Lösung von MPKP konstruieren.

Umgekehrt induziert die Lösbarkeit des MPKPs, dass $\mathcal{T}$ bei Eingabe w anhält. Dies liegt im Wesentlichen an der Beobachtung, dass die Wörter u_i der Regeln vom Typ (1), (2) und (3) höchstens so lang wie die Wörter v_i sind. Da wir mit dem Wortpaar

$$(u_1, v_1) = (\#, \#\#q_0 w)$$

beginnen, muss jede Lösung des MPKPs Wortpaare vom Typ (4) und (5) benutzen. Diese setzen aber einen Zustand $q \in F$ voraus. Daher müssen die mit den Wortpaaren aus (1), (2) und (3) gebildeten Wörter zu einem Endzustand geführt haben. Man kann sich nun

---

Abbildung 9.1.6 Wortpaare für MPKP

(1) Das erste Wortpaar (u_1, v_1) ist $(\#, \#\#q_0 w)$.

(2) Folgende Wortpaare dienen der Kodierung der Übergangsfunktion von $\mathcal{T}$. Ist $q \in Q$, $a \in \Sigma$ und $\delta(q, a) = (q', a', X)$, dann enthält K die folgenden Wortpaare.

X		zusätzlich, falls $a = \square$
N	$(qa, q'a')$	$(q\#, q'a'\#)$
R	$(qa, a'q')$	$(q\#, a'q'\#)$
L	$(bqa, q'ba)$	$(bq\#, q'ba'\#)$
	$(\#qa, \#q'\square a')$	$(\#q\#, \#q'\square a'\#)$

Dabei ist b ein beliebiges Symbol aus Γ.

(3) Kopierregeln: (a, a) für alle $a \in \Sigma = Q \cup \Gamma \cup \{\#\}$

(4) Löschregeln: (aq, q) und (qa, q) für $q \in F$ und $a \in \Sigma = Q \cup \Gamma \cup \{\#\}$

(5) Abschlussregeln: $(q\#\#\#, \#\#)$ für $q \in F$.

überlegen, dass die mit (1), (2) und (3) gebildeten Wörter $u_1 u_{i_2} \ldots u_{i_\rho}$ und $v_1 v_{i_2} \ldots v_{i_\rho}$, für die $u_1 u_{i_2} \ldots u_{i_\rho}$ ein Präfix von $v_1 v_{i_2} \ldots v_{i_\rho}$ ist, tatsächlich eine akzeptierende Berechnung von $\mathcal{T}$ für w darstellen. $\qquad\qquad \square$

Beispiel 9.1.7. [Reduktion des Halteproblems auf das MPKP] Zur Illustration der im Beweis von Lemma 9.1.5 (Seite 385 ff) eingesetzten Reduktion des Halteproblems auf das MPKP betrachten wir folgende DTM, die das erste Vorkommen einer Eins in dem Eingabewort sucht und dann akzeptierend anhält. Enthält die Eingabe keine Eins, dann läuft $\mathcal{T}$ endlos. Sei

$$\mathcal{T} = (\{q_0, q_1\}, \{0,1\}, \{0,1,\square\}, \delta, q_0, \square, \{q_1\})$$

eine DTM mit

$$\delta(q_0,0) = (q_0,0,R), \quad \delta(q_0,1) = (q_1,0,L), \quad \delta(q_0,\square) = (q_0,\square,N)$$

und $\delta(\cdot) = \perp$ in allen anderen Fällen. Die assoziierten Wortpaare der Instanz für das MPKP unterscheiden sich nur in dem Anfangswortpaar. Für alle Eingabewörter w für $\mathcal{T}$ enthält die konstruierte Instanz für das MPKP folgende Wortpaare:

(2) Wortpaare zur Kodierung der Übergangsfunktion:

▶ $\delta(q_0,0) = (q_0,0,R)$ wird kodiert durch das Wortpaar $(q_0 0, 0 q_0)$.

▶ $\delta(q_0,1) = (q_1,0,L)$ wird kodiert durch die vier Wortpaare

$$(0q_01, 01q_1), \quad (1q_01, q_111), \quad (\square q_01, q_1\square 1), \quad (\#q_01, \#q_1\square 0).$$

▶ $\delta(q_0,\square) = (q_0,\square,N)$ wird kodiert durch die Wortpaare $(q_0\square, q_0\square)$ und $(q_0\#, q_0\square\#)$.

(3) Kopierregeln: $(\#,\#), (0,0), (1,1), (\square,\square)$

(4) Löschregeln: $(0q_1, q_1), (\square q_1, q_1), (\square q_1, q_1), (q_10, q_1), (q_11, q_1), (q_1\square, q_1)$

(5) Abschlussregel: $(q_1\#\#\#, \#\#)$

Wir betrachten das Eingabewort $w = 010$, für das das Anfangswortpaar $(u_1, v_1) = (\#, \#\#q_0010)$ vorgegeben ist. Die Berechnung

$$q_0\,010 \;\vdash\; 0\,q_0\,10 \;\vdash\; q_1\,000$$

von $\mathcal{T}$ für w wird durch die Folge der zu den Wortpaaren

$$(\#, \#q_0010), (q_00, 0q_0), (0, 0), (1, 1), (0, 0), (\#, \#), (0, 0), (0q_01, 00q_0), (0, 0)$$

gehörenden Indizes simuliert.

$$\begin{aligned} u_1 u_{i_2} \ldots u_{i_9} &= \#\#q_0010\#0q_010 \\ v_1 v_{i_2} \ldots v_{i_9} &= \#\#q_0010\#0q_010\#00q_10 \end{aligned}$$

Wir hängen nun die Indizes für die Wortpaare $(\#,\#), (0,0), (0q_1, q_1), (0,0), (\#,\#)$ an und erhalten

$$\begin{aligned} u_1 u_{i_2} \ldots u_{i_{14}} &= \#\#q_0010\#0q_010\#00q_10\# \\ v_1 v_{i_2} \ldots v_{i_{14}} &= \#\#q_0010\#0q_010\#00q_10\#0q_10\# \,. \end{aligned}$$

Wir hängen nochmals die Indizes für die Wortpaare $(0q_1, q_1), (0,0), (\#,\#)$ an und erhalten

$$\begin{aligned} u_1 u_{i_2} \ldots u_{i_{17}} &= \#\#q_0010\#0q_010\#00q_10\#0q_10\# \\ v_1 v_{i_2} \ldots v_{i_{17}} &= \#\#q_0010\#0q_010\#00q_10\#0q_10\#q_10\# \,. \end{aligned}$$

Als Nächstes hängen wir die Indizes für (q_10, q_1) und $(\#,\#)$ an:

$$\begin{aligned} u_1 u_{i_2} \ldots u_{i_{20}} &= \#\#q_0010\#0q_010\#00q_10\#0q_10\#q_10\# \\ v_1 v_{i_2} \ldots v_{i_{20}} &= \#\#q_0010\#0q_010\#00q_10\#0q_10\#q_10\#q_1\# \,. \end{aligned}$$

Wir erhalten eine Lösung des MPKPs, indem wir den Index für die Abschlussregel $(q_1\#\#\#, \#\#)$ anhängen:

$$\begin{aligned} u_1 u_{i_2} \ldots u_{i_{21}} &= \#\#q_0010\#0q_010\#00q_10\#0q_10\#q_10\#q_1\#\#\# \\ v_1 v_{i_2} \ldots v_{i_{21}} &= \#\#q_0010\#0q_010\#00q_10\#0q_10\#q_10\#q_1\#\#\# \,. \end{aligned}$$

Entsprechend kann man sich überlegen, dass es für ein von $\mathcal{T}$ nicht akzeptiertes Wort, etwa $w = 00$, keine Lösung der zugehörigen Instanz des MPKPs gibt. Für $w = 00$ hat $\mathcal{T}$ eine endlose Berechnung

$$q_0\,00 \;\vdash\; 0\,q_0\,0 \;\vdash\; 00\,q_0\,\square \;\vdash\; 00\,q_0\,\square \;\vdash\; 00\,q_0\,\square \;\vdash\; \ldots$$

Zunächst erläutern wir, wie diese endlose Berechnung mit den Wortpaaren simuliert werden kann. Das Anfangswortpaar ist hier

$$(u_1, v_1) = (\#, \#\#q_0 00).$$

Mit den Kopierregeln und den Wortpaaren $(q_0 0, 0q_0)$ können wir die ersten zwei Konfigurationswechsel durch die Wörter

$$u_1 u_{i_2} \ldots u_{i_\sigma} \;=\; \#\#q_0 00\#0q_0 0\#$$
$$v_1 v_{i_2} \ldots v_{i_\sigma} \;=\; \#\#q_0 00\#0q_0 0\#00q_0\#$$

simulieren. Durch Anhängen der Indizes für $(0,0)$, $(0,0)$ und $(q_0\#, q_0\square\#)$ erhalten wir

$$u_1 u_{i_2} \ldots u_{i_\rho} \;=\; \#\#q_0 00\#0q_0 0\#00q_0\#0q_0 0\#$$
$$v_1 v_{i_2} \ldots v_{i_\rho} \;=\; \#\#q_0 00\#0q_0 0\#00q_0\#0q_0 0\#00q_0\square\# \,.$$

Wiederholtes Anhängen der Indizes für $(0,0)$, $(0,0)$, $(q_0\square, q_0\square)$ und $(\#, \#)$ liefert eine Simulation der unendlichen Berechnung, jedoch gibt es keine Möglichkeit, eine Lösung des MPKPs zu konstruieren. Wir geben nun eine sehr informelle Erläuterung, weshalb jeder Versuch, die aus dem Anfangswortpaar resultierenden u- und v-Wörter zu einer Lösung des MPKPs zu ergänzen, zum Scheitern verurteilt ist.

Zunächst hinkt das u-Wort stets eine Konfiguration dem v-Wort hinterher. Diese Konfiguration enthält jeweils den Zustand q_0; das Wort rechts von q_0 beginnt mit einer 0, $\square$ oder ist ε. (Dies gilt für die Anfangskonfiguration und alle Konfigurationen der genannten endlosen Berechnung.) Um das v-Wort einzuholen, muss das u-Wort den q_0-Zustand »überwinden«, dazu stehen jedoch höchstens die Wortpaare

$$(q_0 0, 0q_0),\;\; (q_0\square, q_0\square) \;\text{und}\; (q_0\#, q_0\square\#)$$

zur Verfügung. Das Anhängen dieser Wortpaare führt jedoch wiederum dazu, dass der »Vorsprung« des v-Worts von der Form

$$\ldots q_0 0 \ldots,\;\; \ldots q_0\square \ldots \;\text{oder}\; \ldots q_0\# \ldots$$

ist, jedoch niemals die Gestalt $\ldots q_0 1 \ldots$ hat. Daher können die Regeln zur Kodierung des Übergangs $\delta(q_0, 1)$ nicht angewandt werden. Insbesondere können niemals die Regeln (4)–(5) eingesetzt werden, die es dem u-Wort erlauben würden, an Länge gegenüber dem v-Wort aufzuholen. ∎

Beweis von Satz 9.1.2 (Seite 383): Wir kombinieren die Ergebnisse von Lemma 9.1.3 (Seite 383) und Lemma 9.1.5 (Seite 385) und erhalten:

$$H \;\leq\; \text{MPKP} \;\leq\; \text{PKP}\,.$$

Aus der Unentscheidbarkeit von H folgt damit die Unentscheidbarkeit von MPKP und PKP. Siehe Satz 2.2.17 (Seite 111). □

Für die Reduktion von PKP auf Grammatikprobleme benötigen wir eine Variante von PKP, in der das Alphabet $\Sigma = \{0,1\}$ vorgeschrieben ist.

0/1-PKP

▶ Gegeben: Folge $(x_1, y_1), \ldots, (x_k, y_k)$ von Wortpaaren mit $x_i, y_i \in \{0,1\}^+$

▶ Gefragt: Gibt es eine Indexfolge $i_1, i_2, \ldots, i_n$ mit $i_r \in \{1, \ldots, k\}, r = 1, \ldots, n$, sodass $n \geq 1$ und $x_{i_1} x_{i_2} \ldots x_{i_n} = y_{i_1} y_{i_2} \ldots y_{i_n}$?

Satz 9.1.8

0/1-PKP ist unentscheidbar.

Beweis: Wir zeigen: PKP $\leq$ 0/1-PKP. Sei $\Sigma = \{a_1, \ldots, a_m\}$ ein beliebiges Alphabet. Wir kodieren die Zeichen von Σ durch Bitfolgen. Sei

$$\widehat{a_j} = 01^j = 0 \underbrace{111\ldots1}_{j\text{-mal}}.$$

Für $u = a_{r_1} \ldots a_{r_m} \in \Sigma^+$ sei $\widehat{u} = \widehat{a_{r_1}} \ldots \widehat{a_{r_m}}$. Weiter sei $K = (u_1, v_1), \ldots, (u_k, v_k)$ eine Instanz für das PKP mit dem Alphabet Σ. Wir ordnen K folgende Instanz für 0/1-PKP zu:

$$f(K) = (\widehat{u_1}, \widehat{v_1}), \ldots, (\widehat{u_k}, \widehat{v_k}).$$

Es ist klar, dass jede Lösung für K zugleich eine Lösung für $f(K)$ ist und umgekehrt. Also ist das PKP für K genau dann lösbar, wenn das 0/1-PKP für $f(K)$ lösbar ist. □

Beispiel 9.1.9. [Reduktion des PKPs auf das 0/1-PKP] Für das Alphabet $\Sigma = \{a, b, c\}$ und die Folge

$$K = (ab, a), (c, bc)$$

als Eingabe für das PKP verwenden wir die Kodierung

$$\widehat{a} = 01, \widehat{b} = 011, \widehat{c} = 0111$$

und erhalten die assoziierte Instanz $f(K)$ für das 0/1-PKP.

$$f(K) = (01011, 01), (0111, 0110111).$$

Die Lösung $i_1 = 1, i_2 = 2$ für K ist offenbar auch eine Lösung für $f(K)$. ∎

9.2   Unentscheidungsergebnisse für formale Sprachen

Für Sprachen vom Typ ≤ 2 lassen sich nur wenige Entscheidungsprobleme algorithmisch lösen. Zu den Ausnahmen zählt das Wortproblem, das für kontextsensitive Sprachen entscheidbar (aber teuer, nämlich *PSPACE*-vollständig) ist. Fast alle anderen interessanten Fragestellungen sind für Sprachen vom Typ 1 (oder 0) unentscheidbar. Für kontextfreie Sprachen ist die Situation geringfügig besser. Das Wortproblem, das Leerheitsproblem und das Endlichkeitsproblem sind für kontextfreie Sprachen effizient lösbar.

▶ Das *Wortproblem* lässt sich für CNF-Grammatiken in kubischer Zeit lösen, z. B. mit dem CYK-Algorithmus (Algorithmus 7.3.2, Seite 290). Für LR(k)-Grammatiken kann das Wortproblem sogar in linearer Zeit gelöst werden (s. Abschnitt 8.3, Seite 367 ff). Die Zeitkomplexität wird dabei jeweils an der Länge des Eingabeworts gemessen.

▶ Das *Leerheitsproblem*, d.h. die Frage

$$\text{»Gilt } \mathcal{L}(G) = \emptyset\text{?«}$$

lässt sich für eine beliebige KFG in Zeit $\mathcal{O}(size(G))$ beantworten. Dazu ist lediglich zu prüfen, ob das Startsymbol S nutzlos ist. Wir können die auf Seite 282 beschriebene Technik anwenden.

▶ Das *Endlichkeitsproblem* fragt, ob $\mathcal{L}(G)$ endlich ist. Dieses können wir für eine KFG G lösen, indem wir zunächst alle nutzlosen Variablen, ε-Regeln und Kettenregeln (d.h. Regeln der Form $A \rightarrow B$) entfernen (s. Algorithmus 7.2.4 auf Seite 286) und dann prüfen, ob der Digraph

$$\mathcal{G} = (V, E),$$

gebildet aus den Variablen und den Kanten (A, B), falls $A \rightarrow \ldots B \ldots$, einen Zyklus enthält.

▪ Wenn ja, dann ist $\mathcal{L}(G)$ unendlich.

▪ Andernfalls ist $\mathcal{L}(G)$ endlich.

Die Laufzeit dieses Verfahrens ist linear in der Größe der Grammatik.

Viele andere Fragestellungen für KFGs wie der Äquivalenztest oder das Schnittproblem (d.h. die Frage, ob $\mathcal{L}(G_1) \cap \mathcal{L}(G_2) = \emptyset$ für zwei Grammatiken G_1, G_2) sind jedoch unentscheidbar.

Im Folgenden werden wir — durch Reduktion des 0/1-PKPs — den Nachweis erbringen, dass das Schnittproblem und andere Fragestellungen für KFGs (und somit auch für Grammatiken vom Typ 1 und 0) unentscheidbar sind. Die Unentscheidbarkeitsresultate für KFGs werden wir zum Nachweis der Unentscheidbarkeit des Leerheits- und Endlichkeitsproblems für kontextsensitive Sprachen benutzen.

9.2.1 Unentscheidbarkeitsergebnisse für deterministisch kontextfreie Sprachen

Wir betrachten zunächst deterministisch kontextfreie Sprachen und weisen die Unentscheidbarkeit des Schnittproblems und anderer Fragestellungen nach. Die betreffenden Unentscheidbarkeitsresultate für kontextfreie Sprachen ergeben sich dann durch Spezialisierung (s. Seite 178).

Bezeichnung 9.2.1. [DKFG] Eine Grammatik G heißt deterministisch kontextfrei, wenn G kontextfrei ist und $\mathcal{L}(G)$ deterministisch kontextfrei ist. Wir verwenden die Abkürzung DKFG für deterministisch kontextfreie Grammatiken. ∎

Satz 9.2.2

Seien G_1 und G_2 DKFGs. Folgende Fragestellungen sind unentscheidbar:

(a) Schnittproblem: Gilt $\mathcal{L}(G_1) \cap \mathcal{L}(G_2) \neq \emptyset$?

(b) Ist $|\mathcal{L}(G_1) \cap \mathcal{L}(G_2)| = \infty$?

Beweis: Wir reduzieren das 0/1-PKP auf das Schnittproblem für DKFGs und die in (b) genannte Problemstellung. Hieraus folgt dann die Unentscheidbarkeit beider Probleme. Siehe Satz 9.1.8 (Seite 391) und Satz 2.2.15 (Seite 111). Sei

$$K = (x_1, y_1), \ldots, (x_k, y_k)$$

eine Instanz für das 0/1-PKP mit k Wortpaaren. Wir konstruieren nun zwei DKFGs G_1, G_2, sodass das 0/1-PKP für K genau dann lösbar ist, wenn $\mathcal{L}(G_1)$ und $\mathcal{L}(G_2)$ einen nicht leeren Schnitt haben. Wir betrachten das Alphabet

$$\Sigma' = \{0, 1, \$, a_1, \ldots, a_k\},$$

wobei $a_1, \ldots, a_k$ beliebige paarweise verschiedene Symbole sind, die nicht in $\{0, 1, \$\}$ vorkommen. Die Grammatik G_1 besteht aus den Regeln

$$
\begin{aligned}
S &\;\rightarrow\; A\$B \\
A &\;\rightarrow\; a_1 A x_1 \;\Big|\; \ldots \;\Big|\; a_k A x_k \;\Big|\; a_1 x_1 \;\Big|\; \ldots \;\Big|\; a_k x_k \\
B &\;\rightarrow\; y_1^R B a_1 \;\Big|\; \ldots \;\Big|\; y_k^R B a_k \;\Big|\; y_1^R a_1 \;\Big|\; \ldots \;\Big|\; y_k^R a_k \,.
\end{aligned}
$$

Dabei steht y^R für das gespiegelte Wort von y (siehe Seite 413). Offenbar gilt:

$$\mathcal{L}(G_1) \;=\; \text{Menge aller Wörter der Form } a_{i_n} \ldots a_{i_1} x_{i_1} \ldots x_{i_n} \$ y_{j_m}^R \ldots y_{j_1}^R a_{j_1} \ldots a_{j_m} \,.$$

Die Grammatik G_2 besteht aus den Regeln

$$S \to a_1 S a_1 \mid \dots \mid a_k S a_k \mid C \qquad C \to 0C0 \mid 1C1 \mid \$ \,.$$

Offenbar ist $\mathcal{L}(G_2)$ die Menge aller Wörter der Form

$$uv\$v^R u^R,$$

wobei $u \in \{a_1, \dots, a_k\}^*$ und $v \in \{0,1\}^*$.

Somit ist $\mathcal{L}(G_1) \cap \mathcal{L}(G_2)$ die Menge aller Wörter der Form

$$a_{i_n} \dots a_{i_1} x_{i_1} \dots x_{i_n} \$ y_{i_n}^R \dots y_{i_1}^R a_{i_1} \dots a_{i_n},$$

wobei

$$x_{i_1} \dots x_{i_n} \;=\; (y_{i_n}^R \dots y_{i_1}^R)^R = y_{i_1} \dots y_{i_n}.$$

Wir erhalten:

$$\mathcal{L}(G_1) \cap \mathcal{L}(G_2) \neq \emptyset \;\text{ gdw das 0/1-PKP ist für } K \text{ lösbar.}$$

Es ist leicht zu sehen, dass die Sprachen $\mathcal{L}(G_1)$ und $\mathcal{L}(G_2)$ deterministisch kontextfrei sind. Hieraus folgt die Reduzierbarkeit von 0/1-PKP auf das Schnittproblem für deterministisch kontextfreie Grammatiken. Aus der Unentscheidbarkeit von 0/1-PKP folgt die des Schnittproblems für DKFGs.

Wir zeigen nun, dass die angegebene Transformation $K \mapsto (G_1, G_2)$ zugleich eine Reduktion für die in (b) genannte Fragestellung ist. Wesentlich hierfür ist die Beobachtung, dass für jede Instanz K des PKPs gilt:

$$K \text{ lösbar } \quad \text{gdw} \quad \text{es gibt unendlich viele Lösungen für } K.$$

Dies liegt daran, dass mit jeder Lösung $i_1, \dots, i_n$ des 0/1-PKPs für K auch die Indexfolgen

$$i_1, \dots, i_n, i_1, \dots, i_n, i_1, \dots, i_n, \dots$$

Lösungen sind. Da jedem Wort in $\mathcal{L}(G_1) \cap \mathcal{L}(G_2)$ genau eine Lösung für K entspricht, gilt:

$$|\mathcal{L}(G_1) \cap \mathcal{L}(G_2)| = \infty \;\text{ gdw}\quad K \text{ hat unendlich viele Lösungen } \quad \text{gdw} \quad K \text{ ist lösbar.}$$

Also ist das 0/1-PKP auch auf die Fragestellung »Gilt $|\mathcal{L}(G_1) \cap \mathcal{L}(G_2)| = \infty$?« reduzierbar. Damit sind (a) und (b) bewiesen.   □

Beispiel 9.2.3. [Reduktion des 0/1-PKPs auf das Schnittproblem] Wir veranschaulichen die im Beweis von Satz 9.2.2 (Seite 393) angegebene Reduktion am Beispiel der Instanz

$$K \;=\; (00, 0), \;\; (11, 011)$$

für das 0/1-PKP. Zunächst stellen wir fest, dass K z. B. durch die Indexfolge $1, 2$ gelöst wird. Die im Beweis von Satz 9.2.2 (Seite 393) konstruierten Grammatiken G_1 und G_2 bestehen aus folgenden Produktionssystemen.

$$S \to A\$B \qquad A \to a_1 A00 \mid a_2 A11 \mid a_1 00 \mid a_2 11$$

$$B \to 0B_1 a_1 \mid 110 B a_2 \mid 0 a_1 \mid 110 a_2$$

und

$$S \to a_1 S a_1 \mid a_2 S a_2 \mid C \qquad C \to 0C0 \mid 1C1 \mid \$$$

Die Lösung $1, 2$ für K induziert das Wort

$$a_2 a_1 0011\$1100 a_1 a_2$$

der Durchschnittssprache $\mathcal{L}(G_1) \cap \mathcal{L}(G_2)$. Eine Herleitung in G_1 ist

$$S \Rightarrow A\$B \Rightarrow a_2 A11\$B \Rightarrow a_2 a_1 0011\$B \Rightarrow a_2 a_1 0011\$110 B a_2 \Rightarrow a_2 a_1 0011\$1100 a_1 a_2.$$

Eine Herleitung in G_2 ist

$$S \Rightarrow a_2 S a_2 \Rightarrow a_2 a_1 S a_1 a_2 \Rightarrow a_2 a_1 0 C 0 a_1 a_2 \Rightarrow^* a_2 a_1 0011\$1100 a_1 a_2.$$

Ebenso kann man sich an diesem Beispiel davon überzeugen, dass für K sämtliche Indexfolgen $1,2,1,2,\ldots,1,2$ eine Lösung sind und dass die Schnittmenge $\mathcal{L}(G_1) \cap \mathcal{L}(G_2)$ unendlich ist. ∎

Neben den genannten Fragestellungen ist auch das Inklusionsproblem, d.h. die Frage, ob

$$\mathcal{L}(G_1) \subseteq \mathcal{L}(G_2) \,,$$

für DKFGs unentscheidbar. Für den Nachweis dieser Aussage benötigen wir das in Satz 8.1.13 (Seite 323) ohne Beweis zitierte Ergebnis, dass die Klasse der determininistisch kontextfreien Sprachen unter der Komplementbildung abgeschlossen ist. Es gilt sogar folgender Satz, der besagt, dass es einen *Algorithmus* gibt, der zu einer gegebenen DKFG G eine DKFG für die Komplementsprache konstruiert. Siehe z. B. [HU80].

Satz 9.2.4

Zu gegebener deterministisch kontextfreier Grammatik G kann eine DKFG $\overline{G}$ konstruiert werden, sodass $\mathcal{L}(\overline{G}) = \overline{\mathcal{L}(G)}$. (ohne Beweis)

Wenn wir dieses Resultat als gegeben voraussetzen, dann können wir weitere Unentscheidbarkeitsergebnisse beweisen.

Satz 9.2.5

Das Inklusionsproblem, d.h. die Frage, ob $\mathcal{L}(G_1) \subseteq \mathcal{L}(G_2)$, ist für DKFGs unentscheidbar.

Beweis: Seien G_1 und G_2 DKFGs. Wir benutzen die Aussage von Satz 9.2.4 (Seite 395) und wenden ein Verfahren an, das für G_2 eine DKFG $\overline{G_2}$ für die Komplementsprache von $\mathcal{L}(G_2)$ berechnet. Es gilt:

$$\mathcal{L}(G_1) \subseteq \mathcal{L}(G_2)$$
$$\text{gdw} \quad \mathcal{L}(G_1) \setminus \mathcal{L}(G_2) = \emptyset$$
$$\text{gdw} \quad \mathcal{L}(G_1) \cap \overline{\mathcal{L}(G_2)} = \emptyset$$
$$\text{gdw} \quad \mathcal{L}(G_1) \cap \mathcal{L}(\overline{G_2}) = \emptyset.$$

Somit ist durch $(G_1, G_2) \mapsto (G_1, \overline{G_2})$ eine Reduktion des Schnittproblems für DKFGs auf das Inklusionsproblem für DKFGs gegeben. Aus Teil (a) von Satz 9.2.2 (Seite 393) ergibt sich die Unentscheidbarkeit des Inklusionsproblems für DKFGs. $\qquad\square$

Wir erwähnen (ohne Beweis), dass die folgenden Probleme für deterministisch kontextfreie Sprachen (dargestellt durch DKAs oder DKFGs) unentscheidbar sind:

▶ Ist $L \cap L' = \emptyset$?

▶ Ist $L \cap L'$ deterministisch kontextfrei?

▶ Ist $L \cap L'$ kontextfrei?

▶ Ist $L \cup L'$ deterministisch kontextfrei?

Die Beweise dieser Aussagen können z. B. in [HU80] nachgelesen werden.

Erstaunlicherweise ist jedoch das Äquivalenzproblem für DKFGs entscheidbar.[3] Dieses Ergebnis (das wir hier ohne Beweis zitieren) geht auf Senizergues (1997) zurück und steht im Gegensatz zur Unentscheidbarkeit des Äquivalenzproblems für KFGs (siehe Teil (c) von Satz 9.2.6, Seite 397).

---

[3] Man beachte, dass sich das Äquivalenzproblem auf das Inklusionsproblem reduzieren lässt, aber nicht umgekehrt. Daher ist es möglich, dass das Äquivalenzproblem für einen Sprachtyp entscheidbar ist, während das Inklusionsproblem unentscheidbar ist.

9.2.2 Unentscheidbarkeitsergebnisse für kontextfreie Sprachen

In Abschnitt 9.2.1 haben wir Unentscheidbarkeitsresultate für deterministisch kontextfreie Grammatiken nachgewiesen. Da deterministische KFGs ein Spezialfall von KFGs sind, ist durch die »triviale« Transformation $(G_1, G_2) \mapsto (G_1, G_2)$ eine Reduktion z. B. des Schnittproblems für DKFGs auf das Schnittproblem für KFGs gegeben. Entsprechendes gilt für alle anderen Unentscheidbarkeitsresultate für DKFGs. Damit erhalten wir die Aussagen (a) und (b) des folgenden Satzes:

Satz 9.2.6

Seien G, G_1, G_2 KFGs. Dann sind folgende Problemstellungen unentscheidbar.

(a) Schnittproblem: Gilt $\mathcal{L}(G_1) \cap \mathcal{L}(G_2) \neq \emptyset$?

(b) Ist $|\mathcal{L}(G_1) \cap \mathcal{L}(G_2)| = \infty$?

(c) Äquivalenzproblem: Gilt $\mathcal{L}(G_1) = \mathcal{L}(G_2)$?

(d) Ist $\mathcal{L}(G)$ mehrdeutig?

Zur Erinnerung: Mehrdeutigkeit einer KFG bedeutet, dass es aus dem Startsymbol ableitbare Wörter über dem Terminalalphabet gibt, für die es mehrere Ableitungsbäume gibt. Siehe Definition 7.1.6 (Seite 281).

Beweis: (a) und (b) sind mit den oben angegebenen Argumenten klar. Wir zeigen zunächst (c). Hierzu führen wir eine Reduktion der Komplementsprache des 0/1-PKPs auf das Äquivalenzproblem für KFGs durch. Das heißt wir zeigen

$$\overline{0/1\text{-PKP}} \leq \text{Äquivalenzproblem für KFGs.}$$

Sei K eine Instanz für das 0/1-PKP und seien G_1, G_2 die im Beweis von Satz 9.2.2 (Seite 393) konstruierten DKFGs. Weiter sei $\overline{G_2}$ eine DKFG für die Sprache $\overline{\mathcal{L}(G_2)}$ (siehe Satz 9.2.4, Seite 395) und

$$G_3 = G_1 \uplus \overline{G_2}$$

eine KFG für die Sprache

$$\mathcal{L}(G_3) = \mathcal{L}(G_1) \cup \overline{\mathcal{L}(G_2)}.$$

(Der Vereinigungsoperator $\uplus$ für Grammatiken wurde auf Seite 207 eingeführt.) Dann gilt:

$$
\begin{aligned}
& \mathcal{L}(G_3) = \mathcal{L}\left(\overline{G_2}\right) \\
\text{gdw} \quad & \mathcal{L}(G_1) \subseteq \mathcal{L}\left(\overline{G_2}\right) \\
\text{gdw} \quad & \mathcal{L}(G_1) \subseteq \Sigma^* \setminus \mathcal{L}(G_2) \\
\text{gdw} \quad & \mathcal{L}(G_1) \cap \mathcal{L}(G_2) = \emptyset.
\end{aligned}
$$

Im Beweis von Satz 9.2.2 (Seite 393) haben wir gesehen, dass

$$\mathcal{L}(G_1) \cap \mathcal{L}(G_2) = \emptyset \quad \text{gdw} \quad K \text{ hat keine Lösung.}$$

Also ist durch die Transformation

$$K \;\mapsto\; (G_3, \overline{G_2}) = (G_1 \uplus \overline{G_2}, \overline{G_2})$$

eine Reduktion von $\overline{0/1\text{-PKP}}$ auf das Äquivalenzproblem für KFGs gegeben. Da 0/1-PKP unentscheidbar ist, ist auch $\overline{0/1\text{-PKP}}$ unentscheidbar (Teil (a) von Satz 2.1.6, Seite 91). Somit ist auch das Äquivalenzproblem für KFGs unentscheidbar.

ad (d). Wir zeigen $0/1\text{-PKP} \leq$ Mehrdeutigkeitsproblem für KFGs.

Seien K, G_1, G_2 wie oben und

$$G \;=\; G_1 \uplus G_2$$

eine KFG mit

$$\mathcal{L}(G) = \mathcal{L}(G_1) \cup \mathcal{L}(G_2).$$

Mit den Ergebnissen, die wir im Beweis von Satz 9.2.2 (Seite 393) erhalten haben, ergibt sich folgende Beziehung zwischen der Lösbarkeit von K und der Mehrdeutigkeit von G.

$$K \text{ ist lösbar}$$
$$\text{gdw} \quad \mathcal{L}(G_1) \cap \mathcal{L}(G_2) \neq \emptyset$$
$$\text{gdw} \quad G \text{ ist mehrdeutig.}$$

Also ist durch $K \mapsto G$ eine Reduktion des 0/1-PKPs auf das Mehrdeutigkeitsproblem für KFGs gegeben. $\square$

Wir erwähnen (ohne Beweis) folgende weiteren Unentscheidbarkeitsresultate für KFGs. Die Fragestellungen

▶ Ist $\overline{\mathcal{L}(G)}$ kontextfrei?

▶ Ist $\mathcal{L}(G)$ regulär?

▶ Ist $\mathcal{L}(G)$ deterministisch kontextfrei?

▶ Ist $\mathcal{L}(G_1) \cap \mathcal{L}(G_2)$ kontextfrei?

sind für KFGs unentscheidbar.[4] Die Beweise dieser Aussagen sind z. B. in [HU80, Weg93] zu finden.

---

[4] Für jedes feste k ist die Frage, ob eine vorliegende KFG die LR(k)-Bedingung erfüllt, *entscheidbar*. Dieses Entscheidbarkeitsresultat steht im Gegensatz zur Unentscheidbarkeit der Frage, ob eine KFG deterministisch kontextfrei ist. (Siehe Abschnitt 8.3.6, Seite 370) Zusammen mit der Aussage von Satz 8.3.6 (Seite 370) ergibt sich ein bemerkenswertes Ergebnis.

9.2.3 Unentscheidbarkeitsergebnisse für kontextsensitive Sprachen

Da jede kontextfreie Grammatik in eine äquivalente kontextsensitive Grammatik über-führt werden kann (s. Seite 204 ff), gelten sämtliche Unentscheidbarkeitsresultate für kontextfreie Sprachen auch für kontextsensitive Sprachen. Darüber hinaus gibt es ei-nige Fragestellungen, die für KFGs algorithmisch gelöst werden können; nicht aber für Grammatiken vom Typ 1.

Zu Beginn von Abschnitt 9.2 haben wir erwähnt, dass das Leerheits- und Endlichkeits-problem für kontextfreie Sprachen effizient lösbar ist (siehe Seite 392). Für kontextsen-sitive Sprachen sind diese Problemstellungen jedoch unentscheidbar. Wir erläutern kurz, wie sich das Schnittproblem für KFGs auf das Leerheitsproblem für Grammatiken vom Typ 1 reduzieren lässt.

Satz 5.3.8 (Seite 215) besagt, dass der Durchschnitt kontextsensitiver Sprachen wieder kontextsensitiv ist. Tatsächlich gibt es sogar ein konstruktives Verfahren, das aus zwei Grammatiken vom Typ 1 eine kontextsensitive Grammatik für die Durchschnittssprache konstruiert. Sind also zwei KFGs G_1, G_2 (als Eingabe für das Schnittproblem für KFGs) gegeben, dann kann man eine kontextsensitive Grammatik G mit

$$\mathcal{L}(G) = \mathcal{L}(G_1) \cap \mathcal{L}(G_2)$$

algorithmisch erstellen. (Wir verzichten auf den Beweis dieser Aussage der z.B. in [HU80] zu finden ist.) Wegen

$$\mathcal{L}(G) \neq \emptyset \quad \text{gdw} \quad \mathcal{L}(G_1) \cap \mathcal{L}(G_2) \neq \emptyset$$

ist durch die Transformation $(G_1, G_2) \mapsto G$ eine Reduktion des Schnittproblems für KFGs auf das Leerheitsproblem für kontextsensitive Grammatiken gegeben. Entspre-chend gilt

$$|\mathcal{L}(G)| = \infty \quad \text{gdw} \quad |\mathcal{L}(G_1) \cap \mathcal{L}(G_2)| = \infty.$$

Daher ist $(G_1, G_2) \mapsto G$ zugleich eine Transformation, die die Reduzierbarkeit der Frage, ob

$$|\mathcal{L}(G_1) \cap \mathcal{L}(G_2)| = \infty$$

für gegebene KFGs G_1, G_2, auf das Endlichkeitsproblem für kontextsensitive Gramma-tiken belegt. Damit folgt aus Satz 9.2.6 (Seite 397):

Satz 9.2.7

Für kontextsensitive Grammatiken sind folgende beiden Probleme unentscheidbar:

(a) Leerheitsproblem: Gilt $\mathcal{L}(G) \neq \emptyset$?

(b) Endlichkeitsproblem: Gilt $|\mathcal{L}(G)| < \infty$?

9.3 »Schwierige« Probleme für reguläre Sprachen

Der vorangegangene Abschnitt zeigt, dass viele Fragestellungen für Grammatiken vom Typ 2 oder 1 (und damit auch vom Typ 0) unentscheidbar sind, während die entsprechenden Fragestellungen für reguläre Sprachen sehr effizient lösbar sind (s. Abschnitt 6.2.2, Seite 246 ff). Die effizienten Algorithmen für reguläre Sprachen setzen jedoch einen DEA als Eingabe voraus. Die Analyse regulärer Sprachen wird sehr viel aufwendiger, wenn ein anderer Formalismus als DEAs zu Grunde liegt. Diese Aussage ist nicht verwunderlich, da wir bereits gesehen haben, dass andere Formalismen, etwa NEAs, sehr viel effizienter als DEAs sein können und dass die Transformation eines NEAs in einen äquivalenten DEA im Allgemeinen exponentiellen Zeitaufwand erfordert. Siehe Abschnitt 6.1.18 (Seite 234 ff).

Wir betrachten hier nur das Äquivalenzproblem für reguläre Sprachen. Liegt eine Darstellung der Sprachen durch DEAs vor, dann lässt sich das Äquivalenzproblem in Polynomialzeit lösen. Für eine Darstellung durch NEAs, reguläre Ausdrücke oder reguläre Grammatiken hat man es dagegen mit einem *PSPACE*-vollständigen Problem zu tun. Wir zeigen hier lediglich die *NP*-Härte des komplementären Problems.[5]

Satz 9.3.1

Das zu dem Äquivalenzproblem für

▶ *reguläre Ausdrücke,*

▶ *NEAs ,*

▶ *reguläre Grammatiken*

komplementäre Problem ist NP-hart.

Beweis: Wir zeigen, dass sich 3SAT auf das zu dem Äquivalenzproblem für reguläre Ausdrücke komplementäre Problem polynomiell reduzieren lässt.[6]

Sei α eine Formel in 3KNF mit den Aussagensymbolen $x_1, \ldots, x_n$.

$$\alpha = \bigwedge_{i=1}^{m} K_i,$$

wobei die Teilformeln K_i Klauseln (Disjunktionsterme) mit höchstens drei Literalen sind. Wir ordnen der Formel α zwei reguläre Ausdrücke β und γ zu, sodass folgende beiden Bedingungen gelten:

▶ β und γ können in polynomieller Zeit konstruiert werden.

---

[5] Die Begriffe *NP*-hart und *PSPACE*-vollständig wurden in Kapitel 4 eingeführt. Siehe Definition 4.1.5 (Seite 154) und Definition 4.5.1 (Seite 183).

[6] 3SAT wurde in Abschnitt 4.3.1, Seite 164 ff, behandelt.

▶ α ist genau dann erfüllbar, wenn $\mathcal{L}(\beta) \neq \mathcal{L}(\gamma)$.

Das für die regulären Ausdrücke zu Grunde gelegte Alphabet sei $\Sigma = \{0,1\}$.

Zunächst vereinfachen wir α, sodass die trivialen Fälle ausgeschlossen werden können. Wir entfernen jede Klausel K_i aus α, die (für ein $j \in \{1, \ldots, n\}$) das positive Literal x_j und das negative Literal $\neg x_j$ enthält. Diese Klauseln sind Tautologien und können gestrichen werden, ohne die Wahrheitswerte von α zu ändern. Falls alle Klauseln diese Eigenschaft haben, dann ist $\alpha \equiv \textit{true}$ eine Tautologie. Wir können $\beta = \gamma = \varepsilon$ setzen.

Im Folgenden nehmen wir an, dass $\alpha = K_1 \wedge \ldots \wedge K_m$, wobei $m \geq 1$ und keine Klausel K_i sowohl x_j als auch $\neg x_j$ enthält. Sind $b_1, \ldots, b_n \in \{0,1\}$, so schreiben wir

$$[x_1 = b_1, \ldots, x_n = b_n],$$

um die Belegung μ mit $\mu(x_j) = b_j$, $j = 1, \ldots, n$, zu bezeichnen.

Der reguläre Ausdruck β: Wir definieren den regulären Ausdruck β so, dass die assoziierte Sprache genau die Belegungen μ mit $\mu \not\models \alpha$ kodiert. Sei

$$\beta_{i,j} = \begin{cases} 0 & : \text{ falls } x_j \text{ in } K_i \text{ vorkommt} \\ 1 & : \text{ falls } \neg x_j \text{ in } K_i \text{ vorkommt} \\ 0+1 & : \text{ sonst.} \end{cases}$$

Weiter sei β_i die Konkatenation der Ausdrücke $\beta_{i,j}$, $j = 1, \ldots, n$, also

$$\beta_i = \beta_{i,1}\beta_{i,2} \ldots \beta_{i,n}$$

Offenbar ist $\mathcal{L}(\beta_i)$ die Menge aller Wörter $b_1 \ldots b_n \in \{0,1\}^n$, sodass

$$[x_1 = b_1, \ldots, x_n = b_n] \not\models K_i.$$

Wir setzen

$$\beta = \beta_1 + \ldots + \beta_m.$$

Offenbar gilt

$$\mathcal{L}(\beta) = \text{Menge aller Wörter } b_1 \ldots b_n \in \{0,1\}^n \text{ mit } [x_1 = b_1, \ldots, x_n = b_n] \not\models \alpha.$$

Somit ist α genau dann erfüllbar, wenn $\mathcal{L}(\beta) \neq \{0,1\}^n$.

Der reguläre Ausdruck γ: Den zweiten regulären Ausdruck γ definieren wir nun so, dass die assoziierte Sprache $\{0,1\}^n$ ist.

$$\gamma = \underbrace{(0+1)(0+1)\ldots(0+1)}_{n-mal}$$

Offenbar ist $\mathcal{L}(\gamma) = \{0,1\}^n$. Somit gilt:

$$\alpha \text{ erfüllbar} \quad \text{gdw} \quad \mathcal{L}(\beta) \neq \mathcal{L}(\gamma) \, .$$

Reduktion von 3SAT auf das Inäquivalenzproblem für reguläre Ausdrücke: Es ist klar, dass β und γ in polynomieller Zeit konstruiert werden können. Somit gilt

$$3\text{SAT} \leq_{poly} \text{Inäquivalenzproblem für reguläre Ausdrücke.}$$

Das Inäquivalenzproblem für NEAs: Die in Abschnitt 6.3.3 (Seite 253 ff) skizzierten Verfahren zur Konstruktion eines NEAs zu gegebenem regulären Ausdruck induzieren eine polynomielle Reduktion:

$$\begin{array}{ccc} \text{Inäquivalenzproblem} & \leq_{poly} & \text{Inäquivalenzproblem} \\ \text{für reguläre Ausdrücke} & & \text{für NEAs} \end{array}$$

Das Inäquivalenzproblem für reguläre Grammatiken: Ebenso liefert das Verfahren zur Konstruktion einer regulären Grammatik aus einem NEA (s. Beweis von Lemma 6.1.24 auf Seite 235) eine polynomielle Reduktion:

$$\begin{array}{ccc} \text{Inäquivalenzproblem} & \leq_{poly} & \text{Inäquivalenzproblem} \\ \text{für NEAs} & & \text{für reguläre Grammatiken} \end{array}$$

Mit den Ergebnissen aus Abschnitt 4.3 (Seite 162 ff) folgt die NP-Härte des Inäquivalenzproblems für reguläre Ausdrücke, NEAs und reguläre Grammatiken.   □

Beispiel 9.3.2. Zur Veranschaulichung der Reduktion von 3SAT auf das Inäquivalenzproblem für reguläre Ausdrücke betrachten wir die Formel

$$\alpha = (x_1 \vee x_1 \vee \neg x_3) \wedge (x_1 \vee \neg x_2 \vee x_3).$$

Zum Beispiel ist $\beta_{1,1} = 0$, $\beta_{1,2} = 0 + 1$ und $\beta_{1,3} = 1$, da x_1 und $\neg x_3$ in der ersten Klausel vorkommen, während weder x_2 noch $\neg x_2$ vorkommen. Entsprechend erhält man die regulären Ausdrücke $\beta_{2,j}$ und somit

$$\beta_1 = 0(0+1)1, \quad \beta_2 = 010, \quad \beta = 0(0+1)1 + 010.$$

Die Sprache $\mathcal{L}(\beta)$ besteht aus den Wörtern 001, 011 und 010. Diese stehen genau für diejenigen Belegungen, unter denen α nicht wahr ist. Zum Beispiel gilt

$$[x_1 = 0, x_2 = 0, x_3 = 1] \not\models \alpha$$
$$[x_1 = 1, x_2 = 0, x_3 = 1] \models \alpha.$$

Der reguläre Ausdruck γ ist $(0+1)(0+1)(0+1)$. Man erhält also, dass α erfüllbar ist und

$$\mathcal{L}(\beta) \neq \mathcal{L}(\gamma) = \{0,1\}^3$$

da z. B. $101 \in \mathcal{L}(\gamma) \setminus \mathcal{L}(\beta)$. ∎

9.4 Übungen

Aufgabe 9.1 PCP mit unärem Alphabet

Das 0/1-PCP wurde als Variante des Postschen Korrespondenzproblems (PCP) vorgestellt, in der das Alphabet $\{0, 1\}$ zu Grunde liegt. Wir betrachten nun das 1-PCP, d.h. diejenige Variante des PCPs, in der das unäre Alphabet $\{1\}$ zu Grunde liegt.

1-PCP

▶ **Gegeben:** Folge $(x_1, y_1), \ldots, (x_k, y_k)$ von Wortpaaren mit $x_i, y_i \in \{1\}^+$

▶ **Gefragt:** Gibt es eine Indexfolge

$$i_1, i_2, \ldots, i_n \text{ mit } i_r \in \{1, \ldots, k\}, r = 1, \ldots, n,$$

sodass $n \geq 1$ und $x_{i_1} x_{i_2} \ldots x_{i_n} = y_{i_1} y_{i_2} \ldots y_{i_n}$?

Zeigen Sie, dass das 1-PCP entscheidbar ist.

Hinweis: Skizzieren Sie ein Verfahren, das das 1-PCP löst.

Aufgabe 9.2 Unentscheidbare Grammatikprobleme

Zeigen Sie die Unentscheidbarkeit folgender Fragestellungen:

(a) Gegeben ist eine KFG G mit dem Terminalalphabet Σ. Gefragt ist, ob $\mathcal{L}(G) = \Sigma^*$.

(b) Gegeben ist ein regulärer Ausdruck α und eine KFG G. Gefragt ist, ob

$$\mathcal{L}(G) = \mathcal{L}(\alpha).$$

Hinweis: Sie können in Ihrer Argumentation die Aussage von Satz 9.2.4 benutzen. (Dieser besagt, dass es ein konstruktives Verfahren gibt, das zu gegebener DKFG G eine DKFG $\overline{G}$ mit $\mathcal{L}(\overline{G}) = \overline{\mathcal{L}(G)}$ generiert.)

Aufgabe 9.3

Zeigen Sie die Unentscheidbarkeit der folgenden Variante des MPKPs:

MPKP'

▶ **Gegeben:** Alphabet Σ und eine Folge $K = (u_1, v_1), (u_2, v_2), \ldots,$ (u_k, v_k) von Wortpaaren mit $u_i, v_i \in \Sigma^+$

▶ **Gefragt:** Gibt es eine Indexfolge $i_1, i_2, \ldots, i_n$ mit $i_r \in \{1, \ldots, k\}, r = 1, \ldots, n$, sodass $n \geq 1$, $i_1 = 1$ und $u_1 u_{i_2} \ldots u_{i_n} u_1 = v_1 v_{i_2} \ldots v_{i_n} v_1$?

KAPITEL 10

Zusammenfassung

Die folgenden drei Abbildungen geben einen Überblick über die verschiedenen Sprach- und Automatentypen. Tabelle 10.0.1 stellt die Grammatiktypen und zugehörigen Automatenmodelle dar. Im Gegensatz zu Turingmaschinen oder endlichen Automaten, für die DTMs und NTMs bzw. DEAs und NEAs gleich mächtig sind, sind nichtdeterministische Kellerautomaten ausdrucksstärker als deterministische Kellerautomaten (siehe Abschnitt 8.1, Seite 318 ff). Die entsprechende Frage für LBAs ist noch nicht geklärt.

Tabelle 10.0.1 [Grammatiken und zugehörige Automatenmodelle]

	Grammatik	Automatenmodell
Typ 0	Grammatik (ohne Restriktionen)	Turingmaschine (DTM oder NTM)
Typ 1	kontextsensitive Grammatiken	Linear beschränkte Automaten (LBA) ? DLBA ?
Typ 2	kontextfreie Grammatiken	Kellerautomat (NKA)
det. KFL	LR(k)-Grammatiken	DKA
Typ 3	reguläre Grammatik	Endlicher Automat (DEA oder NEA)

Tabelle 10.0.2 fasst die Abschlusseigenschaften unter den Verknüpfungsoperatoren Vereinigung, Durchschnitt, Komplement, Kleeneabschluss und Konkatenation zusammen. Hier schneiden die regulären und kontextsensitiven Sprachen am besten ab, da nur sie unter allen fünf Operatoren abgeschlossen sind.

Tabelle 10.0.2   [Abschlusseigenschaften der Sprachfamilien]

	Durchschnitt	Vereinigung	Komplement	Konka-tenation	Kleene-abschluss
Typ 0	√	√	NEIN	√	√
Typ 1	√	√	√	√	√
Typ 2	NEIN	√	NEIN	√	√
det. KFL	NEIN	NEIN	√	NEIN	NEIN
Typ 3	√	√	√	√	√

Tabelle 10.0.3 fasst die Schwierigkeitsgrade einiger Entscheidungsprobleme für die einzelnen Sprachtypen zusammen. Hier stellt sich heraus, dass nur die regulären Sprachen algorithmisch einfach handhabbar sind (jedenfalls, wenn eine Darstellung durch einen DEA gegeben ist). Das andere Extrem ist die Klasse der Sprachen vom Typ 0, für die *keines* der relevanten Entscheidungsprobleme algorithmisch lösbar ist.

Tabelle 10.0.3   [Lösbarkeit und Effizienz der Grammatik-Entscheidungsprobleme]

	Wortproblem	Leerheitstest	Äquivalenz	Schnittproblem
Typ 0	unentsch.	unentsch.	unentsch.	unentsch.
Typ 1	*PSPACE*-vollst.	unentsch.	unentsch.	unentsch.
Typ 2	$\mathcal{O}(n^3)$	$\mathcal{O}(size(G))$	unentsch.	unentsch.
det. KFL	$\mathcal{O}(n)$	$\mathcal{O}(size(G))$	entscheidbar	unentsch.
Typ 3	$\mathcal{O}(n)$	jeweils $\mathcal{O}($ Größe des DEAs $)$		

Die Güte von Algorithmen

Totale Korrektheit ist eine funktionale Eigenschaft, die völlig von quantitativen Aspekten (Laufzeit, Platzbedarf) abstrahiert.[1] Zwei total korrekte Algorithmen für dasselbe Problem können von grundsätzlich verschiedener Qualität sein. Aus praktischer Sicht kann eine der Lösungen als »hoffnungslos schlecht« (unbrauchbar) verworfen werden, während die andere für praktische Zwecke einsetzbar ist.

Kostenmaße für Algorithmen lassen sich mit abstrakten Rechnermodellen formalisieren. In Kapitel 1 werden *Registermaschinen* und *Turingmaschinen* als Rechnermodelle vorgestellt. Als Kostenmaße werden dort das *uniforme* und das *logarithmische* Kostenmaß beschrieben. Kostenfunktionen für Programme werden in der Regel nicht exakt angegeben. Üblich ist stattdessen die Angabe der Größenordnung der Kosten.

Die Kostenfunktionen für die Laufzeit oder den Platzbedarf werden üblicherweise entweder für den schlimmsten Fall oder im Mittel bestimmt. Die Kostenfunktionen werden in Abhängigkeit der relevanten *Eingabegröße(n)* erstellt. Typischerweise hat eine Kostenfunktion die Gestalt $T : \mathbb{N} \to \mathbb{N}$ (oder $T : \mathbb{N}^k \to \mathbb{N}$, falls die Gesamtgröße der Eingabe an k Werten gemessen wird).

▶ *Worst-case Analyse*: Die Kostenfunktion gibt die Kosten im schlimmsten Fall an. Liegt z.B. eine einstellige Kostenfunktion $T : \mathbb{N} \to \mathbb{N}$ vor, dann steht $T(n)$ für die maximalen Kosten, die für eine Eingabe der Größe n entstehen können.

▶ *Average-case Analyse*: Die erwarteten Kosten werden durch eine asymptotische Schranke abgeschätzt, wobei stochastische Annahmen über die Verteilung der Eingabewerte gemacht werden. Für eine einstellige Kostenfunktion $T : \mathbb{N} \to \mathbb{N}$ steht $T(n)$ für den Erwartungswert der Kosten, die durch Eingaben der Größe n entstehen können.

Meist ist man nicht an der exakten Kostenfunktion T interessiert, sondern an der Größenordnung von T. Die (exakte) Größenordnung wird mit dem Operator Θ angegeben. Häufig ist es jedoch schwierig, die exakte Größenordnung anzugeben, und man weicht deshalb auf die Angabe einer *oberen Schranke* für T aus, die mit dem Operator $\mathcal{O}$ angegeben wird. Das heißt die Kostenfunktion T wird durch eine Funktion f mit $T \in \mathcal{O}(f)$ abgeschätzt. Der Operator Ω wird zur Angabe von unteren Schranken verwendet. Üblich ist die Angabe einer »einfach verständlichen« Funktion f als Schranke, z.B. $f(n) = n^k$ (Potenzen der Eingabegröße n) oder $f(n) = a^n$ (Exponentialfunktionen).

---

[1] Tatsächlich spielen neben Zeit und Platz in der Praxis noch andere Kriterien eine Rolle, die situationsbedingt zu gewichten sind. Dazu zählen die Einfachheit und Verständlichkeit, die Entwicklungskosten oder die Rechengenauigkeit für numerische Verfahren.

Definition A.1

Sei $f : \mathbb{N} \to \mathbb{R}_{\geq 0}$ eine Funktion.

▶ $\mathcal{O}(f)$ = Menge aller Funktionen $g : \mathbb{N} \to \mathbb{R}_{\geq 0}$, für die es eine Konstante $C > 0$ und ein $n_0 \in \mathbb{N}$ gibt, sodass

$$g(n) \leq C \cdot f(n) \text{ für alle } n \geq n_0.$$

▶ $\Omega(f)$ = Menge aller Funktionen $g : \mathbb{N} \to \mathbb{R}_{\geq 0}$, für die es eine Konstante $C > 0$ und ein $n_0 \in \mathbb{N}$ gibt, sodass

$$f(n) \leq C \cdot g(n) \text{ für alle } n \geq n_0.$$

▶ $\Theta(f)$ = Menge aller Funktionen $g : \mathbb{N} \to \mathbb{R}_{\geq 0}$, für die es Konstanten C_1, $C_2 > 0$ und ein $n_0 \in \mathbb{N}$ gibt, sodass

$$C_1 \cdot f(n) \leq g(n) \leq C_2 \cdot f(n) \text{ für alle } n \geq n_0.$$

Üblich sind saloppe Schreibweisen: z.B. $g(n) = \mathcal{O}(f(n))$ statt $g \in \mathcal{O}(f)$. Gebräuchlich ist die Verwendung des Gleichheitszeichen anstelle der Inklusion, wobei »Gleichungen« mit den asymptotischen Symbolen $\mathcal{O}$, Ω oder Θ von links nach rechts zu lesen sind. Zum Beispiel steht $\mathcal{O}(f_1(n)) = \mathcal{O}(f_2(n))$ für $\mathcal{O}(f_1) \subseteq \mathcal{O}(f_2)$. Der Zusammenhang zwischen $\mathcal{O}$, Ω und Θ ist wie folgt:

▶ $g(n) = \mathcal{O}(f(n))$ gdw $f(n) = \Omega(g(n))$
▶ $g(n) = \Theta(f(n))$ gdw $g(n) = \Omega(f(n))$ und $g(n) = \mathcal{O}(f(n))$.

Definition A.1 lässt sich in der offensichtlichen Weise für *partielle* Funktionen $f, g : \mathbb{N} \to \mathbb{R}_{\geq 0}$ mit unendlichem gemeinsamem Definitionsbereich erweitern.

Ebenso verwenden wir häufig die offensichtliche Erweiterung von Definition A.1 für mehrstellige (partielle) Funktionen. Etwa für $f : \mathbb{N} \times \mathbb{N} \to \mathbb{R}_{\geq 0}$ ist $\mathcal{O}(f(n, m))$ die Menge aller Funktionen $g : \mathbb{N} \times \mathbb{N} \to \mathbb{R}_{\geq 0}$, für die es eine Konstante $C > 0$ und natürliche Zahlen n_0, m_0 gibt, sodass $g(n, m) \leq C \cdot f(n, m)$ für alle $n \geq n_0$ und $m \geq m_0$. Zum Beispiel $3n^2 \log m + 7n^3 m^4 = \mathcal{O}(n^3 m^4)$.

Aussagenlogik

Wir erläutern kurz die Syntax und Semantik der Aussagenlogik, wobei wir uns auf die für das Buch relevanten Aspekte beschränken.

Weitere Details können z. B. in [LP98] nachgelesen werden.

Syntax der Aussagenlogik

Gegeben sind endlich viele Aussagensymbole (boolesche Variablen) $x_1, \ldots, x_n$. Im Folgenden verwenden wir die Symbole x, y und z, um Elemente aus $\{x_1, \ldots, x_n\}$ zu bezeichnen. Die Menge aller *aussagenlogischen Formeln* über $\{x_1, \ldots, x_n\}$ (im Folgenden kurz *Formeln* genannt) ist induktiv durch folgende vier Regeln definiert:

1. *true* ist eine Formel.

2. Jedes Aussagensymbol x_i ist eine Formel.

3. Sind α und β Formeln, dann sind auch $(\neg\alpha)$ und $(\alpha \wedge \beta)$ Formeln.

4. Nichts sonst ist eine Formel.

Üblich sind vereinfachende Schreibweisen wie der Verzicht auf (überflüssige) Klammern oder die Verwendung zusätzlicher Symbole. Zum Beispiel *false* $= (\neg true)$,

$$\alpha \vee \beta = \neg(\neg\alpha \wedge \neg\beta) \text{ und } \alpha \to \beta = \neg\alpha \vee \beta.$$

Definition B.1 [Länge von Formeln]

Die *Länge* einer Formel α ist die Anzahl an Operatoren in α und wird mit $|\alpha|$ bezeichnet.

Semantik der Aussagenlogik

Intuitiv stehen die Aussagensymbole x_i für Aussagen, die je nach Kontext wahr oder falsch sein können. Der Kontext wird durch eine *Belegung* formalisiert, die jedem Aussagensymbol einen Wahrheitswert 0 (»falsch«) oder 1 (»wahr«) zuordnet. Formal ist eine Belegung also nichts anderes als eine Abbildung

$$\mu : \{x_1, \ldots, x_n\} \to \{0,1\}.$$

Die Semantik der Aussagenlogik wird durch eine Erfülltrelation $\models$ spezifiziert, die angibt, für welche Belegungen μ eine Formel α wahr ist. Formal ist $\models$ eine Menge bestehend aus Paaren (μ, α), wobei μ eine Belegung und α eine Formel ist. Man schreibt $\mu \models \alpha$ anstelle von $(\mu, \alpha) \in \models$. Entsprechend steht $\mu \not\models \alpha$ für $(\mu, \alpha) \notin \models$. Intuitiv steht $\mu \models \alpha$ dafür, dass α unter der Belegung μ wahr ist.

Die Erfülltrelation $\models$ ist induktiv definiert:

$$
\begin{array}{lll}
\mu \models true & & \\
\mu \models x_i & \text{gdw} & \mu(x_i) = 1 \\
\mu \models \neg\alpha & \text{gdw} & \mu \not\models \alpha \\
\mu \models \alpha \wedge \beta & \text{gdw} & \mu \models \alpha \text{ und } \mu \models \beta
\end{array}
$$

Falls $\mu \models \alpha$, nennen wir μ eine *erfüllende Belegung* für α. In der Literatur ist auch die Schreibweise

▶ $\mu(\alpha) = 1$, falls $\mu \models \alpha$,

▶ $\mu(\alpha) = 0$, falls $\mu \not\models \alpha$,

gebräuchlich. Der Wert $\mu(\alpha) \in \{0,1\}$ wird der *Wahrheitswert* von α unter μ genannt.

Für Formeln mit abgeleiteten Operatoren wie Disjunktion $\vee$ oder Implikation $\rightarrow$ ergibt sich die übliche Semantik. Etwa gilt $\mu \models \alpha \vee \beta$ genau dann, wenn $\mu \models \alpha$ oder $\mu \models \beta$.

Beispiel B.2. Als Beispiel betrachten wir $\alpha = (x_1 \wedge \neg x_2) \vee x_3$. Ist die Belegung μ mit $\mu(x_1) = 0$ und $\mu(x_2) = \mu(x_3) = 1$ gegeben, dann gilt

$$
\left.
\begin{array}{lll}
\mu & \not\models & x_1 \wedge \neg x_2 \\
\mu & \models & x_3
\end{array}
\right\} \implies \mu \models \alpha.
$$

Für die Belegung μ' mit $\mu'(x_1) = \mu'(x_2) = \mu'(x_3) = 0$ gilt jedoch $\mu' \not\models \alpha$. ∎

Definition B.3 [Semantische Äquivalenz]

Man nennt zwei aussagenlogische Formeln α_1, α_2 *(semantisch) äquivalent*, wenn sie bzgl. jeder Belegung denselben Wahrheitswert haben, also wenn für alle Belegungen μ gilt:

$$
\mu \models \alpha_1 \text{ gdw } \mu \models \alpha_2 .
$$

In diesem Fall schreibt man $\alpha_1 \equiv \alpha_2$.

Beispielsweise sind die Formeln $x_1 \wedge \neg\neg x_2$ und $x_1 \wedge x_2$ semantisch äquivalent.

Bezüglich semantischer Äquivalenz gilt das Assoziativ- und Kommutativgesetz für die Disjunktion $\wedge$ und die Konjunktion $\vee$. Beispielsweise gelten für die Konjunktion die Äquivalenzgesetze

$$\alpha \wedge \beta \equiv \beta \wedge \alpha, \quad \alpha \wedge (\beta \wedge \gamma) \equiv (\alpha \wedge \beta) \wedge \gamma.$$

Diese rechtfertigen den Verzicht auf Klammern und Schreibweisen wie

$$\bigwedge_{1 \le i \le n} \alpha_i \quad \text{oder} \quad \alpha_1 \wedge \ldots \wedge \alpha_n.$$

Man beachte, dass die Länge einer Formel des Typs $\bigwedge_{1 \le i \le n} \alpha_i$ gleich $n - 1$ ist (und nicht etwa 1). Darüber hinaus verwendet man häufig Formeln des Typs

$$\alpha = \bigwedge_{i \in I} \alpha_i.$$

Dabei ist I eine beliebige endliche Indexmenge. Ist I nicht leer, dann steht α für eine der Formeln $\alpha_{i_1} \wedge \ldots \wedge \alpha_{i_k}$, wobei $I = \{i_1, \ldots, i_k\}$ und $i_1, \ldots, i_k$ paarweise verschieden sind. Für $I = \emptyset$ ist die Vereinbarung

$$\bigwedge_{i \in \emptyset} \alpha_i = true, \quad \text{während} \quad \bigvee_{i \in \emptyset} \alpha_i = false.$$

Definition B.4 [Erfüllbarkeit, Gültigkeit]

Sei α eine Formel. α heißt

▶ *erfüllbar*, wenn es eine Belegung μ mit $\mu \models \alpha$ gibt,

▶ *Tautologie* oder *gültig*, wenn $\mu \models \alpha$ für alle Belegungen μ.

Man nennt α *unerfüllbar*, wenn α nicht erfüllbar ist.

Beispielsweise ist $x \wedge \neg x$ unerfüllbar, während $x_1 \vee \neg(x_1 \wedge x_2)$ eine Tautologie ist. Die Formeln $x_1 \vee \neg x_2$ und $x_1 \wedge \neg x_2$ sind erfüllbar, aber keine Tautologien. Offenbar gilt:

$$\begin{aligned}
&\alpha \text{ ist unerfüllbar} \\
\text{gdw} \quad &\mu \not\models \alpha \text{ für alle Belegungen } \mu \\
\text{gdw} \quad &\mu \models \neg\alpha \text{ für alle Belegungen } \mu \\
\text{gdw} \quad &\neg\alpha \text{ ist gültig.}
\end{aligned}$$

Damit erhalten wir:

Lemma B.5

α *ist genau dann unerfüllbar, wenn* $\neg\alpha$ *eine Tautologie ist.*

Definition B.6 [Literale, Klauseln, KNF, 3KNF, 2KNF]

Ein *Literal* ist eine Formel der Art x oder $\neg x$, wobei x ein Aussagensymbol ist.

▶ Literale der Form x heißen *positiv*,

▶ Literale der Form $\neg x$ werden *negativ* genannt.

Ein *Disjunktionsterm* (auch *Klausel* genannt) ist eine Disjunktion von Literalen, d.h. eine Formel der Form

$$\gamma = A_1 \vee A_2 \vee \ldots \vee A_k,$$

wobei $A_1, \ldots, A_k$ Literale sind. Für $k = 0$ vereinbaren wir $\gamma = \textit{false}$. Eine Formel in *konjunktiver Normalform* (KNF) ist eine Konjunktion von Klauseln, also von der Form

$$\alpha = \gamma_1 \wedge \ldots \wedge \gamma_n,$$

wobei $\gamma_1, \ldots, \gamma_n$ Klauseln sind. Im Fall $n = 0$ ist $\alpha = \textit{true}$. Eine Formel α ist in 3KNF, falls sie in KNF ist und jede Klausel aus höchstens drei Literalen besteht. Analoge Bedeutung hat die Bezeichnung 2KNF.

Es ist bekannt, dass es zu jeder Formel eine semantische äquivalente Formel in KNF gibt. Zum Beispiel ist $\alpha = (\neg x \vee y) \wedge (y \vee z)$ eine zu $\beta = y \vee (\neg x \wedge z)$ äquivalente Formel in KNF. Tatsächlich ist α sogar in 2KNF.[1]

Bemerkung B.7. [3KNF mit genau drei Literalen pro Klausel] Häufig ist es hilfreich, von folgender Beobachtung Gebrauch zu machen. Jede Formel in 3KNF kann in eine äquivalente Formel in 3KNF überführt werden, in der jede Klausel *genau* drei Literale enthält. Hierzu genügt es, in jeder Klausel mit weniger als drei Literalen eines der vorkommenden Literale zu wiederholen. Liegt z.B. die 3KNF-Formel

$$\alpha = (x \vee \neg y \vee z) \wedge (\neg x \vee y) \wedge \neg y$$

vor, dann können wir y in der zweiten Klausel einmal wiederholen und $\neg y$ in der dritten Klausel zweimal wiederholen und erhalten somit die äquivalente Formel

$$\alpha' = (x \vee \neg y \vee z) \wedge (\neg x \vee y \vee y) \wedge (\neg y \vee \neg y \vee \neg y).$$

Diese Transformation kann in Zeit $\mathcal{O}(|\alpha|)$ vorgenommen werden. ■

---

[1] Warnung: Jede Formel ist zwar äquivalent zu einer Formel in KNF, jedoch nicht unbedingt zu einer Formel in 2KNF oder 3KNF. Zum Beispiel gibt es zu $x_1 \vee x_2 \vee x_3 \vee x_4$ keine äquivalente Formel in 3KNF.

Formale Sprachen

Wir fassen kurz die wesentlichen Grundbegriffe aus dem Bereich »formale Sprachen« zusammen und erläutern unsere Notationen. Sei Σ ein *Alphabet*, d.h. eine endliche Menge von »Zeichen« oder »Symbolen«. Ein *endliches Wort* (im Folgenden kurz *Wort* genannt) über Σ ist eine endliche eventuell leere Folge $w = a_1 a_2 \ldots a_r$ von Symbolen $a_i \in \Sigma$.[1]

▶ Die *Länge* von Wörtern: Ist $w = a_1 a_2 \ldots a_r$, so heißt r die Länge des Wortes w und wird auch mit $|w|$ bezeichnet.

▶ Das *leere Wort* ist das Wort der Länge 0 und wird mit dem griechischen Buchstaben ε (»Epsilon«) bezeichnet.

Σ^* bezeichnet die Menge aller endlichen Wörter über Σ, $\Sigma^+ = \Sigma^* \setminus \{\varepsilon\}$ die Menge aller endlichen nicht leeren Wörter. Wir verwenden meist Kleinbuchstaben wie $a, b, \ldots$ zur Bezeichnung der Symbole eines Alphabets und Kleinbuchstaben wie $u, v, w, x, y, \ldots$ zur Bezeichnung von Wörtern.

Konkatenation, Präfixe, Suffixe, Teilworte: Sind $w = a_1 \ldots a_r$ und $x = b_1 \ldots b_k$ Wörter über Σ, dann steht $w \circ x$ oder kurz wx für das Wort $a_1 \ldots a_r b_1 \ldots b_k$, das sich durch Hintereinanderhängen der Wörter w und x ergibt. Man beachte, dass $\varepsilon w = w \varepsilon = w$. Ist $x \in \Sigma^*$ und $n \in \mathbb{N}$, so ist

$$x^n = \underbrace{xx \ldots x}_{n\text{-mal}} \, .$$

Um Missverständnissen vorzubeugen, erwähnen wir die Spezialfälle $n = 0$ und $n = 1$ gesondert. Es gilt $x^0 = \varepsilon$ und $x^1 = x$. Ein Wort x heißt

▶ *Präfix* eines Wortes y, falls es ein Wort w gibt, sodass $y = xw$,

▶ *Suffix* eines Wortes y, falls es ein Wort w gibt, sodass $y = wx$,

▶ *Teilwort* eines Wortes y, falls es Wörter w_1, w_2 gibt, sodass $y = w_1 x w_2$.

Man beachte, dass die Wörter ε und y stets sowohl Präfix als auch Suffix von y sind. x heißt *echtes Präfix* von y, wenn x ein Präfix von y ist und $x \neq y$. Entsprechende Bedeutung haben die Begriffe *echtes Suffix* und *echtes Teilwort*.

Das inverse Wort eines Wortes $w = a_1 a_2 \ldots a_{r-1} a_r$ ist das Wort $w^R = a_r a_{r-1} \ldots a_2 a_1$. Jedes Wort w mit $w^R = w$ wird auch *Palindrom* genannt. Zum Beispiel sind das leere Wort und $w = 0110110$ Palindrome; $x = 011$ ist kein Palindrom.

---

[1] Für die Wörter eines Alphabets sind beide Schreibweisen »mit Kommata« oder »ohne Kommata« gebräuchlich. Etwa für $\Sigma = \{0,1\}$ sind die Schreibweisen 00110 und 0,0,1,1,0 gleichwertig. Der Lesbarkeit wegen bevorzugen wir die Schreibweise ohne Kommata.

(Formale) Sprachen: Eine *Sprache* über dem Alphabet Σ ist eine Teilmenge L von Σ^*, also eine Menge von Worten über dem Alphabet Σ. Seien L, L_1, L_2 Sprachen über Σ.

▶ $\overline{L}$ bezeichnet das *Komplement* von L in Σ^*, also die Sprache $\Sigma^* \setminus L$.

▶ $L_1 \circ L_2$ (oder kurz $L_1 L_2$) ist die *Konkatenation* von L_1 und L_2, d.h. die Menge aller Wörter $w = w_1 w_2$, wobei $w_1 \in L_1$ und $w_2 \in L_2$.

Der Konkatenationsoperator lässt sich auf beliebig viele Sprachen erweitern. $L_1 L_2 \ldots L_n$ ist die Menge aller Wörter $w_1 w_2 \ldots w_n$ mit $w_i \in L_i$, $i = 1, \ldots, n$. Ist $L_1 = L_2 = \ldots = L_n$, dann ist

$$L^n = \underbrace{LL \ldots L}_{n\text{-mal}}.$$

Dabei ist $L^1 = L$ und $L^0 = \{\varepsilon\}$. Der *Kleeneabschluss* von L ist die Sprache

$$L^* = \bigcup_{n \geq 0} L^n.$$

$L^+ = \bigcup_{n \geq 1} L^n$ steht für die Menge aller Wörter $w_1 \ldots w_n$ mit $w_i \in L$ und $n \geq 1$. Es gilt

▶ $\varepsilon \in L^*$ für alle Sprachen L und

▶ $\varepsilon \in L^+$ genau dann, wenn $\varepsilon \in L$.

Wir verwenden häufig Schreibweisen ohne Klammern, wobei wir die Vereinbarung treffen, dass der Sternoperator (Kleeneabschluss) am stärksten bindet, dann der Konkatenationsoperator, gefolgt von Durchschnitt. Vereinigung $\cup$ hat die schwächste Priorität. (Die Schreibweise für den Komplementoperator erübrigt eine Festlegung der Priorität.)

Literaturverzeichnis

AHU74. AHO, ALFRED V., JOHN E. HOPCROFT und J. D. ULLMAN: *The Design and Analysis of Computer Algorithms*. Addison-Wesley, Reading, 1974.

AO83.   ALBERT, J. und THOMAS OTTMANN: *Automaten, Sprachen und Maschinen für Anwender*. Bibliographisches Institut, Zürich, 1983.

ASU86. AHO, A., R. SETHI und J. ULLMAN: *Compilers: Principles and Techniques and Tools*. Addison-Wesley, Reading, 1986.

AU72.   AHO, ALFRED V. und JEFFREY D. ULLMAN: *The Theory of Parsing, Translation, and Compiling; Volume 1: Parsing*. Prentice-Hall, Englewood Cliffs, 1972.

BB93.   BALKE, L. und H. H. BÖHLING: *Einführung in die Automatentheorie und Theorie Formaler Sprachen*. BI Wissenschaftsverlag, Mannheim, 1993.

BHPS61. BAR-HILLEL, YEHOSHUA, M. PERLES und E. SHAMIR: »On Formal Properties of Simple Phrase Structure Grammars«. *Zeitschrift für Phonologie, Sprachwissenschaft und Kommunikationsforschung*, 14:113–124, 1961.

Blu98. BLUM, NORBERT: *Theoretische Informatik. Eine anwendungsorientierte Einführung*. Oldenbourg, München, 1998.

Bör88. BÖRGER, EGON: *Berechenbarkeit, Komplexität und Logik*. Vieweg, Braunschweig, 1988.

BW77.   BECKER, HEINRICH und HERMANN WALTER: *Formale Sprachen*. Vieweg, Braunschweig, 1. Auflage, 1977.

Cha87. CHAPMAN, N. P.: *LR Parsing: Theory and Practice*. Cambridge University Press, Cambridge, 1987.

Cho56. CHOMSKY, N.: »Three models for the description of language«. *IRE Transactions of Information Theory*, 2-3:113–124, 1956.

CLR92. CORMEN, T. H., C. E. LEISERSON und R. L. RIVEST: *Introduction to Algorithms*. MIT Press and McGraw-Hill, 6. Auflage, 1992.

Coo71. COOK, STEPHEN A.: »The complexity of theorem-proving procedures«. In: ACM (Herausgeber): *Conference Record of the third annual ACM Symposium on Theory of Computing*, Seiten 151–158, New York, NY, 1971. ACM Press.

EL87.   ENGELER, ERWIN und PETER LÄUCHLI: *Berechnungstheorie für Informatiker*. B. G. Teubner, Stuttgart, 1. Auflage, 1987.

EP01.   ERK, K. und L. PRIESE: *Theoretische Informatik. Eine umfassende Einführung.* Springer, Berlin, 2. Auflage, 2001.

Eve79.   EVEN, SHIMON: *Graph Algorithms.* Pitman Publ. Ltd, London, 1979.

Fel93.   FELSCHER, WALTER: *Berechenbarkeit.* Springer, Berlin, 1993.

GJ78.   GAREY, MICHAEL R. und DAVID S. JOHNSON: *Computers and Intractability / A Guide to the Theory of NP-Completeness.* W.H. Freeman & Company, San Francisco, 1978.

Gre65.   GREIBACH, SHEILA A.: »A New Normal-Form Theorem for Context-Free Phrase Structure Grammars«. *Journal of the ACM,* 12(1):42–52, Januar 1965.

Har74.   HARARY, F.: *Graphentheorie.* Oldenbourg, München, 1974.

Har78.   HARRISON, MICHAEL A.: *Introduction to Formal Language Theory.* Addison-Wesley, Reading, 1. Auflage, 1978.

Her78.   HERMES, HANS: *Aufzählbarkeit Entscheidbarkeit Berechenbarkeit.* Springer, Berlin, 3. Auflage, 1978.

Hro01.   HROMKOVIČ, J.: *Algorithmische Konzepte der Informatik.* B. G. Teubner, Stuttgart, 2001.

HU80.   HOPCROFT, J. und J. ULLMAN: *Introduction to Automata Theory, Languages, and Computation.* Addison-Wesley, Reading, 1980.

Jun94.   JUNGNICKEL, DIETER: *Graphen, Netzwerke und Algorithmen.* BI Wissenschaftsverlag, Mannheim, 1994.

Kar75.   KARP, R. M.: »Reducibility among combinatorial problems«. In: MILLER, R. E. und J. W. THATCHER (Herausgeber): *Complexity of Computer Computations,* Seiten 85–103. Plenum Press, New York, 1975.

Kas90.   KASTENS, UWE: *Übersetzerbau.* Oldenbourg, München, 1990.

Kle56.   KLEENE, S. C.: »Representation of Events in Nerve Nets and Finite Automata«. In: SHANNON, C. und J. MCCARTHY (Herausgeber): *Automata Studies, Annals of Math. Studies 34,* Seiten 3–40. Princeton, NJ, 1956.

Knu98.   KNUTH, DONALD E.: *The Art of Computer Programming, Vol. 1–3.* Addison-Wesley, Reading, 2. Auflage, 1998.

LP98.   LEWIS, H. R. und C. H. PAPADIMITRIOU: *Elements of the Theory of Computation.* Prentice Hall, Englewood Cliffs, 1998.

Meh77.   MEHLHORN, K.: *Effiziente Algorithmen.* B. G. Teubner, Stuttgart, 1977.

Myh57.   MYHILL, J.: »Finite Automata and the Representation of Events«. Technischer Bericht 57-624, WADC, 1957.

Ner58.   NERODE, A.: »Linear Automaton Transformation«. In: *Proc. American Mathematical Society,* Band 9, Seiten 541–544, 1958.

OW93.   OTTMANN, T. und P. WIDMAYER: *Algorithmen und Datenstrukturen*. BI Wissenschaftsverlag, Mannheim, 2. Auflage, 1993.

Pap94.   PAPADIMITRIOU, CHRISTOS H.: *Computational Complexity*. Addison-Wesley, Reading, 1994.

Pau78.   PAUL, WOLFGANG J.: *Komplexitätstheorie*. B. G. Teubner, Stuttgart, 1978.

Pos46.   POST, E. L.: »A Variant of a Recursively Unsolvable Problem«. In: *Bulletin of the American Mathematical Society*, Band 52, Seiten 264–268, 1946.

Rei90.   REISCHUK, R.: *Einführung in die Komplexitätstheorie*. B.G. Teubner, Stuttgart, 1990.

Ric53.   RICE, H.: »Classes of Recursively Enumerable Sets and their Decision problems«. *Transactions of the American Mathematical Society*, 83, 1953.

RS59.   RABIN, M. O. und D. SCOTT: »Finite automata and their decision problems«. *IBM Journal of Research and Development*, 3:114–125, 1959.

Sal78.   SALOMAA, ARTO: *Formale Sprachen*. Springer, Berlin, 1978.

Sav80.   SAVITCH, W. J.: »Relational between nondeterministic and deterministic tape complexity«. *Journal of Computer and System Sciences*, 4:177–192, 1980.

Sch92.   SCHÖNING, UWE: *Theoretische Informatik kurzgefasst*. BI Wissenschaftsverlag, Mannheim, 1992.

SH96.   SPERSCHNEIDER, VOLKER und BARBARA HAMMER: *Theoretische Informatik: eine problemorientierte Einführung*. Springer, Berlin, 1996.

Ste88.   STETTER, F.: *Grundbegriffe der theoretischen Informatik*. Springer, Berlin, 1988.

Tur35.   TURING, ALAN M.: »On Computable Numbers with an Application to the Entscheidungsproblem«. *Proc. London Math. Society (2)*, 42:230–265, 1935.

Wae94.   WAETJEN, DIETMAR: *Theoretische Informatik*. Oldenbourg, München, 1994.

Wag94.   WAGNER, K. W.: *Einführung in die Theoretische Informatik. Grundlagen und Modelle*. Springer, Berlin, 1994.

Weg93.   WEGENER, INGO: *Theoretische Informatik*. B.G. Teubner, Stuttgart, 1993.

Weg96.   WEGENER, INGO: *Kompendium Theoretische Informatik — eine Ideensammlung*. B. G. Teubner, Stuttgart, 1996.

WG84.   WAITE, W. M. und G. GOOS: *Compiler Construction*. Springer, New York, 1984.

WM92.   WILHELM, REINHARD und DIETER MAURER: *Übersetzerbau — Theorie, Konstruktion, Generierung*. Springer, Berlin, 1992.

You67.   YOUNGER, D. H.: »Recognition and parsing of context-free languages in time $O(n^3)$«. *Information and Control*, 10(2):189–208, 1967.

Register

Moderne Betriebssysteme

Andrew S. Tanenbaum

Zum Buch:

Diese komplett überarbeitete zweite Auflage von Moderne Betriebssysteme enthält neue Kapitel zu aktuellen Themen wie Sicherheit, Multimedia-Betriebssystemen und Betriebssystementwurf. In seinem gewohnt lebhaften und leicht verständlichen Stil stellt der Autor den aktuellen Stand der Forschung dar. Zahlreiche Abbildungen und viele, auch große Beispiele erleichtern das Verstehen der vorgestellten Konzepte und Theorien. Zum Üben des Stoffes gibt es 450 zum Teil neue oder aktualisierte Übungsaufgaben.

Aus dem Inhalt:

- Einführung
- Prozesse und Threads
- Deadlocks
- Speicherverwaltung
- Ein- und Ausgabe
- Dateisysteme
- Multimedia-Betriebssysteme
- Mehrprozessorsysteme

- IT-Sicherheit
- Unix und Linux
- Windows 2000
- Entwurf von Betriebssystemen
- Literaturangaben
- Fachwörterverzeichnis
  Englisch – Deutsch
  Deutsch – Englisch

Über den Autor:

Andrew S. Tanenbaum ist der Autor von sechs internationalen Bestsellern zu Betriebssystemen und Computernetzwerken. Er lehrt und forscht an der *Vrije Universiteit in Amsterdam* und ist Wissenschaftlicher Direktor der *Advanced School for Computing* and *Imaging in Delft.*

ISBN: 3-8273-7019-1
2., überarbeitete Auflage
€ 49,95 [D], sFr 77,50
ca. 1000 Seiten

informatik | betriebssysteme

Pearson-Studium-Produkte erhalten Sie im Buchhandel und Fachhandel
Pearson Education Deutschland GmbH • Martin-Kollar-Str. 10 – 12 • D-81829 München
Tel. (089) 46 00 3 - 222 • Fax (089) 46 00 3 - 100 • www.pearson-studium.de

Computernetze –
Ein Top-Down-Ansatz

mit Schwerpunkt Internet

James F. Kurose, Keith W. Ross

Zum Buch:

Kurose und Ross beschreiben Computernetze anhand einer fünfschichtigen Internetarchitektur anstelle der traditionellen OSI-Architektur. Die Autoren zeigen, dass Networking mehr bedeutet als trockene Standards, die Nachrichtenformate und Protokollverhalten spezifizieren. Sie beschreiben die neu entstehenden Grundprinzipien des Vernetzens und illustrieren diese mit Beispielen aus der Internetarchitektur. Durch ihren Top-Down-Ansatz machen sie zunächst deutlich, welche Netzwerkdienste nötig sind und beschreiben dann, wie diese zur Verfügung gestellt werden können. Eine Companion Website versorgt Studenten und Dozenten mit zusätzlichem Lehr- und Lernmaterial.

Aus dem Inhalt:

- Computernetzwerke und das Internet
- Anwendungsschicht
- Transportschicht
- Vermittlungsschicht und Routing
- Sicherungsschicht und LAN
- Multimedia-Vernetzung
- Sicherheit in Computernetzwerken
- Netzwerkmanagement

Über die Autoren:

James Kurose ist Professor für Informatik und leitet das *Department of Computer Science an der University* of Massachussetts in Amherst.
Keith Ross ist Leiter der Abteilung Multimedia Communications am *Institut Eurécom.* Er unterrichtete zwölf Jahre an der *University of Pennsylvania* und gründete 1999 das Internet-Startup Wimba.com.

ISBN: 3-8273-7017-5
€ 49,95 [D], sFr 77,50
708 Seiten

informatik | netzwerke

Pearson-Studium-Produkte erhalten Sie im Buchhandel und Fachhandel
Pearson Education Deutschland GmbH • Martin-Kollar-Str. 10–12 • D-81829 München
Tel. (089) 46 00 3 - 222 • Fax (089) 46 00 3 - 100 • www.pearson-studium.de

Computerarchitektur

Strukturen, Konzepte, Grundlagen

Andrew S. Tanenbaum, James Goodman

Zum Buch:

Andrew S. Tanenbaum, Autor von mehreren Klassikern der Computer- und Informatik-Literatur, und James Goodman beschreiben in diesem Bestseller den grundsätzlichen Aufbau von Computern. Die Autoren verwenden dabei ein spezielles Ebenenmodell, das sie eingehend und detailliert beschreiben. Dieses Buch ist durch die Übungsaufgaben am Ende jedes Kapitels auch für das Selbststudium geeignet. Zu dem Buch gibt es ein Lösungsheft, das Dozenten von der Website des Buches unter www.pearson-studium.de herunterladen können.

Aus dem Inhalt:

- Geschichte der Computerarchitekturen
- Organisation von Computersystemen
- Ebenen der digitalen Logik, der Mikroarchitektur, der Assemblersprache und der konventionellen- bzw. Betriebssystem-Maschine
- Architekturen von Parallelrechnern
- Kommentierte Bibliografie

Über die Autoren:

Andrew S. Tanenbaum ist einer der bekanntesten und mit sechs internationalen Bestsellern einer der erfolgreichsten Autoren der Informatik. Er forscht und lehrt an der *Vrije Universiteit* in Amsterdam.
James Goodman ist Professor an der *University of Wisconsin* in Madison.

ISBN: 3-8273-7016-7
4. Auflage
€ 44,95 [D], sFr 69,50
784 Seiten

informatik | grundlagen

Pearson-Studium-Produkte erhalten Sie im Buchhandel und Fachhandel
Pearson Education Deutschland GmbH • Martin-Kollar-Str. 10 – 12 • D-81829 München
Tel. (089) 46 00 3 - 222 • Fax (089) 46 00 3 - 100 • www.pearson-studium.de